Handbuch für den Lateinunterricht

Sekundarstufe I

herausgegeben von Wilhelm Höhn und Norbert Zink

mit Beiträgen von Paul Barié, Gerhard Eller, Karl Heinz Eller,
Albrecht Germann, Hans-Joachim Glücklich, Arthur Haug,
Alfons Heckener, Willibald Heilmann, Wilhelm Höhn, Horst Meusel,
Christoff Neumeister, Karin Neumeister, Rainer Nickel,
Jürgen Steinhilber, Peter Wülfing und Norbert Zink.

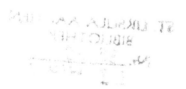

Verlag Moritz Diesterweg

Frankfurt am Main

CIP-Kurztitelaufnahme der Deutschen Bibliothek

Handbuch für den Lateinunterricht / hrsg. von
Wilhelm Höhn u. Norbert Zink. – Frankfurt am Main :
Diesterweg
   Sekundarstufe II mit d. Erscheinungsorten
   Frankfurt am Main, Berlin, München
NE: Höhn, Wilhelm [Hrsg.]
Sekundarstufe I, Mit Beitr. von Paul Barié ... –
1. Aufl. – 1987
   ISBN 3-425-04390-0
NE: Barié, Paul [Mitverf.]

Das Stichwortverzeichnis fertigte stud. jur. Falko Zink.

ISBN 3-425-04390-0

1. Auflage 1987

© 1987 Verlag Moritz Diesterweg GmbH & Co., Frankfurt am Main.
Alle Rechte vorbehalten. Das Werk und seine Teile sind urheberrechtlich geschützt. Jede Verwertung in anderen als den gesetzlich zugelassenen Fällen bedarf deshalb der vorherigen schriftlichen Einwilligung des Verlags.

Satz und Druck: Appl, Wemding
Bindung: Großbuchbinderei Monheim

Inhalt

Vorwort	5
Wieso Latein? – Konturen eines Faches (Paul Barié)	7
Lateinunterricht auf der Sekundarstufe I (Rainer Nickel)	29
Probleme des späteinsetzenden Lateinunterrichts (Rainer Nickel)	46
Zum Textproblem (Wilhelm Höhn)	58
Die Beziehung zwischen Textarbeit und Grammatikarbeit im Lateinunterricht der Sekundarstufe I (Willibald Heilmann)	67
Textarbeit und Übersetzen in Beispielen (Alfons Heckener)	79
‚Basisgrammatik' des Lateinischen (Hans-Joachim Glücklich)	86
Lernpsychologische Grundlagen des Übens im lateinischen Sprachunterricht (Willibald Heilmann)	104
Übungsformen (Alfons Heckener)	125
Wortschatzarbeit (Horst Meusel)	139
Altertumskunde im Unterricht der Sekundarstufe I – Realien (Albrecht Germann und Peter Wülfing)	161
Zum Einsatz von Medien im Lateinunterricht der Sekundarstufe I (Jürgen Steinhilber)	185
Phaedrus (Karl Heinz Eller)	201
Nepos-Lektüre (Karl Heinz Eller)	209
Terenz (Norbert Zink)	222
Caesar (Norbert Zink)	232
Cicero als Redner – Interpretationsbeispiele zur ‚Pompeiana' (Arthur Haug)	242
Ovid als Schulautor I (Karl Heinz Eller)	252
Ovid als Schulautor II (Karin Neumeister)	255
Plautus-Lektüre (Hans-Joachim Glücklich)	263
Catull (Karl Heinz Eller)	291
Curtius Rufus, der Alexanderroman (Gerhard Eller)	300
Die Briefsammlung Plinius' des Jüngeren (Peter Wülfing)	308
Die Germanen (Gerhard Eller)	310
Heilige statt Helden? – Überlegungen zur Lektüre der Legenda Aurea (Paul Barié)	319
Tibull (Christoff Neumeister)	333
Martial (Willibald Heilmann)	338
Carmina Burana (Rainer Nickel)	341
Latein und die Bibel – Überlegungen zu einer Vulgatalektüre (Paul Barié)	351

commentariolum petitionis (Norbert Zink)	362
Überredung als sprachliche Grundfunktion – Rhetorik (Christoff Neumeister)	366
Vitae philosophia dux? – Zur Lektüre philosophischer Texte auf der späten Mittelstufe (Paul Barié)	382
Die Funktion von Übersetzungen für die Erschließung lateinischer Texte (Rainer Nickel)	390
Stichwortverzeichnis	401
Die Autoren	407

Vorwort

Die Didaktik des Lateinunterrichts auf Unter- und Mittelstufe hat in den letzten Jahren eine erfreuliche Entwicklung genommen. Ungewöhnlich rasch wurde – das läßt sich ganz eindeutig an den neueren Lehrbüchern für den lateinischen Anfangsunterricht erkennen – der Grundsatz angenommen, unverkürzter Sprachunterricht setze auch auf Unter- und Mittelstufe die Arbeit mit Texten statt mit einzelnen Sätzen oder gar mit einzelnen Formen voraus. Weithin anerkannt scheint die Auffassung zu sein, der Idealfall sei, daß sich auch der Anfangsunterricht an Originaltexten zu orientieren habe, selbst wenn man sich diesem Ideal oft nur mehr oder weniger entschieden nähern könne, weil Rücksichten verschiedenster Art zu nehmen seien. Es nimmt sich aus, als träten zwei Grundforderungen Johann Gottfried Herders nun – nach mehr als zweihundert Jahren – endlich in ihr Recht und zugleich in den Kreis des zu Verwirklichenden ein; der geniale Anreger sprach in seinem „Journal meiner Reise im Jahr 1769" diese beiden Thesen wie beiläufig aus, als er sich nach eigenen Unterrichtserfahrungen eingehend und aus engstem Kontakt mit der Praxis heraus kritisch mit dem Sprachunterricht und in diesem Zusammenhang auch mit dem Lateinunterricht befaßte. Sie lauten: 1. „So lernt man Grammatik aus der Sprache; nicht Sprache aus der Grammatik."[1] 2. „[...] ich komme aufs Latein. Warum soll man bei dem eine Ausnahme machen, um es nur todt und vereckelt lernen zu wollen? Es ist eine todte Sprache! gut Historisch- Politisch- Nationaltodt; aber litterarisch lebt sie; in der Schule kann sie leben."[2] Die gesamte neuere didaktische Entwicklung des lateinischen Grundunterrichts dürfte sich aus diesen beiden Thesen ableiten lassen.

Wo überhaupt lebendiger Sprachunterricht stattfinden soll, da ist, das besagt Herders erste These, die Grammatik aus der Sprache zu entwickeln; weil aber Herder ebenso wie wir heute Sprache im unverkürzten Sinne nur als lebendige Wirksamkeit zu verstehen vermag, muß lateinischer Sprachunterricht, wenn er Herders zweite These berücksichtigen soll, an literarischen lateinischen Zeugnissen – selbstverständlich im weitesten Sinne dieses Begriffs – erfolgen.

Findet Sprachunterricht auf der Grundlage dieser Vorstellungen statt, dann macht auch schon der Anfangsunterricht jetzt Voraussetzungen in einer ganz anderen Weite und Tiefe erforderlich, als es noch vor wenigen Jahren der Fall war. Wird bereits im Anfangsunterricht intensiv an echten Sprachzeugnissen gearbeitet und werden dabei inzwischen gewonnene und nicht mehr zu ignorierende Einsichten der Textgrammatik und der Textpragmatik berücksichtigt, so kann sich der Lateinlehrer nicht mehr damit begnügen, routiniertester Mitspieler oder Spielleiter im Spiel mit einem Sprachbaukasten zu sein, in einem Spiel, bei dem es ganz in seinem Ermessen lag, welche Bauelemente er jeweils für das Spiel freigeben wollte. Vielmehr muß das weite Feld der vielerlei Aspekte, die für das Verstehen wirklicher sprachlicher Äußerungen erforderlich sind, offen vor Augen liegen oder ausgebreitet werden. Dies ist die Konsequenz aus dem Umgang mit Texten.

1 Herder, Johann Gottfried: Journal meiner Reise im Jahr 1769. Historisch-kritische Ausgabe. Hrsg. von Katharina Mommsen. Stuttgart 1976, 61.
2 Ebenda, 69.

So ist es zu erklären, daß unser Handbuch für den Lateinunterricht auf der Sekundarstufe I nötig wurde. Denn es wurde mit der Entscheidung, lateinische Originaltexte *auch* schon im einführenden Lateinunterricht zur Arbeitsgrundlage zu machen, zugleich unabdingbar, die Voraussetzungen für den Umgang mit solchen Texten unter den für Unter- und Mittelstufe angemessenen didaktischen Gesichtspunkten zu erörtern. Diese Erörterung ist der Hauptgegenstand unseres neuen Handbuchs. Zum Teil betreten wir hier – für die Sekundarstufe I – „didaktisches Neuland". Denn selbstverständlich kann Unterricht auf Unter- und Mittelstufe eine Fachdidaktik nicht einfach übernehmen, die für den Lateinunterricht in der Sekundarstufe II entwickelt wurde – beispielsweise in unserem „Handbuch für den Lateinunterricht – Sekundarstufe II" von 1979.

Alle unsere Erfahrungen weisen darauf hin, daß wir hoffen dürfen, mit der Entscheidung für eine jeweils gleichzeitig erfolgende Grammatik- und Textarbeit Lebendigkeit des Unterrichts erhöhen, Interesse der Schüler gewinnen, für die aktive Teilnahme am Lateinunterricht motivieren zu können. So soll unser Handbuch auch dazu beitragen, dem Lateinunterricht innerhalb des Fächerkanons einer zeitgemäßen Schule den ihm zukommenden Platz zu sichern.

Wir danken dem Verlag Moritz Diesterweg für die Großzügigkeit, mit der dieser Beitrag zur Förderung eines modernen Lateinunterrichts ermöglicht wurde.

Wilhelm Höhn	Norbert Zink
Bad Homburg	Kaiserslautern

Paul Barié

Wieso Latein? Konturen eines Faches

1 Die Fragestellung

Die Frage „Wieso Latein?" so direkt zu stellen mag naiv erscheinen; sie wird aber in dieser naiven Direktheit, so sehr es uns stören mag, weil wir uns der komplexen und komplizierten Begründungszusammenhänge nur zu gut bewußt sind, immer wieder aufgeworfen, besonders von dem Teil der Öffentlichkeit, der sich von Latein akut und daher direkt betroffen fühlt, also von Schülern und deren Eltern, aber auch von Kollegen anderer Fächer. Der Versuch, diese Frage als Frage zu akzeptieren und die Probleme, auch die Besorgnisse und Ängste, die sich mit Latein verbinden, ernst zu nehmen, ohne sich rasch und unverbindlich auf einen humanistischen Argumentationshintergrund zurückzuziehen, zu dem die real Betroffenen meist gar nicht rekurrieren wollen, soll Leitgedanke der folgenden Überlegungen sein. In Kontrast und Ergänzung zu den Gedanken, die ich zum gleichen Thema im „Handbuch für den Lateinunterricht Sekundarstufe II" vorgelegt habe[1], soll sich die Argumentation auf den Anfangsunterricht und die Erstlektürephase konzentrieren und die ‚hohen' Lernziele humanistischer und kulturanthropologischer Art, die vor allem für die Studienstufe gelten, eher unberücksichtigt lassen, obwohl man auf sie nicht ganz verzichten kann, denn Latein ist ein Fach mit einer langen und schwierigen Anlaufphase, und es wird erfahrungsgemäß um so interessanter und attraktiver, je länger man es betreibt und je höher der hermeneutische Anspruch wird. Zur Diskussion stehen also sechs oder vier oder auch nur zwei Jahre Latein, in denen Sprach-, Grammatik- und Lektüreunterricht stattfindet – Zeitspannen, die in ihrem Eigenwert begriffen werden sollen, damit die Beschäftigung mit Latein im Rahmen der Unter- und Mittelstufe aufgrund der erreichbaren Ziele in den Bereichen Sprache, Texte, Textreflexion und Transfer sich als sinnvoll erweist.

2 Das Problem

Bildung war bis in unser Jahrhundert nach den Worten von Walter Jens[2] „identisch mit der Beherrschung der Humaniora klassischer Provenienz". Die heutigen Gymnasien kennen aber nicht mehr die Dominanz eines Faches oder einer Fächergruppe. Der Preis für die notwendige, aber folgenschwere Demokratisierung der Fächer war groß; das Gymnasium verlor ‚das Gymnasiale', Konturen verwischten sich, Determinanten der Bildung verschwanden; profillos geworden, bietet die Höhere Schule speziell im Bereich der Mittelstufe im wesentlichen ein Aggregat gleichrangiger Fächer an, das im Bewußtsein der Schüler sich nur allzuoft als ein Konglomerat unverbundener Items darstellt; „fehlt leider nur das geistige Band …". Das alte Gymnasium, besonders dasjenige mit sogenannter humanistischer Prägung, erstrebte aber gerade nicht das Spezielle, sondern das Allgemeine; Latein und Griechisch waren dabei nicht beliebig gegen andere Fächer austauschbar, die kommunikative Funktion altsprachlicher Bildung noch unbestritten. Erst seit

Latein unverbindlich geworden ist als ein Fach unter anderen, neben anderen und statt anderer, seitdem es also mit anderen Fächern konkurriert, seine Dominanz verlor und seine Existenz rechtfertigen muß, ist es notwendig geworden, über Latein öffentlich zu reden, es den Eltern, den Schülern und auch einer breiteren Öffentlichkeit vorzustellen. Dabei sind mehrere Argumentationsebenen und Strategien zu unterscheiden je nach dem Adressatenkreis, an den man sich wendet, so daß sich die Frage „Wieso Latein?" unter drei Aspekten darstellt: Motivation zu Latein, Information über Latein, Präsentation von Latein.

Motivation ist deshalb notwendig, weil der gesellschaftliche Wert altsprachlicher Bildung umstritten ist, praktisch-pragmatische Erwägungen in der Öffentlichkeit überwiegen und der humanistische Anspruch einer Bildung für ein Leben lang nicht mehr einfach erhoben werden kann, sondern eines Begründungszusammenhanges bedarf, der die kritische Reflexion der Vermittler der Antike über ihre Tätigkeit voraussetzt.

Information über Latein darf deshalb nicht fehlen, weil insbesondere die Eltern wissen wollen, was auf die Kinder und damit auf sie zukommt, wenn Latein gewählt wird, vor allem in den nicht besonders attraktiven Jahren des elementaren Spracherwerbs. Information sollte daher konkret, detailliert, pointiert sein, am besten kontrastiv zu Englisch als der Sprache, mit der Latein an den meisten Schulen als erste oder als zweite Fremdsprache konkurriert.

Präsentation von Latein als der Sprache von Texten ist darum wichtig, weil Eltern und Öffentlichkeit sich unter Latein oft nichts vorstellen können und weil auch für Lateinerfahrene die heute im Mittelpunkt des Unterrichts stehenden Verfahren der Texterschließung, der Sprachreflexion und der Interpretation ungewohnt sind, oft sogar auf Ablehnung stoßen.

Öffentlichkeitsarbeit für Latein sollte daher in geeigneter Form, d. h. adressatenbezogen, motivieren, informieren und vorstellen. Ich will nun im folgenden praxisnah argumentieren und werde daher die drei genannten Punkte anhand von Ausarbeitungen entwickeln, in die vielfältige Erfahrungen aus Informationsveranstaltungen, Elternabenden und Gesprächskreisen eingegangen sind. Da man im übrigen für Latein nicht ‚werben' sollte, sondern seinen schul- und bildungspolitischen Stellenwert darzustellen hat, ist die ‚Argumentation nach außen' prinzipiell die gleiche wie die intern philologische, wenn man auch für die professionellen Vermittler von Latein im einzelnen noch differenzieren, auch einiges nachzutragen haben wird; auch das wird *suo loco* zu zeigen sein.

3   Wieso Latein? Aspekte einer Legitimation

3.1 Für Latein motivieren: ‚humanistische' Argumentation

Ich entnehme die folgenden Gedanken einem ‚Legitimationspapier', das ich für meine Schule entworfen habe; es sollte nicht mehr als eine Druckseite umfassen, knapp, anspruchsvoll, thesenartig und erläuterungsbedürftig sein, ein offenes und öffentliches Gespräch über Latein initiieren. Erfahrungsgemäß kommt ein solches Gespräch eher zustande, wenn die zum Thema „Latein" Geladenen etwas in der Hand haben, auf das sie sich beziehen können. Dabei sollte man bei allen öffentlichen Erklärungen zu Latein nicht um der Verständlichkeit willen allzusehr simplifizieren; für Latein kann man eben nicht

‚werben' wie für ein Waschmittel, und ‚Evidenz' wäre in dieser Sache nur durch Suggestivität und auf Kosten der Aufrichtigkeit zu erreichen. Formuliert man aber differenziert und erläutert dann Punkt für Punkt, bewirkt man zweierlei: man vermeidet Simplifizierung bei einer Sprache, die zu erlernen sich nicht von selbst versteht, und man hat die Chance, den einzelnen dadurch zu erreichen, daß er sich zu Latein spontan äußern kann; und über Latein zu reden wird uns nicht erspart bleiben. Dauerreflexion und Legitimationszwang sind dem Gegenstand Latein inhärent.

3.1.1 *„Wieso Latein?" Information grundsätzlicher Art.*
Adressatenkreis: allgemeine Elterninformation über Latein, unabhängig von der speziellen Lehrgangsform

Bei den Bildungsplanern spricht man oft von der Multivalenz des Lateinunterrichts. Damit ist folgendes gemeint: Man lernt Latein nicht nur, um Latein zu können, sondern noch um mancher anderer Dinge willen. Man spricht in diesem Zusammenhang von dem Transferwert des Lateinischen und weist darauf hin, daß es praktisch und ökonomisch ist, mit einem Schulfach gleich eine ganze Reihe von Fähigkeiten und Verhaltensweisen zu erlernen. Es gibt also zweierlei Fachleistungen des Lateinunterrichts: solche, die fachintern bleiben (je mehr Latein ein Schüler kann, desto besser kann er lateinische Texte verstehen), und andere, die im Sinn des erwähnten Transfers über den primären Anlaß des Lateinlernens hinausgehen. Von letzteren soll zuerst gesprochen werden, weil sie bereits im Anfangsunterricht wirksam werden. Wir beschränken uns dabei auf fünf Punkte:
(1) Wer Latein lernt, erhält eine intensive formale und grammatische Schulung, die jeder weiteren Beschäftigung mit Sprache und Sprachen zugute kommt: grammatischer Transfer.
(2) Die wichtigste Unterrichtstechnik ist das Übersetzen aus dem Lateinischen. Durch den Vergleich der unterschiedlichen Sprachsysteme und Ausdrucksmittel wird bewußte und differenzierte Sprachgestaltung im Deutschen gefördert: muttersprachlicher Transfer.
(3) Lateinkenntnisse erleichtern – zumindest kognitiv – wesentlich das Erlernen weiterer Fremdsprachen. Die romanischen Sprachen haben sich unmittelbar aus dem Lateinischen entwickelt („Mutter Latein und ihre Töchter"), und auch in englischen Texten sind bis zu 50 Prozent der verwendeten Wörter direkt oder indirekt lateinischen Ursprungs: fremdsprachlicher Transfer.
(4) Der Lateinunterricht fördert Verständnis und Aneignung zahlreicher Fremdwörter, die direkt oder indirekt aus dem Lateinischen stammen und durch einiges Nachdenken daraus abgeleitet werden können: wissenschaftssprachlicher Transfer.
(5) Latein erzieht zu langsamem Lesen, zu genauem Beobachten, zum Erkennen von Strukturen, zum aufmerksamen Prüfen und kritischen Beurteilen sprachlicher Zusammenhänge: Transfer im Sinne des Einübens wissenschaftlicher Denkmethoden.
Damit ist die inhaltliche Seite des Unterrichts angesprochen, die Beschäftigung mit lateinischen Texten. Drei Fachleistungen verdienen hier besonders genannt zu werden:
a) Der Lateinunterricht führt in die ‚Textwelt' der Römer ein und eröffnet damit den Zugang zu einem auch für die Gegenwart lehrreichen und wichtigen Abschnitt europäischer Literatur und Geschichte.

b) Er führt darüber hinaus in die europäische Latinität ein: Bis ins 18. Jahrhundert war Latein in Europa das Medium für die Fachsprachen der Wissenschaft und der öffentlichen Verwaltung. Die Organisation privater, kirchlicher und staatlicher Macht geschah fast zwei Jahrtausende lang vorwiegend in lateinischer Sprache. Ein ernsthaftes Studium der Philosophie, Theologie, Jurisprudenz, Geschichte, Politik und nicht zuletzt der Sozialwissenschaften kann daher nur schwer auf die lateinische Grundlage verzichten.

c) Er fördert die Fähigkeit, gegenüber den gemeinsamen und den andersartigen Weltinterpretationen und Wertvorstellungen der Vergangenheit einen eigenen Standpunkt zu finden. Die Auseinandersetzung mit einer bedeutsamen historischen ‚Textwelt' stärkt die geistige Selbständigkeit, verringert die Gefahr der Manipulierbarkeit und wirkt eindimensionalem Denken entgegen.

Überdenkt man die hier skizzierten Fachleistungen, besonders die Punkte (1) bis (5), dann leuchtet ein, daß der Transfer-Wert des Lateinischen um so wirksamer wird, je früher dieser Unterricht einsetzt.

3.2 Über Latein informieren: pragmatische Argumentation – „Wieso jetzt Latein?"
Information bei anstehender Sprachenwahl: Latein oder Englisch
als jeweils 1. oder 2. Fremdsprache

Adressaten dieser Information sind die Eltern, die für ihre Kinder die Alternative „Latein oder Englisch" (mit)entscheiden müssen, aber auch die Leiter und Lehrer der Grundschulen im Einzugsbereich, die auf Schultyp- und Sprachenwahl beratenden Einfluß haben. Auf diesen Adressatenkreis ist das folgende Arbeitspapier zugeschnitten, in dem ich versuche, die beiden Sprachen so zu kontrastieren, daß die spezifischen Unterschiede pointiert und in überprägnanter Vereinfachung zur Darstellung kommen. Auch diese Ausarbeitung bedarf der erläuternden Differenzierung durch den Philologen; denn natürlich gibt es – um einen Punkt herauszugreifen – auch im Lateinunterricht Gesprächssituationen in lateinischer Sprache, eine elementare *méthode directe*, um Latein zu sprechen, als Sprache erfahrbar zu machen; Hanna Sattler hat das seinerzeit in einem anregenden Aufsatz gezeigt.[3] Aber Latein bleibt letzten Endes eben doch eine ‚Lese'-Sprache von Texten, die Literatur geworden sind, ihren unmittelbaren Leserkreis und Adressatenbezug verloren haben. Alle Bemühungen, Latein kommunikativ zu benutzen, auch meine eigenen Versuche, moderne Liedtexte auf Lateinisch mit den Schülern zu singen[4], bleiben peripher, wollen beleben, variieren, auflockern, sie berühren aber nicht die *differentiae specificae* des Faches und die zentralen Punkte einer Legitimation. Man sollte daher, wenn man Latein vorstellt, nicht so sehr betonen, was man im Unterricht ‚auch' macht, sondern die Unterschiede zu den modernen Sprachen und ihrer Didaktik herausarbeiten. Klaus Westphalen bezeichnet Latein und Englisch als „Fundamentalsprachen des Gymnasiums"; beide sind in hohem Maße welterschließend, Englisch im Bereich der Synchronie (distinktive Merkmale: expansiv, aktuell, nach außen), Latein im Bereich der Diachronie (intensiv, historisch, nach innen), beide sind also autonom, aber komplementär, denn nur beide zusammen stellen im Raum des Gymnasiums das Phänomen Sprache exemplarisch – und dadurch vollständig – dar.[5]

Französisch aus dem Vergleich herauszunehmen ist begründet; als Basisfremdsprache konkurriert es nur selten mit Latein, und wenn es für die 7. Klasse alternativ zu Latein zur

Debatte steht, ist es vorteilhaft, Latein von dem bereits bekannten Englisch kontrastiv abzusetzen, statt es mit Französisch konkurrieren zu lassen; die Positionen „Latein versus Englisch" lassen sich gewissermaßen idealtypisch darstellen, während „Latein versus Französisch" aus Gründen, die mit der Sprachstruktur und dem Bildungsanspruch des Französischen zusammenhängen, keine Polarisierung oder Vereinfachung erlaubt. Andererseits erscheint die Koppelung „Griechisch versus Französisch", wie sie in den meisten Bundesländern ab der 9. Klasse für den altsprachlichen Gymnasialtypus gilt, zwar bedauerlich für den Gräzisten, aber bildungstheoretisch und sachlich gerechtfertigt; was mit „Englisch versus Latein" begann, setzt sich auf einer komplexeren Ebene mit Französisch und Griechisch fort; Griechisch ist, um die Terminologie von Carl Heupel aufzugreifen[6], eine „Reflexionssprache" höchsten Ranges, und Französisch ist nicht nur Kommunikationssprache für den Umgang mit unseren westlichen Nachbarn, sondern, vor allem auf der Oberstufe, eine Bildungssprache mit literaturgeschichtlichem Anspruch. Die mit „Latein versus Englisch" gesetzte Polarisierung wird also bei der Alternative „Griechisch versus Französisch" zumindest teilweise aufgehoben, was die Wahl zwischen den beiden Sprachen begreiflicherweise nicht erleichtert.

Die folgende Gegenüberstellung der Fundamentalsprachen Latein und Englisch wird von mir seit vielen Jahren bei Elternabenden verwendet; sie wurde immer wieder revidiert, auch präzisiert und ist mit Neue Sprachen unterrichtenden Kollegen abgesprochen.

Latein versus Englisch

Vergleich der Methoden, Anforderungen und Fachleistungen

Latein	Englisch
– grundsätzlich Arbeit an Texten	– vorwiegend Gesprächssituationen
– Verstehen durch Lesen und Übersetzen	– Verstehen durch Sprechen und Hören
– Sprechgewandtheit nicht erforderlich	– Sprechgewandtheit wesentlich
– Aussprache und Rechtschreibung problemlos: Modell einer reinen Lautschrift	– Aussprache und Rechtschreibung schwierig
– genaues grammatisches Analysieren von Formen, Wortgruppen und Sätzen	– Einüben von Satzmustern (imitativ bzw. generativ) zum Zwecke direkten Verstehens und Sprechens
– Umsetzen des Verstandenen in die Muttersprache; reflektierendes Verweilen bei sprachlichen Phänomenen	– spontanes Reagieren ohne Benutzung des Deutschen wird angestrebt
– Übersetzung ins Deutsche fundamentales Lernziel	– Übersetzen ins Deutsche kein Lernziel
– Latein ist Unterrichts<u>gegenstand</u>, Unterrichts<u>sprache</u> ist Deutsch	– Englisch ist Unterrichtssprache <u>und</u> Unterrichtsgegenstand: Englisch wird <u>auf</u> englisch unterrichtet
– Unterrichts<u>inhalt</u> ist eine historische Textwelt	– aktuelle Inhalte: das moderne Leben in England und USA
– Latein ist anfangs fremdartig: die vielen Endungen, die andersartige Wortstellung und Satzverknüpfung; historische Inhalte (Mythen, Sagen, Alte Geschichte); diese <u>Fremdheit</u> ist aber auch der besondere <u>Reiz</u> dieser ‚Welt aus Texten'	– Englisch ist nur anfangs leichter, weil für den deutschsprachigen Schüler unmittelbar zugänglich; inhaltlich bewegen wir uns in einer ‚gleichzeitigen' Welt, z. B. in einer englischen Familie von heute

– Latein ist hilfreich, um den französischen und englischen Wortschatz zu verstehen und zu erweitern	– kein ausgewiesenes Lernziel des Englischen
– Latein fördert konstruktiv-synthetisches Denken (sprachliches ‚Baukastensystem'), Abstraktions- und Distinktionsvermögen	– kein unmittelbares Lernziel des Englischen
– frühes Lateinlernen fördert die Fähigkeit, sich im Deutschen differenziert und nuanciert auszudrücken.	– kein entsprechendes Lernziel des Englischen

Zusammenfassend kann man sagen:

für Latein gilt:	für Englisch gilt:
– Bewußtmachung geht vor Gewöhnung	– Gewöhnung vor Bewußtmachung
– Kontrastierungsfähigkeit wird eingeübt	– Imitationsfähigkeit wird gefordert
– beobachtendes Verweilen bei der Sprache von Texten	– rasches Reagieren durch sprachliches Handeln
– Erlebnis der Distanz: Dimension des Geschichtlichen	– Erlebnis der Nähe: Gegenwartsbezug

Für die Elternberatung ergeben sich folgende plakative Thesen („Kurzinformation"):
Warum Latein?
Vielleicht darum:
– Latein schreibt man, wie man es spricht.
– Latein liest man in Texten und braucht man nicht frei zu sprechen.
– Latein trainiert die Muttersprache, weil man in sie übersetzt.
– Latein hilft, andere Schulsprachen leichter und gründlicher zu erlernen.
– Latein vermittelt eine grammatische Schulung und bildet Sprachbewußtsein aus.
– „Mit dem Fahrstuhl in die Römerzeit" ist jugendgemäß: fremdartig, bisweilen schwierig – und irgendwie aufregend.
– Lateinunterricht kennt keine Hetze; man hat Zeit für die Phänomene, bei denen man geduldig und beharrlich zu verweilen lernt.
– Latein wirkt der Zerstreuung entgegen, denn es schafft eine Arbeitsatmosphäre, in der Konzentration gelingt.

Nicht für jedes Kind ist das gleiche gut.
Für manches Kind ist es günstig, jetzt mit Latein zu beginnen.
Die Schule hilft dabei durch individuelle Beratung.

Bei der Einzelberatung sollte man u. a. folgende Gesichtspunkte beachten:
– Eine durch psychologische Tests eindeutig zu ermittelnde Begabung für Latein gibt es nicht.[7] Immerhin zeigt die Auswertung des Intelligenz-Struktur-Tests über ein Jahrzehnt hin, daß eine auffällige, wenn auch nicht eindeutige Korrelation zwischen struktureller Intelligenz und späteren Lateinnoten besteht.[8]
– Der sprachkompensatorische Wert frühen Lateinlernens wird zwar selten betont, er ist aber praktisch erwiesen. Besonders Kinder aus ländlichen Gegenden und aus bäuerlich-handwerklichen Schichten lernen über das Medium Latein durch ständige Übung im Analysieren, Übersetzen und Paraphrasieren, sich differenziert auszudrücken und freier zu äußern.

– Begabte, aber noch rechtschreibeschwache Kinder entlastet frühes Lateinlernen. Sie können sich daher noch zwei Jahre auf die deutsche Orthographie konzentrieren, bevor das komplizierte Schriftbild des Englischen erlernt werden muß.
– Die Entwicklungspsychologie der Piaget-Schule hat nachgewiesen, daß zwischen dem 11. und dem 12. Lebensjahr eine Umorientierung von konkret-anschaulicher Detailwahrnehmung zum hypothetisch-deduktiven und formalen Denken stattfindet.[9] Daraus lassen sich keine Kriterien für Latein oder Englisch als erste oder als zweite Fremdsprache ableiten; immerhin fordert der Piaget-Schüler Hans Aebli ausdrücklich, daß man dem Kind in der Phase erwachender Intelligenz „entsprechende Sequenzen für die kognitive Entwicklung" anbiete.
– Auch das Leseverhalten der Kinder ändert sich in der 5. und der 6. Klasse, wenn man sich hier auch vor Verallgemeinerungen hüten muß, da Milieu und bestimmte Trends sich auswirken und das Leseverhalten auch der Mode unterworfen ist. Die Märchenphase tritt jedenfalls deutlich zurück, Heldensagen, Mythen, historische Stoffe und Realien („So lebten die Römer") werden gewünscht. Es ist zu betonen, daß der Lateinunterricht inhaltlich diesem Interesse entgegenkommt.
– Introvertierten und nachdenklichen Kindern, die zwischen Überlegen und Sprachhandeln sich noch besinnen wollen und nicht sofort spontan reagieren können, bietet der Lateinunterricht die Chance eines verlangsamten Lesetempos. Andererseits bremst Latein allzu impulsive Kinder, da es von Methode und Gegenstand her Konzentration und Stetigkeit erzwingt.
– Lateinerfahrenen Eltern bietet der Lateinunterricht ihrer Kinder Rückerinnerung und Anknüpfung, aktiviert oft sogar allzu stark ihren pädagogischen Elan. Man versäume aber nicht, den Wandel im Selbstverständnis des Faches und in seiner methodisch-didaktischen Vermittlung zu verdeutlichen, um Vorurteile und Mißverständnisse abzubauen.
– Eltern, die keine Fremdsprachen können, haben bei Latein wegen der unproblematischen Aussprache eine Chance, ihren Kindern etwas zu helfen, indem sie z. B. Wörter abhören und Paradigmen abfragen.

3.3 Latein präsentieren: Latein, was ist das eigentlich?

Man sollte über Latein nicht nur humanistisch, lernzielbezogen, kontrastiv oder metasprachlich reden, sondern gelegentlich Latein als Sprache von Texten öffentlich vorstellen. Das kann im Rahmen eines Elternabends und im Zusammenhang mit der Fremdsprachenwahl erfolgen, aber auch sozusagen zweckfrei und absichtslos *coram publico*. Eltern haben oft nur eine vage Vorstellung von Latein, und seit der Liturgiereform des Zweiten Vaticanums kommt Latein auch kaum noch öffentlich zu Gehör. Man muß es also bisweilen vorstellen, als Text und als Klanggestalt präsentieren, um wenigstens einen Eindruck von der Sprache zu vermitteln. Ich kann auch hier nur Anregungen weitergeben. Ich wähle für solche Präsentationen immer wieder andere, möglichst pointenreiche kurze Originaltexte aus, setze eine Interlinearversion darunter, die eng der lateinischen Codierung folgt, und schreibe eine freie Übersetzung dazu. Indem ich diese ‚Textpartitur' vorstelle, vermittle ich einen Eindruck von Klang und Struktur der lateinischen Sprache, aber auch von der geistigen Anstrengung, die erforderlich ist, um den Sinn ins Deutsche herüberzuholen. Der spracherzieherische Wert dieser ‚Umsetzungsarbeit' wird auf diese

Weise eindrucksvoll verdeutlicht. Man wähle Textstücke aus, die insoweit ‚allomorph' sind, als sie die Andersartigkeit antiker Lebensverhältnisse und Denkformen zeigen, aber auch wieder nah genug, um bei den Hörern anzukommen. Ich will Beispiele für solche ‚Textarbeit' mit Erwachsenen anführen. Ich tue das deshalb mit einer gewissen Ausführlichkeit, weil ich es für wichtig halte, Latein über den Kreis der Schule hinaus bekannt zu machen und die Frage „Wozu Latein" mit Latein zu beantworten.

Die Beispiele sollen mindestens drei Aspekte des Faches verdeutlichen:
1. Der spracherzieherische Wert dieses Um- und Übersetzens ist offensichtlich groß, die dadurch erreichbare Differenzierung des Ausdrucksvermögens im Deutschen ist evident.
2. Es handelt sich um eine nichtaktuelle, fremde, im einzelnen sogar fremdartige Welt. Sich mit ihr auseinanderzusetzen regt dazu an, über scheinbar Selbstverständliches sich Gedanken zu machen; m. a. W.: die historische Dimension antiker Texte muß spürbar werden.
3. Antike Texte widersetzen sich spontanem Verstehen; der Verstehensprozeß verläuft langsam, reflektierend und unsensationell.

1. Beispiel: eine Fabel des Dichters Phädrus: Der Fuchs und die Maske
(Lateinischer Text, Interlinearversion und Übersetzung; kontextuelle Explikationen kursiv)
a) *persónam trágicam fórte vúlpes víderát;*
Maske tragische zufällig der/ein Fuchs er-hatte-gesehen → ein Fuchs hatte *sich* eine tragische *Theater* maske *an* gesehen;
b) *„o quánta spécies", ínquit, „cérebrum nón habét!"*
„Oh, was-für-ein Anblick/(schöner)Schein", sagt-er, „Gehirn nicht hat-er" → „Welch *prachtvolle* Erscheinung! *Doch* Gehirn hat sie nicht!"
c) *hoc íllis díctum est, quíbus honórem et glóriám*
d) *fortúna tríbuit, sénsum cómmunem ábstulit.*
Das jenen gesagt-worden ist, denen Ehre und Ruhm das Glück/Schicksal es-teilte-zu, Sinn gemeinsamen es-hat-weggenommen.→Das ist *im Blick auf* die gesagt, denen das Glück Ehre und Ruhm gegeben hat, den *gesunden Menschenverstand aber* genommen hat.

<u>Interessante Gliederung:</u> a) Situation, b) Lysis in Form der Pointe, c) und d) das zweigliedrige *Fabula-docet;* die kommunikative Dynamik: *species ↔ cerebrum non/honorem et gloriam ↔ sensum communem.*
<u>Präsentationswert des Textstückes:</u> Pointierte Kürze macht diese kleine Fabel erläuterungswert: *persona tragica* als kulturhistorisches Detail (eben nicht ‚tragische Person'!), dagegen *sensus communis* und *common sense* durchaus vergleichbar; Blick auf das ‚Welttheater' aus Tieroptik; gesellschaftskritischer Hintergrund; popularphilosophische Argumentation: Auseinanderfallen von ‚Sein' und ‚Schein' usw.

2. Beispiel: Anekdote von Cornelia, der Mutter der Gracchen (sie spielt um das Jahr 120 v. Chr.)
a) *Campana quaedam matrona, cum Corneliam, matrem Gracchorum, viseret,*
   Als eine kampanische Frau die Cornelia, die Mutter der Gracchen, besuchte,
b) *ei ornamenta sua ostendit, quae erant pulcherrima illius saeculi.*
   zeigte sie dieser ihre Schmuckstücke, die die schönsten jener Zeit waren.
c) *Cornelia autem, ut illi vere responderet, aliquamdiu tacebat, et*
   Um ihr die richtige Antwort zu geben, schwieg Cornelia eine Weile, und
d) *cum e schola pueri redissent: „Haec", inquit, „ornamenta sunt mea."*
   als ihre Jungen aus der Schule zurückkehrten, sagte sie: „Das hier sind meine Schmuckstücke."

Präsentationswert (und Aktualitätsbezug): Mutterstolz über Jahrtausende hinweg.
   Der einfache dramatische Aufbau des Textstückes ist illustrativ: a) Situation, b) Exposition, c) Peripetie, d) Pointe als Lysis; *ornamenta* als *terme connecteur*.

3. Beispiel: Anekdote von Proculeius und Sohn
a) *Cum Proculeius quereretur de filio, quod is mortem suam exspectaret,*
   Als Proculeius über seinen Sohn klagte, daß dieser auf seinen Tod warte,
b) *et ille dixisset, se vero non exspectare,*
   und jener gesagt hatte, er warte wirklich nicht darauf,
c) *„immo", inquit, „rogo exspectes!"*
   sagte der Vater: „Ich bitte dich doch, darauf zu warten!"

Präsentationswert: besonders geistreicher, kurzer Text; eindrucksvolles Wortspiel, das der situativen Erläuterung bedarf.
   Erläuterung der Pointe: Proculeius nahm an, sein Sohn warte sehnsüchtig auf den Tod des Vaters, wohl um endlich volle Verfügungsgewalt über das väterliche Vermögen zu bekommen. Der Sohn verwahrt sich dagegen und beteuert, er warte wirklich nicht auf den Tod seines Vaters; der mißversteht die Antwort – er hört nur *non* und nicht das betroffen abwehrende *vero* – und findet seine schlimmsten Befürchtungen bestätigt; er bittet daher den Sohn darum, wenigstens auf seinen Tod zu warten, d.h. ihn nicht vorher umzubringen. Der Vater wünscht also zuerst: Wenn er doch nicht auf meinen Tod warten würde, und dann scheinbar das Gegenteil: Wenn er doch auf meinen Tod warten würde.
   Verschiedene Moralen der Geschichte:
– Kommunikation ist nicht nur ein semantischer, sondern vor allem auch ein psychologischer Vorgang.
– Bei zwischenmenschlichen Beziehungen liegt Mißverstehen aufgrund unbewußter Fehlreaktionen leider nur allzu nahe ...
– Söhne finden sich seit jeher von ihren Vätern mißverstanden.
– Wer mißtrauisch ist wie dieser römische Vater, findet seine Vorurteile immer wieder bestätigt.
– Der Autor, der römische Redekunstlehrer Quintilian, führt die Anekdote als Beispiel für ein bestimmtes Gesprächsverhalten an, wie man nämlich dem anderen „das Wort im Mund herumdrehen kann".[10]

4 Nachdenken über Latein – Argumente und Konzepte

In der angedeuteten Weise kann man Latein vor der Öffentlichkeit legitimieren, zumindest seine Existenzberechtigung plausibel machen. Durch den heilsamen Zwang, sich unter den anderen Fächern behaupten zu müssen, hat die altsprachliche Didaktik einen hohen Reflexionsstand erreicht; es gelang, argumentativ dem gegenläufigen Trend standzuhalten und Dauerdefensive durch Dauerreflexion zu ersetzen. Einige fachimmanente Werte wurden durch diesen Legitimationszwang überhaupt erst entdeckt, andere wurden präzisiert, einige gerieten unter Ideologieverdacht, andere erwiesen sich als obsolet; ich kann an dieser Stelle nicht weiter darauf eingehen.[11] Im folgenden geht es darum, einige Punkte zu präzisieren, die für die Lateindidaktik bedeutsam sind. Ich konzentriere mich dabei auf die Sekundarstufe I, verkürze also bewußt die Perspektive und gehe heuristisch davon aus, daß das, was übrig bleibt, wenn man von der Oberstufe absieht, einen Torso mit Eigenwert darstellt. Unbestritten bleibt allerdings, daß Latein von Texten, Inhalten, Interpretationsverfahren her um so interessanter wird, je länger es betrieben wird – weshalb man Latein spätestens in der 2. Hälfte der 10. Klasse und erst recht in der 11. so präsentieren sollte, daß es ‚kataphorisch' wirkt, also weitere Texterwartungen weckt (in meinen Überlegungen zur Lektüre philosophischer Texte auf der Mittelstufe wird dieser Gesichtspunkt eine Rolle spielen). Hinter den folgenden Ausführungen steht also unausgesprochen die Frage, ob sich der ganze Lernaufwand auch dann lohnt, wenn Schüler Latein auf der Studienstufe nicht mehr belegen können oder wollen. (Die Auswirkung der Latinumsregelung auf das Wahlverhalten der Schüler soll hier nicht untersucht werden.)

4.1 Latein als fundamentale, komplementäre, fakultative Sprache – Akzente und Akzentuierungen

Ich übernehme die Heupelsche Differenzierung von Kommunikations-, Informations- und Reflexionssprachen. Während beispielsweise Französisch oder Russisch je nach Länge und Intensität des Lehrgangs kommunikativ oder (nur) informativ gelehrt werden, bleibt Latein unabhängig von der Lehrgangsform stets Reflexionssprache. Ziel ist immer die reflektierte Wahrnehmung und Deutung sprachlicher Sachverhalte. Dabei gelten für Latein I und II im wesentlichen die gleichen Zielvorstellungen bei verschiedener Ausgangslage; Latein I ist alternativ zu Englisch, Latein II komplementär dazu zu konzipieren. Latein I setzt sprach- und lernpsychologisch elementarer an, hat mehr Zeit zum Verweilen bei den sprachlichen Phänomenen, arbeitet besonders anschaulich und stärker induktiv; Neugierverhalten, Lernfreude und Gedächtnisleistung sind Faktoren, die besonders in der Orientierungsstufe ins Gewicht fallen, die Bereitschaft, auswendig zu lernen, vor allem Vokabeln zu lernen, ist groß und sollte genutzt werden, dagegen sollte metasprachliche Unterweisung in den ersten beiden Jahren eher zurücktreten: man lasse die Phänomene wirken und liefere die Kategorien dazu erst in der Mittelstufe; man kann auch eine breitere Palette der Mittelstufenlektüre vorstellen. Latein II operiert zügiger, mehr deduktiv, appelliert stärker an frühe Einsicht in die sprachlichen Phänomene, bietet ein kürzeres und weniger detailliertes Lektüreprogramm an. Werden an einer Schule sowohl Latein I als auch Latein II angeboten, dann empfiehlt es sich, das gleiche Buch zu benutzen, um am Ende der 10. Klasse die beiden Lehrgangsformen soweit einander annähern zu können, daß vergleichbare Eingangsvoraussetzungen für die Studienstufe gegeben sind, wo Schüler von Latein I und II grundsätzlich die gleichen Grund- oder Leistungskurse besuchen.

Im Gegensatz zu Latein I und II ist die Lehrgangsform Latein III, meist in Klasse 9 einsetzend, prekär und schwierig; Latein III ist fakultativ, das Wahlmotiv oft vordergründig, nämlich doch noch ein Latinum zu erreichen, schulorganisatorisch ist es an den Rand gedrängt, oft wird es mit gekürzter Stundenzahl unterrichtet, ist daher auf ein gestrafftes Lernprogramm angewiesen, wobei Qualität und Anspruch neuerer Lehrbücher für Latein als 3. Fremdsprache in eklatantem, oft groteskem Widerspruch stehen zu der marginalen Rolle, die diesen Kursen, auch in der Optik der Schüler, in der Praxis zugedacht ist. Grundsätzliche Überlegungen zu spät beginnendem Lateinunterricht habe ich bereits im Handbuch Sekundarstufe II vorgelegt. Viele der dort aufgestellten Postulate sind in der Zwischenzeit in neueren Lehrwerken verwirklicht.[12]

Unbestritten ist, daß Latein möglichst an authentischen oder originalnahen Texten erlernt werden soll, und zwar um so entschiedener, je später ein Lehrgang einsetzt. Die mit dieser These gesetzten Probleme sind freilich weder ausdiskutiert noch gar praktisch gelöst. So zeichnet sich für Latein I noch gar keine Möglichkeit ab, den Basislehrgang in den Klassen 5 und 6 auf originalen oder leicht adaptierten Originaltexten aufzubauen (auf eine mögliche Anbindung von Lehrbuchtexten an Originalstellen komme ich unter Punkt 5.2 zu sprechen), und für Latein III ist die Frage konzeptionell durch die neueren Lehrwerke entschieden, zumal psychologische (das Alter der Schüler) und lernökonomische (die Kürze der zur Verfügung stehenden Zeit) Erwägungen diese Lösung geradezu suggerieren, aber die vielbeschworene Praxis sieht in diesem Fall leider oft anders aus: es strömen auch mäßig begabte oder motivierte Schüler in diese Kurse, das metasprachliche Reflexionsvermögen ist gering, weil nie geübt, elementare grammatische Kategorien müssen erst eingeübt werden, der synthetische Charakter der Sprache und die morphosyntaktische Kompliziertheit blockieren das Verstehen, die sog. freie Wortstellung originaler Texte, Ausdruck ihrer kommunikativen Dynamik, irritiert und läßt die Übersetzung nicht selten zu einem Puzzle-Spiel verkommen, die geringe Stundenzahl, oft eine nachmittägliche Doppelstunde, verschärft die an sich schon brisante Situation, und schreckt man die Schüler dadurch ab, daß man sie kognitiv überfordert, dann lösen sich fakultative Kurse rasch wieder auf; wer mit Lehrerfortbildung und Fachberatung zu tun hat, weiß um dieses Dilemma. Auch die von mir mehrfach vorgeschlagene Methode „textinterner Umformungen"[13] stellt sicher keine globale Lösung dar, wenn sie auch im Einzelfall hilfreich ist. Man darf aber Latein III nicht diskriminieren oder als peripher abtun: Methoden und Zielvorstellungen sind bei Latein I, II und III grundsätzlich gleich, so sehr auch die erreichbare Sprach- und Lesekompetenz divergieren mag, und die Unterschiede gegenüber den neueren Sprachen eklatant: Bewußtmachung sprachlicher Sachverhalte (Sprachreflexion), die Methode mikroskopischen Lesens und Analysierens, das damit verbundene beobachtende und bedenkende Verweilen in der Sprache von Texten, die dafür nötige Stetigkeit der Lernbemühung, um eine ‚Synthesis der Erfahrung' zu gewährleisten, die Bezogenheit auf eine historische Textwelt, der Widerstand, den Originaltexte modernem *ad-hoc*-Verstehen entgegensetzen, die Konzentration auf das Geschriebene, der – sieht man von dem elementaren Lernziel „Paradigmenwissen" ab – im wesentlichen passivrezeptive Umgang mit Sprache.

Ist Latein Fundamentalsprache, dann sollte die Methodik des Englischen auf die ‚Filterwirkung' der Erstfremdsprache achten: etymologische Hilfen beim Wortschatz, die Bereitstellung grammatischer Kategorien, aber auch syntaktischer *pattern;* ich erinnere an die Passivtransformation, den englischen ‚a. c. i.' u. a.[14] Lateinschüler übertragen ihre Spracherfahrung bewußt oder unbewußt auf die nächste Fremdsprache, so daß durch Latein einiges an Spontaneität und Unbefangenheit verlorengehen mag; Einübung von

Sprachreflexion, Fähigkeit zu systematischem Spracherwerb, hohe Lernmotivation, Bereitschaft, Vokabeln zu lernen, Verweilen-Können bei einer Sache und einem Thema, all das sind aber ‚Tugenden' des Lateinunterrichts, die auch für das Englische zumindest langfristig nützlich sind.

4.2 ‚Texträume' zum Lesen-Lernen durch Verweilen-Können

Mc Luhan hat eine Erziehung als ideal bezeichnet, die den notwendigen Zivilschutz gegen den Niederschlag der Massenmedien bewirke. „Wem Schwieriges immer so fabelhaft vorgekaut [...] serviert wird – und darauf, ihre Gegenstände flott zu bieten, sind die Medien ja erpicht – wie soll der noch lesen können?" fragt Joachim Kaiser.[15]

Hier könnte ein ‚humanistischer' Sinn des Lateinlernens liegen: eine gegenläufige Erziehung einzuleiten, die sich gegen ‚mundgerechte' Überfütterung informativer und unterhaltender Art richtet. Je konsequenter sich aber der Lateinunterricht von aufbereiteten Lehrbuchtexten löst, um so wirksamer erzieht er dazu, authentische, d. h. nichtmanipulierte ‚Botschaften' bereitzustellen, die erst durch persönliche Anstrengung zugänglich sind. Von diesem „Postulat des Authentischen" her, das u. E. für die altsprachliche Didaktik konstitutiv ist, leitet sich die schulpraktische Forderung ab, möglichst früh (und am besten bereits fundamental) originale oder doch originalnahe Lektüre zu betreiben, authentische Texte mit Präparationen statt präparierter Schulbuchtexte zu lesen. Bereits eine einfache Phrädrusfabel ermöglicht Interpretation (Merkmale der Interpretationsbedürftigkeit eines Textes: Verlust des ursprünglichen Adressatenbezuges und pädagogische ‚Entwendung', originale Sprachform, historische Dimension, literarische Qualität u. a.), während ein konventioneller Lehrbuchtext zwar paraphrasiert und nacherzählt werden kann, aber eigentlich keiner Interpretation bedarf, es sei denn, er würde die Kohärenzmerkmale originaler Texte (mit all ihren Redundanzen und Ellipsen) erreichen – und somit selbst zur Literatur werden –, oder aber man liest ihn metasprachlich (was auch wieder ein Interpretationsmodus wäre), etwa als Beleg für bestimmte grammatische Phänomene.[16]

‚Lesen lernen' realisiert der Lateinunterricht auf verschiedenen Ebenen: Man lernt, sich auf Geschriebenes zu konzentrieren und bei einzelnen sprachlichen Phänomenen zu verweilen; im ‚Textraum' vorwärts und dann wieder ein paar Schritte zurückzugehen; grammatische Mikroanalyse mit gestalthafter Wahrnehmung eines Ganzen zu verbinden; falls hilfreich, die Konstituenten und Dependenzen eines Satzes zu beschreiben: von den Gliedsätzen über die satzwertigen Teile wie a. c. i. oder A. m. P. und die Syntagmen bis hin zum Einzelwort; in einem sprachpsychologisch komplizierten Verfahren der „Disambiguierung": durch Versuch – Irrtum – Revision, Sinn und Tendenz einer Aussage zu erfassen; die Implikationen eines Textes (das Mit-Gemeinte) zu entdecken, auch das, was zwischen den Zeilen steht; und schließlich das Gemeinte dem jugendlichen Leser auszusetzen, so daß er darauf intellektuell und emotional zu reagieren lernt – all das sind geistige Operationen, ohne die kein Originaltext ‚bewältigt' werden kann. Sie werden an verschiedenen Inhalten und unterschiedlichen Textsorten, Sprach- und Denkstilen eingeübt, habitualisiert und auf die Erfahrung mit Texten vielfältiger Art transferierbar.

Aber auch wenn man originalnah einen Sprachlehrgang konzipiert, wird man den Schülern den Schock der Originallektüre nicht ganz ersparen können: die Erfahrung nämlich, daß grammatisches System und Textverwendung auseinanderklaffen, weil im Raum des Textes die Freiheit beginnt, während die Grammatik das Reich der Notwendigkeit darstellt; wer ‚normalisierte' Lehrbuchtexte verwendet, verwischt eklatant die Unterschiede zwischen *langue* und *parole,* zwischen dem Sprachsystem und seiner (freien) Verwendung. Daß die grammatischen Kategorien nur beschränkt auf die originalen Texte passen, daß also die sprachlichen Phänomene aktualisierter Äußerungen über die erlernbaren Kategorien dominieren – und doch auch wieder ohne kategorialen Rahmen gar nicht eingeordnet werden können –, das ist eine Erfahrung, die von Schülern nicht bewußt reflektiert zu werden braucht, um dennoch wirksam zu sein.

4.3 Der Rekurs auf „das nächste Fremde" – oder vom Mut zu „produktiver Ungleichzeitigkeit"

Lateinunterricht ist tendenziell wertkonservativ: wer dafür plädiert, der hält den ‚Welthorizont' der klassischen Antike nach wie vor für tradierenswert. Buch- und textbezogen vermittelt er die elementaren Techniken der Schriftkultur, indem er authentische Botschaften der antiken Welt zu dechiffrieren lehrt. „Die Gegenwart kenne ich nur aus dem Fernsehen, über das Mittelalter habe ich Kenntnis aus erster Hand" – diese ironische Wahrheit Umberto Ecos in der „Nachschrift zum «Namen der Rose»" gilt *mutatis mutandis* für den Anspruch des Lateinunterrichts, exemplarisch die mühsamen und anspruchsvollen Schritte zu den Originaltexten zu lenken. Sucht man das Stichwort für diesen Legitimationsanspruch, dann kann man auf die Formel von der „produktiven Ungleichzeitigkeit" zurückgreifen, die von dem Theologen Johann Baptist Metz geprägt wurde.[17] Ungleichzeitig ist alles, was nicht aktuell ist und sich unmittelbarer Verwertbarkeit entzieht, das Vor- und das Nachzeitige, Vergangenes und Zukünftiges, Tradiertes und Utopisches, erst recht tradierte Utopien. Produktiv ist Ungleichzeitiges beispielsweise dann, wenn man – um ein Blochsches Paradox aufzugreifen – entdeckt, wieviel Zukunft potentiell in der Vergangenheit liegt. Die multimediale Informations-, Konsum- und Werbewelt will uns aber auf strikte Gleichzeitigkeit programmieren, theologisch gesprochen: auf die totale Immanenz festlegen; sie zu transzendieren stört die geforderte Einpassung ins Gegenwärtige. Wer zurückblicke, gibt man uns zu bedenken, der bleibe zurück, und wer vorausdenke, relativiere den Augenblick, versäume eventuell den aktuellen Anschluß. Der altsprachliche Unterricht ist aber in Methode und Inhalt ein Phänomen der Ungleichzeitigkeit. Es werden in ihm nicht nur so altmodische Tugenden gepflegt wie Gründlichkeit, Konzentration, disziplinierte Intelligenz, er lehrt auch, die Äußerungen einer vergangenen Welt, die über die Sprache von Texten erschlossen wird, nicht als belanglos zu erleben. ‚Vermittlung der Antike' bedeutet ja, daß alte Texte beides sein können: sinnvoll an sich und sinnvoll für uns, so daß es sich lohnt, auf den authentischen Wortlaut zurückzugehen und die intellektuelle Anstrengung des Übersetzens und Interpretierens auf sich zu nehmen – nebst all der sprachlichen Einübung, die notwendig ist, bis man so weit kommt. Produktiv ungleichzeitig ist der altsprachliche Unterricht aber erst dann, wenn er das Paradox erfahrbar macht, daß alte Texte, die nicht für uns geschrieben sind: die ihren Adressatenbezug verloren haben und als Petrefakte ehemaliger Mitteilungen uns erreichen, interpretierbar und interpretationsbedürftig (geworden) sind und daß sie ‚Botschaften' enthalten, die uns betreffen können, weil sie bestimmte Prozesse des Nachdenkens in uns auslösen. Von der ersten Lateinstunde an bis in die Phase der Oberstufenlektüre wird das jeweils Aktuelle und Selbstverständliche dadurch relativiert, daß es durch Fremderfahrung gebrochen wird; als Ort von *otium* und *ludus,* von geduldig-spielerischem Verweilen in einer anspruchsvollen ‚Textwelt', ist der Lateinunterricht wissenschaftspropädeutisch im besten Sinne: Wissenschaft exemplarisch einübend, ohne sie vorwegzunehmen, der „kumulativen Linearität" (Derbolav) von Wissenschaft allein schon dadurch enthoben, daß aus einem abgeschlossenen Corpus von Texten ausgewählt wird.

In der Befähigung, sich für Stunden immer wieder vom Vordergrund des Aktuellen und Selbstverständlichen zu lösen, um Distanz als fruchtbaren Denk-Abstand zu erleben, liegt sicher eine humanistisch-humanisierende Chance altsprachlicher Bildung in unserer Zeit. Aus der Perspektive des reflektierenden Verweilens und verlangsamter, kontrollierter Wahrnehmung erklärt sich die Tatsache, daß dem Lateinunterricht ein konformer, unreflektierter Wirklichkeitsbezug abgeht. Der Wechsel (und die Verlangsamung) der Optik hat Denkabweichungen zur Folge, und wer divergierend denken gelernt hat, wird mehr zu hinterfragen haben, als wer seinen Standort nie verlassen hat. Insofern haftet einer sich nur im Horizont des Synchronen und Aktuellen bewegenden Pädagogik immer etwas Provinzielles an, so modern sie auch auftreten mag.

Als Fach intensiver sprachlicher Ausdrucksschulung richtet sich Lateinunterricht von Gegenstand und Methode her konsequent gegen die Verwahrlosung des Sprachgebrauchs und gegen die Primitivierung von Denken und Vorstellen durch die anonymen und kollektiven Miterzieher, gegen spezielle Formen der Entfremdung also und der „sensorischen Deprivation", die der Medienwissenschaftler Jerry Mander z. B. bei hohem und suchthaftem Fernsehkonsum Jugendlicher feststellte.[18]

Es wäre sicher zu hoch gegriffen und ginge auch an der schulischen Realität vorbei, wollte man dem Lateinunterricht eine wirksame Gegensteuerung zutrauen, als könne er auffangen und wiedergutmachen, was an Umweltschäden im seelischen Bereich sich auswirkt, zumal man nicht übersehen darf, wieviel Schaden auch Latein durch unsensible Methoden und Lehrer anrichten kann. Immerhin werden in den letzten Jahren von Eltern, die sich für ihre Kinder zu Latein entscheiden, nicht selten Argumente vorgebracht, die in diese Richtung gehen; so erwartet man vom Lateinunterricht eine gewisse psychische Stabilisierung; man hofft, daß er Konzentration fördere, der Ablenkbarkeit entgegenwirke, durch den Zwang zur Beständigkeit und die Verlangsamung des Lese- und Wahrnehmungstempos die bisweilen hektische Überwachheit und Nervosität der Kinder beruhige, so daß Latein gerade wegen seiner Armut an Effekten effektiv erscheint. Ob altsprachlicher Unterricht den Anspruch therapeutischen Ausgleichs erfüllen kann, bleibe dahingestellt, zumal sich Lateinlehrer noch kaum kompensatorischer Verantwortung bewußt sind; ganz von der Hand zu weisen ist es nicht, falls dieser Anspruch mit der nötigen Selbstbescheidung und ohne alternatives Gehabe vorgetragen wird. Es währe lohnend, einmal dem Gedanken nachzugehen, wieweit manche ‚Tugenden' altsprachlicher Bildung manchen aktuellen ‚Lastern' geradezu entgegengesetzt sind. Ich will in diesem Rahmen den kompensatorischen Möglichkeiten des Faches nicht im einzelnen nachgehen und nur einen Punkt herausgreifen.[19] Das Fernsehen suggeriert uns täglich, daß unzusammenhängende und sprunghafte Bildabfolgen normal seien (man denke an Werbespots, aber auch an viele Kindersendungen und Trickfilme); man hält ferner Mehrfachkodierung von Sprache mit unterlegtem Bild und musikalischer Untermalung zur Darstellung des gleichen Sachverhaltes für normal, wobei Wort, Bild und Ton in keinem natürlichen Zusammenhang mehr stehen, aber diesen durch totale Illusion suggerieren. Dem steht nun offensichtlich ein Lernziel des altsprachlichen Unterrichts als Korrektiv gegenüber, nämlich die Fähigkeit zu entwickeln, Texte von hoher Kohärenz zu verstehen. Bekanntlich stellt die antike Literatur, Kunstprosa wie Poesie, hohe formale, sprachlogische und ästhetische Ansprüche, was Verknüpfung der Gedanken, Komposition und Zusammenhang betrifft, so daß Lateinunterricht über mehrere Jahre hin auch als „Kohärenzeinübung" beschrieben werden könnte. Nun ließ sich aber nachweisen, daß die Fähigkeit zu kohärenter (nichtsprunghafter) Wahrnehmung und entsprechender sprachlicher Äußerung ein wichtiges Merkmal psychosozialer Gesundheit ist und Kohärenzverlust („Zusammenhanglosigkeit als normal empfinden") als psychisches Krankheitssymptom zu gelten hat.[20] Darüber wäre nachzudenken.

5 *Canere receptui?* Plädoyer für innovative Lateindidaktik

Die intensive didaktische Reflexion der letzten 15 bis 20 Jahre über die Vermittlung der Alten Sprachen mag im einzelnen über das Ziel geschossen sein, Wünschenswertes mit Realisierbarem verwechselt haben, eine Rückkehr zum *status quo ante* ist dennoch nicht möglich, der erreichte Horizont der Reflexion nicht rückgängig zu machen; wenigstens stichwortartig soll daher die Richtung markiert werden, in der sich ein didaktischer Konsens ermitteln läßt.

5.1 Die Rettung des linguistischen Ansatzes

Das erreichte Niveau der Sprach- und Textreflexion, die gewonnene Sensibilisierung für den Vorgang der ‚Vertextung' und der Dekodierung, haben Lehrbuch- und Lektürearbeit verändert; nicht denkbar ist, daß man hinter dieses Niveau wieder zurückfällt und unter Verweis auf scheinbar Altbewährtes den Fortschritt in den satz- und textlinguistischen Beschreibungsformen vergißt.

Die Anwendung dieser Methoden wird ein Schwerpunkt fachdidaktischer Beratung und fachbezogener Lehrerfortbildung sein müssen.[21]

5.2 Das Prinzip des Authentischen

Sprach- und lernpsychologisch begründet ist die Forderung, Latein nicht jahrelang an künstlichen Texten zu erlernen, sondern möglichst früh über bestimmte Adaptionsstufen an Originallatein heranzuführen. Auch kompetente Altphilologen können den fachtypischen Mangel an „native speakers" nicht ersetzen. Notwendige Modifikationen dieses Prinzips brauchen hier nicht diskutiert zu werden, die Praxis relativiert es fast automatisch auf den realisierbaren Kern. Mögliche ‚Kompromißformen' müßten diskutiert werden, etwa folgende Erfahrung: Bei Benutzung konventioneller Lesestücke, die inhaltlich auf antike Quellen zurückgehen, kann man gelegentlich das Original ergänzend heranziehen. Ein Beispiel: In einer 7. Klasse (altsprachlich) las man gerade die Geschichte von dem Freundespaar Nisus und Euryalus; da bot es sich an, bei Vergil nachzuschlagen und Originalverse mit dem die Situation (und Autorintention) verkürzenden Lehrbuchtext in Beziehung zu setzen – auch das eine Form, um zum Originaltext hinzuführen. Der Gewinn war ein dreifacher: die Arbeitsweise des Lehrbuchautors wurde durchschaubar, die Vereinfachung des Lehrbuches erfahrbar und der fundamentale Unterschied deutlich zwischen ‚gemachtem' und ‚echtem' <u>und daher</u> schwierigem Latein, das keinen ‚natürlichen' Adressatenbezug mehr hat.

5.3 Integrierte Morphosyntax

Die Lateindidaktik trennte früher mehr oder weniger strikt zwischen Formen- und Satzlehre. Orientierungsrahmen war der Leitfaden der Systemgrammatik, und die Darstellung der Satzlehre setzte die Formenlehre voraus – ein Prinzip, das sich z. B. in der Abfolge der Pensen (erst Perfekt, dann Plusquamperfekt, dann Futur II …) niederschlägt. Die neuere Didaktik arbeitet dagegen konsequent syntaxbezogen, die Paragraphenabfolge einer Paradigmengrammatik liefert ja keine Kriterien für die lernpsychologische Vermittlung einer Sprache. a. c. i. und A. m. P. werden daher in Lehrwerken mit integrierter Morphosyntax nicht getrennt von den entsprechenden Kasusmorphemen eingeführt, sondern ‚integriert', d. h., der a. c. i. stellt sich als eine besonders komplexe (satzwertige) Akkusativfunktion heraus und kann daher sehr früh, nämlich bald nach dem Erlernen der Akkusativformen, im Zusammenhang mit den anderen Akkusativfunktionen eingeführt werden, das gleiche gilt dann für den Ablativ in seiner ‚absoluten' Form. Dieses morphosyntaktische Grundprinzip wurde einst von Ianua Nova – freilich mit einem aus heutiger Sicht unzulänglichen Textangebot – im ersten Band (und leider nur da) konsequent durchgeführt und hat sich seitdem vielfach bewährt; Skeptiker sehen freilich zwei Mängel, die aber weniger den neueren Lehrbüchern als unbedachter Benutzung anzurechnen sind:

1. Es fehlen oft ausdrückliche Hinweise, daß auf eine aktive Beherrschung morphologischer Reihen nicht verzichtet werden kann. Notwendig daher zu betonen, daß <u>Paradigmenwissen</u> nach wie vor ein notwendiges Lernziel des Lateinunterrichts darstellt, nur stehen Paradigmen (Aufsagen von Deklinations- und Konjugations-Schemata) jetzt nicht mehr am Anfang des Lernprozesses, sondern an dessen Abschluß. Die modernen Lehrwerke suggerieren aber dem Unerfahrenen leicht die Entbehrlichkeit paradigmatischen Wissens überhaupt.
2. Mit diesem Mangel hängt ein zweiter zusammen: Was bei älteren Übungsbüchern oft bis zum Überdruß verlangt war, nämlich Formenerkennungsübungen und die dazugehörenden Verwechslungs- und Kontrasterfahrungen (z. B.: paralleles Konjugieren von adsum – adiuvo – auxilior; die semantische Vieldeutigkeit der Endung -i), wird jetzt eher implizit vorausgesetzt als direkt verlangt. Sieht man aber von diesen – vom Lehrer leicht zu behebenden – Mängeln (oder Selbstverständlichkeiten) ab, so ist doch das textbezogene Übungsmaterial in den meisten neueren Lehrwerken so reichhaltig, daß texterschließende Fähigkeiten auf allen ‚Textebenen' – morphosyntaktisch, semantisch und pragmatisch – eingeübt werden.

5.4 Latein ist ‚Welt als Text'

Der Priorität syntaktischer Funktionen vor isolierten grammatischen Formen entspricht die dominierende Rolle des Textbegriffes als Textsemantik und Textgrammatik gegenüber dem Einzelsatz; moderner Lateinunterricht meidet daher kontextlose Sätze, deren Inhalt meist belanglos ist, weil sie im Grunde metasprachlich zu lesen sind: als Beispiele für bestimmte grammatische Pensen. Der Text – ob leicht adaptiert oder original – ist Zentrum des Unterrichts, die Inhaltsseite ist Ziel jeder formalen (morphosyntaktischen) Analyse, die Antike als ein ‚semantisches Universum' eigener Art gewinnt früh Konturen; ‚Fremderfahrung' wird nicht vermieden, sondern direkt angestrebt, und so bedürfen ‚echte' Texte jeweils einer kontextuellen Einführung in deutscher Sprache, und sie sind – und darauf kommt es an – bereits mitten in der Phase des Spracherwerbs als Texte interpretierbar, so daß von Anfang an alle Formen des reflektierenden Umgangs mit Texten eingeübt werden.

5.5 Der Lateinunterricht als Fach ‚kontinuierlicher Synthesis' und einheitlicher Spracherfahrung

Lateinunterricht ‚alter Schule' geschah in drei Blöcken mit jeweils ziemlich abrupten Übergängen: erst die Paukphase des Übungsbuches, dann sturer Übersetzungsdrill am Caesartext, dann – eigentlich erst in den Primen – interpretierende ‚gehaltvolle' Lektüre. Diese Grobdifferenzierung mit ihren harten Übergängen ist in dem Augenblick hinfällig, von dem an man syntax- und textbezogen Latein lernt und Texte mit wachsender ‚Authentizität' vorstellt, so daß auf die alte Vertröstungsstrategie: Wenn du dich jahrelang fleißig bemühst, wirst du später auf der Oberstufe mit interessanten Texten belohnt, verzichtet werden kann.

5.6 Überwindung des Standpunktes „aut Caesar aut nihil"

Einwände didaktischer und psychologischer Art gegen eine Monopolstellung der Lektüre des Bellum Gallicum auf der Mittelstufe habe ich an anderer Stelle formuliert.[22] Es geht dabei nicht darum, Caesar als Autor der Mittelstufe abzuschaffen oder sein Werk zu desavouieren, sondern seine dominierende, oft exklusive Rolle dadurch zu relativieren, daß andere Textsorten und Inhalte der Latinität zum Zuge kommen, so daß Caesar nur noch als ein Mittelstufenautor neben anderen erscheint. Die ältere Generation der Lehrbücher vermittelte notorisch Wortschatz, Syntax und Stilistik Caesars, wodurch die Mittelstufenlektüre aufgrund einer erst im 19. Jahrhundert getroffenen und dem Geist dieser Zeit verhafteten Entscheidung bis auf den heutigen Tag in solchem Maße geprägt wurde, daß man Latein immer noch fast automatisch mit Caesar assoziiert.

Die Diskussion ist noch keineswegs abgeschlossen, doch besteht soweit Konsens, daß zumindest neben Caesar eine breite Palette von Lektürevorschlägen für die Mittelstufe getreten ist, die auch offiziell, in Lehrplänen und Handreichungen, ihren Niederschlag gefunden haben. In diesem Zusammenhang wurde auch der Begriff Anfangslektüre weiter ausdifferenziert, um die Kontinuität der altsprachlichen Textarbeit zu verdeutlichen, so daß man z.B. von lehrbuchbegleitender, Übergangs-, Anfangs-, Haupt- und Interimslektüre sprechen mag.[23] Viele Textsorten und entsprechende Lektürevorschläge sind so ins Blickfeld der Mittelstufe getreten, und im 2. Teil dieses Handbuches werden dazu Specimina vorgelegt; die Skala reicht von Poesie, Komödie und Roman bis hin zu Vulgatatexten, Legenden und ersten Versuchen philosophischer Reflexion; an Perspektiven für die Mittelstufe fehlt es also nicht. Wieweit dieser ‚Reichtum' freilich nach Abschluß der Phase elementaren Spracherwerbs noch thematisiert werden kann, bleibt bei realistischer Beurteilung der Lage ungewiß; bei grundständigem Latein wird man vielleicht bis zu Terenz' Adelphen kommen und bei Latein als 2. Fremdsprache vielleicht die Mostellaria abschließend in Betracht ziehen – um nur zwei derzeit beliebte Werke zu nennen; entscheidend ist nicht *plurima lectio,* sondern ein vielfältiges und einfallsreiches ‚Anzapfen' der Latinität. Die 10. Klasse und der Abschluß der Mittelstufe stellen eine Art Drehscheibe für den Lateinunterricht dar; bis dahin muß sichtbar geworden sein, welche Textvorstellungen und Texterwartungen mit Latein künftig zu verbinden sind.

6 Aporien mit Latein: Modernitätsdefizit und Elitedenken

Alle Versuche, den Lateinunterricht zu begründen und zu rechtfertigen, enden dort, wo man sich ungelösten und wohl auch unlösbaren Problemen gegenübersieht. Man sollte sie nicht verdrängen, sondern auf den Begriff bringen und dadurch in die Legitimationsfrage integrieren. Ich will vier Punkte benennen und beim letzten etwas länger verweilen:

6.1 Dilemma I: Latein, Muße und leisure-orientierte Gesellschaft

Latein, wir sahen es, erzieht zum aufmerksamen Verweilen in Texträumen der Vergangenheit, methodisch ist es eine Schule verlangsamten Lesens, der Alphabetisierung für Fortgeschrittene; dahinter steht aber der antike – und bürgerlich-humanistische, z.B. Schopenhauerische – Gedanke, daß jeder genau so viel wert sei, wie er Muße habe, wie die geistige Welt, über die er verfügt. Methoden und ‚Rüstzeug' dazu sollte das Gymnasium vermitteln, wobei dahingestellt sei, wieweit Anspruch und Wirklichkeit, Ideologie und Realität auseinanderklafften.

Wie legitimiert sich aber eine Erziehung, die an die Autarkie des Individuums appelliert und deren höchstes Lernziel „Fähigkeit zum Genuß literarischer Werke" heißt, in einer Gesellschaft, die Konformität nicht zuletzt dadurch erzwingt, daß sie Freizeit kollektiv immer mehr verplant und manipuliert? Ist in einer multimedialen (und in ihrer Art faszinierenden) Konsum- und Freizeitwelt mit ihren totalitären, die Innenwelt des einzelnen verändernden Tendenzen vorstellbar, daß man die Vermittlung der Antike über die Alten Sprachen weiterhin duldet oder gar fördert, wo doch an Latein Verhaltensdispositionen eingeübt werden, die zumindest bestimmten Trends der westlichen Gesellschaften entgegenlaufen? Läßt sich das einst von Alexander Mitscherlich geforderte „dialektische" Erziehungsziel, nämlich in die Gesellschaft einzuüben und gleichzeitig gegen ihre Zwänge und Deformationen zu immunisieren[24], an staatlichen Schulen und gar am Fach Latein realisieren – und wieweit stehen die professionellen didaktischen Vermittler der Antike hinter diesem Erziehungsziel?

6.2 Dilemma II: Antiquiertheit der Antike und das Problem der historischen Kontinuität (isomorph/allomorph)

Es gibt keine verläßliche Brücke, die uns von der Antike und den damals akuten und aktuellen Problemen in die Gegenwart der achtziger Jahre hinüberträgt: trotz „existientiellem Transfer" (H. Munding), Betonung der Rezeptionsgeschichte und Hinweis auf die anthropologische Bedeutsamkeit alter Texte für eine differenzierte Gegenwartserfahrung. Auch wenn man die Isomorphien und die Kontinuität zwischen damals und heute betont und das Allomorphe: das Andersartige, Überholte und obsolet Gewordene, als ‚divergierendes Denken' deklariert und pädagogisch fruchtbar macht, bleibt die Erfahrung, daß antike Texte und Lebensvorstellungen viel schwerer als früher zu vermitteln sind, daß die Antike für junge Menschen zunehmend ‚allomorpher' wird. Die Formel von der Antike als dem „nächsten Fremden"[25] ist fast zu griffig und einprägsam, droht auch, je öfter man sie verwendet, zu einer Leerformel zu werden. Wenn Kontrasterfahrung durch Allomorphie so wichtig ist, warum dann nicht gleich an Sanskrit oder klassischem Chinesisch, wo keine Ideologie vermeintlicher Nähe stört und somit ‚reine Allomorphie' didaktisch zum Zuge käme? Hier wird noch viel ‚Dauerreflexion' zu leisten sein, zumal die neuen Medien und die von ihnen suggerierte Welt- und Selbstinterpretation am altsprachlichen Unterricht nicht spurlos vorübergehen werden.

6.3 Dilemma III: ‚Kognitiver Überhang'

Die ‚Tugenden' von Latein sind – wie alle Tugenden – einseitig und dominierend. Wo Sprach- und Textreflexion im Mittelpunkt stehen, ist ‚kognitiver Überhang' unvermeidbar; es fehlt also an Handlungsbezogenheit und Spontaneität, an Leichtigkeit und Kreativität, an Abwechslung und oft auch an Humor (des Gegenstandes und seiner Vermittlung), und mögen solche Vorwürfe auch überzeichnen, so treffen sie doch eine fachtypische Eigenart, die nie ganz ausgeglichen werden kann: Trotz altphilologischem Kreativitätstraining[26] wird Latein schwer bleiben, wenn es weiterhin eine gründliche sprachliche und literarische Elementarbildung vermitteln soll. Die Frage stellt sich nun, ob dieses reflexionslastige Fach künftig noch gesellschaftlich erwünscht ist: Wieweit wird man akzeptieren, daß man an einer toten Sprache Vokabeln, Grammatik und Übersetzungstechnik lernt, wenn man demnächst auch elementare Mathematik nur noch elektronisch schnell zu bewältigen braucht?

6.4 Dilemma IV: Modernitätsdefizit und Elitedenken

Welche Beziehung besteht zwischen dem quantitativ doch sehr geringen Umfang von Originaltexten, die ein Lateinschüler im Laufe seiner Gymnasialzeit liest, und dem sozialen und kulturellen Umfeld, in dem er lebt? Anders ausgedrückt: Kann man es kulturpolitisch und demokratisch rechtfertigen, daß von wenigen jungen Menschen recht wenig (und zwangsläufig recht einseitiges) originales Latein rezipiert wird, und zwar offiziell als Angebot der Institution Schule, ohne daß eine wie immer geartete Öffentlichkeit da ist, die diesen Rekurs auf die *fontes* reflektiert, mitträgt und dadurch rechtfertigt? Das Problem verschärft sich – und wird überdeutlich – am Beispiel des Griechischen. Es bleibt dann wirklich nur eine (qualifizierte?) Minderheit von Schülern (und Lehrern) übrig, die in einer Art ökologischer Nische ein anspruchsvolles Fach mit nicht minder anspruchsvollen Lehrwerken betreibt, ohne daß dieses Tun irgendeinen feststellbaren ‚Sitz im Leben' der Umgebung dieser jungen Menschen hätte. Zehn Schüler lesen beispielsweise ein halbes Jahr lang eine Tragödie des Sophokles im griechischen Urtext, wobei man nicht zu bezweifeln braucht, daß das für die Betreffenden fruchtbar und anregend ist, aber es spielt sich, soziokulturell gesehen, in einem luftleeren Raum ab. Um dieses Vakuum zu überbrücken (eigentlich müßte man ja umgekehrt die Brücke von der sog. „breiten Öffentlichkeit" her schlagen, denn Unterrichtsgegenstände staatlicher Schulen müßten Reflex eines öffentlichen Bedürfnisses sein, statt daß Resonanz erst über die Schule zu wecken wäre), wegen dieses Brückenschlages also wird es nicht genügen, gelegentlich vor geladenem Kreis Latein zu präsentieren. Man müßte Mittel und Wege finden, um die Öffentlichkeit stärker an die Inhalte lateinischer Literatur heranzuführen: durch gute und lesbare Übersetzungen, durch wissenschaftliche Essayistik, Vortragstätigkeit und Radioessays beispielsweise. Das hätte freilich auch Konsequenzen für die Didaktik der Alten Sprachen. Wir dürften uns künftig nicht damit begnügen, antiken Texten mühsam ihren Sinn zu entlocken; man müßte dann auch zweisprachige Textausgaben und gedruckte Übersetzungen antiker Werke in den Unterricht einführen.[27] Nur so ließe sich allmählich die Kluft überbrücken zwischen dem, was sich, fern der Öffentlichkeit, im Lateinunterricht abspielt, und der Umwelt, die davon kaum Notiz nimmt, es sei denn, die Interessen der eigenen Kinder kommen ins Spiel. Solange Latein nur die Schulstube beherrscht, sich von der Institution Schule tragen läßt und die Rückmeldung an die Öffentlichkeit versäumt, ist es als kultureller Faktor demokratisch nicht ausgewiesen.

Mit einem vierfachen Dilemma zu schließen mag ernüchtern, doch sollte man manche Probleme ins Auge fassen, bevor sie von außen auf das Fach zukommen. Latein ist weder ungeschützt noch unbegründet; altmodisch in Methode und Gegenstand, kann es gleichwohl zum Korrektiv eindimensionaler, an Sach- und Technologiezwängen orientierter Pädagogik werden, ‚produktive Ungleichzeitigkeit' vielfältig einüben.

Der Pädagoge Rainer Winkler stellte vor einigen Jahren fest[28]: „Sie, die Medienkinder, lernen anders und auf andere Weise. Schon ihre sechs Sinne werden völlig neu ‚geschult': Sie sehen in der Regel bewegliche und bunte Bilder, keine statischen Buchstaben. Sie hören Geräusche in Stereo und Quadrophonie, keine einzelnen Laute und Monologe [...] Sie tasten über Plastik und Kuscheltiere, kaum über Baumrinde und Gräser [...] Wir Älteren lernten noch stetig, literarisch, deduktiv-synthetisch, systematisch, erst das Konkrete, Nahe und Leichte, dann das Abstrakte, Ferne und Schwere. Meine Schüler lernen kursorisch, elektronisch, sprunghaft, ganzheitlich, mosaikartig, visuell und katathym. Was also tun?" Man sollte es sich nicht zu leicht machen und für die von Winkler konstatierten Defizite sofort mit Latein einspringen, da es ja genau das Vermißte, nämlich Stetigkeit, Systematik, Deduktion und literarische Bildung, vermittle; möglicherweise kann man noch gar nicht ermessen, in welchem Umfang Wahrnehmung und Bewußtsein, ja der Charakter junger Menschen durch die neuen Medien verändert werden. Pasolini sprach bereits beim Fernsehen von einer „anthropologischen Mutation"[29], und die Erfahrung lehrt, daß bestimmte Entwicklungen und globale Trends nicht mehr rückgängig zu machen sind, jedenfalls nicht in vorhersehbaren Zeiträumen. Sollte man also wohlgemut „Latein und Computer" aufs Programm schreiben, zumal es die Kultusverwaltungen so wünschen? Ich glaube nein. Der Computer ist ja kein Medium herkömmlicher Art, wie z.B. das Lexikon, er zwingt vielmehr suggestiv und unerbittlich seine digitale ‚Denk'-Struktur dem Benutzer auf. Lateinunterricht bleibt aber nur dann sinnvoll, wenn er nach wie vor die elementaren Techniken der Schriftkultur vermittelt. Nur so kann er auch gewisse, durch die elektronischen Medien geschaffene Einseitigkeiten ausgleichen, zumal diese verhindern, daß die elementaren Techniken geistigen Arbeitens überhaupt noch eingeübt werden. Es sollte also m.E. auch noch in der „Schule 2000" computer-freie Räume geben, damit dieses *suo loco* unbestritten nützliche Medium nicht zum Omnivoren wird. Man übe daher konsequent und möglichst mit Humor die altmodischen Tugenden von Latein mit Hilfe von Buch, Papier, Tafelbild und Unterrichtsgespräch. Für elementares Lateinlernen ist der Computer überflüssig, für die komplexeren Vorgänge der Texterschließung und der Sprachreflexion ist er ungeeignet.

Pädagogische Psychologie betont Kontrast als Lernprinzip: „Bildungsvorgänge werden durch Dissonanzen gefördert und nicht durch Konsonanz".[30] Daß Lateinlernen kompensatorisch sei und daß darin eine didaktische und kulturelle Chance liegen könnte, diese Vermutung ist des Nachdenkens wert.

Anmerkungen

1 Barié, P.: Thesen zum altsprachlichen Unterricht. In: Höhn, W./Zink, N. (Hrsg.): Handbuch für den Lateinunterricht Sekundarstufe II. Frankfurt a. M. 1979, 1–17; ders. in: Die ‚mores maiorum' in einer vaterlosen Gesellschaft. Ideologiekritische Aspekte literarischer Texte, aufgezeigt am Beispiel des altsprachlichen Unterrichts. Frankfurt a. M. 1973, bes. 7–24; ders.: Aphorismen zur Theorie und Praxis des altsprachlichen Unterrichts. In: Festschrift des Eduard-Spranger-Gymnasiums Landau. Landau i. d. Pfalz 1972, 106–114; ders.: Unzeitgemäße Gedanken zum Nutzen der Alten Sprachen für das Leben. In: Von der Lateinschule des Rates zum Eduard-Spranger-Gymnasium Landau in der Pfalz 1432–1982, 128–147.
2 Jens, W.: Antiquierte Antike? Perspektiven eines neuen Humanismus. In: Republikanische Reden. München 1976, 41–58.
3 Sattler, H.: Versuche mit der ‚Sprechmethode' im lateinischen Anfangsunterricht. In: AU III 5/1959 62 ff.
4 Vgl. meinen Beitrag: canere aude. In: AU XXII 5/1979; und das AU-Heft XXIII 5/1980 mit dem Thema: Musik und altsprachlicher Unterricht (Hrsg.: Glücklich, H.-J.).
5 Vgl. die umfassende Studie von Westphalen, K.: Englisch und Latein. Fundamentalsprachen des Gymnasiums. In: AU Beilage zu Jahrgang XXVII 3/1984 (mit reichem Literaturverzeichnis).
6 Heupel, C.: Latein oder Französisch? In: Handbuch (s. Anm. 1), 31–57.
7 Vgl. aber Seidemann, O.: Testpsychologische Entscheidungshilfen bei der Wahl zwischen Englisch und Latein. Unveröff. Manuskript 1973; und die Auswertung bei Westphalen (s. Anm. 5).
8 Ich verwende den sog. P-S-B-Test (Prüfsystem für Schul- und Bildungsberatung) von Horn, W., Göttingen.
9 Vgl. z. B. Aebli, H.: Die geistige Entwicklung als Funktion von Anlage, Reifung, Umwelt und Erziehungsbedingungen. In: Roth, H. (Hrsg.): Begabung und Lernen. Stuttgart (Klett) [12]1980.
10 Vgl. zu dieser Stelle (Quint. 9,3,68) Lausberg, H.: Elemente der literarischen Rhetorik. München [6]1979, § 292.
11 Vgl. aber z. B. Nickel, R.: Die Alten Sprachen in der Schule. Didaktische Probleme und Perspektiven. Kiel 1974 (Landesinstitut für Praxis und Theorie der Schule); ders. (Hrsg.): Didaktik des altsprachlichen Unterrichts. Deutsche Beiträge 1961–1973. Darmstadt (Wege der Forschung Band CCCCLXI) 1974.
12 Barié, P.: Formen späten Lateinbeginns. In: Handbuch (s. Anm. 1), 82–92.
13 Vgl. z. B. das Textbeispiel in: Barié (s. Anm. 12), 87–88.
14 Vgl. Impulse 4 (1981) der Arbeitsgemeinschaft Altsprachliches Gymnasium und Altsprachlicher Unterricht (Hrsg.: Kultusministerium Rheinland-Pfalz) mit Beiträgen zur Fremdsprachenwahl.
15 Süddeutsche Zeitung Nr. 163, 19. 7. 1978.
16 Auf den metasprachlichen Charakter lateinischer Schultexte machte aufmerksam Barthes, R.: Mythen des Alltags. edition suhrkamp Nr. 92, 94–95; vgl. auch Barié: Die ‚mores maiorum'. . . (s. Anm. 1), 8.
17 Vgl. den gleichnamigen Aufsatz in: Habermas, J. (Hrsg.): Stichworte zur ‚geistigen Situation der Zeit'. 2. Bd. Frankfurt a. M. [3]1980, 529 ff.
18 Vgl. dazu Priesemann, G.: Vom Logos zum Eidos. Zum Problem einer eidetischen Grammatik. In: Mitteilungsblatt für Lehrer der Alten Sprachen in Schleswig-Holstein, Heft 1/2 und 3/1980.
19 Überlegungen im Anschluß an Priesemann (s. Anm. 18).
20 Lorenzer, A.: Sprachzerstörung und Rekonstruktion. Vorarbeiten zu einer Metatheorie der Psychoanalyse. Frankfurt a. M. 1970.
21 Vgl. Barié, P.: Lehrerfortbildung in den alten Sprachen. Thesen aus der Optik des Fachberaters. In: Alte Sprachen in Rheinland-Pfalz und im Saarland, Heft 2/1982, 16–19.
22 aut Caesar aut nihil? 10 Thesen zur Dominanz des Bellum Gallicum auf der Mittelstufe. In: Mitteilungsblatt des Deutschen Altphilologenverbandes Nr. 4, Dez. 1982; Erwiderung von Munding, H.: Eine Lanze für Caesar. In: Mitteilungsblatt Nr. 2, Juni 1983; und meine Replik: „Eine Lanze für Caesar" – eine überflüssige Metapher. In: Mitteilungsblatt Nr. 1, März 1984.

23 Vgl. z.B. den Überblick über die Lektüreformen und Lektüreinhalte im Lateinunterricht auf der Sekundarstufe I in: Lateinische Lektüre Sekundarstufe I – Themen – Texte und Ziele. Mainz 1981 (Kultusministerium Rheinland-Pfalz).
24 Auf dem Weg zur vaterlosen Gesellschaft. Ideen zur Sozialpsychologie. ^{10}1973 (Neuausgabe) (Serie Piper 45).
25 Die Formel stammt von Hölscher, U.: Die Chance des Unbehagens. Göttingen 1965.
26 Keulen, H.: Kreativität und altsprachlicher Unterricht. Pädagogisches Institut Düsseldorf, Schriftenreihe Heft 40, Sept. 1978; Barié, P.: Beobachtungen zum Selbstverständnis des Altphilologen. In: Impulse 1 (1978), 1–17 (s. Anm. 14).
27 Zur Berücksichtigung der Übersetzung und zur Didaktik „synoptischer" Textarbeit vgl. Barié, P./Eyselein, K.: Amor und Psyche. Ein Liebesmärchen des Apuleius. In der Reihe: Fructus. Arbeitsmaterialien Latein. Freiburg/Würzburg 1983. Lehrerheft S. 54–59.
28 Die Zeit Nr. 51, 16. Dez. 1983, 33.
29 Pasolini: Freibeuterschriften. Quarthefte 96. Berlin o. J.
30 Westphalen (s. Anm. 5), 23.

Rainer Nickel

Lateinunterricht auf der Sekundarstufe I

1   Abgrenzung und Profilierung

Die folgenden Ausführungen dienen der Bestandsaufnahme neuerer didaktisch-methodischer Überlegungen zum Lateinunterricht auf der Sekundarstufe I (hier: S I), die die Jahrgangsstufen 5–10 des gesamten allgemeinbildenden Schulwesens[1] einschließlich der Gesamtschule[2] umfaßt. Die Jahrgangsstufen 5–6 haben jedoch eine besondere pädagogische Aufgabe: Sie sollen als schulformabhängige oder -unabhängige Orientierungsstufe[3] dem Schüler die Möglichkeit bieten, seine Lernmöglichkeiten und Interessengebiete zur Vorbereitung auf die Wahl eines geeigneten Bildungsganges im weiteren Verlauf der S I kennenzulernen.

Der Lateinunterricht auf der Orientierungsstufe[4] wird aber dem Zweck der ‚Orientierung‘ nur insofern gerecht, als er dem Schüler die Anforderungen der S I, soweit sie das Gymnasium betreffen, veranschaulicht. Denn die Richtlinien und Lehrpläne für Latein auf den Jahrgangsstufen 5 und 6 sehen eine Fortsetzung des Lateinunterrichts auf den Jahrgangsstufen 7–10 des Gymnasiums vor. Diese Tatsache wird schon dadurch zum Ausdruck gebracht, daß die Richtlinien der meisten Bundesländer den Lateinunterricht auf den Jahrgangsstufen 5–10 als Einheit darstellen. Eine Ausnahme bildet z. B. Niedersachsen mit getrennt publizierten Orientierungsstufenrichtlinien, ohne daß es jedoch gelungen ist, dem Lateinunterricht ein orientierungsstufenspezifisches Profil zu geben. Ebensowenig gibt es spezielle Lehrbücher für Latein auf der Orientierungsstufe. Die sich daraus ergebenden Schwierigkeiten sind bekannt: Sollte sich ein Schüler nach Klasse 5 oder 6 ‚umorientieren‘ wollen oder müssen, so ist er gezwungen, seinen Lateinlehrgang ohne einen deutlich markierten Abschluß abzubrechen und einen ein- bis zweijährigen Unterricht in einer anderen Fremdsprache nachzuholen.

Während die meisten Lehrpläne und Richtlinien den Lateinunterricht auf der S I einerseits als gymnasiales Lernkontinuum konzipieren, ziehen sie andererseits eine scharfe Grenze zwischen S I und S II. Der Lateinunterricht auf der gymnasialen Oberstufe wird mit eigenen Lehrplänen von dem vorausgegangenen Unterricht abgehoben. Dem Neueinsatz[5] in S II entsprechend enthalten die meisten S I-Lehrpläne Angaben über „Mindestanforderungen am Ende der Klasse 10" (Niedersachsen), über ein „Abschlußprofil der 10. Klasse" (Rheinland-Pfalz), über „Abschlußqualifikationen am Ende der Sekundarstufe I" (Nordrhein-Westfalen) oder über „Anforderungen beim Abschluß der Sekundarstufe I" (Hamburg). Klare „Abschlüsse" werden auch in den Hessischen Rahmenrichtlinien definiert.[6]

Trotz der Beschreibung eines Abschlußprofils für das Ende der 10. Jahrgangsstufe ist die Fortsetzung des Lateinunterrichts über die S I hinaus grundsätzlich vorgesehen. Der Unterricht ist „didaktisch auf Fortsetzung in der gymnasialen Oberstufe angelegt" (Schleswig-Holstein, Niedersachsen). Neben einem „sinnvollen Abschluß" auf der S I soll der Unterricht „die notwendigen Voraussetzungen für die Arbeit auf der S II gewährleisten" (Hamburg). Das Erreichen der Lernziele ist nicht nur als „Ergebnis" des Lateinunterrichts am Ende der S I zu verstehen, sondern „gleichzeitig als Voraussetzung für weiteren Unterricht in diesem Fach" (Nordrhein-Westfalen). Auf der S II sollen die auf der S I erworbenen Kenntnisse und Fähigkeiten „weiterentwickelt" werden. „Der Lateinunterricht auf der Sekundarstufe I hat daher sowohl in sich abgeschlossene als auch auf die Sekundarstufe II verweisende Ziele" (Rheinland-Pfalz).

Die Fortsetzung nach einem sinnvollen Abschluß des S I-Unterrichts kann nicht von der Tatsache isoliert werden, daß auf der S I drei verschiedene Lehrgangsformen[7] möglich sind: Latein I (L I) ab Klasse 5, Latein II (L II) ab Klasse 7 und Latein III (L III) ab Klasse 9[8]. Unter dem Aspekt des Abschlusses am Ende der S I werfen die drei Lehrgangsformen mindestens zwei besonders schwierige Probleme auf: Die extreme Kürze von L III ab Klasse 9 erfordert eine Fortsetzung auf der S II, wenn der Abschluß wirklich „sinnvoll" sein soll, es sei denn, L III erhielte eine didaktische Konzeption, die den später einsetzenden Lateinunterricht nicht als Kurzform von L I und L II darstellte. Ein mit S I abzuschließender L III-Unterricht müßte völlig andere Wege gehen als die Langformen, aber sich auch nicht so weit von diesen entfernen, daß seine Fortsetzung auf S II z.B. aufgrund einer Vernachlässigung des lateinischen Spracherwerbs unmöglich würde. Die dem Lateinunterricht auf der S I auferlegte Verpflichtung, eine sinnvolle Abschlußqualifikation und die Voraussetzungen für eine Weiterqualifikation zu schaffen, ist in den Richtlinien einiger Länder von der Erwartung begleitet, daß L I und L II etwa gleichwertige Abschlüsse bzw. Voraussetzungen erzielen: „Es wird als erreichbar angesehen, daß die Schüler mit Latein-Beginn in Klasse 5 und die Schüler mit Latein-Beginn in Klasse 7 am Ende der Sekundarstufe I einen annähernd gleichen Kern von Kenntnissen und Fähigkeiten erworben haben" (Nordrhein-Westfalen). Die Hinführung von L I und L II zu etwa gleichwertigen Abschlüssen soll durch eine strengere Ökonomisierung in L II erreicht werden: durch „Ökonomie der zeitlichen Aufteilung, der Stoffauswahl und der Methode". Als Voraussetzungen für das Gelingen der Ökonomisierungsmaßnahmen (Straffung, Verkürzung, Erhöhung des Lerntempos) werden die gegenüber L I veränderten entwicklungs- und lernpsychologischen Bedingungen und die umfassenderen Kenntnisse (Englisch, höhere muttersprachliche Kompetenz) angesehen. Die Erzielung eines für L I und L II etwa gleichen Leistungsstandes bleibt jedoch aufgrund der geringeren Jahreswochenstundenzahl und der in mancherlei Hinsicht eher schlechteren Lernbedingungen der L II-Schüler (geringere Merk- und Konzentrationsfähigkeit) weiterhin problematisch. Auch unter einem fachpolitischen Gesichtspunkt dürften die Bemühungen um gleiche Abschlüsse bedenklich sein: So könnte die Erreichbarkeit eines für L I und L II gleichen Lernzielniveaus u.U. eine stichhaltige Begründung für den frühbeginnenden Lateinunterricht erschweren. Andererseits ist die Leistungsangleichung am Ende der 10. Jahrgangsstufe im Blick auf die Fortführung des Unterrichts auf der S II und die Vergleichbarkeit der Anforderungen unerläßlich. Die Fortsetzung von L I/II verlangt eine Angleichung der Anforderungen bis zum Ende der S I.

Wird aber der Lateinunterricht nicht fortgesetzt, so ist die Angleichung von L I/II ein zweitrangiges Problem. Von erheblich höherer Bedeutung ist dann die Frage nach der Abrundung und dem sinnvollen Abschluß am Ende von S I, der z.B. in dem Qualifikationsnachweis eines Latinums[9] sein Ziel erreichen könnte, das nicht nur in der Fähigkeit besteht, einen bestimmten lateinischen Autor wie z.B. Caesar ins Deutsche zu übersetzen, sondern in dem sich Weite und Tiefe eines abgerundeten und in sich geschlossenen sechs- bzw. vierjährigen Lernprozesses in einer umfassenden Weise widerspiegeln. Denn angesichts der hohen Schülerzahlen[10] im Lateinunterricht der S I und der relativ geringen Anzahl der Lateinschüler auf der Oberstufe muß die didaktische „Oberstufenlastigkeit" zugunsten eines stärkeren Engagements für die S I reduziert werden: Die Bemühungen der Didaktik könnten nach Abschluß der Oberstufenreform noch entschiedener darauf abzielen, „dem Fach auch in der Mittelstufe/S I das zu verschaffen, was es bislang nicht hat, aber nun unbedingt braucht: Profil und Prestige"[11]. Dieser Aufgabe dient eine stufenspezifische S I-Didaktik, die sich nicht mehr nur als Vorstufen-Didaktik versteht. Auf längere Sicht dürften intensivere Bemühungen um ein eigenständiges Profil des Lateinunterrichts auf der S I zwar nicht zu einer Erhöhung der Stundenzahlen[12] vor allem auf den Jahrgangsstufen 9 und 10 führen, aber doch die Attraktivität des Faches für den Oberstufenschüler erhöhen, dessen Wahlentscheidung von der Qualität seines S I-Unterrichts erheblich beeinflußt wird. Denn letztlich bildet der Lateinunterricht auf S I und S II trotz relativer Eigenständigkeit und markanter Profilierung beider Phasen einen Zusammenhang.[13] Je besser es gelingt, einen eigenständigen Lateinunterricht auf der S I zu konzipieren und erfolgreich zu praktizieren, desto größer dürfte die Bereitschaft des Schülers sein, sich auf der Oberstufe erneut auf Lateinunterricht einzulassen. Für den Schüler ist die didaktische Konzeption eines Lateinunterrichts, in dem er zwei voneinander unabhängige und in sich geschlossene <u>Lernkreise</u> mit überschaubarer zeitlicher Begrenzung durchläuft, anziehender als eine linear-aufsteigende <u>Lernsequenz</u> von langer Dauer oder ein unüberschaubares <u>Lernkontinuum</u> ohne zeitliche Strukturierung.

Eine deutlichere eigenständige Profilierung des Lateinunterrichts auf der S I erweist sich aber auch noch aus einem anderen Grund als sinnvoll: Es spricht vieles dafür, daß die geringen Stundenzahlen auf den Jahrgangsstufen 9 und 10 durch Intensivierung der <u>fächerübergreifenden</u> Zusammenarbeit[14] wenigstens teilweise zu kompensieren sind. Die Anziehungskraft des Faches Latein im Rahmen eines kooperativen Unterrichts erhöht sich mit der Deutlichkeit seines Profils und der Klarheit seines Angebots an Inhalten, Medien und Methoden, die eine Zusammenarbeit mit anderen Fächern ermöglichen.

In der Diskussion um den Lateinunterricht auf der S I lassen sich zur Zeit mindestens drei Schichten unterscheiden. Dieser Unterscheidung wird ein zugegebenermaßen anfechtbares Kriterium zugrundegelegt, das aber gut geeignet ist, dem Praktiker einen ersten Durchblick zu verschaffen: das Kriterium der Nähe zur Unterrichtswirklichkeit oder der unterrichtspraktischen Relevanz. In diesem Sinne werden in den nächsten Abschnitten „Themen der Praxis" und „Probleme der Praxis" von „Themen und Problemen der didaktischen Theorie" abgehoben.

2 Themen der Praxis

2.1 *Lehrbuch*

Die Lehrbuchfrage ist nicht nur ein grundlegendes, sondern auch ein dauerndes Thema der Praxis. Offensichtlich besteht ein permanenter Bedarf an neuen und immer wieder ‚verbesserten' Lehrbüchern und Unterrichtswerken. Neue didaktisch-methodische Erkenntnisse, die sich als konsensfähig oder gar lehrplanreif[15] erweisen, müssen zur Entwicklung neuer Lehrbücher führen. „Wenn sich im Lehrplan die durch den Konsens von Theorie und Praxis gefundene ‚Idee' des Lateinunterrichts ausprägt, so schafft das Lehrbuch die materiale und lernorganisatorische Basis, auf der für den einzelnen Lehrer die Annäherung an diese ‚Idee' möglich wird."[16]

Die drei Lehrgangsformen der S I machen lehrgangsgerechte Lehrbücher erforderlich. Die Rezeption von Forschungsergebnissen der pädagogisch-psychologischen Bezugsdisziplinen der lateinischen Fachdidaktik muß zu einer fortwährenden Lehrbuchrevision führen. Ein wichtiges Hilfsmittel sind in diesem Zusammenhang Kriterienlisten zur Beurteilung von Unterrichtswerken.[17] Erfahrungsberichte[18] aus der Praxis machen auf Verbesserungsmöglichkeiten aufmerksam.

Als Ausstellungsstücke im fachpolitischen Schaufenster haben Lehrbücher eine zentrale Legitimationsfunktion. Sie informieren den Außenstehenden über das Fach und sollen werbewirksam angelegt und ausgestattet sein.[19] Dem Schüler vermitteln sie die erste Begegnung mit der lateinischen Sprache, „sie führen in die Kultur des Volkes ein, dessen Sprache erlernt wird, und stellen diese in ihren vielfältigen Erscheinungsformen und ihren Wirkungen vor. Sie können die stets beim Lernenden vorhandene Anfangsmotivation, seine Neugier, sein Interesse, ja seine Begeisterung wachhalten und vertiefen, sie können aber auch abstoßen und Motivation und Aufgeschlossenheit für immer zerstören. Sie sind die ‚wirkungsmächtigsten Curricula', die der Unterricht kennt."[20]

Im Rahmen einer in sich geschlossenen Konzeption des S I-Unterrichts kommt dem Lehrbuch eine erheblich größere Bedeutung zu als in einem auf 7 oder 9 Jahre ausgedehnten kontinuierlichen Lateinunterricht. Denn S I-Unterricht ist größtenteils Lehrbuchunterricht. Der Charakter des Faches wird auf der S I im wesentlichen vom Lehrbuch geprägt. Es wäre aber didaktisch und methodisch verfehlt, wenn der Lehrer den Lehrbuchunterricht ausschließlich als Vorbereitung der „lehrbuchfreien" Lektüre durchführte, zumal die neuen Lehrbücher eine „Lehrbuchlektüre"[21] bzw. eine lehrbuchbezogene Lektüre oder einen textbezogenen Sprachunterricht ermöglichen, der bereits seinen Sinn in sich trägt und nicht erst in einer eigenständigen lehrbuchfreien Lektüre sein Ziel erreicht. Die entscheidende Bedingung für die didaktische Autonomie des lehrbuchbezogenen Lektüreunterrichts ist eine Lehrbuchkonzeption, die von Anfang an die Vermittlung und den Aufbau elementarer Sprach- und Grammatikkenntnisse mit der Einführung in eine inhaltsbezogene Texterschließung verknüpft, d.h. den Sprachunterricht gleichzeitig als Einführung in die Textarbeit organisiert und die „Balance zwischen Textarbeit und Grammatikarbeit" (Heilmann) permanent aufrechterhält.[22]

2.2 Lektüreformen

Die für den Lateinunterricht auf der S I spezifische Konzeption einer Synchronisierung von Grammatik- und Textarbeit und die daraus sich ergebende Aufhebung der traditionellen Trennung von Sprach- und Lektüreunterricht – Sprachunterricht ist bereits Lektüreunterricht, und Lektüreunterricht ist zugleich Sprachunterricht – erfordern methodische Begleitmaßnahmen, die so früh wie möglich eine hinreichende Menge geeigneter lateinischer Texte verfügbar werden lassen. Die methodische Integration lateinischer Originaltexte in die lehrbuchbezogene Lektüre kann in unterschiedlichen Lektüreformen erfolgen. In der didaktischen Literatur[23] werden eine lehrbuchbegleitende Lektüre, eine Übergangslektüre, eine Anfangslektüre, eine Hauptlektüre und eine Interimslektüre unterschieden. Eine gewisse Unsicherheit in der terminologischen und sachlichen Trennung von Übergangs-, Anfangs- und Hauptlektüre dürfte den Wert dieser Unterscheidung für eine durchsichtigere Planung und Strukturierung des Unterrichts nicht schmälern. Die Liste der genannten Lektüreformen ist insofern in sich konsequent, als sie jeweils einen bestimmten Grad der Ablösung vom Lehrbuch bzw. das Maß der Lehrbuchbezogenheit der in den verschiedenen Lektüreformen vollzogenen Textarbeit kennzeichnen. Die „lehrbuchbegleitende" Lektüre befaßt sich mit Texten, die das Textangebot des Lehrbuches erweitern sollen. Die „Übergangslektüre" begleitet die letzte Phase der Lehrbucharbeit; sie dient u. a. der Wiederholung und Festigung der Grammatikkenntnisse. Die „Anfangslektüre" ist die erste lehrbuchfreie Lektüre eines längeren Originaltextes. Die „Hauptlektüre" ist eine Autorenlektüre, die auch schon themenbezogen sein kann. Die „Interimslektüre"[24] schließlich befaßt sich mit Texten, die in die Hauptlektüre eingeschaltet werden, um die Beschäftigung mit einem einzigen langen Text zeitlich nicht zu überziehen und durch Abwechslung neue Motivation zu erzeugen. Sie dient jedoch nicht nur der Auflockerung. Sie ermöglicht auch eine Berücksichtigung thematischer Bereiche, die bei der Beschränkung auf nur eine Hauptlektüre unbeachtet blieben. Die Texte der Interimslektüre verbreitern also das thematische Angebot und bieten weiterreichende Einblicke in die lateinische Literatur[25] unter relativ geringem Zeitaufwand. Das Prinzip der Interimslektüre ist demnach ein fruchtbarer Ansatz zu weiterer Profilierung des Lateinunterrichts auf der S I.

2.3 Lektüreauswahl

Die intensiv geführte Diskussion[26] über die Caesar-Lektüre hat nicht zur Verdrängung dieses Autors aus dem S I-Unterricht geführt, sondern seine Stellung didaktisch eher gefestigt und seine Eignung als Schulautor durchsichtiger werden lassen, indem sie auch die Bedingungen und Voraussetzungen für eine erfolgreiche Caesar-Lektüre klarer herausgestellt hat. Der eigentliche Gewinn dieser Diskussion ist die (Wieder-)Entdeckung zahlreicher Autoren und Texte vor allem für die Lektüre auf der S I. Die Reichhaltigkeit des Textangebotes, das stets mit didaktischen Argumenten legitimiert wird[27], veranschaulicht, aus welcher Fülle der Lateinunterricht auf der S I schöpfen kann. Neben eine zeitgemäße Begründung der traditionellen Lektüregegenstände (z.B. Nepos, Caesar, Cicero, Phaedrus, Ovid) treten interessante Neuvorschläge (u.a. Terenz, Plautus, Plinius d. J., Vulgata, Gellius, Petron, Martial – aber auch mittel- und neulateinische Texte und Autoren wie z.B. die Gesta Romanorum, Hrotsvith von Gandersheim, Notker, Jacobus de Voragine, Reuchlin, Thomas Morus).

Die Vielfalt des Textmaterials stellt den Praktiker jedoch wieder vor ein neues Problem: vor das Problem der angemessenen Auswahl.[28] Denn die S I-Texte müssen nicht nur eine gut motivierte und zugkräftige Lektüre ermöglichen und einen angemessenen Schwierigkeitsgrad aufweisen. Angesichts der Kürze der Zeit, die für die lehrbuchunabhängige Lektüre bleibt, müssen die Texte auch „bedeutende Gegenstände des Faches sein, so daß sich eine Originallektüre lohnt"[29]. Je knapper und damit wertvoller die Zeit ist, desto wertvoller sollen auch die Texte sein.[30] Trotz der Unschärfe des Begriffs ‚wertvoller Text' ist hiermit ein Prinzip des S I-Unterrichts ausgesprochen, das zu größtmöglicher Sorgfalt bei der Textauswahl auffordert. Die Texte, die in Frage kommen, müssen nicht nur als „literarisch wertvoll" (Maier) anerkannt werden können, sondern u.a. auch für den Schüler in seiner spezifischen Lernsituation wertvoll sein; er muß sie für sich selbst als wertvoll erfahren können. Wertvoll ist ein Text erst dann, wenn er dem Schüler einen erheblichen

Lernfortschritt im Sinne der allgemeinen Lernziele des Lateinunterrichts ermöglicht, die Motivation und das Engagement des Schülers erhöht und die Einsicht in den Sinn der Texterschließung vertieft.[31]

Der Praktiker bringt die Komplexität des Auswahlproblems gewöhnlich auf die einfache Formel: „Ich lese die Texte, die – erfahrungsgemäß – gut ankommen." Das reichlich zur Verfügung stehende Textmaterial erlaubt ein rasches ‚Umschalten‘, sollte ein Text oder Autor in einer Klasse nicht ‚gut ankommen‘. Hier gestattet auch die Interimslektüre ein flexibles Reagieren, wenn es sich herausstellt, daß die Schüler ihren Lektürestoff nicht (mehr) als ‚wertvoll‘ erkennen.

Unter diesem Gesichtspunkt ist der Forderung nach einem Lektüre-Kanon für S I keinesfalls ohne Bedenken zuzustimmen. Die Gründe für das auch von den meisten Lehrplänen geforderte Festhalten an einem Kanon sind zwar nicht abzuweisen. Zu fragen ist jedoch, wie sie mit dem Prinzip der Flexibilität, des flexiblen Reagierens auf die Schülersituation und die altersspezifischen Interessen, in Einklang gebracht werden können. Das „Überangebot" an Lektüregegenständen – so argumentiert Maier[32] – bringe den „Vorteil der freien Wahl und der Abwechslung" mit sich; es erschwere aber „die Erfüllung der allgemeinen didaktischen Zielsetzungen"; denn es bestehe die Gefahr, daß die einzelnen Lehrer oder Schulen in ihren Lektüreprogrammen so weit auseinanderdrifteten, daß einerseits Chancengleichheit für die Schüler nicht mehr gewährleistet sei, andererseits das für die Oberstufe nötige gemeinsame Leistungsniveau nicht überall erreicht werde.

Dem ist entgegenzuhalten: Der „Vorteil der freien Wahl und der Abwechslung" ist eine notwendige Voraussetzung für das Gelingen des Lektüreunterrichts auf der S I. Die Möglichkeit des flexiblen Reagierens auf die alters- und entwicklungsbedingte Situation der Schüler gewährleistet überhaupt erst „die Erfüllung der allgemeinen didaktischen Zielsetzungen" (gemeint ist hier wohl die Verwirklichung der fachspezifischen kognitiven und affektiven Lernziele des Lateinunterrichts auf der S I). Mit einem Kanon von „Kerntexten bzw. Kernautoren" auf die Bedingungen des S I-Unterrichts zu reagieren ist ein zu hohes motivationspsychologisches Risiko. Das Ziel eines gelungenen, in sich abgerundeten Lateinunterrichts auf der S I hat unbedingten Vorrang vor der Herstellung eines „für die Oberstufe nötigen gemeinsamen Leistungsniveaus". Im übrigen ist nicht erwiesen, daß die Konzeption eines im angedeuteten Sinne flexiblen S I-Lektüreunterrichts im Widerspruch steht zu der Forderung nach einem gemeinsamen Leistungsniveau am Ende von S I. Schließlich bleibt die Tatsache der hohen Schülerzahlen in S I und der hohen Abwahlquote in S II das entscheidende Argument für eine möglichst eigenständige, offene, phantasievolle Gestaltung der S I-Lektüre.

3   Probleme der Praxis

Mit den „Themen der Praxis" sind Faktoren und Variablen skizziert, denen sich der Lehrer bei der Planung seines Unterrichts nicht entziehen kann. Daß die „Themen der Praxis" unter verschiedenen Aspekten bereits schwierige Probleme aufwerfen, ist deutlich. Die folgenden Beispiele für „Probleme der Praxis" sollen auf weitere Aspekte des Feldes „Lateinunterricht auf der S I" aufmerksam machen.

3.1 Grammatik- und Textarbeit

Das S I-spezifische Prinzip einer grammatikbezogenen Textarbeit bzw. einer textbezogenen Grammatikarbeit stößt trotz einer neuen Generation entsprechend konzipierter Lehrbücher und trotz eines gut durchdachten Systems unterschiedlicher Lektüreformen in der Praxis auf Schwierigkeiten. „Lange Gewohnheit der Sprachvermittlung im Lateinunterricht machen es für den Lehrer sehr schwer, sich von diesen Gewohnheiten zu lösen, neue Perspektiven wirklich anzunehmen und in neue methodische Konzepte umzusetzen."[33] Erfahrungsgemäß ist es leichter, neue <u>Inhalte</u> und Gegenstände, z. B. in Form von Lektürevorschlägen, an die Praxis zu vermitteln als neue <u>Methoden</u> in der Unterrichtspraxis zu etablieren. Die Reform der Methodik hinkt erheblich hinter dem Reflexionsstand der Didaktik her – trotz überzeugend formulierter methodischer Konzeptionen. Man mag das als den quasi-natürlichen Gegensatz oder die Unvereinbarkeit von Theorie und Praxis bezeichnen oder als Diskrepanz zwischen dem ‚Elend der Praxis' und dem praxisfernen Höhenflug allgemein-didaktischer Theoriebildung beklagen.[34] Man mag auch polemisch fragen, welche fachdidaktischen Konzeptionen der letzten 15 Jahre eigentlich Eingang in den Unterricht gefunden und sich dort auch bewährt haben. Fest steht, daß die Fachdidaktik bisher zu wenig bedacht hat, <u>auf welche Weise</u> neue Konzeptionen an die Praxis vermittelt werden können. Das Problem ist ein Problem der Vermittlung oder – präziser ausgedrückt – der effektiven Einführung des Lehrers in die praktische Verwendung neuer Einsichten. Offensichtlich hängt die geringe Bereitschaft zur Anwendung neuer methodischer Konzeptionen mit der unzureichenden Vermittlungsfähigkeit der Theoretiker zusammen. Methoden – so scheint es – lassen sich nicht durch Unterweisung und Instruktion, sondern nur durch ein learning by doing lernen. Die unzureichende Vermittlung hat ihre Ursache wahrscheinlich in der Unfähigkeit der Didaktik, ein learning by doing bzw. ein teacher training zu organisieren, das zur Erweiterung und Erhöhung der methodischen Kompetenz des einzelnen Lehrers führt.

Im Blick auf die Weiterentwicklung der fachdidaktischen und -methodischen Reflexion, die ja in der Regel durch die intensive Beobachtung von Praxis angeregt wird, wäre also dringend zu empfehlen, gleichzeitig Lern- und Übungsprogramme für den praktizierenden Lehrer zu entwerfen, die das Lernen des Lehrers unterstützen.

Die Bereitschaft zu einem learning by doing setzt jedoch theoretische Einsicht voraus. So muß der Lehrer im Falle des vorliegenden Problems erkennen, daß Textarbeit und Grammatikarbeit einen Zusammenhang bilden, der ein ganzheitliches Umgehen mit dem Text erfordert, weil sich jeder Text als ein Gewebe von Inhalt und Form, Gehalt und Grammatik, Sinn und Gestalt usw. darstellt. Theoretisch einzusehen ist auch die Tatsache, daß grammatisch beschreibbare sprachliche Zeichen in einem Funktionszusammenhang stehen und nur aus diesem heraus verständlich sind. Niemand wird außerdem bestreiten, daß die Analyse der grammatischen Struktur eines Textes ein unerläßlicher Interpretationsansatz ist. Angesichts der schwierigen Motivationslage des S I-Schülers kann schließlich niemandem entgehen, daß Grammatik nur dann als Lernstoff akzeptiert wird, wenn der Lernende sie in ihrer texterschließenden Funktion, in ihrer textbezogenen Funktionalität begreift. Theoretische Vorgaben dieser Art sind erforderlich, um die ‚gewohnten Rezepte' des Grammatikunterrichts überprüfen und neue Methoden lernen zu können.

3.2 Varia

Da die Beiträge dieses Handbuches auf weitere Probleme ausführlicher eingehen, genügen hier knappe Hinweise. Eine entscheidende Voraussetzung für das Gelingen des S I-Unterrichts ist die Motivation des Schülers. Jede unterrichtliche Intention ist auf die Motivation des Lernenden bzw. auf motivierende Strategien des Lehrenden angewiesen. Das Motivationsproblem ist daher seit längerer Zeit Thema der Fachdidaktik[35] und im Grunde die treibende Kraft jeder fachdidaktischen Überlegung. Der didaktischen Phantasie sind dabei keine Grenzen gesetzt.

Ein wichtiger Ansatzpunkt für die Erhöhung der Motivation wird in einem stärkeren Eingehen auf die nichtkognitiven Lernbereiche gesehen. Die ‚Kopflastigkeit' des altsprachlichen Unterrichts soll abgebaut werden. Die Skala der Möglichkeiten reicht von der Verlebendigung des Lateins durch *Latine loqui*[36] im Unterricht, durch altersgemäße und unterhaltsame Lektüreangebote auf der Mittelstufe über Theater- und Rollenspiel und die Umsetzung von Lernstoff in Rhythmik und Gestik bis schließlich zum Singen in lateinischer Sprache[37]. Barié empfiehlt sogar, aktuelle Songs der Jugendlichen in lateinischen Versionen zu singen. Vielleicht könne auf diese Weise noch mehr als Spaß und willkommene Unterbrechung des offiziellen Programms erzeugt werden, „nämlich ein Gefühl der Solidarität zwischen den Schülern und dem Lehrer, ein Auffangen von Spannungen und momentanen Frustrationen, ein Atemholen also und vielleicht sogar ein Abbau von Angst und Aversion vor der Sprache Latein". Darüber hinaus wird nicht nur lateinisches Theaterspielen, sondern auch das ‚Lernspiel' als Motivationshilfe dargestellt[38]: „Spielerische Unterrichtsverfahren tragen dazu bei, der Wiederholung des ständig Gleichen und der Langeweile im Lateinunterricht entgegenzuwirken" (Hey).

Dem Praktiker, der über unzureichende Unterstützung durch die Fachdidaktik klagt, muß angesichts derartiger Anregungen erwidert werden, daß die Vielschichtigkeit des Motivationsproblems die Möglichkeiten fachdidaktischer Forschung übersteigt. Eine Fachdidaktik kann allenfalls dazu beitragen, motivationsstörende Faktoren auf der Ebene der Unterrichtsinhalte und -methoden abzubauen und Voraussetzungen für ein motiviertes Lernen zu schaffen oder Bedingungen eines motivationsfreundlichen Unterrichts zu beschreiben. Die individuellen personalen Faktoren bei Schülern und Lehrern sind zu mächtig, um allgemeingültige Motivationsrezepte zuzulassen.

Hinzu kommt, daß selbst erprobte Motivationshilfen vom Lehrer oft nicht angenommen werden, weil sie als störende oder zeitraubende Unterbrechung des üblichen Lernvorgangs diskriminiert werden. In den Augen vieler Lehrer lassen sich motivierende Medien und Methoden wie z.B. das Lernspiel mit dem Zwang zur Ökonomisierung, zum Haushalten mit der knapp bemessenen Zeit nicht vereinbaren. Singen und Spielen z.B. gelten oft schlichtweg als Zeitverschwendung.[39] Ein anderer Einwand erwächst aus der Befürchtung, daß das Fach durch derartige Motivationsversuche seine Seriosität und seine traditionellen Grundlagen verliere.[40] Vielleicht lassen sich Bedenken dieser Art durch die Überlegung zerstreuen, daß der ‚Wert' der ‚wertvollen' Texte und seriösen Methoden überhaupt erst durch den Kontrast zu einer trivial-unterhaltsamen Latinität hervortritt.

Mit der Frage nach den Voraussetzungen für einen motivierten Unterricht und der Konzeption eines textbezogenen Grammatikunterrichts eng verknüpft ist die Frage der Einbeziehung von ‚Realien' in die Textarbeit. Angesichts des bedrückenden Zeitmangels erscheint es als aussichtslos, eine intensivere Realienkunde zu etablieren, obwohl die Veranschaulichung der Textinhalte auf Demonstrationen außersprachlicher Objekte angewiesen ist. Auf dem Medienmarkt steht eine Fülle von Angeboten zur Verfügung.[41] Die Lehrbücher enthalten vielfältige Abbildungen.[42] „Unter didaktischem Aspekt dienen diese Hilfsmittel der Veranschaulichung von Textinhalten, indem sie einzelne Textaussagen deutlich machen oder aber eine über die unmittelbare Textaussage hinausgehende Information liefern. Zugleich führen sie damit zu einer Vertiefung der vom Text her gewonnenen Vorstellungen [...]. Unter methodischem Aspekt schaffen diese Hilfsmittel eine Verlebendigung des Unterrichts und bieten auf diese Weise die Möglichkeit, bei den Schülern Motivation zu wecken, zu erhalten oder zu verstärken. Voraussetzung dafür ist allerdings, daß diese Medien didaktisch und methodisch sinnvoll in den Unterricht einbezogen und die Schüler zur Auseinandersetzung mit den darin enthaltenen Informationen angeregt werden."[43] Gelingt diese zweifellos schwierige Einbeziehung, so zahlt sich der Zeitaufwand durch erhöhtes Interesse und gesteigerte Arbeitsfreude selbst bei ‚trockener' Textlektüre aus. Schließlich ist das Bewußtsein für die Notwendigkeit einer multimedialen Veranschaulichung der Textinhalte auch ein Merkmal höherer Texterschließungsfähigkeit.

4 Themen und Probleme der didaktischen Theorie

Unter dieser Rubrik kann man alle Fragen zusammenfassen, deren Lösung zwar für die Praxis ebenso relevant ist wie etwa eine in Form eines Lehrbuches vorgelegte didaktisch-methodische Konzeption, die aber noch weiterer Reflexion bedürfen bzw. als offene Fragen und Aufgaben weiterhin zur Diskussion stehen.

4.1 Ökonomisierung des Lernens und Übens

Das wohl wichtigste S I-spezifische fachdidaktische Thema ist die weitere Ökonomisierung und Rationalisierung des Lernens und Übens.[44] Nicht nur der Zeitmangel, sondern auch der Zwang zur Konzentration auf repräsentative und zugleich attraktive Inhalte erfordert eine Abkehr von überflüssigem oder gar hinderlichem Lernmaterial. Durch sprachliche Frequenzuntersuchungen[45] wird z.B. die Relevanz grammatischer oder lexikalischer Erscheinungen für die Textlektüre festgestellt. So kann ermittelt werden, wie intensiv einzelne Phänomene der Grammatik zu üben sind. Durch Wortschatzuntersuchungen können Hinweise auf den Umfang des Lernwortschatzes gewonnen werden.[46]

Während die Ökonomisierung im Hinblick auf den grammatisch-lexikalischen Lernstoff deutliche Fortschritte gemacht hat, gibt es für Ökonomisierungsversuche auf dem Gebiet der Methodik der Sprachvermittlung noch keine nennenswerten Ergebnisse.[47] Vielversprechende Ansatzpunkte sind jedoch die Vorschläge für graphische Darstellungsmöglichkeiten grammatischer Schwierigkeiten. Die Verwendung technischer Mittel wie des Tageslichtprojektors[48] kann die Wirksamkeit derartiger Möglichkeiten erheblich erhöhen. Dieses bisher in der Praxis zu wenig benutzte Mittel beruht auf dem methodischen Prinzip der Ökonomisierung durch Veranschaulichung (Ikonisierung), die zugleich eine wertvolle Motivationshilfe[49] ist. Allerdings steht nur wenig Material in Form von

Arbeitstransparenten oder Zeichenvorlagen zur Verfügung. Praktische Erfahrungen sprechen jedoch dafür, daß eine Ikonisierung der Grammatik die Intensivierung von Lern- und Übungsverläufen erheblich fördert.[50]

Traditionelle, aber in ihrer Wirksamkeit oft unterschätzte Mittel der Ökonomisierung des Übens und Behaltens von Sprachkenntnissen sind Grammatiktafeln mit Tabellen und Übersichten der wichtigsten morphologischen und syntaktischen Erscheinungen.[51] Nicht zu unterschätzen sind z. B. auch Lernhilfen und Nachhilfeprogramme (z. B. die Hefte der TTT-Reihe aus dem Manz-Verlag). Offensichtlich hat die ‚offizielle' Fachmethodik hier eine Bedarfslücke entstehen lassen, die sie unter dem Gesichtspunkt der Ökonomisierung schon längst hätte wahrnehmen müssen.

Ob sich schließlich die Texte d'approche-Methode als eine Möglichkeit der Ökonomisierung der Texterschließung in der Praxis durchsetzen wird, hängt von dem verfügbaren Angebot an Filtertexten ab.[52] Denn die Herstellung eigener Filtertexte ist so zeitraubend, daß der Lehrer wahrscheinlich darauf verzichtet und den Schüler auch ohne Vorbereitung durch einen Texte d'approche mit dem Originaltext konfrontiert.

4.2 Sprachenfolge

Eine Bestandsaufnahme didaktisch-methodischer Überlegungen zum Lateinunterricht auf der S I darf bei allem Mut zur Lücke ein Thema nicht aussparen: das Verhältnis des Lateinischen zu den anderen Fremdsprachen der S I. Dieses sei hier in einigen Grundzügen skizziert.

Wenn die Erweiterung des Weltverständnisses ein übergreifendes Ziel des schulischen Fremdsprachenunterrichts ist, wenn ferner verschiedene Sprachen ein jeweils spezifisches Weltverständnis umfassen und wenn schließlich der Sprachvergleich das wichtigste Verfahren zur Veranschaulichung und Reflexion des Sprachrelativismus ist, dann muß eine fächerübergreifende Fremdsprachendidaktik für das Erlernen der Fremdsprachen eintreten, die einen ergiebigen Sprachvergleich durch Kontrastierung ermöglichen. Das vergleichende Lernen dieser Sprachen ist dann die Voraussetzung für die Erweiterung des Weltverständnisses und für die Entwicklung eines differenzierten Sprachbewußtseins.

Diese Aussage über ein gemeinsames Ziel des Fremdsprachenunterrichts enthält aber noch keine Lösung des drängenden Problems der Sprachenfolge an der Schule. Wenn auch die Diskussion um die erste Fremdsprache vor allem mit fach- und bildungspolitischen Argumenten geführt wird, so darf doch nicht übersehen werden, daß auch fachdidaktische Überlegungen die Entscheidung z. B. für Englisch oder Latein als erste Fremdsprache beeinflussen können.

Es ist fachlich und pädagogisch nicht zu rechtfertigen, daß die lateinische Fachdidaktik einen mit Klasse 5 beginnenden Lateinunterricht prinzipiell zur optimalen Lehrgangsform erklärt. Man könnte durchaus fragen, ob Latein als zweite Fremdsprache nicht vielleicht doch die effektivere Lehrgangsform ist. Schon 1950 hatte Otto Wecker[53] geäußert, er sei davon überzeugt, daß der spätere Beginn des Lateinunterrichts im Interesse der Schüler liege und jugendpsychologisch das Natürlichere sei, daß er auch dem Gegenstand selbst entspreche, also sachlich begründet sei, daß er nicht zu einer Verminderung der Leistungshöhe oder zu einem Verzicht auf die dem Lateinunterricht heute zu stellenden Aufgaben führe. Wecker gab außerdem zu bedenken, ob es nicht eher die Aufgabe des muttersprachlichen Unterrichts sei, dem Schüler ein erstes Verständnis sprachlicher Grundkategorien zu vermitteln, und ob für die Einführung in das Wunder einer fremden Sprache nicht eine lebende Sprache vorzuziehen sei.

Der frühe Lateinbeginn (Latein als erste Fremdsprache) war ohne Zweifel aufgrund seines praktischen Nutzens (Lesen, Sprechen, Schreiben) historisch gerechtfertigt. Aber spätestens gegen Ende des 18. Jahrhunderts war Lateinunterricht nicht mehr mit seinem „Nutzwert" zu legitimieren. An dessen Stelle wurde seit der Zeit des Neuhumanismus der „formale Bildungswert"[54] gesetzt, der sich im Laufe des 19. Jahrhunderts auf eine grammatische Bildung verengte. Aber gerade diese Verengung belastete den Lateinunterricht mit einer fragwürdigen Hypothek. Schon Herder hatte in sein Reisejournal 1769 notiert: „Weg mit dem Latein, um an ihm Grammatik zu lernen! Hiezu ist keine andere in der Welt als unsere Muttersprache." Wenn die grammatische Grundbildung Sache des Deutschunterrichts ist, dann kann sie keine Begründung mehr für einen frühbeginnenden Lateinunterricht sein.

Was nun die allgemeine sprachliche Grundbildung betrifft, so hält Wecker die schon von Comenius geforderte Sprachenfolge (Muttersprache – moderne Fremdsprachen – alte Sprachen) für angemessen. Der Englischunterricht führe zusammen mit dem Deutschunterricht in die Anfangsgründe sprachlicher Bildung ein. Der Wert dieses Bildungsvorganges liege nicht nur in der Betrachtung (Sprachreflexion), sondern vor allem auch in der Anwendung. Denn erworbene Kenntnisse müßten in Fertigkeiten umgeschmolzen werden. Im Englischunterricht werde zudem – so Biesterfeld bei Wecker – das natürliche, auf den Sprachinhalt gerichtete Interesse des Kindes nicht durch besondere Schwierigkeiten absorbiert. Das Verhältnis zur fremden Kultur bleibe nicht nur „buchmäßig": „Was Sprache ist, was sie leistet und bedeutet, das erfährt man in einer lebenden Sprache weniger durch Betrachtung als durch Handlung" (Biesterfeld bei Wecker). Das Englische biete dem Kind die Möglichkeit zur freien, selbständigen Gestaltung von Sprache. Ein vorausgehender zweijähriger Englischunterricht schaffe zudem für den Lateinunterricht günstigere Ausgangsbedingungen: Jetzt trete die römische Kultur nicht mehr „aus dem luftleeren Raum" (Bischoff bei Wecker) in das Bewußtsein des Kindes ein, sondern sie erscheine als ein Teil der Antike, des gemeinsamen Erbes der abendländischen Völker. „Wir lernen im Englischen: to substitute, to institute, to constitute; dazu die entsprechenden Substantive oder in weiterem Zusammenhang statute, statue, station usw. Wenn ich jetzt im Lateinischen zwei Jahre später die Kinder lernen lasse: statuo, constituo, instituo usw., so ist das ganze Material schon geläufig, und nun kann das Lateinische plötzlich mit einer für das Kind wunderbaren Plausibilität seine große klärende und ordnende Funktion ausüben […] ganz anders und viel einleuchtender, als wenn ich ohne weitere Vorkenntnisse zuerst diese Wörter nur wie ein mathematisches Schema als leere Formeln auswendig lernen lassen müßte" (Bischoff bei Wecker, 61).

Im später beginnenden Lateinunterricht – das ist der Tenor der von Wecker herausgegebenen Schrift – könne man mit einer erheblich günstigeren Ausgangslage rechnen: Der Deutschunterricht leite zur Sprachreflexion und zum Verstehen der Funktionen sprachlicher Zeichen an; er führe in die grammatische Terminologie ein und gewährleiste einen planmäßigen Aufbau des deutschen Wortschatzes. Damit schaffe er nicht zuletzt die unerläßlichen Voraussetzungen für die Fähigkeit, aus dem Lateinischen in die Muttersprache zu übersetzen, was erfahrungsgemäß ein beträchtlich entwickeltes Sprachgefühl erfordere. Der Englischunterricht knüpfe an der Erfahrungswelt des Kindes an; er schule das

Gestaltungsvermögen, fördere das Sprachgefühl und erziehe zum Sprachdenken und Sprachverständnis, indem er vor allem zum Sprechen und zum aktiven Gebrauch der Sprache anleite.

Auf diesen und weiteren Voraussetzungen kann der später beginnende Lateinunterricht aufbauen und auf diese Weise seine spezifischen Möglichkeiten freier entfalten, als dies möglich wäre, wenn er Aufgaben des Deutsch- und des Englischunterrichts mitübernehmen müßte.

Sobald jedoch nicht mehr nur die Alternative Latein oder Englisch als erste Fremdsprache diskutiert wird, sondern Latein auch als zweite Fremdsprache zur Disposition gestellt wird, ergeben sich ungleich größere Schwierigkeiten für die lateinische Fachdidaktik. Denn jetzt kann Latein ganz aus dem fremdsprachlichen Lernangebot verdrängt werden.

Wenn die Fachdidaktik das Prinzip der Differenzierung nach Begabung und Neigung des Schülers akzeptiert, dann ist sie auch verpflichtet, seriöse Entscheidungshilfen zur Wahl der zweiten oder dritten Fremdsprache anzubieten. Die Didaktik übernimmt hiermit die Aufgabe der Beratung, nicht der Werbung.

Es versteht sich von selbst, daß diese Beratung auf die Kooperation der beteiligten Fachdidaktiken angewiesen ist. Denn die dem Schüler anzubietende Alternative „Latein oder Französisch" läßt sich nur in einer Zusammenarbeit beider Fachdidaktiken kompetent darstellen.[55]

Die Zusammenarbeit müßte zunächst dazu führen, die „personalen Faktoren" bei der Fremdsprachenwahl zu ermitteln und für die Wahlentscheidung fruchtbar zu machen.[56] Dabei geht es vor allem um die Frage, welche spezifischen Fähigkeiten, Haltungen und Einstellungen des Lernenden zum Erfolg oder Mißerfolg in den konkurrierenden fremdsprachlichen Fächern beitragen können. Die Antwort auf diese Frage führt im Idealfall zu einer klaren Aussage über den zu erwartenden Lernerfolg in einer bestimmten Fremdsprache. Hier geht es also weniger um die Ermittlung einer allgemeinen Sprachbegabung als um die Feststellung, ob ein Schüler für ein bestimmtes Sprachfach bessere Voraussetzungen mitbringt als für ein anderes.

Man darf freilich nicht übersehen, daß die Beschreibung einer optimalen fachspezifischen Begabungsstruktur oder eines entsprechenden Anforderungsprofils erst dann eine praktische Hilfe sein kann, wenn auch die Möglichkeit besteht, den einzelnen Schüler auf diese Begabungsstruktur hin zu untersuchen. Der Lehrer z. B. der 6. Jahrgangsstufe müßte über ein leicht zu handhabendes Instrumentarium verfügen, mit dem er diese Untersuchung durchführen könnte. Neben standardisierten Tests könnte z. B. auch eine unterrichtliche Orientierungsphase über die Eignung des Schülers Auskunft geben.[57]

Die Sprachenfolge ist ein Problem aller beteiligten Fachdidaktiken, und sie sollten nicht zulassen, daß es durch politische Entscheidungen aufgehoben oder unterlaufen wird. Die Fachdidaktiken müssen sich mit allen denkbaren Varianten der Sprachenfolge ohne Vorbehalte auseinandersetzen und eine aus fachegoistischen Gründen festgeschriebene Favorisierung einer bestimmten Variante unterlassen. Die Lateindidaktik muß zur Erhöhung der Leistungsfähigkeit z. B. des spätbeginnenden Lateinunterrichts die im vorausgegangenen Fremdsprachenunterricht erzielten Lernergebnisse zur Kenntnis nehmen und nutzen. Entsprechendes gilt für jede andere Fachdidaktik, die für einen spätbeginnenden Fremdsprachenunterricht verantwortlich ist. Die genaue Kenntnis des Unterrichts in der 1. und der 2. Fremdsprache ist eine unabdingbare Voraussetzung für die didaktisch-methodische

Planung und Gestaltung des Unterrichts in der 3. Fremdsprache. Selbstverständlich sind die Möglichkeiten der 3. Fremdsprache auch für den Unterricht in der 1. und der 2. Fremdsprache von Bedeutung. Hier eröffnet sich ein weites Feld fruchtbarer Kooperation zwischen den verschiedenen fremdsprachlichen Fächern.

Die Sprachenfolge muß in Zukunft im Rahmen eines fremdsprachlichen Lernkontinuums diskutiert werden, in welches die verschiedenen Fremdsprachen in Abstimmung miteinander ihren spezifischen Beitrag zur fremdsprachlichen Gesamtbildung des Schülers einbringen.

4.3 Monenda

Die vorliegende Skizze mit ihrer Darstellung einiger didaktischer und methodischer Themen und Probleme des Lateinunterrichts auf der S I läßt zahlreiche Fragen unberücksichtigt, die eine eigene Erörterung erfordern oder in anderen Beiträgen dieses Bandes behandelt werden, wie z.B. die besondere Situation des späteinsetzenden Lateinunterrichts (ab Klasse 9), die hervorragende Bedeutung der affektiven Lernkomponente, die Stellung des Lateinunterrichts auf der S I im Konzept einer schulisch vermittelbaren Allgemeinbildung[58], die Frage eines S I-spezifischen Interpretationsansatzes[59], die Funktion der ersten Fremdsprache auf der Orientierungsstufe[60], die S I-gemäßen Formen der Leistungsmessung, die Möglichkeiten eines Schülerwettbewerbs auch auf der S I als Motivationshilfe, die Hausaufgaben, die Übungsformen und die Unterrichtsorganisation (z.B. die Chancen des Gruppenunterrichts). Schließlich blieben auch die Möglichkeiten des Lateinunterrichts auf der S I im Rahmen eines friedenspädagogischen Konzepts[61] und einer politischen Bildungsarbeit[62] unerörtert.

Zur Abrundung sei aber noch auf einige Gefahren aufmerksam gemacht, in die man bei einer übertriebenen Fixierung auf ein eigenständiges Profil eines in sich geschlossenen S I-Unterrichts geraten kann.

Die Absicht, trotz unzureichender Stundenzahlen und mangelhaft motivierter oder schwer zu motivierender Schüler und aufgrund fehlender Aussicht auf eine Fortsetzung des Unterrichts auf der S II einen S I-Unterricht mit ‚Profil und Prestige' zu realisieren, kann sowohl in der Praxis als auch in der didaktischen Theorie zu einer Überlastung und Überfrachtung führen. Durch eine Überhöhung der Erwartungen an den S I-Unterricht kann ein mühsam aufgebautes Motivationsgefüge zusammenbrechen. Durch Nachahmung des S II-Unterrichts werden die Schüler überfordert. Die Mißachtung des Auswahlkriteriums der Reifeadäquatheit führt zu verfrühtem Einsatz inhaltlich ungeeigneter Texte. Der Drang zur Originallektüre korreliert mit einer Vernachlässigung des soliden Spracherwerbs. Die Fehleinschätzung des sprachlichen Schwierigkeitsgrades neuer bzw. neuentdeckter Texte verursacht Mißmut und Unlust. Davor bewahren nur sorgfältige Beobachtung und Kontrolle des eigenen Unterrichts und begrenzte, aber gründlich vorbereitete und ausgewertete praktische Versuche mit neuen Medien und Methoden – im Sinne eines learning by doing.

Anmerkungen

1 Vgl. Roth, L. (Hrsg.): Handlexikon zur Erziehungswissenschaft. München 1976, s. v. Sekundarstufe I.
2 Zum Thema Latein an der Gesamtschule:
Riedel, W.: Latein an der Gesamtschule. Kritische Betrachtung der Rahmenrichtlinien Latein. In: MDAV Hessen XXIX 4/1982, 1–5.
Brandes, J.: Latein an Gesamtschulen. In: MDAV XXVII 1/1984, 11–16 und 4/1984, 3–7.
Westphalen, K.: Latein an Gesamtschulen III. Hinein in die Sackgasse. In: MDAV XXVIII 2/1985, 41–44.
3 Frings, U./Keulen, H./Nickel, R.: Lexikon zum Lateinunterricht. Freiburg/Würzburg 1981, s. v. Orientierungsstufe.
4 Vgl. die Literaturhinweise zum Artikel Orientierungsstufe bei Frings/Keulen/Nickel (s. Anm. 3).
5 Auf die besondere Funktion der 11. Jahrgangsstufe wird hier nicht eingegangen. Dazu: Maier, F.: Die elfte Jahrgangsstufe im Lateinischen. Ausrichtung des Faches auf die Kernphase der Kollegstufe. In: Anregung 22, 1976, 96 ff.
6 Es ist nicht auszuschließen, daß die fachdidaktisch begründbare Forderung nach Abschlüssen für den Lateinunterricht auf der S I von dem Vorschlag der Bildungskommission des Deutschen Bildungsrates beeinflußt ist, einen qualifizierten Abschluß in Form eines Abiturs I zum Ende des 10. Schuljahres einzuführen. Vgl. Deutscher Bildungsrat: Zur Neugestaltung der Abschlüsse im Sekundarschulwesen. Stuttgart ²1970.
7 Zur Unterscheidung der Lehrgangsformen:
Barié, P./Meyer, Th./Prutscher, U.: Überlegungen zur Konstruktion eines grundständigen Lateinlehrgangs (Latein I), eines dreijährigen Lateinlehrgangs (Latein IV), eines Lehrgangs für Latein als 3. Fremdsprache. In: MDAV XIX 3/1976, 1–16.
Barié, P.: Formen späten Lateinbeginns. In: Höhn, W./Zink, N. (Hrsg.): Handbuch für den Lateinunterricht – Sekundarstufe II. Frankfurt a. M. 1979, 82–92.
Glücklich, H.-J.: Lateinunterricht. Didaktik und Methodik. Göttingen 1978, 88–91.
IPTS-Arbeitspapiere zur Unterrichtsfachberatung: Lehrbücher für Latein als dritte Fremdsprache ab Klasse 9 (Obertertia). Kronshagen 1982.
Kultusministerium Nordrhein-Westfalen (Hrsg.): Vorläufige Richtlinien und Lehrpläne für das Gymnasium. Sekundarstufe I in Nordrhein-Westfalen. Latein. Köln 1978.
Maier, F.: Lateinunterricht zwischen Tradition und Fortschritt. Bd. 1. Bamberg 1979, 100–138.
Maier, F.: Latein als 1., 2., 3. und 4. Fremdsprache. In: Gruber, J./Maier, F. (Hrsg.): Alte Sprachen. Bd. 1. München 1979, 163–178.
8 Auf die bayerische Sonderform des spätbeginnenden Lateinunterrichts mit vorausgehendem Wahlunterricht in den Jahrgangsstufen 10 (zweistündig) und 11 (dreistündig) sei hier nur hingewiesen.
9 Frings/Keulen/Nickel (s. Anm. 3), s. v. Latinum.
10 Vgl. Scheda, G.: Latein an den Gymnasien der Bundesrepublik Deutschland – eine statistische Bestandsaufnahme. In: MDAV XXII 4/1979, 1–5.
11 Maier, F.: Lateinunterricht zwischen Tradition und Fortschritt. Bd. 2. Bamberg 1984, 159; vgl. auch 208.
12 Da eine Stufendidaktik Latein auf der S I das Fach nicht getrennt von anderen Fächern sehen darf, muß die Forderung nach höheren Stundenzahlen auf den Jahrgangsstufen mit der höchsten Fächervielfalt der Schulzeit auf größte Schwierigkeiten stoßen.
13 Vgl. Glücklich, H.-J.: Der Zusammenhang des Lateinunterrichts auf den Sekundarstufen I und II. In: Höhn, W./Zink, N. (Hrsg.): Handbuch für den Lateinunterricht – Sekundarstufe II. Frankfurt a. M. 1979, 70–81.
14 Vgl. u. a. Glücklich, H.-J. (Hrsg.): Lateinunterricht und neue Sprachen. In: AU XXIV 1/1981.
Glücklich, H.-J. (Hrsg.): Musik und altsprachlicher Unterricht. In: AU XXIII 5/1980.
Fehl, P.: Impulse zur Überwindung der Spezialisierung am Gymnasium. Vorschläge zur Kooperation zwischen den Fächern. In: Gymnasium 89, 1982, 328–331.
Munding, H.: Schüler, Fächer, Phänomene. Zum Problem der Lernmotivation auf der gymnasialen Mittelstufe. In: MDAV XXVI 1/1983, 4–8.
15 Zum Verhältnis von Lehrplan und Lehrbuch vgl. Maier, F.: Lateinunterricht zwischen Tradition und Fortschritt. Bd. 1. Bamberg 1979, 121–124.
16 Ebenda, 122.
17 Z. B. Gruber, J.: Kriterien zur Beurteilung eines lateinischen Unterrichtswerks. In: Anregung 20, 1974, 232–236.

Glücklich, H.-J.: Lateinunterricht. Didaktik und Methodik. Göttingen 1978, 137–139.
Petersen, P.: Mögliche Kriterien zur Beurteilung von lateinischen Lehrbüchern. In: MDAV Schleswig-Holstein II 1/1979, 7–12.
18 Vgl. u.a. die „Besprechungen lateinischer Unterrichtswerke" in: AU XIX 3/1976 und AU XXI 4/1978.
Wojaczek, G.: Unterrichtswerke in den Alten Sprachen. In: Gruber, J./Maier, F. (Hrsg.): Alte Sprachen. Bd. 1. München 1979, 250–265.
19 Dazu z. B. Fink, G.: Lateinische Unterrichtswerke – Versuch einer Zwischenbilanz. In: AU XXII 1/1979, 98–107.
20 Wojaczek (s. Anm. 18), 250.
21 Glücklich (s. Anm. 17), 144.
Vgl. auch Kultusministerium Rheinland-Pfalz (Hrsg.): Lateinische Lektüre. Sekundarstufe I. Themen-Texte-Ziele. Mainz 1981, 12.
22 Vgl. Heilmann, W.: Textverständnis aus der Textstruktur bei der Lektüre lateinischer Prosa. Ein Beispiel für Sprachreflexion. In: AU XXVIII 2/1975, 5–21.
Nickel, R.: Die Funktion von Texten im einführenden Sprachunterricht. In: MDAV Hessen XXII 4/1975, 1–6.
Heilmann, W.: Die Beziehung zwischen Textarbeit und Grammatikarbeit im Lateinunterricht der Sekundarstufe I. In: MDAV Hessen XXX 2/1983, 2–8.
23 Fuhrmann, M.: Lateinische Anfangslektüre. In: Gymnasium 82, 1975, 279–280.
Fuhrmann, M.: Über kleine Gattungen als Gegenstand der Anfangslektüre. In: AU XVIII 5/1975, 24–43.
Klowski, J.: Die Übergangslektüre – Didaktische Überlegungen. In: AU XVIII 5/1975, 5–12.
Klowski, J.: Erläuterungen zu den Texten für die Übergangslektüre. In: AU XVIII 5/1975, S. 63–78.
Wülfing, P.: Die Anfangslektüre des Kölner Arbeitskreises. In: AU XVIII 5/1975, 79–92.
Glücklich, H.-J.: Lateinische Lektüre in der Sekundarstufe I. IPTS-Arbeitspapiere zur Unterrichtsfachberatung. Kronshagen 1977.
Glücklich, H.-J.: Lateinunterricht. Didaktik und Methodik. Göttingen 1978, 140–166.
Glücklich, H.-J.: Lateinische Lektüre auf der Sekundarstufe I. In: AU XXII 3/1979, 6–18.
Kultusministerium Rheinland-Pfalz (Hrsg.): Lateinische Lektüre. Sekundarstufe I. Themen-Texte-Ziele. Mainz 1981. 12–18.
Nickel, R.: Begleitlektüre, Übergangslektüre, Anfangslektüre. In: MDAV Schleswig-Holstein I 4/1978, 2–11.
24 Vgl. Maier, F.: Der lateinische Lektüreunterricht auf der Sekundarstufe I (Mittelstufe). In: Gruber, J./Maier, F. (Hrsg.): Alte Sprachen. Bd. 2. München 1982, 63–86.
25 Über die für die einzelnen Lektüreformen in großer Zahl zur Verfügung stehenden Textausgaben informiert ausführlich H.-J. Glücklich. In: AU XXII 3/1979, 6–18 (s. Anm. 23).
26 Vgl. stellvertretend für andere: Fuhrmann, M.: Cäsar oder Erasmus? Überlegungen zur lateinischen Lektüre am Gymnasium. In: Gymnasium 81, 1974, 394–407.
Happ, E.: Terenz statt Caesar als Anfangslektüre. In: Hörmann, F. (Hrsg.): Probata – Probanda. München 1974, 168–188.
Clasen, A./Dohm, H./Powierski, R.: Neue Wege bei der Caesar-Lektüre. IPTS-Beiträge für Unterricht und Lehrerbildung. Kiel 1978. Barié, P.: aut Caesar aut nihil? – 10 Thesen zur Dominanz des Bellum Gallicum auf der Mittelstufe. In: MDAV XXV 4/1982, 7–11.
Munding, H.: Eine Lanze für Cäsar. In: MDAV XXVI 2/1983, 1–3.
Barié, P.: „Eine Lanze für Caesar" – eine überflüssige Metapher. Eine Antwort an Heinz Munding (MDAV 2/83). In: MDAV XXVII 1/1984, 7–11.
Maier, F.: Lateinunterricht zwischen Tradition und Fortschritt. Bd. 2. Bamberg 1984, 199–201 (mit neuerer didaktisch-methodischen Literatur zur Cäsar-Lektüre).
27 Vgl. z. B. die Literatur bei Maier (s. Anm. 26), 198–208.
28 Zum Problem der Auswahl (Kriterien) vgl. Nickel, R.: Die Alten Sprachen in der Schule. Frankfurt a. M. ^{2}1978, 191–214. Vgl. auch Maier (s. Anm. 26), 148–150. – Über das Problem muß immer wieder neu nachgedacht werden.
29 Maier (s. Anm. 26), 148.
30 Maier (s. Anm. 26), 188, formuliert den Grundsatz: „Wertvolle Zeit – wertvoller Text".
31 Zu diesem Problemfeld s. auch Nickel, R.: Einführung in die Didaktik des altsprachlichen Unterrichts. Darmstadt 1982: „Das Klassische als spezifisch didaktisches Kriterium", 63–76.
32 Maier (s. Anm. 26), 192 f.

33 Heilmann, W.: Die Beziehung zwischen Textarbeit und Grammatikarbeit im Lateinunterricht der Sekundarstufe I. In: MDAV Hessen XXX 2/1983, 1–8.
34 Vgl. Vester, H.: Zum Verhältnis von Didaktik und beruflicher Praxis, dargestellt am Beispiel der Texterschließungslehre. In: AU XXVI 6/1983, 61–79.
35 Hansen, J.G. (Hrsg.): Motivationshilfen im Lateinunterricht. In: AU XXII 5/1979.
Maier, F.: Lateinunterricht zwischen Tradition und Forschritt. Bd. 1. Bamberg 1979, 46–56.
Nickel, R.: Die Alten Sprachen in der Schule. Frankfurt a. M. ^{2}1978.
Nickel, R.: Einführung in die Didaktik des altsprachlichen Unterrichts. Darmstadt 1982, 144–148.
Westphalen, K.: Falsch motiviert? Überlegungen zum Motivationsproblem im Lateinunterricht als zweiter Fremdsprache. In: AU XIV 5/1971, 5–20.
Willer, R.: Motivation im altsprachlichen Unterricht am Beispiel Latein. In: Gruber, J./Maier, F. (Hrsg.): Alte Sprachen. Bd. 1. München 1979, 54–69.
36 Dazu neuerdings mit vorzüglichen Anregungen: Fritsch, A.: „Lateinreden auch?" Überlegungen zum spontanen Gebrauch des Lateinischen im Unterricht. In: MDAV Berlin XXVII 3/1983, 34–45; XXVII 4/1983, 57–64.
37 Barié, P.: Canere aude. In: AU XXII 5/1979, 73–79.
38 Hey, G.: Lernen durch Spielen. Lernspiele im lateinischen Sprachunterricht. Bamberg 1984.
Vgl. auch Schwinge, G.: Das Spiel im altsprachlichen Unterricht. In: Gruber, J./Maier, F. (Hrsg.): Alte Sprachen. Bd. 1. München 1979, 114–121.
Steinhilber, J.: Didaktik des Spiels im Fremdsprachenunterricht, Frankfurt a. M. 1982.
39 Hey (s. Anm. 38), 78–80, setzt sich gründlich mit diesem Einwand auseinander.
40 So z.B. Maier, F.: Probleme des Anfangsunterrichts. In: MDAV Schleswig-Holstein II 3/4, 1979, 19.
41 Übersicht bei Steinhilber, J.: Medienverzeichnis Antike. In: MDAV XXIV 2/1981, 1–8 (mit Nachtrag in: MDAV XXIV 3/1981, 1–6).
Steinhilber, J.: Medienhandbuch zum Lateinunterricht. Bamberg 1982.
Bietz, W./Kuntz, F./Scherf, F.: Visuelle Medien im altsprachlichen Unterricht. In: Gruber, J./Maier, F. (Hrsg.): Alte Sprachen. Bd. 2. München 1982, 273–298.
Knau, H.-L./Steinhilber, J./Zgoll, J.: Video im Lateinunterricht. In: Anregungen XXX 1984, 252–262.
Wölke, H.: Die Medien der Landesbildstelle für den altsprachlichen Unterricht. In: Latein und Griechisch in Berlin XXX 3/1986, 34–38.
42 Vgl. Baum, S./Lempp, U.: Was ist wo abgebildet? Fundstellenindex zu den Abbildungen in lateinischen und griechischen Unterrichtswerken. Beilage zu AU XXVI 4/1983.
43 Bietz/Kuntz/Scherf (s. Anm. 41), 273 f.
44 Vgl. Fink, G.: Verdichten statt Verzichten. Probleme der Ökonomisierung im Lateinunterricht. In: AU XXIV 5/1983, 24–30.
45 Vgl. z.B. Maier, F.: Lateinunterricht zwischen Tradition und Fortschritt. Bd. 1. Bamberg 1979, 267–303.
Richter-Reichhelm, J.: Zur Häufigkeit lateinischer Kasusfunktionen. In: MDAV Berlin XXIV 3/4, 1980, 3–10.
46 Vgl. auch Frings, U./Keulen, H./Nickel, R.: Lexikon zum Lateinunterricht. Freiburg/Würzburg 1981, s. v. Frequenzuntersuchung.
47 Hervorzuheben ist jedoch Finks (s. Anm. 44) Plädoyer für ein „Verdichten statt Verzichten". Vgl. auch Fink, G.: Übung und Übungsformen im Lateinunterricht. In: AU XXVI 6/1983, 5–23.
48 Müller, W.: Der Tageslichtprojektor im Lateinunterricht. Eine Einführung mit praktischen Beispielen. Bamberg 1981.
Müller, W.: Bausteine am Tageslichtprojektor im Lateinunterricht. In: AU XXVI 6/1983, 47–60.
49 Jäkel, M./Hansen, J.G.: Motivation im Lateinunterricht II – Beispiele aus der Unterrichtspraxis. In: AU XXII 5/1979, 18–33.
50 Vgl. auch Maier (s. Anm. 45): „Veranschaulichung als ein didaktisches Prinzip", 56–71.
51 Z.B. „Die schicke Schiebe-Tafel" aus dem A. Bernecker-Verlag oder „Buchners Grammatik-Begleiter Latein".
52 Dazu Frings, U.: Textbearbeitungen, Filtertexte und vergleichendes Interpretieren. In: AU XXVI 6/1983, 80–100.
53 Wecker, O. (Hrsg.): Latein oder Englisch? Eine pädagogische Besinnung über die sprachliche Grundbildung. Braunschweig/Berlin/Hamburg 1950 (mit Beiträgen anderer Autoren).
54 Vgl. Luther, W.: Die neuhumanistische Theorie der „formalen Bildung" und ihre Bedeutung für den lateinischen Sprachunterricht der Gegenwart. In: Nickel, R. (Hrsg.): Didaktik des altsprachlichen Unterrichts. Darmstadt 1974, 69–104.

55 Vgl. Heupel, C.: Latein oder Französisch? Entscheidungshilfen zur Wahl der 2. Fremdsprache (Kl. 7/II). In: Höhn, W./Zink, N. (Hrsg.): Handbuch für den Lateinunterricht – Sekundarstufe II. Frankfurt a. M. 1979, 31–57.
Kraft, J./Mattheiß, L./Mayer, J. A.: Die Wahl Latein – Französisch für die siebte Klasse. In: Mayer, J. A. (Hrsg.): Vorarbeiten zur Curriculum-Entwicklung. Modellfall Latein. Stuttgart 1972, 43–47.
Hansen, J. G.: Französisch oder Latein? Ein Unterrichtsmodell zur Vorbereitung der Schülerentscheidung in Klasse 7. In: AU XX 1/1977, 5–26.
56 Vgl. Söhngen, G.: Die Bedeutung personaler Faktoren bei der Fremdsprachenwahl. In: Die höhere Schule 7/1974, 201–204.
57 Vgl. Hansen, J. G.: Französisch oder Latein? Ein Unterrichtsmodell zur Vorbereitung der Schülerentscheidung in Klasse 7. In: AU XX 1/1977, 5–26.
58 Nickel, R.: Römische Wertbegriffe und Allgemeinbildung. In: Die alten Sprachen im Unterricht (Bayern) XXX 3/1983, 12–21.
Nickel, R.: Wesen und Wert des altsprachlichen Unterrichts in der Pädagogik Georg Kerschensteiners. In: AU XXVII 4/1984, 39–52.
Bayer, K.: Die alten Sprachen im Konzept der Allgemeinbildung. In: Anregung 30, 1984, 145–157.
59 Vgl. z. B. die von Maier (s. Anm. 26), 133 ff., in Orientierung an der entwicklungspsychologischen und jugendsoziologischen Situation des Schülers beschriebenen Interpretationsphasen und -ebenen (sach-, problem- und modellorientierte Interpretation).
60 Vgl. u. v. a. Glücklich, H.-J.: Englisch oder Latein als erste Fremdsprache am Gymnasium?. In: AU XXIV 1/1981, 60–68.
Westphalen, K.: Englisch und Latein. Fundamentalsprachen des Gymnasiums. Stuttgart 1984.
61 Vgl. Röhrs, H.: Frieden – eine pädagogische Aufgabe. Idee und Realität der Friedenspädagogik. Braunschweig 1983 (mit zahlreichen Ansatzpunkten für den Lateinunterricht auf der S I (s. auch die Besprechung in: MDAV XXVII 3/1984).
62 Lühr, F.-F./Krüger, J.: Probleme politischer Bildung im altsprachlichen Unterricht. In: AU XXIV 2/1981, 5–28.
Schulze, W.: Ciceros Rede für den Dichter Archias unter Berücksichtigung des Phänomens „Rhetorik" im Lateinunterricht und der Fächerkooperation. In: Anregung 29, 1983, 260–268.
Schwarz, F. F.: Altertum und Gegenwart. Kritische Reflexionen zum Bildungswert antiker Kultur. Graz/Wien 1982.

Rainer Nickel

Probleme des späteinsetzenden Lateinunterrichts

1 Versuch einer Profilierung

Spätbeginnender Lateinunterricht (kurz: L III) ist keine Kurzform von L II oder L I. Der in Klasse 9 beginnende Lateinunterricht hat ein eigenes Profil, d. h. eine eigene Zielsetzung, eigene Inhalte und Medien, eine eigene Methodik. Das ergibt sich schon daraus, daß mit L III keine 10- oder 12jährigen, sondern 14- bis 15jährige Schülerinnen und Schüler beginnen. Diese haben Erfahrungen mit dem fremdsprachlichen Unterricht und mehr oder weniger ausgeprägte Englisch- und Französischkenntnisse. Sie haben im Deutschunterricht den sachgerechten Umgang mit Texten gelernt. Im Geschichtsunterricht ist ihnen die römische Antike vorgestellt worden. Möglicherweise haben einige von ihnen auf Urlaubsreisen Hinterlassenschaften der römischen Zivilisation gesehen und im Kino oder im Fernsehen Rom via Hollywood bestaunt.[1] Asterix, der Anti-Römer, ist kaum jemandem unbekannt.

Nicht ganz so leicht läßt sich die wichtige Frage nach den Motiven der spätbeginnenden Lateinlerner beantworten. Hier sind vorerst nur Vermutungen möglich, die sich auf sporadische und wenig repräsentative Befragungen stützen können. Zweifellos wird die Entscheidung für L III stärker von den Schülern selbst getroffen als von deren Eltern. Zu diesen Schülern gehören sicherlich solche, die sich in Klasse 7 mehr oder weniger zufällig für Französisch entschieden hatten und mit L III nachholen wollen, was sie unter anderen Bedingungen auch in Klasse 7 schon hätten tun können. Eine andere Gruppe entschließt sich ganz bewußt für L III, um den Unterricht in den beiden neuen Fremdsprachen um die altsprachliche Komponente zu erweitern. Für einige ist L III das kleinere Übel. Wieder andere meinen, daß es vielleicht doch ganz nützlich sei, schon auf der Schule Latein zu lernen, besonders wenn ältere Geschwister sich auf der Universität damit schwertun. Für diesen oder jenen mag auch der Reiz des Exotischen ausschlaggebend sein. Es gibt sogar Schüler, die vom Lateinunterricht eine Förderung ihrer Französischkenntnisse erwarten. Wir müssen schließlich auch mit denjenigen rechnen, die in dem Neuanfang von L III eine neue Chance, eine neue Möglichkeit für die Rettung ihrer schulischen Karriere, sehen.

Wie dem auch sei, wir haben in L III mit einer von ganz verschiedenartigen Überlegungen und Gefühlen bestimmten Wahlentscheidung zu rechnen.

Diese Tatsache ist es aber nicht allein, die die Arbeit in einem späteinsetzenden Lateinunterricht erschwert. Wer L III wählt, nimmt in der Regel eine zusätzliche, aber keineswegs unausweichliche Belastung auf sich. Seine Motivation ist im Verlauf des Unterrichts ständiger Erschütterung ausgesetzt. Der starke zeitliche Druck, unter den sich Lehrer und Schüler gestellt sehen, weil sie L II oder L I kopieren zu müssen glauben, ist der Lern- und Arbeitsatmosphäre kaum förderlich. Die Zahl der ‚Abbrecher' ist meist verhältnismäßig hoch. Die Arbeitsmoral läßt nach einiger Zeit zu wünschen übrig.

Um dennoch eine für alle Beteiligten erquickliche Lernsituation herzustellen, muß man Bedingungen schaffen, die die angedeuteten Schwierigkeiten auffangen oder vermeiden helfen. So muß unter Aufbietung aller didaktisch-methodischen Phantasie den so unter-

schiedlich motivierten Schülern ein Unterricht geboten werden, der
1. die zusätzliche Belastung für möglichst alle sinnvoll werden läßt,
2. die anfangs gewiß vorhandene Lust auf Latein zu einer dauerhaften Sympathie steigert,
3. das Gefühl, unter Zeitdruck und Nachahmungszwang zu stehen, abbaut.
Zu diesen drei Punkten seien einige Hinweise gegeben:

1.1 Einphasigkeit und lehrbuchbezogene Mehr-Autoren-Lektüre

Der Schüler wird seine zusätzliche Belastung dann als sinnvoll empfinden, wenn er von Anfang an und möglichst in jeder Stunde erfährt, daß er von der Sache, für die er sich einsetzt, etwas hat. Ein längerfristiges ‚Lernen auf Vorrat' ist dem Schüler im späteinsetzenden Lateinunterricht nicht zuzumuten. Deshalb darf es keine jahrelange grammatische Vorbereitung auf eine vielleicht nur wenige Wochen dauernde Textlektüre geben. Leider neigen L III-Kurse dazu, zu dieser Schrumpfform zu degenerieren, wenn sie überhaupt aus der Lehrbuchphase herauskommen.

Das Sprachmaterial sollte in L III von Anfang an aus lateinischen Originaltexten bestehen, die mit ihren Inhalten das Interesse des Schülers wecken können. Denn gerade ältere Schüler bevorzugen „gegenüber Einzelsätzen oder kleinen Darbietungsstücken mit isolierten Pensen zusammenhängende Texte mit relevanten Inhalten und kombinierten grammatischen Pensen, an denen sie ihre analytischen Fähigkeiten erproben können"[2].

Unter ‚Originaltexten' sind vor allem Texte der lateinischen Zielautoren zu verstehen, die für den gesamten Unterricht in L III maßgebend sind. Dazu gehören die Autoren des herkömmlichen Lektürekanons, aber auch andere Autoren, die nur im Rahmen des lehrbuchbezogenen Unterrichts vorkommen. Mit der Präsenz lateinischer Originaltexte ist demnach ein erheblich breiteres Autorenangebot gewährleistet, als es bei einer Trennung von Grammatikunterricht ohne Originallektüre und späterem Lektüreunterricht der Fall wäre. Der – wie man sagen könnte – einphasige L III-Unterricht macht den Schüler also bereits in den ersten Stunden mit wichtigen lateinischen Autoren bekannt, die im lehrbuchfreien Lektüreunterricht im Zentrum (z. B. Cicero, Caesar, Seneca) oder nur am Rande (z. B. Martial, Petron, Plinius, mittellateinische Autoren) stehen. Diese lehrbuchbezogene Lektüre bietet einerseits die Chance zu Einblicken in die lateinische Literatur, andererseits vermittelt sie Grundkenntnisse und Voraussetzungen für eine extensive Textlektüre im Anschluß an die lehrbuchbezogene Lektüre.

Eine so verstande Einphasigkeit bedeutet also nicht etwa Caesarlektüre von der ersten Lateinstunde an. Sie versteht sich vielmehr als eine methodische Entscheidung, die der Denaturierung eines spätbeginnenden Lateinunterrichts zu einer grammatischen Gewaltkur mit dem Ziel einer späteren Ein-Autoren-Lektüre vorbeugt und statt dessen zu einer vielseitigen Mehr-Autoren-Lektüre bereits vor dem eigentlichen Lektüreunterricht anleitet.

Einphasigkeit ist nun kein Zauberwort, mit dem alle Schwierigkeiten des spätbeginnenden Lateinunterrichts schlagartig beseitigt werden. Denn die lehrbuchbezogene Lektüre, d.h. die gleichzeitige Vermittlung der lateinischen Elementargrammatik und der Fähigkeit, lateinische Texte zu erschließen, stellt an den Lehrer erhöhte Anforderungen: Einphasigkeit ist nur dann eine wirksame methodische Alternative zur herkömmlichen Trennung von Grammatik- und Lektüreunterricht, wenn es gelingt, Grammatik und Lektüre gleichermaßen zur Geltung zu bringen, ohne das eine auf Kosten des anderen zu bevorzugen.[3]

Vielleicht erscheint diese Aufgabe dann in einem etwas anderen Licht, wenn man bedenkt, daß ein guter Lektüreunterricht schon immer auch ein guter Grammatikunterricht war. Warum sollte es nicht auch umgekehrt möglich sein, einen guten Grammatikunterricht zu einem guten Lektüreunterricht werden zu lassen?

1.2 Okkasionelle Vorwegnahme

Die Originaltexte des einphasigen Unterrichts sind – wie man weiß – nicht für die Einführung heutiger Schüler in die lateinische Sprache geschrieben worden. Wenn man aber dem pädagogischen Grundsatz „Vom Leichteren zum Schwierigeren" treu bleiben will, dann müssen am Anfang Texte stehen, die die einfacheren und nicht so voraussetzungsreichen grammatischen Erscheinungen enthalten. In den späteren Phasen des Lehrganges nehmen dann die Texte zu, die grammatische Erscheinungen höherer Komplexität aufweisen. Diese Regel ist leichter zu formulieren als in der Praxis zu befolgen. Denn lehrgangsgerechte Ausschnitte aus lateinischen Originaltexten enthalten nur äußerst selten das für die jeweilige Lehrgangsphase erforderliche Phänomen in seiner reinen Form, d. h. unvermischt mit anderen, noch unerwünschten grammatischen Erscheinungen. Man nehme z. B. Martial 2,7:

Declamas belle, causas agis, Attice, belle.
Historias bellas, carmina bella facis.
Componis belle mimos, epigrammata belle,
Bellus grammaticus, bellus es astrologus.
5 *Et belle cantas et saltas, Attice, belle.*
Bellus es arte lyrae, bellus es arte pilae.
Nil bene cum facias, facias tamen omnia belle,
Vis dicam quid sis? magnus es ardalio.

Das ist ein Text, der sich zweifellos zur Einführung der 2. Person Singular des Indikativs Präsens Aktiv eignet; aber der Text enthält auch Formen der noch nicht erarbeiteten konsonantischen Deklination. In diesem Falle ist ein einfacher methodischer Kunstgriff angebracht, den man als „okkasionelle Vorwegnahme" bezeichnet hat.[4] Der Schüler nimmt noch nicht zu lernende grammatische Erscheinungen einfach zur Kenntnis, ohne zu erfahren, an welcher Stelle des grammatischen Systems sie zu lokalisieren sind. Diese Erscheinungen werden suo loco erklärt oder als Vokabeln gelernt. (So können z. B. auch Partizipien oder -nd-Formen zunächst wie Adjektive oder Substantive gelernt werden; *videri* wird als Vokabel angegeben, bevor der n.c.i. grammatisch erarbeitet wird; *hic* und *ille* können vor einer systematischen Behandlung des Demonstrativpronomens vorkommen.) Die systematische Erarbeitung einer textbezogenen Grammatik konzentriert sich nach dem Prinzip der okkasionellen Vorwegnahme also immer auf die im Text besonders häufig vorkommenden oder für den Text besonders wichtigen grammatischen Phänomene.[5] Bei jedem Text werden nur diese herausgehoben, gründlich erarbeitet und an zusätzlichem Material geübt.

1.3 Funktionalität der Grammatik

Bei dieser originaltextbezogenen Erarbeitung der Grammatica kann dem Schüler ständig bewußt gemacht werden, daß erst die Kenntnis der grammatischen Form und Funktion das Verständnis des Textes ermöglicht. Die Grammatik wird in ihrer Funktionalität als

Instrument zum Verstehen von Texten begriffen. Mit dieser Einsicht ist der Schüler im spätbeginnenden Lateinunterricht dazu zu bewegen, seine grammatischen Kenntnisse kontinuierlich zu erweitern und zu pflegen.

Der Text Martial 2,7 dient unter dem Aspekt der Grammatik der Vermittlung der 2. Person Singular des Indikativs Präsens Aktiv, des Adverbs auf -ē und des Vokativs. Die impertinente Du-Anrede (9mal 2. Pers. in 6 Zeilen) muß in dem Schrei gipfeln: „Du bist der Größte", der sowohl „schön" ist als auch alles „schön" tut (Adverb in Kontrast zum Adjektiv: *bellē – bellus*). Die Impertinenz der Du-Anrede wird durch den Vokativ (2mal *Attice*), der mit seinem kurzen -e von dem langen -ē des Adverbs abzuheben ist, noch gesteigert (also insgesamt 11mal das Signal „du").

Die Mehrdeutigkeit der Endung -e/-ē (Vokativ/Adverb) unterstreicht die Notwendigkeit einer sorgfältigen Unterscheidung der Vokalquantitäten. Die Kenntnis der Vokalquantitäten erleichtert aber nicht nur die Texterschließung; sie ist auch eine wichtige Voraussetzung für das Behalten von Wörtern und Formen. Außerdem gibt es keine bessere Möglichkeit, die lateinische Sprache auch als Klanggebilde kennenzulernen und Latein nicht nur zu lesen, sondern auch zu hören. Wer sich zudem an eine korrekte Aussprache[6] gewöhnt hat, wird kaum Schwierigkeiten beim Lesen und Hören lateinischer Verse haben.

Weitere morphologische Beobachtungen vertiefen die Kenntnis der neuen grammatischen Phänomene und heben sie von bereits bekannten ab; so kommt z. B. im ersten Distichon von Martial 2,7 der Wortausgang -ās nicht nur als Kennzeichen der 2. Person Singular, sondern auch des Akkusativs Plural vor. Das -ās des Akkusativs Plural hat den Nebeneffekt, die Aufdringlichkeit der Du-Anrede aufgrund des Gleichklangs nochmals zu verstärken: *dēclāmās ... causās ... historiās bellās ...*

Die Einsicht in die Funktionalität der Grammatik für das Verstehen von Texten kann natürlich nur an Texten vermittelt werden, die nicht nur ‚grammatisch ergiebig', sondern auch inhaltlich interessant, unterhaltsam oder anspruchsvoll sind.[7] Die Lehrbuchbrauchbarkeit eines Originaltextes ist nur dann gegeben, wenn er die wechselseitige Bedingtheit von grammatischer Form und anregendem Gehalt besonders deutlich erkennen läßt. Viele Epigramme Martials werden diesem Kriterium besonders gut gerecht.[8] Martial 5,81 ist erst dann zu verstehen, wenn man den Unterschied zwischen Präsens und Futur genau erfaßt und im Zusammenhang damit die logische Beziehung zwischen Hauptsatz und Kondizionalsatz begreift. Entsprechendes gilt für Martial 1, 47. Der ‚Witz' dieses Textes beruht auf der Unterscheidung der Tempora Imperfekt, Präsens und Plusquamperfekt. Der Pentameter des Distichons bleibt zudem unverständlich, wenn man das Prädikativum in seiner Funktion nicht erfaßt.

2   Anschaulichkeit als Motivationspotential

Wer sich dazu bereit findet, Grammatik und Texterschließung von Anfang an aufeinander zu beziehen und dem Schüler die Korrelation von grammatischer Form und sachlichem Gehalt begreifbar zu machen, schafft die besten Voraussetzungen dafür, daß das Lateinlernen nicht zu schnell den Reiz des Neuen verliert. Sobald nun Grammatik und Textverständnis, grammatische Kenntnisse und Beherrschung von Methoden der Texterschließung in diesem Sinne aufeinander bezogen werden, treten auch die in den Texten angesprochenen, behandelten oder vorausgesetzten ‚Realien', die *res Romanae,* in den Gesichtskreis des Schülers. Die Realien stellen ein Motivationspotential dar, das man nicht unterschätzen sollte. Denn gerade ältere Schüler haben ein großes Interesse für Informationen aus der Welt der Römer. Sie wollen diese in ihrem Privatleben und in ihrem Alltag kennenlernen. Daher muß der späteinsetzende Lateinunterricht den Schülern immer wieder die Möglichkeit bieten, den Römern auch als ganz normalen Menschen mit ihren Freuden und Sorgen, in ihren Häusern und auf der Straße, auf Parties, im Theater und an ihren Vergnügungsstätten zu begegnen. Zu diesem Zweck sind entsprechende Medien (z. B. Bilder, Dias) heranzuziehen, die die Inhalte und die sachlichen Bezüge der Texte anschaulich machen. Die Anschaulichkeit auch des scheinbar unbedeutenden Details erhöht die Attraktivität der Texte. Meist wird die Beschäftigung mit einem lateinischen Text erst dann wirklich interessant, wenn man sich klarzumachen versucht, wie die Dinge, von denen die Rede ist, eigentlich aussehen, wie sie sich anfühlen, wie sie schmecken, wie sie riechen, d. h., wenn man den Text ins Bildhaft-Anschauliche übersetzt und ihn dadurch im eigentlichen Sinne des Wortes begreifbar macht. Dieses Übersetzen erschließt die sensuelle Dimension des Textes. Es macht sinnlich erfahrbar, wovon die Rede ist. Ein Beispiel (Martial 2, 7):

Wie hört es sich an oder wie sieht es aus, wenn jemand „schön deklamiert"? Was bedeutet *causas agere?* Wieviel Aufregung ist damit verbunden, wieviel Jammern und Klagen? Was passiert während einer römischen Gerichtsverhandlung? Wer ist daran beteiligt? Worum geht es? Welche Gefühle mögen die Prozeßbeteiligten haben? Was ist ein *Mimus?* Was wird dargestellt? Wer spielt für wen? Was geschieht während der Vorstellung? Wie laut ist es? Essen oder trinken die Zuschauer? Was tun sie – falls die Aufführung unter freiem Himmel stattfindet –, wenn es plötzlich regnet? Wie lebt ein römischer Dichter? Wie sieht es in seiner Wohnung aus? Wie heizt er sein Zimmer? Wieviel Miete muß er zahlen? Was passiert, wenn er nicht zahlen kann? Welche Lieder singt man? Wie tanzt man? Welche Musikinstrumente werden gespielt? Spielen die Römer Fußball oder Tennis? – Wenn man derartige Fragen zu stellen und zu beantworten vermag, bringt man die Texte so zum Reden, daß man immer wieder erleben kann, wie scheinbar langweilige grammatische Formen Sinn vermitteln und die Sinne ansprechen; denn sie sorgen dafür, daß die lebendige Rede der Texte nicht als formlose Geschwätzigkeit empfunden wird.

3 Eigenständigkeit und Geschlossenheit des Lehrgangs

Der auf dem späteinsetzenden Lateinunterricht angeblich lastende Zeitdruck hebt sich von selbst auf, wenn man das Prinzip der Einphasigkeit ernst nimmt. Da Einphasigkeit Originallektüre bedeutet, ist es nicht mehr unerläßlich, daß auf eine lehrbuchbezogene noch eine lehrbuchfreie Lektüre folgt. Bei einem im Sinne der Einphasigkeit konzipierten Unterricht tritt zudem die Erarbeitung neuer Grammatica allmählich in den Hintergrund. Die Textlektüre wird entsprechend verstärkt und unterscheidet sich kaum mehr von der lehrbuchfreien Lektüre. Das bedeutet selbstverständlich nicht den Verzicht auf grammatische Arbeit. Denn wenn der Schüler gelernt hat, die Grammatik als ein Mittel zu begreifen, das den Zugang zum Verständnis von Texten ermöglicht, dann wird er auf die gründliche Analyse der sprachlich-grammatischen Form nicht mehr verzichten wollen, um den

Sachgehalt des Textes möglichst umfassend zu verstehen. Darüber hinaus wird er die Grammatik als ein System der Sprachbeschreibung gebrauchen, mit dem man sich über Sprache und Texte verständigen und sein eigenes Verständnis kontrollieren und artikulieren kann.

Eine weitere Entlastung vom Zeitdruck erfolgt dann, wenn der lehrbuchbezogene Lektüreunterricht ein möglichst weitgefächertes Autorenangebot aufweist. Auf diese Weise erhält der Schüler vom ersten Tag an einen Einblick in die lateinische Literatur. Daß dieser nicht auf die klassische Latinität beschränkt bleibt, versteht sich von selbst. Eine Begegnung mit Texten des Mittellateins ist eine unerläßliche Ergänzung des Angebotes.

Der Breite des Textangebotes muß die weitgefächerte Sachinformation entsprechen. Die Zuordnung der Texte zu größeren Themenkreisen bietet Einblicke in die römische bzw. lateinische Welt unter verschiedenen Aspekten (z. B. Sprache, Privatleben, öffentliches Leben, Philosophie, Menschen des Alltags, große Persönlichkeiten, christliches Latein, römischer Staat).

4 Ausgewählte didaktisch-methodische Probleme

4.1 Die Grammatik

Die Einphasen-Konzeption des Lehrgangs verlangt eine textbezogene Minimalgrammatik, die sich als eine Kombination von Satz-, Formen-, Bedeutungs-, Stil-, Genus- und Wortbildungslehre darstellt. Sie ist eine sprachvergleichende Grammatik mit Schwerpunkt auf dem muttersprachlich-lateinischen Vergleich. Der neusprachlich-lateinische Vergleich wird weniger im grammatischen Bereich als zur Förderung des Wortschatzerwerbs genutzt.

Die Grammatik sollte sich nicht einseitig an einem bestimmten Grammatik-Modell orientieren, sondern eine möglichst unprätentiöse Zusammenstellung von Lernhilfen und Erklärungen bieten. Sie muß eine schülerorientierte pädagogische Grammatik sein, deren erstes Ziel darin besteht, dem Schüler die Erschließung lateinischer Texte zu ermöglichen.

Die Grammatik muß eine überschaubare und unkomplizierte Terminologie aufweisen. Alle grammatischen Begriffe bedurfen der genauen Definition. Das ist gerade dann erforderlich, wenn die Schüler bereits grammatische Begriffe kennen.

Minimalgrammatik – das bedeutet Beschränkung des grammatischen Stoffes auf die für die Textlektüre unbedingt erforderlichen grammatischen Erscheinungen, Verzicht auf sprachgeschichtliche Hinweise und Erläuterungen, Konzentration auf Elementarisierung und Vereinfachung komplizierter Zusammenhänge.[9] Grammatik ist ein lektürebegleitendes Hilfsmittel, mehr Kommentar und Übersetzungshilfe als herkömmliche Lerngrammatik. Die grammatischen Erscheinungen werden möglichst einfach, ‚handlich' erklärt – sozusagen ohne sprachwissenschaftliche Prüderie, mitunter vielleicht sogar skrupellos.

Dennoch wird ein grammatisches ‚System' aufgebaut, das allmählich aus den aus den Texten gewonnenen ‚Teilsystemen' erwächst. So werden z. B. über eine Reihe von Lektionen hin verschiedene Ablativfunktionen erarbeitet, die immer wieder in Beziehung zueinander gesetzt und am Ende in einer lektürerelevanten Übersicht gesammelt werden. Entsprechendes gilt für die Erarbeitung der Tempora; sie werden zunächst nacheinander aus verschiedenen Lektionen herausgehoben, um dann in einer Übersicht der Tempusfunktionen in einen systematischen Zusammenhang gestellt zu werden.[10]

4.2 Einzelsätze zur Übung des grammatischen Stoffes

Das sprachliche Material für den einphasig angelegten Unterricht besteht im wesentlichen aus unveränderten oder aus leicht überarbeiteten Originaltexten. An diesen werden die grammatischen Erscheinungen in ihrer texterschließenden Funktion erarbeitet. Dennoch haben auch <u>Einzelsätze</u> ihren Platz im Rahmen der lehrbuchbezogenen Lektüre: Sie sollen neue grammatische Phänomene isolieren helfen und auf diese Weise deren Erarbeitung, Einprägung, Vertiefung und Sicherung erleichtern. Sie haben also im Bereich der <u>Übung</u> eine klar zu bestimmende Aufgabe.

Es liegt nahe, auch bei der Verwendung von Einzelsätzen so oft wie möglich auf originallateinische Sätze zurückzugreifen. Das können 1. Sprichwörter und Redensarten und 2. aus Originaltexten entnommene Mustersätze sein. Dazu können 3. grammatische Beispielsätze ad usum delphini gebildet werden.

4.2.1 Sprichwörter und Redensarten entsprechen der einphasigen Konzeption des Lehrgangs besonders gut, weil sie in der Regel als Texte von hoher inhaltlicher Relevanz interpretationsbedürftig sind und aufgrund ihres oft appellativen Charakters zur Stellungnahme herausfordern. Sie liefern außerdem Stoff zum Auswendiglernen und sichern grammatische Kenntnisse, verbunden mit inhaltlich bedeutsamen Aussagen.

Diese Einzelsätze werden stets in anschauliche Zusammenhänge gestellt. So können z. B. Situationen konstruiert werden, in denen die Aussage des jeweiligen Satzes anschaulich wird. Der Schüler sollte zur Stellungnahme, zur Diskussion, zum Widerspruch herausgefordert werden. Der pädagogische Wert der Sätze beruht auf ihrer inhaltlichen Dichte, ihrer fortdauernden Gültigkeit: Sie sind nicht abgetan und erledigt, sondern verlangen eine immer wieder neue Prüfung ihres Sinngehaltes.

Die engagierte Auseinandersetzung mit den Sprichwörtern und Redensarten steht nicht nur im Dienst der Einübung grammatischer Phänomene. Sie soll auch den <u>Wortschatzerwerb</u> unterstützen, der in inhaltlich anspruchsvollen Zusammenhängen besonders gefördert wird.

4.2.2 Auch die in den Übungen vorkommenden Einzelsätze, die nicht als Sprichwörter und Redensarten anzusehen sind, können trotz ihrer primär grammatischen Übungsfunktion fruchtbare Gesprächsanlässe sein. So geben sie dem Lehrer u.a. Gelegenheit, kurze Hinweise zu den Quellenautoren zu geben oder die Sätze aus ihrem ursprünglichen Zusammenhang heraus zu interpretieren. Gegebenenfalls ist auch der Bedeutungswandel eines Satzes in der Geschichte seiner textunabhängigen Überlieferung zu erarbeiten. Selbstverständlich ergeben sich in diesem Rahmen auch Möglichkeiten zu Schülerreferaten, die den kulturgeschichtlichen Einblick in die Welt der Römer und die spätere Latinität erweitern.

4.2.3 Die grammatischen Musterbeispiele sollen anspruchslose künstliche Sprachgebilde sein. Sie dienen ausschließlich der Konzentration auf ein grammatisches Phänomen. Ihre methodische Funktion ist die sozusagen hüllenlose Demonstration des grammatischen Gegenstandes. Sie sollen den Lernenden direkt auf diesen hinlenken. Der Lernende erkennt an ihnen grammatische Strukturen. Daher sind sie so inhaltsarm wie möglich. Daß sich bei ihrer Analyse mitunter auch inhaltliche Assoziationen einstellen oder andere Beobachtungen möglich werden, ist nicht von Nachteil.

Einfache Sätze dieser Art fordern nicht zuletzt auch zum Sprachvergleich heraus und dienen der Wiederholung elementarer Kenntnisse, wie z.B. der Silbentrennung und der Betonungsregeln. Die vielfältige Verwendbarkeit grammatischer Musterbeispiele ist eine wesentliche Begründung ihrer methodischen Legitimität.

4.3 Der Wortschatzerwerb

Vom Umfang der einzelnen Lektionen eines späteinsetzenden Lehrgangs war bisher noch nicht die Rede. Es spricht vieles dafür, daß ältere Schüler eine Aufteilung in möglichst kurze und leicht überschaubare Lektionen bevorzugen. Sie wollen den Stoff in kleinen Portionen serviert bekommen, die sich ohne besondere Anstrengung verzehren lassen. Das gilt insbesondere für den Wortschatz. Wenn man Lektionen für durchschnittlich drei bis vier Unterrichtsstunden entwirft, dann sollte die Anzahl der Lernvokabeln pro Lektion bei etwa 15–20 Wörtern liegen.

Die Auswahl der Lernvokabeln für den späteinsetzenden Lateinunterricht ist nicht allein vom Kriterium der Lektürehäufigkeit bestimmt. Zugehörigkeit zum sog. Kulturwortschatz, Fruchtbarkeit für die modernen Fremdsprachen und für die Muttersprache, Lebensnähe, Aktualität und Attraktivität sind gleichrangige Auswahlgesichtspunkte.

Im Lehrbuch sollten die Vokabelverzeichnisse zu den einzelnen Lektionen folgenden Aufbau haben: In jeweils alphabetischer Reihenfolge werden vier Gruppen von Wörtern gebildet: Substantive, Adjektive, Verben und andere Wortarten. Alle Wörter werden in der Lexikonform angegeben. Bei den Verben wird folgende Reihenfolge eingehalten: 1. Sg. Ind. Präs. Akt. bzw. Passiv, Inf. Präs. Akt. bzw. Pass., 1. Sg. Ind. Perf. Akt. bzw. Pass., P.P.P. (z.B. *dic-o, dicere, dix-i, dictus* bzw. *sequ-or, sequi, secutus sum*). Die Konjugationsklasse ist an der graphischen Abgrenzung des Präsensstammes erkennbar: *laudo, mone-o, leg-o, audi-o, cap-i-o*. Bei den Substantiven der konsonantischen Deklination ist der Genitiv Singular stets voll ausgedrückt, z.B. *mos, moris m*. Bei den Bedeutungsangaben findet man in der Regel eine oder zwei, seltener drei Angaben.

Die immanente Wiederholung der Vokabeln wird dadurch unterstützt, daß bereits bekannte stammverwandte Wörter erneut angegeben werden: z.B. *convert-o, convertere … (vertere, versari, adversus, diversus)*. Der Schüler soll diese – bereits gelernten – Vokabeln mit Hilfe eines Lernvokabelverzeichnisses und eines Verzeichnisses aller zu lernenden Verben in den früheren Lektionen nachschlagen und nachlernen. Eine zusätzliche Angabe von französischen, englischen und italienischen Wörter soll einen Eindruck von der Wirkung der lateinischen Sprache vermitteln.[11] Dasselbe gilt für die Auflistung lateinischstämmiger Fremd- und Lehnwörter.[12] Ob die anderssprachlichen Parallelen als echte Lernhilfen wirken, bedarf noch eingehender Untersuchung. Gleichwohl wird vor allem am Anfang des Lehrgangs Wert darauf gelegt, einige Regeln für Lautveränderungen vom Lateinischen zu den neueren Sprachen in den Lernstoff einzubauen, so daß die neusprachlichen Angaben zu den Vokabeln zumindest Anlaß zur vergleichenden Sprachbetrachtung geben.[13]

5 Über den Komplex der Ansprüche, die an ein Schulbuch gestellt werden

Bei aller Bereitschaft zum didaktisch-methodischen Experiment stößt man recht bald an eine Grenze, die mit dem nun einmal erforderlichen <u>Lehrbuch</u> gesetzt ist.
Anselm Hora hat einen bedenkenswerten Aufsatz zum Thema „Lehrplan und Lehrbuch.[14] Chance für ‚pädagogischen Freiraum' oder die Totalität der Verplanung?" veröffentlicht. Horas Interesse ist weniger auf Lehrplan und Lehrbuch an sich gerichtet als vielmehr auf die Frage, ob der Lehrer noch genügend Freiräume für eigene pädagogische und fachdidaktische Zielvorstellungen habe. Seit es verbindliche lernzielorientierte Lehrpläne gebe und Lehrbücher komplizierten Genehmigungsverfahren unterworfen seien, bei denen die Übereinstimmung mit den Richtlinien ein vorrangiges Kriterium darstelle, müsse der Lehrer seine Position gegenüber Lehrplan und Lehrbuch neu bestimmen. Hora weist gleichzeitig darauf hin, daß unter den Bedingungen des heutigen Unterrichtens der Begriff des pädagogischen Freiraumes nicht so mißverstanden werden dürfe, daß didaktische Zielsetzungen, methodische Verfahrensweisen und die Wahl der Unterrichtsmaterialien beliebig, d.h. rein subjektiv bestimmbar seien.

„Ebensowenig dürfen Lehrplan und Lehrbuch von vornherein verdächtigt werden, Mittel eines undurchschaubaren Planungskollektivs zu sein, entworfen von perfekten Fachdidaktikern, die Blick und Kontakt zur ‚Basis' verloren haben, überwacht und mit Verbindlichkeiten belastet von einer übergeordneten Bürokratie und weitergereicht und vermittelt durch die Veröffentlichung der Verlage [...]."[15]

Hiermit wird an die Bereitschaft des Lehrers appelliert, sich auf Lehrpläne und Lehrbücher einzulassen, ohne sich vorschnell Verdächtigungen der angedeuteten Art hinzugeben. Der Lehrer wird zugleich dazu aufgerufen, angesichts neuer Lehrpläne und Lehrbücher „die Bedingungen und Möglichkeiten des Faches neu zu bedenken und Positionen zu beziehen"[16].

Horas Ausführungen sind Anlaß zu einer kurzen Darstellung der Bedingungen (und Zwänge), denen heute die Herstellung eines Lehrbuches unterliegt.

5.1 Die Unterwerfung des Lehrbuchautors unter die Forderungen nicht nur eines, sondern aller bundesrepublikanischen Lehrpläne für Latein III ist unausweichlich. Andernfalls ist eine Zulassung des Werkes ausgeschlossen. Mit dem Zwang zur Lehrplankonformität verbieten sich irgendwelche Extravaganzen. Die Lehrbuchkonzeption darf die vorgeschriebenen methodisch-didaktischen Grenzen nicht überschreiten. Wie schwierig die Einhaltung dieses Gebotes ist, zeigt die Tatsache, daß in den Lehrplänen für Latein III z.B. keine einheitlichen Umfangsbestimmungen für den Lernwortschatz gegeben sind. Bei Schwankungen zwischen 1200 bis 2000 Lernvokabeln ist ein mittlerer Wert von ca. 1400 Vokabeln ein Zulassungsrisiko.

Der Lehrplan ist für Autor und Verlag unbedingte Autorität. Gegen den Lehrplan läßt sich heute kein Lehrbuch mehr entwerfen, und der Lehrer ist verpflichtet, das Lehrbuch zu wählen, das die besten Hilfen gibt, die Ziele des Lehrplanes zu verwirklichen.

5.2 Neben den Lehrplänen ist eine Größe zu beachten, die nur schwer abzuschätzen ist, vom Lehrer oft aber gar nicht berücksichtigt wird: die bildungspolitische Öffentlichkeit. Im Zuge der Bildungsreformen der sechziger und frühen siebziger Jahre drohte der

Lateinunterricht von der Sturmflut des reformistischen Elans hinweggespült zu werden. Einige wenige engagierte Fachdidaktiker haben unter größtem Einsatz, aber weitgehend ohne Unterstützung der meisten Fachkollegen an der Schule oder Universität, oft sogar unter wilden Verdächtigungen und Unterstellungen die Strategien der Reformer durch Gegenstrategien zu unterlaufen versucht. Dazu gehört u. a. der Versuch, die Bedeutung der modernen Linguistik auch für den altsprachlichen Unterricht zu diskutieren, um seine Isolation gegenüber dem neusprachlichen und vor allem dem Deutschunterricht nicht noch weiter zu vertiefen. Die altsprachliche Fachdidaktik lernte das ‚Curriculieren', eignete sich die Sprache der Lernzielpropheten an, drang in die Geheimnisse objektivierter Leistungsmessung ein, um – das war der entscheidende Zweck der Anpassung – ‚mithalten' zu können, um im Gespräch zu bleiben und nicht der aggressiven Ignoranz der Vertreter anderer Fächer zum Opfer zu fallen. In dieser Zeit wurde eine neue Generation von Lehrbüchern entwickelt, die vor allem auch nach außen hin dokumentieren sollten, daß der altsprachliche Unterricht wirklich ‚mithalten' konnte. Nicht zuletzt ist es gerade diesen Lehrbüchern zu verdanken, daß die Eltern vieler unserer Schüler wieder für den altsprachlichen Unterricht gewonnen werden konnten, für einen zeitgemäßen und zukunftsorientierten Unterricht, der den Schüler dazu motivieren wollte, sich für einige Jahre auf ein anspruchsvolles, wertvolles geistiges Spiel einzulassen. Diese Lehrbücher haben dem Lateinunterricht den Geruch einer unerfreulichen, unergiebigen und überflüssigen Anstrengung genommen. Wir verdanken es den Lehrbüchern der neuen Generation, daß selbst Vertreter konkurrierender Fächer Gesprächsbereitschaft zeigen und mitunter sogar bereit sind, ihre in der Regel negativen eigenen Erfahrungen mit dem Lateinunterricht ihrer Schülerzeit zu revidieren. Aber – das darf nicht vergessen werden – das Fach, will es nicht untergehen, steht weiterhin „unter einem erheblichen Erfolgszwang"[17].

5.3 Die dritte Größe im Komplex der Ansprüche sind neben Lehrplänen und bildungspolitischer Öffentlichkeit die Verlage, die uns die Herstellung eines Lehrbuches erst ermöglichen. Diese sind – und das vergißt ein Beamter leicht – Unternehmen der freien Wirtschaft. Es ist ihnen daher nicht zuzumuten, Produkte auf den Markt zu bringen, die keine oder zu wenige Konsumenten finden oder eine Investition erfordern, die den Marktchancen nicht entspricht. Die meisten Schulbuchverlage haben enorme Investitionen getätigt – und zwar zum Vorteil des altsprachlichen Unterrichts und seiner Lehrer, aber ohne deren Risiko.

Andererseits ist der sicherlich auch gewinnträchtige Einsatz der Verlage zugunsten des altsprachlichen Unterrichts ein überzeugendes Indiz für seine Lebenskraft und seine Zukunftschancen.

Die wirtschaftlichen Interessen der Verlage müssen selbstverständlich von einem Lehrbuchautor respektiert werden. Er muß alles dazu tun, um die Produktionskosten so niedrig wie möglich zu halten, ohne die Qualität des Produktes aus den Augen zu verlieren. Er muß sich auf Kompromisse einlassen, auf die er sich unter anderen Bedingungen vielleicht nicht einlassen würde, und das Werk mit maximaler Sorgfalt und hohem Verantwortungsbewußtsein planen und realisieren.

5.4 Die vierte und letzte Größe steht keinesfalls hinter den bisher genannten zurück. Ein Lehrbuch kann nicht ohne den Lehrer gemacht werden. Einerseits ist der Autor selbst Lehrer mit subjektiven Erfahrungen und Vorstellungen, andererseits muß er sich selbst so weit zurücknehmen, daß seine Auffassung von Unterricht auch von anderen akzeptiert und realisiert werden kann. Der aus individueller praktischer Erfahrung erwachsende Entwurf eines Lehrgangs wird anderen zur Erprobung und Kritik überlassen. Leider ist es nicht leicht, Kollegen zu finden, die auf diese Weise an der Entstehung eines Lehrbuches mitwirken wollen, obwohl doch gerade Latein III ein wirklich ergiebiges Experimentierfeld ist.

Die Schüler, mit denen ein Lehrbuchentwurf erprobt wird, sind in der Regel hoch motiviert. Die aktive Mitarbeit an der Entwicklung eines eigenen Lehrbuches setzt bei den Schülern erstaunliche Energien frei – vorausgesetzt, der Lehrer ist von derselben Experimentierfreude beseelt. Dadurch entsteht übrigens die Gefahr, daß die Erprobung zu Ergebnissen und Erkenntnissen führt, die den Bedingungen des normalen Unterrichts nicht mehr ganz entsprechen. So können z.B. Lektionen, die in den Erprobungsklassen nicht beanstandet wurden, in ‚normalen' Klassen als zu schwierig empfunden werden.

Trotz gründlicher Erprobung stößt das fertige Lehrbuch auch noch aus einem anderen Grund auf Widerstand. Denn viele Kollegen verfügen über ein Verständnis von Lateinunterricht, dem die Lehrbuchkonzeption nicht entspricht. Das gilt ganz besonders für L III, weil viele Lehrer ihre Vorstellungen von einem Lateinunterricht der Lehrgangstypen L I/II auf den späteinsetzenden Lateinunterricht übertragen und damit nichtadäquate Maßstäbe anlegen. Es ist aber ganz ausgeschlossen, L III mit denselben Methoden und Zielvorstellungen durchzuführen wie L I/II. Die spätbeginnenden Formen sind nicht nur quantitativ, sondern auch qualitativ verschieden von den traditionellen frühbeginnenden Lateinlehrgängen. So scheiden sich die Geister z.B. an der didaktisch gut begründeten Entscheidung, einen späteinsetzenden Lateinunterricht mit Originaltexten zu beginnen und auf Vorschaltung einer textunabhängigen Grammatikphase zu verzichten. Die Einphasigkeit wird immer noch von vielen Lateinlehrern abgelehnt. Als frustrierend werden oft auch die Lernergebnisse empfunden, weil man zu hohe oder nicht einlösbare Ansprüche stellt. Die Schüler spätbeginnender Lehrgänge sollen das Lateinische – so gut es geht – <u>kennenlernen</u>, indem sie es – wiederum so gut es geht – <u>lernen</u>; von einem <u>Lateinkönnen</u> im Sinne einer echten Lesefähigkeit kann aber in L III nur im Ausnahmefall die Rede sein.

Anmerkungen

1 Vgl. auch die beeindruckend umfangreiche Liste von Video-Filmen zur Antike bei Knau, H.-L./Steinhilber, J./Zgoll, J.: Video im Lateinunterricht. In: Anregung 30, 1984, 252–262.
2 Hermes, E.: Latein als Wahlpflichtfach in einem reformierten Lehrplan. Vorschläge für eine kurze Einführung in die lateinische Sprache als Vorbereitung auf die Lektüre literarischer Texte. In: AU XIII 2/1970, 16–32.
3 Vgl. auch Heilmann, W.: Die Beziehung zwischen Textarbeit und Grammatikarbeit im Lateinunterricht der Sekundarstufe I. In: MDAV Hessen XXX 2/1983, 2–8 (mit weiterer Literatur).
4 Steinthal, H.: Principia Latinitatis. Grundsätzliches zum lateinischen Anfangsunterricht. Stuttgart 1966, bes. 12, Anm. 2.
5 Vgl. dazu auch Eikeboom, R.: Rationales Lateinlernen. Göttingen 1970, bes. 87–100.
6 Vgl. Eichenseer, C.: Aussprache zweit- oder drittrangig? In: MDAV XXV 2/1982, 3–5.
7 Das fordert auch Steinthal, H.: Lehrbuch und Methode im lateinischen Sprachunterricht. In: AU XIV 2/1971, 51–69.
8 Vgl. Stephan-Kühn, F.: Aspekte der Martial-Interpretation. In: MDAV Nordrhein-Westfalen XXX 1/1982, 6–9.

9 Fink, G.: Verdichten statt Verzichten. Probleme der Ökonomisierung im Lateinunterricht. In: AU XXVI 5/1983, 24–30, bes. S. 30.
10 Auch Deklinations- oder Konjugationsübungen tragen dazu bei, ein ‚Systembewußtsein' aufzubauen.
11 Eine große Hilfe ist in diesem Zusammenhang Mader, M.: Lateinische Wortkunde für Alt- und Neusprachler. Stuttgart 1979.
 Vgl. auch Lindauer, J.: Lateinische Wortkunde. Bildung, Bestand und Weiterleben des lateinischen Grundwortschatzes. Bamberg/München 1979.
12 Hilfen bietet hier Wolf, F./Pögl, A.: Lebendiges Latein. Fachausdrücke, Lehn- und Fremdwörter lateinischer Herkunft. Berlin 1968.
13 Weitere Anregungen zur Wortschatzarbeit: Eikeboom, R.: Rationales Lateinlernen. Göttingen 1970, 116–123.
 Hilbert, K.: Feldbezogene Wortschatzarbeit auf der Oberstufe. In: AU XVII 5/1974, 17–29.
 Meusel, H.: Zur Arbeit am lateinischen Wortschatz. In: AU XXII 2/1979, 19–29.
 Frings, U./Keulen, H./Nickel, R.: Lexikon zum Lateinunterricht. Freiburg/Würzburg 1981, s.v. Vokabellernen.
14 Hora, A.: Lehrplan und Lehrbuch. Chancen für „pädagogischen Freiraum" oder die Totalität der Verplanung? In: AU XXVI 5/1983, 58–71.
15 Ebenda, 58 f.
16 Ebenda, 59.
17 Fink, G. (s. Anm. 8), 25.

Wilhelm Höhn

Zum Textproblem

1 Zur Begründung der Arbeit mit Texten – auch im Anfangsunterricht

1.1 Arbeit mit Texten – die Folgerung aus didaktischen Grundsätzen

Zu den entscheidenden Forderungen, die an moderne Lehrbücher für den einführenden Lateinunterricht gestellt werden, gehört die, Latein solle an lateinischen Texten gelernt werden, nicht an Einzelsätzen. Diese Forderung ergibt sich aus mehreren Gründen; sie folgt aus den didaktischen Grundgegebenheiten des Lateinunterrichts. Lateinunterricht ist, wie Rainer Nickel[1] sehr überzeugend gezeigt hat, durch eine Didaktik gekennzeichnet, die erstens dialektisch ist, d. h. sich an Verflochtenheit und gegenseitiger Bedingtheit von Lernzielen und Lerninhalt orientiert; die zweitens auf Übertragbarkeit (Transfer) von Einsichten und Fähigkeiten, die bei Übersetzen und Interpretieren gewonnen werden, auf andere Lern- und Lebenssituationen hin angelegt ist; die drittens auf die Herstellung einer verstehenden Beziehung des Lesers zum Autor und auf Metakommunikation zielt, d. h. auf Austausch, Ergänzung und gegenseitige Hilfe und Korrektur innerhalb der Arbeitsgruppe, also kommunikativ ist; die viertens die grundsätzlich stets gegebene Zweisprachigkeit der Arbeit im Lateinunterricht berücksichtigt, d. h. kontrastiv-komparativ ist; die fünftens weder durch autonomen Sprachunterricht noch durch einseitig auf Lektüre zielenden Unterricht bestimmt ist, sondern immer die Einheit von Inhalt und Sprache beachtet, also textorientiert ist; die schließlich – sechstens – kooperativ ist, indem sie ergänzend-arbeitsteilige sowie verstärkende Zusammenarbeit mit anderen Fächern anstrebt.

1.2 Sprachreflexion, Schülermotivation, Übersetzen

Aus dem dialektischen, dem transferorientierten, dem kommunikativen, dem kontrastiv-komparativen Charakter der Didaktik des Faches ergibt sich notwendig der textorientierte Charakter. Aber auch für die Kooperation mit anderen Unterrichtsfächern ist die Orientierung des Lateinunterrichts auf Textarbeit hin Voraussetzung. Gilt Sprachreflexion im umfassenden Sinne, nicht also eingeschränkt auf Betrachtung einer sprachlichen Erscheinung lediglich unter den Gesichtspunkten der morphematischen Stellung der betreffenden Erscheinung im Formensystem oder der syntaktischen Stellung im formalen Aufbau des Satzes, als Unterrichtsprinzip des Lateinunterrichts, so kann sich die Arbeit im Unterricht nur an originalen Texten entfalten. Denn nur ein lateinischer Text, der Inhalt hat und der zu einem kommunikativen Zweck oder in einer Absicht geäußert wurde, kann es ermöglichen, daß im Lateinunterricht Sprachreflexion im umfassenden Sinne einsetzt, d. h. auf den Ebenen von Morphologie, Semantik, Syntax, Textgrammatik und Pragmatik. Es kommt hinzu, daß sich auch vom Gesichtspunkt der Motivation her die Arbeit mit Texten empfiehlt, da erfahrungsgemäß nur sehr wenige Schüler von der Sprachsystematik allein aus immer wieder zu motivieren sind, während die meisten einer immer neuen Verstärkung ihres Interesses durch inhaltliche Faktoren bedürfen. Schließlich wird Übersetzen im vollen Sinne erst möglich, wenn an Sinneinheiten, nicht an sinnleeren Bruchstücken gearbeitet wird.

2 Zur Diskussion des Begriffes ‚Text'

2.1 *Einwände gegen die Verwendung von Texten im einführenden Unterricht*

Daß Feststellungen dieser Art bei Fachkollegen Befürchtungen auslösen, ist bekannt. Die jahrzehntelange Gewöhnung daran, daß lateinischer Anfangsunterricht fast ausschließlich an einem Sprachmaterial erfolgte, das eigens zu Unterrichtszwecken hergestellt wurde und das in der Regel von der Vorstellung bestimmt war, die größte Betrachtungseinheit sei jeweils der Satz, führte einerseits zu der Sorge, geeignete größere sprachliche Einheiten, Texte, seien in der benötigten Fülle gar nicht aufzutreiben. Anderseits stellen Fachkollegen immer wieder in Frage, ob bei der einführenden Arbeit mit Texten die Gründlichkeit, die Präzision und die Sicherheit in Erwerb und Befestigung der Elementarkenntnisse zu gewährleisten seien, die allgemein als wesentliche Stärken des Lateinunterrichts gelten und die zugleich Grundlage für jeden systematisch aufbauenden Unterricht sind.

Bei einer Stellungnahme zum Textproblem im Einführungsunterricht müssen diese Befürchtungen sehr ernst genommen werden.

2.2 *Textbegriff und Textlinguistik*

Zunächst ist hier der schillernde Begriff ‚Text' so weit zu klären, daß sich Einigkeit darüber herstellen läßt, was ‚Text' für die Fachdidaktik des Faches Latein heißen soll. Vor kaum mehr als 25 Jahren konnte in einem großen Konversationslexikon der Begriff ‚Text' noch – als offenbar völlig unproblematisch – mit gerade fünf Zeilen umschrieben werden: „Text (lat. ‚Geflecht' ‚Darstellung'), der, genauer Wortlaut; Wortfolge eines Gesangstücks im Unterschied zur Melodie; die der Predigt zugrunde gelegte Bibelstelle; Drucktechnik: Schriftgrad von 20 typograph. Punkten."[2] Demgegenüber bietet heute schon ein Taschenlexikon eine Information vom fünffachen Umfang zum gleichen Lemma.[3] Für den Fachkollegen des Faches Latein ist ‚Text' zunächst herkömmlicherweise die umfassende schriftliche originale Äußerung eines Autors, die Gegenstand längerer Lektüre ist[4]; erst in zweiter Linie gilt als Text beispielsweise ein einzelnes Gedicht; mündliche Äußerungen sind im Sinne dieses Textbegriffes keine ‚Texte'.

Der in der modernen Texttheorie gebrauchte Textbegriff reicht dagegen weiter und ist vielschichtig. Der Begriff ‚Text' wird dort zunächst nicht auf sprachliche Erscheinungen beschränkt, sondern „überall dort angewandt [...], wo gegliederte mehrheitliche Element-Komplexe mit einer daran gekoppelten übertragbaren Information bzw. Wirkung vorliegen: im Bereich der bildenden Kunst, der Musik, des Tanzes etc."[5].

Darüber hinaus ist aber auch ein rein linguistischer Textbegriff, der ‚Text' als ausschließlich sprachliches Phänomen definiert, nicht problemlos verwendbar. In ihrem Aufsatz „Systemtheorie der Texte" hat Ursula Oomen[6] schon 1969 kritisch auf die Mitteilungsfunktion als notwendige Komponente der Beschreibung der Struktur von Texten hingewiesen.

Wolfgang Dressler[7] hat 1972 „in der ‚logischen' (z. T. auch historischen) Entwicklung der Textlinguistik" drei zu unterscheidende Stufen der Reflexion ausgemacht. Auf der ersten dieser Stufen wird der Satz als die höchste sprachliche Einheit angesehen. So behauptet John Lyons[8], indem er sich auf Bloomfield beruft, der Begriff der Distribution, der ja auf Ersetzbarkeit gründe, sei auf Sätze einfach nicht anwendbar: „der Satz ist die größte Einheit der grammatischen Beschreibung". Gegenüber solchen Aussagen macht

59

Dressler[9] mit Recht geltend, daß „überhaupt jeder Satz kontextuell[10] abhängig ist, entweder direkt oder indirekt vermittels anderer Sätze desselben Textes, mit denen er in Beziehung steht". Als zweite Stufe sieht Dressler diejenige an, auf der die Äußerung als kleinste kommunikative Einheit betrachtet wird. Lyons[11] widmet dem Phänomen ‚Äußerung' einen Abschnitt; er vermerkt dabei: „Zu bedenken ist, daß wir es hier nicht mit der formalen Definition einer linguistischen Einheit zu tun haben, sondern mit einer Beschreibung des sprachwissenschaftlichen Materials auf vorwissenschaftlicher Stufe." Die ‚Äußerung' kann man mit Dressler[12] beschreiben als „den kontinuierlichen Ausspruch einer Person, am Anfang und Ende durch das Schweigen dieser Person abgegrenzt oder durch den Übergang der Rede von oder zu einer anderen Person". Der Text wird schließlich auf einer dritten Reflexionsebene als höchste sprachliche Einheit untersucht. Wegen ihrer grundsätzlichen Bedeutung für den Lateinunterricht auf allen Jahrgangsstufen ist hier eine Feststellung Dresslers[13] ausführlich zu zitieren: „Der Mensch redet und schreibt in Texten, oder zumindest intendiert er es; sie sind die primären sprachlichen Zeichen, in denen er sich ausdrückt. Erst der Text als ganzes hat einen abgeschlossenen Sinn und ist daher auch für eine Übersetzung die geeignete Einheit, denn es gibt zwar interlingual annähernd bedeutungsgleiche Texte, aber nur durch die Vermittlung von Texten interlingual bedeutungsgleiche Sätze." In einer Fußnote sagt Dressler zusammenfassend: „Man könnte daher einfach Text als das größte sprachliche Zeichen definieren." Berechtigt ist zwar Dresslers Hinweis, Textdefinitionen seien ungenügend, wenn sie nur „aktuell geäußerte" Texte in Betracht ziehen; für unseren Zweck spielen jedoch sogenannte Texteme, d.h. Texte als Einheiten des Sprachsystems, als Ausgangspunkte sprachlicher Prozesse, als noch nicht realisierte semantische Basiseinheiten, kaum eine Rolle.

2.3 Textbegriff und Unterrichtspraxis

Für die Praxis des Lateinunterrichts dürfte sich die im Vorwort zu „Contextus", Teil 1[14], enthaltene Erläuterung des Textbegriffes eignen: „Unter Text ist [...] die sprachliche Äußerung verstanden,
- die einer von andern Situationen relativ eindeutig abgrenzbaren Situation zugeordnet ist,
- die in sich selbst oder zusammen mit ihrem außersprachlichen oder ihrem beschreibungssprachlichen Kontext abgeschlossen und verstehbar ist,
- die ein Sprecher oder ein Schreibender mit einer bestimmten Absicht oder zu einem bestimmten Zweck macht."

Diese provisorische Definition hat für die Klärung des Textbegriffs zum Zwecke der Verwendung in der Didaktik des Lateinunterrichts einige Vorteile: Zunächst berücksichtigt sie, daß Texte eine pragmatische Komponente haben, d.h. über die Zusammensetzung aus rein sprachlichen Bestandteilen hinausweisen. Sodann vermeidet sie ein rigoroses Bestehen auf perfektionistisch dichter Abgrenzung, indem sie von „relativ eindeutig abgrenzbaren" Situationen spricht. Das läßt es z.B. zu, ein Stück aus einem Gesamtwerk, etwa einen verhältnismäßig geschlossenen Abschnitt aus einer Erzählung, einen Dialog aus einer Komödie, ein Sprichwort, eine Inschrift als Text zu betrachten. Die Definition erlaubt ferner, das gewählte lateinische Sprachmaterial so mit Einführung, Ergänzung und Erläuterung in deutscher (Beschreibungs-)Sprache zu umgeben, daß eine in sich verstehbare Betrachtungseinheit entsteht. Ein im Sinne dieser Definition gewählter Text kann weiter seinem

Umfang nach so abgegrenzt werden, daß die Sprecherabsicht oder der Äußerungszweck erkennbar wird. Auch auf das Wecken oder das Wacherhalten des Schülerinteresses läßt sich bei Texten der hier umschriebenen Art Rücksicht nehmen. In der Praxis hat sich die Arbeit mit einem Textbegriff, wie er sich so fassen läßt, eindeutig bewährt.

2.4 Hinweise auf geeignete Textarten

Versteht man ‚Text' so, wie es hier angegeben ist, dann ist die eine der beiden Sorgen vieler Lateinlehrer zu beheben: ‚Texte' im Sinne dieser Definition lassen sich in reicher Zahl finden. Eine große Menge von Inschriften – nicht nur aus dem Altertum, sondern auch aus Mittelalter und Gegenwart; zahlreiche, z.T. sehr reizvolle Epigramme; Texte aus dem praktischen Leben, z. B. Urkunden, Rezepte, Rechtsregeln; Komödientexte mit sprachlich leicht zugänglichen Dialogen; Texte aus Liturgie und Theologie; sonstige wissenschaftliche Texte bieten – hier sind natürlich nur einige Gebiete als Beispiele genannt – ein so umfassendes Material, daß nur die Gewöhnung an einen eng auf die Schule abgestellten Kanon und die u. U. entsprechend eingeschränkte eigene Leseerfahrung zu erklären vermögen, warum bei manchen Kollegen Sorge festzustellen ist, es ließen sich nicht genügend viele Texte finden, die sich für den Anfangsunterricht eignen. Es unterliegt keinem Zweifel: diese Texte lassen sich finden.

3 Grundsätze für die Verwendung von Texten im Anfangsunterricht

3.1 Arbeit mit Texten und sprachliche Systematisierung

Damit ist allerdings das Textproblem für uns keineswegs gelöst. Denn alle diese ‚echten' Texte sind ja nicht zum Zwecke des Erlernens der lateinischen Sprache verfaßt. Sie sperren sich gegen Versuche einer von Anfang des Unterrichts an durchgehend einsträngigen Systematisierung. Sie machen Schwierigkeiten, wenn man etwa den Einführungskursus mit der Behandlung der Kasusformen einer oder zweier Deklinationen beginnen lassen will; sie stellen nicht ohne weiteres das Material für die immanente Wiederholung eines bestimmten Wortschatzes zur Verfügung; sie konfrontieren grundsätzlich von Anfang an mit der Fülle aller syntaktischen Erscheinungen. Darüber hinaus animieren sie immer wieder dazu, dem vermittelten Inhalt weiter nachzugehen; sie wecken die Neugier der Schüler gegenüber fremder Lebenswirklichkeit, und dies kann – wenn der Lehrer nicht zu regeln und zu ordnen versteht oder wagt – zu weitläufigen Exkursen führen und die Vernachlässigung des Erwerbs und der Sicherung der Sprachkenntnis zur Folge haben.

3.2 Text und Textinhalt

Die Wahl der Texte so zu treffen, daß von ihrem Inhalt her keine besonderen Schwierigkeiten für die Benutzung im Anfangsunterricht entstehen, ist vergleichsweise einfach. Schon der Schüler der 5. Jahrgangsstufe findet Zugang zum Inhalt von zahlreichen Sprichwörtern, Fabeln, Inschriften, Komödienszenen, erzählenden Texten, Briefen. Wird Latein als zweite Fremdsprache gelernt, ist die Fülle vom Inhalt her geeigneter Texte noch größer. Wie die Erfahrung zeigt, wird von Schülern sogar ein Kompendiumstext wie der des Lucius Ampelius über den Aufbau der Welt (aus dem liber memorialis) mit ungleich größerem Interesse aufgenommen als ein für das Erlernen des Lateinischen noch so geschickt eigens verfaßter ‚künstlicher' Text. Wertvolle Hilfe beim Zusammenstellen von inhaltlich für den Anfangsunterricht geeigneten Texten leisten Sammlungen wie

Pompejanische Wandinschriften. Hrsg. von H. Geist und W. Krenkel. München (Heimeran).
Römische Grabinschriften. Hrsg. von H. Geist und G. Pfohl. München (Heimeran).
Lateinische Rechtsregeln und Rechtssprichwörter. Hrsg. von D. Liebs. München (Beck).
Lateinische Sprichwörter und Sinnsprüche des Mittelalters. Hrsg. von J. Werner und P. Flury. Darmstadt (Wissenschaftliche Buchgesellschaft).
Lateinische Fabeln des Mittelalters. Hrsg. von H. C. Schnur. München (Heimeran).
Heinrich G. Reichert: Urban und Human. Unvergängliche lateinische Spruchweisheit. München (Goldmann).

Diese Titel sind nur als Beispiele genannt. – Eine fast völlig ungenutzte Fundgrube stellt die patristische lateinische Literatur dar. – Daß sich auch alle sprachlichen Erscheinungen des Lateinischen mit Hilfe originaler Textstellen innerhalb des Lateinunterrichts einführen und durch Wiederholen festigen lassen, zeigt eine Sammlung von Belegstellen aus Originaltexten, die noch unveröffentlicht ist:

Josef Mall: 10 000 Formeln, Wortspiele, Stellen aus dem Evangelium und römischen Dichtern als Musterbeispiele zur Grammatik.

3.3 Lehrbuch und Spracherfahrung

Es ist kein unlösbares Problem, sprachlich geeignete, d. h. auf der jeweils gegebenen Altersstufe zufriedenstellend zu bewältigende Texte zu finden. Aber läßt sich auch die zweite Sorge des Lateinlehrers – die Sorge, die sprachliche Grundlage werde gefährdet – ausräumen? Der Kern der Schwierigkeiten liegt m. E. hier bei der durch Gewohnheit fixierten Einstellung und der entsprechenden Verhaltensweise des Lehrers: Daran gewöhnt, daß das vertraute Lehrbuch den Unterricht im Fach Latein fast ausschließlich unter dem Gesichtspunkt sprachlicher Systematisierung lenkt, ordnet und aufbaut, hat sich der Lateinlehrer vielleicht zu sehr darauf eingestellt, daß die Verantwortung für die Vollständigkeit in der Behandlung der wichtigsten sprachlichen Erscheinungen, für die Reihenfolge ihres Vorkommens im Unterricht, für das Maß der Häufigkeit des Vorkommens, für den Grad der Wiederholung und für die Einschätzung des Gewichtes dieser sprachlichen Erscheinungen im Zusammenhang des Erwerbs sprachlicher Kenntnisse ganz beim Lehrbuch liege. Bei der Einführung des Schülers in das System der lateinischen Sprache werden im gewohnten Lehrbuch die sorgfältig in Einzelsätze oder künstlich verfertigte kleine ‚Texte' verpacken – und zwar unter den Gesichtspunkten der Wichtigkeit für den Aufbau des Sprachsystems und der gewünschten Reihenfolge für diesen Aufbau, der Wiederholung und der Einprägung verpackten – sprachlichen Erscheinungen und, wenn der Unterricht ganz ‚plangemäß' verläuft, ausschließlich sie in der gemeinsamen Unterrichtsarbeit von den Schülern unter Anleitung des Lehrers möglichst ebenso sorgfältig wieder ausgepackt, vorgezeigt, betrachtet und in das System eingefügt. Unplanmäßigkeiten sind, genau genommen, bei diesem Verfahren eigentlich stets auf Mangel an Konsequenz bei der Zubereitung des sprachlichen Materials durch das Lehrbuch zurückzuführen. Platz für ein Schülerinteresse, das nicht durch das Lehrbuch gelenkt wäre, findet sich nur da, wo das systematische Netz, welches das Unterrichtswerk über den Unterricht wirft, planwidrig weite Maschen oder Knüpffehler aufweist. Je dichter und je sorgfältiger dieses Netz geknüpft ist, um so sicherer ist – falls sich die Schüler nicht gegen das

Verfahren innerlich oder sogar nach außen hin erkennbar sträuben – das Erreichen eines hohen Grades an Systemvollständigkeit gewährleistet. Grundsätzlich bleibt der Inhalt sprachlicher ‚Mitteilungen', die bei diesem Verfahren herangezogen werden, jedoch austauschbar, wenn nicht gar belanglos. Gesteuert wird der Unterricht fast nur durch die Rücksicht auf den (sprach-)„systematischen" Fortgang. Es ist klar, daß das Risiko, wirkliches Schülerinteresse könnte sich gegenüber der Systematisierung durchsetzen, inhaltliche Gesichtspunkte könnten die Oberhand gewinnen, die Zeitökonomie könnte aus den Fugen geraten, bei einem so künstlich geordneten Verfahren relativ gering bleibt. Soweit es dem Lehrer gelingt, Arbeitsdiziplin sicherzustellen, und soweit er selbst Vorbereitung und Durchführung des Unterrichts lehrbuchkonform gewährleistet, läßt sich mit relativ hoher Sicherheit voraussagen, daß der durchschnittlich aufnahmefähige, hinreichend aufmerksame und fleißige Lateinschüler zu einem recht beachtlichen Grad von Systembeherrschung gelangen wird, der es ihm ermöglicht, zunehmend komplizierter werdende ‚Texte' sprachlich zu bewältigen – wenn es „didaktisierte" Texte sind. „Didaktisierte Texte halten sich streng innerhalb einer bestimmten, meist grammatischen, Lehrbuchprogression."[15] Sie sind aber mehr oder weniger weit, meist sehr weit entfernt von der sprachlichen Wirklichkeit, an die der Lateinschüler herangeführt werden soll. Jeder erfahrene Fachlehrer kennt die Schwierigkeiten, die nach einem strikt grammatikorientierten Anfangsunterricht beim Übergang zur Originaltextlektüre auftreten. Muß – aus welchen Gründen auch immer – im Anfangsunterricht mit „didaktisierten Texten" gearbeitet werden, so muß, damit die hier angedeutete Gefahr wenigstens zu einem Teil gemieden werden kann, als Grundsatz gelten: Auch noch so bescheidene künstlich verfertigte Lehrbuchtexte sollten niemals über längere Strecken so benutzt werden, daß von Inhalt, Mitteilungsfunktion und Wirkungsabsicht gänzlich abgesehen wird. Einzelsätze müssen, sofern das Lehrbuch sie bietet, mit einer einfachen deutschsprachigen Kontextumgebung versehen werden. In nicht zu großen Abständen müssen echte Texte in den Unterricht einbezogen werden, damit der Unterricht nicht seinen eigentlichen Zweck verfehlt: den Schüler zu selbständigem, verstehendem, prüfendem, im Rahmen seines Erfahrungshorizontes auch urteilendem Verhalten gegenüber lateinischen Texten und Texten überhaupt zu erziehen. Aus diesen Überlegungen folgt, daß bei Benutzung ‚künstlicher' Texte eine sehr starke Gegensteuerung gegenüber einer streng grammatisch orientierten Fahrtrichtung unabdingbar ist. Aufgrund der Tradition des Lateinunterrichts ist allerdings zu befürchten, daß das ‚Gegensteuern' dem selbst in dieser Tradition stehenden Lateinlehrer nur mit großer Mühe und bei ständig wacher Selbstkritik gelingen wird, oder vielmehr, daß es in der Mehrzahl der Fälle mißglückt. Weil ich das Risiko, die systematisch geordneten Grammatikkenntnisse unserer Schüler könnten gefährdet werden, für geringer und für ungefährlicher halte als das Risiko, der Lateinunterricht könnte dazu beitragen, den Schüler gegenüber der sorgfältigen Beachtung des Inhalts und der Intention sprachlicher Mitteilungen unempfindlich, ja gleichgültig zu machen, trete ich entschieden dafür ein, von Anfang an wirkliche Texte im Sinne der oben angeführten Erläuterung des Textbegriffes zur Grundlage des Lateinunterrichts zu machen. Auf wichtige Fragen, die bei dieser Entscheidung zu beachten sind, geht Willibald Heilmann in seinem Beitrag „Die Beziehung zwischen Textarbeit und Grammatikarbeit ..." genau ein. Ich möchte folgenden Grundsatz besonders betonen: Der Lateinlehrer, der seinen Anfangsunterricht auf der Grundlage originaler Texte erteilt, sollte sich legitimiert wissen, dank seiner eigenen Beherrschung des Sprachsystems jeweils die grammatischen Erscheinungen zu klären, zu erläutern, üben und lernen zu lassen, die das Lehrbuch oder er selbst für ‚reif' (und für nötig) hält. Ohne die Ordnung des Lehrbuchs völlig außer acht zu lassen, sollte er selbst entscheiden, was systematisiert werden soll, wann dies geschieht und in welchem Umfang. Selbstverständlich sollte die Konzeption des mit Texten arbeitenden Lehrbuchs dabei grundsätzlich beachtet werden. Da aber ein auf Originaltexten aufgebautes Lehrbuch auf keinen Fall die Komponenten Textinhalt, Texthintergrund, Absicht des Autors, Wirkung des Textes vernachlässigen wird, hat gerade der Lateinlehrer, der ein solches Lehrbuch benutzt, den Blick frei für die Probleme, die sich aus der Lage in der von ihm unterrichteten Klasse, der Notwendigkeit der grammatischen Systematisierung und der Sicherung des Beherrschens der Sprache ergeben. Er muß hier konsequent auf diese Systematisierung und diese Sicherung achten; solange der Weg für ihn noch neu ist, sollte er ruhig das Achten auf die genannten Ziele – auch zu seiner eigenen Beruhigung – besonders betonen. Daß Textverstehen und Grammatikarbeit einander jeweils ablösen und ergänzen, aber auch durchdringen müssen, zeigt Willibald Heilmann in seinem oben genannten Beitrag eindrucksvoll. Unser ceterum censemus muß sein: Ohne Fortschritt in der sprachlichen Erfahrung und in der Verfügung über gesicherte sprachliche Kenntnisse ist auch kein Fortschreiten im Verstehen von Texten möglich. Die zahlreichen festigenden Übungen, die sich in Lehrbüchern finden, welche auf der Basis von Texten beruhen, müssen intensiv genutzt werden. Der Lehrer darf sich nicht scheuen, seine Schüler das Lernen lernen zu lassen, sich in jeder Stunde vom Lernfortschritt einzelner Schüler zu überzeugen, darauf zu bestehen, daß der Lernstoff, der selbstverständlich am Notwendigen ausgerichtet sein soll, ständig wiederholt und gefestigt wird. (Hier hat dann auch die Benutzung einzelner, eindeutig dem Üben dienender Sätze ihren Platz.) Daß der Lateinlehrer die Fähigkeit hat, das hier Geforderte zu gewährleisten, sollte angesichts der in der eigenen Schülerzeit im Lateinunterricht erworbenen Kenntnis des lateinischen Sprachsystems, dank seiner Fachausbildung und dank der Ausbildung im Studienseminar keine Frage sein.

3.4 Konsequenzen für textorientierten Anfangsunterricht

Zu beachten ist, daß man die Schüler bei der Auseinandersetzung mit dem Inhalt lateinischer Texte nicht überfordern darf. Verstehensvoraussetzungen, die dem Lehrer selbstverständlich geworden sind, liegen oft völlig außerhalb des Horizontes der Schüler. Gefahren und fruchtbare Möglichkeiten finden sich hier dicht beieinander: Bei der Auswahl von Texten sollte man sich keinen Illusionen über die Verstehensvoraussetzungen überlassen, die man auf der Seite seiner Schüler erwarten darf. Diejenige sprachliche Erscheinung, die im Unterricht behandelt werden soll, muß selbstverständlich in hinreichender Deutlichkeit im jeweils herangezogenen Text faßbar werden. Sprachliche ‚Sonderfälle' dürfen nicht die Zusammenstellung von Lehrbuchtexten bestimmen; vielmehr müssen – nach und nach! – die wichtigen Elemente des Sprachsystems ins Blickfeld gerückt und geklärt werden können. Der sparsame Umgang mit Zeit, die ‚zeitliche Ökonomie', muß bei einem Anfangsunterricht, dem Originaltexte zugrunde liegen, ein besonders wichtiger Grundsatz sein. Bei der Vorbereitung jeder Unterrichtsstunde sollte sich der Lateinlehrer überhaupt fragen, ob das, was er seinen Schülern anzubieten gedenkt, es wert ist, daß dreißig Kinder dafür je dreiviertel Stunden ihrer unersetzlichen Zeit aufwenden. Abschweifungen sind bei einem Anfangsunterricht auf der Grundlage von Originaltexten eine nicht zu mißachtende Gefahr. Man sollte – und das müßte auch gründlich mit den Eltern der Lateinschüler erörtert werden – nicht von seinen Schülern erwarten, daß sie an Originaltexten Latein lernen, zugleich aber ihre Lateinkenntnisse in der gleichen Reihenfolge systematisch erweitern, in der das in einem Lateinlehrgang geschieht, der auf Einzelsätzen beruht und innerhalb dessen der Einzelsatz jeweils ein ganz bestimmtes Stück des Systems darzubieten hat, auf welche Aufgabe sich der Sinn eines solchen Einzelsatzes dann auch – neben der Wiederholung der in ihm enthaltenen sprachlichen Elemente – in der Regel beschränkt. Bei Benutzung von Originaltexten als Lern- und Erfahrungsgrundlagen ist Geduld erforderlich, denn das System ist nicht mehr A und O, sondern nur noch die eine Seite des Erfahrungsgewinns und des erstrebten Könnens. Die andere Seite ist die wachsende Fähigkeit, Texte zu verstehen und sich mit Texten auseinanderzusetzen. Will man Lateinkenntnisse prüfen, so sollte man dies nicht mit Hilfe mehr oder weniger willkürlich zusammengestellter künstlicher Aufgaben tun; letzten Endes lassen sich wirkliche Lateinkenntnisse nur an wirklichem Latein, d. h. an lateinischen Originaltexten, messen.

Befriedigend zu lösen sind die Probleme, die sich bei Benutzung originaler Texte im einführenden Lateinunterricht ergeben, immer dann, wenn man sich nicht selbst einengt, wenn man nicht an die Stelle offener, zu stets neuen Erfahrungen bereiter Einstellung eine Verabsolutierung von Prinzipien treten läßt. Das Problem, welches sprachliche Material Grundlage für den einführenden Unterricht sein kann und soll, löst sich am besten, wenn man sich grundsätzlich für die Benutzung originaler Texte entscheidet und am unveränderten Text so lange festhält, wie das von Unterrichtsbedingungen und Spracherfahrung der Schüler her sinnvoll und möglich ist, sich aber zugleich stets vorbehält, mit behutsamen Eingriffen[16] in den Text oder mit vereinfachter Paraphrasierung, wie sie schon der Reformpädagoge Berthold Otto in seinen „Lateinbriefen" vornahm, Textverständnis und Erfassen sprachlicher Phänomene zugleich in dem jeweils gerade nötigen Ausmaß zu erleichtern. Entscheidend ist, daß keine Textveränderung, die man vornimmt, Inhalt, Intention und Wirkung des Textes antasten darf, sondern daß vielmehr jeder Eingriff dem Verstehen des Originaltextes dienen muß. Ganz unbeirrbar muß man nur an einem Grundsatz festhalten: Ziel ist stets die Entwicklung der Fähigkeit des Schülers, sich mit Originaltexten auseinanderzusetzen, sie zu verstehen, das Textverständnis in der deutschen Übersetzung zu dokumentieren; wichtige Stationen auf dem Weg zu diesem Ziel sind die jeweils erreichten Stufen der Kenntnis und der Beherrschung des Sprachsystems. Diese Stufen müssen solide angelegt sein, und man darf nicht meinen, man komme ohne sie aus; man darf aber auch nicht das Anlegen der Stufen zum Zweck machen und dabei das eigentliche Ziel aus dem Auge verlieren.

Anmerkungen

1. Nickel, R.: Die Alten Sprachen in der Schule. Frankfurt a. M. ²1978, 8 ff.
2. Großer Brockhaus. Band 11. Wiesbaden 1957, 470 a.
3. Meyers Großes Taschenlexikon. Mannheim 1983, Bd. 22, 52 b und 53 a.
4. Vgl. Frings/Keulen/Nickel: Lexikon zum Lateinunterricht. Freiburg/Würzburg 1981, 263 f.
5. Schmidt, S. J.: Texttheorie. München 1973, 14.
6. Oomen, U.: Systemtheorie der Texte. Folia Linguistica V, 1/2, 12 ff.
7. Dressler, W.: Einführung in die Textlinguistik. Tübingen ¹1972, 10 ff.
8. Lyons, J.: Einführung in die moderne Linguistik. München 1971, 176.
9. Dressler, W., a. a. O., 11.
10. d. h. bezüglich seiner außersprachlichen Bedingungen.
11. Dressler, W., a. a. O., 175.
12. Ebenda, 11.
13. Ebenda, 12.
14. Gaul/Heilmann/Höhn/Pürzer: Contextus. Eine Einführung in das Lateinische als 2. Fremdsprache. Frankfurt a. M. 1977.
15. Vielau, A.: Methoden zur Ausbildung des Leseverstehens im Englischunterricht der Sekundarstufe I. Englisch-Amerikanische Studien 4 (1981), 528.
16. Vgl. die Stichwörter „Text", „Textbearbeitung", „Texte d'approche", „Originaltext" in Frings/Keulen/Nickel, a. a. O., 263–265 und 214.

Willibald Heilmann

Die Beziehung zwischen Textarbeit und Grammatikarbeit im Lateinunterricht der Sekundarstufe I

1 Einleitung

1.1 Einführung in die Sprache durch Texte

In allen neueren Lateinbüchern wird in sprachliche Erscheinungen zunächst durch Texte eingeführt. Das können antike Texte, adaptierte antike Texte oder auch von den Lehrbuchautoren verfaßte Texte sein. Es ist wichtig, daß dieses Angebot der Lateinbücher in der Praxis des Unterrichts auch wirklich genutzt wird. Dabei geht es um die Frage, wie wir mit der Sprache im einführenden Unterricht umgehen, welche Auffassung von Sprache unser Tun von Anfang an bestimmt.

Wir sind damit vertraut, daß es während der Lehrbucharbeit vor allem darauf ankommt, die Regeln der Grammatik und ihre Anwendung in Sätzen zu vermitteln. Selbstverständlich werden auch laufend Inhalte einbezogen, aber das Übergewicht des an der Grammatik orientierten Umgangs mit der Sprache prägt den Unterricht. Dafür lassen sich gute Gründe anführen: Sichere Grammatikkenntnisse stellen eine unentbehrliche Grundlage für das Verstehen von Sprache dar. Außerdem kann man hier ein fest umrissenes Wissen gewinnen, man kann Teilsysteme abgrenzen und so leicht überschaubare Gegenstände des Unterrichts erreichen. Der methodische Vorteil liegt auf der Hand.

Es ist aber ebenso klar, daß man damit den Zugang zur Sprache in bedenklicher Weise verengt. Wenn Sprache ernsthaft in der Kommunikation mit anderen oder als Äußerung eines Ich gebraucht wird, dann werden in der Anwendung von grammatischen Regeln immer zugleich Inhalte ausgesagt. Und es ist nicht zweifelhaft, daß sprachliche Äußerungen vor allem Inhalte darlegen wollen. Alle Anwendung grammatischer oder stilistischer Regelhaftigkeiten ist Mittel dazu, nicht der eigentliche Zweck der Sprache. Wir aber neigen dazu, im Sprachunterricht für längere Zeit das Mittel zum eigentlichen Zweck zu machen. Es besteht die in der Praxis häufig belegbare Gefahr, daß das im Umgang mit der lateinischen Sprache zu irreparablen Beeinträchtigungen führt. Der Unterricht konzentriert sich durch das Überbetonen der Grammatik auf das Übersetzen von Sätzen und entwickelt nicht die Fähigkeit, sich auf Textzusammenhänge und die vermittelten Inhalte einzustellen.

Wenn jetzt Texte für den Sprachunterricht angeboten werden, dann bekommt der über den einzelnen Satz hinausreichende Zusammenhang wieder stärkeres Gewicht. Damit wird die Möglichkeit eröffnet, in der Praxis eine zu enge Arbeit mit der Sprache zu überwinden. Schon während der Lehrbucharbeit kann Sprache als Vermittlung von Inhalten ein wichtiger Aspekt des Unterrichts sein. Die Textarbeit, d.h. die Beschäftigung mit Aufbau und Inhalt von Texten, tritt neben die Grammatikarbeit, d.h. das Vermitteln des neuen grammatischen Stoffes und das ständige Bemühen um die Festigung von Grammatikkenntnissen.

1.2 Schwierigkeiten bei der Verbindung von Textarbeit und Grammatikarbeit
Wie soll der Unterricht aussehen, der beide Aspekte in sinnvoller Weise miteinander verbindet? Die Praxis zeigt, daß die Verwirklichung eines solchen Konzeptes beachtliche Probleme aufwirft. Das ist, wie mir scheint, auf folgende Ursachen zurückzuführen:
1. Lange Gewohnheiten der Sprachvermittlung im Lateinunterricht machen es für die Lehrer schwer, sich von diesen Gewohnheiten zu lösen, neue Perspektiven wirklich anzunehmen und in neue methodische Konzepte umzusetzen.
2. Die Schwierigkeiten sind auch in der Sache selbst begründet. Textarbeit und Grammatikarbeit stehen in einer nie ganz aufhebbaren Spannung. Texte, die im vollen Sinn Texte sind, wollen Inhalte vermitteln, nicht Grammatik. Sie bedienen sich der Grammatik, aber sie sind nicht dazu gemacht, in die Grammatik einzuführen und sie einzuüben. In Texten erscheint die Sprache in ihrem lebendigen Vollzug, die Grammatik aber ist eine Abstraktion von Regelhaftigkeiten, die dem Sprachgebrauch zugrunde liegen. Tatsächlich sind Text und Grammatik zwei verschiedene Aspekte der Sprache. Spürt der Unterricht dem Inhalt und Aufbau eines Textes nach, dann kann er nicht syntaktische Erscheinungen erörtern und systematisieren, arbeitet er grammatische Regeln heraus, dann entfernt er sich notgedrungen von dem Mitteilungszusammenhang des Textes. Die Unsicherheit, wenn es darum geht, Textarbeit und Grammatikarbeit miteinander zu verbinden, ist von dem skizzierten Sachverhalt her verständlich.
3. Von nicht zu unterschätzender Bedeutung ist auch, daß das Bemühen um das Verstehen des Inhalts und der Abfolge eines Textes dazu verleiten kann, die exakte Klärung sprachlicher Einzelheiten zu vernachlässigen. Das kann bei den Schülern zu einer zunehmenden Unsicherheit im Erkennen von Erscheinungen der Syntax und der Formenlehre führen. Eine wesentliche Grundlage des Unterrichts kommt dadurch womöglich ins Schwanken, was den Erfolg des Unterrichts überhaupt bedroht. Es ist verständlich, daß sich der Lehrer, wenn er solche Entwicklungen bemerkt, um so entschiedener der Grammatik zuwendet, weil auf sie als solides Fundament des Lateinunterrichts nicht verzichtet werden kann.

Der zuletzt erörterte Punkt zeigt auch, daß es nicht richtig sein kann, wenn sich der Unterricht einseitig auf die Textarbeit konzentriert, d.h. möglichst viel über Texte und ihre Inhalte spricht und demgegenüber dem Bestreben um solide Grammatikkenntnisse geringeres Gewicht gibt. Das Sicheinlassen auf Texte als Äußerungen von bestimmten Inhalten im einführenden Sprachunterricht der Sekundarstufe I wurde von der neueren Didaktik in der Absicht betont, von Anfang an eine lebendigere Beziehung zur lateinischen Sprache anzustreben und damit eine bessere und dauerhaftere Motivation zu erreichen. Damit sollte nicht das Bemühen um solide Kenntnisse, d.h. schlicht und einfach das Lernen von Grammatik und Vokabeln, aus dem Unterricht verbannt werden. Vielmehr wurde eindeutig das Ziel verfolgt, der Textarbeit im Lateinunterricht ein eigenes Gewicht zu geben, dabei aber zugleich auf die Entwicklung und Festigung von Grammatikkenntnissen zu achten. Durch Beobachtung, Beschreibung, Nachdenken über Phänomene, Erfassen von Regeln, Lernen und Üben soll in beiden Bereichen eine feste Grundlage erarbeitet werden. H.-J. Glücklich spricht einmal vom „Gleichgewicht zwischen Textbehandlung und Grammatikerwerb mit zeitweiliger Dominanz des Grammatikunterrichts"[1] und hat damit eine sachgerechte Formel für die Beziehung zwischen Textarbeit und Grammatikarbeit im einführenden Sprachunterricht gefunden.

Wie soll das aber bei den oben skizzierten Schwierigkeiten erreicht werden? Für die Lösung des Problems gibt es schon vielfältige Anregungen, ja weitreichende Vorschläge in der didaktischen Literatur. An frühere Anregungen anknüpfend, will ich versuchen, ein methodisches Konzept für die Textarbeit und Grammatikarbeit vorzulegen, das beide aufeinander bezieht und deutliche Leitlinien für die Praxis bietet.

1.3 Texte in Lehrbüchern

Zunächst muß ich aber noch etwas über die Texte in Lehrbüchern sagen. In ihnen sind Texte, die von Lehrbuchautoren verfaßt wurden, ungleich häufiger als antike Texte in originaler oder bearbeiteter Form. Solche ‚Kunsttexte' bieten unter dem Aspekt der Textarbeit besondere Probleme. Diese Texte sind alle davon beeinflußt, daß sie einen grammatischen Stoff vermitteln sollen. Das kann sich stark in den Vordergrund drängen. Die Texte wirken dann künstlich, man merkt deutlich, daß es gar nicht wirklich darum geht, einen Inhalt mitzuteilen. Es gibt dabei aber auch Texte, bei denen es gelingt, einen Inhalt in ansprechender Weise darzulegen und zugleich gezielt einen grammatischen Stoff zu vermitteln. Niemals erreichen solche Texte die Echtheit von antiken Texten, d.h. die Echtheit von Äußerungen, die, aus antikem Leben heraus geformt, zunächst nichts anderes sind als wirkliche Mitteilungen. Andererseits bieten solche Texte unter methodischem Gesichtspunkt gewisse Vorteile, weil man den grammatischen Stoff nach Wunsch dosieren kann. Wenn man aber den inhaltlichen Aspekt der Sprache von Anfang an stärker berücksichtigen will, ist man davon abhängig, daß der Inhalt der Lehrbuchtexte auch lohnend ist und der Realität antiken Lebens entspricht. Da ist an den Texten der Lehrbücher manches problematisch bis hin zur Darstellung einer Schein-Realität. Die Textarbeit wird hier auf manche Schwierigkeit stoßen. Aber das heißt nicht, daß sie an Hand von Texten, die Lehrbuchautoren verfaßten, überhaupt nicht möglich sei. Viele dieser Texte bieten durchaus die Chance, sie als Texte anzugehen und die Schüler so an einen umfassenderen Umgang mit der Sprache heranzuführen.

2 Die Verbindung von Textarbeit und Grammatikarbeit

2.1 Die Grammatikarbeit steht in einem neuen Zusammenhang.

Wenn man Textarbeit und Grammatikarbeit in richtiger Weise aufeinander beziehen will, muß man sich zunächst bewußt von der Vorstellung abwenden, der einführende Sprachunterricht in der Sekundarstufe I sei primär und vor allem Grammatikunterricht. Die Texte müssen in ihrer Eigenart als Äußerungen von bestimmten Inhalten ernsthaft beachtet werden. Man muß sich auf die Texte als solche wirklich einlassen. Daraus folgt, daß man mit den gewohnten Rezepten eines Unterrichts, der betont Grammatikunterricht war, nicht mehr auskommen kann. Der Lehrer muß deutlich die Gefahr sehen, daß er mit manchen unpassenden Instrumenten arbeitet, wenn er im wesentlichen einfach Gewohnheiten folgt, die einer anderen Art von Sprachunterricht zugeordnet waren. Auch jetzt soll, wie bereits betont, auf solide Grammatikkenntnisse hingearbeitet werden, aber die Grammatikarbeit steht in einem neuen Zusammenhang, was besondere methodische Überlegungen nötig macht.

Wir können von folgenden Grundorientierungen ausgehen: Zunächst steht ein im wesentlichen ganzheitliches Umgehen mit dem Text im Vordergrund, das möglichst viel vom Inhalt bis zu den Einzelheiten hin zu erfassen versucht. Dagegen hebt sich die Grammatikarbeit ab mit dem Ziel, bestimmte Erscheinungen zusammenzustellen und systematisch zu behandeln. Die Unterrichtspraxis wird damit nur grob beschrieben. Vor allem wird so nicht klar, wie von dem einen Aspekt zu dem anderen überzugehen ist, wie beide miteinander zu verknüpfen sind. Man muß Phasen des Unterrichtsablaufs angeben, die die praktische Abfolge des Unterrichts so veranschaulichen, daß ein sinnvoller Zusammenhang zwischen Textarbeit und Grammatikarbeit erkennbar wird.

Zur Lösung des Problems ist es nützlich, sich an W. Emrichs Ausführungen zur Anwendung der Ganzheitsmethode im Lateinunterricht zu erinnern.[2] Er hat sie als Grundlage für die Übersetzung und Interpretation von Texten empfohlen. Emrich spricht sich aber ausdrücklich dafür aus, das ganzheitliche Verfahren auch bei der Arbeit mit dem Übungsbuch anzuwenden.[3] Tatsächlich ist seine Aufreihung der Arbeitsgänge, in denen sich die Bearbeitung eines Textes nach der Ganzheitsmethode vollzieht, für eine Lehrbucharbeit, die auf Texten beruht, hilfreich. Emrich nennt folgende Arbeitsgänge:
1. Wiederholung des vorausgehenden Sinnabschnitts,
2. Begegnung der Schüler mit dem neuen Text,
3. Frage nach dem bereits verstandenen Inhalt des Textes,
4. exaktes Erarbeiten aller Einzelheiten des Textes durch eine von der Gesamtsituation und dem Inhalt getragene Klärung der sprachlichen Schwierigkeiten,
5. zusammenfassende Übersetzung des Abschnittes,
6. Interpretation,
7. abschließendes Lesen durch die Schüler.

Wir müssen im Auge behalten, daß sich Emrich hier auf die Arbeit während der Lektürephase des Lateinunterrichts bezieht. Bei der Anwendung auf die Lehrbucharbeit werden wir also gewisse Modifikationen vornehmen müssen. Wir können uns bei unseren Erörterungen auf die Punkte 1–4 konzentrieren. Es fehlt bei Emrich verständlicherweise die Berücksichtigung und Einfügung der Grammatikarbeit. Man kann annehmen, daß Punkt 4 manches Grammatische einschließt, ohne Grammatikarbeit im eigentlichen Sinn zu sein. Hier deutet sich aber für die Lehrbucharbeit so etwas wie ein Übergang zu ihr an, eine Phase, die noch Textarbeit ist, aber doch schon ausgesprochen grammatische Phänomene beachtet.

R. Nickels Ausführungen über die Methode bei der Arbeit mit „redde rationem" weisen auf Ähnliches hin. Da heißt es: „Das Verständnis eines Textganzen, wie es sich in jeder einzelnen Lektion darstellt, hat zeitlichen und bedeutungsmäßigen Vorrang vor dem Verstehen von Einzelheiten." Weiter führt Nickel u. a. aus: „Funktionswichtige grammatische Phänomene sind aus dem Textzusammenhang heraus zu erarbeiten und erst allmählich zum Zweck der Übung vom Text zu lösen."[4] Auch hier sind Textarbeit und Grammatikarbeit eng verknüpft, wenn auch nicht genau deutlich wird, wie funktionswichtige grammatische Phänomene aus dem Textzusammenhang heraus erarbeitet werden sollen. Nickel stellt sich offenbar vor, daß vorläufige Erklärungen aus dem Textzusammenhang, vielleicht über mehrere Lektionen hinweg, zunächst ausreichen, bis dann im Rückgriff auf frühere Stellen eine Erscheinung „problematisiert", d. h. systematisch behandelt wird.[5] Dieses Vorgehen hängt mit der besonderen Anlage von „redde rationem" zusammen. Allgemein wichtig ist aber die Vorstellung, daß grammatische Erscheinungen aus dem Textzusammenhang in provisorischer Weise erfaßt und in einer späteren Phase systematisiert werden können.

2.2 Arbeitsphasen

Solche Überlegungen aufgreifend und weiterführend, schlage ich vor, Textarbeit und Grammatikarbeit durch folgende Arbeitsphasen einerseits miteinander zu verbinden, andererseits auch jeweils in besonderer Weise zu akzentuieren:

Erste Phase: Der Text in seiner Gesamtheit als Ausdruck eines bestimmten Inhalts ist Gegenstand des Unterrichts. Das bedeutet: Die Grammatik darf nicht den Ausgangspunkt der Beschäftigung mit dem Text bilden. H. Steinthal hat den lernpsychologischen Aspekt dieses Ansatzes herausgearbeitet: „Ein primärer Anreiz zu sprachlicher Arbeit und zum Erlernen einer Sprache geht nur von den Sachgehalten aus (hiervon aber geht er zuverlässig aus), also wenn es gilt, in dieser Sprache etwas auszudrücken oder zu verstehen [...]. Ein sehr spezieller Grund für Interesselosigkeit im Lateinunterricht kann sehr wohl der sein, daß die Schüler allzu oft genötigt waren, grammatische Pensen ohne sachlichen Reiz zu traktieren [...]. Der wirkungsvollste primäre Anreiz geht von den Sachgehalten aus."[6]

Bei der Arbeit in dieser ersten Phase ist im einzelnen folgendes zu beachten: Die historischen und situativen Voraussetzungen des Textes sind zu klären[7]. Dieser Arbeitsschritt kann kurz oder länger bemessen sein. Er muß auf jeden Fall zu deutlichen Vorstellungen von den Vorbedingungen führen, ohne deren Kenntnis man den Text überhaupt nicht als sinnvolles Gebilde verstehen kann.

Die Hauptaufgabe in dieser Phase ist es, den Inhalt des Textes und seine sprachliche Gestaltung umrißhaft zu erfassen. Das zielt vor allem auf die Gliederung des Textes, auf wichtige semantische Aspekte und die durch diese gegebene inhaltliche Abfolge des Textes, also auf seine Kohärenz. Dabei sind bereits grammatische Erscheinungen von Bedeutung – ebenso wie Fragen der stilistischen Formung. Zum Beispiel können bestimmte Phänomene der Syntax und der Morphologie in Teilabschnitten wiederholt vorkommen und sich gegeneinander abheben. Darauf wird man eingehen müssen, die Beobachtungen und Erläuterungen müssen präzise sein. Man wird womöglich kurze Erklärungen geben müssen. Aber die Grammatik darf hier nicht dominieren. Auf sie wird nur so weit eingegangen, als dies dem Erfassen inhaltlicher Aspekte des Textes dient.

Zweite Phase: In einem nächsten Schritt werden alle Einzelheiten des Textes möglichst exakt erarbeitet. Auch dabei muß beachtet werden, daß es nicht um Grammatikarbeit im Sinne einer auf Systematisierung zielenden Tätigkeit geht. Vielmehr bleibt das inhaltliche Verstehen bestimmend. Das zunächst umrißhaft Erkannte wird jetzt in allen seinen Einzelheiten aufgefaßt. Ein zunächst nur ungefähr aufscheinendes Bild tritt immer deutlicher hervor.

Für die ersten beiden Phasen ist es unerläßlich, daß sich der Lehrer in seinem verständlichen Verlangen, auf offenbar werdende Defizite in den grammatischen Kenntnissen oder auf eine neue grammatische Erscheinung einzugehen, zügeln kann. Für eine sachgemäße methodische Beziehung zwischen Textarbeit und Grammatikarbeit ist dies das ausschlaggebende Moment. An diesem Punkt entscheidet sich alles. Jede Unklarheit des Lehrers über diese Tatsache bringt den Unterricht aus der angestrebten Balance zwischen Textarbeit und Grammatikarbeit.

Dabei ist die Verlockung groß und, wie gesagt, durchaus verständlich, der Grammatik bereits während dieser Phasen ein gewisses Übergewicht zu geben. Da werden etwa Mängel in den Grammatikkenntnissen sichtbar, mit denen der Lehrer nicht rechnete, da meint er, eine neue grammatische Erscheinung müsse bei ihrem Vorkommen im Text sorgfältig erklärt werden. Also verfängt er sich in der Grammatik, und unter der Hand werden die Textinhalte sekundär. Man kann dieser Verlockung nur entgehen, wenn man in den ersten beiden Phasen folgenden einfachen Grundsätzen folgt: ‚Von der Grammatik nur das Nötigste, um das Verstehen des Textes zu sichern' und: ‚Aufgeschoben ist nicht aufgehoben'. Das bedeutet: Hier wird nicht einem nachlässigen Verfahren im Umgang mit der Grammatik das Wort geredet, vielmehr den Prinzipien gehuldigt: ‚Alles zu seiner Zeit' und: ‚Immer so gründlich wie nach der jeweiligen Intention nötig'.

Diese Überlegungen über das Eingehen auf grammatische Phänomene während der ersten beiden Phasen sollten grundsätzlich immer beachtet werden. Das schließt nicht aus, daß die Unterrichtssituation einmal dazu zwingen kann, davon abzuweichen. Ein Defizit der Lerngruppe an Grammatikkenntnissen könnte etwa für das Erarbeiten des Textverständnisses so gravierend sein, daß es vor dem weiteren Fortgang der Texterschließung aufgearbeitet werden sollte. In diesem Fall ist ein methodisches Prinzip anzuwenden, das für jeden Sprachunterricht gilt, besonders aber für den, der von Texten ausgeht und dann die Grammatik als eigenen Schwerpunkt behandelt. Ich meine das Prinzip der Gegensteuerung oder des Ausgleichs von Einseitigkeiten. Nach diesem Prinzip ist die Beziehung zwischen Textarbeit und Grammatikarbeit in dem hier vorgelegten Konzept überhaupt aufgebaut. Man muß es aber auch darüber hinaus im Auge haben.[8] Wenn der Lehrer beobachtet, daß die Textarbeit durch zu weit gehende und deshalb die Durchsichtigkeit der Textarbeit störende Verschwommenheiten in den Grammatikkenntnissen behindert wird, dann sollte er für eine gewisse Zeit die Textarbeit zurückstellen und die grammatischen Defizite aufarbeiten. Er kann das durch Heranziehen von früher behandelten Texten oder von Sätzen und selbst verfaßten Texten tun. Natürlich sollte das nur geschehen, wenn die Unsicherheiten so groß sind, daß die Textarbeit durch sie empfindlich beeinträchtigt wird. Begrenzte Defizite, die immer auftreten können, sollten in die Übungsphase der Grammatikarbeit einbezogen werden. Hat sich der Unterricht wegen schwerwiegender Mängel eine Zeitlang besonders der Festigung von Grammatikkenntnissen zugewandt, dann sollte er das durch eine ausführliche und sorgfältige Textarbeit ausgleichen, die ja nun wieder fest fundiert ist und mit Erfolg betrieben werden kann. Auf keinen Fall darf man so in den Sog der Grammatik geraten, daß Texterschließung als grundlegender Akzent des Unterrichts nicht mehr erkennbar wird.[9] Bei solchen Regulierungen hängt viel von der Arbeitskonsequenz des Lehrers ab. Aber der Nutzen ist beachtlich: Die Schüler bekommen nicht nur das Empfinden, daß sie durch ihre Arbeit feste Fundamente gewinnen, sondern der Unterricht wird auch durch offenkundig sinnvolle Variationen anziehender.

Es ist zur weiteren Verdeutlichung der ersten und der zweiten Phase lehrreich, Vorschläge zu prüfen, die Glücklich zum „Verhältnis von Texterschließung und Erarbeitung eines neuen grammatischen Phänomens" macht.[10] Zunächst stimmt er in seinen praxisnahen Ausführungen mit unseren Darlegungen über die Rolle der Grammatik während der Textarbeit überein. „Die Schüler nehmen bei der Erschließung des Einführungstextes oft unbewußt richtige Zuordnungen und Übersetzungen vor. Es wäre ungut, immer sofort beim ersten Auftauchen einer neuen Form oder Erscheinung im Text lange Reflexionsakte vorzunehmen, dadurch würden Texterschließung und Sinnerfassung häufig zu lange unterbrochen. Auch ist eine Reflexion über eine neue grammatische Erscheinung oft erst nach längerer Beobachtung des Materials möglich." Nach einem Vorschlag zum Benutzen der Tafel neben der Texterschließung, um neue Formen festzuhalten und dabei schon auf ein System hinzuarbeiten, fährt Glücklich fort: „Natürlich ist auch oft ein der Texterschließung vorausgehender Anschrieb bereits bekannter Erscheinungen möglich, mit denen die im neuen Text vermittelte verglichen oder konfrontiert werden oder auf die sie aufbauen soll." Das ist ein besonderes methodisches Vorgehen, das aber durchaus den Grundzügen unserer Erörterung entspricht. Es handelt sich um eine kurze Phase grammatischer Rückbesinnung, welche die nachfolgende Textarbeit wesentlich erleichtern kann. Auf diese Weise könnte sich der Lehrer auch kurz Gewißheit darüber verschaffen, ob bestimmte Kenntnisse, die in dem Text angewandt werden müssen, wirklich vorhanden sind. Er könnte so der Möglichkeit vorbeugen, daß gewisse Defizite die Texterschließung beeinträchtigen. Ein solches Vorgehen stört nicht die besondere Akzentuierung der Textarbeit.

Weiter bemerkt Glücklich: „Der Texterschließungsvorgang kann dabei durchaus von Arbeitsschritten der Schüler zur Erarbeitung des neuen grammatischen Phänomens begleitet werden. Der Schüler erkennt die neue Erscheinung. Er schildert sie. Er setzt sie ins Deutsche um. Er ordnet sie in Bekanntes ein und hebt sie davon ab. Er ordnet neue Formen in ein an der Tafel entstehendes Deklinations- oder Konjugationsschema ein." Die Beurteilung dieser Ausführungen hängt davon ab, welchen Umfang und welches Gewicht das hat, was da während des Texterschließungsvorgangs gemacht werden soll. Läßt sich das auf der Grundlage vorhandener Kenntnisse leicht und rasch, gewissermaßen en passant, erledigen, dann ist dagegen kaum etwas einzuwenden. Weitet sich aber die Sache aus, verfängt sich der Unterricht in grammatischen Erörterungen, dann besteht die Gefahr, daß die Textarbeit beeinträchtigt wird. Die Dominanz der Texterschließung und die sachgerechte Beziehung zwischen Textarbeit und Grammatikarbeit können auf diese Weise leicht verlorengehen.

Besondere Vorsicht erfordert der folgende Vorschlag: „Bei komplexen syntaktischen Erscheinungen (z.B. dem a.c.i. oder dem Ablativ mit Prädikativum) wird man jedoch gleich beim ersten Auftauchen der neuen Erscheinung eine ausführliche Reflexion vornehmen, weil hier beträchtliche Umsetzungsschritte bei der Übersetzung ins Deutsche vorgenommen werden müssen. Ein bloßes Entgegennehmen der neuen Erscheinung genügt hier auch in der ersten Phase nicht, weil dies keine Sinnerfassung garantiert. Es muß also sogleich eine Beschreibung der neuen Erscheinung und eine Konfrontation mit dem Deutschen erfolgen, was eine erste Übersetzung mit einschließt. Die weiteren Sätze des Textes können in diesem Fall mit dem Angebot weiterer Beispiele für die neue grammatische Erscheinung der Vertiefung der Reflexion, ihrer Bestätigung oder Ergänzung und der Anwendung der neu gewonnenen Kenntnisse dienen."

Auf den ersten Blick scheint das einleuchtend. Doch besteht hier die Gefahr, daß nicht etwa nur das Verhältnis von Textarbeit und Grammatikarbeit umgekehrt, sondern die Textarbeit überhaupt durch die Grammatikarbeit verdrängt wird. Der Text wird womöglich ganz der Vermittlung der Grammatik dienstbar gemacht. Das aber sollte gerade vermieden werden.

Die Lösung solcher Schwierigkeiten hängt einmal von der Art der Texte ab. Selbst komplexe syntaktische Erscheinungen können durch den sprachlichen Zusammenhang so eingeführt werden, daß der Sinn richtig aufgenommen werden kann und eine kurze vorläufige Erklärung genügt. Stützt der Text nicht ein solches Verfahren, dann kann folgendes Vorgehen die Sinnerfassung gewährleisten: Die neue Erscheinung kann in ihrer Bedeutung dadurch erkennbar werden, daß sie einer lateinischen Ausdrucksweise gegenübergestellt wird, die ihr inhaltlich entspricht und die dem Schüler aufgrund der vorhandenen Sprachkenntnisse verständlich ist. Eine praktische Lösung wäre, daß der Text in zwei Formen geboten wird: Neben der eigentlichen Textform steht ein Text, in dem die neue Erscheinung durch bekannte Ausdrucksweisen ersetzt ist. Man geht dann von dem Text mit den Ersetzungen aus und bespricht in einem zweiten Schritt die eigentliche Form des Textes. Dabei vergleicht man die unterschiedlichen lateinischen Ausdrucksweisen und erfaßt den Sinn der neuen Erscheinung im Blick auf ihre Ersetzung in der ersten Textform. Hier bleiben die grammatischen Erörterungen wirklich in die Textarbeit eingebunden, und sie können zunächst in Grenzen gehalten werden, so daß sie die Dominanz der Textarbeit nicht stören.[11] Als letzter Ausweg bleibt, daß man eine neue grammatische Erscheinung vor der Textarbeit so weit erörtert, daß sie im Verlauf der Texterschließung keine Verstehensschwierigkeiten mehr bietet. Dieses Verfahren ist aber nur dann anzuwenden, wenn es wirklich aussichtslos erscheint, aus dem Text heraus, womöglich mit Hilfen, zu einer Sinnerfassung zu kommen. Grundsätzlich sollte nämlich das Ausgehen vom Text die Basis der Arbeit bilden. Auf alle Fälle sollten sich Textarbeit und Grammatikarbeit deutlich gegeneinander abheben.

Diese Darlegung zeigt, daß der hier vertretenen Auffassung von Textarbeit und Grammatikarbeit ein erweitertes methodisches Repertoire zugeordnet ist. Der Lehrer muß nicht nur die Grundsätze kennen, die die Arbeit in den einzelnen Phasen bestimmen sollen, sondern er muß sich auch auf das dazu nötige methodische Repertoire einstellen.

Dritte Phase: Nach Abschluß der genauen Texterschließung, die zur Übersetzung des Textes führen kann – auf das Problem komme ich später noch zurück –, folgt nun die Phase, in der die Grammatikarbeit dominiert. Es werden Beispiele aus den Texten zusammengestellt, es wird beobachtet und beschrieben, was zu Regeln und Systematisierungen führt. Dabei geht es nicht nur darum, syntaktische und morphologische Erscheinungen herauszuarbeiten, sondern es werden zugleich deren inhaltliche Funktionen im Text erfaßt. Auf diese Weise bleibt die Beziehung zum Text erhalten, dominiert aber nicht mehr.

Die Grammatikarbeit muß neben der Textarbeit schon deshalb eine eigene Phase bilden, weil sie bei der Aneignung von Syntax und Morphologie auf die Satzebene bezogen ist. Das bildet den überwiegenden Teil der Grammatikarbeit gegenüber dem Erfassen von Regelhaftigkeiten des Textaufbaus, also einer Textgrammatik.[12] Die Beschränkung auf die Satzebene ermöglicht es, zunächst einmal Sätze oder Teilelemente aus Sätzen der behandelten Texte für die Grammatikarbeit nutzbar zu machen. Darüber hinaus kann man auch weiteres Material heranziehen. Das können „ad hoc entworfene Mustersätze"[13] sein, es können auch Sätze aus nicht erörterten Texten sein.

In allen drei Phasen, die bisher besprochen wurden, sind Textarbeit und Grammatikarbeit miteinander verknüpft, dominant ist aber jeweils nur ein Aspekt. Die Akzentuierung auf der einen Seite verlangt den Übergang zur Akzentuierung auf der anderen. Nie darf in der Gesamtheit des Unterrichts nur ein Aspekt dominieren, und nie darf der eine Aspekt ohne Beziehung zum andern dominierend sein.

Das Zusammenspiel von verschiedenen, jeweils dominierenden Aspekten im Unterricht hat auch Bedeutung für die Motivation. Die Textarbeit, die zum Verstehen des Textes führt, kann die Schüler stark motivieren. Es kann dann sein, daß sie die Grammatikarbeit, die ihnen nur eine Art Anhängsel an die Textarbeit scheint, nicht besonders interessiert. Im Gegensatz dazu muß den Schülern verdeutlicht werden, daß mit der Grammatikarbeit dem Unterricht eine eigene, auch in sich sinnvolle Aufgabe gestellt ist. Hier muß Motivation vom Beobachten und Beschreiben der Sprache, vom Erarbeiten von Regeln und vom Verfügen über Kenntnisse her neu aufgebaut werden. Das ist aber nur möglich, wenn die Grammatikarbeit in einer eigenen Unterrichtsphase dominiert.

Vierte Phase: Sie ist die Übungsphase der Grammatikarbeit. Sie umfaßt neue grammatische Erscheinungen, das Aufarbeiten von festgestellten Defiziten und die Wiederholung. Jetzt kann aufgegriffen werden, worauf in den ersten beiden Phasen nur kurz eingegangen oder was damals zurückgestellt wurde. Jetzt wird die Konsequenz aus dem Grundsatz gezogen: ‚Aufgeschoben ist nicht aufgehoben'. Dabei wird der Lehrer nach den besonderen Bedürfnissen der Lerngruppe eventuell selbst einiges Übungsmaterial zusammenstellen müssen. Die verschiedenen Übungsformen des Buches können ihm da mancherlei Anregung geben. Daß in der Übungsphase auch die Textebene zum Einüben textgrammatischer Phänomene einbezogen wird, bedarf keiner besonderen Ausführung. In der Gesamtheit der Übungen sind verschiedene Ebenen präsent: Wort – Wortgruppe – Satz und Satzgefüge – Text.

2.3 Übersetzung und Interpretation

Von Übersetzung und Interpretation war bisher nicht die Rede. Wie sind sie in den Zusammenhang von Textarbeit und Grammatikarbeit einzuordnen? Wenn man davon ausgeht, daß in der Übersetzung das im ganzen wie in den Einzelheiten erreichte Textverständnis in der sorgfältigen Übertragung des lateinischen Wortlauts in die Muttersprache seinen Ausdruck finden soll, dann ist darauf zu achten, daß sie nicht zu früh verlangt wird.[14] Allgemein kann man sagen, daß in unserem methodischen Konzept zwei Stellen dafür in Frage kommen. Die Übersetzung kann den Abschluß der Textarbeit oder von Teilen der Textarbeit bilden, wenn die neue grammatische Erscheinung einer Lektion hinreichend verständlich geworden ist. Das wird wohl der Normalfall sein. Vor allem wird es auch den Erwartungen der Schüler entsprechen, die erreichte Einsicht möglichst präzise festzuhalten. Andernfalls sollte man sich an dieser Stelle mit einer Wiedergabe begnügen, die den lateinischen Text möglichst genau nachzeichnet, aber vor der Grammatikarbeit an bestimmten Punkten noch nicht durch ein volles Verständnis abgesichert ist. Sie ist zwar schon als Übersetzung anzusehen, sollte aber nach der Grammatikarbeit noch einmal überprüft und eventuell modifiziert werden. Man kann sich in diesem Fall auch vorläufig mit einer paraphrasierenden Übertragung zufrieden geben, die dem Text möglichst nahe bleibt, und nach der dem Text zugeordneten Grammatikarbeit übersetzen lassen. Die Übersetzung kann jedenfalls ein hervorragendes Mittel sein, die Ergebnisse von Textarbeit und Grammatikarbeit miteinander zu verbinden.

Die Interpretation wird während der Textarbeit durch Einzelbeobachtungen und deren Auswertung vorbereitet. Ist die Arbeit an einem Textabschnitt mit einer deutschen Wiedergabe in Form einer Übersetzung oder einer paraphrasierenden Übertragung zu einem Abschluß gelangt, dann ist dies der natürliche Ort für eine zusammenfassende Interpretation. Diese Interpretation kann in bestimmten Punkten eventuell noch modifiziert werden, wenn für einzelne Stellen das volle Verständnis erst nach der Grammatikarbeit erreicht werden sollte.

2.4 Einige besondere Probleme bei der Arbeit mit Originaltexten

Im Folgenden möchte ich noch auf einige spezielle Probleme eingehen, die mit dem dargelegten Vorgehen besonders bei der Arbeit mit Originaltexten verknüpft sind und den Unterricht erheblich beeinflussen können.

Originale oder weitgehend originale Texte sind in Grammatik, Vokabular und stilistischer Formung nicht zubereitet, allenfalls wurden gewisse Vereinfachungen vorgenommen, die den Charakter des Textes nur begrenzt verändern sollten. Die Texte werden für bestimmte Lektionen so ausgesucht, daß eine gewünschte grammatische Erscheinung deutlich und mehrere Male vorkommt. Doch wurden die Texte nicht auf diese Erscheinung hin konzipiert, d. h., es werden daneben noch andere, eventuell gleichwertig vertretene grammatische Phänomene vorkommen.[15] Es werden auch Erscheinungen zu finden sein, die noch nicht Gegenstand des Unterrichts waren und es jetzt auch nicht sein sollen, also grammatische Vorwegnahmen. Das alles bedeutet, daß die Erscheinung, die gerade das eigentliche grammatische Thema sein soll, nicht mit der vielleicht gewünschten Betonung oder gar Ausschließlichkeit bei der Behandlung des Textes hervortritt.

Die Bedenken, die sich hier leicht einstellen, sind zu einem guten Teil darauf zurückzuführen, daß man sich unvermerkt von der gewohnten Perspektive des Sprachunterrichts bestimmen läßt. Da war es klar, daß hauptsächlich die Grammatik wohlproportioniert und wohldosiert zu vermitteln war. Jetzt sollen Texte, die gar nicht auf ein Grammatikpensum hin verfaßt sind, und das Bemühen um ihren Aufbau und ihre Inhalte ein eigenes Gewicht bekommen. Die Schwierigkeit, die sich daraus für die Behandlung der Grammatik ergibt, zeigt gerade, wie nötig es ist, Textarbeit und Grammatikarbeit jeweils in verschiedenen Phasen besondere Beachtung zu schenken. Ist die Textarbeit dominant, dann kann die neue grammatische Erscheinung neben anderen Phänomenen auftreten, sie wird kurz erläutert, ohne für sich besonderes Gewicht zu gewinnen. Es geht in dieser Phase primär ja gar nicht um Grammatik, sondern um die Formung des Textes und um seinen Inhalt. Geht man dann zur Grammatikarbeit über, dann tritt vor allem die neue Erscheinung, jetzt in einer isolierenden Betrachtungsweise, ganz in den Mittelpunkt. Hier muß dem Schüler in der klaren Eingrenzung des Gegenstands mit aller Deutlichkeit gezeigt werden, welches der grammatische Lernstoff der Lektion ist. Auch in der Übungsphase ist es dann sinnvoll, die Aufmerksamkeit in Beispielsätzen und womöglich in ‚Kunsttexten' auf den Schwerpunkt der Grammatikarbeit zu konzentrieren. Viel Unsicherheit kann entstehen, wenn man meint, aufgrund der Texte alle möglichen grammatischen Erscheinungen in gleicher Weise klären zu müssen. Man muß vielmehr einer Verwirrung der Schüler vorbeugen, indem man für die Entwicklung der Grammatikkenntnisse jeweils klare Schwerpunkte setzt.

Auch die Behandlung dieses Problems zeigt, wie wichtig es ist, eine genaue Vorstellung von dem richtigen Verhältnis der Textarbeit zur Grammatikarbeit zu haben. Es sei an die grundlegende Feststellung Steinthals erinnert: „Wenn nun also die Sachgehalte maßgebend sind, so kann die Folgerung daraus nicht heißen, daß man alle grammatischen Pensen, die im jeweiligen Sachzusammenhang greifbar werden, unverzüglich aufgreift und behandelt. Das wäre wieder eine Überschätzung der grammatischen Pensen; genauer gesagt: es wäre das Mißverständnis, etwas Sprachliches erläutern heiße es grammatisch erläutern. Die richtige Ansicht wäre so zu formulieren: Im Sprachunterricht sind die Sachgehalte im gleichen Grade maßgebend wie Grammatikpensen – im gleichen Grade, aber nicht im gleichen Sinne. Die Sachgehalte bestimmen den Ausgangspunkt, die Grammatikpensen den (besser: einen) Zielpunkt der Arbeit."[16]

Eine besondere Verlockung zu grammatischen Erklärungen oder auch ein besonderes Ärgernis stellen im Text vorkommende grammatische Antizipationen dar. Das ist für viele ein Verstoß gegen methodische Prinzipien eines gut aufgebauten Sprachunterrichts. Aber das Heranziehen von Originaltexten oder auch von selbstverfaßten Texten, die primär Inhalte vermitteln wollen, läßt oft keine andere Wahl, als einzelne Vorwegnahmen in einem Text zuzulassen. Es ist interessant, was R. Nickel in Darlegungen über „redde rationem" zu dem Problem bemerkt: „Die Vorwegnahme grammatischer Phänomene ohne den Zwang zu systematischer Behandlung ist einer der größten methodischen Vorzüge des Unterrichtswerks. Denn auf diese Weise wird nicht nur die frühzeitige Arbeit an inhaltlich interessanten Texten möglich, sondern es wird dem Schüler auch immer ein großer Ausschnitt sprachlicher Wirklichkeit geboten, der der originalen Sprachwirklichkeit sehr nahekommt."[17] Nickel nennt hier den entscheidenden Grund dafür, daß man vor Vorwegnahmen nicht zurückscheuen sollte. Es ist eine wichtige Absicht des Lateinunterrichts, den Schüler so früh wie möglich an die „originale Sprachwirklichkeit" heranzuführen und die Sprache nicht in einer Aneinanderreihung von gar zu künstlichen Gehegen zu vermitteln. Grundsätzlich sollte immer klar sein, daß hier und jetzt, d. h. in einer bestimmten Lektion, nur ein klar umgrenzter Stoff Gegenstand des Lernens ist. Bei Vorwegnahmen sollte man sich auf knappste Erläuterungen, wenn möglich in Anknüpfung an Bekanntes, und/oder die Angabe einer Übersetzung beschränken, solche Erscheinungen in einem Heft sammeln und bei gegebener Gelegenheit in systematisierende Überlegungen einbeziehen. Das ist ein redliches Vorgehen, gegen das nichts einzuwenden ist.

Sollten Schüler es einmal genauer wissen wollen, dann muß man darauf eingehen. Aber auch dann soll die Erklärung einen vorläufigen Charakter haben und mit dem Hinweis auf eine spätere Darlegung im passenden Zusammenhang verbunden sein, d. h., der Status der Vorwegnahme sollte gewahrt bleiben.

Es lohnt sich, Steinthals Bemerkungen zu „denjenigen sprachlichen Erscheinungen, die zuerst einmal zurückgestellt werden müssen", ins Gedächtnis zurückzurufen: „Es wäre ein Irrtum anzunehmen, hiervon müßte eine Verunsicherung der Schüler ausgehen. Das wäre nur der Fall, wenn diese Dinge völlig unerklärt gelassen würden. Gemeint ist aber nur, daß sie einstweilen grammatisch unerklärt bleiben. Sachlich kann man sie sehr wohl erklären. Schon in der ersten Lateinstunde kann man zu einem Schüler, der etwas gut gemacht hat, sagen: laudandus es, und man braucht diese Worte nicht deswegen unerklärt zu lassen, weil man das Gerundivum verständlicherweise noch nicht durchnehmen will. Eine rein sachliche Erklärung kann man gut geben, sogar zum Lernen aufgeben: laudandus es = ‚ich muß dich loben'. Um das zu verstehen und zu lernen, brauchen die Schüler nicht zu wissen, was ein Gerundivum ist, sondern nur, was Lob für eine Sache ist, und das wissen sie ja. Falls einer nach dem Gerundivum fragen sollte (nach ein paar Wochen wäre das schon denkbar, denn die Schüler werden bei diesem Verfahren sehr fix mit Nachschlagen und Nachfragen), dann sagt man ‚Freilich, das ist eines, schaut's euch nur recht an, das Wundertier, – kunstgerecht sezieren tun wir's aber erst später.' Auch das schafft nicht Beunruhigung, sondern höchstens Vorfreude."[18]

Literatur

Eikeboom, R.: Rationales Lateinlernen. Göttingen 1970 (Niederländische Ausgabe: Groningen 1967).
Emrich, W.: Die Ganzheitsmethode im Lateinunterricht. In: AU X 4/1967, 68–86.
Glücklich, H.-J.: Lineares Dekodieren. Textlinguistik und typisch lateinische Satzelemente. In: AU XIX 5/1976, 5–36.
Glücklich, H.-J.: Lateinunterricht. Didaktik und Methodik. Göttingen 1978.
Glücklich, H.-J.: Ziele und Formen des altsprachlichen Grammatikunterrichts. In: Gruber, J./Maier, F. (Hrsg.): Fachdidaktisches Studium in der Lehrerbildung. Alte Sprachen 1. München 1979, 222–240.
Hermes, E.: Latein als Wahlpflichtfach in einem reformierten Lehrplan. In: AU XIII 2/1970, 16–32.
Höhn, W.: Der textgrammatische Betrachtungsaspekt und seine Bedeutung für die Lernerfolgskontrolle. In: AU XVIII 2/1975, 65–78.
Nickel, R.: ‚redde rationem' – Zur Didaktik und Methodik des lateinischen Anfangsunterrichts. In: AU XIX 3/1976, 25–36.
Nickel, R.: Die Alten Sprachen in der Schule. Kiel 1974 (Frankfurt a. M. ²1978).
Steinthal, H.: Lehrbuch und Methode im lateinischen Sprachunterricht. In: AU XIV 2/1971, 51–69.
Steinthal, H.: Einzelprobleme des Lehrverfahrens im Sprachunterricht. In: Römisch, E. (Hrsg.): Griechisch in der Schule. Frankfurt a. M. 1972, 45–56.

Anmerkungen

1 Glücklich, 1979, 225.
2 Emrich, 1967, 68–86.
3 Ebenda, 82.
4 Nickel, 1976, 28.
5 Nickel, 1976, 30. Zu beachten in diesem Zusammenhang auch L. Rohrmann, in: AU XX 1, 1977, 30 f.
6 Steinthal, 1971, 58. Damit stimmt das oben erwähnte Vorgehen von Emrich und Nickel überein.
7 Das entspricht bei der Lehrbucharbeit sinngemäß dem 1. Arbeitsgang, den Emrich für den Lektüreunterricht annimmt: „Wiederholung des vorausgehenden Sinnabschnitts".
8 Vgl. Steinthal, 1972, 49.
9 Gegen eine ‚Verwischung' von Textarbeit und Grammatikarbeit wendet sich Steinthal, 1971, 67 f.
10 Glücklich, 1978, 104 f. – auch für die folgenden Zitate.
11 Diesen Weg geht „Contextus" bei der Einführung z. B. des a.c.i. und des Abl. mit Partizip (abl. abs.).
12 Zur unabdingbaren Notwendigkeit dieses Teiles der Grammatikarbeit vgl. Höhn, 1975, 67.
13 Steinthal, 1971, 67.
14 Vgl. Nickel, 1978, 104; Glücklich, 1976, 5; 1978, 57–83.
15 Zu dem Kennzeichen eines originalen Textes, daß verschiedene grammatische Erscheinungen zusammen fungieren, vgl. Steinthal, 1972, 54.
16 Steinthal, 1971, 57 f.
17 Nickel, 1976, 30 f.
18 Steinthal, 1971, 60. Zu dem Problem der Vorwegnahmen vgl. auch Eikeboom, 1970, 98.

Alfons Heckener

Textarbeit und Übersetzen in Beispielen

Textarbeit und Übersetzen sind zwei verschiedene Phasen eines sprachreflektorischen Vorganges, an dessen Ende eine Übersetzung steht. Textarbeit wird also hier im Sinne von Texterschließung (Dekodierung), Übersetzen im Sinne von Umsetzung des Erschlossenen ins Deutsche (Rekodierung) verstanden. Beide Phasen gehören eng zusammen. Dabei ist die erste Phase Voraussetzung für die zweite (falls unter Übersetzen nicht lediglich ein Austausch von Wörtern und Strukturen aus einer fremden in die eigene Sprache verstanden wird), die zweite jedoch keine notwendige Folge der ersten.

Im folgenden sollen an zwei Beispielen mögliche Verfahren der Dekodierung und mögliche Zielsetzungen der Rekodierung aufgezeigt werden. Beide Beispiele sind in Anlehnung an Unterrichtsversuche bzw. Lehrproben im Studienseminar Fulda ausgewählt, d. h., sie beschränken sich auf die Arbeit während jeweils einer Unterrichtsstunde. Im ersten Falle sollen die Funktionen von Perfekt und Imperfekt in narrativen Texten und ihre Wiedergabemöglichkeit im Deutschen geklärt werden, im zweiten soll in die verschiedenen gedanklichen Bezüge des Participium coniunctum eingeführt werden.

1 Mögliche Verfahren der Dekodierung und mögliche Zielsetzungen der Rekodierung, aufgezeigt an einem Unterrichtswerk neuerer Konzeption (Bornemann C I/1, 12 T)

1.1 Dekodierung als Voraussetzung zum Textverständnis und zur Einsicht in die Funktion neuer grammatischer Erscheinungen

In dem Unterrichtswerk von Bornemann (Neuausgabe) wird zur Lektion 12 als grammatischer Stoff „Narratives und resultatives Perfekt – Imperfekt bei Hintergrundschilderungen; Indikativ Perfekt Aktiv (*v-,u-,s-* Perfekt) – Possessivpronomen" angeführt.[1]

Inhaltlich befaßt sich der Text mit den mythischen Anfängen Athens und dem vorausgehenden Streit zwischen Neptun und Minerva um die Landschaft Attika.[2] Er umfaßt 16 Sätze und ist von den Herausgebern im Druck deutlich in drei Textabschnitte gegliedert.[3] Erste Beobachtungen des Textes, die der geplanten Unterrichtsstunde vorausgehen, führen etwa zu folgenden Ergebnissen: Wenn man den Textanfang *(Olim)* und den Untertitel *(Historiae Graecae prima pars)* beachtet und dazu die Tatsache, daß alle Verben in der 3. Person erscheinen (außer der Gebetsformulierung im letzten Satz), wird deutlich, daß es sich auch hier, wie schon in 11 T, um einen erzählenden Text handelt. Der erste Abschnitt besteht aus den Sätzen 1–4. Die Prädikate der ersten drei Sätze dieses Abschnittes stehen im Imperfekt, in Satz 4 erscheinen Imperfekt und Perfekt, und das ist das Neue im Vergleich zu 11 T. Im zweiten Abschnitt (5–10) stehen alle Prädikate, außer dem eines Nebensatzes, im Perfekt, ebenso im 3. Abschnitt (11–16), außer den Imperativformen der Gebetsformulierung und einem zusammengesetzten Prädikat (14 *infestus erat*). Inhaltlich scheinen im ersten Abschnitt (1–4) beide Götter eine gleich bedeutsame Rolle zu spielen, im zweiten Abschnitt tritt Neptunus stärker in den Vordergrund, im dritten Abschnitt dann Minerva, die im Gebet des letzten Satzes ausdrücklich als Retterin angesprochen wird. Auffallend ist ferner, daß in den Sätzen 2 und 3, die durch *tum* mit Satz 1 und durch Subjektsgleichheit miteinander verbunden sind, die beiden Hauptgestalten der Erzählung nicht erwähnt sind und daß hier eine Häufung von Negationen auftritt. Mit dieser groben Vorinformation sollte eine gewisse Neugierde geweckt sein, den Text nun im einzelnen anzugehen.

Die Sätze 1–4 dürften keine besonderen Schwierigkeiten bereiten, das Imperfekt wird (zunächst) wie in 11 T als Tempus zur Beschreibung von Zuständen, die in der Vergangenheit herrschten, aufgefaßt. Doch was hat es mit den neuen Verbalformen in Satz 4 auf sich? *Itaque et Neptunus et Minerva ... subvenire studebant* – jetzt treten die beiden Hauptgestalten wieder auf. Sie haben beide als Folge der in Satz 2 und 3 beschriebenen schlechten Verhältnisse der Bewohner Attikas das gleiche im Sinn: sie wollen helfen. Der Doppelpunkt nach *studebant* und die Wiederaufnahme der beiden Subjekte – jetzt allerdings mit verschiedenen Aussagen – lassen vermuten, daß die beiden neuen Verbalformen angeben, wie die beiden nun jeweils helfen: *Minerva ... sevit, Neptunus ... creavit*. Hier wird zum ersten Mal deutlich, daß der Lateiner (anscheinend) zur Erzählung von Handlungen in der Vergangenheit ein anderes Tempus verwendet als zur Beschreibung von Zuständen in der Vergangenheit. Wir nennen dieses neue Tempus Perfekt. (Der Begriff narratives Perfekt sollte erst nach dem Vorkommen des resultativen Perfekts in Satz 16 erarbeitet werden.)

Die erste Vermutung über die Verwendung des Perfekts in erzählenden Texten wird durch die nächsten Sätze bestätigt. Die Erarbeitung der Sätze 4–8 erfolgte in der erwähnten Unterrichtsstunde. Ein Einschnitt vor Satz 9 *(Tum Iuppiter, quod ... in animo habebat, Mercurium ... misit)* ist unter Berücksichtigung des Textablaufs, der Ziele der Unterrichtsstunde und der Leistungsfähigkeit der Gruppe berechtigt. Ziele der Stunde waren: Die Schüler sollen das Textstück formal und inhaltlich strukturieren; sie sollen die thematische Basis des Textstückes herausarbeiten und Aussagen über den Handlungsablauf machen können; sie sollen das Textstück paraphrasieren und enkodieren können; sie sollen die Funktion von Imperfekt und Perfekt in lateinischen erzählenden Texten als Mittel der Reliefgebung erkennen und erkennen, daß das narrative Perfekt in lateinischen erzählenden Texten im Deutschen nur durch das Präteritum wiedergegeben werden kann und somit in der deutschen Sprache dieses Mittel der Reliefgebung fehlt. Der Einstieg erfolgte über eine Inhaltswiedergabe des ersten Textabschnittes (12 T 1–4). Hiermit sollte der Zusammenhang noch einmal kurz ins Gedächtnis gerufen werden, auch weil der Ausdruck *Minervae donum* bereits Bekanntes voraussetzt. Dann sollten die Schüler in arbeitsteiliger Gruppenarbeit (4 Gruppen) alle formalen und inhaltlichen Konnektoren heraussuchen, alle Prädikate und die dazugehörigen Subjekte finden, alle Dativ- und Akkusativobjekte bestimmen und die adverbialen Bestimmungen festlegen. Die Teilergebnisse der Gruppenarbeit sollten an der Tafel in tabellarischer Form festgehalten werden in der zeitlichen Reihenfolge: Subjekte und Prädikate – Konnektoren – Objekte – adverbiale Bestimmungen. Damit sollte ein Überblick über Inhalt und Handlungsablauf des Textstückes gewährleistet sein. Das Tafelbild könnte etwa folgendermaßen aussehen:

Konnektoren	Subjekte u. Prädikate	Dativobj.	Akkusativobj.	adv. Best.
	donum Minervae placuit	Iovi, ... deo		magis
itaque	(Iuppiter) adiudicavit	Minervae f.	terram Att.	
Qua re	(Iuppiter) laesit		Neptunum, fr.	graviter
autem sed	Neptunus non paruit iratus secessit atque excitavit	iudicio d.	 ventos undasque	 ad oram oceani
Hoc modo	(Neptunus) inundavit et delevit		totam Atticam	paene una cum incolis

Das Thema des Textstückes könnte lauten: Das Urteil Jupiters und seine Folgen. Eine Inhaltsparaphrase, die sich über die Sätze 1–8 erstrecken sollte, bestätigt das Textverständnis. Über die bereits bekannte Tatsache hinaus, daß das Imperfekt zur Beschreibung von Zuständen dient, die in der Vergangenheit herrschten, das Perfekt zur Erzählung von Handlungen in der Vergangenheit, sollte bei der Inhaltsparaphrase auch das Verhältnis dieser beiden Tempora im gleichen Text zueinander deutlich werden. Eine Bildbeschreibung (vielleicht eines Bildes in der Klasse) könnte zu den Begriffen ‚Vordergrund‘ und ‚Hintergrund‘ und damit zur Funktion der Reliefgebung von Imperfekt und Perfekt in erzählenden Texten führen.

1.2 Rekodierung zur Bestätigung neu gewonnener Einsichten in den unterschiedlichen Sprachgebrauch der lateinischen und der deutschen Sprache

Auch die Tatsache, daß der deutschen Sprache diese Möglichkeit der Reliefgebung durch Tempora fehlt, dürfte bei der Inhaltsparaphrase bereits einsichtig werden. Die nachfolgende Enkodierung wird diese Tatsache bestätigen. Diese neuen Einsichten sollten in einem Tafelbild zusammengefaßt werden:

Zusammenfassung

Textsorte: erzählender Text

Tempus	Funktion im lat. Text	Wiedergabemöglichkeit im Deutschen
Imperfekt	Schilderung des Hintergrundes für die eigentliche Handlung	Präteritum
Perfekt	Schilderung des Vordergrundes, also der eigentlichen Handlung	Präteritum

2 Mögliche Verfahren der Dekodierung und mögliche Zielsetzungen der Rekodierung, aufgezeigt an einem Unterrichtswerk herkömmlicher Konzeption (Krüger, M.: Lateinisches Unterrichtswerk A 1, Stück 27)

2.1 Vergleichende Dekodierung zweier inhaltsgleicher Texte mit verschiedenen Oberflächenstrukturen (gleiche Tiefenstruktur – verschiedene Oberflächenstrukturen im Lateinischen)

Das folgende Beispiel orientiert sich an einer Unterrichtsstunde mit dem Thema: „De equo Troiano – Einführung in die verschiedenen gedanklichen Bezüge des Participium coniunctum". Der für die Stunde bereitgestellte Text ist in Anlehnung an Krüger, Lateinisches Unterrichtswerk A I, Stück 27 b konzipiert.[4] Die Aufbereitung des Textes macht bereits deutlich, daß trotz der in den Rahmenrichtlinien angeführten Bedenken dem vergleichenden Verfahren vor anderen methodischen Möglichkeiten der Vorzug gegeben wird.[5] Es hat sicherlich den Vorteil, die Schüler zum Entdecken anzureizen und das Problem Oberflächenstruktur – Tiefenstruktur bewußt(er) zu machen.

Die Schüler erhalten das Arbeitsblatt mit beiden Texten mit der Aufforderung, ihre ersten Eindrücke zu schildern. Sie werden die gleiche Überschrift sehen und die Vermutung äußern, daß beide Texte den gleichen Inhalt haben. Sie werden auch sehen, daß der zweite Text keine Nebensätze hat. In Gruppenarbeit (für jeden Text zwei Gruppen) sollen sie durch Feststellen von Paraphrasen, Koreferenzen, Repetitionen, Proformen und Konnektoren und durch Vergleich der Ergebnisse der Gruppenarbeit ihre Vermutung belegen. Eine Inhaltswiedergabe bestätigt das Textverständnis. Natürlich wächst nun die Neugierde, einmal zu untersuchen, wodurch sich die beiden Texte denn eigentlich unterscheiden, wenn schon der Inhalt der gleiche ist. Das Augenmerk richtet sich jetzt auf die Oberflächenstruktur. Das Ergebnis der Untersuchung: den Gliedsätzen im ersten Text entsprechen Partizipialkonstruktionen im zweiten Text. Dieses Ergebnis wird an der Tafel festgehalten, die Nebensätze werden dabei benannt.

N S	Part. coni.
oppidum, quamquam muro alto firmatum erat (Konzessivsatz)	*oppidum muro alto firmatum*
equum ligneum, qui ... completus erat (Relativsatz)	*equum ligneum ... completum*
Graeci, postquam ... occultati sunt (Temporalsatz)	*Graeci ... occultati*
Troiani, quod ... excitati sunt (Kausalsatz)	*Troiani ... excitati*

2.2 Verschiedene Rekodierungsmöglichkeiten desselben Textes unter Wahrung der Tiefenstruktur (gleiche Tiefenstruktur – verschiedene Oberflächenstrukturen im Deutschen)

Jetzt kann der zweite Text unter Berücksichtigung der gedanklichen Bezüge richtig ins Deutsche übertragen werden. Dabei wird auch erkannt, daß das Partizip recht unterschiedliche gedankliche Bezüge ausdrücken kann, die in diesem Falle durch den Vergleichstext festgelegt sind. Bei attributiver Verwendung besteht keine solche Beziehung zwischen Partizip und Prädikat. – Natürlich wissen die Schüler, daß der Vergleichstext lediglich eine vom Lehrer bereitgestellte Hilfe ist, um Grundeinsichten zu vermitteln, die dann ohne diese Hilfe angewandt werden müssen. An dem Text 27 b des benutzten Unterrichtswerkes läßt sich in der nächsten Stunde überprüfen, wieweit sie dazu in der Lage sind, den richtigen Bezug des Partizips aus dem Textzusammenhang zu erschließen. Schon vorher sollte man an der bereits bearbeiteten Vorlage die verschiedenen Wiedergabemöglichkeiten der Partizipialkonstruktionen unter Wahrung der Tiefenstruktur auffinden und durchspielen lassen.

Zusammenfassung

1. Die lateinische Sprache hat die Möglichkeit, gleiche Sachverhalte auf verschiedene Weise auszudrücken (gleiche Tiefenstruktur – verschiedene Oberflächenstrukturen).
2. Das attributiv gebrauchte Participium coniunctum drückt keine gedankliche Beziehung zwischen Partizip und Prädikat aus.
3. Das prädikativ gebrauchte Participium coniunctum kann verschiedene gedankliche Beziehungen zwischen Partizip und Prädikat ausdrücken.
4. Der angemessene gedankliche Bezug muß aus dem Textzusammenhang erschlossen werden.
5. Auch die deutsche Sprache hat die Möglichkeit, gleiche Sachverhalte auf verschiedene Weise auszudrücken (gleiche Tiefenstruktur – verschiedene Oberflächenstrukturen).
6. Wiedergabemöglichkeiten des Participium coniunctum im Deutschen:
    a) Relativsatz (bei attributivem Gebrauch)
    b) Konjunktionalsatz
    c) Beiordnung (+ Adv. zur Wiedergabe des logischen Bezuges)
    d) Präpositionaler Ausdruck.

Anlage 1

Dē Neptūnō et Minervā
(Historiae Graecae prīma pars)

1 Ōlim magna inter Neptūnum Minervamque contrōversia erat, quod et deus et dea terram Atticam possidēre et ibī oppidum aedificāre cōgitābant. 2 Incolae tum in vīcīs dispersī habitābant: neque enim oppidum neque mūrōs neque mūnīmenta aedificāre poterant. 3 In vīcīs aut in agrīs sine mūrōrum praesidiō erant neque rārō aut ā bēstiīs vexābantur aut ab adversāriīs opprimēbantur. 4 Itaque et Neptūnus et Minerva incolīs Atticae dōnō subvenīre studēbant: Minerva oleam prīmam sēvit, Neptūnus fontem aquae creāvit.
5 Iovī, summō deō, Minervae dōnum magis placuit; itaque Minervae filiae terram Atticam adiūdicāvit. 6 Quā rē Neptūnum, frātrem suum, graviter laesit. 7 Neptūnus autem iūdiciō summī deī nōn pāruit, sed īrātus ad ōram ōceanī sēcessit atque ventōs undāsque excitāvit. 8 Hōc modō tōtam Atticam inundāvit et paene ūnā cum incolīs dēlēvit. 9 Tum Iuppiter, quod et īram frātris plācāre et vītam incolārum servāre in animō

habēbat, Mercurium, nūntium deōrum, dē Olympō mīsit. 10 Mercurius Neptūnum asperīs verbīs terruit, et deus ōceanī statim rēcessit neque diutius frātrī repūgnāvit. 11 Postquam Iuppiter incolās miserōs servāvit, Minerva perīcula labōrēsque sublevāvit: 12 Oppidum enim aedificāre docuit incolīsque cūnctīs modīs cōnsuluit et ita populum anteā ferum ad vītam hūmānam ēdūcāvit. 13 Nunc etiam aliī deī auxilium praebuērunt: Cerēs, dea agrīcultūrae, incolīs frūmentum dōnāvit, Bacchus ūvās et vīnum. 14 Dēnique Neptūnus Minervae et novō oppidō nōn iam īnfestus erat, sed etiam operam suam incolīs praebuit; imprīmīs nāvigia aedificāre docuit. 15 Incolae grātī novum oppidum „Athēnās" nōmināvērunt (Minervam enim Graecī Athēnam nōminābant!), statuam deae prō templō collocāvērunt deamque ōrāvērunt: 16 „Tū, dea benīgna, nōs servāvistī; servā et adiuvā nōs etiam in posterum!"

Anlage 2

De equo Troiano
Decem annos Graeci cum Troianis bellaverant, sed Troiam expugnare non potuerant.
Tandem oppidum, quamquam muro alto firmatum erat, a Graecis dolo expugnatum est.
Graeci enim magnum equum ligneum, qui viris armatis completus erat, ante portas Troiae collocaverunt.
Statim incolae ex oppido advolaverunt et equum in oppido Troia collocaverunt.
Noctu autem Graeci, postquam totum diem in equo occultati sunt, Troianos superaverunt.
Troiani, quod sero e somno alto excitati sunt, oppidum servare non potuerunt.

De equo Troiano
Decem annos Graeci cum Troianis bellaverant, sed Troiam expugnare non potuerant.
Tandem oppidum muro alto firmatum a Graecis dolo expugnatum est.
Graeci enim magnum equum ligneum viris armatis completum ante portas Troiae collocaverunt.
Statim incolae ex oppido advolaverunt et equum in oppido Troia collocaverunt.
Noctu autem Graeci totum diem in equo occultati Troianos superaverunt.
Troiani sero e somno alto excitati oppidum servare non potuerunt.

Literatur

Bornemann, Lateinisches Unterrichtswerk, Ausgabe C. Neu bearbeitet von Ernst Gebhardt, Paul Kroh, Kurt W. Reinhardt. Frankfurt a. M o. J.
Contextus. Eine Einführung in das Lateinische als 2. Fremdsprache. Von Dieter Gaul, Willibald Heilmann, Wilhelm Höhn und Udo Pürzer. Frankfurt a.M. 1977.
Dressler, W.: Einführung in die Textlinguistik. Tübingen 1973.
Glücklich, H.-J.: Lateinunterricht, Didaktik und Methodik. Göttingen 1978.
Der Hessische Kultusminister: Rahmenrichtlinien S I Latein. Wiesbaden 1976 und (als Neufassung) Mai 1985.
Höhn, W.: Möglichkeiten der Selbsttätigkeit des Schülers im Lateinunterricht – unter Berücksichtigung linguistischer Aspekte. In: Der Hessische Kultusminister (Hrsg.): Unterrichtsmaterialien zu den Rahmenrichtlinien, Latein Sekundarstufe I, Anregungen zur Arbeit mit den Rahmenrichtlinien im Bereich Sprachreflexion. o.O. 1973.
Höhn, W.: Der textgrammatische Betrachtungsaspekt und seine Bedeutung für die Lernerfolgskontrolle im Lateinunterricht. In: AU XVIII 2/1975.
Krüger, M.: Lateinisches Unterrichtswerk A 1. Frankfurt a.M. [8]1969.

Nickel, R.: Die Alten Sprachen in der Schule. Frankfurt a. M. ²1978.
Riedel, W.: Textarbeit im Anfangsunterricht. In: HIBS, Materialien zum Unterricht, H. 13, Latein 2, Lehrbuch und Textarbeit im Anfangsunterricht. Bearbeitet von J. Dörschel. Wiesbaden 1978.

Anmerkungen

1 Bornemann C I/2, S. 3.
2 Das Thema „Griechische Geschichte" wird in den Lektionen 20 *(De Theseo)* und 22 *(De urbe Atheniensium)* wieder aufgenommen bzw. fortgeführt.
3 Vgl. Anlage 1.
4 Vgl. Anlage 2. Die Forderung, nach den RRL (Hessen) zu arbeiten mit einem Unterrichtswerk, welches völlig anders konzipiert ist, macht die Bereitstellung von künstlichen Texten notwendig.
5 Vgl. RRL, 1976, 58 ff. – Der Begründung für die Bedenken in den RRL („denn es besteht die Gefahr einer verfrühten Festlegung auf nur eine Übersetzungsmöglichkeit") kann man durch das Aufsuchen und Durchspielen verschiedener Wiedergabemöglichkeiten des gleichen Sachverhaltes die Stichhaltigkeit nehmen; vgl. dazu die RRL-Fassung von 1985, 107 f.

Hans-Joachim Glücklich

‚Basisgrammatik' des Lateinischen

1   Gründe für Überlegungen zu einer ‚Basisgrammatik'

1.1   Man kann heute Schüler, insbesondere in spätbeginnenden Lateinkursen, aber auch schon bei Latein ab der 7. Klasse, nicht über Jahre hinaus nur mit Einzelsätzen, mit unter grammatikalischen Gesichtspunkten erfundenen Lesestücken und mit rein formalgrammatischen Übungen konfrontieren. Die Lernvoraussetzungen und die Erwartungen der Schüler haben sich verändert, sie sind von den Medien Film und Fernsehen und vom Computerfreizeitangebot her an optische Einflüsse und an vielfältige Wechsel des Angebots gewöhnt. Der Lateinunterricht muß diese Gegebenheiten zwar nicht noch verstärken, wohl aber in seiner Anlage berücksichtigen.[1]

1.2   Gleichzeitig sind die Schüler weder von der Grundschule noch immer vom vorangehenden Englischunterricht, ja nicht einmal immer vom Deutschunterricht her an genaues grammatikalisches Denken und an eine entsprechende Terminologie gewöhnt. Die Einführung und die Einübung der einzelnen grammatischen Erscheinungen benötigt mehr Intensität.[2]

1.3   Dennoch sind die Stundenzahlen für den Lateinunterricht, insbesondere in der Mittelstufe, gegenüber dem Zustand vor etwa dreißig Jahren um rund ein Drittel bis die Hälfte zurückgegangen. Das Beharren auf einem grammatischen Vollkurs – insbesondere der alten Art, die auf Regelgrammatik zur Anwendung des Lateinischen in Schrift und Wort ausgerichtet war – würde zu einer unvertretbar langen Grammatikphase führen. Die Schüler der Mittelstufe sähen in Latein nur ein Fach der Grammatik, möglicherweise einer als notwendig erkannten Sprach- und Denkschulung, aber keines der attraktiven Texte, deren Lektüre und Interpretation Sinnzusammenhänge erschließen, die eigene Existenz bereichern, Lebenshilfe geben.

Auch Grammatikunterricht kann Einblick in Lebenszusammenhänge geben. Die Sprachreflexion – erklärtes Ziel des Lateinunterrichts – ist ja das Nachdenken über Sprache als Ausdruck einer bestimmten Lebenswirklichkeit. So kann zum Beispiel die genaue Differenzierung der Demonstrativpronomina *(hic, iste, ille)* die Bedeutung der Gestik, der Personendifferenzierung und der Rede in Rom zeigen.[3] Die vielen Ausdrücke für ‚Frau' können zeigen, daß sie in ihrer jeweiligen Funktion und in ihrem jeweiligen Alter wichtig ist *(uxor, anus, matrona)*. Die Differenzierung der Tempora, der Tempusverhältnisse und der Modi sowie die Anordnung von zeitlich-sachlich Vorausgehendem vorne, von zeitlich und sachlich Folgendem hinten im Satz zeigen, daß im klassischen Latein genau und detailliert Ursache-Folge-Verhältnisse überdacht und ausgedrückt wurden. Dennoch werden auch solche Erkenntnisse an Texten und ihren Inhalten deutlicher, und im übrigen können sie nicht immer eine Überlänge des Grammatikkurses wettmachen.

1.4   Der Grammatikunterricht hat neue oder andere Aufgaben erhalten. Er soll die Fähigkeit zum Erschließen und Übersetzen lateinischer Texte ausbilden und nicht oder nicht nur die Beherrschung eines grammatischen Regelsystems.

1.5 Viele einzelne Details, Regeln und Ausnahmen, mehrdeutige Konjunktionen und Modi, typisch lateinische Erscheinungen der Grammatik – wie a.c.i., Ablativ mit Prädikativum, *-nd*-Fügungen – und einen großen Formenreichtum zu erlernen und in Texten zu erkennen, das stellt hohe Anforderungen an Konzentration und Merkfähigkeit und scheint unendlich viel Übung zu verlangen.

Aus allen genannten Gründen sind Überlegungen dazu wichtig, was die wesentlichen Bereiche einer Basisgrammatik des Lateinischen sein sollen und nach welchem System sie aufgebaut sein soll.

2 Grammatische Gebiete, auf die eine Basisgrammatik verzichten kann

2.1 Latein ist ein Textfach. Die Schüler sollen lateinische Texte erschließen, übersetzen und interpretieren können. Sie benötigen dazu eine Grammatiklehre und entsprechende Grammatikkenntnisse, die sie befähigen, lateinische Texte zu beschreiben, zu analysieren, zu übersetzen, ja sogar zu interpretieren.

Nicht dazu notwendig sind solche Gebiete der Syntax und der Formenlehre, die nur bei aktiver Anwendung des Lateinischen von Belang sind, bei der Beobachtung von Texten aber entweder nicht benötigt werden oder gleichsam automatisch – unreflektiert – richtig angewendet werden. Ferner sind einige Gebiete erst bei der Lektüre bestimmter Werke der lateinischen Literatur wichtig.

2.2 Grammatische Gebiete, die für eine Texterfassung nicht erlernt werden müssen, sind die folgenden:

a) Differenzierte Genusregeln außer dem Hauptgenus der 1., 2., 4. und 5. Deklination und solchen Regeln zur 3. Deklination, die zugleich mit der Endung eine Hauptaufgabe dieser Endung zeigen, z. B. daß Wörter auf *-or m.* einen Akteur nennen, solche auf *-tio f.* eine Aktion, solche auf *-tum n.* ein Ergebnis, auf *-tudo f.* eine Eigenschaft oder Qualität. Die Kenntnis des Genus eines Substantivs ist wichtig nur für die richtige Zuordnung von adjektivischen Attributen, von (vor allem adjektivischen) Prädikatsnomina und von Prädikativa. Bei rein rezeptiver Texterfassung muß man also Genusregeln nur selten wissen, insbesondere weil das adjektivische Attribut meistens nahe seinem Bezugswort steht und richtig mit ihm verbunden wird. Bestimmte Ausnahmen in der Genuszugehörigkeit (z. B. *ordo m.*, *humus f.*) müssen heute wohl in den Vokabelverzeichnissen von Textausgaben[4] immer wieder angegeben werden.

b) Besonderheiten der Ortsbestimmung: Beim Erfassen von Sätzen nach der Dependenzgrammatik stellt man von den einzelnen Verbalinformationen aus ohnehin die richtigen Fragen nach den notwendigen Ergänzungen und kann echte Ortsnamen als Ortsangaben erkennen, besonders auf die Fragen „wo?" und „wohin?", nach einiger Erfahrung auch auf die Frage „woher?". Manche Ortsangaben wie *ruri, rus, rure* sind ohnehin als Vokabel zu lernen und nicht durch Regeln über Ortsangaben.

c) Die Unterscheidung, wann der Genitiv Plural der konsonantischen und der i-Deklination auf *-um*, wann auf *-ium* ausgeht, muß nicht intensiv erlernt, zumindest nicht in der Leistungsmessung verlangt werden. Denn erstens gibt es immer wieder Ausnahmen, und zweitens erkennt man den Genitiv Plural in der konsonantischen und in der i-Deklination, wenn man nur die Wörter selbst kennt und sie der 3. Deklination zuordnen kann (ansonsten wären Verwechslungen mit anderen Deklinationen und also mit dem Akkusativ Singular möglich).

d) Manche Besonderheiten in der Verwendung der *-nd*-Formen sind überflüssiger Lernstoff. Es genügt, die *-nd*-Formen nach dem folgenden Schema lernen zu lassen:

Die *-nd*-Formen dienen der Deklination des Infinitivs und der Herstellung von Fügungen, die unseren zusammengesetzten Substantiven entsprechen. Dabei gibt es eine Formulierung, die das Substantiv vom Infinitiv regiert sein läßt:

pontem facere
pontem faci-e-nd-i
pontem faci-e-nd-o
pontem facere
pontem faci-e-nd-o.

Und es gibt eine Formulierung, die Substantiv und Infinitiv durch übereinstimmende Endungen nahe zusammenrückt:

pons faci-e-nd-us
pont-is faci-e-nd-i
pont-i faci-e-nd-o
pont-em faci-e-nd-um
pont-e faci-e-nd-o
pont-es faci-e-nd-i usw.

Beide Formulierungsweisen werden auf die gleiche Art übersetzt, also das oben angeführte Beispiel mit „Brücke bauen", „Brückenbau", „Bau einer Brücke". Entsprechend heißt *pontem faciendum curat* „er besorgt einen Brückenbau", „er sorgt für den Bau einer Brücke". (Nur bei Verbindungen mit *esse* ergibt sich die sogenannte *notio necessitatis*, etwa *pons faciendus est:* „Brückenbau gilt", d. i.: „man muß eine Brücke bauen").

Daß nicht alle Formen des Schemas in der lateinischen Literatur vorkommen, muß nicht behandelt werden. Das Erlernen des durchgängigen Schemas ist leichter und fördert die Übersetzungsfähigkeit.

e) Dasselbe gilt von der dritten Stammform bei den sogenannten unregelmäßigen Verben. Auch wenn diese nicht belegt ist – wie bei *consuescere, serpere, ruere, arguere* –, so liegt sie doch der Bildung anderer Wörter zugrunde – und nur dafür muß die dritte Stammform gelernt werden; ob sie selbst immer als Supinum oder Partizip vorkommt, ist demgegenüber unwichtig.

2.3 Automatisch richtig erfaßt werden

a) die Formen von *ferre;*
b) evtl. auch die Imperative *dic, duc, fac, fer;*
c) Besonderheiten der Komparation wie *magis, maxime idoneus* (dem Englischen vergleichbar).

2.4 Völlig nicht nur ausgelassen, sondern ausgemerzt werden sollte die Lehre vom sogenannten n.c.i.

Der n.c.i. ist keine eigenständige grammatische Erscheinung wie der a.c.i. Denn sonst müßten wie beim n.c.i. beide Glieder dieser Erscheinung zusammen das Subjekt eines Satzes bilden. In dem Satz *omnes Socratem veneno mortuum esse sciunt* z. B. ist *Socratem veneno mortuum esse* Objekt zu *omnes sciunt* und so erklärbar: Aus dem ursprünglichen Satz *Socrates veneno mortuus est* ist durch Einbettung in den Satz *omnes sciunt* ein Objekt geworden. Also wird das ursprüngliche Subjekt im Nominativ *Socrates* im neuen Satz zum Subjekt im Akkusativ *Socratem,* das ursprüngliche Prädikat im Nominativ (kongruent mit dem Subjekt im Nominativ) *mortuus est* wird zum Prädikat im Akkusativ *mortuum esse* (der Infinitiv ist ein Nomen, hier im Akkusativ). Daß der a.c.i. auch ein Subjekt sein kann, z. B. im Satz *Socratem veneno mortuum esse inter omnes constat,* erklärt sich aus der Bedeutungsgleichheit mancher unpersönlicher Ausdrücke und passivischer Formulierungen mit einer aktivischen Formulierung (im Beispiel hier: *constat = omnes sciunt*).

Die Formulierung *Homerus caecus fuisse dicitur* muß jedoch anders erklärt werden. Zum Subjekt *Homerus* tritt ein Prädikat im persönlichen Passiv. Dieses benötigt eine weitere Ergänzung im Infinitiv (im hier gegebenen Beispiel zusammen mit einem Ergänzungsnominativ). Dies wird unwiderlegbar, wenn man ein Beispiel mit der 1. oder 2. Person nimmt: *(tu) bene meruisse diceris, tu* gehört eindeutig zum Prädikat *diceris,* nicht zum Infinitiv *bene meruisse.* Wäre *tu meruisse* eine zusammengehörige Einheit, müßte das Prädikat in der 3. Person stehen, es richtet sich aber nur nach *tu,* nicht nach *meruisse.* Es treten also zwei Ergänzungen zum Prädikat im persönlichen Passiv, ein Subjekt (im Nominativ) und ein Infinitiv (im Nominativ? im Akkusativ?), nicht etwa tritt zum Prädikat ein zweigliedriges Subjekt. Beim a.c.i. hingegen handelt es sich tatsächlich um ein zweigliedriges Objekt oder Subjekt. Den Terminus n.c.i. zu bilden und ihn in Parallele zum a.c.i. zu setzen ist somit irreführend.[5]

2.5   Manche grammatischen Erscheinungen werden erst bei bestimmten Texten und Autoren besonders wichtig.

Beispiele:
Caesar, bellum Gallicum: indirekte Rede, Supinum, historischer Infinitiv, relativischer Anschluß;
Nepos, Hannibal- und Hamilcarvita: relativischer Anschluß;
Livius: verkürzter Ablativ mit Prädikativum,
Sallusts Monographien und Plautus: verkürzte Verbformen (3. Pl. Ind. Perf. Aktiv auf *-ere*).

Man kann solche Erscheinungen daher in Verbindung mit der Lektüre dieser Texte durchnehmen. Dem steht die Befürchtung gegenüber, daß die Lektüre stark verlangsamt wird, wenn diese grammatischen Erscheinungen erst bei der Lektüre durchgenommen werden.

Es ist aber ein Irrtum zu glauben, grammatische Erscheinungen würden, einmal durchgenommen und etwas geübt, immer beherrscht, lägen gleichsam abrufbar bereit. Dies zu bewirken, strebt zwar der Grammatikunterricht an. Und er kann es bei all den Erscheinungen zu erreichen versuchen, die in fast allen Texten vorkommen. Erscheinungen, die lange Zeit nicht vorkommen und lange Zeit nicht geübt werden, geraten in Vergessenheit. Man muß sie dann doch erneut bei ihrem Vorkommen in der Lektüre erklären. Der Zeitbedarf für eine Auffrischung von Kenntnissen und der für eine grundlegende Erklärung, die gleichzeitig deutlich macht, wie diese neue grammatische Erscheinung den Text konturiert, ist nicht sehr verschieden. Der Unterschied in der Wirkung ist hingegen groß: dort bloße Grammatikdurchnahme, hier Interpretation und Erfahrung, daß die Grammatik und die Ausdrucksweise Wirkmittel des Stils sind und bei der Interpretation vorrangig berücksichtigt werden müssen.[6]

2.6 Grundsätzlich erst bei der Lektüre besprechen ließen sich auch die folgenden Erscheinungen: Futur II, Potentialis, Präsens Indikativ und Imperativ von *ferre, dic, duc, fac, fer,* die Konjunktivverwendung in Relativsätzen. Jedoch wird man davon manches systembedingt während des Grammatikunterrichts besprechen, vor allem den Potentialis (als Übersetzung des selbständigen Konjunktivs Präsens und Perfekt – öfters sind die Übersetzungen in Lehrbüchern und Grammatiken falsch[7]) und das Futur II (das wie Perfekt und Plusquamperfekt die Vorzeitigkeit in einer bestimmten Zeitstufe kennzeichnet, ohne daß man dies im Deutschen genau so ausdrücken muß).

3 Neue Inhalte des lateinischen Grammatikunterrichts

3.1 Der lateinische Grammatikunterricht kann und sollte heute nicht mehr zum Ziel haben, die Schüler möglichst viel vom Inhalt eines traditionellen Grammatiklehrbuchs beherrschen zu lassen. Man kennt dann zwar viele Einzelheiten, möglicherweise sogar ein System, das diese Einzelheiten gliedert, aber es ist ein altes Grammatiksystem, das geschaffen wurde, als das Ziel des Grammatikunterrichts der aktive Umgang mit dem Lateinischen, Sprechen und Schreiben auf lateinisch war. Dafür lernte man viele Einzelheiten, die zum korrekten Schreiben und Sprechen unerläßlich waren. Die Geläufigkeit in ihrer Verwendung ergab sich durch häufige Übung im Schreiben und Sprechen. Da man im Schreiben die Sprachmuster der klassischen Autoren Cicero und Caesar nachzuahmen versuchte, gewöhnte man sich an den Periodenbau ihrer philosophischen, historischen und rhetorischen Werke (weniger an den Briefstil) und erreichte so auch in gewissem Umfang die Fähigkeit, die Sätze dieser Autoren im Urtext zu erfassen und ins Deutsche zu übersetzen.

Heute ist die wichtigste Aufgabe des Grammatikunterrichts die Ausbildung der Fähigkeit, lateinische Texte zu erschließen und zu übersetzen, und der darauf aufbauenden Fähigkeit, lateinische Texte durch Beobachtung ihrer Sprache und ihres Stils zu interpretieren. Damit verbunden ist die Ausbildung der Fähigkeit zur Sprachreflexion, zur Textreflexion und zum abstrahierenden Sprechen (also zum Gebrauch einer Metasprache).

3.2 Sprachreflexion ist das Nachdenken über Sprache als Mittel und als Ausdruck der Erfassung der Umwelt. Dazu gehören im lateinischen Grammatikunterricht:
- das Nachdenken über den unterschiedlichen Bedeutungsumfang scheinbar gleicher Wörter (*familia* entspricht nicht unserer Familie);
- das Nachdenken über verschieden starke Differenzierung in manchen Sachbereichen (*hic, iste, ille* meinen zunächst alle nur „dieser"; im Lateinischen wird aufgrund der vielen Redesituationen mit entsprechender Gestik genau zwischen Sprecher, Angesprochenem und Besprochenem unterschieden);
- das Nachdenken über Unterschiede in der Formenbildung (Integration der Personen- und Diathesenbezeichnung in die Verbform);
- das Nachdenken über unterschiedliche Anzahl und Verwendung der Kasus;
- das Nachdenken über die Unterschiede lateinischen und deutschen Satzbaus (im Latei-

nischen Einbettung von Informationen in andere durch Kasusendungen – so beim a.c.i., beim Ablativ mit Prädikativum, beim prädikativen Partizip, bei den -nd-Fügungen – oder durch unterordnende Konjunktionen [so in den Gliedsätzen]; ferner die Möglichkeit, lange Sätze zu bilden; ferner im klassischen Latein die Anordnung der Informationen so, daß zeitlich-sachlich Vorausgehendes vorne, zeitlich und sachlich Folgendes hinten im Satz steht; im Deutschen: Tendenz zu kurzen Sätzen, kein Zwang zur zeitlich-sachlich-linearen Anordnung, Einbettung nur in Form von Gliedsätzen).

3.3 Textreflexion ist das Nachdenken über Aufbau und Ablauf, Verwendung und Wirkung von Texten, also Interpretation im weitesten Sinne. Dazu gehören im Grammatikunterricht im genuin sprachlichen Bereich (also einmal abgesehen von der Vermittlung von Sachinformationen und der Einbringung archäologischen Materials) die Beobachtung der Textsemantik und der Textsyntax, wie sie weiter unten (3.5) dargestellt wird.

3.4 Metasprachliche Fähigkeiten werden durch das ständige Beobachten von Texten, Sätzen und Wörtern und durch das Formulieren dieser Beobachtungen entwickelt. Dazu bedarf es eines präzisen Begriffsapparates, der nach und nach im Grammatikunterricht vermittelt wird. Leider begehen hier auch renommierte Lehrbücher Fehler, indem sie die Kategorien verwechseln, zum Beispiel nicht genügend zwischen Wortarten und Satzgliedern, zwischen der syntaktischen und der semantischen Aufgabe von Kasusfunktionen und zwischen Verbform, Wortart und Satzglied unterscheiden.

Man sollte z. B. nicht sagen, daß *-nd*-Formen durch Adverb und Akkusativobjekt erweitert werden können[8], sondern von einer Erweiterung durch adverbiale Bestimmung und Akkusativobjekt sprechen (Adverb ist eine Wortart, Akkusativobjekt ist ein Satzglied); im Beispiel *tibi faveo* ist *tibi* semantisch gesehen *Dativus commodi*, syntaktisch gesehen Ergänzung im Dativ (Dativobjekt); im Satz *hostes repulsi a conatu destiterunt* ist *repulsi* als Verbform Partizip, als Wortart Adjektiv, als Satzglied Prädikativum. Ferner verstößt es gegen Sprach- und Textreflexion und gegen die Ausbildung der metasprachlichen Fähigkeiten, wenn man zu falschen Gleichsetzungen und Hilfsübersetzungen greift, etwa das Prädikativum ‚wörtlich‘, nämlich falsch als Attribut, übersetzen läßt und den Konjunktiv Präsens mit dem deutschen Konjunktiv I gleichsetzt.

3.5 Die Fähigkeit zur Texterschließung beruht außer auf Realienkenntnissen auf Kenntnissen in der Textsemantik und in der Textsyntax.

Die Textsemantik untersucht, wie sich die Bedeutung eines Textes durch die verwendeten Wörter und Sätze aufbaut. Sie schließt also auch Wort- und Satzsemantik mit ein. Zur Wortsemantik gehören die Kenntnis von Lexemen (Wortstämmen), Wortbildungselementen und Wortendungen, die den Singular oder den Plural und die Personen kennzeichnen. Zur Satzsemantik gehört die Beobachtung der Satzarten, der Satzabläufe, der Gleich- und Unterordnungen, des Einbaus der Wörter in verschiedene Zusammenhänge. Zur Textsemantik gehören über den Einzelsatz hinausgehende Beobachtungen des verwendeten Wortmaterials. Immer wieder muß man Satz für Satz prüfen, was bereits aus den vorigen Sätzen bekannt (also sogenanntes Thema, das ‚Gesetzte‘ ist und was jeweils neu (also das sogenannte Rhema, die ‚neue Information‘) ist. Um das zu erkennen, muß man Wiederholungen, Umschreibungen und Verweisformen und die Ausbreitung eines Wortfeldes erkennen können.

In *Bellum Gallicum* I 4 verweist etwa *ea res* (§ 1) zurück auf die machtpolitischen Absprachen des Orgetorix, die in Kapitel 3 geschildert worden waren, auch die Helvetier sind schon genannt worden. Neue Information ist also *est per indicium enuntiata*. Im zweiten Satz verweist *suis* auf die genannten Helvetier, *Orgetorigem* ist aus dem Vorigen bekannt. Neue Information ist also: *moribus* [...] *ex vinculis causam dicere coegerunt* (wobei die Personalendung *-nt* auf die Helvetier zurückverweist). Das Wort- (und Sach-) feld ‚Gerichtswesen' wird in den folgenden Sätzen in vielen Ausdrücken aufgenommen: *damnatum, poenam sequi, igni cremaretur; causae dictionis, ad iudicium, eodem* (Rückverweis auf *iudicium); ne causam diceret; ius* [...] *exsequi*. Daraus erkennt man den Schwerpunkt des Textes und verschiedene Teilaspekte des erzählten Vorgangs.

Die Textsyntax untersucht, wie sich ein Text durch die verwendeten syntaktischen Mittel aufbaut und gliedert. Dazu kann man all die grammatischen Mittel beobachten, die nicht aus dem Satz heraus erklärbar sind, also Tempus, Modus, Diathese, Personenkennzeichnungen und Konnektoren (Satzverknüpfer). Ein diskursiver Text wird durch die verwendeten Konnektoren logisch geprägt oder gegliedert. Ein Dialog wird durch die verwendeten Personenkennzeichnungen strukturiert in Informationen zur sprechenden Person, zur angesprochenen Person und zu besprochenen Personen und Sachen. Ein Monolog oder ein Dialog wird durch die verwendeten Modi in Aussagen, Fragen und Wünsche gegliedert, das Vorherrschen einer bestimmten Satzart prägt den Text. Erzähltexte werden durch die verwendeten Tempora in Erzähletappen (im Perfekt oder im szenischen Präsens), Schilderungen von Dauerzuständen (im Imperfekt) und Rückgriffe gegliedert (die zu bestimmten Erzähletappen notwendiges Hintergrundwissen als Nachtrag im Plusquamperfekt vermitteln).[9]

Im bereits erwähnten Kapitel 4 in Caesars Bellum Gallicum, Buch I, sind zum Beispiel die Erzähletappen: 1. *est enuntiata;* 2. *coegerunt;* 3. *Orgetorix conduxit;* 4. *se eripuit;* 5. *Orgetorix mortuus est*. Zwischen die zweite und dritte Etappe schiebt Caesar eine Hintergrundinformation über eine dauernde Sitte der Helvetier: *oportebat*. In die Schilderung der dritten Etappe fügt Caesar in einem Gliedsatz eine weitere Hintergrundinformation über Dauerzustände ein *(habebat)*. Am Ende berichtet er aus der Gegenwart einen in die Gegenwart fortdauernden Verdacht *(neque abest suspicio, ut Helvetii arbitrantur, quin ipse sibi mortem consciverit).*

3.6 Die Fähigkeit zur Satzerschließung beruht außer auf Realienkenntnissen auf Kenntnissen in der Satzsyntax und in der Satzsemantik und auf der steten Berücksichtigung der oben geschilderten Beobachtungstechniken der Textsyntax und der Textsemantik, weil viele Satzelemente nur aus dem Textzusammenhang heraus richtig erfaßt und gedeutet werden können. Zur Wort- und Satzsemantik finden sich im vorhergehenden Abschnitt einige Ausführungen.

Die Kenntnis der Satzsyntax läßt sich in die folgenden Bereiche einteilen:
– Kenntnis der möglichen Satzpositionen in einem Satz (die vom verwendeten Prädikat her eröffneten Notwendigkeiten für Ergänzungen (Subjekt, Objekt) und Möglichkeiten zu weiteren Zusätzen (freie Angaben: adverbiale Bestimmungen, Prädikativum) sowie die bei allen nominalen Satzgliedern bestehende Möglichkeit, daß ein Attribut als Satzgliedteil hinzutritt.
– Kenntnis der Erweiterungsmöglichkeiten der einfachen Satzglieder

- entweder (bei Gebrauch von unterordnenden Konjunktionen) zu Gliedsätzen (nach denen man dieselbe ‚Konstruktionsfrage' stellen kann wie nach den einfachen Satzgliedern)
- oder (bei Verwendung von Kasusendungen) zu den typischen lateinischen Zwischenformen zwischen Satzglied und Gliedsatz (also a.c.i., prädikativem Partizip, Ablativ mit Prädikativum, -nd-Fügungen).
– Insgesamt: Kenntnis der vielfältigen Füllungsmöglichkeiten für die einzelnen Satzpositionen.

Zur Satzerschließung sind ebenso wie zur Texterschließung sehr gute Kenntnisse der Formenlehre notwendig. Die Kasusendungen ordnen die nominalen Satzglieder und die Satzgliedteile in den Satz ein und zeigen deren Satzposition. Die Personalendungen der Verben haben teils eine semantische Aufgabe – indem sie bestimmte Personen bezeichnen und ihre Anzahl (Singular, Plural) –, teils eine syntaktische Aufgabe – indem sie das Prädikat mit dem Subjekt kongruent machen. Die Tempus-, Modus- und Diathesezeichen haben eine textsyntaktische Aufgabe.

4 Die sachentsprechende und lernorganisatorisch vorteilhafte Einteilung der grammatischen Erscheinungen in fünf Gruppen

Die Ausführungen der voranstehenden drei Abschnitte haben gezeigt:
– Die Vielfalt der grammatischen Erscheinungen muß lerngerecht geordnet werden.
– Das Ordnungssystem muß die Textgrammatik berücksichtigen.
– Das System muß in sich konsequent und schlüssig sein.
– Das System muß in der Weise offen sein, daß es die grundsätzlichen Erkenntnisse zum Aufbau von Wortformen, Sätzen und Texten vermittelt, sie verständlich, erlernbar und anwendbar macht, daß es aber während der Lektüre ausgebaut werden kann durch weitere Erkenntnisse, die sich systemgerecht einordnen lassen.

Die Forderung, die Textgrammatik in der Einteilung der grammatischen Erscheinungen zu berücksichtigen und die Vielfalt der satzgrammatischen Erscheinungen lerngerecht zu ordnen, hat mich zu folgender Einteilung der grammatischen Erscheinungen geführt[10]:

4.1 Satzbezogene erklärbare Erscheinungen des einfachen Satzes

Dazu gehören der Satzkern (Prädikat oder allgemeiner ‚Verbalinformation', abgekürzt: V), die von ihm aus erfragbaren notwendigen Ergänzungen (nE) und freien Angaben (fA). Die notwendigen Ergänzungen sind solche Satzglieder, die notwendig sind, damit ein grammatisch korrekter Satz entsteht. Dies können Ergänzungen in den einzelnen Kasus sein oder Ergänzungen mit einem präpositionalen Ausdruck (z.B. *in urbe sum*) oder einem Adverb (z.B. *ibi sum*). Die freien Angaben sind solche Satzglieder, die zwar nicht zur grammatischen Korrektheit notwendig sind, aber oft besonders die Zielrichtung einer Äußerung bestimmen; zu ihnen kann man außer der adverbialen Bestimmung und dem Prädikativum auch die Satzgliedteile (also die Attribute) zählen, die immer ein anderes Satzglied begleiten, und zwar sowohl notwendige Ergänzungen als auch freie Angaben. Eine Verbalinformation kann bis zu drei notwendige Ergänzungen erfordern; daher spricht man von ein-, zwei- und dreiwertigen Verben. Die einzelnen grammatischen Erscheinungen der Gruppe 1 sind also:

a) Prädikat, Verbalinformation (V);
b) Ergänzung im Nominativ als Subjekt (S_{Nom})[11];
c) Ergänzung im Nominativ als anderes Satzglied (E_{Nom}) (z. B. die zweite Nominativform bei *esse* oder *haberi*);
d) Ergänzung im Genitiv (E_{Gen});
e) Ergänzung im Dativ (E_{Dat});
f) Ergänzung im Akkusativ (E_{Akk});
g) Ergänzung im Ablativ (E_{Abl});
h) Ergänzung mit einem präpositionalen Ausdruck ($E_{Präp}$);
i) Ergänzung mit einem Adverb (E_{Adv});
k) Angabe mit einer adverbialen Bestimmung (A_{Adv});
l) Angabe mit einem Prädikativum ($A_{Präd}$);
m) Angabe mit einem Vokativ (A_{Vok});
n) Angabe mit einem Attribut (A_{Attr}).

4.2 Textbezogen erklärbare Erscheinungen des Satzes

Eine Reihe von grammatischen Erscheinungen läßt sich nicht so erklären, daß man vom Satzkern oder einem anderen Satzglied ausgehend nach ihnen fragt. Vielmehr sind sie aus dem Textzusammenhang oder aus der Intention des Autors zu erklären. Die meisten dieser Erscheinungen sind Bestandteile des Prädikats.

Die einzelnen grammatischen Erscheinungen der Gruppe 2 sind:
a) Tempus;
b) Modus;
c) Diathese (Genus verbi);
d) Personenkennzeichnung (die man wie den Numerus auch der Semantik zuordnen könnte);
e) Konnektoren (Satzverbinder oder Satzgliedverbinder, zu denen außer den Konjunktionen auch die Relativpronomina und die Komparationskennzeichnung – etwa *-ior quam* – gehören).

4.3 Formenlehre – die formale Kennzeichnung der syntaktischen Erscheinungen der Gruppen 1 und 2

a) Wortarten;
b) Nominalformen, Deklination der Substantive, Adjektive und Pronomina, Deklinationsklassen;
c) Adverbbildung;
d) Verbalformen, Konjugationsklassen, Stammformen.

4.4 Typisch lateinische Zwischenformen zwischen Satzglied und Gliedsatz

In diese Gruppe gehören solche grammatische Erscheinungen, die
– als Erweiterung (Expansion) einfacher Satzglieder (der Gruppe 1) angesehen werden können und wie diese durch Kasusendungen in den Satz eingeordnet sind;
– die aber eine eigene Verbalinformation (als Infinitiv, Partizip oder *-nd*-Form) haben und somit selbst durch weitere Satzglieder ergänzt werden können und „satzwertig" sind;

– somit in der Verbalinformation von den textbezogenen Erscheinungen (der Gruppe 2) erfaßt werden.

Die einzelnen grammatischen Erscheinungen der Gruppe 4 sind:
a) Erweiterte Infinitive;
b) a.c.i.;
c) Prädikativum (bes. *participium coniunctum*);
d) Ablativ mit Prädikativum;
e) *-nd*-Formen und (durch weitere Satzglieder ergänzte) *-nd*-Verbindungen.
(Der sog. n.c.i. ist nicht mit dem a.c.i. gleichzusetzen, sondern ein durch Infinitiv erweitertes persönliches Passiv.)

4.5 Gliedsätze

Gliedsätze können – wie die Erscheinungen der Gruppe 4 – als Erweiterungen einfacher Satzglieder verstanden werden. Sie haben – wie die Erscheinungen der Gruppe 4 – eine eigene Verbalinformation, die nach den Gesetzen der Dependenz ergänzt wird. Die Verbalinformation ist aber wie ein Hauptsatzprädikat nach Person, Numerus, Modus und wie die Verbalformen der Gruppe 4 weiterhin nach Tempus und Diathese gekennzeichnet. Die Einordnung der Gliedsätze erfolgt nicht durch Kasusendungen – wie bei den Erscheinungen der Gruppe 4 –, sondern durch Konnektoren.

Zu den Gliedsätzen gehören:
a) Subjekt-Objekt-Sätze (abhängige Aussage-, Wunsch- und Fragesätze sowie Relativsätze, die ein Subjekt oder ein Objekt ersetzen);
b) Attributsätze;
c) Adverbialsätze (Temporal-, Komparativ-, Kausal-, Final-, Konzessiv-, Konsekutiv-, Konditional-, Adversativ-, Modalsätze).[12]

Es empfiehlt sich, den Schülern bereits im ersten Lateinjahr diese Einteilung in fünf Gruppen zu vermitteln, weil sie einen Ordnungs- und Lernraster darstellt. Es genügt dazu, wenn aus jeder Gruppe wenigstens ein Phänomen durchgenommen wird, so daß die Systematisierung und die spätere Einordnung neuer Erscheinungen in eine der Gruppen möglich werden. In der Praxis werden aus Gruppe 1, 2 und 3 weit mehr Erscheinungen im ersten Jahr durchgenommen werden, aus Gruppe 4 im ersten Jahr entweder der a.c.i. oder das Prädikativum, aus Gruppe 5 die indikativischen Gliedsätze. Das ist mit den meisten Lehrbüchern ohne Probleme möglich, weil sie mittlerweile den a.c.i. oder das Prädikativum recht früh anbieten.

5 Eine lernorganisatorisch vorteilhafte und motivierende Tafel der Satzpositionen und Füllungsarten

Die Gruppen 1, 4 und 5 haben gemeinsam, daß sie verschiedene Füllungsarten derselben Satzposition nennen. So kann etwa die Ergänzung im Akkusativ durch ein einfaches Satzglied (z.B. den Akkusativ eines Substantivs, Gruppe 1), durch einen Gliedsatz (z.B. einen abhängigen Wunschsatz, Gruppe 5) oder durch eine Zwischenform zwischen Satzglied und Gliedsatz (z.B. den a.c.i., Gruppe 4) ausgefüllt werden. Die folgende Tafel der Satzpositionen und Füllungsarten faßt diese Vielfalt optisch zusammen[13]:

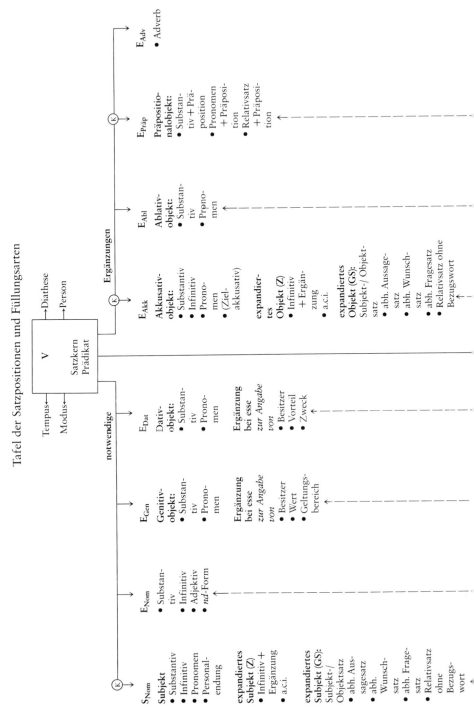

Tafel der Satzpositionen und Füllungsarten

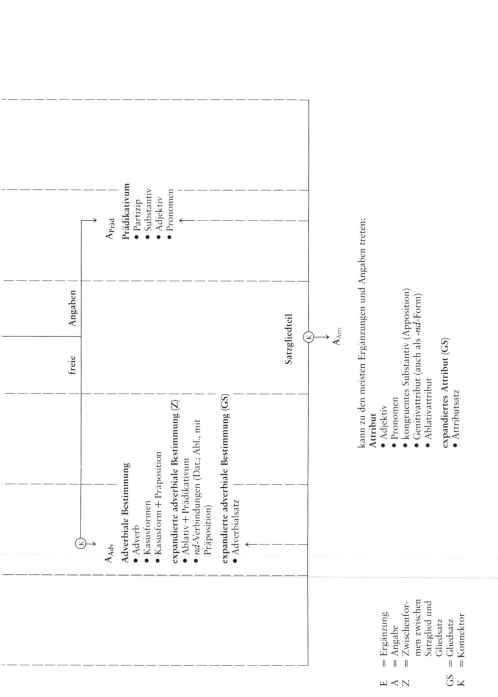

6 Vorteile der Einteilung der grammatischen Erscheinungen in fünf Gruppen und der Tafel der Satzpositionen und Füllungsarten

Die Einteilung der grammatischen Erscheinungen in fünf Gruppen und die im Laufe des Grammatik- und Lektüreunterrichts immer weiter vervollständigte Tafel der Satzpositionen und Füllungsarten bieten neben anderen die folgenden wesentlichen Vorteile für die Satzerschließung, die Texterschließung, die Ökonomisierung des Grammatikunterrichts und die Interpretation:

6.1 Vorteile für die Ökonomisierung des Grammatikunterrichts

Durch die Zusammenfassung ähnlicher Erscheinungen in jeweils einer Gruppe können ihre Gemeinsamkeiten einmal erlernt und immer wieder geübt werden.

So haben etwa alle Erscheinungen der Gruppe 4 (Zwischenformen zwischen Satzglied und Gliedatz) gemeinsam,
- daß in ihnen Infinitive oder Partizipien durch Kasusendungen in den Satz eingeordnet werden;
- daß diese Infinitive oder Partizipien ein Zeitverhältnis kennzeichnen;
- daß in ihnen bei Beziehung auf das Satzsubjekt ein Reflexivpronomen steht.

Viele Erscheinungen können auch durch Analogie erlernt werden, sei es im Grammatikunterricht oder erst während der Lektüre:

So läßt sich etwa der Ablativ mit Prädikativum durch Teilanalogie zum Akkusativ mit Infinitiv erklären: Ablativ mit Prädikativum und Akkusativ mit Infinitiv sind beides satzwertige Ausdrücke, Zwischenformen zwischen Satzglied und Gliedsatz. Sie sind beide durch Kasusendungen in einen Satz eingebettet und lassen sich auf einen ursprünglich selbständigen Satz zurückführen. Der Akkusativ mit Infinitiv ist in der Regel ein doppelgliedriges, also erweitertes Akkusativobjekt (nur bei unpersönlichen Ausdrücken ein expandiertes Subjekt, was durch Bedeutungsgleichheit verschiedener Ausdrücke erklärt werden kann, etwa durch die Parallelität von *apparet* mit *omnes sciunt*). Der Ablativ mit Prädikativum ist eine doppelgliedrige, also erweiterte adverbiale Bestimmung im Ablativ. Beim a.c.i. drückt ein Infinitiv, beim Abl. + Präd. ein Partizip oder ein weiteres Nomen (zu dem man sich eine Form von *esse* hinzudenken könnte) den verbalen Teil aus. Beiden Erscheinungen ist gemeinsam:
- Einbettung durch Kasusendung;
- Zweigliedrigkeit;
- Rückführbarkeit auf einen eigenen Hauptsatz, in dem der (erste) nominale Bestandteil Subjekt, der zweite (verbale) Bestandteil Prädikat wird, bzw. umgekehrt:
Satzwertigkeit durch eigene Verbalinformation und eigenes – eingeordnetes – Subjekt (im einen Fall ein ‚Akkusativsubjekt', im anderen Fall ein ‚Ablativsubjekt');
- Kennzeichnung des verbalen Teils nach Zeitverhältnis und Diathese (Inf. und Part. Präs.: Gleichzeitigkeit; Inf. und Part. Perf.: Vorzeitigkeit; Inf. und Part. Futur: Nachzeitigkeit);
- Einordnung weiterer, von dem Verbalteil abhängiger Satzglieder meist zwischen das ‚Subjekt' und das ‚Prädikat' der eingebetteten Erscheinung;
- Verwendung des Reflexivpronomens, wenn innerhalb der eingebetteten Erscheinung auf das direkt übergeordnete Subjekt des Gesamtsatzes verwiesen wird.

Einfachere Beispiele für die Erlernung durch Teilanalogie sind etwa die folgenden:
a) Wer *legere* konjugieren kann, versteht *ferre;* wer *legere* und *audire* konjugieren kann, versteht die Mischkonjugation bei *capere*.
b) Wer *cum*-Sätze im Indikativ und *cum*-Sätze im Konjunktiv kennt und verstanden hat, daß bei mehr als rein zeitlicher Beziehung zwischen *cum*-Satz und übergeordnetem Satz der Konjunktiv steht, der versteht auch konjunktivische Relativsätze.

6.2 Vorteile für die Satzerschließung

a) Die Kenntnis der Bedeutung der Verbvalenz und der grundsätzlich möglichen notwendigen Ergänzung führt zu einer entsprechenden Fragehaltung bei der Satzerschließung.
b) Trotz verschiedener Füllungen werden die Satzpositionen bei entsprechender Fragehaltung und bei Benutzung der Tafel der Satzpositionen und Füllungsarten erkannt. Dies hilft dabei, längere Sätze zu überblicken und längere Satzabschnitte richtig einzuordnen. Ein Beispiel kann der folgende Caesarsatz sein (*Bellum Gallicum* I 30,5): *Iure iurando, ne quis enuntiaret, nisi quibus communi consilio mandatum esset, inter se sanxerunt* hat die Reihenfolge: adverbiale Bestimmung – Akkusativobjekt mit adverbialer Bestimmung – weitere adverbiale Bestimmung – Prädikat des Hauptsatzes; der Satz könnte zur Veranschaulichung reduziert werden auf *iure iurando silentium publicis mandatis exceptis inter se sanxerunt* oder, ‚lateinischer‘, auf *iure iurando nihil enuntiandum esse nisi communi consilio mandatum inter se sanxerunt*.

Die Tafel der Satzpositionen und Füllungsarten wird im Grammatikunterricht und im Lektüreunterricht nach und nach ausgefüllt und vervollständigt. Entsprechend könnte sie über längere Zeit als schriftliche Vorlage den jeweiligen Stand der Grammatikarbeit und der Grammatikkenntnisse dokumentieren und bei der Satz- und Texterschließung benutzt werden. Erst in einem späten Stadium des Lektüreunterrichts müßte man dann verlangen, daß die Schüler sie auswendig können und im Kopf haben.
c) Mit den beiden anderen Vorteilen für die Satzerschließung ist schließlich die Fähigkeit verbunden, Sätze in Abschnitte zu gliedern. Dabei werden alle Verbalinformationen als mögliche Satzkerne oder Kerne von Teilsätzen angesehen. Das entsprechende Satzerschließungsverfahren sähe so aus[14]:

In einem Text werden Satz für Satz – mit jeweils dazwischengeschalteten Überlegungen zum Textzusammenhang – alle Verbalinformationen unterstrichen und alle unterordnenden Konnektoren umrahmt. Über den Verbalinformationen kann dann vermerkt werden, ob sie selbständig formuliert sind oder ob sie bezogen (nicht selbständig) sind, was sich daran erkennen läßt, daß sie entweder nicht finite Verbformen und somit als Satzglied in einen Satz eingeordnet sind oder daß sie durch einen unterordnenden Konnektor eingeleitet sind. Auf diese Weise ist eine Erschließung auch komplizierter Sätze möglich.

Beispiel für eine solche Erschließung des Gerüsts eines komplizierten Textes (Caesar, Bellum Gallicum 4,4,1–6):

§ 1 *Usipetes et Tenctheri complures anno Sueborum vim* <u>sustinuerunt</u> / *ad extremum tamen agris* <u>expulsi</u> / *et multis locis Germaniae triennium* <u>vagati</u> / *ad Rhenum* <u>pervenerunt</u>. / (*quas regiones*) *Menapii* <u>incolebant</u>. § 2 *Hi ad utramque ripam fluminis agros,*

aediﬁcia vicosque <u>habebant</u>. § *3 Sed tantae multitudinis adventu* <u>perterriti</u> */ ex iis aedi-
ﬁciis,* (*quae*) *trans ﬂumen* <u>habuerant</u>, <u>demigraverant</u> *et cis Rhenum* <u>dispositis</u> *praesidis / Germanos* <u>transire</u> <u>prohibebant</u>. § *4 Illi omnia* <u>experti</u> */* (*cum*) *neque vi* <u>conten-
dere</u> *propter inopiam navium / neque clam* <u>transire</u> *propter custodias Menapiorum*
<u>possent</u>, */ § 5* <u>reverti</u> *se in suas sedes regionesque /* <u>simulaverunt</u> */ et tridui viam pro-
gressi rursus* <u>reverterunt</u> */ atque omni hoc itinere una nocte equitatu* <u>confecto</u> */ inscios*
<u>inopinantesque</u> *Menapios* <u>oppresserunt</u>, */* (*qui*) *de Germanorum discessu per explora-
tores certiores* <u>facti</u> */ sine metu trans Rhenum in suos vicos* <u>remigraverant</u>.

6.3 Vorteile für die Texterschließung

a) Die Einteilung in fünf Gruppen zeigt, daß man bei Fragen des Tempus, des Modus, der Diathese, der Personenkennzeichnung und der satzeinleitenden Konnektoren den Gesamtzusammenhang berücksichtigen muß, sich nicht auf den einzelnen Satz beschränken darf.

b) Mit der Kenntnis der Grammatika der Gruppe 2 kann man sich leicht den Ablauf und die Gliederung von Texten erarbeiten, einen Textüberblick gewinnen, das Ziel des Textes erkennen.

c) Sinnvollerweise beginnt man die Erschließung eines Textes durch eine Satzerschließung des ersten Satzes oder der ersten beiden Sätze. Dann hat man ein Thema gefunden und erkennt die Textart. Von da ausgehend kann man auch als Schüler erkennen, nach welchen Wortfeldern man im weiteren Text suchen kann und welche Grammatika besonders textprägend sind (vgl. oben): für Erzähltexte Tempora, für Dialoge Modi und Personenkennzeichnungen, für diskursive und auch für narrative Texte gleichordnende Konnektoren usw. Dann kann man die weiteren Sätze des Textes mit dem geschilderten Satzerschließungsverfahren analysieren und dabei gleichzeitig die textkonstituierenden Wortfelder und Textsyntaktika sammeln. Die meisten Textsyntaktika stecken ja in den Verbformen, die ohnehin als Satzkerne unterstrichen werden sollen.

6.4 Vorteile für die Übersetzung

Mit der Tafel der Satzpositionen und Füllungsarten und der Erkenntnis, daß die Reihenfolge der Verbalinformationen vom Autor geplant ist, kann man zu einer einfachen Vereinbarung kommen, was als textadäquates und somit auch ‚wörtliches' Übersetzen zu verstehen ist: Man soll in der Reihenfolge der Kola des lateinischen Satzes übersetzen und dabei im Deutschen die Füllungsart als Übersetzung wählen, die die Einhaltung der Reihenfolge zuläßt. Aus einem *cum*-Satz kann also auch einmal eine längere adverbiale Bestimmung werden, aus einem Attributsatz ein Attribut und umgekehrt aus einem Attribut ein Attributsatz, aus einer adverbialen Bestimmung, auch z. B. dem Ablativ mit Prädikativum, ein Adverbialsatz. Die Satzposition bleibt ja in jedem Fall sowohl in der Funktion wie in der Reihenfolge erhalten.[15]

6.5 Vorteile für die Interpretation

Die besondere Beobachtung der textgrammatischen Erscheinungen und die Unterscheidung zwischen notwendigen Ergänzungen und freien Angaben ist nicht nur ein Teil der Text- und der Satzerschließung, sondern auch Bestandteil der Interpretation.

Der Gebrauch der Tempora, der Modi, der Diathesen und der Konnektoren ist ja in besonderem Maße dem Willen des Autors unterworfen und trägt zur Gliederung, zur Struktur und zur Wirkung des Textes in ausgeprägter Weise bei: Klarheit oder Schwierigkeit der logischen Gliederung, Deutlichkeit des Zusammenhangs der einzelnen Sätze, fortlaufende Erzählung in Perfektformen oder eine Erzählung mit viel Hintergrundschilderung im Imperfekt, mit Rückgriffen im Plusquamperfekt oder mit Reportagecharakter durch Nahaufnahmen im Präsens. Aussagen oder Wünsche oder Fragen oder vorsichtige Behauptungen kennzeichnen die sprechende Person und ihre Situation.

Viele freie Angaben zeigen, daß der Autor um Klarheit, um Eindringlichkeit oder um einen Appell an den Leser bemüht ist oder daß er viele Aspekte eines Gedankengangs auf einmal im Zusammenhang sehen lassen will; entsprechend verwendet er viele adverbiale Bestimmungen oder komplexe Satzgebilde mit vielen partizipialen Einbettungen oder mit vielen Gliedsätzen. Viele freie Angaben können aber auch eine gewisse Geschwätzigkeit und eine mangelnde Rededisziplin erkennen lassen. Im *Bellum Gallicum* I 20 spricht z.B. Diviciacus larmoyant mit vielen freien Angaben, Caesar präzis und in Akteursrolle fast nur mit notwendigen Ergänzungen.

Auch die Art der Füllungen der notwendigen Ergänzungen und der freien Angaben läßt auf die Wirkungsabsicht schließen. Es macht einen Unterschied, ob eher abstrakte Substantive oder Gliedsätze oder Zwischenformen zwischen Satzglied und Gliedsatz verwendet werden, die Aktionen in Verben vorführen, plastischer sind und einen bloßen Begriff zum Vorgang oder Geschehen ausweiten. Es macht ferner einen Unterschied, ob man einen Gliedsatz mit vielen Prädikaten oder viele gleichartige Gliedsätze verwendet (man denke an die *si*- und *quod*-Sätze in Caesars *Bellum Gallicum* I 14).

7 Schlußbemerkungen

Basisgrammatik in diesem Sinn ist also keine Utopie. Sie nimmt die Gegebenheiten des Lateinunterrichts auf und macht das Beste daraus. Sie übt Grundlegendes und für die Texterschließung, die Übersetzung und die Interpretation Wichtiges. Sie errichtet ein System, in das immer Weiteres eingefügt werden kann. Sie ist lernökonomisch und zielgerichtet und hat gegenüber älteren Grammatiksystemen Vorteile:

a) Der Stoff wird nicht einfach aneinandergereiht, ohne daß der Schüler einen Ordnungsraster als Lernhilfe erhält. Vielmehr sind alle Teile zwingend und logisch geordnet, aufeinander bezogen oder auseinander entwickelt.
b) Einmal grundlegend Durchgenommenes kann auf eine Reihe anderer Erscheinungen übertragen, in ihnen wiedererkannt und so vertieft werden – mit Nutzen für die Kenntnis der durchgenommenen wie der neuen Erscheinung.
c) Nur solche Erscheinungen werden durchgenommen, die auch häufiger in Texten anzutreffen sind.
d) Bei allen Erscheinungen wird ihre Stellung im Satz oder im Text genau erarbeitet, so

daß umgekehrt immer Satz- und Texterschließung geübt und die entsprechenden Fähigkeiten ausgebildet werden.
e) Der Übergang von der Grammatik- zur Lektürephase ist fließend und kann an vielerlei Stellen erfolgen. Die Satzpositionen und einige Füllungsarten werden in der Grammatikphase erarbeitet, weitere Füllungsarten können dann während der Lektürephase besprochen werden, wenn sie auftauchen und ihr Verständnis erfordert wird.
f) Dadurch wird auch der Beitrag der sprachlichen Beobachtungsarbeit zum Textverständnis und zur Interpretation deutlich und der Sinn des Grammatiklernens über das Lateinlernen hinaus erfaßt.

Anmerkungen

1 Über die Lernvoraussetzungen vgl. man Hermes, E.: Zur Didaktik des ‚Beiwerks' im altsprachlichen Schulbuch. In: AU XXII 1/1979, 18–28; Vester, F.: Denken, lernen, vergessen. München [10]1983.
2 Vgl. die unterschiedlichen Zeitansätze und Lernforderungen zur Grammatik in: Kultusministerium Rheinland-Pfalz (Hrsg.): Grammatikunterricht im Vergleich. Fachausdrücke und Lehrplanforderungen in der Sekundarstufe I in den Fächern Deutsch, Englisch, Französisch, Latein – mit Erläuterungen und Unterrichtsmodellen. Grünstadt 1982. Für das Englische wird dabei immer wieder betont, daß der Schüler bestimmte grammatische Erscheinungen zwar anwenden muß, aber nicht den Terminus kennen muß. Auf diesen kann aber ein System nicht verzichten, wenn es beherrscht werden soll.
3 Vgl. Glücklich, H.-J.: Plautus. Mostellaria (Die Gespensterkomödie). Text mit Erläuterungen. Arbeitsaufträge, Begleittexte und Stilistik. Göttingen [2]1984 (Exempla. Lateinische Texte H. 3), 7 f.
4 Zur Gestaltung von Textausgaben vgl. Glücklich, H.-J.: Überblick über einige Schulausgaben der Aeneis und grundsätzliche Überlegungen zur Gestaltung von Textausgaben: In: Gymnasium 91, 1984, 119–134; s. auch Anm. 1.
5 Zum Verzicht auf den n.c.i. vgl. Scherer, A.: Handbuch der lateinischen Syntax. Heidelberg 1975, 194; Glücklich H.-J.: Lineares Dekodieren, Textlinguistik und typisch lateinische Satzelemente. In: AU XIX 5/1976, 5–36, bes. 19 f.
6 Vgl. dazu Glücklich, H.-J./Reitzer, St.: Die Hannibalbiographie des Nepos im Unterricht. Göttingen 1985 (Consilia. Lehrerkommentare H. 8), 44–54; Glücklich, H.-J./Reitzer, St.: Cornelius Nepos, Hannibal. Text mit Erläuterungen. Arbeitsaufträge, Begleittexte, Stilistik und Übungen zu Grammatik und Texterschließung. Göttingen 1985 (Exempla. Lateinische Texte H. 8); Niemann, K.-H.: Erweiterung und Wiederholung von Grammatikkenntnissen bei der Caesar-Lektüre. In: AU XXVIII 3/1985, 19–31.
7 Vgl. meine Kritik an dem Grammatikverständnis in dem Lehrbuch „Cursus Latinus" bei Glücklich, H.-J.: Aufbau und Lernbarkeit der lateinischen Grammatik. Mit einer Gliederung der lateinischen Grammatik und einer Tafel der Satzpositionen und Füllungsarten. In: AU XXVI 5/1983, 5–23, bes. 11.
8 So Bayer, K. (Hrsg.): Cursus Latinus für Latein als zweite Fremdsprache. Grammatisches Beiheft II. Bamberg/München 1973, 122.
9 Vgl. Glücklich, H.-J./Nickel, R./Petersen, P.: Interpretatio. Neue lateinische Textgrammatik. Freiburg/Würzburg 1980, 30. – Glücklich, H.-J.: Satz- und Texterschließung. In: AU XXX 1/1987, 5–32.
10 Das folgende in den Abschnitten 4 und 5 entspricht weitgehend dem Aufsatz des Verf., s. o. Anm. 7, 15–19.
11 Die Trennung der Ergänzung im Nominativ in zwei Satzpositionen – eine, die Subjekt ist, und eine, die eine andere Ergänzung im Nominativ ist – dient dazu, das Subjekt aus der Reihe der Satzpositionen herauszuheben. Gleichzeitig kann später bei den eingebetteten Satzelementen vom Subjekt im Akkusativ (beim a.c.i.) und vom Subjekt im Ablativ (beim Ablativ mit Prädikativum) gesprochen werden, wodurch die Transformation eines theoretisch annehmbaren ursprünglich selbständigen Satzes in ein Akkusativobjekt oder in eine ablativische adverbiale Bestimmung deutlicher wird. Im Terminus „Ergänzung im Nominativ" sind das Prädikatsnomen und andere Ergänzungen, z.B. bei *haberi* u.ä., zusammengefaßt.

12 Ich erlaube mir wie manche Lehrbücher und Grammatiken (insbesondere die meines Lehrers Eduard Bornemann) die etymologisch richtige Schreibweise „kondizional".
13 Die bei der Satzposition $E_{Präp}$ vermerkte Füllungsart „Relativsatz + Präposition" kann im Unterricht vernachlässigt werden und ist nur hier der Vollständigkeit halber aufgeführt. Gemeint sind Fälle wie „*cumprimis*" *dicebant pro (sc. eo) quod est* „*imprimis*", „sie sagten *cumprimis* für das, was *imprimis* meint" (Gellius, 17, 2, 14).
14 Das folgende nach Glücklich, H.-J.: Das Prädikativum. In: AU XXVI 5/1983, 31–44, hier 42 f. Vgl. jetzt ausführlich Glücklich, H.-J.: Satz- und Texterschließung. In: AU XXX 1/1987, 5–32.
15 Zu dieser Übersetzungsregel vgl. Glücklich, H.-J.: Lateinunterricht. Didaktik und Methodik. Göttingen 1978, 73–76. Anders Maier, F.: Lateinunterricht zwischen Tradition und Fortschritt. Band 1. Bamberg 1979, 187. Maier empfiehlt die Auswahl aus verschiedenen Finalbestimmungen im Deutschen nach einer „gewissen Adäquatheit der Strukturen", für das „Gerundiv" also „am ehesten ein Präpositionalgefüge".

Willibald Heilmann

Lernpsychologische Grundlagen des Übens im einführenden lateinischen Sprachunterricht

1 Die Absicht

Erörterungen über das Üben nehmen in der didaktischen und methodischen Literatur zum altsprachlichen Unterricht einen vergleichsweise bescheidenen Raum ein. Das ist erstaunlich angesichts der Tatsache, daß ein beträchtlicher Teil der Zeit für den einführenden Sprachunterricht auf das Üben verwandt wird, erstaunlich auch, wenn man bedenkt, daß es bei der heute zur Verfügung stehenden Zeit wahrhaftig nicht gleichgültig ist, mit welcher Effektivität jeweils geübt wird. Es geht hier nicht um eines der vielen Teilprobleme des Sprachunterrichts, sondern um eines seiner Grundprobleme.

Neuere didaktische Literatur zum Lateinunterricht beschränkt sich meist darauf, unter verschiedenen Gesichtspunkten Listen von Übungen zusammenzustellen. Da werden bestimmte Übungsformen bestimmten Lehr-/Lernzielen zugeordnet (z.B. Steinthal, Pridik, Glücklich)[1], es wird von einer bestimmten Art der Sprachbetrachtung ausgegangen (Heilmann), oder es werden Übungen unter einigen lernpsychologischen Aspekten aufgelistet (Maier). Auf diese Weise werden ohne Zweifel eine große Mannigfaltigkeit von Übungsmöglichkeiten und deren Zuordnung zu bestimmten Gesichtspunkten erkennbar. Die *variatio* beim Üben und die Ausrichtung der Übungen auf bestimmte Lehrziele dürfte heute kein Problem mehr sein. Aber es bleibt die Frage weithin ungeklärt, wie denn die Übungen unter lernpsychologischem Aspekt zu bewerten sind. Welche Übungen sind von daher besonders effektiv? Wie sind die Übungen anzulegen, damit die gewünschte Wirkung zustande kommt? Welche allgemeinen lernpsychologischen Einsichten sind beim Üben im lateinischen Sprachunterricht zu beachten?[2]

Ich möchte versuchen, diese Fragen zu beantworten. Meine Ausführungen sollen dem Lehrer eine lernpsychologische Grundorientierung geben und ihn so dazu anregen, sich mit Einsicht flexibler gegenüber dem Lehrbuch zu verhalten und vielleicht von sich aus sinnvolle Übungsmöglichkeiten in den Unterricht einzubringen.

2 Lernpsychologische Grundlagen

Lernpsychologie ist zu einem großen Teil nicht direkt auf Unterricht bezogen, es gibt in ihr unterschiedliche Grundkonzeptionen, denen wiederum mannigfache spezielle Ausprägungen zugeordnet sind. Wie sollen wir unter diesen Umständen zu einer tragfähigen Grundlage für unser Thema ‚Üben im Unterricht' kommen? Ich glaube, es ist sinnvoll, allgemein anerkannte Einsichten der Lernpsychologie und speziell auf den Unterricht bezogene Arbeiten, dazu auch bereits vorhandene Auswertungen für die Praxis miteinander zu kombinieren.

Zunächst kann man davon ausgehen, daß es einen Bestand von annehmbaren lernpsychologischen Prinzipien gibt, auf den wir zurückgreifen können. E.R. Hilgard hat z.B. solche „für die Praxis potentiell brauchbaren ‚Prinzipien'" zusammengestellt. Basis dafür ist die Feststellung; „Es gibt zahlreiche, von den Theoretikern im Grunde übereinstimmend anerkannte experimentelle Beziehungen von praktischer Bedeutung."[3] Was die Unterrichtspraxis im einzelnen angeht, ist vieles wissenschaftlich noch nicht geklärt.[4] Diese Situation sollte uns aber nicht davon abhalten, das für den Unterricht nutzbar zu machen, was als anerkannte Einsicht gelten kann. Von dieser Grundlage aus wird man auch vernünftiger auf Weiterentwicklungen der Lernpsychologie reagieren können.

Dieses Vorgehen schließt allerdings die Schwierigkeit ein, daß wir von den Prinzipien aus jeweils selbst die Folgerungen für die Anwendung im Unterricht ziehen müssen. Man könnte dabei auf weithin ungesichertem Boden manche Irrwege gehen, womöglich ohne es zu merken. Da ist es hilfreich, daß bedeutende Lernpsychologen ihre Arbeit auf das Lernen in der Schule bezogen haben, dabei auch auf das Problem des Übens ausdrücklich eingehen. So stütze ich mich bei meinen Ausführungen auch besonders auf die Theorie und Praxis eindrucksvoll verbindenden Darlegungen von H. Aebli und auf die Konzeption von D. P. Ausubel, der sich ausdrücklich auf Probleme des Lernens in der Schule konzentriert. Diese beiden Autoren können uns eine Stütze sein, wenn wir allgemeine Prinzipien auf den Unterricht anwenden, sie können uns zu einem besonnenen Vorgehen anleiten, auch manche wichtige Ergänzung bieten. Allerdings ergibt sich dabei ein neues Problem. Aebli und Ausubel sind, wenn auch in unterschiedlicher Weise, Vertreter einer bestimmten lernpsychologischen Grundrichtung, nämlich der kognitiven Psychologie.

„Lerntheorien lassen sich in zwei Hauptgruppen einteilen: Auf der einen Seite stehen die Reiz-Reaktions-Theorien (S-R-theories), auf der anderen die kognitiven Theorien."[5] Schon eine kurze, sich auf Grundzüge beschränkende Charakteristik dieser beiden Hauptrichtungen kann zeigen, daß kognitive Theorien gerade im Hinblick auf das Geschehen im Unterricht bedeutsame Erweiterungen unserer lernpsychologischen Einsichten gebracht haben, ohne daß damit gewisse von den S-R-Theorien herausgestellte Prinzipien in Frage gestellt würden. Zur Kennzeichnung der beiden lernpsychologischen Grundrichtungen bediene ich mich der ausgezeichneten Darlegungen von G. Macke.[6]

„Streng behavioristisch orientierte Lerntheorien versuchen, Lernen mit Hilfe von zwei Klassen von Variablen zu beschreiben und zu erklären: zum einen mit den beobachtbaren Ereignissen der Umgebung, die als Reizsituation oder Reize (Stimulus) die Sensorik (=Gesamtheit der Sinnesorgane) des Lernenden erreichen [...]; zum anderen mit dem beobachtbaren Verhalten oder den beobachtbaren Reaktionen (=R), mit denen der Lernende auf die Reize reagiert [...]. Alles was sich zwischen Reiz und Reaktion im lernenden Organismus (=O) abspielt, die Art und Weise, wie der Organismus die Reize verarbeitet und dann zu beobachtbaren Reaktionen gelangt, wird bei streng behavioristischen Theorien nicht thematisiert. Sie behandeln die vermittelnden Prozesse, die sich im Lernenden abspielen, und diejenigen Bedingungen des Lernens, die im Lernenden gegeben sind, so, als befänden sie sich in einer Black-Box, in einem schwarzen Kasten, in den man nicht hineinsehen kann und der folglich der Beobachtung durch Außenstehende nicht zugänglich ist."[7]

Macke erläutert an Hand eines Beispiels von Parreren, wie problematisch eine derartige Beschreibung des Lernprozesses gerade im Hinblick auf den Unterricht ist. Parreren hat gezeigt, daß drei Personen die Multiplikationsaufgabe 13 × 13 bei gleichem Ergebnis (169) jeweils auf verschiedene Weise lösten. „Das Beispiel veranschaulicht also exemplarisch, daß eine Lehr-Lern-Theorie sich nicht 'damit begnügen kann, Lernprozesse durch die beobachtbaren Bedingungen und die beobachtbaren Ergebnisse zu beschreiben, weil sie dann für schulische Lehr-Lern-Prozesse wichtige Bedingungen, die in den internen Zwischenprozessen gegeben sind, möglicherweise nicht erfaßt. Für diese Notwendigkeit spricht ein weiteres Argument, das bei Versuchen, Lernen durch die beobachtbaren Reize und die beobachtbaren Reaktionen zu beschreiben, allzu leicht übersehen wird: die Tatsache nämlich, daß <u>Lernergebnisse</u> eben keine zwangsläufige und direkte Folge der Reizsituation sind, sondern erst <u>eine Folge des Verhaltens</u> des Individuums gegenüber der Reizsituation."[8]

Der kognitive Ansatz berücksichtigt gerade diesen Aspekt: „Die <u>lerntheoretische Grundposition</u>, die dabei eingenommen wird, läßt sich kurz folgendermaßen charakterisieren: Lernen hat immer etwas damit zu tun, daß ein Individuum Beziehungen zu seiner Umgebung unterhält, daß es diese Beziehungen und deren Folgen verarbeitet – sich gegenüber seiner Umgebung verhält – und dadurch zu dauerhaften internen Veränderungen gelangt.

Im Unterschied zu S-R-Theorien wird also bei einem kognitiven Ansatz besonders betont, daß nicht allein die Umgebung Lernen bestimmt, sondern daß Lernen durch die Art und Weise bestimmt wird, wie sich ein Individuum gegenüber seiner Umgebung verhält: <u>das Individuum verhält sich in seiner Umgebung, und erst als Folge dieses Verhaltens ergeben sich dauerhafte Verhaltensveränderungen</u>. Lernen muß also immer im Zusammenhang gesehen werden mit jenem Beziehungsgeflecht, das das Individuum durch sein aktuelles Verhalten zwischen sich und seiner Umgebung herstellt."[9] Dabei wird das Verhalten des Menschen ganz wesentlich durch internale Bedingungen des Verhaltens bestimmt. Macke nennt als solche: „Antriebe, Bedürfnisse, Motive, Intentionen, Steuerungsmechanismen, Wissen, Fähigkeiten usw."[10]. Kognitive Theorien beziehen sich besonders auf internale Bedingungen menschlichen Verhaltens.[11]

Die Tatsache, daß kognitive Theorien von ihrem Grundansatz her zur Beschreibung und Erklärung des Lernens im Unterricht besser geeignet sind, zeigt, daß die besondere Berücksichtigung von Aebli und Ausubel sachdienlich ist. Man muß nur darauf achten, in welcher Weise Einzelelemente bei ihnen in das Ganze ihrer Theorie eingebunden sind.

Wenn ich hier die besondere Bedeutung der kognitiven Theorie gegenüber der Reiz-Reaktions-Theorie betone, so muß man doch im Auge behalten, „daß man von jeder dieser Positionen etwas lernen kann. Auf einer jeden sind nämlich Phänomene entdeckt worden, die unsere Erkenntnis über das Lernen erweitern. Zugleich hat allerdings auch nicht eine von ihnen vermocht, ein für jegliche Kritik unangreifbares System vorzulegen. Die Konstruktion einer völlig zufriedenstellenden Lerntheorie wird wahrscheinlich noch auf lange Zeit eine unvollendete Aufgabe bleiben."[12] Für uns ist allein entscheidend, wie überzeugend eine Beschreibung und eine Erklärung in sich sind und in welchem Ausmaß sie dem entsprechen und auf das anwendbar sind, was im Unterricht vor sich geht.

Neben allgemein annehmbaren lernpsychologischen Prinzipien und neben der besonderen Berücksichtigung einzelner Autoren werden wir selbstverständlich auch praxisorientierte Veröffentlichungen zum Üben im Unterricht heranziehen. Diese rekurrieren auf lernpsychologische Prinzipien, ja haben so etwas wie ‚Übungsgesetze' zusammengestellt.[13] Solche Darlegungen geben vielfältige Anregungen und Möglichkeiten, die eigenen Überlegungen zu überprüfen.

Bei dem erläuterten Vorgehen gerät man in den Bannkreis eines Vorwurfs, den Mutschler/Ott formulieren, indem sie von dem „Mißbrauch der Lernpsychologie als ‚Steinbruch' für Pädagogen" sprechen. Sie wenden sich zu Recht dagegen, die Lernpsychologie einfach „in affirmativer Absicht" heranzuziehen, „um eine vorhandene Praxis zu stabilisieren".[14] Aber sie kommen auch nicht darum herum, als Grund für die „eklektizistische" Nutzung der Lernpsychologie für den Unterricht festzustellen, „daß es noch nicht gelungen ist, eine auf schulisches Lernen hin entworfene Lerntheorie zu entwickeln und empirisch abzusichern".[15] Eine solche Lerntheorie müßte in differenzierter Weise auf die unterschiedlichen Aufgaben des Unterrichts eingehen, d. h. verschiedene Aspekte seitheriger Lerntheorien in einem umfassenden Ansatz vereinen. Da es diese Lerntheorie noch nicht gibt, müssen es die Didaktiker in einem vorläufigen Versuch wagen, jeweils das auszuwählen, was den Zielvorstellungen und den Sachanforderungen eines Fachs am besten gerecht zu werden scheint. Das ist zwar ein Eklektizismus, aber er scheint durch die Vielfalt des Unterrichtsgeschehens und durch den augenblicklichen Zustand der Lerntheorie vorerst unausweichlich.

3 Grundlegende Aspekte des Übens

3.1 *Zielbestimmungen*

Man kann das Problem der Übungen nicht aus dem Gesamtablauf des Unterrichts herausschneiden und einfach unter dem Aspekt möglichst hoher Effizienz des gewohnheitsmäßig Vermittelten betrachten. Wir müssen uns über die Ziele im klaren sein, und dann können wir in einem bestimmten Rahmen sinnvoll üben. Wenn der einführende Sprachunterricht im wesentlichen auf das Vermitteln von Grammatikkenntnissen hinausläuft, werden die Übungen anders aussehen, als wenn neben den Grammatikkenntnissen Textverstehen, Texterschließen, die Beziehung zwischen Sprache und Inhalt von Texten ausdrücklich oberste Ziele des Unterrichts sind. In beiden Fällen sind die allgemeinen Sinnstrukturen, auf die alles einzelne bezogen ist, verschieden. Das ist keine nebensächliche Frage, sondern damit wird der Rahmen für sinnvolles Lernen abgesteckt.

Ich gehe von folgender Zielbestimmung für den einführenden lateinischen Sprachunterricht aus: Alle Kenntnisse und Fertigkeiten, die im lateinischen Sprachunterricht erworben werden, sollen letztlich der Fähigkeit der Texterschließung und der Übersetzung dienen. Gegenstand des Sprachunterrichts sind Einzelformen mit Morphemen, der Aufbau von Wortgruppen, Organisation und Arten von Sätzen und Satzfolgen, die Gestaltung von Textabschnitten und Texten.

Alle diese sprachlichen Ebenen sind auch für Übungen bedeutsam. Mannigfache Übungen dienen der Bestimmung und der Bildung von Einzelformen. Damit wird eine wichtige Voraussetzung für die Bewältigung der komplexen Aufgaben geschaffen, die der Lateinunterricht stellt. Diesen Übungen, die auf Kenntnisse von Einzelelementen zielen, steht ein weites Feld von Übungen gegenüber, durch die die Fähigkeit gefestigt werden soll, die Relationen zu erkennen und im Deutschen wiederzugeben, in denen verschiedene sprachliche Elemente zueinander stehen können, indem sie Wortgruppen, Sätze oder Satzgefüge, Texte bilden. Solche Übungen stehen der Aufgabe näher, die der Schüler ständig bei der Texterschließung und beim Übersetzen zu bewältigen hat. Kennzeichnend für diese Übungen ist, daß sie immer wieder die Einstellung auf neue inhaltliche und grammatische Konstellationen verlangen und daß deshalb von einem Einschleifen bestimmter sprachlicher Elemente nur bedingt die Rede sein kann. Üben kann hier nicht einfach der Automatisierung und Konsolidierung des Gelernten dienen.[16] Diese Übungen dienen ihrer Natur nach – über die Konsolidierung des Gelernten hinaus – der Übertragbarkeit des jeweils Erfaßten auf die Erarbeitung neuer Lehrstoffe, die durch neue Texte dargeboten werden. Üben und Wiederholen dienen also einmal der Konsolidierung des Gelernten. Zugleich wird durch Üben eine Verbindung von Kenntnissicherung und der Einstellung auf vielfältige Möglichkeiten sprachlicher Relationen angestrebt. Durch diese Kombination wird versucht, Flexibilität im Umgang mit der Sprache zu erreichen. Sie besitzt einen Transferwert für die Bewältigung neuer Lernaufgaben. Die solchen Zielen zugeordneten Übungen kann man als Anwendungsaufgaben bezeichnen.

Den beiden Grundformen des Übens entsprechend unterscheidet M. Bönsch „zwei Grundarten von Übungen. Mit den Begriffen des operativen Übens und des Fertigkeitsübens kann man sie kennzeichnen. Im operativen Üben stecken die Elemente des Gestalterischen, des Einfallsreichen, des Offenen, des Beweglichen, auch des Ganzheitlichen. Die Fertigkeitsübung hat zum Ziel, eine fast mechanische Geläufigkeit in einer Fertigkeit, Technik, in bestimmten zu erbringenden Leistungen zu erreichen. Man kann diese beiden Grundarten durch alle Unterrichtsfächer hindurch verfolgen."[17]

Grundsätzlich gilt: Üben als ein Teil sinnvollen Lernens wird immer hierarchisch gegliedert sein. Dabei geht es um das Fortschreiten von Einzelelementen zu sprachlichen Relationen, in denen sie eigentlich funktionieren. Jede sprachliche Erscheinung sollte in Übungskombinationen eingeprägt werden, die Einzelelemente wie funktionale Zusammenhänge umfassen.[18]

3.2 Mechanisches und sinnvolles Lernen

Es ist nützlich, sich im Zusammenhang mit dem Üben im Unterricht einige Gedanken über das sogenannte mechanische Lernen zu machen. Ausubel hat hier beachtenswerte klärende Überlegungen angestellt. Er unterscheidet zwei Dimensionen des Lernens: Der einen Dimension ist rezeptives und entdeckendes Lernen zugeordnet, der anderen mechanisches und sinnvolles Lernen. Viel Verwirrung ist dadurch entstanden, daß „diese beiden Dimensionen des Lernens immer wieder miteinander verwechselt worden sind. Diese Verwechslung ist teilweise für die beiden weitverbreiteten, aber unbegründeten Ansichten verantwortlich, daß rezeptives Lernen in jedem Fall mechanisch ist und daß entdeckendes Lernen seinem Wesen nach und notwendigerweise sinnvoll ist. [...] Aber jede Unterscheidung (mechanisches Lernen – sinnvolles Lernen, rezeptives – entdeckendes Lernen) stellt eine vollkommen selbständige Dimension des Lernens dar. Eine bei weitem plausiblere These ist es daher, daß sowohl rezeptives als auch entdeckendes Lernen entweder mechanisch oder sinnvoll sein können, je nachdem unter welchen Umständen sich das Lernen abspielt."[19] Sinnvolles Lernen findet nach Ausubel statt, wenn die Inhalte einer Lernaufgabe wirklich erfaßt und zu dem in Beziehung gesetzt werden, was der Lernende bereits weiß.

Mechanisches Lernen dagegen vollzieht sich, wenn bei einer Lernaufgabe Inhalt und Bedeutung nicht aufgenommen werden oder wenn dem Lernenden das Wissen fehlt, das für die Lernaufgabe vorauszusetzen ist.[20] Über den Platz, den mechanisches Lernen in der

Schule einnimmt, äußert sich Ausubel nur sehr vorsichtig: „Sicher nähert ein Teil des Lernens in der Schule sich dem mechanischen Lernen ein wenig."[21] Er nennt als Beispiel unter anderem das Lernen fremdsprachlicher Vokabeln, betont aber zugleich, daß das Lernen von Wörtern einer Fremdsprache „eher eine einfache Art sinnvollen Lernens als eine echte Spielart des mechanischen Lernens ist"[22]. Das ist darin begründet, daß dabei nicht einfach eine willkürliche Verbindung eines fremdsprachlichen mit einem deutschen Wort gelernt wird, sondern „ein neues Symbol in einer verständlichen Weise [...] zu einem sinnvollen Symbol in Beziehung gesetzt wird, das in der psychologischen Wissensstruktur des Lernenden bereits etabliert ist"[23]. Indem Bedeutungen gelernt werden, entfernt sich dieses Lernen vom rein Mechanischen. Die lautliche Gestalt bleibt allerdings rein mechanischem Lernen zugeordnet, es sei denn der Lernvorgang könnte durch etymologische Beziehungen innerhalb der fremden Sprache oder von der Muttersprache her gestützt werden. Vokabellernen ist also durch eine eigenartige Kombination von sinnvollem und mechanischem Lernen gekennzeichnet. Da es ein lernpsychologischer Grundsatz ist, daß sinnvolles Lernen dem mechanischen Lernen überlegen ist, kann man diesen Erörterungen entnehmen, welche Bedeutung den Bemühungen im Unterricht zukommt, die sinnvollen Momente des Vokabellernens zu verstärken, sei es durch Besprechung von Wortbedeutungen oder durch etymologische Hinweise oder durch das Heranziehen einer anderen bekannten Fremdsprache.

3.3 Pauken und Drill

Ausubels Unterscheidung zwischen sinnvollem und mechanischem Lernen und seine Einsicht, daß beide <u>einer</u> Dimension des Lernens zuzuordnen sind, ermöglichen es, das Phänomen des Paukens oder Drills, das mit einem Teil von Übungen verbunden ist, klarer zu beurteilen. Gehen wir von einfachen, bekannten Übungen aus: 1. das Hersagen von Formenreihen in Konjugationen oder Deklinationen, 2. das Bestimmen von Formen. Bei jeder dieser beiden Übungsformen haben wir es mit einem anderen Verhältnis zwischen sinnvollem und mechanischem Lernen zu tun. Das Hersagen von Formenreihen steht mechanischem Lernen am nächsten, ja es kann in gewissen Fällen ein rein mechanisches Tun sein, wenn nämlich das Verständnis der Formen, d. h. die Kenntnis der Merkmale ihrer Bildung und ihre Bedeutung, völlig aus dem Blick kommt und nur noch Formen ‚heruntergerasselt' werden. Das ist aber nicht die eigentliche Absicht im Unterricht und außerdem auch wertlos. Ergiebig ist das Hersagen von Formen nur, wenn es mit der Kenntnis ihrer Bildung und Bedeutung verknüpft ist, d. h., wenn es sinnvolles Lernen mit einem mechanischen Aspekt ist. Automatisiert werden soll nicht das ‚Herunterplappern' von Lautverbindungen, sondern die Kombination von Lautverbindungen mit dem Wissen der Bildung und Bedeutung. Um das zu gewährleisten, muß das Hersagen von Formen immer auch dadurch abgestützt werden, daß man die Kenntnis der Bildung und Bedeutung von Formen ausdrücklich überprüft. Dann ist der Drill ein Element sinnvollen Lernens und schafft entlastende Automatismen für den Umgang mit der Sprache, ohne zu mechanischem Lernen zu entarten.

Das Bestimmen von Formen ist an sich weniger gefährdet, mechanisches Lernen zu werden, weil hier vorhandene Kenntnisse über die Bildung und die Bedeutung der Formen angewandt werden müssen. Das Problem dabei ist, daß die Bedeutung rein formal festgelegt werden kann, ohne daß damit eine wirkliche Vorstellung von der Bedeutung verbunden werden müßte. Ein Schüler kann „*laudabas* 2. Pers. Sing. Impf. Ind. Akt." sagen, ohne eine klare Einsicht in das zu haben, was er da als Bestimmung angibt. Das Problem ist nicht einfach durch eine Übersetzung zu beheben. Denn sie wird der möglichen Bedeutung einer solchen Imperfektform nur bedingt gerecht. Die Übersetzung von Einzelformen ist überhaupt problematisch. Oft ist die Bedeutung einer Form im Sprachgebrauch gar nicht eindeutig festgelegt, sie muß jeweils aus der sprachlichen Umgebung erschlossen werden (vgl. Impf.; Perf.; Fut. II; Konjunktivformen). Die Folgerung aus diesen Schwierigkeiten kann nicht sein, Formenbestimmungen als Übung abzuschaffen, sondern zu erkennen, daß auch sie durch andere Maßnahmen abgestützt werden müssen. Sie müssen eingebettet sein in klar umrissene Vorstellungen von dem, was etwa Person, Imperfekt, Indikativ, Aktiv im Sprachgebrauch der Texte bedeuten. Bestimmungen sind nützlich, aber sie haben nur eine begrenzte Wirkung auf den Umgang mit der Sprache. Sie müssen durch Übungen auf der Satz- und Textebene ergänzt werden, weil da die Bedeutung der Formen voll ins Spiel kommen kann.

Noch eine kurze Bemerkung zum Bilden von Formen. Dieses enthält gegenüber der Formenbestimmung ein stärkeres produktives Moment. Die fremdsprachliche Form selbst muß gebildet werden. Vielleicht bewirkt dieses Moment, daß die Gefahr des mechanischen Ablaufs geringer ist. Doch muß man damit rechnen, daß hier die gleichen Begrenzungen wirksam werden wie bei dem Bestimmen der Formen. Auch hier kann sich leicht ein mechanischer Vollzug einstellen, zumal gewöhnlich eine lateinische Ausgangsform gegeben wird, von der aus dann bestimmte Formen gebildet werden sollen. Gibt man deutsche Formen als Grundlage der Übung, ist das häufig aus den bereits angeführten Gründen problematisch.

Fazit: Pauken und Drill können hilfreich sein, weil sie nützliche Automatismen zu schaffen vermögen. Aber man muß darauf achten, daß sie in sinnvollem Lernen begründet sind. Man sollte Drill vor allem durch Übungen ergänzen, in denen durch den sprachlichen Zusammenhang die Bedeutung der Formen in einer dem Sprachgebrauch angemessenen Weise zum Zug kommt. Üben kann im Lateinunterricht nur in einem begrenzten Umfang Pauken und Drill sein. Es darf sich niemals darauf beschränken.

3.4 Die Notwendigkeit des Übens

Der Ort des Übens im Ablauf einer Unterrichtseinheit, in der eine neue grammatische Erscheinung erarbeitet werden soll, ist kaum problematisch. Wenn der neue Stoff aufgenommen und verstanden ist – wie das auch immer geschehen sein mag –, dann folgt eine Phase der Übung.[23a] Diese Phase bringt nichts eigentlich Neues, und das macht sie so anfällig für ein lustloses oder nachlässiges Arbeiten.[24] Üben ist aber unabdingbar notwendig, wenn das langfristige Behalten eines neuen Stoffes erreicht werden soll. „Jeder hat es an sich erfahren: einmal ist keinmal. Sowohl im Bereich des einsichtigen Lernens und Erkennens als auch beim Erwerb von Fertigkeiten genügt das einmalige Durchdenken, der einmalige Vollzug keinesfalls. Häufig vergessen wir sogar unsere eigenen guten Ideen!"[25] Es muß geübt werden, sonst kann der Unterricht eine sich allmählich aufbauende, wirkliche Grundlagenkenntnis der Sprache nicht erreichen. Daraus ergibt sich eine Aufgabe, die alle Anstrengung wert ist: Wir müssen die Übungsphase so gestalten, daß der angestrebte Effekt auch erreicht werden kann. Es wäre leichtsinnig, bei dieser schwierigen Sache die Einsichten der Lernpsychologie unbeachtet zu lassen.

4 Lernpsychologische Grundsätze für das Üben und praktische Konsequenzen für den Unterricht

Im folgenden möchte ich eine Reihe von lernpsychologischen Prinzipien nennen, die für das Üben bedeutsam sind, und zugleich praktische Konsequenzen für den Unterricht aufzeigen. Wenn ich hier von Prinzipien oder Grundsätzen spreche, soll damit gesagt sein, daß es sich nicht um unmittelbar auf den Unterricht anwendbare Regeln oder gar Gesetze des Übens handelt. Solche Prinzipien „können nicht ohne weiteres sofort in schulische Lehrverfahren übersetzt werden. Sie geben nur die allgemeine Richtung an, in der solche Techniken zu suchen sind"[26]. Treffend bemerkt Ausubel zu der Rolle psychologischer Prinzipien im Unterricht: „Prinzipien sind flexibler als Regeln, denn sie sind weniger dogmatisch und können daher den jeweiligen Konflikten zwischen Personen und Situationen angepaßt werden. Es kommt noch hinzu, daß die meisten pädagogischen Situationen eher das Ausbalancieren verschiedener sachlicher Prinzipien erfordern als die willkürliche Anwendung einer bestimmten Regel. Ein umsichtiger Lehrer, der über eine Reihe pädagogischer Prinzipien verfügt, kann zu neuen Problemen, die auftreten, Lösungen improvisieren, statt blind einer einfachen Faustregel zu folgen."[27]

Die Prinzipien, die ich anführe, lassen sich unter drei Teilaspekten zusammenfassen. Zunächst geht es um die Frequenz bzw. die zeitliche Anordnung von Übungen, dann um Prinzipien, die sich auf die Organisation der Übungen selbst beziehen, schließlich um das Problem der Motivation.

Eine Reihe der erwähnten Prinzipien sind nicht nur für das Üben bedeutsam, sondern haben allgemeinere Geltung für das Lernen überhaupt.

4.1 Frequenz bzw. zeitliche Anordnung von Übungen

4.1.1 „Der Erfolg hängt von der Zahl der Wiederholungen und Übungen ab." [28]

„Es drückt sich hier die bekannte Wahrheit aus, daß Übung den Meister macht."[29]

Das Prinzip erfaßt – wie andere Prinzipien auch – einen notwendigen Aspekt des Übens, der durch andere ergänzt werden muß. Die Anzahl der Übungen allein bestimmt nicht den Erfolg. Aber damit wird eindringlich darauf aufmerksam gemacht, daß in einem bestimmten Umfang geübt werden muß, wenn eine Kenntnis oder eine Fähigkeit auf Dauer behalten werden soll.

Hier ist auch das Üben über die bereits erreichte Beherrschung einer Sache hinaus, das sog. Überlernen (over learning), zu erwähnen. Das Überlernen hat offenbar große Bedeutung für den Transfer. R. M. W. Travers stellt aufgrund jüngerer Forschung fest, „daß ein hoher Grad der Beherrschung wichtig ist, um Transfer wirksam zu machen; daher soll der Lehrer sicherstellen, daß Lernprozesse mit großer Sorgfalt betrieben werden. Das kann manchmal bedeuten, daß der Schüler ein Niveau der Beherrschung entwickeln muß, das höher liegt als das Niveau, mit dem er sich zufrieden gibt."[30] An anderer Stelle heißt es: „Die Kenntnis dieses Transferaspekts verweist auf die außerordentliche Wichtigkeit gründlichen Lernens, was auch gelernt werden mag. Das wiederum spricht dafür, daß Lernprozesse so geplant und zeitlich organisiert werden sollten, daß das Lernen bis zum Grad mühelosen Beherrschens (over learning) die Regel ist. Hastiges und oberflächliches Durchnehmen von Stoff in den Schulen erscheint als Zeitvergeudung."[31] Die Darlegungen von Travers werden durch Ausubel mit Hinweis auf „eine reichhaltige experimentelle Forschung"[32] bestätigt. Mit der Forderung des Überlernens wird nicht dem Drill und dem Auswendiglernen das Wort geredet.[33] Vielmehr ist besonders daran gedacht, durch Einbinden von Einzelelementen in umfassendere Aufgaben umfänglich Gelegenheit zum Überlernen zu geben.

Wenn wir von diesen Überlegungen aus auf die Unterrichtspraxis blicken, so wird zunächst einmal eindringlich bestätigt, was jeder Lehrer aus Erfahrung weiß. Zugleich muß man aber auch die zeitliche Bedrängnis des Lateinunterrichts ins Auge fassen. Oft möchte der Lehrer im Sinne der angeführten Zitate für gründliches Lernen sorgen, aber er kann es nicht, weil bei der zur Verfügung stehenden Zeit Eile geboten ist. In der Befolgung des erwünschten Prinzips und der Erläuterungen dazu gibt es nur eine vernünftige Konsequenz: Man muß sich auf das Einüben eines Grundlagenwissens des für den jeweiligen Lernstoff unbedingt Nötigen beschränken, das aber gründlich üben. Man sollte sich einer Feststellung Ausubels nicht entziehen: „Allgemein gesagt, haben die Pädagogen oft mehr Wert auf den Umfang des Lernens gelegt als auf seine Intensität. Wenn man zu wählen hat, ist es wirklich vorzuziehen, einige Dinge gut zu wissen als viele nur flüchtig. Eine kleine Menge sicherer Kenntnisse ist sowohl nützlich als auch transferierbar; eine große Menge diffuser und unsicherer Kenntnisse ist völlig unnütz."[34] Man könnte jetzt erörtern, was ein solches Grundlagenwissen denn sei. Das wäre ein eigenes Thema.[35] Ich meine, die Sache braucht hier theoretisch und praktisch gar nicht geklärt zu werden. Man kann das zunächst dem einzelnen Lehrer überlassen. Er kann sicher an Hand seines Übungsbuches und aufgrund seiner Sprachkenntnis und Spracherfahrung im Einzelfall entscheiden: Ist diese Übung für die Festigung des augenblicklichen Lernstoffs wirklich nötig? Oder: Hat diese Erscheinung grundlegende Bedeutung, d.h., bietet sie die Möglichkeit, von da aus leicht das Verständnis anderer Gebrauchsweisen der Sprache zu erschließen, oder ist sie eher eine speziellere Ausformung eines allgemeinen Phänomens? Die Übungen, die das Lehrbuch anbietet, müßten danach geprüft und dann genutzt, weggelassen oder auch ergänzt werden. Es ist unwichtig, ob der Lehrer im Einzelfall eine ungünstige Entscheidung fällt. Im ganzen wird ihm dieses Vorgehen zu einer sinnvollen Konzentration der Übungen verhelfen und ihm so die Möglichkeit eröffnen, gründlich und mit Transferwirkung zu üben.

4.1.2 „Verteiltes Üben ist effektiver als massiertes Üben." [36]
Für das Üben in der Schule kann dieses Prinzip geradezu uneingeschränkt gelten.[37] Aebli formuliert: „Der Tatbestand ist tausendfach bestätigt: verteilte Übung führt zu rascherer Erlernung und besserem Behalten von Gedächtnisstoffen und Bewegungsabläufen als gehäufte Übung."[38] Das Prinzip bedeutet, daß das effektive Üben eines bestimmten Stoffes weniger Zeit beansprucht, wenn man es auf mehrere Übungszeiten aufteilt, statt in einem ununterbrochenen Zeitabschnitt zu üben. Ausubel betont den Wert von „kurzen und über eine längere Zeit verteilten Übungen (oder Wiederholungen)."[39] „Man muß darauf achten, von Übung zu Übung nicht soviel Zeit verstreichen zu lassen, [...] daß zuviel Vergessen eintritt und ein langes ‚Wiederaufwärmen' nötig wird oder daß die Lernaufgabe ihren Zusammenhang verliert."[40] Sichere Aussagen über den günstigsten Zeitraum zwischen zwei Übungszeiten können offenbar nicht gemacht werden. Das ist in den unterschiedlichen Lernstoffen und in den differierenden Gedächtnisleistungen der Schüler begründet.[41] Aebli macht für Übungswiederholungen nach einer ersten Übungsperiode,

die unmittelbar nach dem Erlernen eines Stoffes anzusetzen ist[42], folgenden Vorschlag: „Immerhin kann man sich vorstellen, daß in einem gewissen Fall eine erste Wiederholung wenige Tage nach dem Abschluß der Übungsarbeit (= 1. Übungsperiode) stattfindet, daß sodann ein erstes Intervall von einigen Wochen eingeschaltet wird, daß eine weitere Wiederholung nach einem Vierteljahr stattfindet und daß schließlich nach einem weiteren halben Jahr oder nach weiteren 9 Monaten eine vorläufig letzte Wiederholung stattfindet."[43] Aeblis Vorschlag legt also über eine längere Zeit mit jeweils zunehmenden zeitlichen Abständen verteilte Übungen nahe. Dabei sollte man die Probleme nicht unbeachtet lassen, auf die Ausubel in dem oben angeführten Zitat hingewiesen hat. Wenn man die Konkretisierung des Prinzips durch Aebli betrachtet, dann ist sofort zu erkennen, daß sich für seine Anregung in der Praxis des Lateinunterrichts erhebliche Schwierigkeiten ergeben. Aebli selbst stellt dazu fest: „Wir sind uns dabei natürlich bewußt, daß es schwer fiele, die Wiederholung sämtlicher Stoffe in dieser Weise zu sichern. Immerhin ist es wichtig, daß der Lehrer das optimale Verfahren kennt und es nach Maßgabe der praktischen Möglichkeiten einhält."[44] Eine solche Art des verteilten Übens, wie sie Aebli vorschlägt, ist bei der ständigen Abfolge neuer, z.T. disparater Lernstoffe im einführenden Lateinunterricht kaum möglich. Nach einiger Zeit käme es zu einem schwer überschaubaren Gedränge von Übungsstoffen, was dann auch noch mit dem Einüben des gerade zu bewältigenden Lernstoffes kollidierte. Andererseits ist an der Gültigkeit des Prinzips nicht zu rütteln, und wir wären töricht, wenn wir es nicht beachteten.

Es wäre zunächst einmal wichtig, das Prinzip bei der Arbeit einer bestimmten Lektion anzuwenden. Übungen nach Lektionstext und grammatischen Erörterungen en bloc durchzunehmen muß vermieden werden. Wann immer es möglich ist, sollte der Lernstoff aufgeteilt und sollten den einzelnen Teilen erste Übungen zugeordnet werden, die dann nach wenigen Tagen durch weiteres Üben verstärkt werden. Nach einigen Wochen, etwa nach Durchnahme von zwei weiteren Lektionen, kann der Lernstoff der zurückliegenden Lektion noch einmal eingeübt werden. Das ist praktikabel und durch eine entsprechende Arbeitseinteilung zu bewältigen. Für ein darüber hinausgehendes Üben sollte folgendes beachtet werden: Viele Lernstoffe werden unter der Hand, da sie in den Texten der folgenden Lektionen vorkommen, weiter eingeübt. Der Lehrer muß sein Augenmerk besonders auf Lernstoffe richten, die im nächsten Halbjahr zu selten wieder vorkommen und/ oder von den Schülern nicht hinreichend beherrscht werden. Solche Stoffe müssen erneut geübt werden. Auch das wird gewöhnlich praktikabel sein.

Man darf die positiven Aspekte, die mit der Anwendung dieses Prinzips im Unterricht verbunden sind, nicht übersehen: Das Üben wird zu Momenten der variatio im Unterricht, dieser wird dadurch aufgelockert, mancher mit dem Üben verbundenen Unlust wird entgegengewirkt.[45]

4.2 Prinzipien, die die Organisation der Übungen betreffen

Die Organisation der Übungsaufgaben ist von erheblicher Bedeutung für den Erfolg.[46] Das ist ein Grundprinzip, das eine Reihe von Einzelprinzipien umfaßt:

4.2.1 *„Behalten steht in enger Beziehung zur Einfügung neuer Informationen in das System schon gespeicherten Wissens."*[47]

„In das Kurzzeit-Gedächtnis wird Information aufgenommen, wie sie hereinkommt, während beim Langzeit-Gedächtnis eine Verbindung mit früherem Wissen stattfindet."[48] Oder

113

ein anderer Aspekt desselben Phänomens: „Isolierte Information lernt sich schwer und frißt viel Zeit, weil nur eine sehr schwache Beziehung zwischen solchem Wissen und schon erworbenen Kenntnissen besteht."[49] Entsprechend betont Ausubel: „Wiederholung des früheren Hintergrundmaterials ist einer der Faktoren, der die Stabilität und Klarheit erhöht, und muß daher das Lernen von sequentiell abhängigen späteren Unterrichtseinheiten fördern."[50]

Praktisch bedeutet die Anwendung dieses Prinzips, daß Übungen, wann immer das für die Klarheit förderlich sein kann, ausdrücklich mit den seither gewonnenen Kenntnissen und den allgemeinen Grundlagen des Wissens verknüpft werden sollen. Damit wird zugleich der verständige Vollzug einer Übung gefördert. Ich habe den Eindruck, daß die Übungsbücher hier oft der Ergänzung bedürfen. Nehmen wir eine einfache Übung wie diese: „Dekliniere: *imperator Romanus, rex superbus, eques Latinus, mulier pulchra, bonus mos, tempus iucundum.*"[51] Der Übungseffekt kann hier wesentlich verbessert werden, wenn mit den Schülern im Rückgriff auf ihr Wissen das Prinzip der Übung erklärt wird: Es sind Substantive der konsonantischen Deklination in Verbindung mit Adjektiven der o/a-Deklination zu deklinieren usw. Der Schüler sieht klar die Verbindung des früheren Wissens mit dem, was neu gelernt wurde. Der Sinn der Übung wird ausdrücklich erfaßt. Die Anlage der Übung wird durchschaut, der Schüler löst das einzelne mit einem Durchblick für das Ganze. Das alles sind lernpsychologisch wichtige Aspekte, die effektives Üben fördern.[52]

Bei schwierigen Übungsaufgaben kann es nötig sein, daß man mehrere Beispiele mit den Schülern durchspricht und ihnen so verdeutlicht, welche Einsichten in das grammatische System der Übung zugrunde liegen und wie der erreichte Wissensstand zur Geltung zu bringen ist. Was hier an Mühe und Zeit aufzubringen ist, macht sich durch wirkungsvolles Üben bezahlt.

Allmählich werden die Schüler in der Lage sein, viele Übungsaufgaben selbständig zu überblicken und die Art der Aufgabe und ihre Voraussetzungen von sich aus zu erfassen. Aber da sollte sich der Lehrer immer wieder vergewissern, daß die Schüler tatsächlich zu den erwähnten Einsichten gekommen sind.[53]

4.2.2 Der Stoffumfang einer Übungsaufgabe ist ein wichtiger Faktor.

„Die Größe der Aufgabe beeinflußt die Struktur und die Schwierigkeit des Stoffes, ebenso die Motivation des Lernenden."[54] Zu umfangreiche Übungsaufgaben sind für den Schüler leicht unübersichtlich, führen auch zu Ermüdung und Entmutigung.[55]

Für die Praxis ist zu beachten, daß Übungsaufgaben auch nicht zu kurz sein dürfen, weil sonst ein eigentlicher Übungseffekt nicht zustande kommt. Man muß auf einen mittleren Weg achten. Die Übung muß wirklich Gelegenheit zum Üben bieten, der Schüler soll die Übung überblicken können. Eine umfangreichere Übung sollte durch Unterteilung strukturiert sein.

4.2.3 Sind einem Lernstoff mehrere Übungen zugeordnet (Übungskombination), ist jedesmal die Abfolge unter den Gesichtspunkten „leicht – schwer", aber auch „einfach – zusammengesetzt", „Teilelement – Ganzheit" zu bedenken.

Im allgemeinen ist es einleuchtend, vom Leichten zum Schweren voranzuschreiten.[56] Man muß dabei aber im Auge haben, daß die Kategorien „einfach – zusammengesetzt" oder „Teilelement – Ganzheit" nicht ohne weiteres mit „leicht – schwer" gleichzusetzen sind.

Es gibt durchaus zusammengesetzte Sprachelemente oder sprachliche Ganzheiten, die leicht zu erfassen sind. Andererseits können Einzelelemente recht schwierig zu handhaben sein. Man denke etwa an die Bestimmung oder Bildung einer Anzahl verschiedenartiger Einzelformen. Die vordringliche Entscheidung für Übungskombinationen ist, ob ich von Einzelelementen zu Ganzheiten oder zusammengesetzten Elementen fortschreiten oder umgekehrt verfahren soll. Das Üben an Hand von Einzelelementen wird meist dem Automatisieren oder Konsolidieren von Kenntnissen dienen. Wir sahen oben, wie da die Gefahr besteht, daß das Üben mechanisch wird, d. h. nicht von Einsicht in die Sache bestimmt ist. Automatisierende Übungen müssen sich besonders auf die Fähigkeit stützen, mit der syntaktischen Funktion und inhaltlichen Bedeutung von Einzelelementen im sprachlichen Zusammenhang richtig umgehen zu können. Es wird für den Umgang mit der Sprache meist effektiver sein, erst die Einsicht in den Sprachgebrauch im Rahmen sinnvoller Ganzheiten zu festigen und von da zum automatisierenden Üben von Einzelelementen zu kommen, als umgekehrt. Hilgard weist unter den von den kognitiven Theorien herausgestellten Prinzipien auf die Bedeutung hin, die der Organisation der Kenntnisse zukommt. Dabei führt er u. a. aus: „So ist etwa der vom Einfachen zum Komplizierten fortschreitende Lernprozeß so zu gestalten, daß sich der Lernende nicht von beliebigen bedeutungsarmen Teilen in Richtung auf bedeutungshaltige Ganzheiten, sondern von vereinfachten Ganzheiten in Richtung auf komplizierte Ganzheiten bewegt."[57] Wenn ich dieses Prinzip auf das Üben beziehe und mit den vorher angestellten Überlegungen verknüpfe, d. h. berücksichtige, daß im Lateinunterricht dem automatisierenden Einüben von Einzelelementen eine wichtige Funktion zukommt, dann scheint es mir ein lernpsychologisch sinnvoller und praktikabler Weg zu sein, beim Üben gewöhnlich von einfachen Ganzheiten auszugehen (Sätzen, kleinen Texten), dann womöglich Einzelelemente einzuschleifen und von dieser Grundlage aus kompliziertere Ganzheiten einzubeziehen. Das kann praktisch so aussehen, daß man etwa bei Einführung der konsonantischen Deklination in einer ersten Übung einfache Sätze übersetzen läßt, in denen Substantive der konsonantischen Deklination, eventuell mit Attributen, in verschiedenen syntaktischen Positionen erscheinen. Dabei kann leicht an Sätze des Lektionstextes angeknüpft werden. Syntaktische Funktion und Übersetzungsmöglichkeiten werden besprochen. Dann folgt eine der üblichen Deklinationsübungen. Den Abschluß der Übungskombination bilden Sätze oder ein kleiner Text, in denen Substantive der konsonantischen Deklination in etwas komplizierteren Wortgruppen, die verschiedene Satzteilpositionen einnehmen, vorkommen.

4.2.4 Die Anwendung eines Lernstoffes soll in einer Vielfalt von Problemsituationen geübt werden.

Travers betont die Bedeutung dieses Prinzips für den Transfer: „Wenn Transfer stattfinden soll, müssen Schüler in einem großen Bereich von Problemen, die immer ein wenig voneinander abweichen, über Erfahrung verfügen. Für diese Auffassung sprechen viele Daten. Derartige Erfahrung mit geringfügig abweichenden Problemen baut eine Erwartung auf, daß jedes Problem auf eine Weise wird gelöst werden müssen, die ein wenig abweicht von der Lösung früherer Probleme. In einem bestimmten Sinn kann man das als Training der Flexibilität bezeichnen; jedenfalls ist es einer der Schlüssel zum Übungstransfer."[58]

Praktisch bedeutet das, daß Übungen zu einem erheblichen Teil den Situationen nahekommen müssen, vor die der Schüler gestellt ist, wenn er neue Texte erschließen und übersetzen soll. Dabei sollte man im Auge haben, daß die eigentliche Situation, auf die hin der Schüler unterrichtet wird, die Arbeit mit originalen Texten ist. Es ist wichtig, daß Texte und Übungen auch vom augenblicklichen Lernstoff ablenkende und für diesen irrelevante Elemente enthalten, weil dies die Schüler auf die Situation hin trainiert, die sie eigentlich am Ende bewältigen sollen. Man sollte die Ausführungen von Travers beherzigen: „Erworbenes Wissen hat die Tendenz, der Person, die es erwarb, am leichtesten wieder in der Situation verfügbar zu sein, in der sie es erwarb. Das bedeutet, daß man dem Schüler Gelegenheit geben soll, Wissen in einer Vielfalt von Situationen zu erwerben und anzuwenden."[59] Natürlich muß man vom Leichten zum Schweren fortschreiten, natürlich sind gewissen sprachliche Reduzierungen (= Vereinfachungen) unvermeidlich, aber man darf die Gefahr nicht unterschätzen, daß das zu einer Künstlichkeit im Umgang mit der Sprache führen kann, die geradezu einer systematischen Verbildung der Schüler gleichkommt.

4.2.5 *Der Lernende sollte beim Üben möglichst aktiv sein.*[60]

Es ist selbstverständlich, daß Aktivität die Aneignung des Lernstoffes fördert. Hier kommt es nicht so sehr auf das Problem der Aktivität als solcher an. Vielmehr geht es darum, sich zu verdeutlichen, daß es beim Üben verschiedene Stufen der Aktivität und damit verschiedene Wirkungsgrade von Übungen gibt.

Werden Formen bestimmt, dann ist Grundlage der Aktivität das Wiedererkennen von Gelerntem. Das Bilden von Formen stellt eine höhere Art der Aktivität dar, weil der Schüler aufgrund deutlicher Erinnerung selbst die Formen nennen muß. Beide Aufgaben zielen darauf, daß sie möglichst direkt durch Wiedererkennen und Erinnerung gelöst werden.[61] So kann es zu dem gewünschten Automatisierungseffekt kommen. Von anderer Art sind Anwendungsaufgaben[62], die den augenblicklichen Lernstoff in ein Zusammenspiel von verschiedenen Einzelelementen einfügen. Es sind Aufgaben des Problemlösens auf den Ebenen der Wortgruppe, des Satzes oder des Textes. Ausgangszustand des Problemlösens sind sprachliche Relationen. Indem sie erfaßt, ausgeformt oder auch verändert und womöglich ins Deutsche übertragen werden, wird der Zielzustand der Problemlösung erreicht.[63] Auch hier gibt es, wie angedeutet, unterschiedliche Grade der Aktivität. Grundlage für die Lösung eines Problems sind immer die sprachlichen Kenntnisse und Erfahrungen der Schüler.[64] Es ist aber ein Unterschied, ob der Schüler beim Problemlösen eine lateinische Sprachstruktur lediglich nachvollziehen oder ob er sie durch Ergänzung oder Veränderung eines Relationsgefüges selbst herstellen muß.[65] Die Aktivität des Schülers ist bei den Übungen am größten, bei denen er mit vorgegebenem Sprachmaterial irgendwie produktiv umgehen muß, sei es, daß er etwa Elemente einer Struktur einander zuordnet, ergänzt, wegnimmt, Strukturen in eine andere Form transformiert.

Für die Praxis ergibt sich aus diesen Überlegungen, daß man besonders bei Anwendungsaufgaben auf den Grad der Aktivität achten muß. Günstig wird es sein, Übungen mit nachvollziehenden und produzierenden Verhaltensweisen miteinander zu verbinden. Auf jeden Fall muß man von einem Übergewicht oder gar der Ausschließlichkeit nachvollziehender Anwendungsaufgaben wegkommen. Neuere Vorschläge für Übungsformen bieten reichlich Anregung gerade für Anwendungsaufgaben, bei denen der Schüler in irgendeiner Weise vorgegebenes Sprachmaterial produktiv bearbeiten muß. Es handelt sich im wesentlichen um Zuordnungsaufgaben, um das Bilden von Sätzen aus vorgegebenem Material, um Einfüge-, Weglaß-, Ersetzungs- und Transformationsübungen. Die Formulierung solcher Übungen erfordert keinen großen Zeitaufwand, sie sind für effektives Üben unentbehrlich.

4.2.6 *Es fördert den Transfer, wenn man den Schüler Problemlösungen verbalisieren läßt.*
Der Übungseffekt von Aufgaben des Problemlösens – hier ist besonders an Aufgaben mit einem produktiven Verhalten gegenüber lateinischen Sprachstrukturen zu denken – kann offenbar gesteigert werden, wenn die Schüler dazu angeleitet werden, ihr Vorgehen und die Lösung sprachlich auszudrücken.[66] „Sprache gibt dem Menschen eine außerordentliche Macht zur Kontrolle seiner Handlungen. Es ist daher kaum überraschend, daß verbalisiertes Wissen auf neue Situationen extensiver anwendbar erscheint als eine Fähigkeit, die nur auf Intuition beruht."[67] Nach Ausubel „ist die Verbalisierung subverbaler Gedanken [...] ein verfeinernder Prozeß, der dahin führt, daß sie klarer, expliziter, genauer und schärfer umrissen werden"[68]. Ich habe keinerlei Vorstellung davon, inwieweit dieses Prinzip praktisch im Unterricht beachtet wird. Es scheint aber bedeutsam zu sein, und man sollte es bei Aufgaben des Problemlösens nicht übersehen.

Im Folgenden werden noch zwei die Organisation betreffende Prinzipien erwähnt, die weithin bekannt sind, aber wegen ihrer Bedeutsamkeit doch nicht übergangen werden dürfen:

4.2.7 *„Einzig die richtig vollzogenen Reaktionen erzeugen einen Lernfortschritt."*[69]
Aebli betont dieses Prinzip in Zusammenhang mit dem Üben, das bei ihm auf Automatisieren und Konsolidieren zielt, aber es ist darüber hinaus gültig.[70] „Fehler müssen sofort korrigiert und vom Schüler richtiggestellt werden. Nur wenn auf den Fehler der nochmalige korrigierte Vollzug erfolgt, findet ein Fortschritt statt. Das Sprichwort, daß man aus Fehlern klug werde, ist ungenau. Klug wird man einzig aus der Korrektur der Fehler."[71]

Wir müssen also beim Üben, das ja zu langfristigem Behalten führen soll, auf die Korrektur der Fehler achten. Diese gehört zu den Selbstverständlichkeiten des Unterrichts. Aber ich bin mir nicht sicher, ob wir uns immer darüber klar sind, welche Bedeutung dem für den Lernfortschritt zukommt. Man muß sich also beim Üben ständig vergewissern, daß wirklich korrigiert wird, daß der Sinn der Korrektur verstanden wird, und womöglich dem einzelnen Schüler Gelegenheit geben zu zeigen, daß er aus der Korrektur gelernt hat.

4.2.8 *Das Üben ist „so zu organisieren, daß <u>jeder einzelne</u> Schüler zu möglichst intensiver Beteiligung veranlaßt wird"*.[72]
Aebli führt dazu aus: „Der Lehrer, der eine ganze Klasse unterrichtet, muß sich immer vor Augen halten, daß natürlich nicht die Anzahl der Wiederholungen zählt, die von der Gesamtheit der Klasse ausgeführt werden. Es kommt darauf an, was der einzelne leistet. [...] Erfahrene Lehrer hindern sich daran, die Klasse als Kollektivperson aufzufassen und nur die Summe der Beispiele in Rechnung zu stellen, die von sämtlichen Schülern durchgedacht worden sind. Vielmehr denken sie jederzeit an den einzelnen Schüler und fragen sich ständig, was der einzelne geleistet hat."[73]

Das Prinzip gebietet, im Unterricht in einem ausreichenden Maße individuelles Üben oder Üben in kleinen Gruppen zu ermöglichen, ja das sollten die eigentlichen Arbeitsformen für das Üben im Unterricht sein.[74]

4.3 Prinzipien zur Motivation beim Üben

„Es kann kaum genügend betont werden, wie wichtig die Motivation in der Übungsarbeit ist."[75] So leitet Aebli seine Überlegungen zu diesem Aspekt des Übens ein. Motivation meint die affektive Komponente des Interesses und der Bereitschaft zum Üben. „Der Schüler, der stark ‚motiviert' ist, ‚gibt sich Mühe', ‚setzt sich ein'. Die Folge davon ist die Tatsache, daß er den Vollzug, der zum angestrebten Ziel führt, intensiv ausführt, viel Energie einsetzt, sich von anderen möglichen Zielsetzungen nicht ablenken läßt."[76] Das Motivationsproblem wird besonders dringlich durch die besondere Situation des Übens: „Beim Üben fehlt die Motivation durch den novelty-effect, d.h. durch den Reiz des Neuen, so daß andere Motivationen geschaffen werden müssen."[77] Der Lehrer muß deshalb beim Üben in besonderem Maße auf die Motivation der Schüler achten. Das fängt bei seiner eigenen Einstellung zum Üben an. Steinhilber bemerkt treffend: „Schließlich sollte mancher Lehrer seine Einstellung zum Üben überdenken, um es nicht mehr als lästiges Anhängsel seines Unterrichts zu sehen. Diese inadäquate Einstellung überträgt sich leicht auf die Schüler, die dann Übung auch nur als unliebsame Pflichtübung auffassen und dementsprechend motiviert sind. Nicht nur im Aufbereiten neuen Lernstoffs, sondern auch – und gerade – bei der Übung entfaltet sich das pädagogische Geschick des Lehrers, seine Schüler zu motivieren."[78]

4.3.1 Der allgemeine Grundsatz ‚variatio delectat' ist für das Üben besonders wichtig.[79]
„Übungsstunden verlaufen oft nur deshalb für Schüler und Lehrer so lustlos und wenig ergiebig, weil dieses Prinzip vernachlässigt wird. Die Variabilität des Übens dient darüber hinaus dem Zweck, einer zu weit gehenden Automatisierung des Gelernten und damit einer Einschränkung der geistigen Beweglichkeit vorzubeugen."[80]

Bei der Anwendung dieses Prinzips im Unterricht ist ebenso an den Wechsel in den Aufgabenstellungen wie auch in den ‚Sozialformen' zu denken (Einzelarbeit, Partnerarbeit, Gruppenarbeit).[81] Es gibt, wie bereits bemerkt, für den Lateinunterricht vielfältige Vorschläge, die gerade für die Variation beim Üben genutzt werden können.[82] Es ist nicht untertrieben, festzustellen, daß dem Lateinlehrer ein reiches Repertoire von Übungsmöglichkeiten zur Verfügung steht. Er braucht es nur einmal zu probieren. Ich bin überzeugt, wenn er damit angefangen hat, wird er bald auf den Geschmack kommen und gern von der Möglichkeit Gebrauch machen, das Üben durch Variation zu beleben. Oft wird es genügen, Übungen, die das Lehrbuch bietet, umzuformulieren, manchmal wird es gut sein, Übungen im Rückgriff auf vorhandene Vorschläge bei relativ geringem Arbeitsaufwand selbst zu entwerfen. Man muß sich dieses Vorgehen nur allmählich aufbauen, darf am Anfang nicht zu viel wollen. Dann ist das Prinzip der Variation beim Üben ohne allzu große Mühe zu verwirklichen. Übrigens sollte man Formen des Spiels wie Quiz, Rätsel, Wettbewerb nicht vergessen.[83]

4.3.2 Die Anregung der Aktivität ist ein wichtiges Moment für die Motivation beim Üben.
Hier kann auf die Ausführungen verwiesen werden, die wir unter dem Stichwort „Organisation" über die Förderung der Aktivität vorgetragen haben. Was dort unter dem Aspekt der Organisation und des kognitiven Effekts gesagt wurde, ist auch im Blick auf die Motivation von Bedeutung. Beim Üben muß der Lehrer ganz allgemein dafür sorgen,

daß sich die Aktivität der Schüler entfalten kann, daß alles vermieden wird, was zur Drosselung oder Einengung dieser Aktivität beitragen könnte.[84] Da sind manche weiteren Prinzipien, die in dem Abschnitt „Organisation von Übungen" behandelt wurden, von Bedeutung, z.B. die Durchsichtigkeit der Aufgabenstellung und die Anknüpfung an bereits Gelerntes. Aber auch die verschiedenen Grade der Aktivität, die Übungen zugeordnet sind, müssen berücksichtigt werden, wenn es um die Förderung der Aktivität als eines wichtigen Momentes der Motivation geht.

4.3.3 *Erfolgserlebnisse und Erfolgskontrolle unterstützen die Motivation.*[85]
„Erfolgreiche, zu einem befriedigenden Ergebnis führende Reaktionen werden beibehalten und verstärkt. […] Es ist nicht nur experimentell erwiesen, sondern in der Praxis tausendfach bestätigt, daß der Erfolg eine der größten Hilfen im Lernprozeß darstellt und daß der Mißerfolg entmutigt und die Leistung herabdrückt."[86]

Die wichtigste praktische Folgerung aus diesem Prinzip formuliert Aebli so: „Grundsätzlich muß die Übungsarbeit (= das Üben) so gestaltet werden, daß sie der Schüler erfolgreich zu bewältigen vermag."[87] Dabei sollen die Anforderungen die Leistungsfähigkeit des Schülers weder übersteigen noch unterschreiten. Im einen Fall wird der Schüler entmutigt, im anderen fehlt die ansporende Wirkung, und der Schüler hat kein wirkliches Erfolgserlebnis.[88] Die Anforderungen sollen deshalb „immer in der Grenzzone der Leistungsfähigkeit des Schülers liegen"[89].

Gewöhnlich wird der Lehrer diese Gesichtspunkte beachten. Auch diesem Prinzip kann er besonders dadurch gerecht werden, daß er für Durchsichtigkeit der Aufgabenstellung sorgt, die Anknüpfung an bereits Gelerntes aufzeigt und die Schüler zum Verbalisieren beim Problemlösen anleitet. Je klarer immer hervortritt, was beim Üben getan wird, um so mehr wird der Weg geebnet für eine erfolgreiche Bewältigung der Übungsaufgaben. Dieses Vorgehen ist besonders auch dann hilfreich, wenn der Lehrer nicht genau voraussagen kann, ob eine Übung noch in der Grenzzone der Leistungsfähigkeit der Schüler liegt. Überforderungen werden so verhindert oder sind leicht zu erkennen.

Erfolgskontrolle wirkt um so mehr stimulierend, je rascher sie auf die Leistung des Schülers folgt.[90] Jeder Lehrer kennt das Problem von der Forderung her, Klassenarbeiten so schnell wie möglich zurückzugeben. Gewöhnlich ist unmittelbar nach der Erledigung einer Aufgabe das Interesse an der richtigen Lösung am größten. Die gespannte Erwartung: „Habe ich's auch richtig gemacht?" – ist die natürliche Folge des Engagements beim Bewältigen einer Aufgabe.[91] „Ganz allgemein kann gesagt werden, daß die Übungsarbeit so organisiert werden muß, daß richtige und falsche Antworten möglichst rasch als solche festgestellt werden. Der Bemühung um eine Aufgabe sollte keine lange Zeit der Ungewißheit, sondern die prompte Entscheidung über die Güte des Versuchs folgen."[92]

Für die Unterrichtspraxis bedeutet das, daß am besten während des Unterrichts geübt wird. Da bietet die unmittelbare Erfolgskontrolle keine Schwierigkeiten. Das schließt ergänzende Übungen als Hausaufgaben nicht aus. Aber man sollte davon abkommen, Übungen durchgehend oder in der Hauptsache den Hausaufgaben zuzuweisen. Odenbach macht auf Nachteile der traditionellen Kontrolle im Rahmen der Klasse aufmerksam.[93] Die wichtigsten Gesichtspunkte sind: Langsamere Schüler geraten leicht unter Zeitdruck. Viele Schüler kommen nicht zu Wort. Empfindliche Schüler können durch die öffentliche Besprechung ihrer Fehler verletzt werden. Odenbach schlägt deshalb vor, beim Üben eine

Selbstkontrolle des Schülers zu ermöglichen. Er nimmt an, daß dies „einen starken Übungsimpuls auslösen kann"[94]. Damit könnten auch die Nachteile der traditionellen Kontrolle ausgeschaltet werden. Das Problem ist sowohl unter theoretischem als auch unter praktischem Aspekt schwierig. Lernpsychologische Versuche lassen darauf schließen, „daß die Schüler bei ihren Antwortversuchen flüchtig und leichtsinnig werden, wenn die richtige Lösung unmittelbar zur Verfügung steht"[95]. Man sollte also Selbstkontrolle erst ermöglichen, wenn die Schüler eine Aufgabe wirklich gelöst haben. Doch die Kenntnisnahme des Richtigen garantiert noch keinen Lernfortschritt. Die Selbstkontrolle erfordert oft ergänzende Erklärungen durch den Lehrer. Das ist durchgängig kaum praktikabel. Die Erfolgskontrolle wird sich meist im Gespräch mit der Klasse abspielen müssen.[96] Ergebnisse und Abweichungen werden von Schülern angegeben, und diese werden in der Klasse besprochen. Durch das Arbeitsklima muß dafür gesorgt werden, daß der einzelne Schüler auf das Besprochene wirklich achtet, eventuell nachfragt und daß Schüler bei falschen Ergebnissen nicht durch die Reaktion der Mitschüler oder des Lehrers verletzt werden.

5 Akzente für die Verbesserung der Praxis

Wenn man die angeführten Prinzipien und die Überlegungen zu ihrer Anwendung im Unterricht auf sich wirken läßt, dann ist die Reaktion verständlich: Wie soll ich das alles denn verwirklichen? Manches davon tue ich ja bereits. Das Ganze ist mir aber zu kompliziert. Wo soll ich da einsteigen, um das Üben in meinem Unterricht zu verbessern?

Tatsächlich ist das Wünschenswerte zur Kenntnis nehmen eines, die praktische Verwirklichung aber ein anderes. Meinen Darlegungen liegt nicht die Auffassung zugrunde: Das alles muß man machen, sonst ist es schlecht. Vielmehr ist es zunächst einmal wichtig, daß der Lehrer weiß, was alles für ein effektives Üben förderlich ist. In manchem wird er seine Praxis bestätigt finden, er wird auch manche Defizite erkennen. Die deutliche Kenntnis des Nützlichen und Sinnvollen kann ihn aber zu manchen punktuellen Verbesserungen veranlassen. Dazu kann es hilfreich sein, über die Aneinanderreihung von Prinzipien und von Möglichkeiten ihrer Anwendung hinaus Akzente für die Verbesserung der Praxis zu setzen. Sie sollen gewissermaßen Punkte bezeichnen, von denen aus bei relativ geringem Arbeitsaufwand wirkungsvolle Verbesserungen der Praxis in Gang gebracht werden können. Günstig sind solche punktuellen Verbesserungen, die wie von selbst mehrere lernpsychologische Aspekte des Übens ins Spiel bringen können.

Nichts führt daran vorbei, daß man auf die Frequenz und die zeitliche Verteilung der Übungen achtet. Die Lehrbücher genügen dieser Notwendigkeit nicht, wenn sie zu wenig Übungen zum gleichen Lernstoff bieten. Nötig sind jeweils mehrere Übungen zu einem Lernstoff, damit man wiederholt mit zeitlicher Verteilung üben kann. Oft wird der Lehrer das Material des Übungsbuches ergänzen müssen. Wenn effektiv geübt werden soll, ist das unabdingbar.

Das führt zu dem Punkt, der für eine Verbesserung der Übungspraxis ausschlaggebend ist. Zuallererst sollte der Lehrer die Vorschläge zur Erweiterung der Übungsformen im einführenden lateinischen Sprachunterricht zur Kenntnis nehmen, die vorliegen und leicht zugänglich sind. Damit kann er nämlich dem grundlegenden Prinzip der variatio genügen.

Es ist grundlegend, weil es von besonderer Wichtigkeit für die Förderung der Motivation ist und weil von ihm aus ohne weiteres die Prinzipien der Aktivität und der Vielfalt von Problemsituationen einzubeziehen sind. Auch die Frequenz und die zeitliche Verteilung der Übungen sind besser zu erreichen, wenn der Lehrer über ein vielfältiges Repertoire von Übungsformen verfügt und sich deshalb nicht schwertut, das Material des Lehrbuches zu vervollständigen.

Einen eher ergänzenden, aber doch auch besonders wichtigen Akzent für die Verbesserung des Übens stellt das Prinzip der Klarheit und Durchsichtigkeit dar. Es umfaßt ja die Verbindung mit schon vorhandenem Wissen, das deutliche Erkennen der Aufgabenstellung und das Bewußtmachen von Problemlösungen durch Verbalisierung.

Der Lehrer muß also, wenn er das Üben in seinem Unterricht beurteilen oder verbessern will, vor allem das Prinzip der variatio sowie das der Klarheit und Transparenz vor Augen haben.[97] Diese Grundlage schließt von sich aus weitere Prinzipien ein oder macht es leicht, weitere Prinzipien zu beachten.

Es bleiben noch einige ergänzende Prinzipien übrig, die entweder gewöhnlich schon berücksichtigt werden oder aber im Laufe der Zeit leicht einzubeziehen sind. Es geht dabei um Überlegungen zu Stoffumfang, zur Abfolge von Übungen in Übungskombinationen, zur Erfolgskontrolle und zur Aktivität der einzelnen Schüler.

Sieht man die Möglichkeiten, lernpsychologische Aspekte beim Üben zu beachten, von den dargelegten Akzentsetzungen her, dann wird ein klarer Weg für eventuelle Verbesserungen der seitherigen Praxis erkennbar.

Literatur

A. Lernpsychologie

Aebli, H.: Grundformen des Lehrens. Eine Allgemeine Didaktik auf kognitionspsychologischer Grundlage. Stuttgart [10]1977 ([12]1981).
Ausubel, D.P./Novak, J.D./Hanesion, H.: Psychologie des Unterrichts. Bd. 1 und 2. Weinheim/Basel [2]1980 und [2]1981.
Foppa, K.: Lernen, Gedächtnis, Verhalten. Köln [2]1966 (S. 147–200 „Die Übung").
Glaser, R./Resnick, L.B./McKeachie, W.J.: Unterrichtspsychologie. Probleme und Ergebnisse der Forschung. Düsseldorf 1975.
Hilgard, E.R./Bower, G.H.: Theorien des Lernens. Bd. 1 und 2. Stuttgart [4]1975 und [2]1973.
Travers, R.M.W.: Grundlagen des Lernens. München 1975.
Vester, F.: Denken, Lernen, Vergessen. dtv Sachbuch. München [9]1982.

B. Allgemeine praxisorientierte Literatur zur Lehr-/Lerntheorie bzw. zum Üben

Becker, G.E./Clemens-Lodde, B./Köhl, K.: Unterrichtssituationen III, Üben und Experimentieren. München/Berlin/Wien 1976.
Bönsch, M. (Hrsg.): Einprägen, Üben und Anwenden im Unterricht. München 1966.
Mutschler, D./Ott, E.H.: Über den Zusammenhang von Lehren und Lernen. Didaktische Implikationen gegenwärtiger Lerntheorien. 1.Teil. Die deutsche Schule 67, 1975, 832–848. 2.Teil. Die deutsche Schule 68, 1976, 17–26.
Odenbach, K.: Die Übung im Unterricht. Braunschweig [6]1974 (Westermann Taschenbuch).
Scholz, G./Bielefeldt, H.: Kompendium Didaktik. Schuldidaktik. München 1978, 106–109.
Steindorf, G.: Grundbegriffe des Lehrens und Lernens. Bad Heilbrunn/Obb. 1981.
Straka, G.A./Macke, G.: Lehren und Lernen in der Schule. Eine Einführung in Lehr-Lern-Theorien. Stuttgart/Berlin/Köln/Mainz [2]1981.

C. Literatur zum Üben im Lateinunterricht

Erb, J.: Unterrichtsverfahren für den Lateinunterricht auf der Orientierungsstufe. In: Anregung 20, 1974, 158–171, darin 168 f.: Übungsformen zur Syntax.

Fink, G.: Übung und Übungsformen im Lateinunterricht. In: AU XXVI 6/1983, 5–23.

Glücklich, H. J.: Lateinunterricht, Didaktik und Methodik. Göttingen 1978, 108–117; 123 f.

Heilmann, W.: Strukturelle Sprachbetrachtung im Lateinunterricht. In: AU XVI 5/1973, 7–25, darin 23–25: Vorschläge für Übungen.

Hentig, H. von: Platonisches Lehren. Bd. 1. Stuttgart 1966, 306 f.

Hey, G.: Lernen durch Spielen. Lernspiele im lateinischen Sprachunterricht. Bamberg 1984 (Auxilia).

Maier, F.: Lateinunterricht zwischen Tradition und Fortschritt. Bd. 1. Zur Theorie und Praxis des lateinischen Sprachunterrichts. Bamberg 1979, 90 f.; 218–232.

Nickel, R.: Hinweise zur Übung des Prädikativums. In: AU XXVI 5/1983, 45–57.

Pridik, K. H.: Übungen zur Syntax. In: AU XVI 4/1973, 118–120.

Steinhilber, J.: Motivationspsychologische Aspekte des Übens im Lateinunterricht. In: Anregung 22, 1976, 371–376.

Steinhilber, J.: Die Übung im lateinischen Sprachunterricht. Grundlagen, Methoden, Beispiele. Bamberg 1986 (Auxilia).

Steinthal, H.: Das ewige Hin und Her. Hinübersetzen, Herübersetzen, Nicht-Übersetzen im Rahmen unseres Lateinunterrichts. In: AU X 4/1967, 49–67, darin 65–67: Vorschläge für Übungen.

Anmerkungen

1 Vgl., auch zu dem Folgenden, die Literaturangaben am Ende unter C.
2 Soweit ich sehe, hat sich in den letzten Jahren nur Steinhilber (1976; 1986) in einem ausgesprochen lernpsychologischen Sinn mit dem Üben im lateinischen Sprachunterricht befaßt. Fink (1983, 13 ff.) faßt „im Anschluß an Foppa die Voraussetzungen optimalen Übens zusammen" und geht dann auf Möglichkeiten der Anwendung in der Unterrichtspraxis ein. Meine Überlegungen wurden einige Zeit vor Steinhilber, 1986, abgeschlossen. Steinhilbers Buch bietet eine Grundlagen wie Unterrichtspraxis einbeziehende wertvolle Hilfe für den Lateinlehrer. Mir geht es vor allem um die lernpsychologischen Grundlagen, von da aus um Folgerungen und Akzentsetzungen für die Praxis. Steinhilber faßt die Grundlagen relativ kurz zusammen und gibt dann durch die Behandlung von Methoden und Beispielen besonders Anregungen für die Unterrichtspraxis. Bei manchen Übereinstimmungen ergänzen sich beide Arbeiten in erfreulicher Weise.
3 Vgl. Hilgard/Bower, [2]1973, 671 ff. Im Folgenden sind dafür auch wichtig die Arbeiten von Travers, 1975; Ausubel/Novak/Hanesion, [2]1980 und [2]1981 (zitiert: Ausubel); Aebli, [10]1977.
4 Der Übergang von der lernpsychologischen Forschung zur Unterrichtspraxis ist ein besonderes Problem der Lernpsychologie. Vgl. Hilgard/Bower, [2]1973, 683 ff.; Ausubel, [2]1980, 37. Ausubel ([2]1980, 369) bemerkt: „Trotz des ehrwürdigen Platzes, den das Üben und Wiederholen in der pädagogischen Praxis einnehmen, klafft in der Forschung hinsichtlich der Rolle des Übens und der Wiederholung im sinnvollen verbalen Lernen eine auffallende Lücke. Praktisch hat die Forschung sich bis heute nur mit dem mechanischen Lernen von sinnlosen Silben und Adjektivpaaren oder dem wörtlichen Auswendiglernen von potentiell sinnvollem Material wie Gedichten und kleinen Prosastellen befaßt."
5 Hilgard/Bower, [4]1975, 23.
6 Vgl. Straka/Macke, [2]1981, 20 ff.
7 Ebenda, 20.   8 Ebenda, 21 f.
9 Ebenda, 23.   10 Ebenda, 25.
11 Vgl. ebenda, 34 f.
12 Hilgard/Bower, [4]1975, 29.
13 Vgl. Odenbach, [6]1974, 59 f.; Scholz/Bielefeldt, 1978, 107 f.
14 Mutschler/Ott, 1975, 833.
15 Ebenda, 834.
16 In diesem Sinn gebraucht Aebli, [10]1977, den Terminus ‚Üben'; nach ihm geht es beim Üben um den „Erwerb von Automatismen" (ebenda, 240) durch Wiederholung. „Üben und Wiederholen dienen der Konsolidierung des Gelernten" (ebenda, 238).

17 Bönsch, 1966, 8. Es kommt hier nicht auf die gebrauchten Termini, sondern auf die Sache, d.h. die Gegenüberstellung der beiden Grundarten an. Vgl. etwa auch die andere terminologische Festlegung bei der gleichen sachlichen Auffassung von Scholz/Bielefeldt, 1978, 106 f.
18 Auf Wortschatzübungen gehe ich nicht ein. Meine Ausführungen sind auf sie sinngemäß anzuwenden.
19 Ausubel, ^{2}1980, 50.
20 Ebenda, 51. 21 Ebenda.
22 Ebenda, 52. 23 Ebenda, 51.
23a Zur Ergänzung dieser Feststellung vgl. unten die Abschnitte 4.1.2, 4.2.1 und Steinhilber, 1986, 29–31.
24 Vgl. Steinhilber, 1976, 371.
25 Aebli, ^{10}1977, 238. Vgl. Becker/Clemens-Lodde/Köhl, 1976, 24 f.; Steindorf, 1981, 15 und 202. Vgl. auch Vester, ^{9}1982, 108 f. und 143. Die Auffassung von R. Eikeboom (Rationales Lateinlernen. Göttingen 1970, 110–115), den wesentlichen Übungseffekt durch einen „Strom von Lektüre" zu erreichen, lasse ich außer acht, da er nicht der Realität unseres Lateinunterrichts entspricht.
26 Ausubel, ^{2}1980, 28.
27 Ebenda, 27. Es lohnt sich überhaupt, das Kapitel „Rolle und Aufgabe der Psychologie des Unterrichts", 23–61, zu lesen.
28 Scholz/Bielefeldt, 1978, 107; vgl. Aebli, ^{10}1977, 241 f.
29 Aebli, ^{10}1977, 241.
30 Travers, 1975, 207 f.
31 Ebenda, 204 f.
32 Ausubel, ^{2}1980, 239; vgl. auch Aebli, ^{10}1977, 248.
33 Vgl. Travers, 1975, 138 f.
34 Ausubel, ^{2}1980, 405.
35 Da müßte etwa davon die Rede sein, daß es nicht so sehr darauf ankommt, alle möglichen Arten von Nebensätzen im Konjunktiv zu üben als vielmehr durchgängige Bedeutungen des Konjunktivs, nicht so sehr alle möglichen Substantive der konsonantischen Deklination als vielmehr Grundtypen dieser Deklination usw.
36 Ausubel, ^{2}1980, 383; vgl. Aebli, ^{10}1977, 242 f.; Travers, 1975, 141 ff.; Scholz/Bielefeldt, 1978, 207 f.; Becker/Clemens-Lodde/Köhl, 1976, 26.
37 Zu gewissen Einschränkungen der Gültigkeit des Prinzips, die aber kaum das Üben in der Schule betreffen, vgl. Ausubel, ^{2}1980, 383 f.
38 Aebli, ^{10}1977, 243.
39 Ausubel, ^{2}1980, 387. Vgl. Aebli, ^{10}1977, 251: „Kurz, aber häufig üben: so heißt die einfache Grundregel."
40 Ausubel, ^{2}1980, 387.
41 Vgl. Travers, 1975, 141; Aebli, ^{10}1977, 247 und 255.
42 Vgl. Aeblis Ausführungen zum Verlauf des Vergessens (^{10}1977, 246 f.)· „Am meisten vergißt man in den ersten Tagen nach dem Erlernen eines Stoffes."
43 Ebenda, 255. Aebli hat, wie wiederholt erwähnt, beim Üben „elementares Lernen", wie „Einschleifen, Einprägen, Memorieren, Automatisieren, Konsolidieren" (vgl. 240) im Auge, nicht Aufgaben des Problemlösens, in denen es um das Erkennen und Herstellen von Beziehungen geht. Seine Aussage ist sicher auch für Übungen zu beachten, durch die die Fähigkeit entwickelt werden soll, mit sprachlichen Relationen umzugehen.
44 Ebenda, 255.
45 Vgl. Becker/Clemens-Lodde/Köhl, 1976, 26.
46 Vgl. Ausubel, ^{2}1980, 431: „Von allen denkbaren Lernbedingungen, die auf die kognitive Struktur einwirken, kann natürlich keine signifikanter sein als die Organisation des Lehrstoffs." Zur Bedeutung der „Organisationsstruktur des Materials beim Lernen" vgl. auch Travers, 1975, 164 f.; Hilgard/Bower, ^{2}1973, 672 unter B) 2.
47 Travers, 1975, 137.
48 Ebenda, 138.
49 Ebenda, 138.
50 Ausubel, ^{2}1980, 381.
51 Entnommen Krüger, Lat. Unterrichtswerk, Neufassung von J. Hillen, 1. Teil, Ü XX, 1a).
52 Zu Erläuterungen zur Übung vgl. Becker/Clemens-Lodde/Köhl, 1976, 27 f.
53 Vgl., was Aebli, ^{10}1977, 229 ff. zum selbständigen Erfassen von „Anwendungsaufgaben" sagt.

54 Ausubel, ²1980, 430.
55 Vgl. Becker/Clemens-Lodde/Köhl, 1976, 28.
56 Vgl. Aebli, ¹⁰1977, 249; Becker/Clemens-Lodde/Köhl, 1976, 26 f.
57 Hilgard/Bower, ²1973, 672.
58 Travers, 1975, 208; vgl. auch Aebli, ¹⁰1977, 205; Hilgard/Bower, ²1973, 672 unter A) 4.
59 Travers, 1975, 208.
60 Zur Bedeutung der Aktivität des Lernenden vgl. Hilgard/Bower, ²1973, 672 unter A) 1; Becker/Clemens-Lodde/Köhl, 1976, 28; ferner Ausubel, ²1980, 155 ff. die Erörterungen zu der Frage: „Ist sinnvolles rezeptives Lernen passiv?"
61 Ausubel, ²1980, 176 definiert Wiedererkennen und Erinnern so: „Im Fall des Wiedererkennens wird das ursprünglich gelernte Material mit anderen Alternativen dargeboten, und die Versuchsperson braucht es nur zu identifizieren. Im Fall der Erinnerung muß die Versuchsperson die Substanz des Originalmaterials von sich aus reproduzieren."
62 Zum Prozeß der Anwendung vgl. Aebli, ¹⁰1977, 206 ff.
63 Zum Problemlösen vgl. ebenda, 260 ff.
64 Vgl. ebenda, 268 f.
65 Vgl. Aeblis Unterscheidung der „erkennenden" und der „herstellenden" Anwendung (ebenda, 209 ff.).
66 Vgl. Travers, 1975, 198 ff.; dazu die grundlegenden Bemerkungen Ausubel, ²1980, 110 ff., über „Die Sprache und das kognitive Verhalten".
67 Travers, 1975, 199.
68 Ausubel, ²1980, 113.
69 Aebli, ¹⁰1977, 249.
70 Vgl. Bemerkungen, ebenda, 249 f.
71 Ebenda, 249.
72 Ebenda, 250 f.; vgl. Steinhilber, 1976, 372.
73 Aebli, ¹⁰1977, 250.
74 Zu beachten ist Steinhilber, 1976, 372: „Die Aktivität aller Schüler wird eher erreicht bei schriftlichen Übungsformen." Zu sozialen Übungsformen vgl. Steinhilber, 1986, 43 f.
75 Aebli, ¹⁰1977, 251.
76 Ebenda, 245.
77 Steinhilber, 1976, 371.
78 Ebenda, 373.
79 Vgl. ebenda, 371 und 373 ff.; Scholz/Bielefeldt, 1978, 106; Odenbach, ⁶1974, 59 f.
80 Steinhilber, 1976, 371; und 1986, 18 f.
81 Vgl. Scholz/Bielefeldt, 1978, 208 zum „Gesetz der Modifizierung".
82 Vgl. die am Ende unter C angegebene Literatur.
83 Vgl. Bönsch, 1966, 9 f. Zur Problematik des Spiels als Übungsimpuls vgl. Odenbach, ⁶1974, 37 ff. Zum Wettbewerb sind Aeblis Ausführungen (¹⁰1977, 252 f.) zu beachten. Zum Spielen im Unterricht überhaupt besonnen und hilfreich der Auxilia-Band von Hey (1984). Vgl. auch Steinhilber, 1986, 42 mit Anm. 59.
84 Vgl. Steinhilber, 1976, 371.
85 Vgl. Scholz/Bielefeldt, 1978, 108; Odenbach, ⁶1974, 59; Aebli, ¹⁰1977, 253 ff.; Ausubel, ²1981, 500.
86 Aebli, ¹⁰1977, 245.
87 Ebenda, 253.
88 In diesem Zusammenhang sei auch an die Bedeutung des Stoffumfangs für die Motivation erinnert. Vgl. oben 4.2.2.
89 Aebli, ¹⁰1977, 253.
90 Vgl. ebenda, 246; Steinhilber, 1976, 371 f.
91 Vgl. Aebli, ¹⁰1977, 254 f.
92 Ebenda, 255.
93 Odenbach, ⁶1974, 46.
94 Ebenda, 47 f.
95 McKeachie, in Glaser/Resnick/McKeachie, 1975, 122.
96 Durch Arbeitszeit und Übungsaufgaben wird auf langsamere Schüler Rücksicht genommen. Auf die Bedeutung quantitativer und qualitativer Differenzierung bei schriftlichen Übungen weist Steinhilber, 1976, 372 hin.
97 Vgl. die Gesichtspunkte, die Hentig, 1966, 307, für das Üben hervorhebt.

Alfons Heckener

Übungsformen

Wie die Begriffsgeschichte des Wortes ἄσκησις zeigt, hat es Übungen in verschiedenen Formen gegeben, soweit unser literarisches Wissen zurückreicht: von Homer über die Sophisten bis hin zur christlichen Askese. Sie waren nie Selbstzweck, sondern stets zielgerichtet. So ist es geblieben. Ein Aufsatz über Übungsformen im Lateinunterricht der Sekundarstufe I wird also von den Zielen dieses Unterrichts ausgehen und ihnen entsprechende Übungsformen zuordnen. Da sich die Ziele des Lateinunterrichts in den letzten zwei Jahrzehnten erheblich geändert haben, wird dieser Aufsatz nicht primär Übungsformen berücksichtigen aus einer Zeit, da der Anfangsunterricht weitgehend auf die Beherrschung von Morphematik und Syntax abzielte, zumal solche Übungsformen hinreichend bekannt sind, sondern er wird vornehmlich solche Übungsformen mit konkreten Beispielen anführen, die der heutigen Zielsetzung, d. h. der Sprachreflexion mit dem Ziel, Sprachbewußtsein und Textverständnis zu entwickeln und zu fördern, dienlich sein können.[1] Sprachbewußtsein und Textverständnis können nur an Sprache in Funktion erworben bzw. eingeübt werden; deshalb gehen die neueren Unterrichtswerke zur Einführung in die lateinische Sprache von der ersten Lektion an nicht von losgelösten und daher meist unverständlichen Einzelsätzen, sondern von Texten aus. Übungsformen sollten dieser Tatsache Rechnung tragen.

1 Übungen zum Satz- und Textverständnis

1.1 Was ist ein Satz?

1.1.1 Grammatisch richtig und doch unverständlich!

Die Übungsbücher herkömmlicher Art bieten in ihren A-Stücken fast ausschließlich grammatisch korrekte, aber unverständliche Sätze an. Die Gründe hierfür sind bekannt: die Sätze dienen lediglich der Einführung von Teilen eines formalen Sprachsystems, nicht dem inhaltlichen Verständnis. Diesem Vorgehen liegt ein antimentalistisches, formalistisches Sprachverständnis zugrunde, das der Sprache nicht gerecht wird und dessen Auswirkungen sich spätestens beim Beginn der Lektüre (‚Lektüreschock‘), meistens aber schon früher (‚Motivationsdefizit‘) unangenehm bemerkbar machen.

Soweit solche Übungsbücher noch in Gebrauch sind, können die A-Stücke der ersten Lektionen dennoch einem guten Zweck dienen. Sie können zum Nachdenken darüber anregen, wieso manche dieser ‚Sätze‘ keine grammatisch vollständigen Sätze sind (z.B. *Dominus laudat – Gaius imperat*) und doch übersetzt werden sollen, wieso aber auch grammatisch korrekte Sätze (z.B. *Dominus servum laudat*) nicht in jedem Falle verstanden werden. Auf die frühzeitige Aufforderung des Lehrers zur Übersetzung solcher Sätze werden die Schüler bereitwillig ihre Fähigkeit zum Austausch von Wörtern bzw. Strukturen zeigen. Erst die Frage, ob der Satz *Dominus laudat* ihr Informationsbedürfnis zufriedenstellt, wird sie zum ersten Nachdenken anregen. Sie werden zunächst nur das Objekt vermissen, werden es leicht ergänzen und dann wieder übersetzen. Die Frage, wer denn

der Herr sei, wird sie zu neuem Nachdenken veranlassen und zu dem Problem der Artikellosigkeit der lateinischen Sprache führen. Sollten die Schüler nun ganz neugierig sein und nach dem Grund und dem Zweck des Lobes fragen, so werden sie spätestens jetzt feststellen, daß sie auch den grammatischen Satz nicht verstanden haben, weil der Situationsbezug fehlt. – Ein zusätzlicher Satz *Servus dormit* wird ihr Erstaunen darüber wecken, daß nicht jeder grammatische Satz ein Objekt fordert. Das Ergebnis dieser ersten sprachreflektorischen Arbeit am Einzelsatz sollte etwa in folgenden Einsichten bestehen:
1. ‚Übersetzen' ist nicht ein einfacher Austausch von Wörtern und Wendungen aus einer fremden in die eigene Sprache, sondern bevor man übersetzen kann, muß man sprachliche Äußerungen gründlich auf ihren Inhalt hin befragen.[2]
2. Sätze sind nur dann grammatische Sätze, wenn sie das Informationsbedürfnis des Lesers befriedigen.
3. Auch grammatische Sätze müssen noch nicht verständlich sein.
4. Sätze werden allenfalls in einem bestimmten Situationsbezug verständlich.

Zur Kontrolle und Festigung bieten sich etwa folgende Übungsformen an:
a) Bilde aus folgenden Wörtern vier grammatische Minimalsätze: *dominus, ancillam, dormit, vocat, advolat, domina, ancilla, laudat, Quintus, servum.*
b) Unter welcher Voraussetzung sind auch Zweiwortsätze grammatische Sätze? – Bilde solche Zweiwortsätze in deiner Muttersprache!
c) Keiner der von dir gebildeten Sätze ist verständlich. – Warum nicht?
d) Versuche mindestens einen deiner Sätze mit Hilfe zusätzlicher deutschsprachiger Informationen (oder auch einer Zeichnung) verständlich zu machen!

1.1.2 Kein Satz und doch verständlich!

Grammatische Sätze sind also verständlich, wenn sie eine abgeschlossene Information bieten, in einem eindeutigen Situationsbezug stehen und die Intention des Sprechers bzw. Schreibers erkennen lassen. Es stellt sich die Frage, ob jede sprachliche Äußerung unabdingbar alle diese Voraussetzungen erfüllen muß, wenn sie verständlich sein soll. Die bekannte Aufschrift am Grabmal der *Caecilia Metella* zeigt exemplarisch, daß sprachliche Äußerungen auch dann verständlich sein können, wenn sie nicht die Form grammatischer Sätze haben. *Caeciliae Q. Cretici F. Metellae Crassi* ist als Aufschrift an diesem Grabmonument für den Leser unmittelbar verständlich. Der Situationsbezug ist durch das Monument selbst gegeben, die Intention ist klar, die Information ist abgeschlossen. – Sprichwörter, die keine Sätze sind, sind zumindest dann verständlich, wenn sie Allgemeingültigkeit beanspruchen und daher keines konkreten Situationsbezuges bedürfen. *Salus publica suprema lex* oder *Suum cuique* oder *Veri amici rari* oder *Ubi bene, ibi patria* können als solche Sprichwörter gelten.[3]

1.2 Was ist ein Text?

Worin besteht nun also die Minimalvoraussetzung dafür, daß eine sprachliche Äußerung verständlich wird? – Sie muß eine abgeschlossene Mitteilung enthalten, eine (mögliche) Intention erkennen lassen und, falls sie keine Allgemeingültigkeit beansprucht, einen konkreten Situationsbezug haben. Das genau sind aber die Voraussetzungen, die sprachliche Äußerungen zu Texten machen.

Übungsformen:
a) Suche in deiner näheren Umgebung In- bzw. Aufschriften, die Textcharakter haben!
b) Gib die konkreten Gründe dafür an, daß sie Textcharakter haben!
c) Suche lateinische oder deutsche Sprichwörter, die aus sich heraus verständlich sind, obwohl sie keine Satzform haben!
d) Welche der folgenden Sprichwörter haben Textcharakter, welche nicht, und warum ist das so?
    a) *De nihilo nihil*
    b) *Iucundi acti labores*
    c) *Ad Kalendas Graecas*
    d) *Bonus vir semper tiro*
    e) *O tempora, o mores!*
    f) *Cuius regio, eius religio.*

1.2.1 Einworttexte

Wir hatten bereits festgestellt, daß Texte kürzer sein können als Sätze. Nun gibt es sicherlich sprachliche Äußerungen, welche die oben genannten Voraussetzungen erfüllen, obwohl sie nur aus einem Wort bestehen. Das Wort ‚Schule' auf einem Verkehrsschild erfüllt z.B. diese Voraussetzungen, der Vorname auf dem Grabstein eines Kindergrabes ebenso. Für den Lateinunterricht sind solche Einworttexte eigentlich nur interessant, weil sie Extremfälle von Texten darstellen, an denen Textverständnis gewonnen und überprüft werden kann. Sie gehören, von In- bzw. Aufschriften abgesehen, weitgehend in den Bereich der Kindersprache bzw. zum Ausdrucksvermögen Sprachgestörter.[4]

Übungen:
Gib bitte mögliche Voraussetzungen dafür an, daß aus folgenden Einzelwörtern ein Text wird:
Apfel, Auto, Vorsicht, Klassenarbeit, Frankfurt usw.

1.2.2 Einsatztexte

Über das Problem der Einsatztexte ist unter 1.1.1 das Notwendige gesagt. Auch sie stellen wie die Einworttexte im Lateinunterricht einen Extremfall dar. In der Regel besteht ein Text aus mehreren Sätzen, d.h., der Einzelsatz ist „als komplexes Konstituens textualer Handlungen"[5] anzusehen. Für diesen Fall gilt, „daß er [der Satz] seine Funktion(en) bzw. Bedeutung(en) nicht an sich besitzt, sondern in textualer Funktion erhält"[6]. Damit ist einiges über das Verhältnis Satz–Text gesagt, im Folgenden dazu einiges mehr.

1.2.3 Text als Summe seiner Sätze?

Nach den vorausgegangenen Überlegungen wird man Dressler zustimmen müssen, wenn er sagt, die Ansicht, ein Text sei die Summe seiner Sätze, sei eine prätextlinguistische Ansicht.[7] Nicht nur, weil übersehen wird, „daß ein Text als Ganzes eine Beziehung zu seinem Autor und Empfänger hat, daß mit ihm als Ganzem etwas bezweckt wird"[8], ist diese Ansicht prätextlinguistisch, sondern auch wegen der stillschweigenden Voraussetzung, daß ein Text immer aus Sätzen besteht und diese, wie die Summanden einer Addition, beliebig austauschbar sind. Die Annahme, ein Text müsse aus Sätzen bestehen, wurde unter 1.1.2, 1.2.1 und 1.2.2 bereits widerlegt. Zum Problem der willkürlichen Austauschbarkeit von Einzelsätzen und zur Kontrolle des Textverständnisses bietet sich als Übungsform der Versuch an, Texte in Einzelsätze (oder Verse) zu zerschneiden, diese gemischt an die Schüler zu verteilen mit der Aufforderung, einen Text daraus zu gestalten. In meinem ersten Vorschlag ist diese Aufgabe noch etwas komplizierter insofern, als ein Epigramm mit 6 Distichen angeboten wird, dessen Zeilen zwar die Versform (Hexameter – Pentameter im Wechsel), aber nicht die textgemäße Reihenfolge beachten. Für die Aufgabenstellung bedeutet dieses, daß die Lösung nur dann richtig sein kann, wenn neben den Kriterien für einen Text auch das Versmaß beachtet wird. Dieser zweifache Maßstab und die unübersehbare Häufung von Stundenangaben machen die Lösung der Aufgabe dennoch relativ leicht.[9]

Im Folgenden sind die Verse in der oben beschriebenen Reihenfolge aufgeführt:
Prima salutantes adque altera conterit hora,
    Sexta quies lassis, septima finis erit,
Hora libellorum decima est, Eupheme, meorum,
    Exercet raucos tertia causidicos,
Et bonus aetherio laxatur nectare Caesar
    Imperat exstructos frangere nona toros:
Tunc admitte iocos: gressu timet ire licenti
    Ingentique tenet pocula parca manu.
In quintam varios extendit Roma labores,
    Ad matutinum nostra Thalia Iovem.
Sufficit in nonam nitidis octava palaestris,
    temperat ambrosias cum tua cura dapes

Will man die Aufgabe noch etwas erleichtern, so kann man statt der Reihenfolge der Einzelverse die Reihenfolge der Distichen verändern. Die Vorlage könnte dann so aussehen:
Et bonus aetherio laxatur nectare Caesar
    Ingentique tenet pocula parca manu.
Sufficit in nonam nitidis octava palaestris,
    Imperat exstructos frangere nona toros:
Prima salutantes adque altera conterit hora,
    Exercet raucos tertia causidicos,
Tunc admitte iocos: gressu timet ire licenti
    Ad matutinum nostra Thalia Iovem.
In quintam varios extendit Roma labores,
    Sexta quies lassis, septima finis erit,
Hora libellorum decima est, Eupheme, meorum,
    temperat ambrosias cum tua cura dapes

Die Aufgabenstellung könnte lauten:
a) Bringe die Distichen in eine textgerechte Reihenfolge![10] – Zur Kontrolle der Lösung kann Martial IV 8 herangezogen werden.[11]
b) Welche Kriterien waren für deine Textgestaltung maßgebend?
c) Welche Überschrift würdest du dem Epigramm geben?[12]

Diese Aufgabe kann sicherlich in einer Klasse 10 gestellt werden. In einer Klasse 7 wurde in Anlehnung an Ianua Nova A I, Lektion 21 E I folgende Übungsaufgabe gestellt: Die folgenden Sätze eines dir bekannten Textstückes sind ein wenig durcheinandergeraten. Bringe sie bitte durch Numerierung wieder in eine vernünftige Reihenfolge, die Textcharakter hat!

Tum incolae Athenarum nuntio Spartam misso a Lacedaemoniis auxilium petiverunt.
Ita incolae Athenarum apud Marathonem hostes exspectabant.
Primo Persarum bello Darius multis navigiis coactis copias in Graeciam transportavit.
Sed Lacedaemonii diebus festis prohibiti auxilium ferre non potuerunt.
Tota planitie a [so in der Vorlage] *militibus Persarum completa incolae Athenarum, quorum numerus non erat magnus, spem salutis in fortitudine ponebant.*

Mit dieser Aufgabe sollte auch das Verständnis für die Funktion von Konnektoren für den Textablauf überprüft werden. Bereits in Klasse 5 wurde im Anschluß an Ianua Nova A I, Lektion 2 folgende Übung gegeben:

a) Versuche aus folgenden Sätzen nach Möglichkeit einen Text zusammenzustellen:
   Paula gaudet. Syrus laborat. Paula interrogat. Lucius vocat. Syrus respondet. Quis vocat? Paula canit. Paula laborat.
b) Gib in Stichwörtern die wichtigsten Veränderungen an, die du vorgenommen hast (z.B. „Wörter weggelassen")! – (Voraussetzt für die Lösung dieser Aufgabe ist, daß die genannten Personen bereits vorgestellt wurden.)

Solche und ähnliche Übungen könnten schon in einem frühen Stadium des Lateinunterrichts zu einem ersten Satz- bzw. Textverständnis beitragen. Nur Übungsformen mit diesem Ziel wurden bisher berücksichtigt. Es wäre denkbar, eine Fülle anderer Übungen zur Textarbeit zusammenzustellen, etwa zur Rhema-Thema-Gliederung[13], zur Reliefgebung[14], zur Kohärenz[15] und zu manchen anderen Aspekten. Statt dessen möchte ich im Folgenden exemplarisch einige mögliche Übungsformen aus dem morphosyntaktischen Bereich vorstellen (auch, um den falschen Eindruck zu beseitigen, daß die Morphosyntax im heutigen Lateinunterricht keine oder kaum noch eine Bedeutung habe), ferner aus dem Bereich der Semantik und zur Funktion des Sprachvergleichs. Für den Bereich der Morphosyntax gilt, daß die Funktion Vorrang vor der Form hat.

2 Übungsformen im morphosyntaktischen Bereich

2.1 Übung zum Verständnis der adv. Funktion von Akk. bzw. Abl. + Präposition

In einer Klasse 5 wurde im Anschluß an Ianua Nova A I, Lektion 5 folgende Aufgabe zur Übung und Verständniskontrolle gegeben:
a) Vergleiche die Bilder II–V mit dem Bild I!
b) Schreibe in Anlehnung an Bild I unter Verwendung der dort vorkommenden Präpositionen an jede mit ★ versehe Stelle der Bilder II–V den dort angebrachten präpositionalen Ausdruck! (Die Pfeile stehen für ein Verb der Bewegung.)
c) Was gibt der jeweilige Kasus an jeder einzelnen Stelle der lateinischen Formulierung an?
d) Bei welchen Angaben zu Bild I besteht ein Unterschied zwischen der lateinischen und der deutschen Denkweise? – Beschreibe bitte diesen Unterschied!

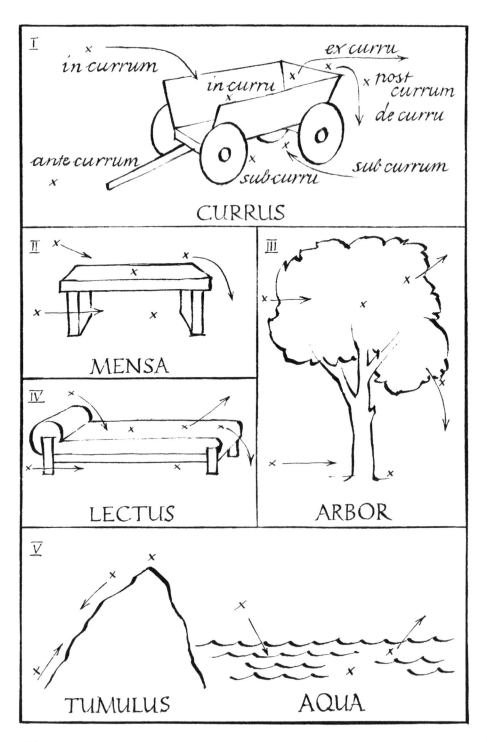

2.2 Übung zum Verständnis des a.c.i. und seiner möglichen Funktion im Satzbauplan

Die folgende Übung wurde in einer Klasse 5 im Anschluß an Lektion 4 der Ianua Nova A I in einer etwas abgewandelten Form erprobt.

a) Bestimme unter Verwendung der dir bekannten Zeichen in Anlehnung an Satz 1 die Satzteile der folgenden Sätze!
b) Gib zu jedem dieser Sätze die dir aus Lektion 4 bekannte Regel an! (Die Aufgaben werden hier mit der Lösung präsentiert.)

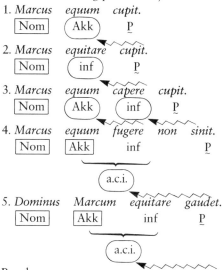

Regeln:
ad 2.: Der Infinitiv kann die Stelle des Akk.Obj. einnehmen.
ad 3.: Der Infinitiv kann seinerseits wieder ein von ihm abhängiges Objekt haben.
ad 4.: Akkusativ und Infinitiv können zusammen ein Objekt bilden (a.c.i.).
ad 5.: Häufig kann der a.c.i. nicht wörtlich übersetzt werden. Wir verwenden dann zu seiner Wiedergabe einen „daß-Satz".

Selbstverständlich kann man statt der in der Ianua Nova eingeführten Zeichen auch die sonst üblichen Zeichen (S = Subjekt; AO = Akkusativobjekt; AS = Akkusativsubjekt oder Subjektsakkusativ) verwenden.

3 Übungen zur Semantik

3.1 Polysemie – Monosemierung

Wilsing gibt in seiner Methodik zwei Grundsätze an, die bereits „bei der ersten Einführung neuer Wörter" zu beachten sind:
1. Es gibt keine Wortgleichungen.
2. Viele Wörter erhalten ihren spezifischen Sinn erst durch die Sprechsituation, die sich aus dem ganzen Satz ergibt.[16]

Dem ersten Grundsatz wird man ohne weiteres zustimmen können.[17] Bei dem zweiten Grundsatz – sowie der daraus gezogenen Konsequenz: der Schüler muß frühzeitig daran gewöhnt werden, den speziellen Wortsinn aus dem Satzzusammenhang zu erschließen[18] – ergeben sich dann doch einige Bedenken. Es soll nicht bestritten werden, daß in vielen Fällen der Wortsinn aus dem Satzzusammenhang erschlossen werden kann. Das „Compendium Linguae Latinae" führt dazu eine Fülle von Beispielen an[19], ebenso das Lehrbuch „Porta"[20]. Fragwürdig bleibt jedoch bei allen die Beschränkung auf den ‚Satz'. Der Satzzusammenhang kann nicht das letzte und einzige Kriterium für die spezifische Wortbedeutung sein, wenn, wie wir gesehen haben, sprachliche Äußerungen nur als Texte verständlich sind. Vielmehr gilt der Satz: Isolierte Textkonstituenten sind polysem; durch die Integration in Texte werden sie monosemiert; erst dann kommen Referenzanweisungen zustande.[21] Bei Bornemann (Neuausgabe) C I/1 finden wir unter T 8, 7 den Satz: *Nunc etiam liberi clamant.* Das Wort *liberi* ist vom Satzzusammenhang her nicht determiniert (Jetzt schreien auch die Freien – oder: die Kinder.) Nur im Zusammenhang von T 7 und T 8, in denen berichtet wird, daß ein Vater mit seinen Kindern in den Zirkus geht, bekommt *liberi* seine spezielle Bedeutung: Kinder. Unter T 15,9 finden wir: *Apud Tacitum legimus milites aliquando centurioni suo per iocum vocabulum „cedo alteram" dedisse.* – Wer ist die *altera*? Etwa eine Dame? – Warum plötzlich der Singular *cedo*, wenn doch mehrere Soldaten sprechen? Spricht etwa einer für alle oder gar der Centurio selbst? Sagt der Satz also: „Ich überlasse dir eine andere?" Jeder Schüler wird unter *cēdo* nachschlagen und dort finden, daß dieses Verb auch transitiv gebraucht werden kann (wenn auch selten). Erst der Textzusammenhang macht deutlich, daß mit *altera* eine zweite Rute gemeint ist, nachdem die erste von dem Centurio auf dem Rücken eines Soldaten zerschlagen wurde, und daß das Wort *cedo* unter *cĕdo* – „gib her" – „her mit" zu finden ist. In T 20,7 heißt es: *Post reditum rex Atticae factus Theseus homines, qui adhuc in vicis et aedificiis rusticis habitabant, in unam civitatem coegit incolisque unum consilium dedit.* – Was liegt näher, als *consilium dare* mit „einem Rat erteilen" zu übersetzen, wenn auch der Relativsatz und die Wortwiederholung *unam – unum* zum kritischen Nachdenken anregen sollten.

Diese Beispiele wurden bewußt den Lektionen eines modernen Unterrichtswerkes zur Erlernung der lateinischen Sprache entnommen, einmal, um auch hiermit nochmals die Richtigkeit des didaktischen Ansatzes zu unterstreichen, zum anderen, um zu verdeutlichen, daß das Problem der Polysemie und der Monosemierung bereits im frühesten Stadium des Unterrichts bewußt gemacht werden muß.

Übungen:
Der Satz *Nunc etiam liberi clamant* bereitet dir trotz seiner scheinbaren Einfachheit einige Verstehensschwierigkeiten – woran liegt das? (*nunc* deutet auf einen Zeitpunkt hin, den ich nicht kenne. – *etiam* verbindet zwei schreiende Gruppen miteinander, die ich nicht kenne. – Ich weiß nicht, warum diese Gruppen schreien. – Zu *liberi* steht in meinem Wörterbuch *liber, -era, -erum* – frei, ungebunden, sorgenfrei, ungezwungen, selbständig; subst.m. der Freie, bsd.pl. *liberi, -orum* – die freigeborenen Kinder. Ich weiß nicht, welche Bedeutung hier paßt.)

Kein Wort dieses Satzes ist also aus dem Satzzusammenhang verständlich. Was tun? Welche Überlegung drängt sich dir auf? Es muß vorher im Text eine Gruppe genannt sein, die gleichzeitig mit dieser neuen Gruppe schreit. – Der Anlaß für das Geschrei muß im Text erwähnt sein. – Die Wortbedeutung von *liberi* an dieser Stelle muß sich aus dem

Textzusammenhang ergeben, vielleicht durch die Erwähnung der *servi* oder der Eltern. – Beobachte den Text genau, und du wirst die Lösung aller Probleme schnell finden.

Apud Tacitum legimus milites aliquando centurioni suo per iocum vocabulum „cedo alteram" dedisse. – Einige Schwierigkeiten kannst du mit Hilfe des Wörterbuches ohne weiteres klären (*per iocum* – im Scherz; *vocabulum dare* – einen Namen geben). Nicht erklären kannst du dir den Grund für die scherzhafte Bezeichnung und den Sinn der Bezeichnung selbst – beides hängt wahrscheinlich miteinander zusammen. Wie gehen wir vor? – Wir versuchen aus dem Textzusammenhang zu klären, was mit *alteram* gemeint sein kann, und stellen fest, daß es sich um eine zweite Rute handelt. Satz 10 lautet nämlich: *Cum enim vitis in militis tergo frangebatur, ille centurio clara voce alteram vitem apportari iubebat.* Es liegt nahe anzunehmen, daß dieser Satz ein typisches Verhalten eines Centurio angibt *(cum frangebatur – iubebat)* und daß der scherzhafte Beiname dieses typische Verhalten widerspiegelt. „Ich überlasse dir eine andere" wäre sinnlos. Wir schlagen das Wörterbuch wieder auf und finden neben *cēdo* – gehen, weggehen, weichen, überlassen etc. – *cĕdo* in der Bedeutung: gib her, her damit, her mit. Die scherzhafte Bezeichnung soll also sagen: „Eine andere (Rute) herbei", und diese Bezeichnung war wohl typisch für das Verhalten des Centurio. Der Textzusammenhang insgesamt bestätigt unsere Vermutung. Diese Übung macht auch deutlich, daß das Lexikon sehr kritisch gelesen werden muß.

In unserem dritten Beispiel (T 20,7) geht es eigentlich nur um die Zweideutigkeit der Wortverbindung *consilium dedit*. Die Wörterbücher geben unter *consilium dare* die Bedeutung: einen Rat erteilen, raten an. Natürlich möchte der Leser wissen, welchen (einzigen) Rat Theseus denn erteilte. Der Text schweigt dazu. Statt dessen ist von der Vereinigung der kleinen Ortschaften Attikas zu einer Gemeinde *(in unam civitatem)* durch Theseus die Rede. *unum consilium dedit* muß nach dem Textzusammenhang bedeuten: er richtete für sie eine einzige Ratsversammlung ein.

Übungen an diesen oder ähnlichen Beispielen sollten verdeutlichen, daß der Textzusammenhang die entscheidenden Kriterien zur Monosemierung liefert. Auch das Problem der Monosemierung homonymer Spracherscheinungen kann nur auf dem Weg über den Textzusammenhang gelöst werden.[22]

3.2 Das Problem der semantischen Äquivalenz

Das Problem der Bedeutungsidentität von ausgangs- und zielsprachlichen Zeichen ist eines der schwierigsten für das Verstehen lateinischer Texte und ihre Wiedergabe im Deutschen. Es betrifft im besonderen sog. ‚Herzwörter' der römischen Kultur wie *pietas, humanitas, familia, virtus, religio* u.a. Die Schwierigkeit ist bedingt durch die unterschiedliche Referenz der lateinischen Wörter und ihrer lexikalischen Bedeutung im Deutschen. Besonders schwierig wird das Problem bei Wörtern, die wir als Fremdwörter übernommen haben (etwa: Familie, Religion), mit denen wir aber andere Konnotationen verbinden als der Römer. Hierzu zwei Beispiele: *Usus est familia, si utilitate iudicandum est, optima, si forma, vix mediocri* (Nepos, Atticus 13). Auch dieser Satz ist nur aus dem Textzusammenhang verständlich, d.h. unter Berücksichtigung von Kontext und Kotext. Man muß wissen, was der Römer unter *familia* verstand, deren Qualität nach *utilitas* und *forma* beurteilt werden konnte. Eine Übersetzung (von Wirth, Goldmann) lautet: Seine

133

Dienerschaft war, vom Standpunkt ihrer Verwendbarkeit aus betrachtet, hervorragend, dem Aussehen nach kaum mittelmäßig. Die Wiedergabe von familia durch „Dienerschaft" ist an dieser Stelle angebracht, denn im Folgenden ist nur von einer bestimmten Gruppe der *familia* die Rede, von den *pueri*, die für Diener typische Dienste verrichten. – Das zweite Beispiel: *De pietate autem Attici quid plura commemorem?* (Nepos, Atticus 17). – Die Schüler sollten in diesem Stadium des Unterrichts mit der Problematik der semantischen Äquivalenz bereits vertraut sein. Sie wissen auch um die Vieldeutigkeit des Begriffes *pietas*. Sie werden also (hoffentlich) den Weg gehen, den sie seit den ersten Lateinstunden gewöhnt sind, und versuchen, den vieldeutigen Begriff über den Textzusammenhang zu klären. So werden sie feststellen, daß der Begriff an dieser Stelle nicht etwa „Frömmigkeit" meint, sondern ein bestimmtes „rücksichtsvolles Verhalten" seinen nächsten Angehörigen gegenüber. Der o. a. Übersetzer überträgt den Satz richtig so: „Was soll man noch vom Verhalten des Atticus gegen seine Angehörigen sagen?"

Diese und ähnliche Beispiele werden zu der Gewohnheit führen, nicht vorschnell Übersetzungen von Einzelsätzen zu versuchen, sondern das Textganze im Auge zu behalten und so eine Klärung typisch römischer Begriffe zu suchen. Die Schüler werden auch zu der Einsicht kommen, daß wir für manche dieser Begriffe kein äquivalentes deutsches Wort haben, sondern daß wir sie umschreiben oder kommentieren müssen. Die Problematik des Übersetzens wird ihnen zunehmend deutlich, auch die Tatsache, daß es die sogenannte adäquate Übersetzung nicht gibt, sondern daß sich der Übersetzer ständig um eine optimale Äquivalenz bemühen muß.

4 Der Übersetzungsvergleich

Übersetzungsvergleiche sind auch im frühesten Stadium des Lateinunterrichts geeignet, das Bewußtsein für die Schwierigkeit des Übersetzens und für die Möglichkeiten und Grenzen verschiedener Sprachen zu schärfen und die Notwendigkeit der Sprachreflexion und damit der Auseinandersetzung mit dem lateinischen Original einsichtig zu machen. So fordert Nickel Vorübungen zum Übersetzungsvergleich „schon in der ersten Phase des einführenden Sprachunterrichts"[23]. Die hessischen RRL Sek I sprechen dieses Thema an vielen Stellen an.[24] Das Unterrichtswerk „Contextus" fordert bereits in Lektion I zum Sprachvergleich auf. Die Operation soll hier zu folgender Einsicht führen: „In der lateinischen Sprache wird vieles anders ausgedrückt als im Deutschen. Bei der Übertragung ins Deutsche müssen wir deshalb lateinische Äußerungen oft anders wiedergeben. Dabei müssen wir überlegen, welche Ausdrucksweise der lateinischen Mitteilung möglichst genau entspricht. So werden wir durch die lateinische Sprache angeregt, die Möglichkeiten unserer Sprache zu prüfen. Dabei lernen wir ihre eigene Art besser kennen. Wir sollen sie am Ende besser gebrauchen können."[25]

Um vergleichen zu können, braucht man Vergleichspunkte. Man kann solche Vergleichspunkte von der Lerngruppe durch eine offene Aufgabenstellung (z.B.: Vergleicht die Übersetzung mit dem Original: Was stellt Ihr fest?) erarbeiten und ordnen lassen, oder man kann sie durch eine gezielte Aufgabenstellung (z.B.: Vergleicht die Übersetzung mit dem Original unter dem Gesichtspunkt der Wortfolge, der Satzlängen, des Tempusgebrauch! usw.) vorgeben.[26] Nach welchen Vergleichspunkten der Vergleich durchgeführt wird, hängt von den Textgegebenheiten und der Zielsetzung des Vorhabens ab. Im Folgenden soll nicht ein Detailvergleich vorgeführt werden, sondern durch eine vergleichende Strukturanalyse der Fabel Phaedrus I 1 und der Bearbeitung dieser Fabel durch Lessing und Arntzen der Zusammenhang von Struktur und Aussageabsicht verdeutlicht werden. Vorausgesetzt ist, daß die Schüler das Aufbauschema der Fabel: res – actio – reactio – eventus – epimythion kennen und die Gliederung der Fabel Phaedrus I 1 nach diesen Gesichtspunkten erkannt haben.

Lupus et agnus

> Ad rivum eundem lupus et agnus venerant
> Siti compulsi; superior stabat lupus
> Longeque inferior agnus. Tunc fauce improba
> Latro incitatus iurgii causam intulit.
> „Cur", inquit, „turbulentam fecisti mihi
> Aquam bibenti?" Laniger contra timens:
> „Qui possum, quaeso, facere, quod quereris, lupe?
> A te decurrit ad meos haustus liquor."
> Repulsus ille veritatis viribus:
> „Ante hos sex menses male", ait, „dixisti mihi."
> Respondit agnus: „Equidem natus non eram."
> „Pater hercle tuus", ille inquit, „male dixit mihi."
> Atque ita correptum lacerat iniusta nece.
>   Haec propter illos scripta est homines fabula,
> Qui fictis causis innocentes opprimunt.
>
>   (Phaedrus I 1)

Der Wolf und das Schaf

Der Durst trieb ein Schaf an den Fluß; eine gleiche Ursache führte auf der anderen Seite einen Wolf herzu. Durch die Trennung des Wassers gesichert und durch die Sicherheit höhnisch gemacht, rief das Schaf dem Räuber hinüber: „Ich mache dir doch das Wasser nicht trübe, Herr Wolf? Sieh mich recht an, habe ich dir nicht etwa vor sechs Wochen nachgeschimpft? Wenigstens wird es mein Vater gewesen sein." Der Wolf verstand die Spötterei; er betrachtete die Breite des Flusses und knirschte mit den Zähnen. Es ist dein Glück, antwortete er, daß wir Wölfe gewohnt sind, mit euch Schafen Geduld zu haben, und ging mit stolzen Schritten weiter.

                                                                                    (G. E. Lessing)

Wolf und Lamm

Der Wolf kam zum Bach. Da entsprang das Lamm.
Bleib nur, du störst mich nicht, rief der Wolf.
Danke, rief das Lamm zurück, ich habe im Aesop gelesen.
                                    (Helmut Arntzen)

Die Aufgabenstellung könnte lauten: Versucht das an Phaedrus I 1 erarbeitete Aufbauschema auf die Fassungen dieses Stoffes durch Lessing bzw. Arntzen zu übertragen!
  Das Ergebnis dieses Vergleichs ist verblüffend:

Lupus et agnus

Phaedrus:	*actio*	Wolf
	reactio	Lamm
	Ergebnis	Tod des Lammes
	Moral	1. Der Böse findet immer einen Grund, Unrecht zu tun.
		2. Mit Bösewichten soll man sich nicht einlassen.
Lessing:	*actio*	Lamm
	reactio	Wolf
	Ergebnis	Wolf unterliegt
	Moral	Auch der Schwächere, wenn er sich in Sicherheit befindet, kann boshaft sein gegenüber dem Stärkeren.
Arntzen:	*actio*	Lamm
	reactio	Wolf
	Ergebnis	Wolf unterliegt
	Moral	1. Der Gebildete ist überlegen.
		2. Aus der Literatur kann man für sein Leben lernen.

Der formale Aufbau bleibt derselbe. Aber durch den Rollentausch der Antagonisten, der bereits in der Schilderung der Ausgangslage (res) vorbereitet wird, werden völlig verschiedene Intentionen der Verfasser deutlich.[27]

Dieser Aufsatz sollte und konnte nur einige der vielen Übungsformen im Lateinunterricht der Sekundarstufe I berücksichtigen. Die Auswahl erfolgte im wesentlichen unter der Fragestellung: „Um welche Übungsformen könnte der heutige Lateinunterricht, für den Sprachreflexion als Unterrichtsprinzip gilt, bereichert werden?" Auch unter dieser einengenden Fragestellung konnten im Rahmen eines solchen Aufsatzes nur einige Möglichkeiten aufgezeigt werden, die vielleicht als Anregung dienen können.

Literatur

Ahrens, E. (Hrsg.): Lateinausbildung im Studienseminar. Frankfurt a. M. ²1966.
Bornemann, Lateinisches Unterrichtswerk, Ausgabe C. Neubearbeitet von Ernst Gebhardt, Paul Kroh, Kurt W. Reinhardt. Frankfurt a. M. o. J.
Contextus. Eine Einführung in das Lateinische als 2. Fremdsprache. Von Dieter Gaul, Willibald Heilmann, Wilhelm Höhn und Udo Pürzer. Frankfurt a. M. 1977.
Djuranovic, M.: Tierfabeln des Phaedrus als Anfangslektüre in einer 10. Klasse (Gattungsaspekte und Sprachvergleich). Pädagogische Prüfungsarbeit. Fulda 1984.
Dressler, W.: Einführung in die Textlinguistik. Tübingen 1972.
Frings, U./Keulen, H./Nickel, R.: Lexikon zum Lateinunterricht. Freiburg 1981.
Gebhardt, E.: Mögliche Methoden und Arbeitsweisen bei der Verwendung zweisprachiger Texte. In: Latein. Aufsätze zur Textarbeit. Sekundarstufe I (Sonderreihe der Veröffentlichungen des HIBS – Heft 2, 1978).
Glücklich, H.-J.: Lateinunterricht. Didaktik und Methodik. Göttingen 1978.
Gruber, J./Maier, F. (Hrsg.): Alte Sprachen (Handbuch der Fachdidaktik). München 1982.
Haeger/Schmidt: Compendium Linguae Latinae. Stuttgart o. J.
Heilmann, W.: Textverständnis aus der Textstruktur bei der Lektüre lateinischer Prosa. In: AU XVIII 2/1975, 5 ff.
Der Hessische Kultusminister: Rahmenrichtlinien S I Latein. Wiesbaden 1976, Neufassung 1985.
Höhn, W.: Der textgrammatische Betrachtungsaspekt und seine Bedeutung für die Lernerfolgskontrolle im Lateinunterricht. In: AU XVIII 2/1975, 65 ff.
Höhn, W.: Lateinischer Anfangsunterricht unter Berücksichtigung textgrammatischer Gesichtspunkte. In: AU XXII 2/1979, 13 ff.

Höhn, W./Zink, N. (Hrsg.): Handbuch für den Lateinunterricht – Sekundarstufe II. Frankfurt a. M. 1979.
Jäkel, W.: Methodik des altsprachlichen Unterrichts, Heidelberg 1966
Kallmeyer, W./Klein, W./Meyer-Hermann, R./Netzer, K./Siebert, H. J.: Lektürekolleg zur Textlinguistik Band 1. Frankfurt a. M. 1974.
Keulen, H.: Original oder Übersetzung. In: Anregung 20, 1974, 16–22.
Klinz, A.: Die Verwendung gedruckter Übersetzungen. Vergleichung mehrerer Übersetzungen: die Grenzen der Übersetzbarkeit. In: Ahrens, E. (Hrsg.): Lateinausbildung im Studienseminar. Frankfurt a. M. ^{2}1966, 139–144.
Krüger, M./Hornig, G.: Methodik des altsprachlichen Unterrichts. Frankfurt a. M. 1959.
Lohmann, D.: Dialektisches Lernen. Die Rolle des Vergleichs im Lernprozeß. Stuttgart 1973.
Marouzeau, J.: Das Latein. Gestalt und Geschichte einer Weltsprache. München 1969.
Nickel, R.: Übersetzen und Übersetzung. Ein Plädoyer für die Verwendung von Übersetzungen im altsprachlichen Unterricht. In: AU XV 4/1972, 5–21.
Nickel, R.: Die Alten Sprachen in der Schule. Kiel 1974.
Nickel, R.: Lateinisch und Deutsch. Übersetzung und Sprachvergleich. Freiburg/Würzburg 1977.
Nickel, R.: Voraussetzungen und Möglichkeiten der Arbeit mit zweisprachigen Texten. In: Latein. Aufsätze zur Textarbeit. Sek I (Sonderreihe der Veröffentlichungen des HIBS – Heft 2, 1978) 19–25.
Nickel, R.: Die Arbeit mit Übersetzungen. In: Höhn, W./Zink, N. (Hrsg.): Handbuch für den Lateinunterricht Sekundarstufe II. Frankfurt a. M. 1979, 191–205.
Porta. Lehrbuch für Latein als zweite Fremdsprache. Von Habenstein, Zimmermann, Wilsing, Hermes. Stuttgart o. J.
Riedel, W.: Materialien zum Unterricht Latein 1, Sek I. HIBS – Heft 8, 1978, 50 ff.
Schmidt, K.: Mehrdeutigkeit und Determination. In: AU XI 2/1968, 68 ff.
Schmidt, S. J.: Texttheorie. München 1973 (UTB 202).
Steinthal, H.: Zum Aufbau des Wortschatzes im Lateinunterricht. In: AU XIV 2/1971, 20 ff.
Störig, H. J. (Hrsg.): Das Problem des Übersetzens. Darmstadt 1963.
Vester, F.: Die gedruckte Übersetzung im altsprachlichen Unterricht. In: Anregung 22, 1976, 147–161.
Wandruzka, M.: Sprachen. Vergleichbar und unvergleichlich. München 1969.
Wilsing, N.: Die Praxis des Lateinunterrichts, Teil I. Stuttgart ^{2}1964.
Windmeier, H.: Quidam, quaedam, quoddam – ein gewisser? Überlegungen zur Berechtigung einer Wortgleichung. In: AU XVI 2/1973, 62 ff.

Anmerkungen

1 Neuere Unterrichtswerke, die nach dieser Zielsetzung konzipiert sind, haben solche Übungsformen konsequenterweise weitgehend aufgenommen, z. B. „Contextus" in den D-Teilen der einzelnen Lektionen und die Neubearbeitung des Lat. Unterrichtswerkes von Bornemann, Ausgabe C, in seinen Ü-Teilen. – Um Mißverständnissen vorzubeugen: Es soll hier nichts gegen eine Systematisierung, auch nichts gegen das Einüben von Formen und Regeln gesagt sein; sie haben nach wie vor ihren Platz im Lateinunterricht, allerdings einen anderen als früher.
2 Vgl. Haeger/Schmidt: Compendium Linguae Latinae, 96.
3 Vgl. hierzu Dressler, 1972, 59; Höhn, 1975, 68 f.; Schmidt, 1973, 151, Anm. 4; ferner: Bornemann C I/1, 46, 74, 73; hier wird deutlich unterschieden zwischen Sprichwörtern, die aus sich heraus verständlich sind, und solchen, die eines konkreten Situationsbezuges bedürfen.
4 Vgl. hierzu Dressler, 1972, 111; Schmidt, 1973, 151.
5 Schmidt, 1973, 153.
6 Ebenda.
7 Dressler, 1972, 93.
8 Ebenda.
9 Zur Bedeutung der Merkmaldominanz für das Textverständnis vgl. Kallmeyer/Klein/Meyer-Hermann/Netzer/Siebert, 1974, 146.

10 Diese Variation der Aufgabenstellung wurde in einem Unterrichtsversuch erprobt und hat sich als durchaus lösbar erwiesen.
11 Ähnliche Aufgabenstellungen an einem Prosatext bietet Höhn, 1975, 76; ferner Höhn, in: Höhn/Zink, 1979, 144 f.
12 Zur Schwierigkeit, eine richtige Überschrift zu einem Text(stück) zu finden, vgl. Dressler, 1972, 18 ff.
13 Hierzu ein Beispiel bei Glücklich, 1978, 97 f.
14 Vgl. hierzu Höhn, 1975, 75 ff.
15 Vgl. hierzu Heilmann, 1975, 9 ff.
16 Wilsing, ²1964, 23.
17 Dieser Satz kann als Regel gelten, auch wenn es Ausnahmen gibt (z. B. Zahlwörter). Vgl. hierzu Nickel, 1977, 113.
18 Wilsing, ²1964, 24.
19 Haeger/Schmidt, Compendium, § 138.
20 Porta I, o. J., 56 und 64.
21 Kallmeyer/Klein/Meyer-Hermann/Netzer/Siebert, 1974, 52. Zur Polysemie und Monosemierung vgl. ebenda, 115 ff., ferner 149–157.
22 K. Schmidt führt in seinem Beitrag „Mehrdeutigkeit und Determination" (1968, 71 ff.) eine Fülle solcher Homonyma an.
23 Nickel, in: Höhn/Zink, 1979, 203.
24 RRL, 1976, unter 1.1.4; 1.1.6; 1.1.7; 1.3.2; 3.1 (S. 20); 4.1.1 (S. 62); 4.1.3 (S. 64); 4.1.4 (S. 65); 4.2.1 (S. 68); 4.3.2.2 (S. 82); 6.2.1 (S. 115); 7.3 (S. 125); RRL, 1985, 5 ff.
25 Contextus, Teil 1, 1977, 7.
26 Riedel, 1978, 50 ff., führt mögliche Vergleichspunkte an; ebenso Nickel, 1978, 19–25.
27 Dieser Übersetzungsvergleich wurde in einer Unterrichtsreihe in einer Klasse 10 durchgeführt und in einer pädagogischen Prüfungsarbeit festgehalten: Djuranovic, 1984. In dieser Arbeit werden auch Vergleiche nach anderen Gesichtspunkten (Morphosyntax, Semantik) beschrieben.

Horst Meusel

Wortschatzarbeit

„Man suche nicht nach der Bedeutung eines Wortes, sondern nach seiner Verwendung."

(Wittgenstein)

1 Das Problem[1]

Bei der Einführung neuer Wörter anhand von Texten lernt der Schüler sehr häufig nicht deren Bedeutung, sondern eine ‚aktuelle Meinung' kennen, die durch den jeweiligen ‚Kontext' definiert wird. Erst aus der Vielzahl solcher Meinungen in verschiedenen Kontexten erwächst nach und nach eine Vorstellung von der Bedeutung eines Wortes (vgl. etwa *ducere* und seine Verbindungen).

Jede Sprache zeigt unterschiedliche Sichtweisen, Gliederungen, Interpretationen der Realität und der Vorstellungsbereiche (vgl. z. B. *caeruleus*), so daß Wortgleichungen auch aus diesem Grunde weitestgehend ausgeschlossen sind.

Beim Lateinlernen ergeben sich zusätzliche Schwierigkeiten aus der Verschiedenheit unserer Vorstellungen von Dingen, Sachverhalten, Begriffen und Normen aufgrund der Wandlungen einer zweitausendjährigen Geschichte einschließlich der geographischen und mentalen Besonderheiten (vgl. *villa, familia* usw.).

Unterschiedliche Erfahrungen der Individuen führen häufig zu Abweichungen in Umfang und Nuancierung von Bedeutungen in kognitiver und emotiver Hinsicht, in ihren Assoziationen, Wertungen und Abgrenzungen.

Das bloße Auswendiglernen isolierter Bedeutungen nach Vokabellisten – eine verbreitete Praxis – ist zudem nach den Erkenntnissen der Lernpsychologie und angesichts reduzierter Anwendung, Übung und Wiederholung im Unterricht aufgrund des schwindenden Stundenanteils des Faches nicht hinreichend wirkungsvoll, wie Erfahrungen zeigen.

Wie also soll Wortschatzarbeit angemessen und zweckmäßig betrieben, wie sollen Wörter gelernt werden?

Zur Beantwortung dieser Frage ist es hilfreich, sich zunächst die grundlegenden Annahmen und Ergebnisse aus Lernpsychologie, Semantik und Grammatik in der hier gebotenen Kürze vor Augen zu führen.

1.1 Lernpsychologische Grundlegung

Auch wenn angesichts der Komplexität des Lernprozesses und unterschiedlicher theoretischer Ansätze eindeutige Aussagen über seine Gesetzmäßigkeiten eingestandenermaßen nicht verfügbar sind, unterliegt es jedoch keinem Zweifel, daß der Lernvorgang solchen Gesetzen gehorcht.[2] Von diesen Annahmen und Erkenntnissen sind besonders die folgenden für unsere Zwecke, bei denen es um Einprägung, Ordnung und Verarbeitung von Lernmaterial geht, von Belang:

Auf der Grundlage der Erkenntnis, daß Vereinzelung die schlechteste Bedingung für das Lernen und Behalten darstellt, wird sich organisiertes Lernen bemühen, vorhandene Beziehungen, Zusammenhänge, Gestalten und sinnvolle Kontexte zu nutzen bzw. herzustellen.

Entdecken, Verstehen, Veranschaulichen, Strukturieren, Assoziationen-Stiften – nach

Möglichkeit in Selbsttätigkeit des Lernenden – sind Lernarten, die das Behalten fördern und zudem die Möglichkeit der Reproduktion eines Zusammenhangs einschließen.

Gliedern und Ordnen sind offensichtlich Grundphänomene jeder Wahrnehmung und damit auch des Lernens. Dazu gehören Veranschaulichung und graphische Struktur für das visuelle Gedächtnis, nach Ordnungsgesichtspunkten organisierte Reihen, die gewohnte grammatikalische Sprachstruktur (Syntax als Ordnungsprinzip) und besonders die verschiedenen Formen der Assoziation:
– Verknüpfung von Elementen, die gleichzeitig oder kurz nacheinander ins Bewußtsein treten (Kontiguität),
– Berührung mit bereits gelernten Elementen aufgrund ihrer Ähnlichkeit bzw. ihres Sachzusammenhangs,
– Verknüpfung mit logischen bzw. semantischen Korrelaten,

alle drei Formen in unmittelbarer (z. B. *lux – dies/sol*) und mittelbarer Assoziation *(lux – dies – nox)*.

Bei solchen lernbezogenen Ordnungsvorgängen ist zu beachten, daß außer Gliederungsaspekten des Materials und allgemeinen Organisationstendenzen des zentralen Nervensystems auch Gruppierungen durch das Individuum nach seinen persönlichen Erfahrungen mit Inhalten dieser Art eine Rolle spielen, die nicht immer voraussagbar sind.

Zu berücksichtigen sind außerdem bekannte Prinzipien wie:
– Dosierung des Lernstoffes, wobei der ‚Positionseffekt' (Anfangs- und Schlußstellung in einer Reihe) genutzt werden kann;
– Verteilung der Übungsphasen, bei denen eine Aufwärm-Phase oder der sog. ‚Reminiszenzeffekt' (gesteigerte Effektivität nach einer kurzfristigen Lernpause) förderlich sein kann;
– Berücksichtigung der immanenten Repetition neben der expliziten Wiederholung, wobei wichtige/schwierige Elemente verstärkt werden können;
– Vermeiden gleichzeitiger Einführung ähnlicher, verwechselbarer Materialien wegen möglicher Interferenzerscheinungen u. a. m.

Daß auch dem Lernen ohne ausdrückliche Instruktion im Unterricht eine beachtliche Rolle zukommt und die Einstellung zum Lernen gerade auch über die Form der Arbeitsanweisung beeinflußbar und für den Erfolg bedeutsam ist, sei noch angemerkt.

Da das Wörterlernen für den Schüler mit Latein als erster Fremdsprache eine neue Lern- und Arbeitsform darstellt, die für seinen Erfolg in diesem Fach von entscheidender Bedeutung ist, benötigt er besonders für die individuelle Arbeitsphase zu Hause ausdrückliche Hinweise auf günstige Lernbedingungen[3]:
– Zeitpunkt (in der Regel nicht gleich nach dem Mittagessen),
– Verteilung (vor und nach den schriftlichen Aufgaben, am Abend, am nächsten Tag, nach einer Woche usw.),
– Verfahren (mehrfaches lautes Sprechen zur Beteiligung des akustischen Gedächtnisses, u. U. mit motorischen Hilfen; Einprägen der Wortgestalt durch Schreiben),
– Gewichtung (Unterstreichen, Ankreuzen, Herausschreiben von Wörtern),
– Zusammenhänge (Wortverbindungen des Einführungstextes; Gruppierung nach Wortarten, kleinen Sach- und Wortfeldern, Wortfamilien, Prä- und Suffixen, Bedeutungsverhältnissen; Ergänzung passender Attribute, Objekte, Adverbialia usw.).

Die zuletzt genannten Beispiele verweisen bereits auf semantische und grammatische

Zusammenhänge, die als Gesichtspunkte der Ordnung des sprachlichen Materials das strukturierende und verstehende Lernen fördern können. Versichern wir uns deshalb zunächst einiger Grundaussagen der Semantik als der die Bedeutung erforschenden linguistischen Disziplin, sofern sie für unser Anliegen hilfreich sein können.

1.2 Semantische Grundlegung[4]

Vorausgeschickt sei die Explikation des ‚semiotischen Dreiecks':

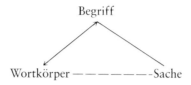

Das sprachliche Zeichen *(signum,* z. B. Wort*)* konstituiert sich im Akt der Zeichengebung *(significatio)* aus Form *(significans,* Wortkörper*)* und Inhalt *(significatum,* Begriff*)*, die in der wechselseitigen Beziehung von Bedeutung und Bezeichnung stehen. Zwischen Wörtern und Dingen *(relata)* besteht eine indirekte, durch die Bedeutung vermittelte Beziehung (Referenz).

Für die Bedeutung als Konstituens eines Wortes lassen sich drei Komponenten unterscheiden, von denen die letzte besonderes Interesse gewinnt:

— Referenz als vermittelte Beziehung zwischen Wörtern und außersprachlichen Phänomenen realer, fiktiver oder abstrakter Natur, die sich durch Zeigen, Nachahmen, Abbilden oder graphische Zeichen darstellen läßt (z. B. *bos, salire, Satyrus, Labyrinthus*).

— Kontextabhängigkeit, wobei neben der begrenzten Verwendung des Begriffs für Text und Textabschnitt die gesamte Raum-Zeit-Situation, also Handlungen, Ereignisse, Gegenstände, sowie gemeinsames Wissen, Konventionen, Meinungen und geistiger Hintergrund der an der Kommunikation beteiligten Personen einzubeziehen sind; daher bedarf es oft detaillierter Informationen pragmatischer Art, um die kontextbedingte Bedeutungskomponente eines Wortes zu erfassen.

— Sinnrelation, die selbst dort Bedeutung stiftet, wo Referenz und Kontext fehlen (z. B. *bonus*); hier definiert die Stellung des Wortes in einem System von Beziehungen mit anderen Wörtern seine Bedeutung (z. B. *bonus* in Beziehung zu *probus, melior, malus* u. a.). Die semantische Feldforschung hat nun nachgewiesen, daß der Wortschatz einer Sprache ein Geflecht von Feldern darstellt, die einerseits Binnenstrukturen aufweisen, andererseits durch Überschneidungen gekennzeichnet sind.

In welcher Weise die Bedeutung eines Wortes über die verschiedenen Felder, Satz und situativen Kontext zunehmend zu einer aktuellen Meinung präzisiert wird, mag das folgende Beispiel zeigen: *con-templa-ri*

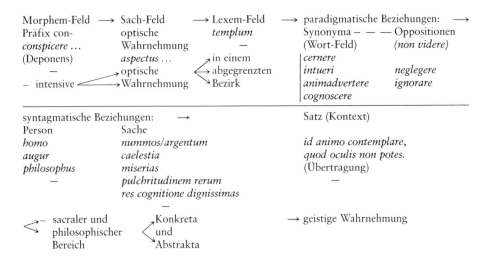

Für die in den semantischen Feldern darstellbare Sinnrelation als Komponente der Wortbedeutung lassen sich noch folgende Verhältnisse genauer unterscheiden:

1.2.1 Bedeutungsähnlichkeit versus Bedeutungsverschiedenheit
Unter den verschiedenen Stufen der Synonymie findet sich die totale Synonymie äußerst selten, da sie sowohl dem Kriterium der Auswechselbarkeit in allen Kontexten als auch dem der Gleichheit in erkenntnismäßiger und empfindungsmäßiger Bedeutung genügen muß. Häufiger ist die reine Synonymie, welche lediglich die Entsprechung in kognitiver und emotiver Bedeutung erfordert (vgl. *formido/horror* = Schaudern/Entsetzen; *timor/pavor* = Angst/Furchtsamkeit, meist mit negativer Wertung).

Neben diesen beiden strengen Formen der Bedeutungsgleichheit gibt es Synonymie im weiteren Sinne (Bedeutungsähnlichkeit bzw. -verwandtschaft) mit verschiedenen Abstufungen, solange der Gesamtsinn erhalten bleibt (vgl. ergänzend zu den genannten Synonymenpaaren für das Wortfeld *metus: sollicitudo, tremor, trepidatio, angor* sowie die übrigen, diesen Wortstämmen zugehörigen Wortarten). Merkmal dieser Synonyma ist ihr paradigmatisches Verhältnis, d. h., sie können einander als Füllungen der gleichen semantischen Funktion im Satz vertreten (vgl. *disertus/eloquens/facundus* neben *orator*).

Auch der Begriff der Bedeutungsverschiedenheit umfaßt drei abgrenzbare Verhältnisse, deren Unterscheidung nicht nur bei der Analyse sokratischer Argumentation nützlich ist:

Das Verhältnis der ergänzenden Entsprechung (Komplementarität, z.B. *masculinum – femininum, vivus – mortuus*) ist dadurch gekennzeichnet, daß solche Wörter im gleichen Kontext unvereinbar sind und die Negation des einen die Annahme des anderen einschließt.

Der klassische Bedeutungsgegensatz (Antonymie) ist davon in zweierlei Hinsicht unterschieden:
– Antonyme schließen die Negation des Gegenteils nur einseitig ein (vgl. *magnus* = *non parvus*, aber: *non magnus* ≠ *parvus*; *dives* = *non pauper*, aber: *non dives* ≠ *pauper*; die Negation fungiert als Unterscheidungsprobe zwischen zweiseitiger und einseitiger Implikation.).

- Antonyme sind abstufbar, enthalten stets einen – formal nicht markierten – Vergleich im Hinblick auf eine konventionelle Norm (mehr oder weniger; gut = besser als normal).

Ein dritter Typus des Bedeutungsgegensatzes ist die sog. Konversion, die durch das Merkmal der Umstellung bzw. Vertauschung der Rollen (Permutation) bei gegenseitiger Implikation gekennzeichnet ist (vgl. *emere – vendere, vendere – vēnire, uxor – maritus*, aber auch die Diathese aktiv – passiv sowie logische Konversen wie Ursache – Folge).

1.2.2 Überordnung versus Unterordnung
Die horizontale Sinnachse zwischen Bedeutungsgleichheit und Bedeutungsgegensatz mit ihren Zwischenstufen wird von der vertikalen, ebenfalls grundlegenden Sinnachse der Hyponymie überlagert. Dabei tritt die interessante Paradoxie auf, daß Oberbegriffe zwar umfassender sind (semantische Extension), Unterbegriffe jedoch mehr ‚Bedeutungskomponenten', d. h. mehr Information, Vorstellung, Detail, Assoziation enthalten (semantische Intension; vgl. die Hyponymie *arbor* versus *cuparissus* mit Assoziationen wie dunkelgrün, spitzkegelig, Mittelmeer, Totenkult).

1.2.3 Syntagmatische Sinnbeziehung
Dieser dem paradigmatischen Bedeutungsverhältnis komplementäre Begriff bildet die zweite grundlegende Relation, wie sie etwa in den Assoziationspaaren *mare – caeruleus, Cerberus – triceps, ventus – flare*, d. h. sinnvollen Prädikationen in Form von Attributen oder Prädikaten zum Ausdruck kommt. Es handelt sich um die semantische Beziehung Verträglichkeit/Vereinbarkeit (Kompatibilität) versus Unverträglichkeit, welche durch die semantische Valenzanalyse beschrieben wird. So sind etwa die Reihen *canis – devorare – frustum* und *canis – latrare – vehementer* kompatibel, was man von *amicus – latrare* und *magister – devorare* regulärerweise nicht sagen kann.

Wir verlassen hier den Zauberwald semantischer Betrachtungen, verzichten auf die Erläuterung bekannter Phänomene wie Homonymie, Polysemie, Metaphorik und Bedeutungswandel[5] sowie auf die Erläuterung schwieriger Begriffe wie Opposition und Konnotation. Die Bedeutung dieser semantischen Ordnungen und Gliederungen, Beziehungen und Verhältnisse für verstehendes, assoziierendes und strukturierendes Lernen ist nach den lernpsychologischen Ausführungen so unmittelbar evident, daß die Zusammenhänge nicht näher ausgeführt werden müssen. Die Erarbeitung von Sachfeldern sollte schwerpunktartig betrieben werden; Vollständigkeit ist nicht zu erreichen. Für die Verfügbarkeit, Ergänzung und Auswechslung empfehlen sich Ringbuch-Blätter.[6] Ausgangspunkt ist üblicherweise die Frequenz eines Bereichswortschatzes in einem Text, der nach und nach erweitert und aus den einschlägigen Wortkunden vervollständigt werden kann. Es ist jedoch auch möglich, bekannte Wörter eines Sachfeldes wiederholend zu sammeln und durch neue Wörter zu einem Bereichswortschatz zu ergänzen, wobei die Sinnrelationen innerhalb des Sachfeldes semantisch und mnemotechnisch als Kontext fungieren. Als Binnenstrukturen ergeben sich zumeist Hyponymie, Synonymen-Felder, Bedeutungsgegensätze und Wortfamilien.[7]

1.3 Syntaktische Grundlagen
Der Einfluß unterschiedlicher Rektion (vgl. *consulere* + Akk./Dat./*de* + Abl.) und unterschiedlicher Konstruktion (vgl. *persuadere* + a.c.i./Gliedsatz) auf die Bedeutung von Ver-

ben ist vertraut und wird meist durch Lernen entsprechender Wortverbindungen (z. B. *oraculum consulere, amico consulere*) berücksichtigt. Mit der valenzorientierten Sprachbeschreibung der Dependenzgrammatik[8] steht darüber hinaus neuerdings eine abgestimmte Begrifflichkeit zur Verfügung, um die Erscheinungen beschreibbar und übertragbar zu machen. So läßt sich in einem Vier-Stufen-Verfahren der Valenzanalyse[9] gerade bei Verben mit komplexer Bedeutung der Zusammenhang zwischen Bedeutungsunterschied und folgenden Faktoren der Verbvalenz darstellen: a) Zahl der Ergänzungen, b) Art der Ergänzungen, c) syntaktischer Charakter der Füllungen dieser Positionen, d) semantischer Charakter der Füllungen (= semantische Valenz).

Als Beispiel sei die Valenzbeschreibung von *petere* angeführt, wobei die jeweils bedeutungsverändernden Faktoren unterstrichen sind:

1. ‚angreifen' E1 E4 (obligatorisch), E4 = Akk.Subst., <u>semant. Person/Körperteil</u>
2. ‚irgendwohin gehen, sich begeben, marschieren' usw. E1 E4 (obligatorisch), E4 = Akk.Subst., <u>semant. Örtlichkeit</u>
3. ‚kandidieren für, sich bewerben um' E1 E4, E4 = Akk.Subst., <u>sem. Amt</u>
4. ‚begehren, erstreben, haben wollen, zu erreichen suchen' E1 <u>E4</u>, E4 = Akk.Subst./Pron., <u>semant. Begehrenswertes</u> (abstrakt)
5. ‚holen, nehmen' E1 E4, E4 = Akk.Subst./Pron., <u>sem. Vorhandenes</u> (konkret)
6. ‚(jn) um etwas bitten, etwas (von jm) verlangen' E1 E4 <u>E6,</u> E4 = *aliquid* /NS *ut, ne,* E6 = *ab aliquo*
7. ‚einklagen' E1 E4 (Spezialfall von 6)
8. ‚prozessieren' E1 (absoluter Gebrauch)
Beispiele: 1. *hostem/ventrem petere* 2. *extremas regiones petere* 3. *consulatum petere* 4. *salutem/id petere* 5. *aquam petere* 6. *condiciones pacis a senatu petere/petam a vobis, ut me audiatis* 7. *si quid deberetur, peteret.*
Legende der Abkürzungen:
syntaktisch: E1 = Ergänzung im 1. Fall bzw. Subjekt
            E2–E5 = Ergänzung im 2.–5. Fall bzw. Objekt
            E6 = Präpositionale Ergänzung im Akk./Abl. bzw. Präpositionalobjekt
            E7 = Umstandsergänzung im Akk./Abl. (bei Verben der Bewegung/des Aufenthalts auf die Fragen woher/wohin/wo?)
semantisch: abstr. = abstrakt, konkr. = konkret, bel. = belebt, -bel. = unbelebt, hum. = menschlich

Es versteht sich, daß die formelhaft verkürzten Beschreibungen in ihrer Abstraktheit lediglich der Ökonomie, der Verständigung und der Übertragbarkeit dienen; zum Lernen wird die jeweils aktuelle Meinung des Wortes an den Minimalkontext der sprachlichen Beispiele angebunden, aus denen man die Valenzmerkmale ablesen kann.

Ergänzend sei noch darauf hingewiesen, daß auch Nomina Valenzerscheinungen aufweisen. Hierher gehören besonders die Adjektive mit obligatorischen bzw. fakultativen Ergänzungen im Gen./Dat./Abl. (vgl. *peritus, similis, contentus*) sowie Verbalabstrakta (vgl. *amor, timor*) und Nomina agentis *(laudator, scriptor)* mit dem sog. Genitivus obiectivus, die sich als Oberflächenstrukturen zumeist auf einen zugrundeliegenden Satz zurückführen lassen; sie sollten als Wortverbindungen gelernt werden.

2 Didaktische und methodische Probleme der Einführung

2.1 *Grundlegung*

Folgende Verfahrensweisen, die in jedem einzelnen Fall nach Voraussetzungen, Lernökonomie und Effektivität abzuwägen sind, kommen für die Einführung neuer Wörter in einem noch unbekannten Kontext in Betracht[10]:

– Erschließen der Wortbedeutung aus dem Kontext. Voraussetzung ist eine hinreichende Bestimmtheit bzw. Eindeutigkeit des Zusammenhangs, d.h., die übrigen Wörter im Satz sollten bekannt sein. Hierfür – wie für das folgende Verfahren – sind situative, der Vorstellung zugängliche Texte besonders geeignet. Erschlossen wird so die kontextbedingte ‚Meinung‘ bzw. aktuelle Bedeutung eines Wortes, die der sog. ‚Grundbedeutung‘ möglichst nahe kommen sollte.
– Unterlegen des unbekannten Wortes mit einem bekannten, bedeutungsähnlichen Wort bzw. Gegenüberstellung mit Oppositions- oder Komplementärbegriffen. Ein bedeutsamer Nebeneffekt ist die damit verbundene immanente Repetition und semantische Strukturierung des Wortschatzes; bei Synonymen im weiteren Sinne sollte nach Möglichkeit auch der Bedeutungs- oder Verwendungsunterschied an Beispielen geklärt werden.

Eine Variante dazu ist die entsprechende lateinische Explikation wie z.B.: *id verbum (novum) idem / complementum / contrarium significat atque verbum (notum)* ... oder eine lateinische Bedeutungsperiphrase nach Art der neusprachlichen Methodik; sie setzt jedoch schon einige Kenntnisse voraus.

– Anknüpfen an verwandte Wörter im Lateinischen, im Deutschen und in modernen Fremdsprachen, wodurch gleichzeitig die Basis-Funktion des Lateinischen für die westeuropäischen Sprachen erfahrbar wird.
– Herleiten aus Fremd- und Lehnwörtern im Deutschen, sofern nicht eine zu starke Bedeutungsveränderung zu falschen Schlüssen führt. Der Effekt ist ein dreifacher: Das lateinische Wort wird assoziativ mit dem Fremdwort verknüpft. Das Fremdwort wird von seinem Ursprung her verstehbar und in seiner Bedeutung geklärt. Abweichende Bedeutung führt oft zu kulturgeschichtlich interessanten Einsichten in bestimmte Formen semantischer Veränderung (Verengung, Erweiterung, Konnotierung, Übertragung u.a.).
– Zusammensetzen der Bedeutungskomponenten aus der Segmentierung von bekannten Präfixen, Lexemen und Suffixen, was einen schrittweise erweiterten Umgang mit der Wortbildungslehre einschließt.
– Veranschaulichen der Bedeutung durch Abbildungen bzw. skizzenhafte Zeichnungen, womit auch Schüler beauftragt und zusätzlich motiviert werden können. Die optische Assoziationshilfe ist unmittelbar evident, auch wenn nach statistischen Erhebungen aus dem neusprachlichen Unterricht zu bedenken ist, daß Mißverständnisse wegen unzulänglicher Entsprechung zwischen Wort und Abbildung häufig sind.

Trotz dieses Arsenals von semantisch begründeten Verfahrensweisen, die zugleich Lernhilfen darstellen, bleibt auch der geschulten pädagogischen Phantasie oft genug nichts weiter übrig, als die Bedeutung des Wortes an seiner Stelle einfach ‚anzugeben‘. Um so wichtiger ist es dann, den Kontext als einzige Assoziationsmöglichkeit zu aktivieren (s.u.).

2.2 Beispiele

Möglichkeiten und Schwierigkeiten der Anwendung sollen an einem Text aus dem Anfangsunterricht (Ianua Nova A I, Lektion 5 B) illustriert werden. Er besitzt folgende Merkmale:
- situative Anschaulichkeit; überschaubare, da noch eng begrenzte Lernvoraussetzungen, welche allerdings die Verfahrensvielfalt einschränken; 22 neue Wörter (Verteilung auf zwei Unterrichtsstunden). Grammatisches Thema: Fortsetzung der Einführung des Ablativs. Lernvoraussetzungen: Latein als erste Fremdsprache;
- Kenntnis der 3. Pers. Sing./Plur. + Inf. von 4 Konjugationsklassen;
- Kenntnis von Nom./Akk./Abl. Sing./Plur. von 4 Deklinationsklassen;
- Kenntnis einer syntaktischen (Adverbiale) und mehrerer semantischer Funktionen des Ablativs (instrumentalis, sociativus, modi, locativus, temporis, separativus) aus dem vorhergehenden A-Stück. (Unbekannte Wörter im Text sind unterstrichen.)

1. Merīdiēs Mārcum calōre fatīgat; merīdiē Marcus _dēnsā_ sub arbore _iacet_. 2. Columba _dē_ arbore _dēvolat_. 3. Mārcus columbam capit, sed Cornēlia soror columbam _līberat_. 4. Tum Valeria līberōs ex hortō in vīllam vocat. 5. Post merīdiem līberī _aviam_ fābulam nārrāre audiunt. 6. Tum Mārcus cum sorōre viā _lātā_ ad _vīcum_ migrat. 7. Via per campōs silvāsque _dūcit_. 8. In campīs multī _flōrēs_ sunt. 9. Cornēlia flōrēs _colligit_, nam flōribus familiam _dēlectāre_ vult. 10. Agricolam cum equīs multīs arborem longam nōn _sine_ magnō labōre ē silvā trahere vident. 11. Līberī _longē_ _absunt_ ā vīllā; _subitō_ _dēest_ via. 12. Tum _vēnātōrēs_ in silvā clāmāre audiunt. 13. Vēnātōrēs _lupum_ agere _exīstimant_. 14. Vēnātōrēs lupum _necant_, ē silvā portant, līberōs salūtant. 15. Nunc līberī cum vēnātōribus ad vīllam migrant. 16. _Ita_ līberī ad familiam veniunt et sub vesperum ad cēnam adsunt.

Dem Einstieg dient eine knappe Skizze an der Tafel oder auf Folie: Ein Junge liegt bei Sonnenschein unter einem Baum mit breiter Krone, von dem ein Vogel herabfliegt. Nach einer Beschreibung durch die Schüler, bei der eventuell die Vorstellung des Schlafens *(iacēre)* abzuwehren ist, läßt sich die für den Schatten erforderliche Beschaffenheit der Baumkrone *(densus)* erfragen. Damit wird die Erschließung der vier neuen Wörter aus den ersten beiden Sätzen möglich *(volare* ist bekannt). Sie werden in der erschlossenen Grundform an der Tafel gesammelt, damit sie sich über das Auge als ‚Gestalt' dem Gedächtnis einprägen können und am Ende für die Einübung zur Verfügung stehen. Das Beifügen der deutschen Entsprechung ist sinnvoll, aber nicht unabdingbar, da Zeichnung und Kontext die Bedeutung für das Kurzzeitgedächtnis tragen. Wichtiger ist die assoziative Verstärkung des Anlauts (_densus_ – dicht) durch wiederholte Artikulation sowie die Differenzierung der Bewegungsrichtung *de* gegenüber *ab* aus dem vorangehenden Text bei gleicher separativer Grundvorstellung. Kurze Beispiele *(de mensa/de tumulo devolare)* können die Verwendung der Präposition einprägen. *liberare* läßt sich aus der Opposition zu *capere* und, falls das Substantiv *liberi* (L 3) entsprechend eingeführt wurde, von daher ableiten und zugleich anbinden.

avia muß wahrscheinlich gegeben werden, da heute für viele Kinder Großmütter weder mit im Hause leben noch Zeit zum Erzählen haben. Doch wäre es ökonomisch, den Satz nach der Übersetzung innerhalb des a.c.i. zu erweitern (man möchte ja wissen, wovon sie erzählt): *Liberi aviam de avo narrare audiunt.* Damit wäre der Komplementärbegriff *avus* und zugleich die übertragene Verwendung von *de* samt der abweichenden Rektion eingeführt; die Lektion bietet sonst keinen Beleg dafür, obwohl die Bedeutung ‚über' im Vokabular aufgeführt wird, die der Schüler wohl im Sinne von *trans* deuten würde. An der Tafel erscheint: *narrare fabulam / narrare de avo. latus* und *vicus* müssen gegeben werden. *migrare*, obwohl es eigentlich das Wegziehen an einen anderen Ort bedeutet, läßt sich als bedeutungsähnlich zu *ambulare* einführen und auch sogleich abgrenzen: Wie die Komposita *e-migrare – im-migrare* zeigen, gibt es keine Rückkehr an den Ausgangspunkt wie bei *ambulare*.

ducere bedarf der Überlegung: Eine günstige Voraussetzung ist, daß es als Synonym zu *trahere* und Komplement zu *agere*, beide in Lektion 3, semantisch eingeordnet werden kann. Ungünstig ist die Einführung in der seltenen, nämlich poetischen und nachklassischen Verwendung ohne die reguläre Akkusativ-Ergänzung und mit der semantischen Beschränkung eines unbelebten Subjekts *(via ducit)*. Andererseits wird in diesem Kontext die Einführung beider Grundbedeutungen (ziehen, führen) durch weitgehende Synonymie möglich. Ganz verfehlt und irreführend ist allerdings die Bedeutungsangabe im Vokabular: „1. ziehen, führen 2. meinen" ohne weiteren Hinweis und Textbeleg. Der Schüler muß – ließe man ihn damit beim Lernen allein, wie es häufig geschieht – dies für die zweite Grundbedeutung halten, sieht keinen Zusammenhang der Bedeutungen, da die Bedeutungsbrücke (,einen Schluß aus etwas ziehen') fehlt, und erhält in der ganzen Lektion kein Textbeispiel (a.c.i. als Ergänzung) für dieses Phänomen der Valenz von *ducere* – ein schlagendes Beispiel für die verfehlte Angabe einer zusätzlichen Bedeutung im Vokabular und einer der Gründe dafür, Vokabeln nicht einfach nach dem Verzeichnis lernen zu lassen.[11] Eine mögliche Konsequenz wäre, die Bedeutung ‚meinen' einklammern und erst später bei ihrem Vorkommen im Text lernen zu lassen. Auf einen anderen Lösungsversuch werden wir unten zurückkommen. *flos* wird man angeben müssen, denn im freien Feld kann viel wachsen, was man ebenfalls sammeln könnte, und Assoziationen wie *fleur, flower, Fleurop* sind bei Latein I nicht vorauszusetzen. Man könnte es mit den Fremdwörtern ‚Flora' und ‚florieren' versuchen bzw. diese Wörter anschließend erklären, um das neue Wort anzubinden. Auch die Grundform im Singular ist nicht zu erschließen, da der Rhotazismus hier zum ersten Mal sichtbar ist.

colligere könnte man wohl von einigen Schülern über ‚Kollekte, Kollektion' oder auch situativ erschließen lassen: Was wird Cornelia tun, wenn sie Blumen sieht? Gegenüber der möglichen Kontextbedeutung ‚pflücken' stellt *colligere* das Zusammenfügen zu einem Strauß vor Augen. Die Litotes *non sine* läßt sich durch *cum* unterlegen; beide Präpositionen assoziieren sich als Oppositionen beim gleichen Kasus zur Verdeutlichung unterschiedlicher semantischer Funktionen (sociativus – separativus).

longe kann nach seiner Bedeutung von *longus* (L 3), nach seiner Form von *valde* (L 3) abgeleitet werden; *subito* ist anzugeben. *ab-/deesse* sind durch Ablösung der neuerlernten Präpositionen in der Funktion des Präfixes erschließbar; doch bedarf es erst der Besinnung auf die gemeinsame separative Funktion (weg-), um von den bisherigen Bedeutungen ‚von, von ... herab' auf die Kontextbedeutungen der Komposita (entfernt sein; verschwunden sein) zu kommen. *venatores* läßt sich von Schülern bestenfalls erraten, wenn man nicht vorher aus *in silva clamare* die Situation der Treibjagd (ohne Gewehr!) erschließen läßt. Ähnlich steht es mit den letzten Unbekannten *(lupus, existimare, ita)*, wo nach dem Kontext mehrere Paradigmata für die Rolle im Satz denkbar sind. Lediglich *necare* ist schlüssig, da außer dem bereits eingeführten *capere* (L 2) nichts anderes möglich erscheint. Das Synonym *caedere* ist bereits eingeführt, allerdings auch hier nur als zusätzliche Bedeutung neben *arbores caedere* ohne Kontext. Der Unterschied *caedere/necare* liegt im Aspekt der Grundvorstellung; sonst sind beide nach den Belegen in den meisten Kontexten austauschbar und nach diesem Kriterium weitgehend synonym.

3 Möglichkeiten der Einübung

Wie die Einübung der übrigen Lernbereiche, so gehört auch die des neuen Wortschatzes in die Einführungsstunde hinein. Ihr Verlauf kann für den Lehrer bereits eine erste Erfolgsmeldung enthalten. Folgende Verfahrensweisen kommen dafür in Betracht:

Die an der Tafel aufgeführten Grundformen der neuen Wörter werden mit ihrer Kontext-Bedeutung laut im Chor gelesen, um neben dem Auge das Ohr zu beteiligen, das akustische Lernen auch für die häusliche Arbeit zu demonstrieren und zugleich falsche Quantitäten und Silbenakzente beim individuellen Lernen auszuschließen. In einem zweiten Durchgang können die Bedeutungsangaben abgedeckt oder ausgelöscht und dann erfragt werden.

Nach dem Schließen der Tafel und des Buches werden die neuen Wörter anhand von Wendungen des Textes noch einmal mündlich präsentiert und übersetzt, wobei Füllungen einzelner Positionen auch verändert, ausgetauscht, erweitert und die semantischen Verknüpfungen der Einführung verstärkt werden können. Beispiele für unseren Text (Satz 1–9):

    densa sub arbore – densis sub arboribus iacere
    de arbore – de tumulo – de mensa devolare
    columbam – equum – sororem liberare – capere
    avia fabulam – avia de avo – avus de avia narrat.
    via lata ad vicum migrare – via lata ambulare
    via per campos et silvas densas ducit – via ad vicum ducit.
    flores in campis colligere – floribus matrem delectare u. a.

Eine Variation dazu, die auch zu Hause oder in der nächsten Stunde durchgeführt werden kann, besteht darin, nur die Verben bzw. Subjekt und Prädikat anzugeben und den übrigen Minimal-Kontext ergänzen zu lassen, also: *via ducit ... (per campos/ad vicum)* usw.

In ähnlicher Weise kann man auch Minimal-Sätze durch Fragen reproduzieren lassen, wodurch gleichzeitig formale, syntaktische und semantische Beziehungen aktiviert werden: *Ubi Marcus iacet? Unde columba devolat? Quem Cornelia liberat? Quid/de quo avia narrat? Qua via liberi migrant, quo migrant? Quo via ducit? Quid Cornelia colligit?*

Overlay-Technik: Der Text wird so auf zwei Folien übertragen, daß die untere einen Lückentext aus dem bekannten Wortschatz, die obere (farblich abgesetzt) die neuen Bestandteile des Textes (s. o.) enthält. Nach der Erarbeitung kann die Einübung in drei Phasen erfolgen:

— Zuordnungsaufgabe: Man entfernt die obere Folie und läßt den entstandenen Lücken mündlich eine deutsche Entsprechung zuordnen.
— Einsetzungsaufgabe: Die Schüler füllen die Lücken mit den neuen lateinischen Wörtern in der richtigen Form aus.

– Ergänzungsaufgabe: Der Lehrer legt nur die obere Folie mit den neuen Bestandteilen auf und läßt daran den bereits bekannten Kontext deutsch und/oder lateinisch ergänzen (je nach Leistungsvermögen einzelner Schüler). Diese Phase eignet sich als Einstieg für die folgende Stunde.

Eine weitere Form des aktiven Umgangs mit der Sprache ist das sog. sentence-switchboard, wo der neue Lernstoff syntaktisch und semantisch zutreffend einem gegebenen Satzrahmen zuzuordnen ist. Dabei kann man sich für eine von drei unterschiedlichen Anforderungsstufen entscheiden:

1. In einem Satzrahmen ist lediglich eine Lücke durch <u>Zuordnung</u> eines vorgeformten neuen Wortes zu füllen.
2. Aus vorgeformtem Material (Spalte 1 und 2) sollen Prädikate zu Sätzen <u>ergänzt</u> werden. Beispiele:

					1	2
1. *Marcus*	*sub arbore*	(1) *migrant*	2. *colligit*	(1) *Marcus*	*columbam*
Cornelia	*columbam*	(2) *ducit*	*devolat*	(2) *Cornelia*	*ad vicum*
Cornelia	*flores*	(3) *liberat*	*narrat*	(3) *via*	*sub arbore*
Liberi	*ad vicum*	(4) *devolat*	*migrant*	(4) *avia*	*per silvas*
Columba	*de arbore*	(5) *iacet*	*ducit*	(5) *columba*	*fabulam*
Via lata	*per silvas*	(6) *colligit*	*liberat*	(6) *liberi*	*de arbore*
			iacet	(7) *Cornelia*	*flores.*

In beiden Fällen ist die Zuordnung durch Ziffern zweckmäßig.
3. Aus den in der Grundform gegebenen Wörtern sollen selbständig <u>Sätze gebildet</u> werden. Beispiel:

Cornelia	*ad + vicus*	*ducere*	*Marcus*	*de + arbor*	*migrare*
via	*columba*	*iacere*	*liberi*	*sub + arbor*	*devolare*
columba	*flos*	*liberare*	*Cornelia*	*per + silva*	*colligere*

Neben der Reproduktion von Wortverbindungen aus dem Text sind hier auch neue Gruppierungen möglich, die auf ihre semantische Verträglichkeit hin zu prüfen sind, z.B. *avia flores colligit, liberi sub arbore iacent* u.a.

Die gemeinsame Absicht aller dieser Übungsformen ist offensichtlich: Die neuen Vokabeln sollen so lange und so gut wie möglich an den einführenden Kontext, der zu einem guten Teil ihre Bedeutung stiftet, angebunden werden, um diese Assoziation zu befestigen und das Wort nicht gleich der Vereinzelung und Lernschwierigkeit der Wortgleichung in einem Verzeichnis zu überlassen.

Daraus folgt, daß auch die Hausaufgabe die Schüler nicht gleich zum Lernen auf das Vokabelverzeichnis der Lektion verweist, sondern die neuen Wörter, wie oben gezeigt, in Kontexten einübt. Das Verzeichnis dient zunächst zum Nachschlagen, wenn eine Bedeutung vergessen wurde. Dabei stoßen aufmerksame Schüler häufig auf Bedeutungsangaben, die aus sich nicht verständlich und aus dem Kontext nicht eingeführt sind; ja, man kann durch Lob dazu motivieren, solche semantischen Probleme zu entdecken. Die folgende Stunde gibt dann Gelegenheit, Bedeutungsveränderungen aufgrund unterschiedlicher syntaktischer und semantischer Valenz aufzuarbeiten wie im Falle unserer Lektion die zweite Bedeutungsangabe für *ducere* = „meinen" (s.o.). Hier schließt sich der Kreis: Wir kommen noch einmal auf den zweiten Teil unseres Textes, den wir nach Satz 9 verlassen hatten, und auf die Anwendung unserer valenzgrammatischen Grundlagen zurück.

Denn die Sätze 10–16 bieten Gelegenheit, die Meinungen von *ducere* durch Austauschproben in verschiedenen Kontexten vorläufig zu klären und die Bedingungen für die Bedeutungsveränderung anzugeben:
Bedeutungsmöglichkeiten von *ducere*:

Satz 6./7: *via per campos (et silvas/ad vicum) ducit.*
‚sich hinziehen, führen' E1 E7, E1 = semant. -bel.
                E7 = Akk.Subst. + Präp., semant. Örtlichkeit
Satz 10: *agricola arborem e silva trahit / ducit.*
Satz 14: *venatores lupum e silva portant / ducunt.*
‚ziehen, schleppen, bringen' E1 E4, E1 = semant. hum.
                E4 = semant. -bel.
Satz erg.: *venator liberos e silva ducit.*
‚bringen, führen' E1 E4, E4 = semant. bel./hum.
Satz 13: *liberi venatores lupum agere existimant / ducunt.*
‚einen Schluß ziehen, folgern, meinen, glauben', E1 E4, E4 = a.c.i.

Die Formeln sollen wieder lediglich der Verständigung in usum magistri dienen; die Schüler prägen sich am besten für relevante Bedeutungsunterschiede die Merksätze ein.

4 Wiederholung und Kontrolle des Lernerfolgs

Als ein späteres Stadium des Übens ist die Wiederholung charakterisiert durch zunehmende Isolierung vom ursprünglichen Kontext und verstärkte Einbettung in übertragbare Sinnzusammenhänge, so z.B. Sammlung und Differenzierung von Verben der Bewegung nach der Einführung von *ire* und Komposita, Ordnung der Präpositionen nach Kasus-Bedeutungen (Richtung, Ortsruhe, Trennung), der Konjunktionen nach Bedeutungsverhältnissen (Zeit, Grund usw.), Bedeutungsentsprechungen zwischen Präpositionen, Ad- und Subjunktionen, Ergänzung von Wortfamilien u.a.m. Auch hier gilt das Prinzip der Kontinuität wie bei der Wiederholung grammatischen Lernstoffes, und gegen Eintönigkeit gibt es ein vielfältiges Angebot spielerischer Formen, worauf hier mit Nachdruck verwiesen sei[12], gerade wenn es zu Schuljahresbeginn darum geht, den Wortschatz des vergangenen Jahres zu wiederholen. Mit dem Fortgang des sprachlichen Grundkurses wachsen die Möglichkeiten der Anbindung an Fremdwörter und andere Schulsprachen[13] sowie der Aktivierung semantischer Beziehungen.

    Mit dem Übergang zur Lektüre wird die Wortschatzarbeit mehrgleisig: Am Text konkurrieren zur Erweiterung der Wörter und ihrer Bedeutungsmöglichkeiten verstärkte Phraseologie und Aktualisierung des in den Textabschnitten enthaltenen Bereichswortschatzes. Für die Wortkunde stehen die ergänzende Wiederholung eines Grundwortschatzes und die Erarbeitung eines autor- bzw. werkbezogenen Wortschatzes zur Wahl.[14] Eine weitere Möglichkeit begleitender Wortschatzarbeit ist die vom Text ausgehende, schwerpunktartige Erarbeitung von Sachfeldern anhand einer einschlägigen Wortkunde.[15]

    Die Kontrolle der Vokabelkenntnisse empfiehlt sich während der Lehrbucharbeit am Ende der Lektionen und vor einer umfassenderen Klassenarbeit, um diesen Lernbereich gezielt zu überprüfen und Lücken noch rechtzeitig ausfüllen zu können, nach Möglichkeit auch in Wortverbindungen des einführenden Textes. Solche schriftlichen Stichproben für alle Schüler sind effektiver, ökonomischer, motivierender und im Ergebnis durchsichtiger als das Abfragen einzelner Schüler im Unterricht, wo die Mehrzahl sich Chancen ausrechnen kann, nicht überprüft zu werden. Für die Kontrolle größerer Vokabelmengen, z. B. bei Wiederholungen oder bei der Wortkunde, hat sich auch die mehr spielerische und reizvolle Form des ‚Fremdwörterquiz' mit folgendem Arbeitsauftrag bewährt: „Gib zu den folgenden Fremdwörtern das lateinische Ursprungswort an, und suche eine deutsche Entsprechung!" Beispiel: *introitus – introire* – Eingang/Einleitung. Die Bewertung geschieht durch Positivkorrektur, wobei das von allen zu leistende lateinische Grundwort einen Punkt, die Bedeutungsumschreibung des Fremdwortes wegen u. U. ungleicher individueller Voraussetzungen einen halben Punkt erhält. Da das Spiel am Wochenende auch mit den Erwachsenen zu Hause gespielt werden kann, wird eine Nutzanwendung des Lateinischen auch in der Umgebung der Schüler erfahrbar.[16] Besonders hingewiesen sei auch noch auf die didaktische Fruchtbarkeit selbsterstellter Kreuzworträtsel, wobei die Schüler Umgang mit dem Lexikon, Bedeutungslehre, Segmentierung und Beschreibung von Morphemen und Lexemen nebenher einüben.[17]

5 Wortschatzarbeit anhand der Lektüre

5.1 *Grundlegung*

Zu den semantischen Konstituenten eines Textabschnitts gehört die sog. ‚Isotopie', ein vorherrschender Realitäts- oder Vorstellungsbereich, der durch einen entsprechenden Bereichswortschatz im Text repräsentiert ist.

Dieser Wortschatz wird bei der Verständigung über den Text, bei der Klärung von Realien, Sachverhalten, Vorstellungen und Bedeutungen herausgefiltert und aktiviert, so daß er über verstehendes Lernen und in Anbindung an seinen Kontext im Kurzzeitgedächtnis verfügbar ist. Zur Überführung in das Langzeitgedächtnis hilft dann eine Sammlung, Ordnung und Reorganisation in einer textübergreifenden Bedeutungsstruktur; es handelt sich um einen neuen und übertragbaren semantischen Kontext, der sich in Wort- und Sachfeldern darstellen läßt. Binnenstrukturen solcher Sachfelder, deren lernpsychologische Wirkung vom Grad ihrer Anschaulichkeit, Stimmigkeit, Gliederung und Überschaubarkeit abhängt, sind vorwiegend wieder die bekannten Bedeutungsverhältnisse (Ähnlichkeit, Verschiedenheit; Wortverwandtschaft, Hyponymie), so daß sich ein dichtes Geflecht lernwirksamer Zusammenhänge ergibt, die sich durch Anordnung und graphische Zeichen verstärken lassen.

Die Unterrichtszeit wird bei sinnvoller Organisation kaum belastet: Um die Strukturierung und die dabei wirksamen semantischen Beziehungen zu zeigen, genügt es, ein Beispiel eines Bereichswortschatzes an der Tafel oder auf Folie gemeinsam zu entwickeln. Für weitere Sachfelder sollte dann nur noch die Anordnung der Oberbegriffe in einer Grobstruktur im Unterricht gesucht und kurz erörtert werden, um Kreativität und verstehendes Lernen der Schüler anzuregen und ein gemeinsames Konzept zu finden. Das Sammeln und Zuordnen, bei dem ein längerer Textabschnitt auch noch einmal inhaltlich überschaut wird, ist eine willkommene Abwechslung für die Hausaufgabe.

Eine weiterführende Hausaufgabe besteht dann darin, den am Text gewonnenen, strukturierten Bereichswortschatz aus einer nach Sachgebieten aufgebauten Wortkunde zu ergänzen und so beide Arbeitsweisen zu verknüpfen. Zuordnungsschwierigkeiten wie

151

Überlappung oder mangelnde Anbindung können im Unterrichtsgespräch für weitere Erkenntnisse der Bedeutungslehre fruchbar gemacht werden.

Ein besonders gelungener Entwurf eines Schülers kann nach Korrektur vervielfältigt und in einer Arbeitsmappe abgeheftet werden, um bei späterem Bedarf wiederholt oder ergänzt zu werden.

Es ist zweckmäßig, zur Abwechslung auch Übungs- und Kontrollaufgaben an den lernwirksamen Bedeutungsverhältnissen zu orientieren, wozu die unten aufgeführten Beispiele Vorschläge unterbreiten.

Durchgängige Prinzipien dieser Wortschatzarbeit sind: Selbsttätigkeit der Schüler – Lernen durch Tun – umfassende Anbindung der neuen Wörter – Unterstützung des Gedächtnisses durch entdeckendes, verstehendes, assoziierendes, strukturierendes und anschauliches Erarbeiten eines fremdsprachlichen Sachbereichs.

Die mögliche Bedeutung eines Wortes wird durch die Auffindung seines Platzes in der Binnenstruktur eines semantischen Feldes definiert und für das optische Gedächtnis fixiert. Dieser Vorgang ist ein wesentliches Moment des Lernens, so daß die selbständige Herstellung eines Bereichsfeldes durch den Lernenden der Vorgabe einer ausgeführten Lernstruktur durch Lehrer oder Medium vorzuziehen ist.

5.2 Beispiele

Zur Erläuterung dieser knappen Grundlegung sollen die drei folgenden Textbeispiele, ihre Auswertung, Ergänzung aus der Wortkunde sowie Beispiele zur Einübung und Kontrolle dienen:

5.2.1 Cicero, in Verrem I 1–10

Liest man eine Verrinen-Auswahl, so sind die einleitenden Kapitel zur erforderlichen Einführung in die politische Bedeutung des Prozesses und in das römische Gerichtswesen geeignet. Dabei kann sich die folgende abbildende Darstellung des Sachfeldes *iudicium* ergeben, bei der die Akteure als Ordnungsbegriffe um die zu verhandelnde Sache im Gerichtsraum herum angeordnet sind:

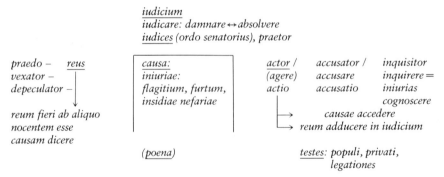

Zur Ergänzung des Sachfeldes werden den unterstrichenen Oberbegriffen weitere Wörter und Wendungen aus dem einschlägigen Abschnitt des Klett-AWS Nr. 56 (Recht, Justiz) zugeordnet, woraus auch der fehlende Oberbegriff *poena* zu gewinnen ist. Lücken bei einzelnen Wortarten ( ) lassen sich mit Hilfe der Wortbildungslehre schließen; Synonyma müssen in ihren Bedeutungen differenziert werden.

iudicium ⟵ Institution ⟵ Ort
         ⟵ Funktion ⟵ Personen

ius: leges

iudex / (*vindex*); *praetor*; *arbiter*
iudicare/vindicare: absolvere ↔ *damnare (capitis)*
                          condemnare: derogare, interdicere, supplicium sumere

actor /	*accusator* /	(*vindex*);	*inquisitor*
(*agere*)	*accusare/incusare*	*vindicare:*	*inquirere:*
actio	*accusatio*	*in ius vocare/*	*iniurias cognoscere*
	causam agere	*reum adducere in iudicium*	
	causae accedere	*in iudicium venire/*	
		in iudiciis versari	

reus (capitis):
    latro / praedo / depeculator; vexator
reum fieri ab aliquo; causam dicere; nocentem esse
               excusare

testis   *ius iurandum*
testari   *iurare (falsum)*   *insimulare (falso crimine)*
testimonium   *deprehendere*
                                                 convincere

causa / accusatio / lis / querela / querimonia
culpa / crimen:
facinus/flagitium/probrum/(peccatum)/(delictum)/iniuria/scelus:
                    peccare   *delinquere*   *scelestus*
furtum, latrocinium; insidiae nefariae; caedes

poena
punire:
carcer / catena / custodia / vincula
                custos   *vincire*
tormentum / cruciatus; supplicium
torquere   *crux*

5.2.1.1 Möglichkeiten der Einübung und der Kontrolle, bei denen die semantischen Beziehungen genutzt und verstärkt werden:

– Reproduktion von Teilfeldern, z. B.:
Nenne Wörter und Bedeutungen zum Oberbegriff *poena*!
Ordne sie nach der Bedeutungsähnlichkeit!
– Zuordnung, z. B.:
Ordne die folgenden Verben durch Ziffern den Funktionen *iudex* (1), *actor* (2) und *reus* (3) zu (mehrfache Zuordnung ist möglich): *interdicere, incusare, testari, inquirere, absolvere, excusare, iudicare, vindicare, derogare, delinquere.*
– Bildung eines Lexemfeldes, z. B.:
Stelle die von *causa* abgeleiteten Wörter zusammen, und nenne ihre Bedeutungen!
– Bedeutungsentfaltung und -differenzierung, z. B.:
Welche Funktionen im Prozeß können durch *vindex* bezeichnet werden?
Erläutere die verschiedenen Bedeutungsmöglichkeiten von *iudicium*!
Erläutere die unterschiedlichen Aspekte innerhalb des folgenden Wortfeldes: *facinus, iniuria, scelus, probrum, delictum, peccatum.*

- Zuordnung von Synonymen, z. B.:
  Ordne den unter A angegebenen Wörtern aus B bedeutungsähnliche Wörter durch Ziffer zu, und gib ihre Bedeutung an:
  A *iudex* 1   B *probrum*
    actor 2   *tormentum*
    facinus 3   *vindex*
    custodia 4   *accusator*
    accusare 5   *incusare*
    cruciatus 6   *iudicare*
    vindicare 7   *flagitium*
                       vincula
                       carcer

- Bestimmung semantischer Verträglichkeit, z. B.:
  Kreuze unter den folgenden Verben und Wendungen diejenigen an, welche Funktionen des Anklägers bezeichnen:
  supplicium sumere   absolvere
  reum fieri   testari
  causam dicere   inquirere
  adducere in iudicium   incusare
  causam agere   punire
  in ius vocare   derogare
                        usw.

- Bestimmung semantischer Beziehungen, z. B.:
  Bestimme die Bedeutungsverhältnisse folgender Wort-Paare: *actor – accusator; iniuria – furtum; absolvere – damnare; iudicare – condemnare; excusare – incusare; iudex – arbiter.*

5.2.2   Eine zwingende Gelegenheit, dieses Sachfeld wieder aufzugreifen und aus christlichem Kontext zu ergänzen, ergibt sich, wenn man die dem Thomas von Celano (1190–1274) zugeschriebene Sequenz *dies irae* als Mitte der Missa pro defunctis oder einer der großen lateinischen Requiem-Vertonungen liest.

dies irae[18]

1. Dies irae, dies illa,
   Solvet saeclum in favilla,
   Teste David cum Sibylla.

2. Quantus tremor est futurus,
   Quando *iudex* est venturus,
   Cuncta *stricte discussurus*!

3. Tuba mirum spargens sonum
   Per *sepulchra* regionum
   Coget omnes ante thronum.

4. Mors stupebit et natura,
   Cum resurget creatura,
   Iudicanti responsura.

5. Liber scriptus proferetur,
   In quo totum continetur,
   Unde mundus *iudicetur*.

6. Iudex ergo cum sedebit,
   Quidquid *latet apparebit*,
   Nil *inultum* remanebit.

7. Quid sum *miser* tunc dicturus,
   Quem *patronum rogaturus*,
   Cum vix *iustus* sit securus?

8. Rex *tremendae* maiestatis,
   Qui salvandos salvas gratis,
   Salva me, fons pietatis!

9. Recordare, Iesu pie,
   Quod sum causa tuae viae:
   Ne me perdas illa die!

10. Quaerens me sedisti lassus,
    Redemisti crucem passus:
    Tantus labor non sit cassus!

11. *Iuste iudex ultionis*,
    Donum fac *remissionis*.
    Ante *diem rationis*!

12. Ingemisco tamquam *reus*,
    Culpa rubet vultus meus:
    Supplicanti parce, Deus!

13. Qui Mariam *absolvisti*
    Et *latronem* exaudisti,
    Mihi quoque spem dedisti.

14. Preces meae non sunt dignae,
    Sed tu bonus fac benigne,
    Ne perenni cremer igne!

15. Inter oves locum praesta
    Et ab haedis me sequestra,
    Statuens in parte dextra!

16. *Confutatis* maledictis,
    Flammis acribus *addictis*:
    Voca me cum benedictis!

154

17. Oro _supplex_ et acclinis,
    Cor contritum quasi cinis:
    Gere curam mei finis.

18. Lacrimosa dies illa,
    Qua resurget ex favilla
    Iudicandus homo _reus_:
    Huic ergo _parce_, Deus!

   Pie Iesu, Domine,
   Dona eis requiem!

Auch hier läßt sich der Wortschatz des ‚Jüngsten Gerichts' den eingeführten Ordnungsbegriffen ergänzend zuweisen:

iudex; iustus, strictus
       discutere, confutare
iudicare: ulcisci, flammis addicere ↔ liberare/remittere/parcere
reus; miser, supplex
       dicere, respondere. rationem reddere
       precari / supplicare; patronum rogare
       rubere (rubescere), tremere, gemere
culpa; latere ↔ apparere
poena; ultio ↔ remissio

Zum Schluß soll noch an zwei Weihnachtstexten kurz gezeigt werden, in welcher Weise die Wortschatzarbeit am Text über die semantische Struktur einen griffigen Ansatz für die Interpretation bietet.

5.2.3   Evangelium secundum Lucam I 46–55

Magnificat anima mea Dominum,
   et exultavit spiritus meus in Deo salutari meo.
Quia respexit humilitatem ancillae suae;
   ecce enim ex hoc beatam me dicent omnes generationes.
Quia fecit mihi magna, qui potens est,
   et sanctum nomen eius.
Et misericordia eius a progenie in progenies
   timentibus eum.
Fecit potentiam in brachio suo,
   dispersit superbos mente cordis sui.
Deposuit potentes de sede
   et exaltavit humiles.
Esurientes implevit bonis
   et divites dimisit inanes.
Suscepit Israel, puerum suum,
   recordatus misericordiae suae,
Sicut locutus est ad patres nostros,
   Abraham et semini eius in saecula.

Die semantischen Bezüge dieses ältesten christlichen Hymnus lassen sich etwa in folgender Weise veranschaulichen:

(Maria:) ancilla humilis ↔ beata dicta
         anima magnificat Dominum / spiritus exultat in Deo
Deus: Dominus, potens, sanctum nomen eius
         salutaris (Retter, Heiland):
respicere → _humilitatem_ (ancillae)   (Gott – Maria)
facere   → _magna_   (Gott – Menschen)
         → timentibus   potentiam ← facere in brachio

misericordia	→ *humiles*	↔ *superbos*	← *dispergere mente*
exaltare	→ *esurientes*	↔ *potentes*	← *deponere de sede*
bonis implere	→ *puerum*	↔ *divites*	← *dimittere inanes*
suscipere	(Israel)		(Gott – Israel)
recordari	→ *misericordiae*		

5.2.4 Venantius Fortunatus (ca. 530–601, Bischof von Poitiers), Hymnus[19]

Agnoscat omne saeculum	*venire*	*praemium vitae*
Venisse vitae praemium.	*apparere*	*redemptio*
Post hostis asperi iugum		
Apparuit redemptio.	Ankunft	+ Erlösung
Esaias quae praecinit,	*praecinere*	*complere*
Completa sunt in virgine.	*annuntiare*	*replere*
Annuntiavit angelus,		
Sanctus replevit spiritus.	Ankündigung	+ Erfüllung
Maria ventre concipit	*concipere*	*portare*
Verbi fidelis semine.	*semen*	*viscera/venter*
Quem totus orbis non capit,		
Portant puellae viscera.	Empfängnis	+ Schwangerschaft
Radix Iesse floruit	*radix – virga*	*fructus*
Et virga fructum edidit.	*florere*	*edere*
Fecunda partum protulit	*virgo*	*fecunda, partus*
Et virgo mater permanet.	*permanere*	*proferre*
	Blüte	+ Frucht
Praesaepe poni pertulit,	*praesaepe/-is*	*lucis auctor*
Qui lucis auctor exstitit.	*pannus*	*caeli conditor*
Cum patre caelos condidit,	*mater*	*pater*
Sub matre pannos induit.	(*poni, induere*)	
	Kind	↔ Schöpfer
Legem dedit qui saeculo,	*leges dare*	*homo factus*
Cuius decem praecepta sunt,	*decem praecepta*	*sub vinculo legis*
Dignando factus est homo		
Sub legis esse vinculo.	Gesetzgeber	↔ unter dem Gesetz
Adam vetus quod polluit,	*Adam vetus*	*Adam novus*
Adam novus hoc abluit;	*tumens*	*humillimus*
Tumens quod ille deiecit,	*polluere*	*abluere*
Humillimus hic erigit.	*deicere*	*erigere*
	alt	↔ neu
Iam nata lux est et salus,	*lux/salus*	*nox/mors*
Fugata nox et victa mors.	*natus*	*fugatus/victus*
Venite, gentes, credite:		
Deum Maria protulit.	Licht/Heil	↔ Dunkel/Tod

Literatur

1 Ahrens, E.: Lateinausbildung im Studienseminar. Frankfurt a. M./Bonn/Berlin/München ²1966, 12–26: Die Wortschatz- und Grammatikstunde, 16/18.
2 Bruhn, E.: Altsprachlicher Unterricht (Handbuch für höhere Schulen). Leipzig 1930, 33, 119 f., 123, 141.

3 Dettweiler, P.: Didaktik und Methodik des lateinischen Unterrichts (Handbuch der Erziehungs- und Unterrichtslehre III). München 1895, 93–98; dritte umgearbeitete Auflage von W. Fries, München 1914.
4 Dönnges, U./Happ, H.: Dependenzgrammatik und Latein-Unterricht. Göttingen 1977, 76–161: Verbvalenz und Vokabelarbeit.
5 Eikeboom, R.: Rationales Lateinlernen. Göttingen 1970, 99, 116–123: Erwerben eines Wortschatzes.
6 Fink, G.: Tips Tricks Training Latein 1. München 1977, 7–12, 65 f.: Wie lernt man Vokabeln?
7 Fink, G.: Übung im Lateinunterricht. In: Materialien zur Einführung neuer Lehrpläne L 20. Hrsg. von der Landesstelle für Erziehung und Unterricht Stuttgart, Oktober 1979, 16–19: Grundwortschatz und Wortkunde; jetzt: Fink, G.: Übung und Übungsformen im Lateinunterricht. In: AU XXVI 6/1983, 5–23, 19–20: Grundwortschatz und Wortkunde.
8 Frings, U./Keulen, H./Nickel, R.: Lexikon zum Lateinunterricht. Freiburg/Würzburg 1981, 288–290: Vokabellernen, 295/96: Wortfeld, 296–299: Wortschatz.
9 Frings, U.: ‚Vokabelschlacht' als Lernhilfe. In: AU XXVI 6/1983, 100/101.
10 Germann, A./Reeker, H.-D.: Hinweise und Anregungen zum Wörterlernen und zur Wortschatzarbeit im lateinischen Anfangsunterricht. In: Materialien zur Einführung neuer Lehrpläne L 14 (LEU). Stuttgart, Dez. 1978, 23–36.
11 Glücklich, H.-J.: Lateinunterricht. Göttingen 1978, 117–120: Vokabellernen und Wortschatzarbeit.
12 Glücklich, H.-J./Nickel, R./Petersen, P.: Interpretatio. Neue Lateinische Textgrammatik. Freiburg/Würzburg 1980, 110–127: Bedeutungslehre.
13 Hermes, E.: Von der Gliederung des lateinischen Wortschatzes. In: AU X 4/1967, Beilage.
14 Hilbert, K.: Feldbezogene Wortschatzarbeit auf der Oberstufe. In: AU XVII 5/1974, 17–29.
15 Hilbert, K.: Feldbezogene Wortschatzarbeit im Lektüreunterricht. In: Materialien zur Einführung neuer Lehrpläne L 3 (LEU). Stuttgart, Sept. 1977, 2–9.
16 Jäkel, W.: Wortgleichung und Synonymik. In: AU VI 1/1962, 51–61.
17 Jäkel, W.: Methodik des altsprachlichen Unterrichts. Heidelberg ²1966, 61–80.
18 Kahl, D.: Aliquid haeret – aber wieviel? In: Anregung 26, 1980, 307–310.
19 Krüger, G.: Sichtung des didaktisch-methodischen Schrifttums. In: Lateinausbildung im Studienseminar. Hrsg. von E. Ahrens. Frankfurt a. M. ²1966, 189–195: Sicherung des Wortschatzes, Hilfsmittel für die Wortkunde.
20 Krüger, M.: Methodik des altsprachlichen Unterrichts (neu bearbeitet von G. Hornig). Frankfurt a. M./Berlin/Bonn ²1963, 49–51: Der Aufbau der Wortkunde, 169: Wortkunde.
21 Lammert, F.: Die Erläuterung der antiken Schriftsteller in Wissenschaft und Schule. In: Gymnasium 61, 1954, 385–409, 395–398.
22 Leitschuh, M.: Zur Wortkunde im lateinischen Unterricht. In: Anregung 5, 1959, 281–284.
23 Lohmann, D.: Die Rolle der muttersprachlichen Bindung im Lateinunterricht. In: AU XXII 1/1979, 49–62, 52–55.
24 Maier, F.: Lateinunterricht zwischen Tradition und Fortschritt Bd 1. Bamberg 1979, 92–99: Einführung und Übung unregelmäßiger Verben.
25 Meißner, H.: Lernpsychologie und lateinische Wortkunde. In: AU XXVII 5/1984, 79–85.
26 Menzel, S./Hausel, Ph.: Lateinische Wortkunde im Schulalltag. In: Anregung 11, 1965, 309–317.
27 Meusel, H.: Zur Wortschatzarbeit bei der Ovidlektüre. In: Römisch, E.: Metamorphosen Ovids im Unterricht. Heidelberg 1976, 136–152.
28 Meusel, H.: Zur Arbeit am lateinischen Wortschatz. In: AU XXII 2/1979, 19–29.
29 Müller, W.: Der Tageslichtprojektor im Lateinunterricht. Bamberg 1981, 42–45.
30 Müller, W.: Bausteine am Tageslichtprojektor im Lateinunterricht. In: AU XXVI 6/1983, 47–60, 58/59.
31 Nickel, R.: Die Alten Sprachen in der Schule. Frankfurt a. M. ²1978, 36–41.
32 Schmidt, K.: Mehrdeutigkeit und Determination. In: AU XI 2/1968, 68–98.
33 Steinhilber, J.: Motivationspsychologische Aspekte des Übens im Lateinunterricht. In: Anregung 22, 1976, 371–376.

34 Steinhilber, J.: Wortschatzübungen im lateinischen Anfangsunterricht. In: AU XXI 3/1978, 88–92.
35 Steinhilber, J.: Medienhandbuch zum Lateinunterricht. Auxilia Bd. 6. Bamberg 1982, 118–128: Vokabelheft, Wörterbuch, Wortkunde, 156–159: Bibliographie Wortschatz.
36 Steinhilber, J.: Zur Einführung neuer Vokabeln. In: AU XXVII 5/1984, 86–88.
37 Steinthal, H.: Principia Latinitatis. In: AU IX 1966, Beiheft, 27–30: Rektion (Valenz, Wertigkeit), 30–34: Wörterlernen. Strukturen im Wortschatz.
38 Steinthal, H.: Zum Aufbau des Wortschatzes im Lateinunterricht. In: AU XIV 2/1971, 20–50.
39 Steinthal, H.: Berichtigung und Festigung lateinischer Wortkenntnisse. In: Theorie und Praxis des kooperativen Unterrichts II/4. Hrsg. v. Meyer, Th./Steinthal, H. Stuttgart 1972, 29–37.
40 Thurow, R.: Psychologische Analyse des Wortschatzerwerbs im Lateinunterricht. In: AU XXIV 4/1981, 5–23.
41 Untermann, J.: Zur semantischen Organisation des lateinischen Wortschatzes. In: Gymnasium 84, 1977, 313–339.
42 Wilsing, N.: Die Praxis des Lateinunterrichts I. Stuttgart ²1968, 22–27: Vokabellernen.

Anmerkungen

1 Um die Aufbereitung der semantischen Sachverhalte für die altsprachliche Fachdidaktik haben sich besonders Hermes, E. (13), Steinthal, H. (38) und Hilbert, K. (14/15) verdient gemacht; ihren Beiträgen ist auch diese Darstellung in vielen Punkten verpflichtet.
2 Foppa, K.: Lernen, Gedächtnis, Verhalten. Ergebnisse und Probleme der Lernpsychologie. Köln/Berlin ⁴1968, 377. Die folgenden Ausführungen stützen sich auf die einschlägigen Abschnitte (Kap. 3: Die Übung 147 ff., Schlußbemerkungen 376–385) dieses anerkannten Handbuches. Weitere zusammenfassende Darstellungen:
Roth, H.: Pädagogische Psychologie des Lehrens und Lernens. Hannover ¹⁵1976, bes. 270 ff.: Hilfen für das Behalten und Einüben.
Correll, W.: Lernpsychologie. Donauwörth 1967.
Correll, W./Schwarze, H.: Lernpsychologie programmiert. Donauwörth 1968, bes. L. 11: Lernpsychologische Befunde zur Frage des Behaltens und Vergessens.
Parreren, C. F. von: Lernprozeß und Lernerfolg. Eine Darstellung der Lernpsychologie auf experimenteller Grundlage. Braunschweig ²1970.
Parreren, C. F. von: Lernen in der Schule. Weinheim/Berlin/Basel 1969.
Parreren, C. F. von: Psychologie und Fremdsprachenunterricht. In: Praxis des neusprachlichen Unterrichts. Dortmund 1964.
3 Vgl. Germann, A./Reeker, H.-D. (10) 28 mit einem Informationsblatt für Schüler und Eltern.
4 Die folgende Übersicht orientiert sich an der vorzüglichen Darstellung von Lyons, J.: Einführung in die moderne Linguistik. München ²1972.
Vgl. auch Ullmann, S.: Grundzüge der Semantik. Berlin 1967.
Elwert, Th. (Hrsg.): Probleme der Semantik. In: ZFSL, Beiheft NF 1, 1968.
Corseriu, E.: Sprache – Funktionen und Strukturen. Tübinger Beiträge zur Linguistik 2. Tübingen ²1971.
Greimas, J. A.: Strukturale Semantik. Braunschweig 1971.
Wahrig, G.: Anleitung zur grammatisch-semantischen Beschreibung lexikalischer Einheiten. (Linguistische Arbeiten 8) Tübingen 1973.
Spezielle Untersuchungen zur Feldtheorie:
Bierwisch, M.: Eine Hierarchie syntaktisch-semantischer Merkmale. StGram 5, 1965.
Baumgärtner, K.: Die Struktur des Bedeutungsfeldes. In: Jahrbuch des Institut für deutsche Sprache 1965/66, Mannheim 1967, 165–197.
Heringer, H.-J.: ‚Tag' und ‚Nacht'. Gedanken zu einer strukturellen Lexikologie. In: Wirkendes Wort 18, 1968, 217–231.
Hoberg, R.: Die Lehre vom sprachlichen Feld. Ein Beitrag zu ihrer Geschichte, Methodik und Anwendung. (Sprache der Gegenwart Bd. 11) Düsseldorf 1970.
Hundsnurscher, F.: Neuere Methoden der Semantik. Germ. Arbeitsh. 2. Tübingen 1970.
Geckeler, H.: Strukturelle Semantik und Wortfeldtheorie. München 1971.

5 Vgl. Schmidt, K. (32) 71–76, 82–85.
6 Vgl. Hilbert, K. (15) 5 sowie (14) 18 ff. mit Hinweisen auf Veröffentlichungen der neusprachlichen Didaktik.
7 Beispiele bei Hilbert (14) 22 ff., (15) 7–9 und Meusel (27) 140–148, (28) 25–28.
8 Happ, H.: Grundfragen einer Dependenzgrammatik des Lateinischen. Göttingen 1976.
   Happ, H.: Zur Erneuerung der lateinischen Schulgrammatiken (Schule und Forschung). Frankfurt a. M./Berlin/München 1977; der Ansatz findet sich bereits bei H. Steinthal (37) 27–30: Rektion (Valenz, Wertigkeit).
9 Happ, H., in Dönnges, U./Happ, H. (4) 78–87; dort (92–94) auch die folgende Analyse von *petere*.
10 Vgl. außer den einschlägigen Abschnitten der Methodiken bes. H. Steinthal (37) 5–13, 27–34; (38) 27 ff., 47–50; F. Maier (24) 92–99 und die Zusammenstellung bei Steinhilber (36).
11 Das gleiche Problem der Bedeutungseinführung ohne Textbeleg bietet z. B. auch Cursus Novus I 45 S. 189, wenn auch mit Hinweis zur Valenz: *ducere* – führen, ziehen; (m. dopp. Akk.) halten (für); andererseits wird im selben Kapitel die Kontextabhängigkeit der Bedeutungen von *contendere* gut demonstriert. Der im Gramm. Beih. I S. 3 im Druck hervorgehobene Satz „Es ist zu empfehlen, die Wörter des Kapitels immer vorher zu lernen." – gibt zumindest Anlaß zu Mißverständnissen; vgl. Vester, H.: Grammatikeinführung. In: Anregung 30, 1984, 377 Anm. 8.
12 Vgl. Germann, A./Reeker, H.-D. (10) 29–32 mit vielen Einzelbeispielen, auch Rätseln, zur Wortschatzübung; Zusammenfassend jetzt Bd. 8 der Auxilia: Hey, G.: Lernen durch Spielen. Lernspiele im lateinischen Sprachunterricht. Bamberg 1984, 15–23: Lernspiele für die Arbeit am Wortschatz.
   Ausführliche Bibliographie bei Steinhilber, J. (35) 145–147, vgl. auch 74–85.
   Steinhilber, J.: Didaktik des Unterrichtsspiels im Fremdsprachenunterricht. Frankfurt a. M. 1982.
13 Zu Lehn- und Fremdwörtern sind neben den Wortkunden heranzuziehen:
   Wolff, F./Pögl, A./Wittstock, O.: Latein und Griechisch im deutschen Wortschatz. Berlin (Volk und Wissen) ³1982, 71–178: Lateinische Grundwörter in alphabetischer Reihenfolge mit den von ihnen abgeleiteten Lehn- und Fremdwörtern.
   Schönberger, O.: *Germania Romana* im Deutsch- und Lateinunterricht der 8. Klasse. In: Anregung 19, 1973, 94–97.
   Münchow, H.: Erschließung von Fremdwörtern im Lateinunterricht. In: Fremdsprachenunterricht 18, 1974, 343–346.
   Für die Schulsprachen unentbehrlich in der Hand des Lehrers:
   Mader, M.: Lateinische Wortkunde für Alt- und Neusprachler. Stuttgart/Berlin/Köln/Mainz 1979.
14 Habenstein, E./Hermes, E./Zimmermann, H.: Grund- und Aufbauwortschatz Latein. Stuttgart 1970, 13–63.
   Bloch, G.: Lernvokabular zu Caesars „Bellum Gallicum". Stuttgart 1977.
15 Zuerst Hartke, W.: Wortkunde zu Ludus Latinus I–III und für die Mittel- und Oberklassen. Leipzig/Berlin (Teubner) 1927.
   Klaus, K./Klingelhöfer, H.: Verbum Latinum. Lateinische Wortkunde nach Wortfeldern und Sinngruppen geordnet. Düsseldorf ⁵1963.
   Grund- und Aufbauwortschatz Latein (s. Anm. 14), 65–128; vgl. auch Neuss, W.: Lateinische Wortkunde auf etymologischer Grundlage (Disciplina Latina). Münster ⁴1963, XL–XLIII Wortfeldkunde.
   Die Aufgabe einer semantisch geordneten Wortkunde ist jedoch in Hinsicht auf Semantik, Struktur, Lernpsychologie und -ökonomie noch nicht gelöst und bedarf der Bearbeitung – vgl. zum Problem bes. Untermann, J. (41).
   Untermann, J./Wülfing, P.: Wortkunde zwischen Wissenschaft und Unterricht. Zu neueren lateinischen Wortkunden, In: AU XXIV 4/1981, 24–54.
   Meißner, H. (25).
   Materialien für Wortfelder:
   Menge, H.: Lateinische Synonymik. Durchgesehen und erweitert von O. Schönberger. Heidelberg ⁵1959.
   Humpf, G.: Kleine lateinische Synonymik. Leverkusen 1954 (vergr.).
16 Maier, F. (24) 96: „Die Fremdwörter werden den Schülern geläufig, gleichsam von ihrem Ursprung her erhellt. Deshalb ist diese Möglichkeit der Durchnahme im Sinne eines Außentransfers für die Präsentation des Faches sehr hoch zu veranschlagen." Nickel, R. (31) 37/38 und Schönberger, O. (Anm. 13) 94 betonen die Bedeutung der Einsicht in den Kulturwortschatz lateinischen Ursprungs. Es ist auch daran zu erinnern, daß der zweijährige Lateinunterricht in der DDR ausdrücklich mit seiner Basis-Funktion für Fach- und Fremdsprachen begründet wird.

17 Auch wenn der volle Lerngewinn der Kreuzworträtsel erst bei eigenen Schülerentwürfen, die durchaus in der Raumaufteilung noch unzulänglich sein dürfen, eingebracht wird, sind die vorhandenen Materialien zur Motivation sehr zu empfehlen:
Steinhilber, J.: Rätsel zu Ianua Nova. Göttingen ²1982.
Spann, R.: Die lateinischen unregelmäßigen Verben in Kreuzworträtseln. Eigenverlag, Streitbergstr. 21, 8000 München 60.
18 Daniel, H.A.: *Thesaurus Hymnologicus* 2. Halle 1841, 133; Wiedergabe des Textes hier nach Schulz, H.: Mittellateinisches Lesebuch. Paderborn 1960, 78.
19 *Venanti Honori Clementiani Fortunati Presbyteri Italici opera poetica*, rec. et emend. F. Leo, Berolini 1881 (anastat. Neudruck 1961) (= MGH, A.A.IV,1), Spurionum Appendix, Nr. VII 384–385.

Albrecht Germann und Peter Wülfing

Altertumskunde im Unterricht der Sekundarstufe I – Realien

1   Grundgedanken (P. Wülfing)

Daß ein Sprachunterricht nicht abgelöst von den Sachen, auf welche die Sprache verweist, erfolgreich betrieben werden kann, wird von niemandem bestritten. Aber diese Einsicht bleibt in so hohem Maß folgenlos, daß ständige Klärung, Neuformulierung, Betonung der Problematik nicht überflüssig erscheinen.

Ich habe mich zu dem Thema ausführlich im „Handbuch für den Lateinunterricht – Sekundarstufe II"[1] geäußert, habe es im „Gymnasium"[2] zusammengefaßt und um Überlegungen erweitert, die sich auf semiotische Beschreibungsformen stützen. Auf diese beiden Artikel sei verwiesen; hier will ich meine dort dargelegten Auffassungen der Problematik nur in einigen Thesen umreißen:

1. Der altsprachliche Unterricht hat einen größeren Bedarf an Absicherung im Sachbereich als der neusprachliche; denn erstens verweisen seine sprachlichen Zeichen auf eine nicht gegenwärtige Welt, und zweitens folgt ihm keine Sprachverwendung, in welcher das Wirklichkeitsdefizit aufgeholt werden könnte.
2. In der Geschichte der Klassischen Philologie ist, zumal in der deutschen Tradition, die Orientierung im Rahmen einer umfassenden Altertumswissenschaft angelegt. Übrigens hatte die Wissenschaft von den Alten Sprachen auch ohne diese neuhumanistische Orientierung schon immer und ständig die Grenzen hoher Literatur überschritten und Philosophie, Geschichtsschreibung und andere Fachschriftstellerei einbezogen, worin die neueren Philologien nicht, nur ausnahmsweise oder erst neuerdings gefolgt sind.
3. Es hatte sich aber eine verfehlte Reduktion des Sprachbegriffs auf Morphologie und Syntax eingestellt, welche Semantik und Pragmatik aus dem Gesicht verlor.
   Dieser Reduktion muß immer wieder aufs neue entgegengewirkt werden. Nicht erst bei der Lektüre der Werke von Autoren sollte die Bedeutung ihrer Aussage in ihrer Bedingtheit durch die ursprüngliche Kommunikationssituation in den Blick genommen werden; an jeder sprachlichen Äußerung, selbst am einzelnen Wort kann und muß die grundsätzliche Kontextabhängigkeit bewußtgemacht werden.
4. Diese ‚Kontexte' aber werden nicht allein und nicht immer vom umgebenden Text im engeren Sinn gegeben. Andere Überlieferungsstränge – darunter besonders beachtenswert die monumentale Überlieferung – stützen und beglaubigen unser Verständnis von der Welt, aus der die Texte stammen. Auch Inschriftenkunde und Institutionengeschichte gehören dazu und noch manche andere Forschungsrichtung.
5. Dem Lernenden öffnet sich der Zugang zur Sprache nicht nur vom Abstrakt-Formalen, sondern auch vom Konkret-Sachlichen her. Individuen haben in dieser Hinsicht verschiedene Möglichkeiten. Dies erhält durch die Tatsache verstärkte Wichtigkeit, daß jüngere Schüler in besonders hohem Maß am visuell Vorstellbaren interessiert sind und sich von ihm leiten lassen.
6. Die Sachen (Realien) sind bei richtiger Sprachauffassung in allen sprachlichen Manifestationen mit anwesend. Deshalb ist ein von den Texten ganz losgelöster Realienbetrieb

unzweckmäßig. Er würde nur dazu führen, daß neben den Wortformen auch Formen des römischen Hauses oder der Kleidung gewissermaßen dekliniert würden. Um solche Verirrungen schon vom Terminologischen her auszuschließen, habe ich vorgeschlagen, den in sich kohärenten und von der Sprache unlösbaren Sachhorizont im Rückgriff auf die Geschichte des Faches <u>altertumskundlich</u> zu nennen.[3]

Als Zusammenfassung für Phänomene oder Phänomen-Gruppen, welche, der in den Texten anwesenden Welt zugeordnet, altertumskundlich betrachtet werden, ist das Pluraletantum <u>Realien</u> jedoch ein angemessener Ausdruck und wird im folgenden so verwendet.

7. Vorläufig mag eine Realienkunde heute noch in manchen Fällen parallel zum Sprachunterricht verlaufen. Ziel bleibt aber die weitestgehende Integration; neue Lehrbücher vom Typ des „Contextus", der „Ostia" sowie andere Materialien[4] können dazu verhelfen.

2 Der altertumskundliche Aspekt bei der Lehrbucharbeit (A. Germann)

Die Römer haben nicht nur ihre Sprache und Literatur hinterlassen, sondern auch eine Vielzahl von Dingen, die zu ihrem Leben gehörten und es mitbestimmten. Daher muß es Aufgabe des Lateinunterrichtes sein, Schülern auch diese Dinge zu zeigen, damit sie so viel wie möglich von dem sehen, was einem Römer oder einem Bewohner der römischen Provinzen vor Augen stand. Es sind Monumente und Gegenstände, die Schülern noch heute vor allem in verschiedenen Ländern der Bundesrepublik und Europas im Freien und im Museum begegnen. Sie veranschaulichen z.T. die lateinischen Vokabeln, die der Schüler lernt, und die Texte, die er liest oder lesen wird, und stehen außerdem häufig in Beziehung zu unserer eigenen Vergangenheit. Daher ist es zu begrüßen, daß in den neuen Lehrplänen für das Fach Latein Lerninhalte aus dem Bereich Realien aufgeführt sind und so ihr Stellenwert für das Fach festgeschrieben ist. Infolgedessen sind diese Inhalte kein beliebiges Additum, sondern verbindlich und müssen von vornherein in die Unterrichtsplanung und -vorbereitung einbezogen werden.

Der Lateinlehrer kann deshalb den Umstand, daß er Alte Geschichte, Epigraphik und Archäologie z.T. gar nicht oder nicht so gründlich studiert habe, nicht mehr als Alibi dafür anführen, daß er den Lernbereich Realien nicht berücksichtigen könne oder vernachlässigen dürfe. Schüler haben außerdem Verständnis, wenn ihr Lehrer in diesem Bereich nicht ganz so zu Hause ist wie in der lateinischen Grammatik. Sie warten geduldig auf eine Antwort, wenn der Lehrer ehrlich bekennt, daß er sich erst in der wissenschaftlichen Literatur informieren müsse, und dürfen durchaus Zeugen jenes Vorganges werden, der bei ihrem Lehrer zum Wissenszuwachs führt.

Zahlreiche gute Publikationen, von denen ein Grundstock zu einer altphilologischen Bibliothek gehören sollte, ermöglichen ein schnelles Nachschlagen. Im übrigen wächst durch die Vorbereitung auf die in den Texten begegnenden Realien und durch die Beantwortung von Schülerfragen das Wissen und damit die Sicherheit des Lehrers auch in diesen Bereichen. Kartei oder Ringbuchblätter, auf denen unter Stichworten aus dem Realienbereich die für den Unterricht notwendigen Informationen einschließlich Abbildungsnachweisen gesammelt sind, ergeben ein eigenes persönliches Nachschlagewerk, das ständig erweitert werden kann und sollte. Aus den im Handel und in den Museen angebotenen und den eigenen Dias läßt sich im Laufe der Zeit eine auf den Unterricht zugeschnittene Diathek aufbauen.

2.1   Im ersten Lateinjahr muß der Lehrer erfahrungsgemäß wesentlich mehr Unterrichtszeit für den altertumskundlichen Lernbereich veranschlagen, da einmal die Kinder mit einer gewissen Aufgeschlossenheit, Neugier und Erwartung kommen, meistens auch schon einiges gelesen oder gesehen haben und zum anderen so viel Grundsätzliches zu klären ist. Manche Frage kann in ein paar Minuten beantwortet werden, für andere braucht man Abbildungsmaterial, andere wiederum erfordern eine ganze Realienstunde, in der dann aber das bisher Vermittelte zusammengefaßt und als Grundlage für Neues genommen werden sollte. Überhaupt wäre es wünschenswert, pro Monat mindestens zwei Stunden als Realienstunden fest einzuplanen. Der größere Zeitaufwand gerade im ersten Lateinjahr zahlt sich aus. Abgesehen von den lernpsychologischen Gründen der Abwechslung in den Unterrichtsmitteln und -gegenständen wird die Freude am Fach Latein geweckt oder bleibt erhalten und damit auch der Arbeitseifer im sprachlichen Bereich. Außerdem wird ein Fundament an Realien gelegt, auf dem man ständig aufbauen kann, und dies kommt der sprachlichen Arbeit zugute.

2.2   Wie nun ein Lehrer mit seinen Schülern vom Anfang des Lateinunterrichts an allmählich Steinchen um Steinchen zu einem immer umfassenderen Mosaik zusammensetzen könnte, wird im Folgenden dargelegt.

Wörter wie *villa, cena, cibus, conviva* und *cenare* gehören im Lateinunterricht zu den ersten Vokabeln, die einem Schüler in Lehrbüchern begegnen. Wenn daran nur Formen der a/o-Deklination und der a-Konjugation vermittelt werden, macht der Schüler zwar Fortschritte in der lateinischen Sprache, mißversteht aber größtenteils die Wörter und gewinnt kaum einen Einblick in römisches Leben. Er wird nämlich das Haus, das Mobiliar, das Geschirr, die Speisen, die Getränke und die Kleidung der Menschen im allgemeinen mit dem gleichsetzen, was in seinen eigenen Erfahrungsbereich gehört. Für ihn ist z.B. eine Villa ein größeres Einfamilienhaus meist besser verdienender Leute mit einem parkähnlichen Gartengrundstück. Dieser Vorstellung nähert sich aber nur eine gewisse Anzahl römischer *villae* vor allem der Kaiserzeit als Wohnsitz der kaiserlichen Familie oder einiger *nobiles*. Viel zahlreicher dagegen sind jedoch die *villae rusticae* als Gutshöfe in Italien und den Provinzen. Allein in Baden-Württemberg sind über 1000 *villae rusticae* festgestellt worden. Dem trägt z.B. das neue Unterrichtswerk „Ostia" Rechnung, und es bringt auf S. 14 die farbige Rekonstruktionszeichnung einer *villa rustica*. In das Wohnhaus solch einer *villa rustica* könnten also die Gäste zur *cena* eingeladen worden sein.

Wie sah das Wohnhaus einer *villa rustica* aus?
Hier helfen ein auf Folie gezeichneter Grund- und Aufriß und ein Tageslichtprojektor, so daß der Typ der Eckrisalitvilla mit *porticus,* teilweise beheizten Wohnräumen, Küche, Keller, Bad und Toilette für die Schüler vorstellbar wird. Was mit der Klasse erarbeitet oder vom Lehrer mitgeteilt worden ist, sollte von jedem Schüler gleichzeitig jeweils auf die ausgeteilte Vervielfältigung desselben Grund- und Aufrisses eingetragen werden. Dieses Blatt wäre dann die erste Seite eines Realienordners, den sich jeder Schüler anlegen sollte.

Was wissen wir über Mobiliar und Geschirr der Römer?
Wenn auch die Gelageszenen auf römischen Grabsteinen die Vorstellung von Leben und Festmahl im Jenseits widerspiegeln, so ist doch das Vorbild für diese Darstellungen aus dem täglichen Leben genommen. Daher eignen sich diese Reliefs, von denen man in den Museen von Bonn und Köln geeignete Beispiele finden kann, für die Beantwortung der oben gestellten Frage. An einem entsprechenden Dia sollte mit den Schülern folgendes erarbeitet werden: die Gewohnheit des Liegens beim Essen auf einer Kline (mit Seiten- und Rückenlehne), davor ein dreibeiniger Tisch, daneben gelegentlich ein Sessel aus Korbgeflecht mit hoher Rückenlehne, mehrere schalen- oder napfartige Gefäße für Soßen oder Wein, eine Weinkanne, ein Korb mit Früchten. Zur besseren Veranschaulichung des Geschirrs sollten noch Dias von Museumsexponaten gezeigt werden mit dem Ergebnis, daß das meiste Geschirr Tonware, dagegen Metall- und Glasgefäße seltener, weil kostbarer waren.

Was aßen vornehmere Römer bei einer einfachen *cena*?
Die *cena*, die Hauptmahlzeit, begann am späten Nachmittag. Als Vorspeise gab es u.a. Eier, dazu Wein mit Honig vermischt *(mulsum)*. Der Hauptgang, Fleisch bzw. Fisch, wurde bereits in der Küche in handliche Bissen geschnitten, die dann von den Gästen mit den Fingern in Soßen getaucht wurden. Dazu aß man Brot und trank Wein, der mit Wasser vermischt war. *Servi* bedienten bei Tisch und reichten auch Schalen mit Wasser und Servietten zur Säuberung der Hände. Zum Nachtisch wurde Obst bzw. Kuchen angeboten. Musik, Tanz und Gedichtvorträge konnten bei einer luxuriöseren *cena*, einem *convivium* zur Unterhaltung der Gäste beitragen.

Da sich diese Frage kaum allein mit archäologischem Material beantworten läßt, bleibt dem Lehrer nur ein Kurzreferat. Trotzdem sollte er quasi als Beleg Grabsteine mit Gelageszenen z.B. aus Köln sowie Wandmalereien und Mosaiken z.B. aus dem Nationalmuseum von Neapel zeigen (Brotverkäufer, Stilleben mit Früchten, Meerestiere) und die Schüler darauf einzelnes wiederfinden lassen. Gleichsam eine Zusammenfassung könnte die Rekonstruktionszeichnung eines Tricliniums mit Gästen sein (Abbildung bei P. Connolly: Pompeji. Tessloff: Hamburg 1979, 40 = Klett-Diareihe „Römisches Wohnen: In der Villa", Dia Nr. 4); daran könnte das bisher Gesagte wiederholt und erweitert werden, insofern als hier nicht eine Kline zu sehen ist, wie auf den Grabsteinen, sondern drei in Form eines rechteckigen U um einen Tisch gruppiert sind und der Raum mit Öllampen beleuchtet ist.

2.3 Nachdem die Schüler gesehen haben, welche Vorstellungen die Römer mit bestimmten Wörtern verbanden, haben sie gleichzeitig einen ersten Einblick in römisches Leben erhalten. Ihn gilt es im ersten und den folgenden Lateinjahren zu erweitern und zu vertiefen, indem man immer wieder an das bisher Erarbeitete anknüpft und Fragen weiterverfolgt, die dabei gestellt werden. Daher werden im Folgenden vier Themen genannt, die durch Stichwörter ergänzt sind. Sie hängen mit der *villa rustica*, von der bisher nur das Wohnhaus vorgestellt wurde, zusammen.

villa rustica:
Hofanlage und Nebengebäude, Bautechnik (Mauer, Fachwerk, Dachziegel), landwirtschaftliche Produktion, Besitzer (z.B. in den Provinzen *veterani*, dazu Inschriften), Götter

(zunächst nur Lares und die keltische Epona, ggf. Jupitergigantensäulen), Verbreitungskarte.

Wasserversorgung und Badewesen:
Brunnen, Wasserleitungen, Hypokaustenheizung, Räume eines Bades, Badevorgang.

Ziegelei und Töpferei:
Ziegel, Ziegelstempel von Militär- und Privatziegeleien, Töpferware (einfaches Geschirr, Vorratsgefäße, *terra sigillata,* Öllampen).

Straßen und Verkehr:
Straßenbau, Meilensteine und ihre Inschriften, Straßenpolizei (Benefiziarier, ihre *stationes* und Weihealtäre), Wagentypen.

Einzelne Stichwörter der vier genannten Themen dürften für Schüler der Anstoß für neue Fragen sein, die wiederum den Ausgangspunkt für weitere Themen bilden können:

Als Gegensatz zum Wohnhaus der *villa rustica* wird die *domus,* das Atrium- und Peristylhaus (z.B. in Pompeji), ggf. mit Wandmalereien und Bodenmosaiken, besprochen; als Gegensatz zur *villa rustica* selbst könnten Beispiele für Luxusvillen in den Provinzen und Italien und ihre Ausschmückung mit Wandgemälden und Mosaiken vorgestellt werden (z.B. Nennig, Oplontis, Pompeji).

Das Stichwort *veterani* führt weiter zur Entlassung römischer Auxiliarsoldaten mit der Verleihung des Bürgerrechts nach dem Militärdienst in Kastellen z.B. am obergermanischen oder rätischen Limes und damit zur Behandlung des Militärwesens überhaupt.

Von der einfachen Wasserversorgung und dem kleinen Bad einer *villa rustica* kann einerseits übergeleitet werden zur Wasserversorgung einer Stadt (z.B. Köln und die Eifelwasserleitung, Nîmes und der Pont du Gard, Pompeji), andererseits zu den Thermen einer Stadt (z.B. Pompeji, Rom, Trier) und damit zur typisch römischen Gewölbearchitektur.

2.4 Es wurde gezeigt, wie die Schüler, ausgehend von der Vokabel *villa,* in immer weiteren Kreisen oder spiralförmig in die verschiedensten Bereiche römischen Lebens eingeführt werden. Die sich so ergebenden Themen könnten parallel zum Sprachunterricht auch über den Inhalt der jeweiligen Texte hinausgehend behandelt werden. Dadurch entsteht im Laufe der Zeit ein Bild der römischen Welt, in das sich auch neue Vokabeln in ihrer römischen Bedeutung einordnen lassen. Dennoch bleiben noch etliche Vokabeln übrig, die dem Schüler in den Lektionen begegnen und die der Veranschaulichung bedürfen. Es empfiehlt sich daher, den Wortschatz jeder Lektion und jedes Textes im voraus daraufhin zu überprüfen, welche Vokabeln für den Schüler nicht ohne weiteres verständlich sind, und sich eine Liste von ‚Realien-Vokabeln' anzulegen, möglichst mit einem Hinweis auf Abbildungen und Sekundärliteratur.

Dazu verschiedene Beispiele unter einer bestimmten Fragestellung:

aedificium, aedificare: Wie bauten die Römer? Vgl. z.B. dtv Lexikon der Antike s.v. Architektur II, A 2 Mauertechnik; P.Connolly: Pompeji. Tessloff: Hamburg 1979, 28; Dias z.B. von provinzialrömischen Mauern und Mauern in Pompeji.

argentum: Was stellten die Römer aus Silber her? Vgl. z.B. F. Baratte: Römisches Silbergeschirr in den gallischen und germanischen Provinzen. Limesmuseum Aalen Nr. 32; U.Gehrig: Hildesheimer Silberschatz. Bilderhefte der Staatlichen Museen Preuß. Kulturbesitz, Heft 4 einschließlich Diaserie; die Silberdenare brauchten hier nur erwähnt,

um dann im Zusammenhang mit dem Thema „Römische Münzen" ausführlich besprochen zu werden.
campus Martius: Wo lag er, was geschah dort? Vgl. z.B. F.Coarelli: Zur Topographie von Rom. Herder: Freiburg/Basel/Wien 1974; Abbildung eines *census,* einer *lustratio* mit Opfer an den – auch dargestellten – Gott Mars auf der sog. Domitius-Ara in Paris. Vgl. z.B. Das öffentliche Leben der Römer. Census-Relief. Unterrichtsprogramm des Museumspädagogischen Zentrums München, 8000 München 2, Meiserstraße 10, mit ausführlicher Information, Schülerbögen, Abbildungen und Nachzeichnungen.
imperator: Wie ließen sich römische Kaiser als *imperator* darstellen? Vgl. z.B. Augustus von Primaporta, dazu E.Simon, in: Helbig: Führer durch die öffentlichen Sammlungen Klassischer Altertümer in Rom. Bd.I Nr.411; E.Simon: Augustus, Kunst und Leben in Rom um die Zeitenwende. Hirmer: München 1986, 53 ff.; Das öffentliche Leben der Römer. Panzerstatue. Unterrichtsprogramm des Museumspädagogischen Zentrums München, 8000 München 2, Meiserstraße 10, mit ausführlichen Informationen, Schülerbogen, Abbildungen und Nachzeichnungen; zu *imperator* auf Inschriften vgl. A.Germann: Inschriften an Römerstraßen. In: AU XX 3/1977.

2.5 Inschriften sind die einzigen schriftlichen Originalzeugnisse aus römischer Zeit. In ihnen sieht der Schüler lateinische Buchstaben und Wörter in der originalen Form, wie sie z.B. im Auftrage eines Römers aus der Provinz auf einen bestimmten Stein eingehauen wurden. Er kann Namen, z.B. von Göttern, oder Wörter in einem original römischen Kontext lesen, die ihm bislang nur als Vokabeln auf den Seiten seines modernen Schulbuches begegnet sind. Diese Wörter haben aber gleichzeitig eine Beziehung zu dem Stein, auf dem sie stehen. Stein und Inschrift sind nicht trennbar, sie ergänzen sich gegenseitig und verdeutlichen einander.

Aus seinem Lehrbuch kennt der Schüler z.B. Merkur nur als Götterboten, Herkules allein als Vollbringer großer Taten, *fortuna* bloß als Schicksal und *victoria* als Sieg. Wenn ihm ein Inschriftenstein (Dia, Ablichtung von einer Schwarzweißphotographie, Nachzeichnung auf einer Folie) vorgestellt wird, kann er darauf eines dieser Wörter, ggf. noch mit den ihm bekannten Vokabeln *deus* und *sacrum,* lesen. Eine genaue Betrachtung führt ihn dann dazu, diesen Stein als Altar zu erkennen. Dadurch werden vom Schüler selbst Namen und Wörter eindeutig als Gottheiten zugehörig erkannt, denen, wie er gesehen hat, sogar ein Altar aufgestellt wurde. Aus den übrigen Zeilen tritt ihm der Name eines Menschen aus römischer Zeit entgegen; die üblichen Abkürzungen der Devotionsformel müssen ihm natürlich aufgelöst gegeben werden.

Die Gottheit, der Stein und der Mensch aber bilden einen Kontext. Der Mensch hat in einer Notsituation dieser Gottheit einen Altar gelobt, ihn zum Dank für die Hilfe, die ihm zuteil wurde, arbeiten und tatsächlich aufstellen lassen. Dieser Altar war dann wirklich in Gebrauch: an ihm wurde die Gottheit verehrt, ihr geopfert; das beweisen gelegentlich noch sichtbare Brandspuren in der Mitte der Altarbekrönung. Die Geräte, die beim Opfer verwendet wurden, kann der Schüler auch selbst erkennen, wenn sie, wie oft üblich, auf den Schmalseiten des Altars dargestellt sind.

Um die Frage, welche Vorstellungen die Römer von dieser Gottheit hatten, beantworten zu können, müssen bildliche Darstellungen herangezogen und die Attribute, die für die jeweilige Gottheit typisch sind, erarbeitet werden. Sind es doch diese Darstellungen, die z. B. in der Barockmalerei und auf Gobelins dem Schüler nicht nur in Gemäldegalerien, sondern auch bei der Besichtigung von Schlössern begegnen können. Wenn dort dann ein Schüler aufgrund von Kenntnissen, die er im Lateinunterricht erworben hat, Gestalten auf solchen Bildern selbständig erkennt, so wird ihm die Kontinuität der Antike und die kulturgeschichtliche Bedeutung des Faches Latein deutlich.

In bestimmten Lektionen begegnen dem Schüler Vokabeln aus dem militärischen Bereich: z.B. *legio, cohors, ala, centurio, eques, miles.* In der Regel wird dann wohl über Aufbau und zahlenmäßige Zusammensetzung der Truppenteile gesprochen und die Abbildung eines römischen Soldaten gezeigt. Die Menschen selbst bleiben namenlos. Woher sie stammten, in welchem Alter sie in das römische Heer eintraten, wie lange ihr Dienst dauerte, was sie nach Beendigung ihrer Dienstzeit erhielten, wird kaum erwähnt. Dabei gibt es genügend römische Soldatengrabsteine mit ihren Inschriften und die Militärdiplome, aus denen sich die Antworten auf all diese Fragen erarbeiten lassen. Aus dem Vergleich der inschriftlichen Zeugnisse ergibt sich, aus welchen Teilen des *imperium Romanum* Menschen z.B. an den obergermanischen Limes verschlagen wurden, aus der Angabe der Dienstjahre und des Lebensalters läßt sich das Durchschnittsalter errechnen, in dem ein junger Mann ins Heer eintrat. Die Ziffern bei der Angabe der *legio, ala* oder *cohors* geben Aufschluß über Truppenverlegungen. Die Militärdiplome dokumentieren die Verleihung des Bürgerrechtes durch den Kaiser am Ende der Dienstzeit. Und dazu bleibt das nicht allgemeine Information eines Sachbuches, sondern hat unmittelbaren Bezug zu einem Menschen, der in der Inschrift mit dem Namen seines Vaters genannt und auf dem zugehörigen Relief in Rüstung und Waffen dargestellt ist, mag die Darstellung selbst auch typisiert sein. Dieser *miles* hat wirklich gelebt, hat vielleicht am Wohnort des Schülers seinen Dienst versehen oder ist dort bestattet worden, wie die Formel *hic situs est* zeigt.

Auch Vokabeln, die keiner Erklärung bedürfen, wie z.B. *frater, testamentum, facere, curare* und *ponere,* findet der Schüler auf Grabinschriften in einem unmittelbar römischen Kontext: sie erzählen dem Schüler noch mehr über den dargestellten und in der Inschrift genannten Menschen.

Selbst Vokabeln wie *consul, Kalendae, Idus* bekommen einen konkreten Sinn, wenn Schüler sie auf einer Inschrift sehen und erkennen, daß damit Jahr und Tag der Weihung eines Altars festgehalten ist.

Daß auch die Legenden und Darstellungen auf römischen Münzen Vokabeln mit einfach erscheinenden Bedeutungen in einen originalen Kontext stellen und damit in römisches Denken einführen können, sei noch vermerkt. Abgesehen von Vokabeln, die in der Kaisertitulatur stehen, wie z.B. *imperator, divus, potestas,* finden sich auf Münzen Vokabeln wie *capere (Armenia capta)* oder *cives (ob cives servatos)* und Begriffspersonifikationen wie etwa *fides, honos et virtus, concordia, virtus, pax, iustitia, spes, victoria,* die zeigen, welche Vorstellung der Römer damit verband.

2.6 Mehrere Lateinbücher enthalten <u>Informationstexte</u> zu verschiedenen Bereichen römischen Lebens. Sie sind von den Verfassern sicherlich nicht nur wegen der neuen Lehrpläne eingefügt worden, sondern wohl auch aus der richtigen Erkenntnis, daß gegenüber dem Grammatikpensum oft genug die Realien zu kurz kamen. Es ist hier nicht der Ort, diese Texte kritisch zu betrachten. Folgende Vorüberlegungen sollte der Lehrer aber anstellen:

- Zu welchen Bereichen enthält das Buch Informationstexte, zu welchen nicht?
- Welche Vokabeln und welche Lektionstexte werden dadurch erläutert, vertieft oder erweitert?
- Welche Abbildungen des Lehrbuches beziehen sich auf die Informationstexte, welche Abbildungen müssen zur Veranschaulichung des Gesagten zusätzlich noch herangezogen werden?

Wenn diese Informationstexte nicht in den Unterricht einbezogen werden, haben sie ihren Zweck nicht erreicht. Einige wird man daher mit den Schülern gemeinsam lesen und sich vergewissern, ob der Inhalt verstanden ist, zusätzliche Informationen geben und sie ggf. durch weiteres Abbildungsmaterial veranschaulichen. Bei anderen könnten Fragen als Hausaufgabe gestellt werden, die sich durch Lesen des Informationstextes beantworten lassen. Nur dann, wenn die Schüler auch mit diesen Texten zu arbeiten gewöhnt sind, werden sie deren Inhalt als selbstverständlichen Bestandteil des Lateinunterrichtes empfinden, kommen sie doch dem Wissensdurst gerade der jüngeren Schüler entgegen.

2.7   Jedes Lehrbuch enthält <u>Abbildungen</u>. Über ihre Auswahl, Qualität, Altersgemäßheit, ihren Informationswert und Textbezug kann man anderer Meinung sein als die Herausgeber, ignorieren sollte man sie nicht. Der Schüler sieht die Bilder immerhin mehrere Stunden vor sich und kann mit Recht erwarten, daß sie im Unterricht besprochen werden. Darauf aber muß sich der Lehrer ebenso gründlich vorbereiten wie für die Durchnahme eines Textes. Es empfiehlt sich deshalb, mit Hilfe aller archäologischen Werke, deren er habhaft werden kann, und durch eigene Betrachtung eine detaillierte Beschreibung der jeweiligen Abbildungen zu verfassen. Dazu sollten noch Fund- und Aufbewahrungsort, ggf. Fundumstände, Datierung, Material, Farbe, Maße und ggf. der Verwendungszweck vermerkt werden. Wenn sich der Lehrer dann noch Fragen, die die Besprechung der Abbildungen einleiten oder vorantreiben können, notiert hat, kann er – wie bei einem gut vorbereiteten Text – mit einem Gefühl der Sicherheit in den Unterricht gehen und die gerade in diesem Bereich oft sehr ins einzelne gehenden Fragen seiner Schüler weitgehend beantworten.

Zweifellos erfordert dieses Verfahren zunächst ein hohes Maß an zusätzlicher – aber einmaliger – Arbeit, entsteht doch dadurch ein Kommentar zu allen Abbildungen eines Lehrbuches, der jederzeit wieder verwendet werden kann. Lehrer, die sich vorher nur wenig mit Archäologie beschäftigt haben, werden auch für sich selbst einen Gewinn aus dieser Arbeit ziehen.

Die Besprechung im Unterricht kann mit folgenden Fragen eingeleitet werden:
- Welcher inhaltliche Zusammenhang oder welche Vokabeln der Lektion sollen durch die Abbildung veranschaulicht werden?
- Warum haben die Herausgeber diese Abbildung gerade neben diese Lektion gestellt?
- Was seht ihr auf der Abbildung?

Dabei sollte man die Schüler veranlassen, lieber ihre eigenen Beobachtungen zu machen, sie zu sammeln und zu deuten, als sich auf eine Bildunterschrift zu verlassen. Diese ist oft sehr knapp und ohne Bezug zu einem Text. Auch das sollte beobachtet und kritisiert werden. Bei lohnenden Objekten könnten die Ergebnisse der Besprechung als Hausaufgabe zusammengefaßt werden. Wenn die Abbildung im Lehrbuch bedauerlicherweise nur einen Ausschnitt aus einer Wandmalerei, einem Mosaik, einem Relief, einer Vase oder nur den

Kopf einer Statue wiedergibt, so sollte den Teil in das Ganze eingeordnet werden, indem den Schülern, wenn irgend möglich, eine Gesamtaufnahme gezeigt und diese mit ihnen besprochen wird.

Ausgehend von den Abbildungen ergibt sich wieder eine Möglichkeit, einen Einblick in die Welt der Römer zu vermitteln. Einige Beispiele sollen das verdeutlichen:

Wenn die Abbildung eines Reliefs von der Trajanssäule besprochen ist, sollte die Säule selbst und ihr Standort auf dem Trajansforum gezeigt werden. Dadurch wird das isolierte Einzelrelief als Teil eines spiralförmigen Reliefbandes erfaßt, das die Taten eines Kaisers schildert, der durch eben diese Leistungen sichtbar über die anderen Menschen hinausgehoben wird; seine Statue bildete daher den sinnvollen Abschluß der Säule, deren Sockel einst die goldene Urne mit seiner Asche enthielt.

Ein Ausschnitt aus dem Alexandermosaik erfordert die Besprechung des ganzen Mosaiks, wozu Dias von der Casa del Fauno vorgeführt werden sollten, damit auch die ursprüngliche Verwendung des Mosaiks als Bodenschmuck der Exedra eines Privathauses in Pompeji deutlich wird.

Wenn von einer griechischen Vase z. B. nur eine mythologische Szene abgebildet ist, nicht aber der Vasenkörper, so sollte die Vase selbst vorgestellt werden. Ist gerade von dieser Vase kein Dia greifbar, so sollte wenigstens eine ähnliche Vase gesucht und gezeigt werden, damit das isolierte Bild als Teil eines Tongefäßes bewußt wird. Die Vase selbst sollte dann auch in ihrem Aufbau, ihren Ornamenten, ihrer Herstellung und Verwendung im Alltagsleben besprochen werden.

Zu einer Herakles-Metope vom Zeustempel in Olympia sollte die Abbildung eines gut erhaltenen griechischen Tempels, z. B. vom Hephaisteion in Athen, oder vom Heratempel II, dem sog. Poseidontempel, in Paestum und damit der Platz solcher Reliefs am Tempel einer Gottheit und einem Werk der Architektur gezeigt werden. Im Anschluß daran könnte man die Schüler andere Metopen des Herakleszyklus seinen Taten zuordnen und den Kontrast zwischen der ruhig anwesenden Athena und dem sich abmühenden Helden herausarbeiten lassen.

Die Abbildung eines Reliefs vom Trajansbogen in Benevent, die dazu dienen soll, eine Vorstellung von der Kapitolinischen Trias zu vermitteln, sollte in ihren Zusammenhang gestellt werden. Auf der Stadtseite des Bogens flankiert das Relief mit seinem Gegenstück die Kaiserinschrift auf der Attika. Nur so wird verständlich, warum Jupiter mit dem Blitzbündel zur rechten Seite weist. Er wendet sich der Szene zu, die auf dem rechten Attikarelief dargestellt ist und begrüßt den Kaiser, ein Zeichen der Apotheose Trajans. Eine weitere ausführliche Besprechung des Bogens ist in diesem Zusammenhang nicht nötig, nur sein Zweck sollte noch klargestellt werden: Er steht als Ehrenbogen noch heute am Anfang der von Trajan fertiggestellten *via Traiana*.

Wenn im Unterricht in dieser Weise Abbildungen des Lehrbuches behandelt werden, wird den Schülern der Zugang zu einer fremden und beeindruckenden Welt geöffnet, für die sie aufgeschlossen sind und die sie kennenlernen wollen. Man sollte sich auch nach vorheriger Bekanntgabe in der Klasse nicht scheuen, in einem Test oder einer Klassenarbeit die bei der Behandlung von Realien erarbeiteten Ergebnisse abzuprüfen und das Gelernte an einem ähnlichen Monument anwenden zu lassen. Solche Aufgaben werden erfahrungsgemäß gern und erfolgreich gelöst.

2.8 Museumsbesuche sollten integrierter Bestandteil des Lateinunterrichts und daher vom Lehrer gut vorbereitet sein. Der Lehrer sollte sich nicht unter Hinweis auf seine Inkompetenz im Museum zurückziehen und die Durchführung von Museumsbesuchen nicht allein den Mitarbeitern der Museen überlassen. Denn nur der Lehrer kennt seine Schüler und den unterrichtlichen Zusammenhang, und sie sind an seine Fragen und Erläuterungen gewöhnt. Ein Lateinlehrer muß sich in ähnlicher Weise, wie er sich mit einem Autor und dessen Werk beschäftigt, wenn er für seine Klasse Texte aussucht, vor einem Museumsbesuch mit der römischen Abteilung dort vertraut machen, um das auswählen zu können, was ihm für seine Schüler geeignet erscheint. Ebenso wie er Texte vorher übersetzt, mit Hilfe von Kommentaren und Sekundärliteratur interpretiert und sich texterschließende Fragen notiert, muß er im Museum die Exponate genau betrachten, beigegebene Informationen zur Kenntnis nehmen, sie durch Erläuterungen eines Museumsführers und ggf. durch weitere Literatur ergänzen und sich überlegen, wie die Schüler an die jeweiligen Gegenstände herangeführt werden können. Nur so kann er eine pädagogisch vertretbare Auswahl treffen unter den Museumsstücken, für die er dann ausreichend vorbereitet ist und die dem Kenntnisstand seiner Klasse angemessen ist.

Ein Museumsbesuch, bei dem nahezu alle Ausstellungsstücke gezeigt oder bearbeitet werden – es sei denn, das Museum hat eine kleine, überschaubare römische Abteilung –, hat nur abschreckende Wirkung, da der Schüler von der Fülle des Geschauten gleichsam erschlagen wird. Außerdem lassen die Konzentration und das zunächst noch vorhandene Interesse schnell nach, wenn der Besuch nicht spätestens nach etwa einer Stunde beendet oder, bei längerer Dauer, wenigstens durch eine Pause unterbrochen wird.

Bei einem Museum in der Nähe der Schule sollte die Möglichkeit des mehrmaligen Besuches unter immer neuen Themenstellungen genutzt werden. Dagegen wird man, wenn das Museum erst durch eine lange Anfahrt zu erreichen und deshalb ein weiterer Besuch schwierig ist, nur die bedeutendsten Exponate auswählen bzw. sich auf die Themen beschränken, zu denen das Museum besonders eindrucksvolle Beispiele enthält.

Wenn die ausgewählten Museumsstücke das veranschaulichen sollen, was bereits im Laufe des Unterrichts behandelt worden ist, bedarf der Museumsbesuch keiner eigenen Vorbereitung. Im anderen Falle sollte Grundsätzliches vor dem Besuch anhand von Abbildungen und Dias geklärt sein. Man sollte dabei Stücke aus anderen Museen zeigen, damit die Beschäftigung mit den Originalen im Museum selbst nicht als langweilige Wiederholung empfunden wird.

Zwei verschiedene Arten des Museumsbesuches werden im Folgenden besprochen:

Der Lehrer gibt den Schülern vor den ausgewählten Objekten Erläuterungen und beantwortet ihre Fragen oder führt mit den Schülern vor jedem Objekt ein gelenktes Unterrichtsgespräch. Diese Art der Führung bringt es mit sich, daß der Unterschied zum herkömmlichen Unterricht gering ist. Außerdem sehen im allgemeinen nur die vordersten Schüler den Gegenstand, von dem gerade die Rede ist, und nur sie können sich daher an einem Gespräch beteiligen. Deshalb muß man die Schüler einen großen Kreis bilden oder die vordersten sich hinsetzen oder -hocken lassen; bei großen Klassen müssen notfalls die Plätze zwischendurch getauscht werden, und der Lehrer muß das Wesentliche noch einmal zeigen. Ist eine Begleitperson dabei, sollte man die Klasse unbedingt teilen, wobei die eine Hälfte im Museum geführt wird und die andere ein Kontrastprogramm absolviert; nach einer vereinbarten Zeit werden die Gruppen ausgetauscht.

Die zweite, weitaus ergiebigere Möglichkeit bietet die Gruppenarbeit, bei der alle Schüler aktiv beteiligt sind, da alle direkt an die Exponate herangeführt und zu eigenem Beobachten, Entdecken und ggf. Zeichnen angeregt werden. Dafür muß der Lehrer auf Arbeitsblättern ausgewählte Exponate thematisch zusammenfassen, so daß sich jeweils drei bis fünf Schüler ein ihren Interessen entsprechendes Thema wählen können. Auf diesen Arbeitsblättern hat der Lehrer ggf. nach einer kurzen Vorinformation zum Thema Hinweise, Fragen und Aufgaben notiert, die auf seine Schüler zugeschnitten sind; fünf Themen sind meist ausreichend. Jedes Gruppenmitglied erhält ein Arbeitsblatt und ist verpflichtet, die Ergebnisse der eigenen bzw. der Gruppenarbeit einzutragen. Der Lehrer steht helfend für weitere Fragen zur Verfügung. Die Aufgaben sollten so bemessen sein, daß sie von jeder Gruppe in etwa dreißig Minuten bearbeitet werden können. Sollte eine Gruppe früher fertig sein, kann sie noch mit der Bearbeitung eines anderen Themas beginnen.

Schülerarbeitsbögen sind bereits beispielhaft von einigen Museen erstellt, so u.a. von dem Römisch-Germanischen Museum Köln, der Prähistorischen Staatssammlung München, dem Museum der Stadt Regensburg, dem Römischen Museum Augsburg und zum Limesmuseum Aalen (Landesinstitut für Erziehung und Unterricht, 7000 Stuttgart 1, Rotebühlstraße 133, Heft L 40), dazu sind vom Verfasser für das Saalburgkastell und -museum Aufgaben mit Lösungen zusammengestellt worden (A. Germann: Tagesexkursion zum Saalburgkastell. In: AU XXVIII 5/1985).

Die Auswertung der Arbeitsblätter kann entweder im Museum selbst oder im Klassenzimmer stattfinden. Im Museum führen nach einer Pause die einzelnen Gruppen ihre Klassenkameraden zu den von ihnen bearbeiteten Objekten, geben Informationen, nennen die Fragen und Aufgaben und teilen die von ihnen gefundenen Lösungen mit. Schüler führen Schüler, der Lehrer greift nur, wenn nötig, helfend ein.

Sollte diese Art der Führung aus zeitlichen Gründen oder weil die Aufnahmebereitschaft der Schüler nachzulassen beginnt, nicht mehr ratsam erscheinen, tragen die Gruppen ihre Ergebnisse später in einer Unterrichtsstunde vor.

Trotzdem sollte den Schülern noch die Möglichkeit gegeben werden, sich Gegenstände ihrer eigenen Wahl in einer vereinbarten Zeit ansehen zu können.

Für den Vortrag im Klassenzimmer sollte der Lehrer den Schülern Dias der Exponate oder ähnlicher aus einem anderen Museum und Abbildungen aus dem Museumsführer für das Episkop zur Verfügung stellen. Die Schüler selbst können mit Hilfe von Zeichnungen auf Folien für den Tageslichtprojektor ihre Ausführungen veranschaulichen. Besonders gut lassen sich auf diese Weise Inschriften reproduzieren.

Haben einzelne Schüler z.B. Zeichnungen von Altären mit Bekrönung und Darstellungen von Opfergeräten an den Seiten einschließlich der Inschrift, von Terra-sigillata-Schalen, Ziegeln, Öllämpchen, Fibeln oder Handwerksgeräten angefertigt, sollten diese mit schwarzem Faserstift nachgezogen, in Klassenstärke kopiert und an alle verteilt werden. Auf diese Weise nimmt jeder Schüler zu den von ihm selbst auf seinem Arbeitsblatt gelösten Aufgaben noch persönliche Zeichnungen von Mitschülern als konkretes Ergebnis des Museumsbesuches mit. Sie sollten den Eltern gezeigt und ggf. im Jahresbericht der Schule veröffentlicht werden als Einblick in eine nicht allgemein bekannte Seite des Lateinunterrichtes.

Darüber hinaus hat der Schüler etwas Grundlegendes gelernt, nämlich wie man, statt Museumsräume zu durcheilen und die Ausstellungsstücke flüchtig zu betrachten, durch intensive Auseinandersetzung mit ausgewählten Exponaten zu einem vertieften Verständnis der Vergangenheit gelangen kann.

2.9 Für <u>Exkursionen zu römischen Monumenten im Freien</u> gilt zum Teil, was bereits zum Museumsbesuch gesagt wurde.

Der Lehrer muß in diesem Falle zunächst feststellen, wo in der Umgebung seines Schulortes konservierte Baudenkmäler zu finden sind, und sich dann an Ort und Stelle mit Hilfe der Informationstafeln und der Fachliteratur – besonders nützlich sind Führungsblätter der Landesdenkmalpflege – den Ausgrabungsbefund klarmachen.

Bei der Vorbereitung im Unterricht sollte er für das betreffende Monument unbedingt Rekonstruktionszeichnungen und Grundrisse zeigen, damit die Schüler bereits eine Vorstellung vom Ganzen haben. Denn am Ort selbst werden sie in der Regel nur Grundmauern sehen. Wenn auch heute römische Fundamente meist einsam z. B. in einem Waldstück oder auf einem Feld liegen, so standen sie doch ehemals in einem funktionellen Zusammenhang mit anderen Bauwerken und wurden von Menschen benutzt. Daher muß das Monument, das besichtigt werden soll, schon im Unterricht so eingeordnet werden, daß es für den Schüler im Gelände aus seiner Isolation heraustritt und als Teil eines größeren Ganzen begriffen wird. So ist z. B. der Typus der Eckrisalitvilla, deren Grundmauern und Keller besichtigt werden sollen, das Wohnhaus in einer ummauerten Hofanlage mit verschiedenen Wirtschaftsgebäuden; der Besitzer konnte ein Veteran sein, der mit Lohnarbeitern den Hof und die umliegenden Felder bewirtschaftete und seine Produkte an das nahegelegene Kastell lieferte oder sie in der nächsten Stadt verkaufte.

So vorbereitet können den Schülern auch für die Exkursion Aufgaben gestellt werden. Am Besichtigungsort könnten sie zunächst allgemein aus den ergrabenen und konservierten Grundmauern den Grundriß des Gebäudes ablesen und diesen proportionsgerecht zu zeichnen versuchen. Dann könnten sie durch genaues Betrachten des Befundes Fragen beantworten z. B. zum Baumaterial, zur Art des Mauerbaus, zur Mauerstärke, nach Resten von Verputz, nach dem Material der Kellertreppe, der Form der Kellernischen und Lichtschächte, den Schlitzen für die Bohlen der Kellerdecke, nach der Länge und der Breite der Hofmauer, nach daran angebrachten Nebengebäuden sowie nach der Orientierung der Hofanlage.

Dadurch stoßen die Schüler im wahrsten Sinne des Wortes selbst auf greifbare Spuren römischer Besiedlung und gewinnen damit einen unmittelbaren Einblick in die Frühgeschichte ihrer Heimat bzw. Germaniens.

In ähnlicher Weise sollte eine Exkursion zu den Überresten von Wachttürmen, Kastellen und damit zum Limes vorbereitet und durchgeführt werden.

Für die genannten Exkursionsobjekte wurden eigens von einer Kommission von Lehrern Handreichungen erstellt, zu beziehen über das Landesinstitut für Erziehung und Unterricht, Rotebühlstraße 133, 7000 Stuttgart 1: Villa rustica L 35; Der Limes (allgemein) L 21; Mit Schülern am Limes L 22, L 29; dazu P. Mommsen: Studienfahrten an den Limes. Klett Buch Nr. 6472; A. Germann: Tagesexkursion zum Saalburgkastell. In: AU XXVIII 5/1985.

3 Der altertumskundliche Aspekt bei der Lektüre

3.1 *Realien bei der Lektüre von Caesars Bellum Gallicum*

Bei der Lektüre des *Bellum Gallicum* scheinen vornehmlich die *res militares* zu den lektürewichtigen Realien zu gehören und damit die Realien bei der Caesar-Lektüre überhaupt weitgehend abgedeckt zu sein. Abgesehen davon, daß dadurch den „Caesargegnern" ein weiteres stichhaltiges Argument an die Hand gegeben ist, läßt sich vor Eltern und besonders Schülern, denen Frieden ein ernstes Anliegen ist, nicht mehr vertreten, daß die Kenntnis des römischen Heerwesens das vorherrschende Lernziel im Bereich der Caesar-Realien sein soll.

Selbstverständlich muß sich ein Schüler unter den wichtigsten Vokabeln und Begriffen aus dem militärischen Bereich etwas vorstellen können, soweit sie für das Verständnis des Textes unabdingbar sind, aber dafür genügt eine knappe Lehrerinformation bzw. der Kommentar oder Anhang von Schulausgaben, wo ggf. das unbedingt Notwendige nachgeschlagen werden kann.

Wenn dagegen ein Einblick in die Welt der (West-)Kelten und der Germanen, der Gegner Caesars, das altertumskundliche Lernziel ist, läßt sich das mit einem Blick in die eigene und die Geschichte der Nachbarländer begründen und wird auch das Interesse der Schüler finden. Die Caesar-Lektüre kann dann zu einem spannenden Sammeln von Informationen aus dem Text des *Bellum Gallicum* über die Kelten und auch die Germanen werden. Das literarische Bild aber, das Caesar dem Leser von seinen Gegnern vermittelt, muß durch Bodenfunde ergänzt und korrigiert werden. Dabei wird sich ergeben, daß Caesar über bestimmte Lebensbereiche seiner Gegner schreibt, andere wieder übergeht. Auch das gilt es mit den Schülern zu erarbeiten.

Da sich in den letzten Jahren die archäologische Forschung gerade den Kelten besonders zugewandt hat, wie sich an Ausgrabungen und deren Präsentation in Ausstellungen und Publikationen zeigt, ist der Lehrer in der glücklichen Lage, gestützt auf neueste Forschungsergebnisse einschließlich hervorragender Abbildungen, mit den Schülern erarbeiten zu können, daß den Römern in den Kelten eine Völkerschaft mit einer eigenen hochentwickelten Kultur und Zivilisation gegenüberstand.

Im Folgenden ist daher der Versuch unternommen, unter den beiden Themen „Kelten" und „Germanen" stichwortartig in der ersten Spalte ein Lernziel, in der zweiten Spalte die zugehörigen Lerninhalte und in der dritten Spalte entsprechende Kapitel aus dem *Bellum Gallicum* mit weiteren Hinweisen zu nennen.

Für den Unterricht könnten je nach Interesse der Klasse ausgewählte Lernziele thematisiert werden. Mit den Schülern wären dann zunächst aus den betreffenden Kapiteln die Einzelinformationen zu erarbeiten, bevor die Aussagen durch Bodenfunde ergänzt oder korrigiert werden.

Der umgekehrte Weg, die Tabellen zu benutzen, bestände darin, anhand der dritten Spalte zu überprüfen, ob sich aus den Kapiteln, die gerade in der Klasse gelesen werden, bestimmte Lernziele und Inhalte herausarbeiten lassen. Den Abschluß der Caesar-Lektüre könnte im Bereich Realien ein Einblick in die römischen Hinterlassenschaften in Frankreich bilden, besonders wenn in der Klasse auch Französisch unterrichtet wird.

Da es aufgrund der verkürzten Stundenzahl im Fach Latein unmöglich ist, alle aufgelisteten Lernziele zu erfüllen, muß der Lehrer eine Auswahl treffen. Interessierten Schü-

Einblick in die Welt der West-Kelten

Einblick in die Ausmaße des Siedlungsraumes	Ausdehnung von Britannien bis Kleinasien (Galater) bes. Norditalien, Schweiz, Frankreich, Süd- und Westdeutschland, Britannien	Zeigen der Ausdehnung des keltischen Siedlungsraumes an einer Karte/Hinweis auf den keltischen Ursprung geographischer Namen: z.B. Alpen, Donau, Rhein, Main, Neckar; Neuß, Dormagen, Remagen, Worms, Liegnitz
Einblick in Siedlungsformen	*oppidum, vicus, aedificium, murus Gallicus*	*oppidum* (selten Bezeichnung *urbs* z.B. VII, 47; 68) 1. Lage: auf einer Anhöhe u.a. I, 38 II, 29 VII, 69 auf einer Insel oder im Sumpf u.a. VII, 15; 57; 58 an einem Flußübergang u.a. I, 6 VII, 11; 55 2. Befestigung: Mauern u.a. VII, 12; 46–48 Graben u.a. II, 12; 32 VII, 69 Holztore u.a. II, 6; 32; 33 VII, 11; 12; 24; 28; 47; 50; 70 Gebäude aus Holz u.a. I, 5 VII, 11; 15; 55; 58 – mit Strohdächern nach V, 43, da leicht brennbar Wasserversorgung u.a. VII, 36 VIII, 40–41; 43 Größe: in Notzeiten Aufnahme der Landbevölkerung möglich mit ihrer Habe vgl. u.a. II, 13; 29 VII, 54; 65 Ciceros Eindruck von gall. *oppida*: *Quid incultius oppidis?* (de prov. cons. XII, 29) *aedificium:* Lage VI, 30 *murus Gallicus* VII, 23 – ggf. in Übers. Vergleich von Caesars Aussagen mit Grabungsbefunden, z.B. Heuneburg (bei Riedlingen an der Donau), Manching (bei Ingolstadt), Altenburg-Rheinau (bei Schaffhausen)
Einblick in soziale und politische Strukturen	Kein einheitlicher Staat: Stämme mit Königen, untereinander rivalisierende Feudalaristokratie mit zahlreicher Gefolgschaft Bevölkerung, auch der *oppida*, zum großen Teil Bauern, aber auch Handwerker Stellung der Druiden	Erarbeitung an I, 2–4 und VI, 11 ff., Druiden VI, 13; 15 – ggf. in Übersetzung. Herausstellung der röm. Begriffe, mit denen gallische Einrichtungen bezeichnet werden, z.B. *civitas* für Stammesgemeinschaft, z.B. VI, 11, *concilium* für Versammlung der Gallier z. B. V, 53, 4 VII, 1; 4; und Land- und Gerichtstage, die Caesar abhält, z. B. V, 24 VI, 3. *concilia* und *conventus* als Mittel der Romanisierung durch röm. Recht und röm. Händler. *clientes*, z.B. I, 4;31 VI, 12 *cliens – patronus* VII, 40 – *magistratus* u.a. I, 4 VI, 20 VII, 37; 55
Einblick in Wirtschaft und Handel	hochentwickelter Ackerbau	Zeigt sich in der Erfindung und Verwendung von Pflugmesser, Räderpflug, Mähmaschine und Düngemitteln, auf Getreideanbau ist zu schließen z. B. aus I, 23; 39 VII, 32; 40; 71; 90

	Salzgewinnung	
	Lederbearbeitung	Gallische Wolle (*sagum und caracalla* waren keltische Mäntel) in Rom sehr geschätzt; ebenso gallisches Pökelfleisch. Keltische Schuster in Rom berühmt (die *gallica* war eine keltische Holzsandale)
	Wagen- und Schiffbau	Hinweis darauf, daß z. B. *carrus* (I, 3; 6; 24) und *raeda* (VI, 30) keltische Wagentypen sind, die von den Römern zusammen mit den Bezeichnungen übernommen wurden; dazu Originalfunde und Reliefs mit Wagen, z. B. der Kultwagen von Merida (Spanien), das Wagengrab von La Gorge Meillet, der Streitwagen von Glynn Cerrig Bach, der Prunkwagen aus dem Fürstengrab von Hochdorf Krs. Ludwigsburg
	Glasfabrikation	z. B. in Bibracte
	Großindustrie bei der Eisengewinnung und -verarbeitung	Dazu III, 21 VII, 22 in Übereinstimmung mit Funden von Eisenschlacken.
	Goldwäscherei	Nur so ist die Menge der Goldfunde in den Fürstengräbern zu erklären.
	Reger Import fremder, vor allem griechischer Waren	Dazu u.a. VII, 3; 42; 55; Verdeutlichung auch an Grabfunden, z. B. an denen von Vix und Hochdorf Krs. Ludwigsburg
Einblick in Kunst und Kultur	Keine eigenständige Architektur und Skulptur, aber Fähigkeit zur Umformung fremder, vor allem griechischer, dann römischer Elemente (= gallo-romanische Kunst)	Erarbeitung des fremden Einflusses durch Vergleich griechisch-römischer mit gallo-romanischer Plastik (z. B. Kriegerstatuen von Vacheres und Mondragon, Statue von Hirschlanden); dagegen Zeigen des typisch Keltischen in der Metallbearbeitung: Gebrauchskunst mit reicher Ornamentik, graphischer Stilisierung und minutiös ausgeführter, expressionistisch wirkender, schwellender, wuchernder Darstellung von Pflanzen, Tieren, Fabelwesen, Menschen und Göttern (z. B. Bronzemasken von Tarbes und Garancieres-en-Beauce, Kleinbronzen, Schild von Battersea, Kessel von Gundestrup, Schmuck [torques, Fibeln u.a.], Waffen, Zaumzeug, Wagenteile). – Tongefäße, griech. Schriftzeichen VI, 14
	Große Leistungen in der Metallbearbeitung Verwendung der Töpferscheibe im Unterschied zu den Germanen	
	Keine eigene Schrift, aber Verwendung griech. Schriftzeichen	
	Münzen	Durch Vergleich mit griechischen und römischen Münzen zeigen, daß die westkeltischen Münzen Nachprägungen sind, in Gallien und den Nachbargebieten vor allem Nachprägungen makedonischer Münzen (Goldmünzen Philipps II. und Alexanders d.Gr.) und der von Massilia, später römischer Münzen; Bewußtmachen, was es bedeutet, wenn ein Volk Geld als Zahlungsmittel verwendet, nämlich den Übergang von der Natural- zur Geldwirtschaft als Voraussetzung für ausgedehnteren Handel

Einblick in die Welt der West-Kelten (Forts.)

Einblick in die Religion	Verschiedene Götter, vor allem in der *interpretatio Romana* Polytheismus Rolle der Druiden Seelenwanderung	Dazu VI, 13–14; 16–18. Die Bedeutung, die Caesar dem „gallischen *Mercurius*" beimißt, wird durch überreiche archäologische Funde und Inschriften voll bestätigt. Vergleich von Caesars Beschreibung des *Mercurius* und seiner Funktionen mit den Attributen auf den bildlichen Darstellungen, aber auch der anderer Gottheiten mit ihren Bildnissen (Esus – Mars, Taranis – Jupiter, Belenus – Apollo, Belisana – Minerva, dazu der Kessel von Gundestrup) Ergänzung von Caesars Angaben über die keltische Religion durch archäologische Zeugnisse z. B. der Epona, die den Polytheismus belegen, und durch die Funde von Grabbeigaben, die auf den Glauben an ein Leben nach dem Tode hindeuten.
Einblick in die Auswirkungen der Eroberung Galliens durch Caesar	Straßenbau	z. B. über 250 Meilensteine
	Brückenbau	Gut erhalten z. B. die römische Brücke bei Vaison-la-Romaine, der Pont Julien bei Apt, der Pont Flavien bei St. Chamas
	Wasserleitung	z. B. Pont du Gard, Aquädukt und Mühlenanlage von Barbegal bei Arles
	Erhebung gallischer *oppida* zu römischen *coloniae*	z. B. Colonia Julia Augusta Florentia Vienna = Vienne, Colonia Firma Julia Secundanorum = Orange, Colonia Augusta Nemausus = Nîmes, Colonia Julia Paterna Arelate Sextanorum = Arles
	Bögen	z. B. in Orange, Carpentras, St. Rémy-de-Provence
	Tempel	z. B. in Vienne und Nîmes
	Theater	z. B. in Vienne, Orange, Arles
	Amphitheater	z. B. in Nîmes und Arles

Einblick in die Welt der Germanen vor Christi Geburt

Einblick in die Siedlungsräume, Wanderbewegungen und Siedlungsformen	Südskandinavien, Dänemark, Schleswig-Holstein, das Weser-, Elbe- und Odergebiet	Zeigen der Siedlungsräume und Wanderbewegungen an historischen Karten
	Im Verlauf der Jahrhunderte Wanderbewegungen einzelner Stammesteile verschiedener Stämme in keltisches Siedlungsgebiet bis über Donau und Rhein hinaus Berührung mit den Römern und dadurch erst histo-	Erarbeitung der Auswirkungen derartiger Wanderbewegungen und ihrer Ursache an z. B. I, 31 (Rede des Diviciacus), II, 4 (Kimbern und Teutonen), I, 2–19 (Zug der Helvetier), I, 30–54 (Vorstoß des Ariovist), IV, 4

	Genofanlagen Keine Stein- und Ziegelarchitektur, sondern Holzkonstruktionen mit Wänden aus Grassoden oder lehmverstrichenem Flechtwerk	(*murus*) und dem einheimischen „Wand" (= „gewundenes" Flechtwerk) u.a.
Einblick in politische, soziale und wirtschaftliche Strukturen	Kein einheitliches Volk, sondern einzelne Sippen, Siedlungsgruppen, Stämme mit eigenem Namen Stammesmitglieder waren Freie; Volksversammlung, wichtigstes Organ des Stammes, entschied über innerstammliche Angelegenheiten, wählte für Kriegsfall Heerführer ('Her-zog') Gefolgschaftswesen; mit der Zeit Herausbildung eines Kriegeradels. Die Siedlungsgemeinschaften weitgehend autark, keine speziellen Handwerker Viehzucht, Ackerbau, Jagd, Fischfang, Tongefäße ohne Töpferscheibe, Eisenerzeugung und -verarbeitung	vgl. VI, 23, 1 *civitates* u.a. VI, 22, 2 *gentes, cognationes* VI, 35 IV, 1 IV, 1, 9 *concilium Sueborum*; VI, 23, 7 VI, 23, 4 *magistratus* VI, 23, 7–8 vgl. aber IV, 1 VI, 22; 29, 1 Widerspruch zwischen Caesars Aussage über den Handel IV, 2 und den Bodenfunden
Einblick in die Entstehung des Namens „Germanen"	Zusammenfassung der Stämme am Rhein trotz eigener Stammesnamen durch Caesar unter dem Sammelnamen „*Germani*", Bezeichnung dieses Gebietes als „*Germania*"	Zur Entstehung des Namens durch die römische Historiographie z.B. I, 1 II, 3; 4 VI, 2; 32 sowie Tac. Germ. 2
Einblick in die Religion	Glauben an ein Weiterleben nach dem Tod Glaube an die prophetische Kraft einzelner Frauen, Losorakel Götter vor allem in der *interpretatio Romana* Keine Götterfiguren, keine Tempel, aber heilige Plätze	Zeigen an der Tatsache der Grabausstattungen I, 50, 4 VI, 21, dazu aber Tac. Germ. 9; hist. 4, 64; ann. 13,57
Einblick in die Kultur	Kunsthandwerkliche Arbeiten unter wachsendem keltischem Einfluß: Fibeln, Nadeln, Hals- und Armringe, Gürtelschmuck, Waffen (Langschwert) Runenschrift erst seit dem 2. Jh. p.Chr. bezeugt Mündlich tradierte Dichtung Musikinstrumente: Luren Keine Münzen	Durch Tac. Germ. und Bodenfunde ergänzen, was bei Caesar zu diesem Thema fehlt Sonderstellung des Schmieds vgl. Sagen Schreiben galt den Germanen als Zauber Tac. Germ. 2 und 3

lern sollte jedoch die Möglichkeit geboten werden, nach eigener Beschäftigung mit einem von ihnen selbst gewählten Lernziel bzw. Thema die Ergebnisse ihrer Arbeit der Klasse vorzutragen und so die Kenntnisse über eine der beiden Völkerschaften zu erweitern. Außerdem haben nicht selten Schüler bereits ihre Ferien in Frankreich verbracht und sind im Besitz von Dias, so daß sie vielleicht gern ein Referat übernehmen. Hinweise dazu finden sich am Ende der Zusammenstellung „Einblick in die Welt der West-Kelten".

Für solche Referate, aber auch besonders für den Unterricht selbst finden sich ausgezeichnete Vorschläge bei:
W. Bickel: Das Keltenbild Caesars im Vergleich mit dem Keltenbild der Archäologie. (In: Schule und Museum 1976, Heft 1. Verlag Moritz Diesterweg: Frankfurt a. M. – vergriffen) und z. B. bei:
R. Chevallier: Römische Provence (Atlantis Edition Antike Welt, Zürich)
genügend Informationen und gute Abbildungen zum Thema „Die Römer in Frankreich".

3.2 Realien bei der Lektüre von Ovids Metamorphosen

Mythen, die der Dichter Ovid durch die Kunst seiner Sprache und Metrik gestaltet hat, haben auch Maler und Bildhauer der Antike und der Neuzeit mit ihren Mitteln dargestellt. Diese Kunstwerke sollten vom Lateinlehrer in den Unterricht einbezogen werden, und zwar nicht nur zur Auflockerung des Übersetzens und Interpretierens oder zur bloßen Illustration der Verse Ovids, sondern vor allem wegen der anderen Art der Rezeption des Mythos.

Da jedoch das Fach Latein nicht mit dem Kunstunterricht konkurrieren kann, wird sich der Lehrer bei der Behandlung der angesprochenen Kunstwerke zunächst auf Fragen beschränken, die sich auf den Mythos und dessen Darstellung im Kunstwerk beziehen.

Als Einstieg in diese Betrachtung könnte mit den Schülern folgende Frage erörtert werden:
– Was für ein grundlegender Unterschied besteht zwischen der Gestaltung eines Mythos durch den Dichter Ovid in seinen Metamorphosen und einen Maler oder Bildhauer?
Wenn erarbeitet ist, daß der bildende Künstler in seinem Werk – im Gegensatz zur epischen Erzählung des Dichters – nur einen Ausschnitt, eine Szene aus dem Mythos zeigen kann, könnte sich als weitere Frage anschließen:
– Warum stellt ein Künstler eine bestimmte Szene aus einem Mythos dar? Oder:
– Welche Szene wird ein Künstler aus einem Mythos für seine Darstellung auswählen?
Sieht man von dem Wunsch eines Auftraggebers nach einem bestimmten Ausschnitt aus einem Mythos ab, so ist anzunehmen, daß der Künstler aus dem Mythenstoff die Szene herausgreift, die nach seiner Auffassung für den Mythos selbst besonders aussagekräftig ist, die er für künstlerisch ergiebig hält und die er mit seinen Mitteln darstellen kann.

So vorbereitet könnte mit den Schülern das ausgewählte Kunstwerk betrachtet werden, indem man es zunächst von ihnen kurz beschreiben läßt, um sie dann mit Hilfe konkreter Fragen, wie sie im Folgenden vorgeschlagen werden, den Bezug zu dem Mythos in der gelesenen Metamorphose finden zu lassen.
– Welchen Ausschnitt aus dem Mythos wählte der Künstler für seine Darstellung?
– Welche Szene oder Gestalt steht in diesem Kunstwerk im Mittelpunkt?
– In welchen Punkten weicht der Künstler durch Hinzufügen oder Weglassen von der

Mythenversion, wie sie Ovid erzählt, in künstlerischer Freiheit ab? Setzt er einen anderen Schwerpunkt?
– Worauf kam es dem Künstler bei seiner Ausformung des Mythos an, oder
– welche Aussageabsicht steht hinter diesem Kunstwerk?
– Was trägt dieses Kunstwerk zum Verständnis des Mythos selbst bei?
– Ist die Kenntnis des Mythos zu einem Verständnis dieses Kunstwerkes notwendig?
– Welche Teile dieses Kunstwerkes bleiben einem Betrachter, der den Mythos nicht kennt, unverständlich?
– Wie gestalten Künstler verschiedener Epochen denselben Mythos?

Da der Mythos ein unerschöpflicher Quell tiefer Einsichten in das Menschliche ist, haben bis in unsere Zeit immer wieder Dichter, Schriftsteller, Maler, Bildhauer und auch Komponisten aus ihm geschöpft und neue Werke geschaffen. Mit der Konzentration des Künstlers auf einen künstlerisch fruchtbaren Augenblick oder durch eine neue Gestaltung des Mythos überhaupt ist zugleich auch die persönliche Sicht des Mythos durch den Künstler in einer bestimmten Zeit faßbar und damit wohl auch eine Vertiefung oder Erweiterung im Verständnis des Mythos selbst gegeben, gleichzeitig ein Einblick in ein Stück Rezeptionsgeschichte, die die Lebenskraft des Mythos beweist.

Das wenigstens an einem Mythos und seinem Fortwirken zu zeigen ist auch Aufgabe des Lateinunterrichtes, damit die Schüler eines Tages nicht verständnislos vor solchen Werken stehen.

Darüber hinaus sollte jedoch der Lehrer die Chance nutzen, die sich bei der Beschäftigung mit den Metamorphosen Ovids ergibt, seine Schüler in römische Malerei einzuführen. Wenn er für die Gestaltung eines bestimmten Mythos – was ja naheliegt – ein Beispiel aus der pompejanischen Wandmalerei gewählt hat, kann er über die Betrachtung der Darstellung dieses Mythos in zweifacher Hinsicht hinausgehen.

Er sollte seinen Schülern an anderen Bildern aus Pompeji zeigen, daß die Maler bzw. ihre Auftraggeber für die Hauptbilder der Wohnräume ihre Themen nahezu ausnahmslos aus der Mythologie nahmen, daß also das eine pompejanische Wandgemälde, das zum Vergleich der Gestaltung eines Mythos durch den Dichter Ovid einerseits und den Maler in Pompeji andererseits herangezogen wurde, kein Einzelfall ist: „Geschichtliche Bilder fehlen gänzlich [...]. Im ganzen ist alles Mythologie." (L. Curtius: Die Wandmalerei Pompejis. Leipzig 1929; Nachdruck: Wissenschaftliche Buchgesellschaft: Darmstadt 1972, 43 f.)

Die Fülle dieser Mythenbilder zeigt jedenfalls, daß die Mythen hier zu allgemein verstandenen Chiffren für menschliches Verhalten, für Grundsituationen des Daseins, zum Ausdruck des Lebensgefühls und der Sehnsucht dieser Zeit geworden sind, deren Beziehungen und Anspielungen man mühelos erkannte; das heißt aber auch, daß sowohl die Malerei wie auch Ovids Metamorphosen der gleichen Zeitströmung entspringen, d. h. in gewissem Sinn einer Mode entsprachen. An dem, was der Römer privat schätzte, wenn er in seinem Heim gewissermaßen die Toga seines öffentlichen Auftretens und Handelns ablegte, lernt der Schüler eine andere Seite römischen Lebens kennen.

Außer der inhaltlichen Parallele, die, wie dargelegt, darin besteht, daß sich Ovid und auch die römischen Maler dem Mythos zuwandten, gibt es formale Parallelen zwischen der Dichtung Ovids und der pompejanischen Malerei. Wie sich in einer Metamorphose eine bestimmte Gliederung erkennen läßt, wie in ihr bestimmte Verse eine zentrale Stellung einnehmen, wie ein Rahmen die ganze Erzählung umgeben kann, wie sich in ihr bestimmte Kompositionsformen finden, so erkennt man auf den Wänden Pompejis architektonische Gliederungen, so wird der Blick auf ein zentrales Bild gelenkt, für das die gemalte Architektur den Rahmen bildet, so läßt sich die perspektivische Kompositionsform mit ihren Durchblicken mit bestimmten Ovidversen vergleichen, wie E. Römisch (Metamorphosen Ovids im Unterricht, 19) überzeugend aufgezeigt hat.

Wenn die Schüler bei der Interpretation einer Metamorphose formale Gestaltungsprinzipien erarbeitet haben, sollten sie das Gelernte nicht nur an einem weiteren Beispiel aus der Dichtung Ovids anwenden, sondern diese Kategorien auch auf andere Bereiche der zeitgenössischen Kunst, wie z. B. die Malerei Pompejis, übertragen. (Ähnliches läßt sich im übrigen auch an der Anlage der Kaiserfora zeigen.)

Nicht das Entwickeln der vier Stile pompejanischer Wandmalerei ist in diesem Zusammenhang wichtig, sondern das Erarbeiten dieser Gestaltungsprinzipien an wenigen, aber aufschlußreichen Wandbildern.

So ist auch der Einblick in römische Malerei in den Lateinunterricht integriert und bleibt nicht – im günstigsten Fall – Gegenstand einer isolierten Sonderstunde.

Vorschläge für eine archäologische Handbibliothek
Die folgende Liste enthält nur Titel, die sich für die Unterrichtsvorbereitung bzw. im Unterricht selbst bewährt haben und die zu einem erschwinglichen Preis (meist unter DM 50,–, jedenfalls unter DM 100,–) im Buchhandel erhältlich sind.

Zu 2.1–2.4
Carcopino, J.: Rom. Leben und Kultur in der Kaiserzeit. Reclam: Stuttgart.
Coarelli, F.: Rom. Ein archäologischer Führer. Herder: Freiburg.
Connolly, P.: Hannibal und die Feinde Roms. Tessloff: Hamburg.
Connolly, P.: Die römische Armee. Tessloff: Hamburg.
Connolly, P.: Pompeji. Tessloff: Hamburg.
Êtienne, R.: Pompeji. Das Leben in einer antiken Stadt. Reclam: Stuttgart.
Franchi dell'Orto, L.: Das antike Rom. Langewiesche-Koster: Königstein/Ts.
Kluckert, E.: Neapel. Mit u. a. Phlegräische Felder, Pompeji, Herculaneum, Capri. Artemis: Zürich.
Seaford, R.: Pompeji. Langewiesche-Köster: Königstein/Ts.
Simon, E.: Augustus. Kunst und Leben in Rom um die Zeitenwende. Hirmer: München.
Stützer, H. A.: Das antike Rom. Du Mont: Köln.
Ternes, Ch.-M.: Römisches Deutschland. Reclam: Stuttgart.
Wachmeier, G.: Rom. Die antiken Denkmäler mit Villa Hadriana, Ostia antica und Praeneste. Artemis: Zürich.

Römische Baukunst und Technik
dtv-Atlas zur Baukunst. Tafeln und Texte. Bd. I: Baugeschichte von Mesopotamien bis Byzanz. dtv: München.
Frontinus-Gesellschaft e. V. (Hrsg.): Wasserversorgung im antiken Rom. Oldenbourg: München.
Heinz, W.: Römische Thermen. Ullstein TB: Berlin.
Henze, A./Hönle, A.: Römische Amphitheater und Stadien, Gladiatorenkämpfe und Circusspiele. Atlantis Edition Antike Welt: Zürich.
Kähler, H.: Der römische Tempel. Ullstein TB: Berlin.
Kretzschmer, F.: Bilddokumente römischer Technik. VDI: Düsseldorf.
Macaulay, D.: Eine Stadt wie Rom. Planen und Bauen in römischer Zeit. dtv junior: München.

Germania Romana
Ammermann, A./Röhrig, T./Schmidt, G.: Der Sklave Calvisius. Alltag in einer römischen Provinz 150 n. Chr. Falken: Niedernhausen/Ts.

Baatz, D.: Der römische Limes. Gebr. Mann: Berlin.
Baatz, D./Herrmann, F. (Hrsg.): Die Römer in Hessen. Theiss: Stuttgart.
Bechert, T.: Römisches Germanien zwischen Rhein und Maas. Hirmer: München.
Bechert, T.: Marcus, der Römer. Ein historisches Lebensbild aus dem römischen Xanten. Gronenberg.
Beck, W./Planck, D.: Der Limes in Südwestdeutschland. Theiss: Stuttgart.
Elbe, J. von: Die Römer in Deutschland. Ausgrabungen, Fundstätten, Museen. Orbis: Münster.
Erdmann, E.: Römische Zivilisation an Rhein und Donau. Begegnungen zwischen Römern, Kelten und Germanen. Materialheft, Arbeitsheft und Lehrerheft. Schöningh: Paderborn.
Erdmann, E.: Leben unter römischer Herrschaft. Hrsg. von der Zentrale für politische Bildung Baden-Württemberg, Stafflenbergstr. 38, 7000 Stuttgart 1.
Filtzinger, Ph./Planck, D./Cämmerer, B. (Hrsg.): Die Römer in Baden-Württemberg. Theiss: Stuttgart.
Junkelmann, M.: Die Legionen des Augustus. von Zabern: Mainz.
Schallmayer, E.: Der Odenwaldlimes. Vom Main bis an den Neckar. Theiss: Stuttgart.
Ternes, Ch.-M.: Die Römer an Rhein und Mosel. Reclam: Stuttgart.
Ulbert. G./Fischer, Th.: Der Limes in Bayern. Von Dinkelsbühl bis Eining. Theiss: Stuttgart.

Zeitschriften und Führer
Antike Welt. Zeitschrift für Archäologie und Kunstgeschichte. Raggi: Feldmeilen.
Archäologie in Deutschland. Theiss: Stuttgart.
Kleine Schriften zur Kenntnis der römischen Besetzungsgeschichte Südwestdeutschlands. Zu beziehen über: Württembergisches Landesmuseum Stuttgart, Altes Schloß. (Bisher über 30 Hefte u. a. mit folgenden Themen: Terra-Sigillata, Münzen, Waffen, Mithras, Schmuck, Limes, Straßen und Straßenstationen, Jupitergigantensäulen, Landvermessung, Werkzeuge, Reiseverkehr, Nutzpflanzen, Grabbauten, Kybele, Jupiter Dolichenus, Luftbildarchäologie, Principia, Silbergeschirr.)
Führer zu archäologischen Denkmälern der verschiedenen Bundesländer sind erschienen beim Theiss-Verlag.
Die Führer und sonstigen Veröffentlichungen der bundesdeutschen Museen sind grundsätzlich zu empfehlen.
In der Zeitschrift „Der Altsprachliche Unterricht" sind bisher sechs Hefte zum Thema Archäologisches im Unterricht erschienen, und zwar 1961, 4; 1965, 4; 1969, 1; 1977, 3; 1979, 4; 1985, 5
Bei der Landesstelle für Erziehung und Unterricht Stuttgart 1, Rotebühlstraße 133, sind Materialien zur Einführung neuer Lehrpläne u. a. für das Fach Latein erschienen: Der Limes L 21, L 22, L 29, Villa Rustica L 35; Römische Bäder L 38; Mit Schülern im Limesmuseum Aalen L 40; Studienfahrt nach Trier L 41, L 42, L 43.

Zu 2.5
Provinzialrömische Inschriften

Allgemein:
Meyer, E.: Einführung in die lateinische Epigraphik. Wissenschaftliche Buchgesellschaft: Darmstadt.
Schillinger-Häfele, U.: Lateinische Inschriften. Quellen für die Geschichte des römischen Reiches. Zu beziehen über: Württembergisches Landesmuseum, Altes Schloß, 7000 Stuttgart 1.
Schillinger-Häfele, U.: Consules Augusti Caesares. Datierung von römischen Inschriften und Münzen. Zu beziehen über: Württembergisches Landesmuseum Altes Schloß, 7000 Stuttgart 1.

Inschriften in Museen
Augsburg (Römisches Museum)
Stoll, U.: Römisches Leben nördlich der Alpen. Mit Lehrerheft. Oldenbourg: München.
Bayerisches Landesamt für Denkmalpflege (Hrsg.): Die Römer in Schwaben. Jubiläumsausstellung 2000 Jahre Augsburg (passim).
Bayerisches Landesamt für Denkmalpflege, Pfisterstraße 1, 8000 München 2.

Bonn (RLM)
Hilgers, W.: Römische Straße. Habelt: Bonn.
Horn, H.G.: Römische Steindenkmäler 2 und 3. Habelt: Bonn.
Künzl, E.: Römische Steindenkmäler 1. Habelt: Bonn.
Köln (RGM)
Galsterer, B./Galsterer, H.: Die römischen Steininschriften aus Köln. Zu beziehen über das Römisch-Germanische Museum, Roncalli-Platz, 5000 Köln.
Kölner Römerillustrierte. Zu beziehen ebenda.
Mannheim (Reiss-Museum)
Gropengießer, E.: Römische Steindenkmäler. Zu beziehen über das Städtische Reiss-Museum, Postfach 22 03, 6800 Mannheim 1.
Regensburg (Museum der Stadt Regensburg)
Dietz, K.: Katalog ausgewählter Inschriften in Regensburg zur Römerzeit. Pustet: Regensburg.
Stuttgart (WLM)
Filtzinger, Ph.: Hic saxa loquuntur. Zu beziehen über das Württembergische Landesmuseum, Altes Schloß, 7000 Stuttgart 1.

Inschriften im Unterricht
Germann, A.: Inschriften an Römerstraßen. In: AU X 3/1977.
Germann, A.: Die Göttin Fortuna. Inschriften, Altäre, Darstellungen, Tempel. In: AU XXVI 6/1983, 24–46.
Germann, A.: Tagesexkursion zum Saalburgkastell. In: AU XXVIII 5/1985, 31–61.
Knoke, F.: Römische Inschriften in den Rheinlanden. In: AU XXVIII 5/1985, 62–116.
Leretz, H.: Lateinische Inschriften aus dem Antiken Rom und der Germania Romana. Schöningh: Paderborn.

Zu 2.8 und 2.9
Außer der entsprechenden Literatur unter Ziffer 2.1 und 2.5

Unterrichtsprogramme (Auswahl)
Augsburger Reihe zur Museumspädagogik: Römischer Götterhimmel, Römische Mode, Römische Glas- und Tonwaren, Römischer Handel. Hrsg. vom Schulreferat der Stadt Augsburg und vom Römischen Museum Augsburg.
Die Römerstadt Köln. Unterrichtsprogramm des Röm.-Germ.-Mus. Köln für die Sekundarstufe I mit Lösungsheft und Lehrerheft. Schülerbögen: A Wohnkultur, B Handwerk und Handel, C Totenkult, D Verehrung der Götter.
Unterrichtsprogramm Die Römer in Regensburg. Schülerarbeitsheft mit den Themen: Technik, Wirtschaft – Handel – Verkehr, Militär, Römischer Alltag. Zu beziehen über Stadt Regensburg, Museum, Postfach 145, 8400 Regensburg 11.
Unterrichtsprogramm des Museumspädagogischen Zentrums München: Prähistorische Staatssammlung München. „Bayern zur Römerzeit". 1 Handel und Handwerk, 2 Römische Baukunst, 3 Grabsitten und Religion, 4 Militärwesen. Zu beziehen über: Museumspädagogisches Zentrum, Barer Straße 29, 8000 München 40.
Martin, M.: Römermuseum und Römerhaus Augst. Augster Museumshefte 4.
Hey, B.: Die historische Exkursion. Zur Didaktik und Methodik des Besuchs historischer Stätten, Museen und Archive. Klett: Stuttgart.
Hug, W. (Hrsg.): Das historische Museum im Geschichtsunterricht. Eine didaktische Anleitung mit Unterrichtsbeispielen. Ploetz: Freiburg.

Zu 3.1

Maier, F.: Caesar im Unterricht. Unterrichtsprojekte, Hilfsmittel, Textinterpretationen. Buchner: Bamberg (darin u. a. Meißner, G.: Kurzbibliographie zu Caesars Bellum Gallicum. Didaktische Literatur und Fundstellenverzeichnis).
Bittel, K./Kimmig, W./Schiek, S. (Hrsg.): Die Kelten in Baden-Württemberg. Theiss: Stuttgart (systematische Darstellung der keltischen Geschichte und Kultur, dazu Ausgrabungen und Bodendenkmäler von Aalen bis Zwiefalten).
Chevallier, R.: Römische Provence. Atlantis Edition Antike Welt: Zürich.
Duval, P.-M.: Gallien. Leben und Kultur in römischer Zeit. Reclam: Stuttgart.
Franke, A.: Rom und die Germanen. Grabert: Tübingen.
Furger-Gunti, A.: Die Helvetier. Kulturgeschichte eines Keltenvolkes. Verlag Neue Züricher Zeitung: Zürich.
Hachmann, R.: Die Germanen. Heyne TB: München.
Hartmann, E.: Archäologische und kulturhistorische Aspekte bei der Caesar-Lektüre. In: AU VIII 4/1965.
Meier, Ch.: Caesar. Severin und Siedler: Berlin.
Untermann, J.: Kelten. In: Der kleine Pauly, Bd. 5 – Nachträge.

Zu 3.2

Albrecht, M. von: Interpretationen und Unterrichtsvorschläge zu Ovids Metamorphosen. Consilia-Lehrerkommentare Heft 7. Vandenhoeck und Ruprecht: Göttingen (darin bes. Scherer, F. M.: Hinweise auf Abbildungen und die Allgemeine Bibliographie). Zahlreiche Anregungen bietet auch das dazugehörige Heft 7 der Reihe Exempla. Vandenhoeck und Ruprecht: Göttingen.
Cancik, H.: Die Jungfrauenquelle. Ein religionswissenschaftlicher Versuch zu Ovid, Met. 3.138-255. In: AU XXV 6/1982, 52–75.
Hebel, B.: Vidit et obstipuit. Ein Interpretationsversuch zu Daedalus und Ikarus in Text und Bild. In: AU XV 1/1972.
Neschke-Hentschke, A.: Vom Mythos zum Emblem. Die Perseuserzählung in Ovids Metamorphosen (IV 607–V 249). In: Au XXV 6/1982, 76–87.
Römisch, E.: Metamorphosen Ovids im Unterricht. Heidelberger Texte, Didaktische Reihe, Heft 9. Ploetz: Freiburg.
Zahlreiche Anregungen finden sich in AU XXVIII 1/1985, das Heft ist Ovid gewidmet.

Vorschläge für eine archäologische Diathek

Eigens für den Unterricht wurden Dia-Reihen zusammengestellt, erläutert und mit methodischen Hinweisen versehen:

Ernst Klett Verlag, Stuttgart: Die Römer und die Götter, Kleidung und Stand in der Römerzeit, Bauten am Limes, Soldaten am Limes, Römisches Wohnen (Im Mietshaus, In der Villa), Römische Thermen, Antike Belagerungsmaschinen, Die Gladiatoren, Römische Inschriften (in Vorb.), Römische Münzen (in Vorb.), Religion im Römischen Reich (in Vorb.).
Bildarchiv Foto Marburg, Ernst-von-Hülsen-Haus, 3550 Marburg: Römische Historienreliefs, Pompeji, Römische Münzen, Olympia und die olympischen Spiele in der Antike, Die Römer an Rhein und Mosel (in Vorb.).
Staatlicher Lehrmittelverlag, Postfach, CH-3000 Bern 25: Das Forum Romanum, Das römische Theater, Das griechische Theater.
Verwaltung der Kölner Museen, Marspfortengasse 6, 5000 Köln 1: Diabuch Das Römisch-Germanische Museum Köln.

Anmerkungen

1 Wülfing, P.: Altertumskunde – Die Welt der Römer im Lateinunterricht. In: Höhn, W./Zink, N. (Hrsg.): Handbuch für den Lateinunterricht – Sekundarstufe Frankfurt a. M. 1979, 300–333.
2 Altertumswissenschaft und Philologie. In: Gymnasium 92, 1985, 12–29.
3 Wülfing, a. a. O. (s. Anm. 1), 312.
4 Eigens zur Überbrückung der noch nicht befriedigenden Situation hat der „Kölner Arbeitskreis ‚Lateinische Anfangslektüre'" beim Verlag Moritz Diesterweg (unter den in Klammern angegebenen Bestellnummern) die adaptierten Texte „Cicero gegen Verres" (4709), „Vom Vesuvausbruch des Jahres 79 n. Chr." (4719) und „Vom Machtkampf nach Caesars Ermordung" (4755) jeweils mit fortlaufendem Sachkommentar und mit textangebundener Dia-Serie (8407, 8409, 8408) ausgestattet.

Jürgen Steinhilber

Zum Einsatz von Medien im Lateinunterricht der Sekundarstufe I

1 Funktionen von Medien

1.1 Informationsvermittlung

Als übereinstimmendes Merkmal von Mediendefinitionen läßt sich herausfiltern, daß Medien Informationen tragen bzw. vermitteln. Dem Medium kommt durch seine Mittlerposition zwischen Lehrer und Schüler sowie zwischen Stoff und Schüler zentrale Bedeutung bei der Planung und Gestaltung von Unterrichtsprozessen zu.

Die Funktion der Informationsvermittlung wird besonders deutlich beim Lehr-Buch.

1.2 Unterstützung und Intensivierung von Lernprozessen

1.2.1 Die unterschiedlichen Lern- bzw. Gedächtnistypen

Psychologen haben herausgefunden, wieviel der Mensch über die einzelnen Sinneskanäle aufnimmt und behält. Wir visualisieren die Ergebnisse einer Untersuchung von Spandl[1]:
Man vergißt

80% von dem, was man gehört hat.
70% von dem, was man gesehen hat.
50% von dem, was man gehört und gesehen hat.
10% von dem, was man selbst ausgeführt hat.

Menschen unterscheiden sich darin, über welche Wahrnehmungskanäle sie am besten lernen. Es gibt den visuellen, den auditiven und den motorischen Lern- bzw. Gedächtnistyp. Diese Typen sind selten idealtypisch ausgeprägt. Wir haben es in der Regel mit Mischformen zu tun, wobei oft das visuelle Moment überwiegt. Wegen der Dominanz des visuellen Faktors muß der Lernprozeß immer wieder optisch abgesichert werden. Die Berücksichtigung dieser Erkenntnisse wäre ohne Medien nicht denkbar.

1.2.2 Die Brunerschen Repräsentationsformen

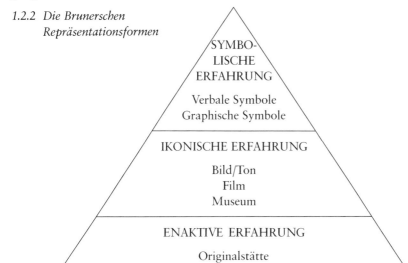

Bruner[2] unterscheidet enaktive, ikonische und symbolische Erfahrung. Dementsprechend kann der Lernstoff durch Handeln, Bilder oder Symbole dargeboten und gelernt werden. Optimal für das Lernen sind direkte Erfahrungen (enaktive Repräsentation); dies zeigt auch die o. g. Untersuchung.

Wir wollen die drei Stufen am Beispiel Limes veranschaulichen. Der symbolischen Repräsentation entspräche eine verbale Erklärung oder eine Landkarte. Der ikonischen Erfahrung entsprächen Dias vom Limes. Enaktive Erfahrung wäre durch eine Exkursion zu vermitteln.[3]

Als sprachliches Fach arbeitet Latein vorwiegend mit der symbolischen Repräsentationsform, die hohe Ansprüche an das Abstraktionsvermögen stellt. Daran wird und kann sich nichts ändern, zumal bei der Legitimation des Faches immer wieder die Förderung des logischen Denkens und der Abstraktionsfähigkeit betont wird. Die verstärkte Hinwendung zu kulturkundlichen und historischen Aspekten sowie die vielerorts erhobene und motivationspsychologisch begründete Forderung, Unterricht nicht stereotyp als Lehrbuch- oder Textbetrieb, sondern multimedial zu gestalten, sind gute Gründe, die ikonische Ebene und – soweit möglich – auch die enaktive stärker in den Unterricht einzubeziehen. Im sachkundlichen Bereich genügen wohl in manchen Fällen verbale Erklärungen, doch sind viele Dinge (z. B. Kleidung, Waffen, Architektur) nur durch Medien mit visuellem Anteil (Bild, Dia, Film, Modell) zu veranschaulichen. Aus organisatorischen und ökonomischen Gründen lassen sich enaktive Erfahrungen am schwersten vermitteln.

1.3 Motivierung[4]

Im Hinblick auf die Intensivierung von Lernprozessen kommt der Motivation großes Gewicht zu; sie ist unabdingbare Voraussetzung allen Lernens. Je schwächer die Motivation, desto schlechter wird gelernt und behalten. Um so ernster sind die überall zu hörenden Klagen über Mangel an Motivation zu nehmen.

Der Motivation ist nicht nur aus lernpsychologischer Rücksichtnahme die gebotene Aufmerksamkeit zu widmen, sondern auch wegen des engen Zusammenhangs zwischen Motivation und Ansehen eines Faches. Beides hängt zu einem nicht unbeträchtlichen Teil von der Gestaltung des Unterrichts ab. Motivation ist nicht nur Voraussetzung, sondern auch Folge von Unterricht. Mickisch[5] forderte 1972: „Angesichts dieser gefährdeten Situation ergibt sich in verstärktem Maße die Notwendigkeit, nach Möglichkeiten zu suchen, den an sich spröden Stoff ‚verbraucherfreundlich' anzubieten, d. h. die Lernmotivation, den Grad der Eingängigkeit und des Behaltens sowie die Glaubwürdigkeit der Fächer durch audiovisuelle Mittel zu steigern." Wenngleich man die Situation des Lateinunterrichts heutzutage zuversichtlicher einschätzen kann, bleibt die Forderung, den Stoff „verbraucherfreundlich" zu präsentieren, aktuell. Nicht nur audiovisuelle Medien zählen dazu. So ist mit Erfolg viel Arbeit in die Konzeption neuer Lehrwerke investiert worden, wobei man nicht nur vom Stoffpensum her der veränderten Situation des Lateinunterrichts Rechnung zu tragen versucht hat, sondern sich auch an lern- und motivationspsychologischen Erkenntnissen orientiert hat – Aufmachung, visuelle Elemente, Übungsvariationen, vernünftige Texte statt sinnlos aneinandergereihter Einzelsätze. Zu beklagen ist nur, daß die neue Generation von Lehrbüchern sich noch nicht ganz hat durchsetzen können und mitunter noch Bücher von vor 25 Jahren im Umlauf sind; ein neuer Einband ändert da nichts. Da das Lehrbuch ohne Zweifel das Leitmedium des Sprachunterrichts ist und, weil es ja die ersten Lateinjahre begleitet, immensen Einfluß besitzt, sollte der Lehrer, der noch mit einem konzeptionell überholten Buch arbeitet, sich bewußt werden, daß altsprachlicher Unterricht nicht zwangsläufig mit veralteten Medien erfolgen muß. Im Hinblick auf die Motivation unterscheiden wir beim Medieneinsatz drei Punkte: Motivation durch das Medium selbst, variationsreichen Einsatz ein und desselben Mediums sowie Variation durch Medienvielfalt. Durch attraktive Gestaltung kann jedes Medium an Motivationskraft gewinnen. Außerdem gibt es Medien, die per se motivierend wirken. Auf die audiovisuellen Medien gehen wir in Abschnitt 3 ein. Lernprogramme dienen der Motivation durch häufig gewährleistete Bekräftigung. Leider ist durch die Veröffentlichung wenig sorgfältig ausgearbeiteter Programme eine größere Ausbreitung der programmierten Instruktion verhindert worden. Hochwertige Programme wie die von Steinthal und Holtermann[6] sind nicht wieder aufgelegt worden. – Das Unterrichtsspiel[7] sollte integraler Bestandteil des Unterrichts werden, stellt es doch durch die Berücksichtigung von Lustgewinn, Freiwilligkeit, Aktivität, Kompetenzerlebnis und Spannung eine gebündelte Motivation dar. Leider hat die Lehrmittelindustrie dies noch nicht erkannt, so daß der Lehrer aufgrund des spärlichen Angebots[8] weitgehend auf Eigeninitiative angewiesen ist.

Stereotype Reize schwächen die Motivation. „Variatio delectat" ist ohne Medien nur schwer realisierbar. Der Unterricht spiegelt Vielfalt und Umfang des Medienangebots nicht wieder, weshalb wir jede Gelegenheit nutzen, den Lehrer aufzurufen, sich ständig um eine Erweiterung seines Medienspektrums zu bemühen. Wenngleich im altsprachlichen Unterricht Buch und Text im Vordergrund stehen, sollte der Lehrer versuchen, von einem monoverbalen, monomedialen, buchorientierten Lehrbetrieb abzurücken. Dies bekäme auch dem Ansehen des Faches. Auf der anderen Seite sollte man sich vor Übertreibungen hüten und nicht gleich ein Medienfeuerwerk abbrennen. Auch sollte man nicht ‚moderne' Medien nur deshalb einsetzen, um seinem Unterricht einen modernen Anstrich zu geben. Das Medium darf nicht zum Selbstzweck werden, sondern muß eingesetzt werden, wo es unter Berücksichtigung der Intentionen, der Adressatenlage und des medienspezifischen Potentials dem Unterricht am besten – bzw. besser als andere Medien – dienen kann.

Zu einem abwechslungsreichen Unterricht gehört nicht nur der Einsatz unterschiedlicher Medien. Auch ein einzelnes Medium läßt Spielraum zur Variation. Ein Beispiel wäre der Overheadprojektor mit zahlreichen methodischen Varianten.

Wir sind uns klar darüber, daß man die Frage der Motivation nicht auf das Medium reduzieren kann. Den Inhalten von Texten – Lehrbuch und Lektüre – kommt großes Gewicht zu. Wir wollen auch die extrinsische Motivation nicht unterschätzen, auf deren Wirkung wir nicht verzichten können.

1.4 Aktivierung

Die Aktivierung ist ein wichtiges lernpsychologisches Moment. Nur das kann verstärkt werden, was man aktiv hervorgebracht hat. Die Aktivierungsfunktion tritt deutlich zu Tage etwa beim Lehrbuch (Arbeitsimpulse im Übungsteil), Lernprogramm (bei jedem Schritt muß der Schüler eine Antwort verfassen), Arbeitsbogen oder Spiel (bei einem Deklinationsquintett z.B. muß der Schüler eine richtige Form nennen, um eine Karte zu bekommen). Bei anderen Medien ist die Aktivierungsfunktion weniger markant ausgeprägt. Bei audiovisuellen Medien wird schon vom Wort her deutlich, daß sie zunächst Passivität induzieren. Hinzu kommt eine vom Freizeitverhalten her gewohnte Konsumhaltung, deren Übertragung auf den Unterricht es zu überwinden gilt.

1.5 Entlastung des Lehrers

Die Entlastungsfunktion wird in zweifacher Weise deutlich, in der Vorbereitung und in der Durchführung des Unterrichts.

Wie das Medium die Vorbereitung erleichtert – nicht abnimmt! –, sehen wir beim Lehrbuch. In Konzeption und Gestaltung ist soviel Arbeit eingeflossen, wie sie der einzelne Lehrer kaum leisten könnte. Dennoch sollte der Lehrer sich nicht sklavisch am Buch festhalten, sondern sich zu einer kritisch-kreativen Haltung dem Buch gegenüber emanzipieren und den Blick für andere Medien offenhalten.

Selbsthergestellte Medien haben gegenüber gekauften den Vorzug einer stärkeren Berücksichtigung der Adressatensituation. Zunächst erfordern sie jedoch zeitliche – in manchen Fällen auch materielle – Investitionen, stellen also erst einmal eine Belastung dar. Durch mehrfache Verwendbarkeit (Paradebeispiel: Overheadtransparent) amortisiert sich die aufgewandte Mühe.

Medien entlasten den Lehrer auch insofern, als sie ihm helfen, den Unterricht zu strukturieren.

Eine weitere Entlastung findet im Unterricht statt. Der Lehrer kann in einzelnen Phasen Lehrfunktionen an Objekte delegieren. Ein alltägliches Beispiel: Lehrbuch Seite x, Übung xy schriftlich! Ein wichtiger Vorteil der Delegation von Lehrfunktionen an Medien besteht darin, daß der Lehrer sich in diesen Phasen individuell um einzelne Schüler kümmern kann. Der Lehrer tritt in den Hintergrund, was nicht nur im Sinne einer Aktivierung der Schüler wünschenswert ist, sondern auch im Interesse des Lehrers liegt, der Restitutionsphasen braucht und sich nicht dauernd vor der Klasse produzieren kann (und soll).

Die Entlastung geht in keinem Fall so weit, daß der Lehrer gänzlich von seinen Funktionen entbunden wird. Die wenigsten Medien sind autark und können ganz ohne Lehrer funktionieren (z.B. Lernprogramm, Sprachlabor). In der Regel bedürfen sie der Ergänzung durch andere Medien oder Methoden. Zu bedenken ist auch, daß die Entlastung immer nur vorübergehend ist.

In den Anfangsjahren des programmierten Lernens sahen manche – die Unterrichtstechnologen voller Optimismus, andere eher pessimistisch – in der Lehrobjektivierung eine ernsthafte Konkurrenz für den Lehrer. Es gab Schlagzeilen wie „Der Tod des Paukers", „Elektrischer Sokrates" oder „Pädagogisches Kraftfutter aus Programmkonserven".[9] Man kann Glaser[10] nur zustimmen, der zu dieser Thematik meint, ein Lehrer, der durch eine Maschine zu ersetzen sei, sollte auch ersetzt werden. Nie gab es auf einer Didacta so viele Bildschirme und Computer zu sehen wie 1984 in Basel. Eine ernstzunehmende Konkurrenz für den Lehrer zeichnet sich jedoch nicht ab. Vor allem mangelt es an geeigneter Software.[11]

1.6 Differenzierung

In unterschiedlichem Ausmaß besitzen Medien Eignung, differenzierend zu wirken. Ein hoher Grad an Differenzierung ist durch Lernprogramme oder Sprachlabor zu verwirklichen, während z. B. bei Dias oder Filmen Differenzierung nur über das Begleitmaterial zu erreichen ist.

Medien, bei denen der Schüler für sich allein tätig ist (Arbeitsbogen, Rätsel), haben den Vorteil, daß der Schüler nach seinem individuellen Lerntempo vorgehen kann, ein Vorteil, der um den Preis der Arbeitszeitvarianz erkauft wird. Divergierende Arbeitstempi führen dazu, daß die Schüler zu verschiedenen Zeiten fertig werden, was Unruhe und Leerlauf mit sich bringt. Zur Kompensation der Arbeitszeitvarianz empfiehlt sich quantitative Differenzierung, d. h., schnellere Schüler erhalten ein Zusatzangebot.

Neben quantitativer ist qualitative Differenzierung möglich, indem Schülern nach ihren Stärken oder Schwächen unterschiedliche Aufgaben gestellt werden. Daß dem Medium hierbei eine tragende Funktion zukommt, ist klar. Differenzierung wird auch durch Gruppenunterricht[12] möglich, dessen Realisierung durch Medieneinsatz wesentlich erleichtert wird.

2 Kriterien für die Beurteilung von Medien

Beurteilungsrichtlinien sind erforderlich angesichts des ständig expandierenden Medienangebots sowie zur Eigenfabrikation von Medien.

2.1 Sachliche Korrektheit

Da die Hauptfunktion des Mediums in der Informationsvermittlung besteht, ist die sachliche Richtigkeit ein Hauptkriterium. Die Forderung, Medien müßten sachlich einwandfrei sein, mutet eigentlich trivial an. Doch lassen sich auch Verstöße feststellen. So wird z. B. in einem Transparent über Lehnwörter *Traiectorium* (Trichter) als *Trajectorium* geschrieben.[13]

2.2 Lernzielkonformität

Die durch das Medium vermittelten Informationen müssen sich an den Lernzielen bzw. Lehrplanvorgaben orientieren. Das Medium soll integrativ in Orientierung an der unterrichtlichen Zielsetzung eingesetzt werden. Ein gelegentlicher Einsatz in additiver Form als Enrichment soll aber nicht gänzlich ausgeschlossen werden.

Es gibt Medien, die speziell in einem Lernzielbereich verwendbar sind (Wortkunde – Wortschatzbereich), und Medien, die in mehreren oder sogar allen Bereichen einsetzbar sind (Overheadprojektor – Wortschatz, Grammatik, Übersetzungstechnik, Interpretation, Sachkunde).

2.3 Transparenz

Ein Medium darf nicht mit Informationen überfrachtet sein, weil der Mensch in einer bestimmten Zeit nur eine beschränkte Zahl von Informationen wahrnehmen kann. Außerdem können wir ja weniger verarbeiten, als wir wahrnehmen, und das, was wir schließlich behalten, ist noch weniger. Der Aufnahme- und Einspeicherungskapazität ist Rechnung zu tragen, um Überforderung und die daraus resultierenden motivationalen Probleme zu vermeiden. Ist die Information zu umfangreich, muß sie zerlegt werden (Beispiel: Overlay).

Neben der Menge der Information spielt die Anordnung eine große Rolle. Die Informationen müssen übersichtlich und einprägsam angeordnet sein. Eine klare Gliederung ist eine erste Hilfe zur Einbettung der Informationen in die kognitive Struktur. Bei Medien mit visuellem Anteil ist zu bedenken, daß viele Schüler überwiegend über den visuellen Sinneskanal Informationen aufnehmen – ein weiterer Grund für eine leicht verständliche und einprägsame Gestaltung (Beispiel: Tafelbild).

Das Medium ist darauf hin zu überprüfen, ob die wesentlichen Dinge vorhanden und deutlich zu erkennen sind. Transparenz bedeutet, daß der Schüler ‚durchblicken' können muß. Auf der anderen Seite ist darauf zu achten, daß keine überflüssigen Informationen vorhanden sind, weil die Verarbeitungskapazität begrenzt ist und der Blick für das Wesentliche nicht durch Nebensächlichkeiten oder unwichtige Details verstellt werden darf.

2.4 Schülergemäßheit

Der Medieneinsatz muß sich an den anthropogenen Voraussetzungen orientieren. Zu den wichtigsten Punkten gehört das Vorwissen der Schüler. So muß z.B. das Lehrerheft eines Lernprogramms die für einen effektiven Einsatz notwendigen Vorkenntnisse angeben. Setzt der Lehrer ein Medium ein, das er nicht selbst produziert und damit auf die Adressatensituation zugeschnitten hat, muß er sich vergewissern, ob die Schüler über die zum Verständnis erforderlichen Vorkenntnisse verfügen. Andernfalls muß er die entsprechenden Informationen erarbeiten oder bereitstellen. So müssen die Schüler z.B., um von einem Film oder einer Radiosendung zu profitieren, bestimmte Grundkenntnisse mitbringen. Ist das nicht der Fall, werden sie überfordert, frustriert und demotiviert, und der Medieneinsatz verliert an Wirkung.

Überlegungen sind auch anzustellen über die Konzentrationsfähigkeit (Länge eines Films oder einer Schulfunksendung), das Sprachvermögen (Sprachniveau einer Tonbildreihe oder Radiosendung), Aufnahme- und Einspeicherungskapazität (Tonbildreihe – Länge, Zahl der Dias pro Zeiteinheit).

Zu den anthropogenen Bedingungen gehören Vorlieben für bestimmte Medien (z.B. Spiel, Fernsehen), auf die in angemessenem Umfang eingegangen werden kann. Auf der anderen Seite können sich bei mangelhafter Konzeption oder nicht durchdachtem Einsatz Antipathien gegen gewisse Medien ergeben, z.B. gegen die Übersetzung sinnloser Einzelsätze in einem antiquierten Lehrbuch oder gegen eine Überflutung mit Arbeitsbögen.

2.5 Attraktivität

Das Medium muß attraktiv sein und Aufforderungscharakter besitzen. Man vergleiche in dieser Hinsicht einmal ältere und neuere Unterrichtswerke. Sicher ist die äußere Aufmachung nur ein Kriterium von vielen, ihre Wirkung auf die Motivation der Schüler und auf das Ansehen des Faches darf jedoch nicht unterschätzt werden. – Im audiovisuellen Bereich sind unsere Schüler sehr verwöhnt, so daß der Schärfe und Brillanz bei Medien mit visuellem Anteil, der Tonqualität bei auditiven bzw. audiovisuellen Medien große Bedeutung zukommt. Bildschärfe und Tonqualität gebührt auch deshalb Beachtung, weil das Medium sonst seine Funktion als Informationsträger nur mangelhaft erfüllen kann.

2.6 Nutzung des medienspezifischen Potentials

Die didaktischen Möglichkeiten eines Mediums müssen ausgeschöpft werden. Wird der Overheadprojektor nur als Tafelersatz verwendet, degeneriert er zum Schreibprojektor, sein dynamisches Potential bleibt ungenutzt.

2.7 Kosten-Nutzen-Rechnung

Zum ökonomischen Aspekt rechnen wir neben den rein materiellen Anschaffungs- bzw. Herstellungskosten die Zeit, die der Lehrer auf die Vorbereitung des Medieneinsatzes verwenden muß, sowie – Unterrichtszeit ist ein wertvolles Gut – die Zeit, die das Medium im Unterricht beansprucht. Bei der Kalkulation muß die Amortisation bedacht werden. Ein Medium, dessen Anschaffung hohe Kosten bzw. dessen Herstellung viel Mühe verursacht, kann sich durch mehrfachen Einsatz rentieren (Diareihe, Kartenspiel). – Im Bereich der audiovisuellen Medien ergeben sich durch inhaltliche Überschneidungen mit anderen Fächern (Geschichte, Kunst) Gelegenheiten, mit Kollegen zusammen eine Bestellung aufzugeben.

Zum ökonomischen Aspekt gehört schließlich die Frage, ob das Medium wirklich notwendig ist oder ob man die Ziele auch mit weniger Kosten oder Aufwand erreichen kann. So ist ein Arbeitsbogen überflüssig, wenn man dieselben Übungen auch im Schülerheft durchführen kann.

2.8 Begleitmaterial bei kommerziellen Medien

Bei der Frage nach dem Vorhandensein und selbstverständlich nach der Qualität des Begleitmaterials unterscheiden wir zwei Arten von Materialien: Handreichungen für den Lehrer, Arbeitsmaterialien für den Schüler.

Das Begleitmaterial für den Lehrer enthält unter anderem Sachinformationen (z. B. zu einer Diareihe oder einem Film), Angaben über Lernziele, Einsatzbereich und notwendige Vorkenntnisse (z. B. Lernprogramm) und/oder methodische Anregungen (z. B. Lehrerband eines Unterrichtswerkes).

Einige Medien gewinnen an Wert durch Schülermaterialien. So können Arbeitsbögen sinnvoll die Arbeit mit einer Diaserie[14] oder einem Transparent[15] ergänzen. Zu den empfehlenswerten Platten des „Curriculum Geschichte"[16] mit Hörszenen zu Sokrates, Sparta, Athen, Sklaverei, Folgen des 2. Punischen Kriegs, Märtyrertum gibt es Schülermaterial und informelle Tests. Hinsichtlich des Ergänzungsmaterials denkt man natürlich an die Materialien, die die Verlage zu ihren Unterrichtswerken anbieten, vom Übungsheft über Vokabelverzeichnisse und Grammatiken bis hin zu Vorschlägen zu Sprachlaborübungen (Cursus Latinus) oder einem Rätselheft (Ianua Nova). Audiovisuelle Medien im Medienverbund mit Lehrbüchern – eine Selbstverständlichkeit im neusprachlichen Unterricht – sind im altsprachlichen Unterricht noch Mangelware.

2.9 Spezielle Kriterien für einzelne Medien

Für bestimmte Medien gelten neben den bisher genannten allgemeinen noch spezielle Beurteilungsmaßstäbe.[17] Wir beschränken uns auf ein Beispiel. Bei einer Landkarte ist zu fragen, ob die wesentlichen Punkte vorhanden und prägnant dargestellt und ob Schrift und Symbole gut zu erkennen sind; dabei sind Übersichtlichkeit und Anschaulichkeit wichtiger als wissenschaftliche (und kartographisch realisierbare) Vollständigkeit.

2.10 Effizienz

Letztlich entscheidend ist natürlich die Wirksamkeit des Mediums. Erst beim Einsatz vor Ort sehen wir, ob ein Medium tauglich ist, ob es die Erwartungen erfüllt. Die Erfolgskontrolle dient nicht nur der Messung des Lernerfolgs beim Schüler, sondern gibt auch Auskunft über die Qualität des Unterrichts und der eingesetzten Medien und Methoden. Die Erfolgskontrolle muß nicht unbedingt als mündliches oder schriftliches Prüfungsverfahren durchgeführt werden. Beobachtungen der Schülerreaktion (Mienenspiel, verbale Äußerungen) lassen Rückschlüsse auf die Effektivität und den Grad der Akzeptanz des Mediums zu. All dies hilft dem Lehrer bei der Entscheidung, ob er ein Medium wieder einsetzen will, ob ein methodisch variierter Einsatz mehr brächte usw.

3   Audiovisuelle Medien

Nach den bislang eher allgemein gehaltenen Ausführungen über Kriterien und Funktionen wollen wir uns jetzt mit einem konkreten Gebiet der weiten Medienlandschaft auseinandersetzen. Angesichts der ungeheuren Medienvielfalt[18] ist in diesem Rahmen die Beschränkung auf einen Ausschnitt unerläßlich. Wir haben die audiovisuellen – oder auch technischen – Medien ausgewählt, weil sie trotz einer wachsenden Zahl von Publikationen und trotz eines – in manchen Bereichen allerdings langsam – wachsenden Angebots häufig in der Praxis noch nicht den Platz einnehmen, der ihnen aufgrund ihrer Leistungen eigentlich gebührt.

Audiovisuelle Medien können der Vermittlung historischer und kultureller Hintergrundinformationen dienen. Die Berücksichtigung des außersprachlichen Kontextes hat in den letzten Jahren immer mehr Beachtung gefunden und spiegelt sich nicht nur in der Lernzieldiskussion, sondern auch im Medienangebot wieder. Audiovisuelle Medien können Informationen tragen, die sonst nur schwer oder gar nicht zu vermitteln wären. Als Medien, die der Anschauung dienen, kommt ihnen in einem Fach, das hohe Anforderungen an das abstrakte Denken stellt, eine wichtige Rolle zu.

Wir gliedern unsere Ausführungen in auditive, visuelle und audiovisuelle Medien.[19] Wir wollen jeweils kurz den Fragen nachgehen, was das Medium leistet und was der Markt bietet.

3.1 Auditive Medien

Auditive Medien finden grob gesehen in folgenden Bereichen Anwendung: Sprachvermittlung, Vermittlung von Sachwissen, Auseinandersetzung mit der Lektüre und der Aussprache des Lateinischen.

3.1.1 Sprachlabor

Das Sprachlabor ist mit Gewinn als motivierende Variante für Übungen zu Lexik, Morphologie und strukturell einfachen syntaktischen Phänomenen einsetzbar. Während bei den neuen Sprachen das Sprachlabor naturgemäß einen ganz anderen Stellenwert hat und Bänder oft im Medienverbund mit dem Lehrwerk zu haben sind, ist der Lateinlehrer auf Eigeninitiative angewiesen. Eine Hilfe geben Fink/Niedermeier mit einem Heft „Sprachlaborübungen zu Cursus Latinus" (Buchners Verlag).

3.1.2 Schallplatten, Tonkassetten, Tonbänder

Rohrmann[20] setzt sich angesichts der Tatsache, daß Griechisch und Latein Literatursprachen sind und daher schriftlich vorliegende Texte im Mittelpunkt des Unterrichts stehen, mit der Frage auseinander, ob der altsprachliche Unterricht auditive Medien benötigt, und gibt „zu bedenken, daß gerade die antike Literatur durchweg für den mündlichen Vortrag und damit für das Hören konzipiert wurde. Die Klangwirkung der Sprache und einzelner Sprachelemente ist daher für Textverständnis und Textdeutung ein nicht zu unterschätzender Faktor."

Mit der Präsentation auf Tonträger gesprochener lateinischer Texte können wir zwei Absichten verfolgen, nämlich die Thematisierung und Problematisierung der Aussprache[21] sowie die Vertiefung der Auseinandersetzung mit dem Text. Handelt es sich beim Text um Dichtung, kann der Tonträger die Beschäftigung mit der Metrik[22] unterstützen; der Schüler kann sein Lesen mit dem Vortrag des Sprechers vergleichen. Wir wollen uns hier mehr den Funktionen bei der Arbeit am Text zuwenden. Bei der Auseinandersetzung mit dem Text wird untersucht, inwieweit es dem Sprecher gelungen ist, seinen Vortrag den Intentionen des Autors anzupassen. Vergleiche mit eigenen Versuchen sind möglich. Zu den Schulautoren und hier oft zu Kernstellen gibt es Tonträger.[23]

Rohrmann[24] macht auf die Möglichkeit aufmerksam, durch Vorspielen einer Übersetzung ausgelassene Passagen zu überbrücken; allerdings ist das Angebot an gesprochenen Übersetzungen äußerst bescheiden, es liegen nur der „Miles gloriosus" von Plautus und die „Adelphoi" von Terenz (beide FWU) vor. Rohrmanns Vorschläge, Sekundärtexte, die man nicht unbedingt im Original zu lesen braucht, über ein auditives Medium zu präsentieren oder einen Übersetzungsvergleich durch Vorspielen verschiedener Übersetzungen vorzunehmen, scheinen uns daher nicht realisierbar. Einem weiteren Vorschlag Rohrmanns[25], nämlich der „Erarbeitung eines altsprachlichen Originaltextes auf rein auditivem Wege", stehen wir ebenfalls skeptisch gegenüber. Die Erarbeitung eines ausgewählten Lesestücks bei geschlossenen Büchern kann im Sprachunterricht bei sorgfältiger Vorbereitung (Wortschatz, Namen, grammatische Hürden) und behutsamer Durchführung (wiederholtes, langsames Lesen, Anschreiben unbekannter Vokabeln) gelingen und stellt eine Abwechslung gegenüber dem üblichen Procedere dar. Wir haben aber die Beobachtung gemacht, daß dabei vor allem schwächere Schüler überfordert werden. Diese Gefahr verstärkt sich, wie wir meinen, wenn Originallatein verstanden werden soll. Der schwächere Schüler verträgt nicht die Egalisierung des Arbeitstempos, die die auditive Darbietung mit sich bringt. Bei Satzperioden, die ja häufig noch lateintypische Konstruktionen enthalten, dürfte bei rein auditiver Präsentation nicht nur der schwächere Schüler Schwierigkeiten haben. Daher plädieren wir dafür, Tonträger lieber zur Ergänzung und Vertiefung einzusetzen. – Für noch problematischer halten wir Rohrmanns[26] Vorschlag, auditive Medien in Klassenarbeiten zu verwenden; in einer Situation, in der es für den Schüler um etwas geht, sollte man sich auf jeden Fall solcher Experimente enthalten.

Eine letzte Einsatzmöglichkeit von Tonträgern als Hilfsmittel im Lektüreunterricht soll nicht unerwähnt bleiben. Tonträger können helfen, die Rezeption antiker Stoffe in der Musik[27] zu veranschaulichen. Damit der Einsatz dieser Medien (z. B. „Antike Dichtung im Spiegel der Musik", „Horaz in der Musik"[28]) über das bloße Vorspielen hinausgeht, sind entsprechende Kenntnisse des Lehrers erforderlich; eventuell ist eine Kooperation mit dem Musiklehrer möglich.

Einige Tonträger vermitteln in Hörspielform Kenntnisse über die Antike, z. B. die o. g. Platten zum „Curriculum Geschichte".

Tonband und Tonkassette erlauben nicht nur reproduktive, sondern auch produktive Verwendung. So können Schüler Texte auf Band sprechen (Übung zur Metrik, Vergleich verschiedener Sprecher). Es können Hörspiele oder Hörszenen gestaltet werden.[29]

Bei einer Bestandsaufnahme stellen wir fest, daß es zu vielen Autoren Tonträger gibt. Wünschenswert wäre, daß noch mehr Aufnahmen auf Kassette zur Verfügung stehen[30], weil diese der Platte gegenüber methodische Vorteile bietet (Finden einer bestimmten Stelle, Stoppen, Wiederholen).

3.1.3 Radio

Die meisten Sendeanstalten haben wenigstens einmal im Jahr etwas im Programm, was mit der Antike zu tun hat. In Hörspiel- oder Vortragsform werden Themen aus der Antike – vorwiegend aus der Sachkunde, mitunter mit Lektürebezug – behandelt. Daß die Sendungen nicht primär für den Lateinunterricht konzipiert sind, muß der Sache keinen Abbruch tun. Die Aufzeichnung auf Kassette macht die Sendung mit der Unterrichtsorganisation kompatibel und bietet methodische Vorteile. Eine Archivierung kann nur gemäß den bestehenden Copyright-Regelungen erfolgen.

3.2 Visuelle Methoden

Visuelle Medien – wir beschränken uns hier auf die technischen visuellen Medien – vermitteln Anschauung und Vorstellungen im Bereich des historisch-kulturellen Kontextes. Sie haben ihren Platz schon in der Phase des Sprachunterrichts; die Lehrbücher bieten hinreichend Anlässe. Im Lektüreunterricht helfen sie dem Lehrer bei der für das Verständnis des Textes notwendigen Aufhellung des außerliterarischen Hintergrundes. Ein Medium, das über die genannten Funktionen hinaus noch weitere erfüllen kann, ist der Overheadprojektor (→3.2.2).

Bietz/Kuntz/Scherf[31] machen auf die Bedeutung verschiedener Wissenschaftsdisziplinen für den altsprachlichen Unterricht aufmerksam: „Von jeher haben [...] verschiedene andere Wissenschaftsdisziplinen bzw. Unterrichtsfächer verständnisvermittelnde Aufgaben im altsprachlichen Unterricht übernommen, wie z. B. (Alte) Geschichte, Kunstgeschichte, Religionslehre und Geographie." Dieser Zusammenhang verlangt vom Lehrer einen Blick über die Fachgrenzen, um sich auch über das Medienangebot der genannten Fächer zu informieren. Ein Großteil der im altsprachlichen Unterricht einsetzbaren Diareihen und Transparente ist nämlich primär für andere Fächer wie Geschichte usw. konzipiert.

3.2.1 Dias

Dias gehören aufgrund ihrer leichten Handhabung und eines relativ großen Angebots zu den am meisten eingesetzten technischen Medien. Auf ihre veranschaulichende Wirkung können wir weder als Ergänzung zum Lehrbuch noch zur Lektüre verzichten. Anlässe gibt es genug.[32]

Woran es immer noch fehlt, sind lektüreverzahnte Diareihen. Das Angebot stagniert; es liegen nur vor die drei Serien vom „Kölner Arbeitskreis ‚Lateinische Anfangslektüre'" zu Ciceros Verres-Rede, Plinius' Beschreibung des Vesuvausbruchs und zu Ciceros Oratio Philippica II[33] sowie vom Institut für Film und Bild in Wissenschaft und Unterricht

(FWU) „Bilder zu Caesars Bellum Gallicum". Es bedarf nicht großer Phantasie, weitere Autoren zu nennen, zu deren Werken sich eine Diareihe komponieren ließe, z. B. Ovid.

Das Angebot an überschaubaren Reihen mit gezielter Thematik hat sich etwas gebessert. Hier sind vor allem die Dias aus der Reihe „Römische Antike" aus dem Klett-Verlag zu nennen.[34]

Auf jeden Fall sollte sich der Lehrer über das Angebot seiner Landes- bzw. Kreisbildstelle informieren. Über das FWU-Sortiment hinaus, dessen Erweiterung in Richtung altsprachlicher Sektor wünschenswert wäre, verfügen manche Bildstellen noch über andere audiovisuelle Medien, vor allem Diaserien.

Diareihen im Medienverbund mit Unterrichtswerken sind nach wie vor Mangelware. Als vorbildlich ist der Cambridge Latin Course anzusehen, zu dessen Units Diareihen und Tonkassetten vorliegen. Im deutschen Sprachraum hat der Buchner-Verlag mit seinen Diareihen im Rahmen der Mediothek zu Cursus Latinus bzw. Novus einen Anfang gemacht.

Hinzuweisen ist noch auf Dias bzw. Diaserien, die von Museen herausgegeben werden, so z. B. vom Römisch-Germanischen Museum in Köln.

3.2.2 Overheadtransparente

Im Bereich der Sprachvermittlung bietet der Overheadprojektor vor allem auf dem Gebiet der Übung eine Fülle von Einsatzvarianten, die Müller[35], der sich um die Verbreitung und Weiterentwicklung dieses Mediums besondere Verdienste erworben hat, durch die Konzeption der Bausteintechnik[36] entscheidend erweitert hat. Bei der Bausteintechnik werden Endungen, Wörter oder Symbole auf Plexiglasstreifen geschrieben, die durch Einsetzen, Verschieben, Wegnehmen und Austauschen eine variable Handhabung erlauben. Wir führen als Beispiel eine Einsetzübung an[37], die die Funktionen der Endungen dadurch zeigt, daß sich durch Austausch der Endungen in einem Dreiwortsatz erstaunlich viele verschiedene Sätze bilden lassen. Der motivierende Effekt liegt auf der Hand.

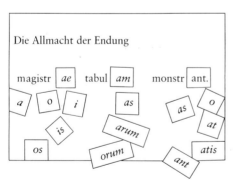

Abb. 3: Die Allmacht der Endung. Drei Bausteinchen sind eingesetzt, die anderen locker verteilt.

Gute Dienste leistet der Overheadprojektor bei der Periodenanalyse.[38] Bei der Einrückmethode kann man die Dynamik des Overheadprojektors ausnutzen, indem man mit Hilfe von Overlays einen Satz nach und nach auf- und abbaut, um so die Leistung des einzelnen Gliedsatzes und seinen Abhängigkeitsgrad zu demonstrieren.

    Oro te,
        ut dicas,
            quem heri visitaveris.

Im Gegensatz zum neu- und auch muttersprachlichen Unterricht fehlt es den alten Sprachen an Overheadmaterial, das auf bestimmte Unterrichtswerke zugeschnitten ist. Hier besteht Nachholbedarf. Einen Anfang hat Müller mit einem Baustein-Satz zu „Liber Latinus I" gemacht.[39]

Wünschenswert wären auch lehrbuchunabhängige Transparente, z. B. zu lateintypischen Konstruktionen oder zur Satzanalyse. An grammatischen Transparenten gibt es bislang nur die Konjugations- und Deklinationstransparente von Holderbach aus dem Klett-Verlag.

Auf dem sachkundlichen Sektor kann der Lateinlehrer auf für andere Fächer (Geschichte usw.) konzipierte Transparente zurückgreifen. Speziell für die Belange des Lateinunterrichts gibt es die sehr empfehlenswerte Serie von Müller „Realienkunde zu Caesar; Caesars Helvetierkrieg" sowie „Vergil-Aeneis" (beide mit Beiheft; Klett). Transparente dienen im Lektüreunterricht nicht nur als Lieferanten von Hintergrundinformationen. Sie können auch Resultat der Beschäftigung mit dem Text sein, indem sie den Aufbau von Texten oder Teilen davon visualisieren.

Beispiel: Ovid – Pyramus und Thisbe (Met. IV 78):

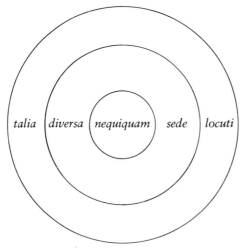

Das Original ist farbig und als Overlay konzipiert.

3.3 Audiovisuelle Medien im engeren Sinne

3.3.1 Tonfilm

Der Tonfilm stellt bei der Vermittlung von Sachinformationen sicher das am stärksten motivierende audiovisuelle Medium dar. Eine Bestandsaufnahme ist rasch abgeschlossen. Von FWU gibt es „Das Antike Rom", in dem die bekannte Rekonstruktion im „Museo della Civiltà Romana" abgefilmt ist, sowie „Entstehung des Vesuv" und „Italienische Vulkane". Zwei empfehlenswerte Filme hat das Institut für Weltkunde in Bildung und Forschung (WBF)[40] herausgebracht: „Die Römer am Limes zwischen Donau und Rhein – um 200 n. Chr." und „Ein römischer Kaufmann nördlich der Alpen". Beide Filme sind von ihrer Konzeption sowie von der Länge her – 13 Minuten – gut in den Unterricht einzubeziehen. Filme über Rom und Italien kann man auch beim Italienischen Fremdenverkehrsamt[41] bekommen.

Die herkömmlichen Licht- bzw. Magnettonfilme habe zunehmend Konkurrenz durch Video erhalten. Video ist leicht zu bedienen (praktisch wie ein Kassettenrekorder) und bietet methodische Vorteile (Stoppen, Wiederholen usw.). In einem Aufsatz „Video im Lateinunterricht" stellen Knau/Steinhilber/Zgoll[42] drei Verwendungsmöglichkeiten von Video vor: zwei reproduktive (Aufzeichnungen von Fernsehsendungen, Filme aus dem Videoverleih bzw. -handel) sowie eine produktive (Videoproduktion durch Schüler). Im Fernsehen gibt es immer wieder Sendungen, die etwas mit der Antike zu tun haben (z. B. „Archäologie am Rhein" vom WDR). Solche Sendungen kann der Lehrer aufzeichnen (lassen), um sie mit seinen Schülern anzuschauen und zu besprechen; zumindest sollte er die Schüler auf solche Sendungen hinweisen. Die Einrichtung einer „Mediothek der Antike" mit Hilfe von Radio- und Fernsehsendungen, wie sie Stadelmann[43] vorgeschwebt hat, ist technisch problemlos, aber nur unter Beachtung der Copyright-Regelungen zu bewerkstelligen. Mediothekarische Erfassung der aufgenommenen Sendungen ermöglicht einen systematischen Zugriff.

Auf dem Videomarkt gibt es zur Zeit über siebzig Filme, die irgendwie etwas mit der Antike zu tun haben – oder vorgeben, dies zu tun. Eine Videographie dieser Filme ist im Beitrag von Knau/Steinhilber/Zgoll zu finden. Aus diesem umfangreichen Angebot muß ausgewählt werden. Für Filme, die lediglich eine Mischung aus Mythos, Historie und Phantasie darstellen, ist unsere Unterrichtszeit zu schade. Einige Filme[44] sind aber, wenn wir historische Authenzität nicht zum Hauptkriterium machen, durchaus geeignet, zu bestimmten Themen oder Lektürestellen eingesetzt zu werden. Wird der Film im Anschluß an die Lektüre gezeigt, können die Schüler – ggf. mit Hilfe des Lehrers – historische Ungereimtheiten aufdecken. So kann der Unterricht eine medienpädagogische Aufgabe wahrnehmen, indem er dazu beiträgt, daß der Schüler im Film keine unanfechtbare Autorität mehr sieht.

Mit der Eigenproduktion von Filmen durch Schüler verbindet sich der Name von Zgoll. Bekannt sind die Verfilmungen von Horaz Serm. II 6 *(Sabinum)* und I 9 *(Ibam forte via sacra).*[45] Neben der Verfilmung geeigneter Lektürestellen schlägt Zgoll vor, Lehrbuchlektionen in Video umzusetzen; ein Beispiel ist der Einführungsfilm zu Instrumentum[46]. Eine weitere Möglichkeit des Videoeinsatzes ist die Konservierung von Schüleraufführungen; ein Beispiel bietet die Aufzeichnung einer Mostellaria-Aufführung durch das „Institut für Empirische Pädagogik, Pädagogische Psychologie und Bildungsforschung – Unterrichtsmitschau – der Universität München"[47].

Einen Film über das Römisch-Germanische Museum in Köln hat der Klett-Verlag angekündigt.

3.3.2 Tonbildreihen

Ein Überblick über die vorhandenen Tonbildreihen ist schnell gegeben:

Griechenland. Die Wiege der europäischen Kultur.	80 Dias/45 Min. Jünger
Das Abendland erwacht	51 Dias/25 Min. Jünger
Vom Papyrus zur Schnellpresse	72 Dias/30 Min. Jünger
Roma aeterna	90 Dias/30 Min. Jünger
Aus dem Leben des Lucius Caecilius Iucundus – Bürger der Stadt Pompeji	49 Dias/16 Min. FWU

Die Übersicht zeigt einen Hauptmangel der angebotenen Reihen, nämlich die hohe

Zahl von Bildern pro Zeiteinheit, die die Aufnahmefähigkeit von Schülern überfordert. Es kommen weitere methodische Nachteile hinzu: Unterdrückung von Aktivität und Kommunikation, Fehlen flexibler Handhabung durch die Ton-Bild-Synchronisation. Während die letztgenannten Nachteile medienspezifisch sind und daher nicht vermieden werden können, sollte bei zukünftigen Tonbildreihen dem Aspekt der Informationsüberflutung mehr Beachtung geschenkt werden.

4 Schlußbemerkungen

Besteht die Hauptaufgabe des Lehrers in der Informationsvermittlung und gehen wir von der allgemein anerkannten Definition des Mediums als Träger und Vermittler von Informationen aus, wird evident, daß Medien zum Handwerkszeug des Lehrers gehören. Also muß sich der Lehrer auf dem Lehrmittelsektor auskennen. Er muß wissen, welche Funktionen Medien erfüllen, nach welchen Kriterien man sie auswählt oder herstellt und wie man sie einsetzt. Die Haltung des Lehrers dem Medium gegenüber sollte von kritischer Aufgeschlossenheit gekennzeichnet sein. Das Medienangebot ist umfangreicher und vielfältiger, als mancher Lehrer denkt. Diese Vielfalt wird vom Unterricht nicht immer wiedergespiegelt, zu oft noch ist Unterricht relativ medienmonoton. Trotz des umfangreichen und vielfältigen Angebots sind in einigen Bereichen (z.B. Spiele, Lernprogramme, audiovisuelle Medien im Verbund mit Buch oder Text), wie wir festgestellt haben, noch Defizite vorhanden. Vielleicht sind wir zu optimistisch, wenn wir hoffen, daß sich diese Defizite durch eine verstärkte Nachfrage, auf die sich der Lehrmittelmarkt einzustellen hätte, verringern lassen.

Anmerkungen

1 Spandl, J.: Lernen im Schulalter. München 1972, 33.
2 Bruner, J.: Entwurf einer Unterrichtstheorie. Berlin 1974, 16 ff., 49.
3 Bietz, W./Kuntz, F./Scherf, F.: Exkursionen. In: Gruber, J./Maier, F. (Hrsg.): Alte Sprachen. Bd. 2. München 1982, 280–298.
4 Steinhilber, J.: Medien und Motivation. In: Gymnasium 1984, 91, 151–154.
5 Mickisch, H.: Audiovisuelle Mittel im altsprachlichen Unterricht. In: Anregung 1972, 18, 35.
6 Steinthal, H.: Das Partizip. Stuttgart 1969. – Holtermann, H.: Der Infinitiv. Stuttgart 1969. – Lernprogrammverzeichnis in: Steinhilber, J.: Medienhandbuch zum Lateinunterricht. Bamberg 1982. Neu: Steinhilber, J.: Lateinisches Lernprogramm Das Relativpronomen. Donauwörth 1983.
7 Steinhilber, J.: Didaktik des Unterrichtsspiels im Fremdsprachenunterricht. Frankfurt a.M. 1982. – Hey, G.: Lernen durch Spielen. Bamberg 1984.
8 Barsewisch, L. von: Lateinische Verben-Quartette I und II. Schroedel. – Steinhilber, J.: Kartenspiel Latein zur Bestimmung von Deklinationsformen. Hirschgraben. – Ab 2. Auflage (1986) im Eigenverlag des Verfassers: Dr. Jürgen Steinhilber, Rufacher Weg 41 b, 1000 Berlin 47. – Spann, R.: Die lateinischen unregelmäßigen Verben in Kreuzworträtseln. Eigenverlag. Streitbergstr. 21, München 60. – Spann, R.: Rätselspaß mit Latein (Wortschatzrätsel). München 1985 (Manz). – Steinhilber, J.: Rätsel zu Ianua Nova. Vandenhoeck & Ruprecht 1986[3]. – Steinhilber, J.: Lude Latine. Lateinische Lernspiele zum 1. Lateinjahr (Grammatik). München 1986 (Manz).
9 Angaben nach Müller, D.D.: Bibliographie Kybernetische Pädagogik, Programmierter Unterricht, Grenzgebiete. Berlin 1967, VII.
10 Zitat nach Husén, T.: Können Hilfsmittel den Lehrer ersetzen? In: Z. f. erziehungswiss. Forschung 1967, 1, 32.

11 Die beiden bisher vorliegenden Computerprogramme zur Deklination und Konjugation (Hagemann-Verlag) sind gewiß nicht geeignet, die Entwicklung auf diesem Sektor voranzutreiben. Zum Wortschatztraining (Roma) Software im Buchners-Verlag.
12 Erb, J.: Gruppenunterricht in den Alten Sprachen. In: Gruber, J./Maier, F. (Hrsg.): Alte Sprachen. Bd. 2. München 1982, 246–265.
13 West-Lehrmittel Kamen. Geschichte 2.
14 Klett-Verlag: Die Römer und die Götter, Kleidung und Stand in der Römerzeit.
15 Transparente der Verlage Jünger und Perthes.
16 Verlag Moritz Diesterweg. Auch Lehrerband vorhanden.
17 Für zahlreiche Medien medienspezifische Kriterien bei Steinhilber, J.: Medienhandbuch zum Lateinunterricht. Bamberg 1982.
18 Steinhilber, a. a. O. (Anm. 17). Dort 30 Medien mit Beschreibung, Vor- und Nachteile, Kriterien, methodische und technische Hinweise sowie ein Verzeichnis vorliegender Medien und umfangreiche Literaturangaben. Audiovisuelle Medien aufgezählt in: Anregung 1980, 26, 394–407: Medienverzeichnis Antike.
19 Im allgemeinen Sprachgebrauch werden meist alle technischen Medien als audiovisuell bezeichnet, was einer kritischen Überprüfung nicht standhält, wenn man darauf hinweist, daß ja ein Dia oder ein Stummfilm nur das Auge, eine Platte oder Kassette nur das Ohr anspricht.
20 Rohrmann, L.: Auditive Mittel im altsprachlichen Unterricht. In: Gruber, J./Maier, F. (Hrsg.): Alte Sprachen. Bd. 2. München 1982, 266. Siehe auch: Maier, F.: Lateinunterricht zwischen Tradition und Fortschritt 3. Bamberg 1985, S. 252–259: Rezeptionsdokumente in der Form von Vertonung und Tonmontage.
21 Tonkassetten: Stroh, W.: Proben lateinischer Verskunst. Landesbildstelle Südbayern. – Bick, H.: Zur Aussprache des Lateinischen. Landesbildstelle Südbayern. – Eichenseer, C.: Colloquia Latina, Phonocaseta prima et libellus textualis. Societas Latina, Univ. – FR 6.3, Saarbrücken 11.
22 S. die in Anm. 21 genannte Kassette von Stroh. Tonträger zu einzelnen Dichtern im Medienverzeichnis Antike von Steinhilber (s. Anm. 18).
23 S. Anm. 18.
24 Rohrmann, a. a. O. (Anm. 20), 269–270.
25 Ebenda, 270.
26 Ebenda, 271.
27 Draheim, J.: Vertonungen antiker Dichtungen und ihre Behandlung im Unterricht. In: AU XXIII 5/1980, 6–27.
28 Audite Schallplatten. Bezugsadresse: Opus E, Postfach 5623, Karlsruhe 1.
29 Rohrmann, a. a. O., 270 f.
30 Einige Kassetten bei FWU.
31 Bietz, W./Kuntz, F./Scherf, F.: Visuelle Medien im altsprachlichen Unterricht. In: Gruber, J./Maier, F. (Hrsg.): Alte Sprachen. Bd. 2. München 1982, 273.
32 Anlässe im Anfangs- und Lektüreunterricht nennen Bietz/Kuntz/Scherf, a. a. O. (Anm. 31), 274 f.
33 Verlag Moritz Diesterweg. Zu den ersten beiden Reihen ein Heft mit didaktischen Überlegungen von Niemeyer, H. G./Wülfing, P.
34 Die Römer und die Götter, Kleidung und Stand in der Römerzeit, Bauten am Limes, Soldaten am Limes, Wasserversorgung im römischen Reich, Römisches Wohnen: Im Mietshaus, Römisches Wohnen: In der Villa, Römische Thermen, Antike Belagerungsmaschinen, Die Gladiatoren; i. Vorb.: Römische Inschriften, Römische Münzen, Religion im Römischen Reich.
35 Müller, W.: Der Tageslichtprojektor im Lateinunterricht. Bamberg 1981.
36 Müller, W.: Bausteine am Tageslichtprojektor im Lateinunterricht. In: AU XXVI 6/1983, 47–60.
37 Ebenda, 51.
38 Zur Satzanalyse ausführlich Müller, 1981, 37–41. Grotz, H.: Einsatz von Arbeitstransparenten zur Strukturanalyse lateinischer Satzperioden. In: Materialien zum Lateinunterricht in Mittel- und neugestalteter Oberstufe (hrsg. vom Bayerischen Ministerium für Unterricht und Kultus). München 1977, 22–54.
39 Bundesstaatliche Hauptstelle für Lichtbild und Bildungsfilm, Plunkergasse 3–5, A-1152 Wien. Dort auch unbedruckte Plexiglasbausteine (Schulstempel!).
40 Institut für Weltkunde, Flachsland 27, Hamburg 76. Neu: „Aus dem Alltag des römischen Legionärs" (16 Minuten).
41 Italienisches Fremdenverkehrsamt ENIT, Berliner Allee 26, Düsseldorf. Verleih auch über Landesfilmdienst NRW, Am Wehrhahn 100, Düsseldorf.

42 Knau, H.-L./Steinhilber, J./Zgoll, J.: Video im Lateinunterricht. In: Anregung 1984, 30, 252–262. Vgl. auch Zink, N.: Audiovisuelle Mittel im Lateinunterricht der Sekundarstufe II. In: Höhn, W./Zink, N. (Hrsg.): Handbuch für den Lateinunterricht Sekundarstufe II. Frankfurt a. M./Berlin/München 1979, 343–356, bes. 349 ff.
43 Stadelmann, E.: Audiovisuelle Mittel – Eine Mediothek der Antike. In: Anregung 1975, 21, 110–112.
44 Im o. g. Beitrag von Knau/Steinhilber/Zgoll (Anm. 42) Kurzkritiken der Filme Spartacus (CIC Taurus), Die letzten Tage von Pompeji (Bavaria/Eurovideo), Hannibal (Allvideo).
45 Landesbildstelle Südbayern. Siehe dazu Knau/Steinhilber/Zgoll (Anm. 42), 259–262. Zgoll, J.: Film im Lateinunterricht. Ein Leistungskurs verfilmt Horazens Satire 1, 9. In: Anregung 1981, 27, 51–52.
46 Bezug über Buchners Verlag oder Landesbildstelle Südbayern.
47 Landesbildstelle Südbayern.

Karl Heinz Eller

Phaedrus

1 Begründung

1.1 Es scheint, daß Phaedrus mit seinen Versfabeln in seiner unschätzbaren Bedeutung für den Latein-Unterricht noch gar nicht richtig entdeckt ist, daß die Lateinlehrer wie gebannt auf Caesar fixiert sind und diese wertvolle Alternative zu ihm gar nicht sehen können. Daß Phaedrus Poesie ist, tut seiner grundlegenden Bedeutung keinen Abbruch: Es ist keine Poesie, die durch die Verwendung schwierigen dichterischen Schmuckes kompliziert wäre; der Wortschatz ist klar und einfach, der Satzbau knapp und logisch, nicht poetisch verschachtelt, schwierige Perioden (wie etwa bei Caesar!) treten nicht auf. Gerade die Kargheit und schmucklose Genauigkeit der Sprache machen diese Gedichte zur gut brauchbaren Anfangslektüre, und das Metrum könnte nie ein Hindernis sein: der Fluß der jambischen Senare (sie sind der einzige Vers, den Phaedrus benützt, und leicht zu lernen) strömt ohne Stocken und komplizierte Winkel und Kurven dahin und ist der Prosa nahe verwandt. Man braucht also die Angst, die häufig (bei Schülern und Lehrern) vor Dichtung besteht, gerade bei Phaedrus-Fabeln nicht zu empfinden.

1.2 Vielleicht besteht noch eine zweite Zurückhaltung: die vor der Fabelgattung als solcher. Die Fabel als lehrhafte Kleinform, die mit Moral aufwartet und Ratschläge oder gar Vorschriften für die Lebensführung vermittelt, hat den Geruch des penetrant Pädagogischen, das in unserer Zeit der freieren Erziehung und des lustbestimmten Lernens nicht mehr beliebt ist. Aber Phaedrus-Fabeln bringen wohl niemanden zum Gähnen, treten keinem durch allzu aufdringliche Pädagogik zu nahe, sondern erzählen dem Leser auf diskrete Weise eine Handlung, aus deren Struktur philosophische Einsichten über den Menschen aufleuchten. Man vergißt bei der Lektüre dieser Handlungen, daß sie moralische Gehalte einkleiden, so lebendig sind sie erzählt. Und jede Fabel ist von jeder anderen grundverschieden und trägt in sich einen leicht erkennbaren Keim zu einer philosophischen Idee, die man dann in einem anregenden Unterrichtsgespräch entfalten und in unsere gegenwärtige Lebenswelt übertragen kann. Fabeln bilden die am leichtesten verstehbare Gattung ‚philosophischer' Literatur, die aus einfachen Konstellationen, wenn man will, komplizierte Gedanken und Theorien zu entwickeln erlaubt.

1.3 So steckt in der Fabel I, 1 vom Wolf und dem Lamm die Theorie von der (menschlichen) Aggression, die zu ihrem Ausbrechen einen Vorwand braucht, in Fabel III, 19 in versteckter Form der Beginn des Humanismus in der ‚Wertsetzung des Menschen', denn sie bringt, auf Äsop übertragen, die Suche des Kynikers Diogenes mit der Lampe nach dem wahren Menschen. Fabel I, 2 bringt als politische Fabel die Unzufriedenheit mit einer Staatsform, die durch eine schlimmere bestraft wird; Fabel I, 6 zeigt in der drohenden Hochzeit der Sonne die Furcht vor einer weltweiten Umweltkatastrophe, in die um ihre Sümpfe fürchtenden Frösche projiziert, während Fabel II, 2 eine antike Psychologie der Frau enthält, an zwei Geliebten eines Mannes exemplifiziert – ein Fabel, von der man nicht weiß, ist sie realistisch oder von allgemein antiker Frauenfeindschaft geprägt. Was die Fabellektüre noch spannender macht, ist die Tatsache, daß jede Fabel quasi zwei Brennpunkte aufweist: die Erzählung selbst und die moralische Deutung des Dichters (meist in ein bis drei oder mehr Versen der eigentlichen Fabelhandlung vor- oder nachgestellt) und daß beide Brennpunkte voneinander abweichen können; man kann unter Umständen dem Dichter durch Analyse beider Elemente einer Fabel nachweisen, daß er seine eigene Fabel nicht richtig versteht oder daß er neben einem unwichtigen Aspekt den wichtigen vergißt, denn Fabeln können mehrdeutig sein, je nachdem, auf den Standpunkt welcher Person der Fabelhandlung man sich stellt.

1.4 Fabellektüre ist unserer Erfahrung nach bei jedem Stand der Lateinkenntnisse kurzweilig, amüsant und stark motivierend, als Anfangslektüre oder auch als Einlage in der Zeit vor der Abiturprüfung. Sie lockert stets den Unterricht auf und regt das Nachdenken an. Schließlich ist zu vermerken, daß Fabellektüre nicht nur als Selbstzweck (Kennenlernen einer ganzen poetischen Gattung, der Versfabel, in ihrem vollkommensten Vertreter), sondern auch als Vorbereitung auf spätere Lektüre klassischer Poesie wertvoll ist: von den vielen Möglichkeiten, die Rezeption der Gattung von Äsop bis zu La Fontaine, Lessing und den zahlreichen Fabeln des 18. Jahrhunderts in Deutschland und bis ins 20. Jahrhundert (Anouilh, Thurber) zu behandeln, soll hier nur andeutungsweise die Rede sein.

2 Werkauswahl

2.1 Von Phaedrus gibt es in fünf Büchern 104 Fabeln, dazu Vorreden und Epiloge, deren Lektüre sich ebenfalls sehr lohnt, da aus ihnen die Persönlichkeit des Dichters, seine Kunstauffassung und seine Auseinandersetzung mit den nicht immer günstig gesinnten Zeitgenossen zu erkennen sind. Die 32 Fabeln des Anhangs von Perotti fallen gegen Phaedrus stark ab; man kann höchstens die eine oder andere in eine Rezeptionsbehandlung einbeziehen.

2.2 Soll man die Phaedrus-Fabeln in Gruppen einteilen? Da hätten wir erstens die Gruppe der reinen Tier-Fabeln: Tiere verschiedener Art und verschiedenen Charakters sind Träger der Fabelhandlung, wobei meistens über die einzelne Fabel hinweg das Tier seinen Charakter behält und gleiche oder ähnliche Positionen und Haltungen vertritt: der Löwe (mit ihm ist der Gedanke der Macht verbunden), der Fuchs (er ist der Intellektuelle unter den Tieren, kann aber deshalb auch einmal düpiert werden, wie in Fabel I, 26, wo ihn der Storch hereinlegt), der Pfau ist Symbol der Eitelkeit (Fabel I, 3 und III, 18), der Wolf zeigt Freiheitswillen (gegenüber dem Hund in Fabel III, 7) und Brutalität, Aggression und Grausamkeit (I, 1 und viele andere Fabeln), kleine Tiere wie Frösche und Mäuse spielen die Rolle des Schwachen und Unterlegenen, auch des Törichten (politische Fabel I, 2).

2.3 Eine zweite Gruppe, die ebenfalls sehr zu schätzen ist, verzichtet auf die Maskerade der Tierwelt und bleibt mit ihrer bedeutungsvollen Handlung im Bereich der Menschen: z. B.: Fabel I, 14 über den Schuster, der sich in den Arzt verwandelte; Fabel II, 2 zeigt eine alte und eine junge Frau, die sich beide um einen Mann bemühen; Fabel III, 1 ein Mütterchen mit einer Flasche; III, 3 Äsop und einen Bauern; III, 5 Äsop und einen Mutwilligen; III, 3 Schwester und Bruder mit dem Spiegel; III, 9 Sokrates über die Seltenheit echter Freundschaft; III, 11 über einen Eunuchen; III, 14 Äsop zum Problem der Entspannung im

Spiel; III, 19 Äsop mit einem Schwätzer; IV, 5 Äsop als Übersetzer eines Testamentes; IV, 10 betrifft die Fehler eines Menschen; IV, 11 Dieb und Laterne (hier spielt auch die Religion mit herein); IV, 15 Prometheus beim Schaffen der verschiedenen Geschlechter; IV, 18 über die Mischung von Freud und Leid im Menschenleben (ebenfalls eine Äsop-Fabel); V, 2 über zwei Soldaten und ihr Zusammentreffen mit einem Räuber. In einer ganzen Reihe dieser Fabeln erweist sich der alte Fabelmeister Äsop als moralischer Richter, als unfehlbare Autorität, die mit salomonischer Weisheit auf schwierige Situationen reagiert und aus der lebendigen Konstellation heraus ad hoc Fabeln erfindet.

2.4 Zwischen beiden Gruppen gibt es dann interessante Übergangsformen: Menschen agieren mit Tieren, wobei der Mensch realistisch in einer Lebenssituation dargestellt wird, aber das Tier durch Sprach- und Vernunftbegabung zu dessen echtem Partner erhöht wird und so die ihm von der Natur gezogene Grenze überschreitet, also in den phantastischen Fabel-Bereich hineinwächst. Dazu gehören: I, 7 Fuchs und Theatermaske (der menschliche Bereich wird durch die hohle Maske vertreten, deren Wesen der intelligente Fuchs sofort durchschaut und die er zum Symbol für falsche Größe erhebt: *honor* und *gloria* ohne *sensus communis*); I, 22 Wiesel und Mensch; I, 23 der treue Hund; II, 1 Kuh, Löwe und Räuber; II, 7 Maultiere und Räuber; II, 8 Hirsch und Ochsen (diese Fabel besitzt eine Ebene der Tiere und eine solche, auf der Menschen dazukommen: beherrschend und drohend steht der Mensch hinter der Tierwelt); II, 2 Panther und Hirten; III, 4 Metzger und Affe; IV, 1 Esel und Priester (eine hintergründige Fabel orientalischen Kolorits über Prädestination und Unglück über den Tod hinaus); IV, 13 Menschen und Affen; IV, 3 Kahlkopf und Mücke; V, 10 der alte Hund und sein Herr.

2.5 Eine dritte Gruppe hat Phaedrus seiner Fabelsammlung eingereiht, die wir als Versnovellen bezeichnen möchten und besonders apart und reizvoll finden. Hier liegt der Akzent wirklich auf der Begebenheit und deren Darstellung, die Moral scheint eher künstlich aufgeklebt. Es sind (leider) nicht sehr viele Gedichte: man kann die Fabel vom Scharlatan hinzuzählen (I, 14), dann folgt III, 10 – die längste Fabel (60 Verse: Phaedrus wollte seiner eigenen Angabe nach mit ihr zeigen, daß er auch ausführlicher zu dichten versteht; *brevitate nimia quoniam quosdam offendimus*); Fabel IV, 5 (49 Verse: Äsop deutet ein Testament); IV, 23 und 26 – beides Erzählungen über den griechischen Dichter Simonides; V, 1 Demetrius und Menander; V, 5 ein Bauer als Possenreißer; V, 7 die Geschichte eines Flötenspielers, wohl eine wahre Begebenheit; II, 5 Tiberius und ein Diener.

2.6 Welche Phaedrus-Fabeln man für die Lektüre auch auswählt, wir finden stets dieselbe hohe Qualität vor. Im allgemeinen wird man sich von den vorhandenen Schulausgaben leiten lassen, was oft eine Einschränkung auf die bekanntesten Tierfabeln bedeutet. Als Anfangslektüre dürfte man mehr auf die eigentlichen Tierfabeln zurückgreifen, bei späterer Lektüre verdienen dann die ‚Versnovellen' Berücksichtigung oder gar Vorrang. Will man die Rezeption mit einbeziehen, so kann man die Auswahl nach dem Gesichtspunkt bestimmen, welche Fabeln im einzelnen spätere Autoren wieder aufgegriffen haben. Es ist so auch möglich, die Versfassungen des Phaedrus mit der griechischen Prosa-Vorform von Äsop zu vergleichen. Faßt man die Interpretation richtig an (allgemein und ‚philosophisch' genug, möglichst viele der in den Fabeln vorhandenen Aspekte berücksichtigend), so hat man mit diesen überlegt gestalteten Gedichttexten immer vollen Erfolg.

3 Sprache

3.1 Die Sprache des Phaedrus ist so beschaffen, daß sie Anfängern in lateinischer Lektüre durch ihre scheinbare Simplizität entgegenkommt und Kenner mit ihrer ausnahmslosen Zielstrebigkeit und Sicherheit, genau das zu sagen, was dem Dichter vorschwebt, entzückt. Phaedrus ist ein sprachgewaltigerer Dichter, als man gemeinhin annimmt. Seine große Sprachkunst wird verdunkelt durch die von ihm vertretene ‚geringe Gattung' (eben nur: die Versfabel). Dieser Autor der frühen Kaiserzeit hat eine reich entwickelte lateinische Dichtersprache zur Verfügung, wie sie ihm die Großen der unmittelbar vorangehenden augusteischen Klassik zur Verwendung überlassen haben, so daß er mit sicherem Instinkt nur auszuwählen hatte, was seiner Begabung gemäß war. Bestimmt hat Phaedrus auch die Errungenschaften der Komödiensprache seiner Diktion einverleibt (die Komödien von Plautus und Terenz stehen ihm ja auch vom Metrum her nahe, und wie sehr das Metrum in der Antike die Sprache prägt, wissen wir unter anderem von Vergil oder den Elegikern, die sich ihr ganzes Lebenswerk hindurch einer Versform bedient haben). Jedenfalls scheinen in der Sprache der Phaedrus-Fabel Tradition und individuelle Begabung zusammen etwas Vollkommenes erzeugt zu haben: die starke Wirkung des Phaedrus vor allem in humanistisch gebildeten Jahrhunderten beweist, wie sehr man seine Fabeldichtung als Gipfelpunkt dieser – wenn auch ‚kleinen' – Gattung schätzte.

3.2 Auffallend an der sprachlichen Gestaltung der Phaedrus-Fabeln ist vor allem ihre perfekte Ökonomie der Mittel. Nirgends steht auch nur ein überflüssiges Wort, knapp, klar und wohltönend sprechend die Sätze die Handlung und deren Deutung aus. Rein poetische Stilmittel sind unauffällig eingesetzt oder fehlen ganz, keine schmückenden Beiwörter sind zu viel, so daß eine scheinbare Prosanähe der Sprachführung entsteht, die den Kenner verzaubert, aber dem Lernenden durch Faßlichkeit und Klarheit weit entgegenkommt. Der Vers verstärkt oder erzeugt diese große Ausdrucksklarheit: Können sich im Hexameter (etwa eines Vergil oder Ovid) kompliziertere Strukturen einnisten, so zwingen die kürzeren Einheiten des jambischen Senars zu logischem Aufbau der Sätze; oft wird ein Senar durch einen *cum-* oder *ut-*Satz ausgefüllt, oder zwei Partizipien bilden einen Vers (z.B. I, 21, 3: *defectus annis et desertus viribus,* vom alten Löwen). Relativsätze, Partizipien, kleine Temporal- oder Finalsätze (z.B. I, 22, 6: *ut fruaris reliquiis*), Frage- und Ausrufesätze fügen sich völlig in den Fluß der Senare ein. Ebenso sind die häufigen Anreden, direkten Redepassagen oder Dialogstückchen von der Führung des Verses bestimmt und knapp und treffend formuliert. Wegen dieser prägnanten, klassischen Formulierungskunst könnte man viele Zitate als Spruchweisheiten aus diesen Fabeln herauslösen und selbständig verwenden.

3.3 Der Wortschatz ist sehr konkret und bildhaft einprägsam, aber auch Abstrakta verleihen der Sprache Eindringlichkeit, indem sie die Vorgänge schon gleich an Ort und Stelle moralisch deuten (z.B. I, 13, 12 Fuchs und Rabe: *Tum demum ingemuit corvi deceptus stupor;* oder I, 23, 7 f. vom treuen Hund: ... *ista subita me iubet benignitas vigilare, facias ne mea culpa lucrum"*). Auch Gräzismen setzt Phaedrus zu besonderer Wirkung ein (z.B. in I, 14, wo der Scharlatan, der zum Arzt gewordene schlechte Schuster, durch griechische Begriffe in seiner angemaßten, nachgeahmten Gelehrsamkeit charakterisiert werden soll: *antidotum, stropha, scyphus, toxicum*). So ist die Sprache des Phaedrus virtuos ihren

Zwecken angepaßt und gemischt aus realistischem Erfassen von Welt und Mensch, wie sie eben sind, und moralistischer Kritik, die zeigt, wie die Verhältnisse gebessert werden sollten, bis hin zum Idealen (z.B. III, 8, 15 f., wo der Vater Sohn und Tochter zum rechten Gebrauch des Spiegels ermahnt: ... *formam ne corrumpas nequitiae malis ... faciem ut istam moribus vincas bonis*).

4 Interpretationsbeispiele

4.1 *Fabel III, 19*

In dieser philosophischen Fabel tritt Äsop selbst auf, nicht als Fabeldichter, wie in anderen Fabeln (z.B. I, 3, I, 6, IV, 18), sondern als Handlungsträger (wie auch in III, 3 und III, 14, auch III, 5). Es ist bekannt, daß der Vater der antiken Fabel einst Sklave war. In einer Anekdote aus seiner Sklavenzeit wird etwas umständlich erzählt: Als einziger Sklave mußte Äsop dem Herrn früh das Essen machen, ging los, um bei Nachbarn Feuer zu suchen, und lief mit der entzündeten Lampe über den Marktplatz zurück. (Warum hatte er nicht sofort den kürzeren Weg *per forum* gewählt? Das bleibt in der Anekdote unklar). Ein Schwätzer, der dort wohl mit anderen die Zeit totschlug, sprach Äsop an und stellte sein Verhalten als absurd dar, um ihn zu verhöhnen (vgl. am Ende in V, 12: *qui ... alluserit*), indem er die Situation umdeutete: ... *medio sole quid cum lumine?* Die Antwort des Äsop sitzt: *Hominem ... quaero* – und schon ist er fort. Etwas naiv interpretiert der Dichter (auch etwas umständlich) in V, 10–12: „Wenn der lästige Mensch das zu Herzen nahm, merkte er sicherlich, daß er dem Alten nicht als Mensch erschien, weil er den Beschäftigten unpassend verspottete." Wirkungsvoller ist die kurze Anekdote von Diogenes, der tagsüber mit einer Lampe in der Stadt herumlief und sagte: „Ich suche Menschen." Bei Phaedrus wird diese listig-aggressive Kritik an den Mitmenschen und ihrer ‚Unmenschlichkeit' zur schlagfertigen Antwort an einen Schwätzer, der den Fabeldichter verletzen möchte – eine Anekdote *‚ad maiorem Aesopi gloriam'*, Äsop den Klugen, Überlegenen, nicht Angreifbaren vorstellend. Im Grunde aber steht diese berühmte Situation der am Tage angezündeten Lampe mit der Erklärung „Ich suche Menschen" am Beginn des europäischen Humanismus, weil sie hier den Begriff des Menschen ausweitet und vertieft: Mensch als Wertsetzung, als noch zu erfüllendes Ideal. Das Verhalten des Philosophen Diogenes oder des Fabeldichters Äsop wird zur ersten radikalen Kritik an den lebenden Menschen, die noch so weit davon entfernt sind, das, was ein Mensch an innerem Wert wirklich darstellen könnte, zu erfüllen: Ideal des Humanum und Unzulänglichkeit der *homines* werden zum ersten Mal in ihrer erschreckenden und enttäuschenden Distanz zueinander, auch für einfache Gemüter faßbar, aufgezeigt.

4.2 *Fabel IV, 3*

Knappe Prägnanz zeichnet diese berühmte Fabel aus, die die Art und Weise charakterisiert, wie ein Mensch mit sich selber zurechtkommt, mit seiner Selbstachtung. Es braucht für diese Methode tatsächlich des schlauen Füchsleins. Hunger treibt es zu den hoch hängenden Trauben, seine Sprünge *(summis saliens viribus)* holen das letzte an Können aus ihm heraus, reichen aber nicht aus, ihn zu den begehrten Früchten emporzuschnellen: das

Imperfekt *appetebat* ist durch den mangelnden Erfolg gerechtfertigt (so weit der erste Satz, das erste Drittel der Fabel umfassend). Die zweite Gruppe von zwei Versen spricht nun deutlich das Verfehlen des Ziels aus *(tangere ... non potuit)* und bringt den Satz, den der Fuchs im Weggehen spricht, schön in einem einzigen Vers, in zwei Aussagen: „Die Trauben sind nicht reif – und saure Trauben will ich nicht". *Nolo* steht gut in der Mitte: der Wille paßt sich der Realität an, die aber als negativ, ungünstig, unerwünscht festgestellt wird, obwohl sie nicht überprüfbar war. So lautet die Rationalisierung des Mißerfolges, der diesem schlauen Wesen nichts mehr ausmacht, weil ihm ja – der festgesetzten Meinung nach – der Erfolg nicht das erwünschte, ja benötigte Glück gebracht hätte (als erstes wurde ja die Notwendigkeit, die aus dem Nahrungsbedürfnis kam, vom Dichter angegeben: *Fame coacta ...* dieser Hunger hatte dann wohl auch den Sprüngen – *summis saliens viribus* – den notwendigen Ernst verliehen). Das letzte Drittel bringt die Moral des distanzierten Dichters: In diesem Fabelbeispiel müssen die sich selbst erkennen, die mit ihren Worten schmähen, was sie nicht erreichen können. Die Welt wird von denen verfälscht, die das Gute mangels Fähigkeiten nicht erreichen können: Das unerreichbare Gute, die hohen Werte werden verborgen von der – doch niedrigen – Selbstschutztechnik der Mittelmäßigen, der zum Erreichen hoher Ziele zu Schwachen, aber doch zu diesem Schutz des Selbstbewußtseins genügend Intelligenten. Ist so nicht die Fabel vor allem eine Lehre an die Begabten, Bevorzugten, sich das begehrte Glück nicht rauben zu lassen durch die Vorurteile derer, die zu dessen Erreichen nicht fähig waren? Es ist eine Fabel, die dem Bereich des Neides zugehört: Man gönnt das Wertvolle auch nicht denen, die es haben könnten, und verdeckt es schlau durch – bewußt oder unbewußt – gefertigte falsche Urteile. Herabsetzung des Wertes nicht erreichbaren Glücks hat also zwei Seiten: Sie hilft dem Unfähigen, ist also für ihn positiv, darf aber von dem Begabten, Bevorzugten nicht akzeptiert werden; er muß fähig sein, das vorgetäuschte Negative zu durchschauen und hinter dem absichtlichen Fehlurteil den echten Wert zu erkennen. Diese Fuchsfabel müßte also eine Fortsetzung finden: Ein zweiter, stärkerer oder geschickterer Interessent dürfte sich von der Warnung des Füchsleins nicht abbringen lassen, müßte deren billige Scheinhaftigkeit durchschauen und dann die guten, süßen Trauben beglückt und souverän genießen. Erfolg und Glück sind nicht immer unmöglich, es lohnt sich, um sie sich zu bemühen.

4.3 Fabel IV, 1

Dura fati miseria: Düstere Auffassung vom Schicksal, das erbarmungslos den, der zum Unglück geboren ist, festhält und auch nach dem Tode nicht aus seiner Herrschaft entläßt: vor dem bösen Schicksal gibt es keine Gnade, aus ihm gibt es in Ewigkeit kein Entrinnen. Schlimmes Schicksal ist etwas Endgültiges in Zeit und Ewigkeit. Gilt dies auch für das Glück, oder ist das Weltbild des Phaedrus so düster, daß nur Unglück unverrückbar feststeht, Glück vielleicht nur augenblicklich aufleuchtet und vorübergehend die Düsternis des Daseins erhellt? Mit der Geburt ist gleich das Unglück festgelegt: *Qui natus est infelix ...,* so hebt drohend diese Fabel an.

Die acht Zeilen der Fabelgeschichte sind wieder mit größter erzählerischer Ökonomie gestaltet: vier mal zwei Verse gliedern das Geschehen, wobei die erste Hälfte das Vorgehen der Kybele-Priester aufzeigt, die zweite Hälfte die Deutung liefert. Immerhin verlegt Phaedrus das Geschehen in geographische und kulturelle Ferne von der eigenen Umwelt: Will er damit das Befremden über die düstere Botschaft dieser Fabel abschwächen, will er sich selbst von diesen (auch sonst in antiker Literatur belächelten) Priestern der tyrannischen, unmenschlichen orientalischen Göttin distanzieren?

Vers 5 und 6 beziehen sich auf das Leben des Esels: Die Priester nutzten ihn – ganz normal für ein Esel-Leben – als Lastträger aus, das könnte auch jeder andere Mensch mit ihm getan haben. Vers 6 und 7: Der arme Esel arbeitet sich auf diese Weise zu Tode, danach arbeiten die Priester sein Fell zu einer Trommel um: *detracta pelle sibi fecerunt tympana*, außerordentliche Kürze und Konsequenz des Ausdrucks im Satz, das Ergebnis steht am Ende. Die schlauen Priester kommen auf die Idee, wie sie sich den Esel auch nach dem Tode dienstbar machen können. Hier kommt auch das Fremdkulturell-Orientalische der Kybele-Religion zu knapper Andeutung, der dumpfe Trommelklang, der das Wesen der Göttin verkündet, aber als Nebenwirkung auch das düstere Schicksal des Esels zum Tönen bringt.

Vers 8 und 9: Eigenartig ist es nun, daß jemand die Priester nach dem Verbleib des Esels fragt und ihn sogar – ironischerweise – ihr *delicium* nennt; daß er nicht ihr Liebling gewesen ist, sondern nur Objekt des Ausnutzens und Opfer ihrer Habgier (Vers 4 *in quaestus*), zeigt die abschließende, als Schlußpointe in Epigramm-Art formulierte Priester-Antwort. *Putabat ... ecce:* in dieser Spannung liegen Illusion und harte Realität beschlossen. Der arme Esel wird auch noch nach seinem Tod desillusioniert. Die Hoffnung auf Ruhe wenigstens in der Ewigkeit wird als Selbsttäuschung entlarvt, höhnisch weisen die Priester auf die von ihnen neu erfundenen Qualen hin: *ecce aliae plagae congeruntur ... mortuo* ist abschließende Wiederaufnahme von *post mortem* in Vers 10. Schläge, wie sie den lebenden Esel zum letztmöglichen Arbeitseinsatz antrieben, bringen nun seine Haut zum Ertönen: klingendes Symbol ewiger Verdammung zu Leiden und Unglück. Ein Stückchen Welt- und Lebensdeutung pessimistischer Art haben wir hier. Moralphilosophisch auswerten könnte man das Verhalten des Esels, der – zwar vergeblich – ewige Ruhe nach dem Tode erhofft hat. Aber auch die Handlungsweise der Priester ist bezeichnend: Wer auf das Quälen und Ausnutzen der anderen eingestellt ist, findet immer neue Möglichkeiten, selbst nach deren Tod auch noch deren Überreste auszunutzen, sie nicht zur wohlverdienten Ruhe zu kommen zu lassen. In echter Fabelmanier, die grausam die Dinge beim Namen nennt, bemänteln die Priester nicht ihr Vorgehen, sondern bekennen sich offen zu ihrer erbarmungslosen Handlungsweise.

Literatur

Phèdre: Fables – Texte établi et traduit par A. Brenot. Paris 1969.
Phaedrus: Liber Fabularum. Lateinisch und deutsch. Übersetzt von Fr. Rückert und O. Schönberger. Stuttgart 1975.
Eller, K.H.: Phaedrus Fabeln. Exemplis discimus – Lebenswirklichkeit und Moralphilosophie. Frankfurt a.M. 1982.
Dithmar, R.: Fabeln, Parabeln und Gleichnisse. München 1970.
Hausrath, A.: Phaedrus. In: RE Bd. 19 (Sp. 1475–1505). Stuttgart 1901.
Lessing, G.E.: Abhandlungen über die Fabel. Stuttgart o. J.
Römisch, E.: Macht und Moral. In: AU VII 3/1964, 58 ff.
Sternberger, D.: Figuren der Fabel. Berlin 1950.
Weinreich, O.: Fabel, Aretalogie, Novelle. Heidelberg 1931.
Windfuhr, M.: Deutsche Fabeln des 18. Jahrhunderts. Stuttgart 1965.
Bornecque, P.: Fables – La Fontaine. Paris 1979.
La Fontaine, J.: Fables. Chronologie et introduction par A. Adam. Paris 1966.

La Fontaine, J.: Fables Choisies. 2 Bde. Ed. H. Carrier. Paris 1975.
La Fontaine: Fables, annotés et commentées par P. Michel et M. Martin. Paris 1977.
Dröscher, V. B.: Mich laust der Affe. „Fabelhafte" Redensarten aus der Welt der Tiere. Frankfurt a. M./Berlin/Wien 1983.

Karl Heinz Eller

Nepos-Lektüre

1 Begründung

1.1 Ist heute durch die Reformbestrebungen der Lateindidaktiker das Lektüre-Angebot für die Studienstufe sehr reichhaltig geworden (zu den stets gelesenen Autoren wie Cicero, Sallust, Tacitus und den augusteischen Dichtern traten neu empfohlene oder entdeckte Autoren wie Seneca, Plinius, Lukrez, Plautus, Catull, Tibull, Properz, eventuell auch Lucan, Martial, Iuvenal und Minucius Felix hinzu, daneben bisher nicht gelesene Werke durch andere Texte bewährter Autoren wie Ovids erotische Lehrgedichte), so daß eigentlich nur der *embarras du choix,* die Qual der zu großen Auswahl, bedrängt, so sieht es auf dem Gebiete der Anfangs- und Mittelstufenlektüre anders aus.

1.2 Der stets so ‚bewährte' Caesar mit seinem Gallischen Krieg beherrscht nicht mehr unangefochten das Feld. Man wirft ihm Eintönigkeit, einseitige Kriegsdarstellung, zu wenig Verständnis für die wirklichen Leiden des Kriegsgeschehens vor. Außerdem ist er eher als Oberstufenlektüre geeignet, weil die Verarbeitung der vielfältigen politischen und taktischen Probleme einen reiferen Sachverstand voraussetzt und man wohl die *Commentarii* Caesars nicht angemessen verstehen kann, wenn man sie nicht im Gesamtzusammenhang mit der Persönlichkeit und der historischen Rolle des Autors liest, als politische Propagandaschriften auffaßt und in ihren Aussagen relativiert.

1.3 Die Humanistenliteratur eines Erasmus etwa gibt auch nicht das her, was man sich von ihr im Optimismus der Ausweitung der Lektüre auf die gesamte Latinität vor einiger Zeit versprochen hat, genausowenig wie die mittelalterliche Dichtung: Man sollte doch den Lateinunterricht vor allem auf den Textvorrat aus der Antike aufbauen, weil hier ein volles Abbild menschlichen Lebens und Denkalternativen zu heutiger Existenz vorliegen, die aus gelebter Erfahrung stammen, während das Latein der humanistischen Epochen größtenteils sekundäre Bedeutung besitzt, aus Literatur geborene Literatur darstellt und einer gewissen Schicht humanistisch Gebildeter entstammt. Primäre Quellen ungebrochenen antiken Lebens haben einen volleren Widerklang zu unseren eigenen Problemen, einen stärkeren Realitätsbezug und sind eher als Kontrastmodelle zur Moderne zu gebrauchen. Sie sind menschlich tiefer, existentiell intensiver und formal vollendeter, reicher an Lebensfülle und an Anregungen für unsere eigenen Lebensutopien.

1.4 Mit Terenz-Komödien, die humane Inhalte in lebensnahen Szenen darstellen, und Phaedrus-Fabeln, die philosophische Gedanken in kurzweilig-amüsanten Gleichnis-Erzählungen in geschliffener Kleinform darbieten, machte man wohl gute Erfahrungen. Nun möchten wir hier wiederum den Blick auf die Biographien von Cornelius Nepos als Mittelstufenlektüre lenken und dazu ermuntern, diese Persönlichkeitsporträts und Lebensbilder aus der antiken Gesamtkultur erneut zu behandeln, denn in ihnen werden (wie in den jüngeren griechischen Biographien von Plutarch) griechische und römische Kultur verschmolzen (sie sehen griechische Persönlichkeiten vor allem aus römischer Sicht, während dann Plutarchs Römer-Biographien römische Persönlichkeiten mit den Augen des philosophisch gebildeten Griechen, des platonischen Moralphilosophen betrachten: In dieser Verbindung der beiden klassisch-antiken Kulturen sehen wir ein Merkmal des humanistischen Bildungsprogramms (humanistischer Kulturauffassung). Die Nepos-Biographien bedeutender Feldherren und Heerführer (der einzig erhaltene Teil des ursprünglich universalen biographischen Sammelwerkes von Nepos) zeigen das Wesen bedeutender Tatmenschen vor allem der späteren griechischen Antike auf, in leicht philosophisch getönter Darstellung. Aus den geschilderten und lebendig erzählten Taten bekannter und auch heute unbekannter Griechen erwächst jeweils das Gesamtbild eines Menschen, der es zu Erfolg und Ruhm brachte, der stets jedoch auch der verdienten Kritik ausgesetzt wurde.

1.5 Vielseitige Betrachtungen über Lebensführung und Moral, politisches und psychologisches Verhalten des Menschen, Haß und Liebe, Aktivität und Abenteuer, Treue und Verrat, Intelligenz und ihre praktische Anwendung, Individuum und soziale Umgebung, Erfolg und Ruhm lassen sich an die Details dieser Biographien anknüpfen, die zu moralphilosophischen Lektionen über das Wesen des Menschen werden können. Eine ganze Reihe dieser Biographien (zehn, dazu die in kurzer Zusammenfassung vorliegende Biographie des älteren Cato) sind auch von Plutarch in seinen *Bioi paralleloi* griechischen Heerführern und Abenteurern gewidmet, so daß die Biographien des Römers Nepos, die in relativ einfachem Latein gehalten sind, in einer Sprache, die doch auch ihre ästhetischen Qualitäten besitzt, mit Übersetzungen des Griechen Plutarch verglichen werden können, der ein noch besserer Autor und vielfältig gebildet war und seine ausführlicheren Lebensbeschreibungen mit philosophischen Reflexionen über die Menschen und deren Lebenssituationen und mit reichem anekdotischem Detail, auch mit pittoresken Szenen und Beschreibungen schmückte. Plutarch, der Platon-Anhänger und Apollon-Priester aus Delphi, der über ein zusammenfassendes historisches Wissen verfügte und universale philosophische Bildung besaß, kann der Lektüre von Nepos-Biographien durch Kontrastierung und Ergänzung Tiefe und Schönheit verleihen und es ermöglichen, die in vielem sparsameren lateinischen Lebensbeschreibungen nicht nur zu einem Genuß erzählerischer Literatur, sondern auch zu Lektionen in moralphilosophischer Betrachtung historischer Beispielmenschen zu machen. Die Verbindung von Nepos mit Plutarch ergibt ein reizvolles Vergleichsspiel antiker Lebensformen und gleichzeitig eine Gegenüberstellung griechischer und römischer Lebensauffassung und Denkformen, die geladen ist mit humanistischen Bildungseffekten. Auf die Frage nach Wesen und Lebenssinn des Menschen, nach der Einbettung des Individuums in Zeitgeschichte, Gesellschaft und historische Zusammenhänge können bei solcher Parallellektüre von Nepos und Plutarch vielfache, überraschende und spannende Antworten gefunden werden.

2 Lernziele zu Nepos

Die Schüler sollen
– den Aufbau einer antiken Biographie kennen;
– die Gattung „Biographie" kennenlernen und sich darüber Gedanken machen, was diese Gattung leistet, welche Informationen sie über den betreffenden Menschen vermitteln kann;

- sich die Frage stellen, ob diese Gattung manche Bereiche des menschlichen Seins ausschließt, d. h., ob bestimmte Auswahlprinzipien der Informationen schon von der Gattung her gegeben sind;
- die lateinischen Biographien des Nepos mit den griechischen Biographien des Plutarch vergleichen und eventuelle Unterschiede des Blickwinkels feststellen;
- überlegen, ob man aus der Biographie im antiken Sinne ein umfassendes Bild des betreffenden Menschen gewinnen kann;
- untersuchen, ob sich ein inneres und äußeres Portrait des entsprechenden Helden aus bestimmten Passagen der Biographie herauslesen läßt;
- das Menschenbild der Biographien untersuchen nach allgemein antikem Menschenbild, griechischem oder römischem Menschenbild, speziellem Menschenbild des betreffenden Autors (Nepos, Plutarch);
- die Wertbegriffe und Maßstäbe untersuchen, nach denen die Biographien Menschen beurteilen;
- philosophische und psychologische Bemerkungen, die im gesamten Text verstreut sind, zu einer kleinen Moralphilosophie des Autors zusammenfassen;
- untersuchen, wo im Zusammenhang der Biographie Erklärungen und Angaben von Gründen und Motivationen fehlen, und versuchen, sie durch Vermutungen zu ergänzen;
- versuchen, die einzelne Biographie in verschiedene Handlungsstränge zu zerlegen;
- Verflechtungen der einzelnen Biographie mit sonst bekannten historischen Ereignissen (Kriegen, Revolutionen u. a.) untersuchen;
- nachprüfen, wie der einzelne Held der Biographien zu seinen Taten motiviert wurde, ob er sich frei entscheiden konnte, so oder so zu handeln, oder ob er durch die Verhältnisse gezwungen wurde: Determination oder Freiheit des Menschen;
- versuchen, Unterschiede (in Sprache, Stil, Inhalt) der Biographien zu anderen ('größeren') historischen Gattungen festzustellen;
- Texte anderer Gattungen zum besseren Verständnis von Biographien heranziehen (z. B. zu den Dion-Biographien Platons VII. Brief);
- untersuchen, an welchen Stellen die Biographen Anekdoten und direkte Reden einsetzen und zu welchen Zwecken;
- besonders dramatische, künstlerisch wirksame Szenen der Biographien untersuchen;
- untersuchen, inwieweit körperliche Eigenschaften der Helden angegeben werden und welche Wirkungen ihnen zugeschrieben werden;
- die Biographie eines modernen Politikers als Vergleich heranziehen und sich fragen, was die Biographen inzwischen dazugelernt haben;
- überlegen, was die Nepos-Biographien (im Vergleich zu modernen Biographien) trotz ihrer Kürze doch leisten konnten;
- sich fragen, ob es einen bestimmten, festumrissenen Biographien-Wort- und Begriffsschatz gibt;
- die am häufigsten benützten Wörter und Begriffe zusammenstellen;
- untersuchen, welche Bildungsaufgaben in der europäischen Kultur die Biographien aus der Antike erfüllt haben;
- die Verwendung der Biographien durch spätere Dichter und Musiker als Stoffe zu dramatischen und erzählenden, auch lyrischen Werken untersuchen.

- überlegen, ob man aus den Beispielen der Biographien für das eigene praktische Leben etwas lernen kann – oder warum dies nicht möglich ist;
- sich Gedanken darüber machen (bei jeder einzelnen Biographie), warum der Autor den Helden für würdig befunden haben mag, sich mit dessen Leben zu beschäftigen;
- untersuchen, ob der Autor mit seinen Biographien lehrhafte (moralische) Zwecke verfolgt hat;
- überlegen, inwieweit der Autor seinen Helden als Individuum oder als Glied der Gesellschaft sieht;
- das der Biographie zugrundeliegende Bild der Gesellschaftsordnung untersuchen.

3 Interpretationen

3.1 Nepos, Prooemium

Das *Prooemium* zum „*Liber de excellentibus ducibus exterarum gentium*" ist ein wichtiger Grundlagen-Text zur römischen Bildungsgeschichte und zum Ursprung des Humanismus und als solcher neben Ciceros „*Pro Archia poeta*" zu stellen: hier bekennt sich Nepos noch vor Cicero zur Beschäftigung mit griechischer Bildung. Außerdem hilft es, die Biographik des Nepos richtig einzuordnen, in seinem Sinne zu bewerten und von der Geschichtsschreibung zu unterscheiden. Vor allem zeigt es, daß Nepos fast ein Vorläufer der modernen Kultur-Anthropologie zu nennen ist, denn im Satz 3 spricht er vom Unterschied der griechischen und der römischen Bildung und von seinem Willen, bei der Darstellung griechischer Vorzüge sich an die Lebensform der Griechen zu halten. (Wie übersetzt man hier am besten *mores eorum*?) Er hat erkannt, daß die positiven und die negativen Bewertungen von Handlungen in verschiedenen Gesellschaften verschieden sind, also nicht einer natürlichen Ordnung entsprechen, sondern von der jeweiligen Kultur gesetzt sind: Grundsatz der Kulturanthropologie. [...] *non eadem omnibus esse honesta atque turpia, sed omnia maiorum institutis iudicari:* es gibt keine objektiv beweisbaren, aus der Natur herzuleitenden Normen, sondern nur subjektive, in verschiedenen Traditionen erwachsene. Zu allem enthält der erste Satz ein entzückendes Bekenntnis zum Persönlichen und Privaten, wie wir es in der vom Politischen besessenen römischen Geschichtsschreibung nicht oft finden: er entgegnet prophylaktisch denen, die sein *genus scripturae* nicht ernst genug finden könnten *(leve et non satis dignum summorum virorum personis),* wenn er von der Musik- und Tanzbegabung des Epaminondas spricht. Er möchte sich dabei an griechische Bewertungen halten ... Dadurch hat doch der Freund Catulls, dem dieser sein poetisches Gesamtwerk widmet, die Atmosphäre in Rom zum Humanen, griechisch Gelockerten, musisch Verschönten hin veredelt. Nepos zählt in den Paragraphen 4–6 einige sehr eigenartige griechische Lebensgewohnheiten auf, die dem sittenstrengen Römer als *nefas* oder *turpitudo* erscheinen könnten: *quae omnia apud nos partim infamia, partim humilia atque ab honestate remota ponuntur.* Dagegen hat er auch einige römische Lebensgewohnheiten zu stellen, die den Griechen schändlich erscheinen könnten (Gegensatz: *decora – turpia*). Für uns, die wir oft von einer griechisch-römischen Gesamtkultur ausgehen, bei der die Römer in gerader Linie die griechische Kultur fortgesetzt haben, die wir in der humanistischen Tradition das Griechische (im Anschluß vor allem auch an Cicero) in der *interpretatio Romana*, mit lateinischer Brille sehen, ist es segensreich, einen solchen Text ernst zu nehmen und immer wieder von dem grundsätzlichen kulturellen und normativen Unterschieden zwischen Griechisch und Römisch auszugehen. Die Einfühlung in griechisches Wesen, die sich der Römer Nepos zur Grundhaltung macht, wenn er griechische Führergestalten in lateinischer Sprache und Literaturform darstellt, gilt umgekehrt für seinen griechischen Kollegen Plutarch, wenn dieser römische Persönlichkeiten wie Romulus, Caesar oder Cicero unter griechischen Aspekten erforscht und darstellt.

3.2 Nepos, Dion

Kap. 1: Zunächst breitet Nepos die etwas komplizierten Familienverhältnisse des Syrakusaners Dion aus, nach einem einleitenden Hinweis, daß Dion „in beide Tyranneien der Dionysii verflochten" war: er war Schwager des ersten Dionysios und gleichzeitig dessen Schwiegersohn. § 2 bringt die Vorzüge von seiten der Natur und des Geschickes, die Dion genoß: Ruhm der Vorfahren, vornehme Verwandtschaft, eine Begabung für die feinen Künste und dazu Geschmack und gewinnenden Geist, körperliche Schönheit, Reichtümer vom Vater her und durch die Gunst des Tyrannen Dionysios. § 3 bringt das gute Verhältnis zu diesem ersten Dionysios, der ihn (unabhängig von den verwandtschaftlichen Banden) wegen seines Charakters mochte; umgekehrt förderte der den Tyrannen wegen der über die Frauen gegebenen Verwandtschaft, obwohl er seine Grausamkeit mißbilligte. So nahm Dion an wichtigen Staatsentscheidungen teil und bekam die schwierigeren Aufgaben in Diplomatie und Verhandlung, die er aufs sorgfältigste versah; er milderte durch sein menschliches Wesen *(humanitas)* des Tyrannen Grausamkeit. Am Ende steht das Detail, das als Beispiel Stellung und Erfolg des Dion beleuchtet: Die Karthager lernen ihn bei einer Gesandtschaft kennen und bewundern ihn am meisten von allen Griechen. Das Kapitel führt also knapp und aspektreich in die Persönlichkeit und den Lebenskreis des Helden ein und zeigt seine große Bedeutung im Gefüge des tyrannischen Staates Syrakus auf, seine mildernde Funktion sowohl zwischen dem Diktator und dem Volk als auch zwischen dem Diktator und dem Ausland. Er war ein Mann, der eine Schlüsselstellung innehatte und in Syrakus das schwer zu haltende Gleichgewicht garantierte.

Kap. 2: Dionysios I. weiß, was er an Dion hat, und lohnt es ihm, ja liebt ihn wie einen Sohn. Als daher Platon in Tarent ist, schlägt Dionysios dem jungen Dion nicht die Bitte ab, den Philosophen nach Syrakus kommen zu lassen. Sehr schnell kommt also Nepos zum wichtigsten Ereignis in Dions Leben, der Freundschaft mit Platon: die große Liebe ist gegenseitig. Nepos holt gleich aus und gibt an, daß die gegenseitige Anziehung so groß ist, daß Platon (trotz der Mißhandlung von seiten des Tyrannen, der ihn in die Sklaverei verkauft hat) ein zweites Mal nach Syrakus kam. Die dunklen Umstände des Todes Dionysios I. füllen den Rest des Kapitels. Dion gelingt es nicht, für seine Neffen (Kinder seiner Schwester und des Dionysios I.) die Erbrechte in der Macht zu sichern, da der Tyrann aus seinem Schlaf (infolge eines Schlafmittels, das ihm sein Sohn Dionysios II. reichen ließ) nicht mehr erwacht.

Kap. 3: Aber eine Folge hatte diese Feindschaft zwischen Dionysios II. und Dion, zunächst noch versteckt. Wieder gibt Dionysios II. den Bitten des Dion, Platon kommen zu lassen, nach. Platon gelingt es fast, Dionysios von der Tyrannis abzubringen *(... tyrannidis facere finem libertatemque reddere Syracusanis)*, aber der Historiker Philistos, aus dem Exil zurückgeholt, weiß dies zu verhindern, Dionysios wird nun noch grausamer. Nepos ist hier auf der Höhe seiner wirklich respektablen Erzähl- und Darstellungskunst.

Kap. 4: Rivalität und Eifersucht auf Dion bewegen Dionysios, ihn nach Korinth bringen zu lassen; er schickt ihm seine Güter nach. Als er hört, Dion bereite in Griechenland Krieg gegen ihn vor, verheiratet er dessen Frau mit einem anderen und verdirbt seinen Sohn *(... ut indulgendo turpissimis imbueretur cupiditatibus)*. Als später der Vater zurückkehrt und den Sohn von Dirnen und Wein gewaltsam abbringen will, stürzt sich der Sohn vom Palast hinab (offenbar war Dion kein so guter Psychologe, daß er den Sohn vorsichtig und langsam umziehen konnte).

Kap. 5: Nicht viele wollen Dions Krieg gegen Dionysios II. unterstützen, aus Angst vor der tyrannischen Übermacht. Aber – am dritten Tag nach seiner Landung hat Dion mit geringer Streitmacht und *maximo animo* die alte Macht besiegt *(quinquaginta annorum imperium)*. Nepos macht eine moralische Bemerkung: nur ein *imperium ... benivolentia munitum* ist sicher! Dion hat fast die ganze sizilische Macht des Dionysios (der abwesend ist, nämlich in Italien) in Händen und will sie teilen: Dion selbst soll Sizilien haben und Dionysios die italischen Gebiete, Apollocrates Syrakus.

Kap. 6: Auf den Erfolg kommt die *subita commutatio* (die *mobilitas fortunae* ist offenbar die einzige moralische Instanz, die Nepos für die Lenkung menschlicher Dinge verantwortlich macht): erst der Tod des Sohnes, dann Entzweiung mit Heraclides, dem Flottenkommandanten. Dion zitiert einen Vers aus dem 2. Buch der Ilias *(non posse bene geri rem publicam multorum imperiis)* und offenbart damit sein Streben nach Alleinherrschaft – so fassen es wenigstens die anderen auf. Dion will die Unruhe mit Gewalt unterdrücken *(acerbitate opprimere studuit)* und läßt Heraclides beseitigen. Soweit Nepos. Beweist das Kapitel, daß auch der Philosoph in einem tyrannischen Staat nicht fähig ist, sich mit Milde durchzusetzen? Zeigt es vielmehr, daß Dion nicht intelligent genug ist, um Macht auszuüben, daß platonische Theorie für praktische Politik nicht ausreicht? Oder ist es so, daß Dion unbewußt dem Beispiel der beiden Dionysii folgt, weil es in der von jenen geprägten Gesellschaft nicht anders geht? Reagiert er falsch auf die Ereignisse, oder hat er nicht die Kraft, Politik endlich besser zu machen und auf Blutvergießen zu verzichten? Läßt er sich in Trotzhaltungen hineinmanövrieren, die ihn zu Strenge *(acerbitas)* statt Milde verleiten (ähnlich wie Dionysios II. nach der antiplatonischen Bekehrung durch Philistos noch härter wird: cf. Kap. 3 Ende: *aliquanto crudelior esse coepit*)?

Kap. 7: Die Ermordung des Heraclides verbreitet allgemeinen Schrecken und Mißtrauen. Dion verteilt an seine Soldaten den Besitz seiner Feinde, dann, als das Geld wieder nicht reicht, auch den der Freunde und bekommt so die *optimates* gegen sich. Er erträgt es nicht, daß die ihn nun plötzlich schmähen, die ihn in den Himmel gehoben haben. Das Volk merkt, daß seine Macht erschüttert ist, und wagt zu sagen, man könne keinen Tyrannen mehr gebrauchen.

Kap. 8: Ein Verräter kommt ins Spiel, ein gewisser Callicrates aus Athen *(homo et callidus et ad fraudem acutus, sine ulla religione ac fide)*, und will Dion aus seiner Aporie helfen, indem er sich im Volk als seinen Feind zeige und so die Gegner entlarve, um sie zu beseitigen (indirekte Rede des Callicrates, § 2). In seiner *imprudentia* gibt Dion ihm Vollmacht, und jener bereitet eine Verschwörung gegen Dion vor (von Nepos dramatisch geschickt erzählt: *... socios conquirit, adversarios eius convenit, coniuratione confirmat*). Die Frauen erfahren davon, er läßt sich von ihnen nicht warnen, aber sie lassen wenigstens Callicrates im Proserpina-Tempel schwören, er werde gegen Dion nichts unternehmen. Um so mehr beeilt er sich, den Plan auszuführen.

Kap. 9: Das abenteuerliche und spannende Kapitel von der Ermordnung des Dion hat leider eine Lücke in der Überlieferung, die es empfindlich stört. Callicrates läßt im Hafen (für den Fall, flüchten zu müssen) eine Triere warten, läßt den Palast umstellen und schickt junge Leute aus Zacynthus unbewaffnet zu Dion, der auf dem Bett ruht: sie schnüren ihm die Kehle zu. Niemand bringt Dion Hilfe, obwohl es möglich wäre; ein Syrakusaner reicht durch das Fenster sein Schwert, mit dem Dion getötet wird.

Kap. 10: Sehr gut formuliert, die Ereignisse unmittelbar nach der Ermordung (aber leider kein Gesamturteil des Autors über Dion und dessen Wunsch, Platons politische Ideen in die Realität umzusetzen, auch keine Reflexion darüber, wie schwierig es in einer verderbten Welt sei, bessere Politik zu machen). Das Volk strömt in den Palast *(visendi gratia)*, man ergreift und tötet irrtümlicherweise einige als Schuldige. Die Stimmung ist völlig umgeschlagen: man nennt Dion nicht mehr Tyrann, sondern *liberator patriae* und *tyranni expulsor* (mit einem hübschen Chiasmus). Schöner Satz: Mitleid hatte den Haß abgelöst, so daß man Dion, wäre es möglich gewesen, mit eigenem Blut aus dem Acheron freigekauft hätte. Ihm wird ein Staatsbegräbnis gewährt und ein großartiges Grabdenkmal gebaut. Abschließend nennt Nepos sein Alter: 55 Jahre; Dion starb drei Jahre nach seiner Rückkehr von der Peloponnes nach Sizilien.

3.3 *Nepos, Epaminondas*

Kap. 1: Nepos schickt voraus – und das erinnert an das Prooemium zur ganzen Biographiensammlung, in dem ja ausdrücklich Epaminondas mit seinem Interesse für Musik und Tanz erwähnt ist –, die Leser dürften nicht fremde Gewohnheiten nach den eigenen beurteilen und deshalb verachten. Es ist der Standpunkt des Kulturanthropologen, von dem wir anläßlich des *Prooemiums* gesprochen haben, der sich bei der Betrachtung des Lebens ausländischer Persönlichkeiten von den Vorurteilen des eigenen engen Horizontes freimachen und seine Leser (an die wendet sich Nepos hier ausdrücklich: *haec praecipienda videntur lectoribus* im Satz 1) zur Einfühlung erziehen möchte. Hierin – man möge über die moralische Enge des Nepos, über den Moralismus seiner Schriftstellerei (der nur in einigen seiner Biographien zu spüren ist!) sagen, was man will – ist er ein Neuerer, ein Aufklärer, der kuhn Tabus beseitigt, und ein Vorkämpfer eines Humanismus und einer vorurteilsfreien Betrachtung griechischen Geistes selbst vor Cicero. Im Satz 2 bezieht er gleich diese Bemerkung auf Musik, die für vornehme Römer fernliegt, und Tanz, der sogar als schändlich gilt (Cicero verteidigt in dieser Hinsicht auch Murena; Nepos: *saltare vero etiam in vitiis poni*). Und Satz 3, in dem endlich Epaminondas als Held der Biographie eingeführt wird, ist wichtig: Wollen wir uns von seiner Lebensführung ein rechtes Bild machen, so darf man nichts auslassen, was diese beleuchten kann: Betont dies nicht den Wert des ganz Privaten für das Verständnis eines Menschen? So bringt Satz 4 dann eine Disposition der Biographie: zuerst die Herkunft des Epaminondas, dann seine Bildung einschließlich der Lehrer, dann Charakter und Vorzüge und alles übrige Erwähnenswerte, schließlich seine Handlungen, die von den meisten seinen *virtutes* vorgezogen werden, wie es in einem seltsamen Passus bei Nepos heißt. Bilden nicht beide eine Einheit, oder sind die Taten selbständig gewordene Wesenseinheiten des Menschen, die unabhängig von seinen Charaktereigenschaften weiterleben und betrachtet werden müssen (vielleicht weil eine gewisse Komponente des Gelingens, des Schicksalhaften hinzukommen muß, damit sie wirklich zustande kommen: der Schritt von der Idee in die Wirklichkeit, der immer schwierig und gefährdet ist), mögen sie auch den charakterlichen Vorzügen entspringen?

Kap. 2: Vom *genus* sagt nun Nepos wirklich nicht viel (der Vatername Polymnius stand schon im Kap. 1), nur, daß er aus einer immer armen Familie stammte; mit gutem Sinn für wirkungsvollen Kontrast fügt Nepos hinzu: *eruditus autem sic ut nemo Thebanus magis*, womit wir beim Thema der Bildung wären. Epaminondas konnte also Kithara spielen und zum Saitenklang singen (*citharizare* – schönes Lehnwort aus dem Griechischen – *et cantare ad chordarum sonum*) und Flöte spielen *(cantare tibiis)* und tanzen *(saltare)* – für jedes Fach nennt Nepos die Lehrer, die den besten gleichzustellen waren. Epaminondas hatte einen Philosophielehrer, Lysis, einen Pythagoreer aus Tarent, an dem er sehr hing und dessen Gesellschaft er jungen Leuten vorzog. Erst als er alle übertraf und glauben konnte, er würde sie auch in anderem übertreffen, entließ er diesen Lehrer. Wieder folgt eine Bemerkung kulturvergleichender Art: im Gegensatz zu unserer Anschauung war dies bei den Griechen sehr ehrenhaft. Im Jünglingsalter zog er im Sport die Gewandtheit der Kraft vor, weil sie für den Krieg nützlicher schien. Also übte er sich im Lauf und im Ringen, am meisten aber in den Waffen.

Kap. 3: Nepos geht über zu den geistigen Qualitäten und bringt einen ausführlichen Katalog: Bescheidenheit, Klugheit, Ernst, Geistesgegenwart. Epaminondas war kriegserfahren, tapfer, energisch, wahrheitsliebend *(ut ne ioco quidem mentiretur)*; er war selbstbeherrscht, milde, geduldig, konnte Unrecht hinnehmen, konnte zuhören. Er blieb bei Diskussionen (über Politik oder Philosophie) stets bis zum Ende. Weil er an die Armut gewöhnt war, ging es ihm bei seinen Taten für die *res publica* immer nur um *gloria*, seine Hilfsbereitschaft war groß (mit Beispielen versehen). Er sammelte für Bürger, denen Geld fehlte. Dieses Kapitel ist wohl etwas zu moralistisch und auch zu allgemein auf die Tugenden bezogen, wie überhaupt die Epaminondas-Biographie lehrhafter angelegt ist als andere, bei denen mehr das romanhafte Erzählen im Vordergrund steht.

3.4 Nepos, Atticus

Die längste und für uns vielleicht interessanteste Nepos-Biographie stellt nun einen Römer dar, der uns auch sonst als bester Freund Ciceros durch dessen Briefe gut bekannt ist. Die Biographie als ganze ist für uns nicht nur die beste Illustration der Bildungsidee (Humanitas-Auffassung) des Nepos, sondern auch ein gutes Lehrbeispiel für die Art, wie ein Römer, der sich nicht um Politik kümmerte und nicht nach Macht strebte, sondern im Gegenteil diesen als bedrohlich empfundenen Mächten auswich, in diesem schwierigen Jahrhundert mit den Verhältnissen zurecht kam. Atticus lebte dem Geist und wurde gut mit allem fertig, da er einer der reichsten Männer der Epoche war. Auch bei dieser Biographie, die einen Mann aus dem näheren Lebensumkreis des Autors darstellt, ist zu studieren, wie Nepos das Positive sorgfältig herausarbeitet und das Negative, die Kritik, die er wohl auch anzubringen hätte, ebenso sorgfältig unterdrückt. Der Biograph ist Lobredner und bemüht sich in allem, seinen Helden ins allerbeste Licht zu rücken. Sagen wir nicht voreilig, dies sei billig und nicht objektiv, vielleicht sogar langweilig, da sich das Verfahren von der historischen Wahrheit allzuweit entferne. Es kann sehr aufschlußreich und unterhaltsam sein, den Autor bei dieser nicht immer leichten Arbeit genau zu beobachten, hinzusehen, wie er sich Mühe gibt, die Handlungsweisen seines Helden in dem entsprechend warmen Licht seiner Sympathie zu zeigen. Vielleicht kann man auch an Stellen, wo ihm dies offenbar besonders schwer fällt, auf innere Widerstände und kritische Haltungen bei Nepos schließen. Keine Literaturgattung ist uninteressant, wenn man sich bemüht, hinter ihre eigenen Gesetze zu kommen und sie kritisch zu durchleuchten. Bei aller Literatur kommt es nicht nur darauf an, was der Autor in sie hineinlegen und aus ihr heraushalten wollte, sondern auch, was wir selbst bei der Lektüre aus ihr machen. Und ein solcher Autor, den man mit besonderen Augen lesen, auf dessen Schliche man kommen muß, ist Cornelius Nepos.

Kap. 1: Nepos geht gleich auf Herkunft und Jugend des Atticus ein und kommt so auch sofort auf den wichtigsten Themenkomplex der Biographie zu sprechen, die Bildungsfrage. Atticus stammte aus ältester Familie, war Ritter und überschritt auch nie diesen ererbten Stand *(perpetuo a maioribus acceptam equestrem obtinuit dignitatem)*. Sein Vater war reich und bildungsbeflissen – dies ist unmittelbarer Übergang zum Thema der Bildung, die schon in diesem Satz angesprochen wird. Der Sohn wird also *omnibus doctrinis, quibus puerilis aetas impertiri debet* erzogen, und sein Wesen (Satz 3) kommt diesem Bildungswillen des Vaters entgegen, da es zum Gelingen einer wahren Bildung beider Seiten bedarf, der erzieherischen Bemühung und der Empfänglichkeit *(docilitas)*. Außer dieser hatte der Junge auch die entsprechende (physische) Sprachbegabung *(summa suavitas oris atque vocis)*, also ausgezeichnete Aussprache und Wiedergabe dessen, was er lernte. Der wichtige Gedanke der Konkurrenz als Ansporn zum Lernen: *clarius exsplendescebat, quam ... condiscipuli animo aeque ferre possent. Itaque incitabat omnes studio suo:* nicht etwa Neid und Eifersüchteleien verbreitet Atticus von früher Kindheit an unter den *condiscipuli*, sondern edles Streben des Wettstreits, Nepos sieht das positive Phänomen, nicht das negative. Atticus ist also Ansporn zum Guten, zum Bildungsstreben, und sofort nennt Nepos auch Namen von solchen, die durch diesen vermittelten Ansporn lebenslange Freunde wurden: Torquatus, Marius, Cicero. Aber es steckt darin außerdem noch ein anderer Gedanke: der der Sympathie, über die Atticus in ebenso reichem Maße verfügte; wird Nepos doch zeigen, daß sein Held der geborene Freund war: ... *consuetudine sua sic devinxit, ut nemo his perpetua vita fuerit carior.*

Kap. 2: Das Kapitel beginnt mit dem frühen Tod des Vaters, von dem wir auffallend wenig erfahren. Aber es kommt nun auch schnell ein weiteres Motiv der Biographie ins Spiel: das der Bedrohung durch die innere Zerrissenheit der römischen Gesellschaft, das der Bürgerkriegsgefahren, denen der junge Atticus ausgesetzt wurde durch seine Verwandtschaft mit dem ermordeten Volkstribun P. Sulpicius. Satz 2 ist grundsätzlich wichtig, weil er das Lebensmuster des Atticus ausspricht, sein Rezept, mit dem Bedrohlichen des Zeitalters fertig zu werden: Atticus begibt sich nach Athen *(idoneum tempus ratus studiis obsequendi suis)*. Man erkennt aus dieser Formulierung, daß bei Atticus wirklich die extreme Beflissenheit im kulturellen Bereich eine seiner Natur gemäße und deshalb von ihm speziell vorgezogene Methode darstellt, mit den gefährlichen politischen Problemen umzugehen, oder besser: ihnen aus dem Wege zu gehen. Atticus stellt hierin einen Kontrapunkt zu seinem Freund Cicero dar, der sich zwar auch in gewissen Zeiten in die humanistischen Studien flüchtete (cf. z.B. die Rede *Pro Archia poeta*), aber nicht, um wie Atticus völlig in ihnen zu verschwinden, sondern um, gestärkt für neue politische Aktivität, aus ihnen wieder aufzutauchen. Bei Cicero verschmelzen also Politik und geistige Studien auf geheimnisvolle Weise, während diese Studien bei Atticus keinen Raum mehr für Politik lassen, weil er es eben so will. Zurück zum Satz 2 und seiner Begründung für des Atticus

Ausreise nach Athen. Es heißt: er entschloß sich dazu, als er die Verwirrung des Staates sah *(civitatem esse perturbatam)* und erkannte, daß für ihn keine Möglichkeit bestand, gemäß seiner Würde zu leben *(facultatem pro dignitate vivendi)*, ohne eine der Parteien zu verletzen (die beiden Parteien von Sulla und Cinna sind genannt): *dissociatis animis civium*. Sein Lebensprogramm entsprang also wohl einem gewissen aristokratischen Selbstbewußtsein und dem daher kommenden Wunsch nach würdigem Leben, weniger aus Verpflichtung, sich der Gemeinschaft zu widmen und zu retten, was zu retten war, wie etwa bei Cicero. Ist es ein größerer Egoismus des Atticus? Immerhin betont Nepos ständig dessen Hilfsbereitschaft den Geschädigten und Verfolgten gegenüber, des Atticus typische Form, mit den sozialen Verpflichtungen und seinem Gewissen zurechtzukommen: sogleich im nächsten Satz spricht Nepos von seiner Hilfe gegenüber Marius (... *Marium hostem iudicatum iuvit opibus suis:* er konnte leicht helfen, weil er reich war ... *cuius fugam pecunia sublevavit*). Er schaffte sein Vermögen zum großen Teil nach Athen und – unterstützte damit die Athener: ... *ut universis Atheniensibus merito esset carissimus*. Persönliche Liebenswürdigkeit *(gratia)* und Geld ergänzten sich gut, ihn beliebt zu machen. Er gab Anleihen an den athenischen Staat, aber so uneigennützig wie zeitlich beschränkt: es zeigt sich im Finanzgebaren des Atticus pädagogisch-moralischer Wille, er hilft materiell und moralisch gleichzeitig. Im übrigen ließ er seiner *liberalitas* freie Bahn: er verteilte z. B. an alle Getreide.

Kap. 3: So hatte er Anteil an der Macht (offenbar ging es Atticus nicht primär darum): er war *auctor* und *actor* in der Staatsführung *(procuratio rei publicae)*, in ganz demokratischer Gesinnung und Haltung. Athenischer Bürger will er jedoch nicht werden, um römisches Bürgerrecht nicht zu verlieren. Statuen stellte man ihm erst auf, als er es nicht mehr verhindern konnte, weil er abwesend war: *sanctissimis locis*. Zusammenfassend gibt Nepos in Satz 3 eine Zwischenbilanz des Lebensglückes von Atticus: Heimat war ihm die mächtigste Stadt des Erdkreises (dies *munere fortunae*), aber Wahlheimat war ihm Athen, *quae antiquitate, humanitate doctrinaque praestaret omnes*, und Athen vergalt ihm seine Liebe, er war dort *carissimus* (dies ein Zeichen seiner *prudentia*). Nepos arbeitet also schon heraus, daß Atticus durch die Dialektik seiner beiden Heimat-Städte, die beide gleichzeitig die Pole seines Lebens bilden, Anteil an der politischen Macht und an der Macht des Geistes hatte, wobei aber auf Athen der Akzent liegt, denn dorthin hatte ihn bewußte Lebensgestaltung getrieben, während Rom ‚nur' Schicksal war, mit allem, was dieser Begriff wohl auch an Belastendem und Bedrohlichem in sich birgt.

Kap. 6: Die politischen Verhaltensweisen des so unpolitischen Atticus: Er hielt sich stets an die Optimatenpartei (feine Formulierung: ... *ut semper optimarum partium et esset et existimaretur*), aber so, daß er sich nicht den Fluten des Bürgerkrieges anvertraute. Die vorsichtige Zurückhaltung vor dem Bürgerkrieg drückt Nepos mit dem Gleichnis von den aufgewühlten Fluten aus, auf denen man keine Gewalt mehr über sich hat: *quod non magis eos in sua potestate existimabat esse ... quam qui maritimis iactarentur,* verzichtet er auf Ehrenämter, die man nicht ehrenhaft erreichen und nicht gefahrlos führen kann (*corruptis civitatis moribus*: dies alles klingt sehr nach Sallusts Kritik an der verderbten Politik der Zeit und dessen Verzicht auf politische Aktivität). Weiterhin wird angeführt, daß Atticus niemals juristische Aktivitäten auslöste: so klagte er z. B. nie jemanden an. Er nahm immer die ihm angebotenen Stellen bei Konsuln und Praetoren nur so an, daß er nicht mit in Provinzen ging, er wollte sich nicht bereichern, auch mit Cicero ging er nicht nach Asien (als *legatus*). Nepos fügt so hübsch hinzu, daß er dabei nicht nur seiner Würde nützte, sondern auch seiner *tranquillitas,* weil so keine *suspiciones criminum* entstanden. All dies trug zu seiner Beliebtheit bei.

Kap. 7: Der kurze, gedrängte Text beleuchtet das Verhalten des Atticus im <u>Caesarianum civile bellum,</u> zu welcher Zeit er schon um 60 Jahre alt war. So berief er sich auf dieses Alter *(usus est aetatis vacatione)* und verließ Rom überhaupt nicht, gab aber seinen Freunden, die zu Pompeius gingen, was sie brauchten *(ex sua re familiari)*. Ein vergleichender Hinweis auf die anderen „Freunde des Pompeius" erklärt, warum dieser dem Atticus seine Zurückhaltung nicht übel nahm: die anderen hatten von ihm Vorteile (nicht Atticus) und gingen daher – recht ungern – zu ihm ins Lager oder verletzten ihn durch Zuhausebleiben. Atticus hat sich die richtige Haltung geleistet, denn (Satz 3) als Caesar Sieger war, schonte er das Vermögen des Atticus und gab noch dazu dessen Verwandte (die im Lager des Pompeius gefangen genommen wurden: seinen Neffen und Q. Cicero, seinen Schwager) frei. Nepos beendet das Kapitel, das eindrucksvoll den Helden zwischen den beiden Großen des Bürgerkrieges in seiner selbstgeschaffenen Unabhängigkeit zeigt, mit dem Hinweis, daß er so <u>neue</u> Gefahren *(<u>nova</u> pericula)* durch seine <u>alte</u> Lebenshaltung *(<u>vetere</u> instituto vitae)* vermied. Durch diese etwas unkluge Antithese will Nepos wohl ausdrükken, daß sich die Haltung, die Atticus sich schon in frühen Lebensjahren geschaffen hatte, auch unter den neuen politischen und militärischen Verhältnissen bewährte, daß sie also zeitlos war und nicht dadurch einer augenblicklich drohenden Gefahr standhielt, daß sie ihr improvisatorisch geantwortet hätte, sondern daß die <u>Lebensform des Atticus</u> durchdacht und festgefügt war und geschaffen, die zeitgeschichtlichen Veränderungen dieser schnellebigen Epoche zu überdauern.

Kap. 11: Kapitel 10 hatte von der Rückkehr des Antonius gesprochen und von der Gefahr, in der man Atticus wegen seiner Freundschaft zu Cicero und Brutus glaubte; aber Antonius schrieb Atticus persönlich, dankbar für seine frühere Hilfe, er habe nichts zu fürchten, er und sein Freund Canus seien nicht auf der Proskriptionsliste geblieben. In Satz 6 finden wir wieder das beliebte Gleichnis vom Steuermann, der das Schiff im Sturm zwischen den Klippen hindurchsteuert: so gelangte Atticus in den Stürmen des Bürgerkrieges *(ex tot tamque gravibus procellis civilibus)* zur *incolumitas.* Nun setzt Kap. 11 mit der Hilfe des Atticus für alle möglichen Unglücklichen ein. Er schickt z.B. an Iulius Mocilla, dessen Sohn und Aulus Torquatus Mittel zur Unterstützung nach Samothrake. Auf mehr Beispiele will Nepos verzichten, nur betonen, daß die Großzügigkeit des Atticus absolut war, d.h. nicht von den Umständen abhing und auch keine Gegenleistung erwartete. Vollends zum moralischen Muster der Güte wird Atticus im folgenden Satz: Er tat niemandem Böses und vergaß das Böse, das man ihm antat, behielt aber Wohltaten immer im Gedächtnis. Deshalb kann man von ihm sagen, daß er sich selbst sein Schicksal geschaffen, vorher jedoch seine Persönlichkeit geprägt hat. Denn: „Für jeden einzelnen Menschen bildet das eigene Verhalten sein Schicksal" *(sui cuique mores fingunt fortunam hominibus)*. Nepos zitiert hier einmal einen jambischen Vers, den er aus einer unbekannten alten Tragödie nimmt.

Kap. 13: Bei Atticus erfahren wir, was ins Leben keines der Helden der Feldherrenbiographien des Nepos passen würde (mit einigen kleinen Ausnahmen, z. B. der des großzügigen Kimon, der sein Gut mit allen möglichen Leuten teilte und ein menschenfreundlichgastfreies Haus führte), nämlich einiges über das Alltägliche, Private, die Haushaltsführung. Im ersten Satz wird, als Überschrift, Atticus als *bonus pater familias*, als Ergänzung zum *civis* vorgestellt. Geld hatte Atticus genug, das weiß man, aber – so großzügig er nach außen war, so haushälterisch-sparsam (echt römisch) im Inneren, im Privaten handelte er: er war nicht kauf- und nicht bauwütig (man denkt hier als Kontrast an Plinius den Jüngeren und seine Freude an Villen). Aber er wohnte gut, es fehlte nichts. Überhaupt ist das Kapitel auf den Gegensatz zwischen dem Notwendigen und dem Luxus abgestimmt (Satz 3: *si utilitate iudicandum est*). Sein ererbtes Haus auf dem Quirinal verdankte seine *amoenitas* dem es umgebenden Park, es war geschmackvoll, doch nicht aufwendig (in diesen Antithesen versucht Nepos den Lebensstil des Atticus einzufangen), und Atticus war so konservativ, daß er nur Änderungen anbrachte, wenn er vom Verfall *(vetustas)* dazu gezwungen wurde. Wichtig ist die *familia* (der Sklavenbestand): ihr Äußeres ließ zu wünschen übrig, aber der Funktion nach waren die Sklaven ausgezeichnet, sehr gebildet, handwerklich geschickt, alle Richtungen des Könnens waren vertreten. Im Mittelpunkt stehen natürlich gerade auch hier das kulturelle Interesse, das Bildungsstreben und der geistige Genuß: es waren *pueri litteratissimi, anagnostae optimi et plurimi librarii*, Lese- und Schreibkräfte. Ja, sogar seine alltäglichen Begleiter *(pedisequi)* verfügten über beide Fähigkeiten. Alle waren sie im Haus geboren und erzogen, was die Sparsamkeit des Herrn bewies. Gerade hieran knüpft Nepos – sehr aufschlußreich für römische Lebensgewohnheiten – eine moralische Reflexion über *non intemperanter concupiscere:* Offenbar waren gerade solche wertvollen Sklaven, die über geschätzte Fähigkeiten verfügten, Gegenstand der Begierde Bekannter und wurden teuer gehandelt. Durch Begriffspaare sucht Nepos das Wesen der Lebensführung seines Freundes zu bestimmen: *elegans ... non magnificus, splendidus ... non sumptuosus; munditiam ... non affluentiam affectabat.* Die Einrichtung fiel nach keiner Seite auf. Zum Schluß kann sich Nepos nicht versagen *(quamquam nonnullis leve visum iri putem)*, auf die geringe monatliche Gesamtsumme der Ausgaben hinzuweisen (3000 As), trotz großzügiger Handhabung von Einladungen (das wird mit der Ephemeris, dem Haushaltsbuch, belegt). Eine wertvolle Angabe beschließt dieses sehr persönliche Kapitel: der Autor weiß dies nicht vom Hörensagen, sondern aus eigener Kenntnis, da er oft dort war *(propter familiaritatem domesticis rebus interfuimus)*, d. h.: Authentizität römischen Lebens, intime Kenntnis dessen, was man sonst von anderen nicht weiß, durch engen persönlichen Kontakt *(familiaritas)*.

Kap. 14: Es geht um die Vergnügungen und den Geldaufwand in der Lebensführung des Atticus. Bei Einladungen *(in convivio)* wurde bei ihm stets gespeist mit einem Vorleser *(anagnostes:* griechischer Sklave, der auf Literaturdarbietungen spezialisiert war). Das Vergnügen bestand in beidem, Genuß der Sinne und des Geistes, der jenen veredelte (wir denken an Plinius den Jüngeren, der sich in einem Brief über das geistige Genießen beim recht ärmlichen Essen ausließ; aber Nepos spricht nicht von den frugalen Speisen und auch nicht vom Aufwand der anderen, der Reichen, wo zu den aufwendigen, seltenen Speisen noch Tänzerinnen aus Gades kamen). Hier gibt Nepos einmal einen Hinweis auf seinen eigenen Geschmack, der mit dem des Freundes übereinstimmte: *... quod nos quidem iucundissimum arbitramur:* überhaupt lud Atticus nur Leute ein, die darin zu ihm paßten *(... quorum mores a suis non abhorrerent).* Als Atticus erbte (von seinem Onkel Q. Caecilius, 10 Millionen Sesterze: cf. Kap. 5, 1–2) und nun noch reicher als vorher wurde, lebte er auch nicht aufwendiger: *nihil de cottidiano cultu mutavit,* er bewahrte die einmal angenommene Lebensführung: *moderatio* bleibt maßgebend, und eben *ratio* (letzter Satz: ... *usum eum pecuniae non magnitudine, sed ratione metiri solitum*). So besaß er auch keine Villen in Luxusausführung und keine Parks und außer den Gütern in Arretium und Nomentum nur solche in Epirus und in Rom, woher seine Einkünfte flossen.

Kap. 15: Sein moralisches Verhalten: Atticus haßte Lügen, wozu wohl auch übertriebene Höflichkeiten zählen, sonst würde Nepos nicht mit *itaque* anschließen, als er über dessen Mischung von *comitas* und *severitas* oder *gravitas* und *facilitas* im Charakter spricht. Atticus hielt die rechte Mitte zwischen Ernst und Liebenswürdigkeit, altrömischer Strenge und ‚humaner' Leutseligkeit. Nepos liebt die Differenzierung durch gegensätzliche Begriffspaare, zwischen denen dann das von ihm Gemeinte anzusiedeln ist. So gleich danach das Verhältnis seiner Freunde zu ihm, das zwischen *vereri* und *amare* schwingt (... *ut difficile esset intellectu utrum* ...). Im Versprechen war er vorsichtig, aber er hielt das Versprochene; genauso führte er Begonnenes zu Ende, weil er wußte, es gehe um seine *existimatio;* Zuverlässigkeit und sein guter Ruf bestimmten sein Verhalten. Er führte die Geschäfte römischer Ritter wie Cicero, Cato, Hortensius, Torquatus. Das Kapitel endet wiederum mit einem Hinweis auf die politische Haltung des Mannes: nicht aus Bequemlichkeit, sondern aus durchdachter Lebens-Entscheidung hielt er sich von Staatsgeschäften fern (*procuraret* und *procurationem* korrespondieren als jeweils letztes Wort des Satzes und parallelisieren das bejahte Geschäftsleben mit der abgelehnten Politik).

Kap. 16: Die *humanitas* des Atticus (hier nicht „Bildung", sondern eher „Liebenswürdigkeit in persönlichem Umgang") zeigt sich darin, daß er als junger Mensch mit Alten und als alter Mensch mit Jungen, immer aber mit Gleichaltrigen vollkommen harmonierte (... *ut iudicare difficile sit, cui aetati fuerit aptissimus:* häufiges Ausdrucksmittel des Nepos, durch In-der-Schwebe-Lassen seine Meinung auszudrücken: natürlich meint er, mit allen Altersstufen vertrug sich sein Held glänzend). Der Hinweis auf die 16 Bände Briefe Ciceros an Atticus belegt deren gutes Freundschaftsverhältnis: hat der Realist Nepos solche Möglichkeiten als Zeugnisse für moralische Gegebenheiten, zieht er sie gern heran. Diese Briefe sind in ihrem zeitgeschichtlichen Inhalt so dicht, daß sie sozusagen eine *historia contexta eorum temporum* darstellen. Das Kapitel läuft in einen Preis der Sehergabe des bewunderten Cicero aus *(... prudentiam quodam modo esse divinationem);* seine Voraussagen, meint Nepos, erfüllen sich sogar nun nach seinem Tode: *quae nunc usu veniunt, cecinit ut vates*. All die wichtigen Details der Atticus-Briefe Ciceros *(de studiis principum, vitiis ducum, mutationibus rei publicae)* fallen so auch auf den Freund Atticus zurück, dem Cicero als Adressaten alles dieses schreiben konnte. Für uns ist es ein wichtiger Hinweis darauf, daß man die Lektüre dieser Nepos-Biographie durch Interpretation der Atticus-Briefe Ciceros wirksam kontrastieren und bereichern kann.

Literatur

Cornelius Nepos: Atticus. Lateinisch und deutsch. Ed. R. Feger. Stuttgart 1976.
Eller, K. H.: Cornelius Nepos, Atticus. Portrait eines Menschen in unruhiger Zeit. Frankfurt 1981.
Guillemin, A. M.: Cornelius Nepos. Paris [3]1970.
Boissier, G.: Cicéron et ses amis. Paris [15]1910.
Jenkinson, E.: Nepos. An Introduction to Latin Biography. Ed. by T. A. Dorey. New York 1967.
Leo, F.: Die griechisch-römische Biographie. Leipzig 1901.
McCarthy, T. G.: Cornelius Nepos. Studies in his Technique of Biography. Michigan 1970.
Schönberger, O.: C. Nepos, ein mittelmäßiger Schriftsteller. In: Das Altertum 16, 1970, 175–189.
Wissowa, G.: Cornelius Nepos. In: Realenzyklopädie Bd. 4 (Sp. 1408–1417). Stuttgart 1901.
Stuart, D. R.: Epochs of Greek and Roman Biography. Berkeley 1928.

Norbert Zink

Terenz

1 Der kulturkundliche Aspekt, der Schulautor, das literarische Phänomen

Die Frage nach dem Lebensbereich des Dichters: „Wer war er als Person?", „Welche gesellschaftliche Stellung hatte er?", „Wer war sein Publikum (Zuschauer, Leser)?" – zeigt bemerkenswerte Vermutungen bzw. Besonderheiten: Terenz muß als Junge eine faszinierende Ausstrahlung gehabt haben.

Für die Herkunft des Terenz gibt sein Beiname „Afer" Auskunft: er war kein Karthager, sondern stammte aus einem der von Karthago unterworfenen afrischen Stämmen. Er lebte also schon seit seiner Geburt als Sklave. Durch Kauf, Entführung oder als Geschenk muß er nach Rom gekommen sein, wo ihm durch den Beinamen präzise seine Herkunft bescheinigt wurde: er war kein *Poenus* oder *Poenulus,* sonder *Afer.*

Das Geburtsjahr dürfte mit 195 v.Chr. als gesichert gelten.[1] Aufgrund seiner knappen Lebenszeit und seiner Tätigkeit in Rom kann er kein Kriegsgefangener gewesen sein.

Terenz hatte das Glück, daß sich der Senator Terentius Lucanus für seine Erziehung interessierte. Hier liegt der Schlüssel für die ungewöhnliche Vita. Das äußere Verhalten und eine glänzende Begabung des wendigen Afrikaners dürften den römischen Senator in seinem Verhältnis zu dem jungen Fremden bestimmt haben, so daß er ihm schon bald die Freiheit schenkte.[2] Die gewinnende Persönlichkeit des jungen Berbers, eines Nomaden, hat seinen Herrn offenbar dazu gebracht, ihm im Geiste der Zeit eine ‚moderne' Bildung zuteil werden zu lassen.

Es ist nicht nachvollziehbar, wie sich Terenz in der Welt Roms unter dem starken griechischen Einfluß lateinische Sprache angeeignet, den sozialen Umkreis einbezogen und sich virtuos und grundsolide als ein Poet der Komödie entwickelt hat. Das, was in anderen Literaturbereichen mit „innerer Entwicklung" bezeichnet wird[3], ist bei Terenz nirgends erkennbar. Alle sechs Komödien haben das gleiche Sprach- und Inhaltsniveau. Sie zeigen einen geschlossenen Aufbau, die aus den griechischen Vorlagen entlehnten Figuren deuten auf Feingespür für Psychologisches. Obwohl Terenz auch die gebildete Oberschicht ansprechen wollte, gehören seine Figuren meist den sozial niedrigen Schichten an. Nur läßt sich im Unterschied zu Plautus bei Terenz anmerken, daß er formal anders verfahren ist als der von Kraft und Drastik strotzende Vorgänger. Der Wort- und Formenreichtum ist bei Terenz stark eingeschränkt, die Syntax ist wesentlich geregelter: hier wirkt die soziale Distanz oder Nähe der Philhellenen, die nicht nur ihre Lebensgestaltung und Lebensführung, sondern auch die Sprache reformiert haben. Terenzsche Komödie bedeutet auch Reform und Öffnung zum Liberalen, aber in klarer Regelung. Der Autor ist als Fremder in die neue Welt Roms hineingewachsen, er hat offenbar keinen Zugang, aus welchen Gründen auch immer, zu der Einseitigkeit und Enge Altroms gefunden bzw. sie von vornherein abgelehnt. Er wird der literarische Vertreter in einem ihm fremden Volk für die „menschliche Auflockerung" (Thierfelder), für welche die Römer bereit gemacht worden waren. Terenz hat von der Antike und früheren Jahrhunderten her eine Tradition

als Schulautor, er zählt zu dem grundsätzlich offenen Kanon für eine Erstlektüre, weil er die Voraussetzungen dazu bietet:
- Er gehört in den Bereich eines Gesamtlektüreplanes der Literatur jeweils zwei Jahrhunderte vor und nach Christi Geburt;
- er hilft römische Lebenswelt erschließen;
- er verfügt durch die Gattung Komödie quantitativ und nach inhaltlichem Anspruch über eine sinnvolle Textlänge;
- der Inhalt seiner Komödien hat historische Bedeutung und führt zu Gesellschaftsverständnis;
- er steht in Beziehung zu den zentralen Epochen der römischen Literatur.

Terenz als Anfangslektüre (oder auch sonst im Lektürekanon) enthält die Schwierigkeit, daß die römische Komödie ein atypisches und unrealistisches Literaturphänomen ist. Römisches Denken stand nicht im mindesten im Einklang mit dem Weltbild der Neuen Komödie. Die gesellschaftlichen Voraussetzungen waren völlig andere.

Mögliche Gründe für diese auffällige Besonderheit sieht Wülfing[4] in der gewahrten Distanz der römischen Politik und Gesellschaft zu der Literatur und den Autoren.

Hinzu kommt, daß die Dichter der römischen Komödie gar nicht den Versuch einer Anpassung an römische Verhältnisse machten, sondern daß sie die ohnehin fremde Welt in eine Unwirklichkeit versetzten, die nur dem literarischen Verhältnis zur Neuen Komödie entsprang.

Für die Römer mußte das Geschehen auf der Komödienbühne etwas Befreiendes in sich haben, das durch den Kontrast zur Strenge und Starrheit der eigenen Welt interessierte und beeindruckte.

2   Die geeignete Komödie, Auswahl

Die „Adelphen" erscheinen (neben dem „Eunuchus") als das geeignetste Stück für den Lateinunterricht, weil es jugendnah ist. Junge Leute spielen, der Erlebnis- und Erfahrungsbereich junger Menschen wird angesprochen, die Problematik der Erziehung bzw. die des Verhältnisses von Vätern und Söhnen steht zur Diskussion.[5]

Die „Adelphen" enthalten alle Kriterien des Lustspiels: Komisches, ein gutes Ende, Aktivierung des Zuschauers, Bezug zur Gesellschaft und ihren Normen. Die Wirkung der Komödie zielt auf das Lachen und Lächeln der Zuschauer, auf Versöhnung, Ausgleich und Kompromiß.[6]

Demea, ein armer Bauer in Attika, hat einen seiner beiden Söhne dem in der Stadt lebenden reichen Bruder, einem Junggesellen, zur Erziehung anvertraut. Demea und Micio, der eine grob, erregbar, sparsam, der andere freundlich, gefällig, sind ein Brüderpaar, die ihre Umwelt verkörpern und ihre Lebensauffassung auf die Erziehung der Söhne übertragen. Erziehungsprinzipien stehen zur Diskussion, führen zu Streit, d.h. dann, wenn der den Einflüssen der Großstadt ausgesetzte Aeschinus etwas angestellt hat. Vor einem Dreivierteljahr hat er ein Mädchen entehrt und nicht geheiratet, neuerdings eine Zitherspielerin geraubt. So erregt er Demeas Zorn. Aeschinus hat das Mädchen jedoch für seinen Bruder Ktesipho, der aus der ärmlichen Welt Demeas kommt, entführt und will bei seinem Mädchen bleiben. Micio stellt sich vor seinen Pflegesohn, befürwortet die Hochzeit des Ktesipho und zahlt die Summe für die Zitherspielerin an den Kuppler Sannio. Demea bemerkt die Zuneigung der Söhne zu Micio und sucht sie durch Verwöhnen und Wohltaten seinerseits an sich zu binden. Für den attischen Bauern entsteht allerdings die Konsequenz, daß Zuneigung durch Gewähren unecht ist: strenge Zucht schafft zwar Unbeliebtheit, ist aber erzieherisch förderlicher.

Das Problem bleibt offen: Liberalität steht gegen Prinzipientreue.

3 Die Sprachschicht, der Zugang

Der Anspruch der Terenzlektüre liegt in der Besonderheit der Sprachschicht des Komödientextes. Die Sprachform ist der Dialog; die Sprechweisen entstammen dem Gespräch im Alltag.

Terenzsche Sprache enthält Elemente der Umgangssprache, die auf der einen Seite Grundlage für die Entwicklung der Schriftsprache, auf der anderen ausschließlich in literarischen Brechungen und Umgestaltungen greifbar ist.

Das Phänomen der Umgangssprache ist von sich aus ein kompliziertes und differenziertes Gebilde. Im engeren Sinne, und das gilt für unseren Autor, umfaßt sie im Gegensatz zur Vulgärsprache die Konversationssprache der Gebildeten. Sie unterscheidet sich durch die andere Sprachsituation von der Literatursprache.

Komödiensprache hat einen besonderen Charakter. In ihr sind andere Kennzeichen dominant, die dem affektischen Bereich angehören. Diese spezifischen Elemente orientieren sich nach Sprecher, Empfänger (Zuhörer), Sache. In die zu Literatur gewordene Sprache des Terenz sind diese Elemente eingebracht.

Manche sprachlichen Besonderheiten sind Ausdruck der Eigenart der Dichtung, eine Reihe davon dient komischer Wirkung, die notwendigerweise übertreibt, überzeichnet, neue Pointen setzt.[7]

In der im Verlag Moritz Diesterweg erschienenen Schulausgabe der „Brüder" von 1954 schrieb der Herausgeber Volker Niebergall: „Da erfahrungsgemäß das Übersetzen des älteren Latein in der Schule große Schwierigkeiten macht [...]." Die Übersetzung lateinischer Komödien – und da müßte definiert werden, was „Übersetzung" heißt – ist gewiß schwierig. Vom Textverständnis her bietet der Autor keinen hohen Schwierigkeitsgrad, wenn der Schüler von Beginn des Lateinunterrichts an gelernt hat, mit originalen lateinischen Texten auf der Ebene der Textreflexion umzugehen. Eine Übersetzung hat sekundäre Bedeutung. Was hier geleistet werden müßte, hat A. Thierfelder mit seinen Übertragungen in der Reclam-Reihe gezeigt.

Bei entsprechender Kommentierung im Sinne der Terenzschen Komödiensprache ist der Zugang zum Verständnis relativ leicht. Wer Latein gelernt hat, um in jedem Satz bzw. bei jedem Lernschritt mit einem grammatischen Phänomen konfrontiert zu werden (Einzelsatz, Kunstlatein), wird mit dem Autor schwer zurechtkommen. Das schließt nicht aus, daß der Terenzleser die Formenlehre souverän beherrschen muß. Daß Textverständnis und systematische Grammatikarbeit zwei verschiedene Dinge sind, die nebeneinander herlaufen, hat W. Heilmann gezeigt.[8] Sie laufen allerdings in einem Punkt zusammen, den ich „Verifikation" nennen möchte. „Verifikation" bedeutet kontrollierte Sicherung der grammatischen Zeichen <u>nach</u> der Texterfassung, d.h., die Textarbeit und das Systematisierungsproblem der Grammatik gehen methodisch ineinander über. Ein Produkt der Verifikation ist z. B. die Übersetzung. Die Terenzlektüre hat einen anderen Anspruch als andere Texte, weil der Zugang zu einem (zeitlich) abgelegenen Lebensbereich ein zusätzliches Sich-Einfühlen in eine nachgemachte und übersteigerte Welt, die des Theaters, erfordert.

Die Textpragmatik, d. h. die Voraussetzungen und Bedingungen der Textkonstitution, ist eine andere. Dies zeigen exemplarisch Erscheinungen aus dem Rechtswesen. Die römische Komödie ist ständig mit Rechtsfragen befaßt, die an und für sich schwierig sind, weil sie in das komplizierte attische Rechtswesen hineingehören, das notorisch einen anderen gesellschaftlichen Stellenwert hatte als das römische. Attische Gerichtsbarkeit besaß auch eine besondere Einschätzung und einen manchmal zweifelhaften Ruf.

An manchen Stellen muß der römische Zuschauer explizit über athenische Rechtsverhältnisse aufgeklärt werden; so z. B., wenn es im Phormio 125 f. heißt:

Lex est, ut orbae, qui sint genere proxumi,
Eis nubant, et illos ducere eadem haec lex iubet,

dann stehen dahinter die ausführlichen und eingehenden Bestimmungen über das Erbtöchtergesetz. Nach attischem Recht wird die Erbtochter definiert als die unverheiratete oder verheiratete Frau, die keinen Vater und von Vaterseite keinen *frater consanguineus* hat. Trotz der Ausführlichkeit war das attische Gesetz auslegbar und nach der Bemerkung des Aristoteles (Staat der Athener 9,2) unklar und zweideutig (s. Dziatzko/Kauer z. St.). Solche informatorischen Zusätze sind nicht immer vom Autor gegeben, und attisches Rechtswesen wird mancherorts vorgesetzt. Das mag daran liegen, daß im Laufe der Komödienaufführungen die Zuschauer mit den fremden Gegebenheiten keine Verstehensschwierigkeiten hatten.

In den Adelphen finden wir eine knappe, kürzere Formulierung und konkrete Anwendung des Erbtöchtergesetzes 650 ff.: MI. *haec virgo orbast patre; hic meus amicus illi genere est proxumus: huic leges cogunt nubere hanc.* V. 195 ist dagegen mit *causam meditari tuam* gemeint, daß nach attischem Recht ein Sklave sofort freigelassen werden mußte, wenn ein attischer Bürger mit der ihm dienenden Behauptung auftrat, er sei in Wirklichkeit frei. Wenn der bisherige Besitzer sein Recht durchsetzen wollte, mußte er vor Gericht gehen.

In der Äußerung der Sostrata gegenüber Geta, er möge den Vetter Hegio informieren (350), ist mitzusehen, daß nach attischem Recht eine Frau einen ständigen Rechtsvertreter als Geschlechtsvormund brauchte: bis zur Ehe den Vater oder einen nahen Verwandten, nach der Ehelichung den Ehegatten.

483 sagt Geta „Ja doch, beim Herkules, foltere mich" *immo hercle extorque:* das attische Recht läßt bei Sklaven Zeugenaussagen auf der Folter zu.

Oder: 676 sagt Micio von sich, ob er gegen den einen Prozeß führen soll, für den er als Rechtsbeistand gekommen war: *quoi veneram advocatu?* Das attische Bürgerrecht verlangt für Freunde einen Rechtsbeistand ähnlich wie bei der Rechtsvertretung einer Frau.

4   Hilfen und Literatur

Zugang zu römischer Komödie und ihrer Behandlung in der Schule gibt der verdienstvolle, leider ein wenig in Vergessenheit geratene Aufsatz[9] von A. Thierfelder: „Römische

Komödie" (in: Gymnasium 63, 1956, 326 ff.). In gedrängter Kürze entwirft der Autor Einblick in und Überblick über die philologische Problematik des Phänomens Komödie und gleichzeitig Anregungen zur didaktischen Umsetzung. Fragen der öffentlichen Wirksamkeit, das Verhältnis zu den Originalen, Komödie als Gesamtkunstwerk, Probleme der Datierung und der Metrik und Sprachliches („altrömischer Sprachführer") werden angesprochen.

Die derzeit beste Einführung findet man bei E. Lefèvre: „Die römische Komödie" (in: Neues Handbuch der Literaturwissenschaft: Römische Literatur. Hrsg. von M. Fuhrmann. Frankfurt a. M. 1974, 33 ff.). Lefèvre sucht die gegenüber der griechischen Komödie verschiedenartige Ausprägung aus den literarischen, gesellschaftlichen und weltanschaulichen Voraussetzungen zu erklären. Nach einem „Überblick über die Palliata" wird die Neue Komödie als literarische Voraussetzung behandelt, es folgen Kapitel über den atypischen und unrealistischen Charakter der römischen Komödie, ihre Struktur und die Beschreibung der auftretenden Personen und Gestalten. Ein zusammenfassender Ausblick über die Möglichkeiten dieser Komödienform beschließt die anregende, wichtige Einsichten vermittelnde Studie.[10]

Für die Adelphen und ihre didaktischen Voraussetzungen, Begründung der Lektüre, ihre Lernziele, Vorschläge für Textauswahl, mögliche Feinziele und Methoden der Lektüreeinheit informiert rasch und tiefgründig die einschlägige Studie: „Terenz Adelphoe. Zwei Arten der Lebensführung und der Erziehung im Wettstreit". In: Lateinische Lektüre – Sekundarstufe I. Kultusministerium Rheinland-Pfalz, Schulversuche und Bildungsforschung, Berichte und Materialien. Mainz 1981, 96 ff., erarbeitet von der Fachdidaktischen Kommission Latein – Sekundarstufe I des Landes Rheinland-Pfalz (Rudolf Clade, Hans-Joachim Glücklich, Karl-Heinz Niemann).

Literatur-Auswahl

a) Zur Didaktik
Happ, E.: Terenz statt Caesar als Anfangslektüre. In: Dialog Schule – Wissenschaft VII. München 1974, 168 ff.
Leo, F.: Römische Literaturgeschichte I. Berlin 1913 (Nachdruck bei der Wissenschaftlichen Buchgesellschaft: Darmstadt 1967).
Thierfelder, A.: Kommentar zur Andria. Heidelberger Texte Bd. 22. Heidelberg 1960.
Wehrli, F.: Motivstudien zur griechischen Komödie. Zürich/Leipzig 1936 (zum Eunuchus: 102–107).

b) Zum Verständnis
Büchner, K.: Das Theater des Terenz. Bibliothek der klassischen Altertumswissenschaften. Neue Folge, 1. Reihe, Bd. 4. Heidelberg 1974.
Fuhrmann, M.: Lizenzen und Tabus des Lachens. Zur sozialen Grammatik der hellenisch-römischen Komödie. In: Poetik und Hermeneutik VII. München 1976, 65–102.
Gaiser, K.: Zur Eigenart der römischen Komödie. In: Aufstieg und Niedergang der römischen Welt I, 2. Berlin/New York 1972, 1027–1113.
Gaiser, K.: Autorität und Liberalität in den Erziehungstheorien der Antike. In: Humanistische Bildung 2, 1979, 1 ff.
Haffter, H.: Terenz und seine künstlerische Eigenart. Museum Helv. 10, 1959 = Reihe Libelli Bd. 243. Wissenschaftliche Buchgesellschaft: Darmstadt 1967.
Jachmann, G.: P. Terentius Afer. In: Realenzyklopädie, 2. Reihe, §. Hlbb. Stuttgart 1934, 598 f.
Lefèvre, E.: Die Expositionstechnik des Terenz. Reihe Libelli Bd. 303. Wissenschaftliche Buchgesellschaft: Darmstadt 1969.

Lefèvre, F.: Die römische Komödie: Plautus und Terenz. Wege der Forschung Bd. 236, hrsg. von E. Lefèvre. Wissenschaftliche Buchgesellschaft: Darmstadt 1973.
Seel, O.: Weltdichtung Roms. Berlin 1965 (auch in der Wissenschaftlichen Buchgesellschaft: Darmstadt 1965), Kapitel: Droleríe und Grazie: Plautus und Terenz, 127–171.
Wlosok, A.: Vater und Vatervorstellungen in der römischen Kultur. In: Tellenbach, H. (Hrsg.): Das Vaterbild im Abendland I. Stuttgart: 1978, 18–54 und 192–200.

c) Zur Sprache
Bennett, Ch. E.: Syntax of Early Latin. Boston 1910–1914.
Dziatzko/Hauler: Kommentar zum Phormio Leipzig ⁴1913 (ausführliche Einleitung).
Dziatzko/Kauer: Kommentar zu den Adelphoe Leipzig ²1903.
Hofmann, J. B.: Lateinische Umgangssprache. Heidelberg ⁴1978.
Jenkins, E. B.: Index verborum Terentianus. Chapel Hill 1932 (Nachdruck bei Olms: Hildesheim 1962).

5 Das Problem der Erziehung im 1. Akt der Adelphen des Terenz (Interpretation)[11]

Die römische Komödie ist Nachgestaltung, namhaftes Übersetzungswerk, an griechischen Vorlagen orientiert. Komödie, Theater in Rom bedeutet nichts anderes als Import aus Griechenland. Die mannigfachsten Menschen und Artikel waren auf verschiedenen Wegen von daher gekommen: Kaufleute, Künstler, Sklaven, Alphabet, Luxusgüter. Der Importverkehr wird intensiver, je mehr sich die römische Militärmacht über griechische Regionen ausdehnt. Es kommen auch Pädagogen, Literaturkenner, Redelehrer. Es vollzieht sich eine Kulturübernahme größten Ausmaßes. Der bäuerliche, patriarchalische Lebensstil der Römer erfährt Lockerung, Liberalisierung. Die Jugend der höheren Schicht lernt griechischen Lebensgenuß kennen. Politiker und Militärs begünstigen griechische Literatur und die junge römische Konkurrentin. So wurde die letzte der sechs Terenzkomödien zu den Leichenspielen des Aemilius Paullus, des Vaters von Scipio Africanus Minor, aufgeführt.

Gleich am Anfang treten die beiden Hauptfiguren Micio und Demea auf. In I,1 verdeutlicht Micio seine Erziehungsziele und Erziehungsprinzipien, die in I,2 durch Demea widerlegt werden. Schon in den Eingangsworten, im Monolog des Micio, klingt das Erziehungsthema an.

Micio sorgt sich um Aeschinus, seinen Adoptivsohn, der vom nächtlichen Ausgehen noch nicht zurückgekehrt ist. Micios Worte werden von Überlegungen und Ängsten bestimmt, die eine gewisse Komik enthalten („Hoffentlich hat er sich nichts gebrochen oder sich einen Schnupfen geholt"). Er macht sich auch Gedanken, was Ehefrauen dazu sagen könnten (besonders bemerkenswert, weil er ja nicht verheiratet ist). An dieser Stelle wird eine starke Bindung zu ‚seinem Sohn' erkennbar: der junge Mann ist Lebensinhalt. Die kontrastartige Darstellung der Lebensweisen der Väter schließt sich an Micios ‚Ängste' an. Das wenig aufregende Leben in der Stadt *(clementem vitam urbanam atque otium sequi,* v. 41 f.) ist Micios Glück, da er sich wohlfühlt. Dabei wird sein Junggesellendasein betont. Im Gegensatz dazu steht Demea nach Micios Schilderung: auf dem Land lebend *(ruri agere vitam,* 45 f.), macht er sich nichts leicht, sein Lebensstil ist von Knappheit und Härte geprägt *(semper parce ac duriter se habere* vv. 45 f.). Er hat eine Frau und zwei Söhne. Der eine der beiden wird von Micio erzogen. Dieser versucht durch Liebe und Verwöhnen den Jungen zu Ehrlichkeit und Sittlichkeit zu bringen.

Im folgenden werden die Erziehungsprinzipien dargestellt. Die Söhne werden dem Lebensstil ihrer Väter entsprechend aufgezogen.

Bei Micio bedeutet Erziehung materielle Zuwendung (*dare*, v. 51), Nachsicht üben (*praetermittere* v. 51) und Verzicht auf sogenannte Vaterrechte (*non necesse habere omnia/ pro meo iure agere* v. 51 f.). Offenheit gegenüber dem Vater und damit auch der gesellschaftlichen Umgebung sind das Ziel, das aus diesen Prinzipien erwachsen soll. Das Erziehungsziel wird nach dem Motto *do, ut des* zu erreichen versucht, Offenheit und Teilnahme an den Freuden des Lebens durch materielle Unterstützung sind Art und Weise einer Erziehungsform, die in Micios Vorstellung Gleiches zurückverlangt. Lüge (*mentiri* v. 55) und Täuschung (*fallere* v. 55) kommen nicht auf.

Die Begriffe *pudor* und *liberalitas* sind die Leitwörter für Micios Erziehung. Die Übersetzung „durch Ehrgefühl und Milde" (Donner/Ludwig) ist blaß, ja unzutreffend, „durch den Appell an Anstand und freien Sinn" (Rädle) hilft etwas weiter. Die Bemerkung des Kommentares (Dziatzko/Kauer), *liberalitas* kann die den für spätere Selbstbestimmung erzogenen Kindern freier Eltern zukommende Gesinnung, etwa „Ehrgefühl", bedeuten, würde dem Begriff eine sonst nicht belegbare Bedeutung beilegen. Die Erklärung des antiken Kommentators Donat, nämlich daß sich *pudor* auf die Kinder, *liberalitas* auf die Eltern beziehe, erscheint plausibler. Daran orientiert sich offenbar Rädle. *Pudor* und *liberalitas* haben danach die Aufgabe des „Bewahrens" und „gelenkter Freizügigkeit" (*retinere* wie *instituere* – v. 38 – und *parare* – v. 39 – ein blasser Ausdruck für „erziehen") und bilden den Kontrast zu einer Erziehung, die auf *metus* basiert: „Respekt und Entgegenkommen" (bei gegenseitiger Achtung und Distanz).

Der Bruder Demea hält nichts von diesen Erwägungen (*haec non conveniunt neque placent*, v. 59), das ist für ihn ‚kein Thema'. In einem fingierten Gespräch bringt Micio mögliche Vorwürfe und Bemerkungen von seiten Demeas vor: er kennt ihn ja durch seinen Umgang mit ihm und stellt ihn sich vor Augen. Letzterer wehrt sich gegen den Standpunkt Micios und verurteilt ihn (*quid agis?* v. 60); er stempelt ihn zum Jugendverderber (*quor agis?* v. 61) und nennt noch einige Untugenden des Verwöhnten:
– den Dirnen nachlaufen (*amare* v. 61),
– saufen (*potare* v. 62),
– die Auswüchse mit Geld noch fördern (*sumptum gerere*, v. 62),
– schicke Kleidung kaufen (*vestitu nimio indulgere*, v. 63).
Terenz verwendet gängige Ausdrucksweisen, hier mit negativem Aspekt.

Aus den gedachten Vorwürfen erfolgt die Behauptung, daß Demea über ein gewisses vernünftiges Maß hinaus (*praeter aequom et bonum*, v. 64) zu hart sei (*durus* im übertragenen Sinn). Auch wird demjenigen Irrtum bescheinigt, der Herrschen (*imperium*) durch Gewalt (*vi*) für dauerhafter ansieht als die Bindung durch Freundschaft.

Dieser auf Gegensätzen aufgebaute Vergleich, diese Auseinandersetzung mit dem Bruder und das Urteil, was in der Erziehung richtig und falsch sei, enthält ein komisches Element; es beruht darauf, daß Micio in Erziehungsfragen scheinbar alles weiß; so führt er auch seine Berechnung (*mea sic est ratio* v. 68) und seine Folgerungen in diesem Sachbereich (*sic animum induco meum* v. 68) fort. Er spielt die Rolle des Optimisten.

Die Pflicht zu erfüllen aus Furcht vor Strafe hat nach Micios Vorstellungen räumliche und zeitliche Begrenzungen, nämlich solange sich der Zögling beobachtet glaubt. Entfallen diese Grenzen unnatürlicher Disziplin, erfolgt eine Rückkehr zum *ingenium* (v. 71), zur

„natürlichen Art". Bindung, disziplinierte Bindung, die durch Vertrauen, Freundschaft und Ehrlichkeit zustande kommt, ist nach Micios Ansicht richtig, weil sie aus dem Herzen bewirkt wird (*ex anima facere* v. 72). Ein weiteres Erziehungsziel ist dann, daß der Sohn imstande ist, selbständig und ohne Furcht vor anderen das Richtige zu tun. Micio sieht denjenigen als unfähigen Erzieher an, der sich über den Unterschied zwischen Vater und Gewaltherrn über Sklaven (*dominus* v. 76) nicht im klaren ist. Das heißt, daß Micio ein Erziehungskonzept hat und nicht dem reinen Laissez-faire-Prinzip huldigt.

Gegen Ende der Szene betritt Demea den Schauplatz. Micio fürchtet, daß er wie gewöhnlich beschimpft und kritisiert wird. Dennoch grüßt er freundlich (*salvom te advenire, Demea,/gaudemus* v. 80 f.). Das unterschiedliche Wesen zeigt sich im äußeren Verhalten der beiden: der eine höflich, ermunternd, der andere bärbeißig, fordernd, drohend. Die zweite Szene ist kontrastartig von der ersten abgesetzt.

Ein wütender, zorniger Demea kommt auf die Bühne: Schlagend scheint er Micios Erziehungsmethoden zu widerlegen. Er bescheinigt dem Aeschinus vorab Hemmungslosigkeit und das Fehlen jeglicher Bindung und Norm. Er verwendet zum Teil dieselben Ausdrucksweisen wie Micio: Dem Adoptierten fehlt es an *pudor* (v. 84), er kennt keine Schranken vor Personen (*nec ... metuit quemquam* v. 85) und keine Bindung an das Gesetz (*neque legem putat/tenere se ullam* v. 85 f.). Damit hat Demea seine Erziehungsprinzipien aus seiner Sicht und in negativer Form angedeutet. Unverhohlene scharfe Kritik an der *liberalitas* des Bruders liegt in dem Überbringer der Nachricht: Aeschinus hat mit Gewalt ein Mädchen geraubt! Das ist die Realität und das Ergebnis der liberalen Erziehung. Für Demea ist Aeschinus' Bruder das Gegenbild und der schlagende Beweis einer guten Erziehung (*non fratrem videt ...* v. 94). Die Antithese von richtiger und falscher Erziehung erscheint unter umgekehrten Vorzeichen in den Worten des grießgrämigen Alten, in denen sich wiederum die Gegensätzlichkeit der *senes* spiegelt. Micio bescheinigt seinem Bruder Weltfremdheit (er sei ein *homo imperitus* v. 98), der nur in seinem engen Umkreis das, was darauf abgestellt ist, einschätzen kann. Der Adoptivvater rechtfertigt die Anwendung seiner Erziehungsprinzipien, indem er die Untat des Aeschinus relativiert und ihre Einschätzung als ‚Untat' aus dem den Alten eigenen Status begründet. Aeschinus' Tat ist kein *flagitium* (v. 101), keine Schande, sondern etwas, das eben passiert: es ist kein Schaden an Mensch und Sachen, der erwähnenswert wäre, und außerdem Ausdruck eines gewissen Wohlstandes, in dem der Junge groß wird. Nur der Mangel an materiellen Mitteln habe die Alten gehindert, ein Gleiches zu tun.

Micio rührt an ein Erziehungsproblem, das über die Schematisierung ‚liberal-streng' hinausgeht. Er sieht die ‚harte' Erziehung als Mangel an materiellen Möglichkeiten an. Die *inopia* schafft Menschen, wie sie Demea verkörpert. Ausschweifung in der Jugend ist eigentlich etwas Menschliches. Der Vorwurf trifft Demea hart, wenn es heißt: *si homo esses* (v. 107).

‚Menschsein' bedeutet Verständnis für jugendlichen Überschwang, weil er spätere Dummheiten im Alter vorwegnimmt. Das Phänomen des ‚Sich-Austobens' in der Jugend oder des ‚Nachholens' im Alter steht dahinter und gibt Begründung für das Erziehungsprogramm mit *pudor* und *liberalitas*. Dem will Demea Fleiß, Sparsamkeit, Nüchternheit, Leben auf dem Lande als seine Erziehungsziele entgegensetzen, wo Micio von *duritia* gesprochen hatte. Demea verzweifelt an dieser Gedankenführung: *tu homo adigi' me ad insaniam* (v. 111).

Micio bescheinigt also Unerfahrenheit und Enge des Horizontes, woraus die Erziehung des Ktesipho entspringt. Wie Ktesipho wirklich ist, weiß der Zuhörer noch gar nicht.

Das Alles-Gewähren, das Laissez-faire – so die Interpretation des Demea – steht wieder im Gegensatz zur *duritia*. Aber Micio entschuldigt alles, auch Gewalt an Sachen (Türen einzuschlagen), weil solche Schäden mit Geld zu beheben sind. Auch den äußeren Luxus (Körperpflegen mit Salben und Gelage) erlaubt er, um der *liberalitas* Spielraum zu geben. Es ist seine ureigene Sache: *mihi peccat, ego illi maxumam partem fero* (v. 116). Daß Micio hier durch Übertreibung egoistisch und unnatürlich wirkt, ist das Zeichen für die ganze Hinwendung zum Adoptivsohn. Aber er bestimmt den Dialog. Demea spricht ihm schlicht und einfach das Vatersein ab: *ei mihi! pater esse disce ...* (v. 124 f.). In der antithetischen Formulierung (grammatisch als Parallelismus aufgebaut) *natura tu illi pater es, consiliis ego* (v. 126) ist die Gegensätzlichkeit der beiden *senes* hinsichtlich ihrer erzieherischen Fähigkeiten aus der Sicht des Freizügigen aufs knappste ausgesprochen. Micio meint, daß Demea lediglich der leibliche Vater sei, ohne erzieherisch in Erscheinung zu treten, daß er aber als Adoptivvater, weil er die rechte Liebe zu Aeschinus habe und ihn durch Ratschläge unterstütze, den für die Jugend wichtigen pädagogischen Spielraum zur persönlichen Entfaltung gewähre. Der Disput erreicht einen Höhepunkt (*iam si verbum unum posthac ...* sagt Demea, v. 135). Doch man geht so auseinander. Eine kleine Drohung kann Demea nicht unterlassen: *... nolo in illum gravius dicere* (v. 140).

Die Szene schließt mit einem erneuten Monolog, der für den Zuschauer die Informationen enthält, daß Aeschinus schon früher durch sein lockeres Leben mit Hetären gegen Ziel und Sinn der gewollten Erziehung verstoßen hat. Er hat aber angekündigt, daß er heiraten wolle, so daß der Zuschauer nicht wie Demea den Schluß ziehen kann, Bacchis sei nur zum Vergnügen geraubt worden. Kontrastartig sind die Personen gezeichnet, die vom Autor beabsichtigte Wirkung liegt in der differenzierten Charakterdarstellung. Die Diskussion um Erziehung ist eingefangen im Spiel von Täuschung (die Jungen) und Selbsttäuschung (die Alten). Am Ende gibt es der Komödie die Lösung. Demea ändert sich nicht, obwohl er äußerlich so tut, er bleibt der Tradition verhaftet, in ihm ist der erzautoritäre Typus gestaltet. Und in Micios Erziehungsprinzipen zeigen sich Probleme und Gefahren, obwohl er eine Art sozialer Integration zu schaffen sucht.

Im Hintergrund unserer Komödie zeichnet sich der ungeheuere gesellschaftliche Umbruch ab, dem sich die Römer in der 1. Hälfte des 2. Jahrhunderts v. Chr. ausgesetzt sahen. Personifiziert ist diese Wende in Marcus Porcius Cato: der „kantige, eckige, verbissene, widerborstige, verschlagene, unheimliche, ja rohe Mann", wie ihn F. Klingner beschrieben hat. War es diesem im Jahre 184 noch gelungen, zum Censor gewählt zu werden und die Welt der breiten ländlich, altrömisch gesinnten Bevölkerung gegen die weltoffenen, großen Familien zur Geltung zu bringen, so wird er selbst allmählich zum Schauplatz des Wandels.

Wir sehen, wie sich die altrömische Lebensform, die innere Kraft des Römertums wehrt. Man denkt bei Demea an die Normen der *parsimonia* und *duritia* des Cato.

Literatur

Terenz: Adelphoe. Lat./deutsch, übersetzt, erläutert und mit einem Nachwort herausgegeben von H. Rädle. Stuttgart 1977.
Antike Komödien, Plautus Terenz. 2 Bde. Übersetzt von J. J. C. Donner und W. Ludwig. München o. J.

Blänsdorf, J.: Das Bild der Komödie in der späten Republik. In: Musa Iocosa für A. Thierfelder. Hildesheim 1974.
Dziatzko, K./Kauer, R.: Ausgewählte Komödien des P. Terentius Afer. Zweites Bändchen: Adelphoe. Leipzig 1903.
Klingner, F.: Römische Geisteswelt. München ³1956.
Lefèvre, E.: Die römische Komödie. In: Neues Handbuch der Literaturwissenschaft. Hrsg. von M. Fuhrmann. Frankfurt a. M. 1974.
Pöschl, V.: Das Problem der Adelphen des Terenz. Heidelberg 1975.

Anmerkungen

1 Vgl. die Diskussion darüber bei Dziatzko/Hauler, Kommentar zum Phormio, ⁴1913, 12.
2 Vgl. die Anspielung in der Andria 15–21.
3 Bei Cicero z. B. glaubt man zwischen frühen und späten Reden unterscheiden zu können; vgl. Klingner, F.: Ciceros Rede für den Schauspieler Roscius. In: Studien zur griechischen und römischen Literatur. Zürich und Stuttgart 1964, 547 ff.
4 In: Höhn, W./Zink, N. (Hrsg.): Handbuch für den Lateinunterricht – Sekundarstufe II. Frankfurt a. M. 1979, 292.
5 Neben einer Komödie als Ganzschriftlektüre steht alternativ eine Auswahl aus Plautus und Terenz; vgl. Römische Theaterdichtung – Komödie. Hrsg. von K. H. Eller. Frankfurt a. M. 1980.
6 Vgl. Haida, P.: Von der komischen Figur zur Komödie. In: Der Deutschunterricht 36, 1, 1984, 5.
7 Z. B. Mechanische Frageformeln:
quid hoc rei est? 175: „Was ist da los?" gehört in die Reihe der häufig verwandten Frageformeln, die sich auf eine Bemerkung oder Beobachtung beziehen, wozu eine Erklärung oder nähere Ausführung gewünscht wird, z. B. *quid istuc est, quid hoc (id, illud)* [*est*]*?* Die Art der Fragen ist oft Ausdruck des Staunens, während bei *quid est?* der Frager sich nach Unbekanntem erkundigt. – 133 (in der Kurzform): *quid istic?* im Sinne von *quid faciam:* Ausdruck momentaner Ratlosigkeit. – *age, scis quid loquor* (215): „Weißt du, was ich sagen wollte?", eine Formel, die beim Hörer Interesse erweckt. Die Erklärung folgt unmittelbar danach: „Verlust zur rechten Zeit bringt zuweilen größten Gewinn".
Affektische Kurzsätze:
Ausdruck maßlosen Erstaunens 751 f. Demea: *o Iuppiter, istoc in pacto oportet?* „Oh Gott, muß das so sein?" (ein Mädchen mit Kind ohne Mitgift zu nehmen), zu ergänzen wäre: *rem tractare.* – Ausdruck des Unwillens oder der Empörung ist der Akkusativ des Ausrufes. Demea droht Syrus, daß er ihm den Schädel einschlage, Syrus 782 f. (er ist fort), „Beim Pollux, ein nicht gerade angenehmer Tischgenosse!" *edepol comissatorem haud sane commodum* (zur Betonung des affektischen Charakters tritt ein Ausrufewort hinzu, *edepol* aus **e de*[*iv*]*e pol*[*lux*]). – Demea (Syrus hat bemerkt, daß Micio der wahre Sachverhalt mitgeteilt wurde) 366 f : *pro Iuppiter, hominis stultitiam* „Mein Gott, ist der Mensch blöd!" — Mit dem affirmativen ne (sonst bei Infinitivkonstruktionen) 758: *o Iuppiter, hancine vitam, hoscine mores, hanc dementiam* (Demea schildert die aus seiner Sicht verzweifelte Situation).
8 Sprachreflexion im Lateinunterricht. In: Höhn, W./Zink, N. (Hrsg.): Handbuch für den Lateinunterricht – Sekundarstufe II. Frankfurt a. M. 1979, 108 ff. – Ferner Heilmann, W.: Die Beziehungen zwischen Textarbeit und Grammatikarbeit im Lateinunterricht der Sekundarstufe I. In: Mitteilungsblatt des Landesverbandes Hessen im DAV XXX, 2, 1983, 2 ff.
9 Wenn man von der Aufnahme in den Sammelband „Die römische Komödie: Plautus und Terenz" (Wege der Forschung, Bd. 236, hrsg. von E. Lefèvre, Darmstadt 1973) absieht.
10 Vgl. nun auch: Komik und Komödie. AU XXIX 5/1986.
11 Nach einem Essay „Wettbewerb für Alte Sprachen in Rheinland-Pfalz 1983" von Falko Zink, 12 s, Staatliches Heinrich-Heine-Gymnasium Kaiserslautern.

Norbert Zink

Caesar

1 Der Schulautor, das „Bellum Gallicum"

Caesar fasziniert durch die Jahrhunderte, er ist ein europäisches Ereignis, verkörpert europäische Tradition, wirkt ständig auf die Nachwelt. Er vereinigt menschliche Größe, Glück, Erfolg einerseits, Scheitern, Enttäuschung, Tragik andererseits. Er erobert Gallien und andere Teile der damaligen Welt, steht auf der politischen und diplomatischen Bühne, ist Feldherr und Führer seiner Soldaten, verfügt über eine exzellente Rhetorik und eine brillante Kunst der schriftlichen Darstellung. Unerschöpflich ist seine Energie, auch in der Aussichtslosigkeit. Er entfaltet menschliche Möglichkeiten in selten gekanntem Ausmaß. Seine Aktivität ist etwas spezifisch Römisches, auch wenn er in Distanz zu seinen Landsleuten steht, die ihn nie ganz verstehen konnten.

Caesar ist Persönlichkeit in all seinem Tun und seinen Äußerungen, entschlossen und findig in den Situationen des Lebens, in seiner Arbeitsweise von einer unübertroffenen Ökonomie, widerwillig gibt Cicero zu „ein Monstrum an schauerlicher Wachheit, Raschheit und Flexibilität": *sed hoc* τέρας *horribili vigilantia, celeritate, diligentia est* (ad Att. 8,9,4).

Caesar wandte sich, 42 Jahre alt, im März 58 offenbar gezwungenermaßen Gallien zu. Er war Pontifex Maximus, Konsul, Befehlshaber zweier Provinzen und Führer eines Heeres. Wichtige Etappen seines politischen Weges hatte er zurückgelegt. Acht Jahre lang, jeweils im Sommer, führte er die Feldzüge nördlich der Alpen durch. Im Winter oblagen ihm Verwaltungsaufgaben in Norditalien. Dabei stand er in ständiger Kommunikation mit dem fernen Rom.

Caesar war der Autor seiner persönlichen Leistungen; seine *commentarii* haben monographischen Charakter. Für die Darstellung seiner Operationen und Entscheidungen war der *commentarius* die angemessene Form, und zwar aus der Spontaneität des Augenblicks heraus. Caesar überließ keinem Dritten das, was er der politischen Öffentlichkeit in Rom zu sagen für richtig hielt.[1]

Die neu definierte Form[2] erlaubte die rasche Fixierung von Sachverhalten; dabei konnte die eigene Person zurücktreten.

Die Würdigung bleibt dem Leser überlassen, die Wirkungsabsicht läßt dem Adressaten Spielraum bezüglich des Nichtgesagten, d. h., hinter jeder Formulierung muß Übergangenes und Verschwiegenes hinterfragt werden. Hierin liegt aber auch die Meisterschaft in der Sprache und der Darstellung, eine Qualität des Wortkunstwerkes, die vom sonst üblichen *commentarius* abrückte und eine neue literarische Gattung schuf.

Das „Bellum Gallicum" handelt von der Eroberung und Unterwerfung Galliens, welche einzig und allein Caesars Tat ist. Diese Absicht hat er von Anfang an gehabt.[3]

Die Expansion der Römer nach Nordwesten liegt nicht in konsequenter Abfolge römischer Außenpolitik. Der gallische Raum gerät neu in den Gesichtskreis der Römer durch Caesar. Der geschichtliche Horizont wird erweitert, die Züge Caesars jenseits der Alpen wirken abenteuerlich, eine völlig neue Welt tritt zu der alten, um das Mittelmeer eng begrenzten. Die Erkundung Amerikas durch Europäer ist vergleichbar. Caesars Tat gibt Raum für höchsten Respekt und schärfste Kritik zugleich.

Caesar hat diese historische Gegebenheit selbst reflektiert und seine Leser so informiert, wie er die Geschehnisse auf seine Person bezogen sah. Ihm war lediglich aufgegeben, die Haeduer als Freunde des römischen Volkes zu beschützen, als sich die Helvetier anschickten, neues Land am Golf von Biskaya zu erobern, nachdem sie zwei Jahre ihre Auswanderung diplomatisch und militärisch vorbereitet hatten. Caesar befand sich in amtlicher Mission, als Statthalter, der von sich aus keinen Krieg führen durfte in Gallien: Das geschichtliche Geschehen von der Wanderung der Helvetier und dem Eingreifen Caesars bis zum Sieg über Vercingetorix wird auch durch die Darstellung und die ihr innewohnende Eigenart eine Einheit.

Diesem Text muß sich auch der moderne Leser stellen, und die dargestellte Geschichte ist bei allen komplizierten Voraussetzungen überschaubar. Die langjährige Diskussion[4] um den Schulautor Caesar[5] spitzte sich auf das Motto *„aut Caesar aut nihil"*[6] zu. Es ist das Ergebnis kritischer Auseinandersetzung um die Dominanz des Bellum Gallicum als Anfangslektüre. Die Thesen P. Bariés zu dieser Dominanz und die kompromißartige Gegenstellung von H. Munding[7] lassen einen vorläufigen Abschluß der didaktischen Auseinandersetzung erkennen. Wenn man in Rechnung stellt, daß die Realität des Lateinunterrichtes in den Bundesländern die anhaltende Bevorzugung der Caesarlektüre aufweist, dann sollte die Problematik des *„aut Caesar aut nihil"* bewußt bleiben, der Schulautor Caesar aber als Möglichkeit, unter Aufgabe der exklusiven Rolle, gesehen werden.

F. Maier zeigt diese Situation in seinem grundlegenden Buch „Caesar im Unterricht"[8] auf, wenn er feststellt, daß durch die verbindliche Festschreibung Caesars als Mittelstufenautor in den neugeschaffenen Lehrplänen die Befürworter überzeugt haben.

Maier appelliert aber auch unter Hinweis auf die nachgewiesene Schwierigkeit und Bedenklichkeit dieser Lektüre an die didaktische Phantasie und pädagogische Verantwortung zu einer besseren – ich meine zu einer pädagogisch vertretbaren – Präsentation.

P. Bariés Hauptthese von der „fast totalen Kohärenz des Bellum Gallicum", d.h. der Dichte der Information, der kontextuellen Undurchlässigkeit, der Schlüssigkeit der Argumentation und der überwältigenden Plausibilität der Informationen, suggeriert sicher in einer bestimmten Weise gewollte und massive Eindeutigkeit; doch wage ich die Behauptung, daß gerade der Mittelstufenschüler der Caesar unterstellten Attitüde sowohl intellektuell als auch – oder gerade – moralisch gewachsen ist.

Mundings Gegenthesen, die ergeben, daß es sich lohnt, den politischen Denkstil des Autors als *exemplum* für römische Mentalität kennenzulernen, sind einleuchtend, weil gelernt werden kann, wie distanziert der neuzeitliche Leser einem Teil fremder Lebenswirklichkeit gegenüberstehen soll.

Akzeptabel ist der Vorschlag Mundings, nicht die *variatio* anderer Textsorten neben Caesar zu stellen, sondern Möglichkeiten des Kontrastes aufzuzeigen. Das Thema des Bellum Gallicum mit Krieg und Totschlag gewinnt dann mit dem Thema eines Lesbiagedichtes von Catull einen kulturellen Zusammenhang. Caesar und Catull, die zeitlich eng zusammen liegen, weisen auf Militär- und Machtpolitik als Element der Zivilisation und gleichzeitiges Vorhandensein einer Privat- und Kunstsphäre.

2 Auswahl und empfohlene Stellen

Auswahl aus dem recht umfangreichen Bellum Gallicum kann verschieden getroffen werden: Als Einheiten bietet sich Buch I oder Buch VII[9] an, weil sie vom jeweiligen Standpunkt des Geschehens, Ausgangsbasis/Weiterentwicklung bzw. Höhepunkt/Kriegsende, einen Überblick über den gesamten Komplex gewähren. Eine Auswahl über das gesamte Opus dürften die standardisierten Schwerpunkte Helvetierkrieg (I), Vernichtung germanischer Stämme, erster Rheinübergang und Landung in Britannien (IV), die Germanenkapitel (VI), der Freiheitskampf des Vercingetorix (VII, 4, 14, 15, 29; 37, 54, 55; 76, 77, 88–90) sein.

Möglich sind andere Schwerpunkte, zumal die gegebenen Vorschläge relativ umfangreich sind.

Unerläßlich ist die genaue Kenntnis eines Geschehensablaufes im Originaltext[10], wünschenswert das Kennenlernen eines zweiten (Originallektüre, zweisprachige Lektüre). Kenntnis von Aufbau und Inhalt des Gesamtwerkes, die Fähigkeit der thematischen Einordnung gehören zur Unterrichtseinheit.

Je kleiner die Quantität der Originallektüre ist, um so mehr bleibt Raum für andere geeignete Textsorten. Die Lektüre größerer Partien über viele Monate sollte vermieden werden, da sie zur Übersättigung und zu falschen Reminiszenzen führt.[11]

3 Hilfen

Die Sekundärliteratur zu Caesar ist umfangreich. Verdienstvoll sind die Gesamtübersicht bei Gesche, H.: Caesar (Erträge der Forschung 51. Darmstadt 1976), und die Kurzbibliographie zu Caesars Bellum Gallicum von Gerhard Meißner (in: Maier, F.: Caesar im Unterricht. Bamberg 1983). Die letztgenannte Bibliographie enthält neben einer repräsentativen Gesamtübersicht ein fast lückenloses Fundstellenverzeichnis zu interpretierten Textstellen (146 ff.).

Einen raschen Zugang zur wissenschaftlichen Diskussion verschafft der Sammelband von Gesche mit Aufsätzen zu verschiedenen Fragen. Eine wichtige Einführung ist das Buch von W. Richter mit dem bezeichnenden und treffenden Titel „Caesar als Darsteller seiner Taten" (Heidelberg 1977).

Eine umfassende, vor allem die Gymnasialreform der letzten Jahre einbeziehende didaktische Einführung geben die Aufsätze bei F. Maier: Caesar im Unterricht (Bamberg 1983). Das Buch zeichnet sich durch die verschieden angesetzten Perspektiven aus, wie „Caesar und die Schüler heute" (Maier), „Der Griff nach Britannien", Caesar als Anfangslektüre (Clasen), „Politisches Denken bei der Caesarlektüre in der 10. Klasse" (Keulen), „Der Germanenexkurs im 6. Buch von Caesars Bellum Gallicum" (Zeitler), „Kurzbibliographie zu Caesars Bellum Gallicum" (Meißner). In den Darstellungen findet sich eine Fülle von Anregungen über den didaktischen Wert der Caesarlektüre auf der Sekundarstufe I, den Einsatz von Medien und die Vorstellung unterrichtlicher Behandlung von Kernstellen. Die schon zitierten kürzeren Aufsätze von Barié und Munding informieren präzise und jeweils mit guten Argumenten über Position und Stellenwert unseres Autors.

Die beiden neuen großen Gesamtdarstellungen von H. Horst (Düsseldorf 1980) und

Ch. Meier (Berlin 1982) ergeben jeweils ein Bild des Menschen, Politikers und Feldherrn, das die Voraussetzung jeglicher Beschäftigung mit Caesar sein sollte.

Nicht unerwähnt soll die Monographie von G. Walter[12] aus dem Jahre 1955 sein, weil sie durch ihre originell kritische Betrachtungsweise auch einen methodischen Weg für das ‚Ungesagte' bei Caesar zeigt. Das einseitige Bild vom Aggressor aus Leidenschaft und der saloppe Sprachstil Walters verdienen gekannt zu werden.

Eine für Forschung und Schulpraxis richtungsweisende Arbeit legt in Kürze E. Mensching (Frankfurt a. M. 1988) mit seiner Einführung vor.

Weitere empfohlene Literatur (in Auswahl)

Bayer, K.: Caesar im Unterricht. In: Die Alten Sprachen im Gymnasium. München 1968, 67 ff.
Bayer, K.: Lernziele der Caesarlektüre. In: AU XV 5/1972, 5 ff.
Clasen, A./Dohm, H./Powierski, R.: Neue Wege bei der Caesarlektüre. IPTS, Beiträge für Unterricht und Lehrerbildung, Heft 7. Kiel 1978.
Fink, G.: Caesarbild und Caesarlektüre. In: AU XXIII 3/1980, 32 ff.
Glücklich, H.-J.: Das erste Buch des „Bellum Gallicum" im Schulunterricht. In: AU XV 5/1972, 44 ff.
Glücklich, H.-J.: Rhetorik und Führungsqualität (Feldherrenreden). In: AU XVIII 3/1975, 33 ff.
Glücklich, H.-J.: Darstellung der Caesarlektüre als Beispiel für Begründung, Ziele und Methodik einer längeren Hauptlektüre in S I. In: IPTS-Arbeitspapier zur Unterrichtsfachberatung, Latein 2401/78. Kronshagen bei Kiel 1977.
Görler, W.: Caesar als Erzähler. In: AU XXIII 3/1980, 18 ff.
Görler, W.: Ein Darstellungsprinzip Caesars – Zur Technik der Peripetie und ihrer Vorbereitung im B.G. In: Hermes 105, 1977, 307 ff.
Görler, W.: Die Veränderung des Erzählerstandpunktes in Caesars B.G. In: Poetica 7, 1976, 95 ff.
Guthardt, A.: Literatur- und Fundstellenverzeichnis zu Caesars B.G. In: Caesar, Bellum Gallicum. Münster 1984, 239–254.
Haffter, H./Römisch, E.: Interpretationen zu Caesar. Didaktische Überlegungen, Didaktische Reihe 4. Heidelberg 1971.
Hartmann, E.: Archäologische und kunsthistorische Aspekte in der Caesarlektüre. In: AU VIII 4/1965, 81 ff.
Hoffmann, W.: Zur Vorgeschichte von Caesars Eingreifen in Gallien. In: AU I 4/1952, 5 ff.
Klingner, F.: Caesar. In: Römische Geisterwelt. Stuttgart ^{5}1965.
Klinz, A.: Schlagwort und Propaganda. In: AU XVII 1/1974, 85 ff.
Klinz, A.: Die Caesarlektüre. In: Ahrens, E. (Hrsg.): Lateinausbildung im Studienseminar. Frankfurt a. M./Bonn/Berlin 1966.
Knoche, U.: Caesars Commentarii, ihr Gegenstand und ihre Absicht. In: Gymnasium 58, 1951, 135 ff.; auch in: Caesar (hrsg. von D. Rasmussen). Darmstadt 1965, 224 ff.
Krüger, M.: Caesars Bellum Gallicum als Meisterstück der Propaganda. In: Radke/Bork: Beiträge zur Altertumskunde. Berlin 1949.
Latacz, J.: Caesars Erzählstrategie. In: AU XXI 3/1978, 70 ff.
Leggewie, O.: Clementia Caesaris. In: Gymnasium 65, 1958, 17 ff.
Maier, F.: Politik – ein Absolutum? Ein Vorschlag zur Caesarlektüre. In: Anregung 12, 1966, 386 ff. Erweiterte Fassung in: Lateinunterricht zwischen Tradition und Fortschritt, Bd. 2. Bamberg 1983.
Maier, F.: Auch Caesar ein Schriftsteller der Anfangslektüre. In: Neukam, P. (Hrsg.): Erbe, das nicht veraltet. Dialog Schule – Wissenschaft, Klassische Sprachen und Literaturen XI. München 1979, 142 ff.
Maier, F.: Caesar redivivus. Politische Bildung am Zentralautor der Mittelstufe. In: Neukam, P. (Hrsg.): Information aus der Vergangenheit. Dialog Schule – Wissenschaft, Klassische Sprachen und Literaturen XVI. München 1982, 168 ff. Erweiterte Fassung in: Lateinunterricht zwischen Tradition und Fortschritt, Bd. 2. Bamberg 1983.

Mensching, E.: Caesar und die Germanen im 20. Jahrhundert. Göttingen 1980.
Mensching, E.: Caesars Bellum Gallicum. Eine Einführung. Frankfurt a. M. 1988.
Munding, H.: Politische Bildung und Caesarlektüre. In: AU XV 5/1972, 26 ff.
Munding, H.: „Existentieller Transfer" bei lateinischen Historikern. In: Maier, F. (Hrsg.): Antike Texte – moderne Interpretation. Beiheft Anregung, o. J., 7 ff.
Munding, H.: Caesarlektüre aus der Sicht des kleinen Mannes. In: AU XV 5/1972, 87 ff.
Mutschler, F.-H.: Erzählstil und Propaganda in Caesars Kommentarien. Heidelberger Forschungen 15. Heidelberg 1975.
Oppermann, H.: Forschungen zur Glaubwürdigkeit Caesars. In: Gymnasium 68, 1961, 258 ff.
Oppermann, H.: Caesar. Wegbereiter Europas. Göttingen 1958; Hamburg 1963.
Oppermann, H.: Caesar. Der Schriftsteller und sein Werk. Leipzig/Berlin 1933.
Priesemann, G.: Caesars Stil. In: AU IV 5/1961, 85 ff.
Rasmussen, D. (Hrsg.): Caesar. Wege der Forschung, Bd. XLIII. Darmstadt ³1980.
Rasmussen, D.: Caesars Commentarii. Stil und Stilwandel am Beispiel der direkten Rede. Göttingen 1963; auch in: Caesar (hrsg. von D.Rasmussen). Darmstadt 1965, 339 ff.
Seel, O.: Caesarstudien. Beiheft 1 zu AU X 1967.
Szidat, J.: Caesars diplomatische Tätigkeit im gallischen Krieg. In: Historia, Einzelschrift 14. Wiesbaden 1970.
Tschiedel, H.-J.: Zu Caesars literarischer Aktualität. In: Neukam, P. (Hrsg.): Widerspiegelungen der Antike. Dialog Schule – Wissenschaft, Klassische Sprachen und Literaturen XIV. München 1981, 78 ff.
Tschirky, I.: Spannende Caesarlektüre. In: AU V 5/1962, 94 ff.
Vogt, J.: Caesar und seine Soldaten. In: AU II 2/1956, 53 ff.
Vretska, H.: Beobachtungen zu Caesars Bellum Gallicum I. In: Festschrift Karl Vretska zum 70. Geburtstag. Heidelberg 1970, 290 ff.
Walser, G.: Caesar und die Germanen. In: Historia, Einzelschrift 1. Wiesbaden 1956.
Wilsing, G.: Die Praxis des Lateinunterrichts II. Stuttgart 1964.

4 Sprache und Sprachebene

Caesarlektüre ist im sprachunterrichtlichen Vorfeld voraussetzungsreich[13] trotz der „verengten Perspektive"[14]. Vorbereitende Lehrbücher werden immer so angelegt sein müssen, daß Caesarwortschatz, Caesarsyntax, Caesarische Inhalte, Denkweisen und Gemeinplätze verfügbar sind. Das bedeutet nicht, daß Wortschatz und Grammatik ökonomisch und lektürespezifisch angelegt sind[15], sondern daß beide Phänomene sich in einer Art „basic Latin"[16] integrieren. Die Frage, ob Hinführung über caesarspezifisches Kunstlatein oder von Beginn des Sprachunterrichts betriebene Beschäftigung mit Originaltexten unter Verwendung verschiedener Textsorten die richtige Voraussetzung bilden, halte ich für nicht entschieden. Der Wortschatz kommt mit etwa 1500 Vokabeln aus, für Büchner[17] der einzige Grund, Caesar mit Tertianern zu lesen. Unser Autor besitzt die einmalige Fähigkeit, Situationen adäquat im Wort zu erfassen. Die eigentümliche Caesarische Periode mit Subjekt, Darstellung der entgegenstehenden und der fördernden Momente und dem eine Handlung ausdrückenden Verb am Satzende ist eine ans Asketische grenzende Durchrationalisierung, die bei aller Perspikuität hohe Anforderungen an den Schüler stellt. Nicht nur die Fähigkeit zur Sprachreflexion und ein Instrumentarium zur Interpretationstechnik, sondern ein virtuoser Umgang mit der lateinischen Grammatik, der nur durch reiche Übung erzielt werden kann, sind unabdinglich.

5 Interpretation: Der Anfang des Bellum Gallicum[18]

Das erste Buch besteht aus zwei großen Darstellungskomplexen, dem Helvetierfeldzug und dem Germanenfeldzug gegen Ariovist.

Beide Großteile werden durch das Eingangskapitel eingeleitet, das gleichzeitig *Prooemium* zum Gesamtwerk ist. Es ist nicht vergleichbar mit den Anfängen der traditionellen Historiographie, weil der Autor keine Maßstäbe oder Kategorien expliziert, sondern von Fakten ausgeht und scheinbar jegliche subjektive Färbung unterläßt.

Die Schilderung in Kapitel 1 setzt ein mit einem geographisch-ethnographischen Abriß über ein dem römischen Leser unbekanntes Land. Der Autor geht nicht von Bekanntem, etwa der römischen Provinz, aus, sondern stellt das Fremde einfach hin. Bei dem kritischen Leser wird hier bereits Bedrohung römischen Besitzes mitempfunden. Der Überblick ist auf das Knappste beschränkt, gibt also Auskunft über das Notwendigste. Eine bewußt strenge Funktionalisierung schließt plastische Beschreibungen aus und engt die Darstellung durch geographische Aufteilung auf zunächst nichtssagende Völkernamen ein. Die Nennung der Völker in ihrer jeweiligen Andersartigkeit, die Angabe der trennenden Flüsse erwirken die Gestalt eines gegliederten Ganzen, sprachlich pronociert durch den begrifflichen Gegensatz der Einleitungsworte *Gallia omnis*.

Das Interesse Caesars zeigt sein Verhältnis zu „Gallien im ganzen", dem nichtrömischen Gallien: das Land ist Objekt. Der Autor läßt keine literarische Intention erkennen. Die Nüchternheit und Emotionslosigkeit verbirgt, daß der Autor sich acht Jahre in diesem Land aufgehalten, daß er dort viel erlebt und viele Erfahrungen gemacht hat. Rationalität und analytisches Denken lassen keinen Raum für persönliches Empfinden, zeigen aber die Souveränität dessen, der den gesamten Schauplatz überblickt. Es handelt sich jedoch nicht um blasse unbedeutende Bemerkungen allgemeiner Art[19], sondern um eine bewußte Einschätzung des Lesers.

Nach dem Übergang von der geographischen in die ethnographische Betrachtungsweise wird deutlich, daß Gallien als militärisches Objekt gesehen wird. Dies geht aus der Charakteristik der Belger hervor: *horum omnium fortissimi sunt Belgae ...*, der auf die linguistische und soziologische Begründung der Differenzierung folgt *hi omnes:* von einer „Leerformel", gar einem „Nonsens von Leerformeln" (vgl. Klingner, ⁵1965, 95 f.; Glücklich, 1972, 49) kann hier bei der strengen Funktionalität des Eingangskapitels keine Rede sein. Das heißt, daß auch die Auswahl der kargen Angaben über Land und Leute unter dem militärischen Aspekt steht, daß andere mögliche Betrachtungsweisen außer acht bleiben. Die Betonung der militärischen Kampfkraft geht weiterhin aus dem rhetorischen Schema der Nennung von Völkerschaften a/b/c : c/b/a mit der suggestiven Wortendstellung von *Belgae* hervor. Die Vorrangstellung des Militärischen ist Absicht des Autors. (Daß sein Interesse auch ein anderes sein kann, beweisen die ethnographisch-geographischen Exkurse an späteren Stellen.[20])

Die militärischen Qualitäten der *fortitudo* werden mit der Distanz zu Kultur und Zivilisation, der Randlage zum damaligen Weltmarkt sowie mit der unmittelbaren Nähe zu den Germanen begründet. Der *propterea-quod*-Satz beschränkt sich aber nicht auf die differenzierende Charakteristik der Belger als spezifische Aussage über diese, sondern als Ankündigung des Helvetierthemas. Kulturferne, Abseitslage zum Handelsverkehr, ständiger kriegerischer Kontakt mit den Germanen bewahren Urwüchsigkeit und Primitivität, verbürgen eben deshalb ein Höchstmaß an militärischer Leistung (ob in Defensivhaltung oder in Aggressionslust bleibt unerwähnt). Wie Latacz gezeigt hat, ist damit die Ebene der reinen Informationsvermittlung angesprochen. Der Kausalsatz mit seiner komplexen soziokulturellen Betrachtungsweise schafft aber auch einen Hintergrund: die Plastizität des Schauplatzes in seiner Beziehung zu Rom, der etwas Drohendes, Unheimliches, Unbekanntes hat und irgendwie fasziniert. Dies wirft ein Licht auf die Persönlichkeit des Autors, der sich nicht nur in der Rolle des kriegführenden Kommandeurs sieht, sondern der ein Militärkonzept entwirft und geistig durchdringt. Die Kulturkritik (*quae ad effeminandos animos p.*) verrät über das rein Militärische hinausgehende Kategorisierung und spiegelt eine Art Selbstdarstellung wieder. Zugleich ist in der Begründung ein Moment der Vorplanung enthalten, das die verschiedenen Darstellungsstränge einleitet, welche das ganze Werk durchlaufen (die Belgae-Linie wird in 2,4 wieder aufgenommen und in spezieller Anwendung auf die Nervier in 2,15 abgerundet). Analytische und synthetische Fähigkeiten des Intellektuellen aus der römischen Oberschicht legen Keime, die sich im weiteren Verlauf der Darstellung entfalten und die Anschauung von Land und Leuten vertiefen.

Die Helvetier werden in ihren militärischen Qualitäten mit den Belgern auf eine Stufe gestellt (... *Helvetii quoque* ...), allerdings mit differenzierter Beschreibung des Kontaktes zu den Germanen (die Rolle der Gallier bleibt zweitrangig, ein militärisches Machtpotential stellen sie wegen ihrer Wechselhaftigkeit, Unberechenbarkeit und Rivalität nicht dar): Die Auseinandersetzung ist eine ständige („fast jeden Tag"), das *contendere* erfolgt nach dem Alternativschema Defensive/Offensive, das Moment der ewigen Unruhe klingt mit neben der Gefährdung und Bedrohung, welche dem Reizwort *Germani* innewohnt. Realiter löst der Offensivdrang der Germanen Angst aus.

Das einleitende Kapitel mit seiner Knappheit, dem Ausgesprochenen und Nichtausgesprochenen ist gänzlich auf die Suggestion ‚Germanen = Bedrohung, Gefahr' für Rom zugeschnitten. Der gedankliche ‚Umweg' über Belger, Helvetier, Germanen begründet letztlich die Gefährlichkeit der Helvetier über die Germanen, macht die Notwendigkeit eines Eingreifens deutlich, stellt den römischen Leser vor eine neue Situation und schafft Caesar eine Begründung, Erklärung und Rechtfertigung.

Die scheinbar nüchterne Belehrung erzeugt eine Stimmungslage, welche die Intention des Autors erkennen läßt: Hier werden römische Interessen bedroht.

Die Kapitel 2–6 bilden eine Vor-Information vor der Beschreibung der Kampfhandlungen. Enthalten ist die Vorgeschichte vor Caesars erster Amtshandlung, die somit in den historischen Kontext gebracht wird. Caesars Darstellung geht auf Ereignisse des Jahres 61 v. Chr. ein, also drei Jahre vor seiner Tätigkeit als Prokonsul. Die Rolle des gesellschaftlich und materiell profilierten (*longe* mit den beiden Superlativen unterstreicht die Bedeutung der Information) Orgetorix bleibt eine – wichtige – Episode im Vorfeld der helvetischen Auswanderung, zeigt aber Caesars Art, politische Vorgänge anzugehen: Der Auswanderungsplan beruht auf der Initiative, dem Wollen und Machtstreben einer Person, verfolgt also einen rein persönlichen Zweck. *regni cupiditate inductus* liegt im Bereich aktueller politischer Machtstrukturen: Aufstreben von Königsherrschaft anstelle mächtiger Adelsgruppen als Führungsformen (unklar: *coniurationem nobilitatis fecit*: Putsch gegen den Adel? – Abkommen mit dem Adel zur Duldung und Fixierung der eigenen Position?). Die Vorführung der Vorgeschichte geht auf eine historische Konstellation ein, deren Exponent Orgetorix ist. Zusammen mit den Haeduern und den Sequanern gehören die Helvetier zu den tragenden Machtsäulen im gallischen Machtgefüge und bilden so eine Union, die Rom Konflikte bescheren kann. Es bleibt offen, wie es Orgetorix fertig brachte, die Helvetier für den ungewöhnlichen Plan zu gewinnen. Die totale Räumung (*cum omnibus copiis* wohl unstreitig: „mit Hab und Gut") des helvetischen Gebietes braucht einen Ausgleich, ein Äquivalent, das dem kriegerischen und politischen Gewicht des Volkes entspricht.

Im folgenden Satz wird das hochgesteckte Ziel genannt: Motive sind Chauvinismus und Expansionsdrang, die Begründung liegt in der unerschütterlichen Selbstsicherheit des *omnibus virtute praestare,* Aggressionslust und irgendwie eingeredete Raumnot führen zu dem Auswanderungsplan, der deshalb für Rom so gefährlich ist, weil er die Idee einer übergreifenden Einigungsbewegung enthält, die über Orgetorix, Casticus und Dumnorix läuft (vgl. 3,8).

Die Orgetorixepisode bedeutet konsequenten Rückgriff auf Vorgänge vor dem Berichtszeitraum, d. h., zwischen episodenhafter Vorgeschichte und Berichtszeitraum ist eine einheitliche Entwicklungslinie zu erkennen, die die Notwendigkeit politischen Handelns erklärt: Orgetorix war schon damals für Rom eine unerhörte Gefahr. Er verfügt über die notwendige Überredungskunst und Überzeugungskraft, zumal die natürlichen geographischen Gegebenheiten für seine Argumente sprechen: *continentur* betont die unabänderliche Tatsache der mangelnden Ausdehnungsmöglichkeit. Caesars feine Psychologie ist auf die Lenkung des Lesers gerichtet: Bei der differenzierten Darstellung des *continentur* stehen beim Rhein zwei Elative, bei der Sequanergrenze einer, die Provinz erhält keinen attributiven Zusatz, d. h., die Sicherheit gegen die Aggressionslust der Helvetier ist an der Grenze der römischen Machtsphäre am geringsten, weil die natürlichen Hindernisse die kleinsten sind. Die Potenzierung der Gefährdung liegt umgekehrt darin, daß vorher gesagt wurde, die Helvetier kämpften fast täglich mit den Germanen, also an der Stelle mit den größten natürlichen Hindernissen. Doch handelt es sich dabei um *proelia,* also wohl kleinere Grenzzwischenfälle mit beschränkter lokaler Ausdehnung. Dies bedeutet auch Beschränkung der Möglichkeiten von gewollten Angriffskriegen; in ihrem Wesen sind die Helvetier die geborenen Aggressoren, und dies ist möglicherweise der wahre Grund für den Auswanderungsplan: Die hohe Bevölkerungszahl und das übersteigerte Verhältnis zum Kriegführen machen einen Raum von 360 km in Ost-West-Richtung und von 240 km in Nord-Süd-Richtung zu klein.

Die Aussage, daß die Helvetier unter den gegebenen Verhältnissen „litten" (*magno dolore adficiebantur),* bleibt pathetische Unterstellung und gibt keine genaue Aufklärung über den merkwürdigen Plan. Unklar bleibt, ob Caesar hier bewußt echte sachliche Gründe verschweigt und wenig rational dem Leser das Ohr schärft für das spätere *patentibus locis et maxime frumentariis:* Die Leute sind unberechenbar.

Bevölkerungszahl und das Ansehen einer Kriegsmacht ergeben die ‚sachlichen' Gründe für die rhetorischen Propagandakünste des Orgetorix. Sein Einfluß bleibt stehen, seine Person rückt vorübergehend in den Hintergrund (zweiteiliges Anfangskolon in chiastischer Stellung zum Inhalt des vorausgegangenen Kapitels), die Helvetier übernehmen die volle Verantwortung für das merkwürdige Unterfangen der Auswanderung. Die Tatsache, daß Orgetorix nur als Auslöser auftritt und alle Vorbereitungen unter der Anonymität des Kollektivs der Volksgemeinschaft gestellt werden, bedeutet, daß sich die Helvetier mit dem Plan völlig identifizieren. Somit wird ihre Gefährlichkeit im Hinblick auf römische Interessen potenziert.

Die in ihrem Ausmaß beträchtlichen, doch offenbar durchorganisierten materiellen Vorbereitungen sprechen für die Schwierigkeit des Unternehmens (man verläßt sich ganz auf die Eigenversorgung, was Vermeidung von Risiko und von Aufenthalt beim Durchzug bedeutet). Die zunächst unbestimmt gehaltenen Angaben *(ea, quae ad profiscendum pertinerent)* erfahren eine Konkretisierung: Konzentration von Transportmitteln und von Getreide durch Intensivierung der Aussaat. Die diplomatische Absicherung zeigt politisches Gespür und deutet an, daß die Aktion zügig verlaufen soll und irgendwelche Störfaktoren kalkulierbar und vermeidbar gemacht werden. Diese diplomatischen Aktionen sind im Hinblick auf die unruhigen Krieger überraschend und atypisch. Die Durchführung aller Vorbereitungsmaßnahmen erfährt eine zeitlich exakte Disponierung, die durch die Doppelung der Angabe *(biennium, in tertium annum)* die präzise Planung verrät. Die keinen Widerspruch und keinerlei Diskussion zulassenden Vorbereitungsmaßnahmen werden so abgesprochen und abgestimmt, daß der Entschluß unabänderlich wird: *lege confirmant* (das sechsmal nacheinander vorkommende Präverbium *co(n)-* zeigt die Gemeinsamkeit in Absicht und Durchführung). In die Führungsfunktion tritt Orgetorix, was als selbstverständlich zu erwarten war, durch – Wahl. Warum und durch wen diese Wahl durchgeführt wurde, bleibt unerwähnt, läßt aber eine Abrundung in der Verfahrensweise erkennen: der gedankliche Initiator des Unternehmens ist nicht automatisch der *dux*. Dieser wird nach Volkswillen zur gemeinsamen Verantwortung und gesetzlicher Festlegung noch eigens nominiert. Er übernimmt die diplomatischen Aufgaben in übertragener Verantwortung *(sibi ... suscepit)*. Doch die Aktivitäten verlaufen anders als nach dem Volksbeschluß zu erwarten war *(cum proximis civitatibus amicitiam confirmare)*. Bei der ersten Station der diplomatischen Reise kommt es zu Kontakt und politischem Gespräch mit dem sequanischen Adeligen Casticus. Er wird als Sohn des ehemalig Regierenden Catamantaloëdes hingestellt und durch die Erinnerung an die Verleihung des Titels *amicus populi Romani* bekannt gemacht (erste Erwähnung von Beziehungen zwischen dem freien Gallien und Rom). Möglicherweise ist dies ein Hinweis auf den Adressatenkreis: den Senat. Es könnte aber auch auf die Brüchigkeit politischer Verbindungssysteme mit einflußreichen Ausländern am Rande des römischen Machtgebietes hindeuten. Jedenfalls initiiert Orgetorix einen Staatsstreich (im Sinne seiner eigenen Interessen), begründet durch die ehemalige Machtstellung des Vaters. Der gekränkte Ehrgeiz des in der Nachfolge außer acht gelassenen Sohnes und der daraus hergeleitete Rechtsanspruch führen zum Erfolg bei den Bemühungen des Orgetorix. Parallel und ohne die Möglichkeit von Spannungen scheint der zweite Versuch zu verlaufen, doch macht die Stellung des Diviciacus beim Volk einen Erfolg des Dumnorix recht zweifelhaft *(ut idem conaretur)*, weil letzterem die Stellung nicht ohne weiteres zukommt. Doch Orgetorix erreicht bei Dumnorix sein Ziel, indem der junge Haeduer durch eine Ehe gebunden wird. Das Ausmaß der Pläne wird am Schluß des 3. Kapitels, nachdem zunächst von einer diplomatisch gedachten Reise die Rede war, bekannt: es geht um die Herrschaft über ganz Gallien.

Die Tätigkeit des Orgetorix wirkt irgendwie seltsam und politisch nicht einleuchtend: Ein durch Umsturz zur Macht gekommenes Regime sucht ähnliche Bewegungen herbeizuführen; dies hat einen gewissen Sinn, weil man sich gegenseitig fördern und stützen kann. Daß aber Machtsuchende im eigenen Land andere zur Herrschaft strebende Gruppen animieren und ihnen Beteiligung an der Hegemonie in ganz Gallien einräumen, klingt wenig plausibel, es sei denn man sieht, daß sich ein Zusammenschluß dieser Art nicht aus Römerfreundlichkeit realisieren soll, sondern daß eine Potenzierung von Macht eindeutig gegen die römische Interessenlage gerichtet ist.

Daß Orgetorix für seine Landsleute untragbar wurde und daß es zur Katastrophe kam, steht in keinem kausalen Zusammenhang und ist auch politisch nicht begründet.

Die Helvetier wandern dennoch aus, weitere unruhige Stämme schließen sich an, und ein möglicher Weg geht *per provinciam nostram.*

Anmerkungen

1 Vgl. Adcock, F.: Caesar als Schriftsteller. Göttingen 1962.
2 Richter, W.: Caesar als Darsteller seiner Taten. Heidelberg 1977, 39 ff.: Die commentarii. Bestand und Begriff.
3 Vgl. Meier, Ch.: Caesar. Berlin 1982, 288.
4 Vgl. Ludwig, W.: Die lateinischen Schulautoren. In: MDAV 12, 1968, 1,7: Caesarlektüre als bleibende Enttäuschung.
5 Vgl. den Überblick „Caesar als Schulschriftsteller" bei Richter, a.a.O., 7 ff.
6 Barié, P.: aut Caesar aut nihil? 10 Thesen zur Dominanz des Bellum Gallicum auf der Mittelstufe. In: MDAV, 4, 1982, 7 ff.
7 Munding, H.: Eine Lanze für Caesar. In: MDAV, 2, 1983, 1 ff.
8 Bamberg 1983, 26. Vgl. ferner zu der Position Caesars in den Bundesländern Maier, F.: Der lateinische Lektüreunterricht auf der Sekundarstufe I. In: Fachdidaktisches Studium. Alte Sprachen 2, 78 ff.
9 Barié, a.a.O., 11, gibt dem VII. Buch für eine längere Lektüre die Priorität, allerdings – und hierfür gibt es gute Gründe – im Bereich der gymnasialen Oberstufe.
10 Vgl. Clasen, A.: Der Griff nach Britannien, Caesar als Anfangslektüre. In: Maier, a.a.O., 33. In dem Kapitel „Interpretationslinien" (36) läßt Clasen die Lektüre mit IV, 20 einsetzen.
11 Vgl. Richter, a.a.O., 7 ff.
12 Walter, G.: Caesar. Stuttgart 1955.
13 Lateinischer Sprachunterricht, der mit Caesar 1,1 beginnt – so das Lehrbuch von Biermann –, ist zwar möglich, aber nur mit bestimmten exklusiven Lerngruppen.
14 Barié, a.a.O., 10.
15 Guthardt, A.: Grenzen und Möglichkeiten des fünfjährigen Lateinunterrichts. In: Gymnasium 76, 1969, 280.
16 Clasen, a.a.O., 32.
17 Büchner, K.: Römische Literaturgeschichte. Stuttgart 1957, 212.
18 Die Ausführungen sind der o.a. Caesarliteratur, vor allem dem Aufsatz von J. Latacz verpflichtet (s. unter 3).
19 Vgl. Klingner, F.: Römische Geisteswelt. München ^{5}1965, 90–109.
20 Damit ist die Textsorte definiert, die Kriegsschilderung aus der Perspektive des aktiven Feldherrn, der sich selbst darstellt, enthält: Es ist eine Art Zweckinformation, die in literarischen Rang übergeht.

Arthur Haug

Cicero als Redner – Interpretationsbeispiele zur „Pompeiana"

1 Vorbemerkung

Im Folgenden sollen einige Ansatzpunkte für die Beschäftigung mit Redetexten im Lateinunterricht auf der Sekundarstufe I aufgezeigt werden. Textgrundlage ist die Cicero-Rede *De imperio Cn. Pompei*. Diese Rede wurde hier nicht etwa deshalb gewählt, weil ausgerechnet sie ihren festen und unverrückbaren Platz im Lektürekanon der Sekundarstufe I hätte, sondern weil sich an diesem Text eine Reihe von Interpretationsprinzipien exemplarisch aufzeigen läßt, die ohne große Mühe auf andere Reden Ciceros übertragen werden können.

Zunächst werden Hinweise zur Interpretation auf sprachlicher Ebene gegeben, im Anschluß daran werden Probleme der inhaltlichen Analyse erörtert.

2 Interpretationsansätze auf sprachlicher Ebene

2.1 Wirken, Ausdrücken und Darstellen in der Rede

Eigentliche Rede richtet sich immer aus einem aktuellen Anlaß heraus an ein Gegenüber und sucht dieses in seiner Einschätzung der fraglichen Situation zu beeinflussen und zu Entscheidungen zu veranlassen. In der Rede dominiert also der Wirkungsaspekt, der Appell. Nicht daß Darstellung oder Ausdruck in der Rede fehlten – es sind ja in allen sprachlichen Äußerungen immer alle drei Richtungen des Meinens gegenwärtig –, aber sie haben dienende Funktion: Sie dienen dem Ziel des Redners, bei seinen Zuhörern Handlungsimpulse auszulösen.

In einfachster Form drückt sich die Dominanz des Wirkungsaspektes in der Wendung an die zweite Person aus, vielfach in Form von Aufforderungen:
Ac ne illud quidem vobis neglegendum est, quod mihi extremum proposueram, cum essem de belli genere dicturus: quod ad multorum bona civium Romanorum pertinet. Quorum vobis pro vestra sapientia, Quirites, habenda est ratio diligenter. Nam et publicani, homines honestissimi atque ornatissimi, suas rationes et copias in illam provinciam contulerunt, quorum ipsorum per se res et fortunae vobis curae esse debent. [...] Deinde ex ceteris ordinibus homines gnavi atque industrii partim ipsi in Asia negotiantur, quibus vos absentibus consulere debetis, partim eorum in ea provincia pecunias magnas collocatas habent. Est igitur humanitatis vestrae magnum numerum eorum civium calamitate prohibere, sapientiae videre multorum civium calamitatem a re publica seiunctam esse non posse. (§§ 17/18)

Gleich sechsmal hintereinander findet sich in diesem verhältnismäßig kurzen Redeabschnitt die direkte Aufforderung: Zweimal verwendet Cicero das Gerundivum in der Bedeutung des „Müssens", zweimal *debere* und zweimal schließlich den *genitivus pertinentiae* in der Bedeutung „es ist Pflicht, Aufgabe". Seine Redeabsicht ist die, die (noch) zögernden Zuhörer von der Notwendigkeit des Handelns zu überzeugen.

Der Appellcharakter eines Redeabschnitts muß sich jedoch nicht immer so direkt und formal faßbar niederschlagen:

[...] *delenda est vobis illa macula Mithridatico bello superiore concepta, quae penitus iam insedit ac nimis inveteravit in populi Romani nomine, quod is, qui uno die tota in Asia tot in civitatibus uno nuntio atque una significatione litterarum cives Romanos omnes necandos trucidandosque denotavit, non modo adhuc poenam nullam suo dignam scelere suscepit, sed ab illo tempore annum iam tertium et vicesimum regnat, et ita regnat, ut se non Ponti neque Cappadociae latebris occultare velit, sed emergere ex patrio regno atque in vestris vectigalibus, hoc est in Asiae luce, versari. Etenim adhuc ita nostri cum illo rege contenderunt imperatores, ut ab illo insignia victoriae, non victoriam reportarent. Triumphavit L. Sulla, triumphavit L. Murena de Mithridate, duo fortissimi viri et summi imperatores, sed ita triumpharunt, ut ille pulsus superatusque regnaret.* (§§ 7/8)

Hier steht zwar am Anfang der Satztirade eine Aufforderung; die Dringlichkeit dieses Appells aber erreicht Cicero mit anderen Mitteln, tatsächlich mit den Mitteln der Darstellung und des Ausdrucks. Der Abschnitt enthält auf der Darstellungsebene für den modernen Leser eine Fülle von Informationen:

– *Mithridatico bello superiore maculam concepistis.*
– *Illa macula in populi Romani nomine insedit.*
– *Mithridates uno die / tota in Asia / tot in civitatibus / uno nuntio atque una significatione litterarum cives Romanos omnes necandos trucidandosque denotavit.*
– *Poenam nullam suo dignam scelere suscepit.*
– *Ab illo tempore annum iam tertium et vicesimum regnat.*
– *Se non Ponti neque Cappadociae latebris occultare vult.*
– *In vestris vectigalibus versari vult.*

Aber was an Fakten in diesem Abschnitt mitgeteilt wird, geschieht nicht, um die damaligen Zuhörer zu informieren – sie wußten das ja alles schon –, sondern um sie aufzurütteln und zu provozieren. Und das Mittel, mit dem Cicero dies erreichen will, ist die Kundgabe seines Abscheus und seiner Empörung über die dargestellten Fakten (Ausdrucksebene): Deutlich spürbar wird dies in dem Relativsatz *qui uno die ... denotavit*, insbesondere in der wiederholten Verwendung des stark hervorhebenden *unus* und in der Verwendung der unterstreichenden bzw. ausschließenden Attribute *tot*, *totus* und *omnes*; zu beachten ist auch die stark emotional getönte alliterierende Anapher *tota in Asia tot in civitatibus* und die Wortwahl von *trucidare* und *denotare*. Abscheu und Empörung ist auch zu spüren in der Wortstellung *poenam nullam suo dignam scelere suscepit* und in der emphatisch betonten Geminatio *regnat, et ita regnat*. Spott schließlich ist hörbar in dem Konsekutivsatz *ut se non ... velit*. Dann schlägt der Ton um in Sarkasmus: *ita nostri imperatores cum illo rege contenderunt, ut ab illo insignia victoriae, non victoriam reportarent* (Wortspiel). Der Gipfel des Sarkasmus: die Anapher *triumphavit L. Sulla, triumphavit L. Murena* mit der Antithese *sed ita triumpharunt* und dem folgenden Oxymoron *ut ille pulsus superatusque regnaret*.

Die ausdrucksintensive Darstellung bedarf des expliziten Appells in Form eines Imperativs nicht mehr. (Im Gegenteil muß Cicero die Emotionen, die er bei seinen Zuhörern offensichtlich zu wecken verstand, abschwächen: *Verum tamen illis imperatoribus laus est tribuenda, quod egerunt, venia danda, quod reliquerunt, propterea quod ab eo bello Sullam in Italiam res publica, Murenam Sulla revocavit.*)

Die dienende Funktion von Ausdruck und Darstellung werden hier besonders deutlich. Selbstverständlich gibt es in einer längeren Rede auch Passagen, in denen – für sich betrachtet – die Darstellungsfunktion bzw. die Ausdrucksfunktion dominiert. Innerhalb des Gesamtaufbaus aber lassen auch sie sich der Absicht des Redners, Entscheidungen zu bewirken, unterordnen.

2.2 Redeaufbau und Metakommunikation in der Rede

Eigentliche Rede ist immer auch Argumentation, denn das beste Mittel, seine Zuhörer in einer aktuellen Situation zu beeinflussen und zu Entscheidungen zu veranlassen, ist es, sie zu überzeugen. Argumentieren heißt, die Gründe, die für oder gegen eine Sache sprechen, zu sammeln, sie wirkungsvoll in Szene zu setzen und in ihrer Anordnung die Gesetze der logischen Folge und der Steigerung zu beachten. – Hier soll es um den Redeaufbau gehen.

Es ist selbstverständlich, daß der Redner für sich selbst ein klares Konzept über den Redeaufbau besitzt. Es wäre wenig überzeugend, würde Cicero in der „Pompeiana" zuerst über die Qualitäten des Pompeius, dann über die Gefährlichkeit des Krieges und schließlich über seine Bedeutung sprechen. Natürlich ist der Stoff so zu organisieren, wie Cicero es macht: Zuerst gilt es darzulegen, was alles auf dem Spiel steht *(de genere belli);* dann die Größe der Gefahr, nämlich daß das, was auf dem Spiel steht, tatsächlich verlorengehen kann *(de magnitudine belli);* erst in einem dritten Schritt hat er zu zeigen, daß allein Pompeius die Qualitäten besitzt, diese Situation zu meistern *(de imperatore deligendo).* – Auch in den Unterteilen der Rede haben die Prinzipien der logischen Folge und der Steigerung natürlich ihre Geltung. Ganz richtig ordnet Cicero bei der Erörterung der Feldherrnqualitäten die Begriffsreihe folgendermaßen: *scientia rei militaris, virtus (virtutes), auctoritas, felicitas.* Kenntnis des Kriegswesens ist eine notwendige, aber keineswegs hinreichende Bedingung für einen erfolgreichen Feldherrn; soll solche Kenntnis zur Anwendung gelangen, bedarf es der persönlichen Tüchtigkeit und Tapferkeit *(virtus)* sowie der Fähigkeit, andere zu führen *(auctoritas);* im Begriff „Glück" *(felicitas)* schließlich ist der Aspekt der göttlichen Gunst enthalten. Die Begriffsreihe ist hierarchisch geordnet:

Ganz entscheidend ist aber nun, daß sich solche Konzepte nicht nur im Kopf des Redners befinden. Zu einer überzeugenden Argumentation gehört es, den Verlauf der Rede dem Zuhörer auch verständlich und einleuchtend zu machen, ihm so oft wie möglich Strukturierungshilfen zu geben, sei es Vorausschau auf noch zu Besprechendes, sei es die deutliche Bezeichnung des eben anstehenden Punktes, sei es Rekapitulation des Vorausgegangenen.

In diesem Sinne betreibt Cicero in seiner „Pompeiana" an vielen Stellen gewissermaßen Metakommunikation mit seinen Zuhörern:

§ 4: *atque ut inde oratio mea proficiscatur, unde haec omnis causa ducitur;*
§ 6: *causa quae sit, videtis; nunc quid agendum sit, considerate! primum mihi videtur de genere belli, deinde de magnitudine, tum de imperatore deligendo esse dicendum;*
§ 6 f.: *in quo [bello] agitur populi Romani gloria [...], agitur salus sociorum atque amicorum [...], aguntur certissima populi Romani vectigalia et maxima [...], aguntur bona multorum civium [...];*
§ 17: *ac ne illud quidem vobis neglegendum est, quod mihi ego extremum proposueram, cum essem de belli genere dicturus: quod ad multorum bona civium Romanorum pertinet;*
§ 19: *quare videte, ne non dubitandum vobis sit omni studio ad id bellum incumbere, in quo gloria nominis vestri, salus sociorum, vectigalia maxima, fortunae plurimorum civium coniunctae cum re publica defendantur!*

Solche ‚Regieanweisungen' ziehen sich durch die ganze Rede. Durch sie sorgt der Redner dafür, daß die Zuhörer, die ja – anders als der Leser eines geschriebenen Textes – ganz auf ihr Ohr und ihr unmittelbares Verständnis angewiesen sind, jederzeit auf der Höhe der Argumentation sind und den Stellenwert des einzelnen Arguments im Gesamtzusammenhang genau kennen.

2.3 Das einzelne Argument in der Rede und das Problem der Glaubwürdigkeit

Eine Rede ist eine fortlaufende Kette von – richtig angeordneten – Argumenten zum Zweck der Verhaltensbeeinflussung. Nicht daß das Argument in der Rede unbedingt ‚Wahrheit' für sich beanspruchen dürfte, glaubwürdig aber muß es sein. Ein guter Redner wird daher nicht etwas behaupten, was leicht zu widerlegen ist, und nicht leugnen, was unbestreitbar ist. Er muß sich dem Zuhörer gegenüber als ehrlicher Sachwalter ausweisen. Am besten tut er das, indem er Schwächen der eigenen Position offen ausspricht und sie dann mit Gegenargumenten wegschiebt. So wird der Zuhörer immunisiert gegen spätere Argumentation der Gegenseite. Im vierten Hauptteil der ‚Pompeiana' (§§ 51–68), den man in der Schule allerdings nicht lesen wird, wendet Cicero diese Technik mehrfach an.

Andere Mittel, sich Glaubwürdigkeit zu verschaffen, sind:
– der Verweis auf die Möglichkeit der Zuhörer, selbst etwas zu sehen/hören bzw. gesehen/gehört zu haben: *iam quantum consilio, quantum dicendi gravitate et copia valeat [...], vos, Quirites, hoc ipso ex loco saepe cognovistis* (§ 42);
– der Verweis auf zuverlässige Zeugen: *equitibus Romanis, honestissimis viris, afferuntur ex Asia cottidie litterae* (§ 4);
– der Verweis auf allgemeingültiges Wissen: *quod nos eadem Asia atque idem iste Mithridates initio belli Asiatici docuit, id quidem certe calamitate docti memoria retinere debemus* (§ 19).

Ein besonders wirksames Mittel, um die Stärken der eigenen Position herauszustreichen, ist der Vergleich mit den Schwächen der anderen. Ein schönes Beispiel dafür liefert Cicero – dies auch noch metakommunikativ kommentierend – in §§ 36–39 anläßlich seiner Ausführungen über die Feldherrntugenden des Pompeius: *quae breviter, qualia sint in Cn. Pompeio, consideremus: summa enim omnia sunt, Quirites; sed ea magis ex aliorum contentione quam ipsa per sese cognosci atque intellegi possunt* (§ 36).

Positive Reaktionen der Zuhörer wird der gute Redner nicht einfach nur befriedigt zur

Kenntnis nehmen; wo immer es geht, wird er sie als Beweis seiner Glaubwürdigkeit sprachlich explizit seinen Zuhörern bewußt machen: *vestra admurmuratio facit, Quirites, ut agnoscere videamini, qui haec fecerint* (§ 37).

In diesen Zusammenhang ist auch die ‚rhetorische Frage' zu stellen. Antworten, die sich der Zuhörer selbst gibt, sind glaubwürdiger als Aussagen des Redners. Beispiele erübrigen sich bei der Fülle des Materials, das jede Rede bietet.

2.4 Positiv erregende Begriffe

Die Rede will – so wurde nun schon mehrfach festgehalten – in einer konkreten Situation die Zuhörer zu einem bestimmten Verhalten veranlassen. Sie wendet sich daher naturgemäß nicht nur an den Kopf, sondern auch an das Herz.

Wie wichtig dabei die Verwendung ‚positiv erregender Begriffe' ist, zeigt die moderne Marktforschung: Mit Hilfe elektronischer Messungen (z. B. der Hauttemperatur, der Veränderung der Stimmfrequenz) ermittelt sie zuverlässig die Gefühlsregungen, die etwa bei der Präsentation eines neuen Produktes ausgelöst werden. Die ‚positiv erregenden Begriffe' werden herausgefiltert.

Cicero standen solche Methoden nicht zur Verfügung, und doch kannte er offensichtlich die Wirkung dieser Begriffe genau. Ein gutes Beispiel zeigt das (bereits oben in anderem Zusammenhang zitierte) Kapitel 6: *in quo [bello] agitur populi Romani gloria [...], agitur salus sociorum atque amicorum [...], aguntur certissima populi Romani vectigalia et maxima [...], aguntur bona multorum civium [...]*. Das Raffinierte hier ist die sorgfältige Mischung der Begriffe. Cicero ist darauf bedacht, unterschiedliche Motiv- und Bedürfnisstrukturen bei seinen Zuhörern zu berücksichtigen. Sie dürften, je nachdem ob sie mehr materiell oder mehr ideell ausgerichtet waren, die Reihenfolge der Begriffe je unterschiedlich als steigende oder fallende Klimax empfunden haben. Wichtig aber ist dies: Für jeden sollte etwas dabei sein, das ihn positiv erregte. – Zugleich hat Cicero noch dies erreicht: *gloria populi Romani* und *salus sociorum atque amicorum* sind (nicht nur für Römer) Werte, mit denen sich nationale Empörung trefflich schüren läßt; soll diese aber nicht im Unverbindlichen verpuffen, muß ihr ein konkretes Ziel gegeben werden.

An vielen Stellen der „Pompeiana" – wie in jeder anderen Rede – läßt sich eine wohlberechnete Dosierung solcher ‚positiv erregender Begriffe' nachweisen.

2.5 Rhetorische Mittel im engeren Sinn: Tropen und Figuren

Zu den rhetorischen Mitteln rechnet alles, was das Ziel des Redners, die Beeinflussung bzw. die Überredung der Zuhörer, erreichen hilft. Neben den bereits genannten Punkten kommt dem Schmuck durch Tropen und Figuren besondere Bedeutung zu. Indem der Redner sie verwendet, verleiht er seinen Worten und Aussagen durch Nachdruck und Verfremdung zusätzliches Gewicht. Wieder werden vor allem emotionale Dispositionen im Zuhörer angesprochen. Tropen und Figuren stehen in besonderem Maß im Dienste der Appellfunktion von Sprache.

Schüler erkennen dies etwa an der zuletzt angeführten Textstelle mühelos: Durch den Gleichlauf der Satzglieder – sie sind jeweils durch einen dazwischengeschobenen Relativsatz voneinander getrennt – wird ein Spannungsbogen mit unerhörter Nachdrücklichkeit geschaffen. Der Lehrer hat nur noch die Bezeichnungen zu liefern (Anapher und Parallelismus; daneben sind noch Hyperbaton und Alliteration zu finden, die allerdings der Aussage hier kein zusätzliches Gewicht verleihen). Die Sicherheit im Erkennen und die Lust zu sammeln steigen aller Erfahrung nach rasch an. Wichtig ist allerdings, die Schüler dazu anzuhalten, immer auch die Wirkung derartiger Phänomene zu beschreiben, und ihnen klar zu machen, daß eine isolierte Betrachtung einzelner Sprachelemente meist nicht genügt, sondern sich häufig die Gesamtwirkung eines Satzes oder Abschnitts erst aus der Bündelung solcher Elemente ergibt: *triumphavit L. Sulla, triumphavit L. Murena de Mithridate, duo fortissimi viri et summi imperatores, sed ita triumpharunt, ut ille pulsus superatusque regnaret* (§ 8) – die Schärfe dieser Aussage ergibt sich nicht zuletzt aus dem Kontext, in dem sie steht, und sodann auch daraus, daß Cicero neben dem Tropus der Ironie (der Vertauschung des Vorstellungsinhalts) eine ganze Reihe von rhetorischen Figuren gebraucht: Anapher, paralleler Satzbau und Oxymoron.

2.6 Die Syntax

Daß bestimmte syntaktische Fügungen der Redeabsicht des Beeinflussens und Überzeugens dienen, ergibt sich ja schon aus der Bedeutung der Figuren. Die Syntax sei gleichwohl noch für sich betrachtet:

Mithridates autem omne reliquum tempus non ad oblivionem veteris belli, sed ad comparationem novi contulit; qui postea, cum maximas aedificasset ornassetque classes exercitusque permagnos, quibuscumque ex gentibus potuisset, comparasset et se Bosphoranis, finitimis suis, bellum inferre simularet, usque in Hispaniam legatos ac litteras misit ad eos duces, quibuscum tum bellum gerebamus, ut, cum duobus in locis disiunctissimis maximeque diversis uno consilio a binis hostium copiis bellum terra marique gereretur, vos ancipiti contentione districti de imperio dimicaretis. (§ 9)

Hier schlägt die Redeabsicht sich im syntaktischen Gefüge nieder: Je verwickelter und gefährlicher Cicero die Lage erscheinen läßt, desto heller kann das Genie dessen erstrahlen, der mit Flexibilität und Übersicht diese Lage meistert. An solchen Stellen ist immer auch ein Übersetzungsvergleich angebracht. Der Vergleich zeigt Möglichkeiten und Grenzen der Übertragung ins Deutsche:

Er ließ riesige Flotten bauen und ausrüsten; er beschaffte sich gewaltige Truppenmassen von allen ihm erreichbaren Völkerschaften und gab vor, gegen die Bosporaner, seine Nachbarn, Krieg zu führen. Doch alsdann sandte er Boten und Briefe bis nach Spanien, zu den Anführern, mit denen wir damals im Kriege standen; er wollte erreichen, daß der Land- und Seekrieg von den Truppen zweier Feinde geführt würde, auf weit voneinander entfernten, in völlig entgegengesetzter Richtung liegenden Schauplätzen, doch nach einheitlichem Plan; ihr solltet, durch den zwiefachen Kampf gefesselt, um eure Vorherrschaft ringen müssen.
(Manfred Fuhrmann: Marcus Tullius Cicero: Sämtliche Reden, Bd. 1, S. 332)

Auch dieser Abschnitt ist ein gutes Beispiel dafür, wie Cicero seine sprachlichen Mittel der Redeabsicht anpaßt:
Qui nondum tempestivo ad navigandum mari
Siciliam adiit,
Africam exploravit,
in Sardiniam cum classe venit
atque haec tria frumentaria subsidia rei publicae firmissimis praesidiis classibusque munivit.
Inde cum se in Italiam recepisset

247

*– duabus Hispaniis et Gallia Transalpina praesidiis ac navibus confirmata, missis item in
oram Illyrici maris et in Achaiam omnemque Graeciam navibus –,
Italiae duo maria maximis classibus firmissimisque praesidiis adornavit;
ipse autem,
ut Brundisio profectus est,
undequinquagesimo die totam ad imperium populi Romani Ciliciam adiunxit.
Omnes, qui ubique praedones fuerunt,
partim capti interfectique sunt,
partim unius huius se imperio ac potestati dediderunt.
Idem Cretensibus,
cum ad eum usque in Pamphyliam legatos deprecatoresque misissent,
spem deditionis non ademit obsidesque imperavit.
Ita tantum bellum, tam diuturnum, tam longe lateque dispersum,
quo bello omnes gentes ac nationes premebantur,
Cn. Pompeius extrema hieme apparavit,
        ineunte vere suscepit,
        media aestate confecit.
Est haec divina atque incredibilis virtus imperatoris!* (§§ 34–36)

    Im ersten Satz realisiert Cicero die energische Vorgehensweise des Pompeius vorzüglich durch die in ihrer Kürze *(brevitas)* unübertrefflichen Isokola *Siciliam adiit, Africam exploravit, in Sardiniam cum classe venit,* in ihrer Wirkung noch gesteigert durch den Gleichklang der Schlußsilben (Homoioteleuton); mit *atque* schließt Cicero das Ergebnis der Maßnahmen an. – Die in die folgende Periode eingeschalteten absoluten Partizipialkonstruktionen erwecken den Eindruck, als handle es sich um Maßnahmen gewissermaßen im Vorbeigehen.

    Auch im folgenden spiegelt die geraffte Darstellung die Entschlossenheit des Pompeius: Nur eine Einzelheit wird genannt, auf sie kommt es Cicero an: die übergenaue Zeitangabe belegt die Schnelligkeit des Vorgehens. Ansonsten werden nur die Ergebnisse mitgeteilt: Kilikien, der kurze Prozeß mit den Seeräubern und den Kretern.

    Dann die Zusammenfassung: Asyndeton, Anapher und Klimax sind die Mittel, mit denen Cicero noch einmal die Bedeutung dieses Krieges *(tantum bellum)* hervorhebt; äußerste Knappheit und größtmögliche Konzinnität (Übereinstimmung in der Silbenzahl und Gleichklang der Schlußsilben) sind die Mittel zur schließlichen Charakterisierung der Leistung des Pompeius.

    Alles Beiläufige und Nebensächliche ist ausgespart, alles Wenn und Aber entfällt; die Darstellung konzentriert sich auf die rein faktischen Ergebnisse. Der Zuhörer hat kaum Zeit genug, um auch nur im Geiste den Zügen des Pompeius zu folgen.

2.7 Die Verflechtung verschiedener Vorstellungsinhalte

Itaque omnes nunc in iis locis Cn. Pompeium sicut aliquem non ex hac urbe missum, sed de caelo delapsum intuentur. Nunc denique incipiunt credere fuisse homines Romanos hac quondam continentia, quod iam nationibus exteris incredibile ac falso memoriae proditum videbatur. Nunc imperii vestri splendor illis gentibus lucem afferre coepit. Nunc intellegunt non sine causa maiores suos tum, cum ea temperantia magistratus habebamus, servire populo Romano quam imperare aliis maluisse. (§ 41)

Es geht im Redeaufbau hier um die zusammenfassende Würdigung der *temperantia* des Pompeius. Die Zuhörer sind orientiert (§ 40: *age vero, ceteris in rebus qua sit temperantia, considerate*). Die Aussagesätze, im Präsens gehalten, vermitteln trotz des Überschwangs Glaubwürdigkeit. ‚Positiv erregende Begriffe' fehlen nicht: *homines Romani, continentia, imperium vestrum, lucem gentibus afferre, temperantia, servire populo Romano*. Tropen (Hyperbel, Metaphern) und rhetorische Figuren (Anapher, Emphase, Litotes, Hyperbaton) schmücken diesen Redeabschnitt. Auf der syntaktischen Ebene herrscht trotz des vordergründigen Gleichlaufs der Sätze Variation in der Konstruktion. Alles dies zusammengenommen, besitzt der Abschnitt schon von daher starken Appellcharakter.

Aber es kommt noch etwas hinzu: Auf raffinierte Weise nämlich verknüpft Cicero die gegenwärtigen – schon religiös begründeten – Heilserwartungen der östlichen Völker mit dem römischen Mythos von der guten alten Zeit. Die außerordentlich kunstvolle Verflechtung der zwei Ebenen zeigt sich deutlich in dieser Tabelle:

	sich erfüllende Gegenwart	verklärte Vergangenheit
nunc intuentur	*Pompeium sicut aliquem de caelo delapsum*	
nunc incipiunt credere		*fuisse homines Romanos hac continentia*
nunc coepit	*splendor imperii vestri lucem afferre*	
nunc intellegunt		*maiores suos maluisse servire quam imperare*

So zielt Cicero mitten hinein in die unbewußten Seelenschichten seiner Zuhörer. Ohne daß ein Imperativ gebraucht würde, ist der ganze Abschnitt ein einziger Appell.

3 Die Inhaltsebene

Die bisherigen Beobachtungen waren vorwiegend an der sprachlichen Schicht orientiert. Man würde die Schüler betrügen, wenn man es dabei bewenden ließe. – Die eigentliche Rede ist an eine konkrete historische Situation gebunden. Unabdingbar ist damit die Klärung des historischen Umfelds mit der Interpretation verknüpft.

Vordergründig geht es in der „Pompeiana" um die Wahl des Oberbefehlshabers im Dritten Mithridatischen Krieg und die Gründe, die für Pompeius sprechen. Eine Fülle historischer Fakten teilt sich dem modernen Leser mit, teils in Anspielungen, teils in ausgeführter Form, teils tendenziös gehalten, teils den Sachverhalt treffend. Für denjenigen, der nicht selbst in der konkreten historischen Situation steht, bedeutet schon dies allein eine beträchtliche Zumutung. Der Lehrer wird hier, unterstützt durch die Schulausgabe, viel Hilfestellung geben müssen, damit das Faktische bewältigt wird. Er wird vor allem Wichtiges von Unwichtigem trennen müssen. Wichtig zum Verständnis der Rede sind Fragen dieser Art: Wer war Mithridates, welche Ziele verfolgte er? Welche Bedeutung hatte die Provinz Asia für die Politik und die Wirtschaft Roms? Welche Funktion hatten die *publicani* inne? Wer war Sertorius und was wollte er? usw. Man kann diese Fragen als Referatthemen verteilen, unter der Voraussetzung allerdings, daß man hinreichende Materialien zur Verfügung stellt.

Ist dies gewissermaßen die Oberflächenstruktur, so geht es in einer tieferen Schicht bei der inhaltlichen Analyse um viel weiterreichende Perspektiven: Wer war Pompeius, warum wollte er in diesem Krieg den Oberbefehl, was waren seine weiteren Absichten? Wer war Cicero, warum machte er sich für Pompeius stark, wer stand hinter ihm, was hatte er für Pläne? – Hier kommt das politische Kräftespiel im Rom der ausgehenden Republik ins Spiel. Am Horizont taucht Caesar auf, den die Schüler von der Lektüre des „Bellum Gallicum" her kennen. Diese Fragen sind – zumindest bei einer Behandlung der „Pompeiana" schon am Ende der Sekundarstufe I – nicht durch Schülerreferate zu bearbeiten. Zu groß ist die Gefahr der plakativen Vereinfachung. Sehr differenziert wird der Lehrer selbst auf Fragen dieser Art eingehen müssen, immer wieder und in nicht abschließender Form. Der Schüler wird so einen ersten Einblick in Motive politischen Handelns und in politische Konstellationen einer Epoche gewinnen.

Ein dritter Aspekt bei der inhaltlichen Analyse – selbstverständlich eng verflochten mit den vorgenannten – ist der des ideologischen Hintergrundes der Rede. Gerade die „Pompeiana" bietet vielfach Ansatzpunkte, den Wertehorizont der Römer im Jahre 66 v.Chr. kenntlich zu machen. Ein Beispiel: In §§ 36–42 spricht Cicero über die *virtutes imperatoriae*. Hier wird auf der einen Seite die Realität im Umgang der Römer mit besiegten Völkern bzw. besetzten Ländern deutlich vor Augen geführt. Die vielen von Cicero direkt oder indirekt angesprochenen schlimmen Verfehlungen römischer Befehlshaber und Magistrate werfen ein helles Licht darüber. – Auf der anderen Seite aber geht aus Ciceros Ausführungen auch hervor, daß diese Verfehlungen als Normverstöße angesehen wurden, und es zeigt sich, mit welchem moralischen Anspruch zumindest der Idee nach die Römer ihr Verhältnis zu den *pacatae nationes,* zu den Bundesgenossen und Freunden gestaltet sehen wollten.

4 Schlußbemerkung

Die Richtschnur, an der die vorgestellten – aus reflektierter Unterrichtspraxis gewonnenen – Interpretationsbeispiele zu Ciceros Rede „De imperio Cn. Pompei" gemessen werden sollten, sind die folgenden Lernziele:
Auf formal-logischer Ebene sollen insbesondere diese Fähigkeiten gefördert werden:
– die Fähigkeit, die Entwicklung von Gedanken in größeren Zusammenhängen nachzuvollziehen;
– die Fähigkeit, den Stellenwert des einzelnen Arguments im Zusammenhang zu bestimmen;
– die Fähigkeit, verschiedene Techniken des Argumentierens in ihrer Intention und Wirkung zu begreifen;
– die Fähigkeit, die besonderen Bedingungen der Textsorte ‚persuasive Rede' zu erkennen sowie die diesen Bedingungen entsprechenden sprachlichen Erscheinungen zu beschreiben und in ihrer Wirkung abzuschätzen.

Auf der Inhaltsebene formulierte Lernziele sind:
- Kenntnisse über Rom, die Provinzen und die Verwaltung der Provinzen sowie über die Verflochtenheit politischer, militärischer und wirtschaftlicher Interessen;
- Einblick in das Verhältnis Roms zu den unterworfenen Völkern und in die Ideologie der gerechten Herrschaft im römischen Imperialismus;
- Kenntnis der politischen Konstellation am Ausgang des Zeitalters der Republik und Einsicht in die Motive der wichtigsten Handlungsträger dieser Zeit.

Bei Modifikation der inhaltlichen Vorgaben sind diese Lernziele übertragbar auf alle relevanten Rede-Texte der Antike. In welchem Maß der Lehrer diese Ziele jeweils erreichen wird, hängt von den Voraussetzungen in der Klasse ab, in der er unterrichtet (und natürlich von seinem Wissen und seinen didaktisch-methodischen Fähigkeiten). – Ein guter Lehrer weiß, daß er vorgegebene Lernziele immer nur in schrittweiser Annäherung anstreben darf.

Karl Heinz Eller

Ovid als Schulautor I

1.1 Wie sieht es mit der Lektüre von Poesie in einer neu durchdachten Sekundarstufe I aus? Auf diesem Gebiet sind wohl am wenigsten Veränderungen vorzuschlagen, und man hat wohl hier nie zuviel Poesie getrieben, sicher zu Unrecht, denn der Lektüre-Unterricht im Lateinischen sollte von vornherein den Dualismus von Prosa und Poesie einführen und aus der Spannung zwischen den musterhaft gebauten Versen mit ihrer ästhetischen Ausstrahlung und den historisch-erzählenden Prosasätzen mehr realistischer Ausprägung seine Dynamik beziehen.

1.2 Ovids Metamorphosen waren immer das Standardwerk für die Dichterlektüre auf der Mittelstufe, und zwar mit größtem Recht. Sie sollten es aus vielen Gründen auch bleiben, nur ergänzt werden durch eine vorangehende Epoche der Phaedrus-Lektüre: Mit diesen fein gearbeiteten, moralphilosophisch ausgerichteten Verserzählungen sollte man lateinische Dichterlektüre schon möglichst früh beginnen, denn sie stellen die Gattung der Versfabel vollkommen dar, repräsentieren die Denkweisen ihrer Entstehungszeit, führen teilweise in römisches Alltagsleben ein und zeigen, als kleine Dichtungsgattung, in vielem eine ästhetisch vollendete Dichtersprache und Erzählstruktur in Versen, eine subtile Satzführung und feine Kompositionskunst. Also Phaedrus als erster Dichter, der in sich abgerundet ist und eine Fülle von Lernzielen erreichen läßt, aber gleichzeitig vorbereitet auf die Lektüre eines ganz bedeutenden Werkes: der <u>Metamorphosen Ovids</u>. Die übrigen Teile von Ovids Oeuvre wurden und werden für die Schule neu entdeckt, mit zwei Schwerpunkten: der erotischen Poesie als Einführung in allgemein-menschliche, immer noch gültige psychische Problematik des Liebesphänomens *(Amores, Ars amatoria, Remedia amoris)* und der politisch bestimmten Exilpoesie der Tristien und *Epistolae ex Ponto*, die Ovid als ersten Vertreter einer leider im Laufe der beiden Jahrtausende seitdem zahlreich gewordenen Exil-Literatur vorstellen. Es ist ein ernster und gewichtiger Bereich von Ovids Dichtung, der (wie die erotische Poesie) im Oberstufen-Unterricht ausreichend berücksichtigt werden sollte. Lediglich die <u>Fasten</u> mit manchen interessanten Sagenerzählungen, historischen Details und Einblicken in Religion und Alltagsleben hat man auch früher schon, als Ergänzung der Metamorphosen-Lektüre, in die Mittelstufe eingebracht. Sie sollen auch von uns zu solchem Zwecke warm empfohlen sein, wir möchten aber hier nicht näher auf sie eingehen. Die elegischen Versbriefe der <u>Heroiden</u> bleiben in der Zeit der weiblichen Emanzipation und der Frauenliteratur als attraktiver Lesestoff der Oberstufe (vielleicht auch als mythologische Ergänzung zur Liebesdichtung) noch neu zu entdecken.

1.3 Die <u>Metamorphosen</u> sind und bleiben das Standardwerk einer Dichterlektüre auf der Mittelstufe. Sie sind in jeder Beziehung unerschöpflich: an Stoffülle und Auswahlmöglichkeiten, an Interpretationsaspekten und an dichterischen Schönheiten, an Aussagen über Mensch und Gott und an psychologischen, ja philosophischen Erkenntnissen, an überraschenden Erzählmomenten wie an exakten Beschreibungen, an Ausblicken in die Gesamtheit der antiken Welt und Kultur wie an Gefühlsmomenten, die im Leser nachschwingen, an Reiz der sprachlichen Fügungen wie an Musikalität der Verskunst, an

Anregungen zum Weiterdenken und zum künstlerischen Nachgestalten: Nicht umsonst hat gerade dieses mythologische Sammelwerk den Ehrentitel „Bibel der Künstler" erhalten und immensen Einfluß auf die Geschichte der bildenden Kunst ausgeübt. Was dieses mythologische Epos mit seinen etwa 250 Verwandlungsgeschichten innerhalb der antiken Poesie darstellt, welchen einzigartigen Rang es einnimmt, auch vom Genus her – es erfüllt wohl allein eine ganze Literaturgattung –, ist wahrscheinlich in der Schule überhaupt nicht zu vermitteln, auch nicht bei einer Oberstufen-Lektüre, der wir ebenfalls warm das Wort reden möchten. Um die einmalige Stellung dieses Großgedichtes in der Literaturgeschichte zu verstehen, müßte man es eingehend, im ganzen wie im einzelnen, mit vielen Werken der antiken Dichtung im weitesten Sinne in Beziehung setzen und vergleichen: mit der Welt des gesamten Epos eines Homer, Apollonios Rhodios, Nonnos, ebenso mit Vergil, Lucan, Statius u.a., mit griechischen und römischen Tragödien, mit Lyrik und Kleinepos, Idylle und Mimus (Catull und den Elegikern, Theokrit und Kallimachos).

1.4 Wohl aber kann man mit Schülern – und das hat man zum Glück stets getan – einzelne (möglichst viele) Einzelgeschichten der Verwandlung lesen, kann aus der Fülle des Gedichtes eigentlich stets neue Episoden auswählen: Alle sind sie inhaltlich von Bedeutung und künstlerisch virtuos gestaltet. Daß man dabei nicht auf die Gesamtkonzeption, die Rahmenerzählung, die die einzelnen Geschichten notdürftig zusammenhält, eingehen und die Strukturen der Komposition im Großen verfolgen kann, ist nicht sehr schade; sie tritt an Wirkung hinter der Gestaltung der Einzelepisoden merklich zurück. Aber – man kann einen großen Gesamtsinn im Gedicht finden und die Variation dieses übergeordneten, leitenden Gedankens in den Einzelszenen untersuchen, das verleiht dann der Lektüre nicht die formale Einheit (die doch in der Realisierung des Gedichtes im Hexametervers zu finden ist), aber – was wichtiger ist – die gedankliche, wenn wir so wollen: die philosophische oder religiöse Einheit.

Der übergeordnete Gedanke von der Verwandlung als dem großen Gesetz im Naturgeschehen, der ursprünglich von Heraklit entdeckt wurde, gibt all diesen Geschichten ihre Gemeinsamkeit, ja verleiht dem Ganzen ein philosophisches Weltbild. Parallel dazu bewegt sich durch das gesamte Gedicht eine <u>leitende Idee religiöser Prägung</u>, daß die Wesen durch Verwandlung ineinander übergehen, daß nach gewisser Zeit die Götter den Menschen aus seiner jetzigen Existenzform erlösen und in eine neue überführen, in der er glücklicher oder weniger unglücklich sein kann. Ist dies ein Reflex der indischen Seelenwanderungslehre? Dafür spricht im XV. Buch der Metamorphosen die große Rede des Pythagoras an die Menschen, daß sie auf das Töten und Verzehren anderer Wesen verzichten sollen, da in allen Tieren wiederverkörperte Menschen zu finden seien. Haben wir hier den großen Einheitsgedanken der asiatischen Philosophien und Religionen (Buddhismus, Hinduismus, Lao-Tse) in europäisch-mythischer Gestaltung? Jedenfalls verleiht diese übergeordnete Idee dem Gedicht und dem mythischen Blick des Ovid auf die Natur und den Menschen in ihr eine grandiose religiös-philosophische Einheit!

Literatur

A. Ausgaben
Publius Ovidius Naso, Metamorphosen. Epos in 15 Büchern. Herausgegeben und übersetzt von H. Breitenbach. Zürich 1958.

Publius Ovidius Naso, Metamorphosen. In deutsche Hexameter übertragen und mit dem Text herausgegeben von E. Rösch. München 1977.
Ovide, Les Métamorphoses. Texte établi et traduit par G. Lafaye. 3 Bände. Paris ^{5}1969.
Ovid, Metamorphoses. F. J. Miller. 2 Vols. London o. J. (The Loeb Classical Library).

B. Übersetzungen
Ovid, Metamorphosen. Verdeutscht von Th. von Scheffer. Wiesbaden o. J.
Ovid, Metamorphosen. Epos in 15 Büchern. Stuttgart 1975 (Reclam U.B. 356).
Ovid, Verwandlungen (Auswahl von Plankl/Vretska). Stuttgart o. J. (Reclam U.B. 7711).
Große römische Erzähler. (Darin S. 69–160: Metamorphosen-Auswahl in der Übersetzung von Constantin Bulle). Wiesbaden/Berlin o. J.
Ovide, Les Métamorphoses. Traduction, introduction et notes par J. Chamonard. Paris 1966.
The Metamorphoses of Ovid. A New Translation by Mary M. Innes. London 1955 (Penguin Classics L 58).

C. Schulausgaben
Ovidius, Auswahl aus den Metamorphosen, Fasten und Tristien. E. Bernert: Text und Erläuterungen. Paderborn 1956.
Les Métamorphoses d'Ovide, Extraits. (Pierre-Jean Miniconi). Paris 1953.
Ovid, Ausgewählte Gedichte aus den Metamorphosen und Elegien. Hrsg. von O. Leggewie. Münster 1984.
Ovid, Kurzauswahl aus den Metamorphosen, Fasten und Tristien. Hrsg. von G. von Wolbers. Münster 1981.
Ovid, Metamorphosen und Elegien. Hrsg. von W. Fiedler. Am Born der Weltliteratur, Lateinische Sprache, Heft B 8. Bamberg o. J.
P. Ovidius Naso, Auswahl aus seinen Dichtungen. Bearb. von H. von Haas, S. Hess und K. Meister. Heidelberger Texte, Lateinische Reihe, Bd. 3. Heidelberg 1950.
Phaedrus (Ausgewählte Fabeln) und Ovid (Metamorphosen und Fasten, in Auswahl). Hrsg. von R. Rau. Stuttgart 1951.
P. Ovidius Naso – Eine Auswahl aus dem Gesamtwerk. Hrsg. und erläutert von H. Slaby. Text und Schülerkommentar. Frankfurt a. M. ^{4}1972.

D. Allgemeine Literatur
Ovid. Herausgegeben von M. von Albrecht und E. Zinn. (Wege der Forschung). Darmstadt 1968.
Albrecht, M. von: Römische Poesie. Texte und Interpretationen. Heidelberg 1977 (darin: S. 63–79: Ovids zwei Daedalus-Fassungen).
Seel, O.: Weltdichtung Roms, zwischen Hellas und Gegenwart. Berlin 1965.
Frenzel, E.: Stoffe der Weltliteratur. Ein Lexikon dichtungsgeschichtlicher Längsschnitte. Stuttgart ^{2}1963.
Bömer, F.: P. Ovidius Naso, Metamorphosen. Kommentar zu den Büchern I–XIII in 6 Bänden. Heidelberg 1969–1982.
Eller, K. H.: Ovid und der Mythos von der Verwandlung. Zum mythologischen und poetischen Verständnis des Metamorphosen-Gedichts. Frankfurt a. M. 1982.
Eller, K. H.: Metamorphosen – Mythos und Naturreligion in Ovids Großgedicht. Textband und Interpretationsband. Frankfurt a. M. 1980.

Karin Neumeister

Ovid als Schulautor II

1 Die „Amores" und die „Ars amatoria"

Ovid wurde 43 v. Chr. in Sulmo als Sohn eines römischen Ritters geboren. Er gehörte also einer Generation an, die im Unterschied zu Vergil, Horaz, Properz die Bürgerkriege nicht mehr miterlebt hatte oder von ihnen betroffen worden war. Gegen den Willen seines Vaters begann er nach Abschluß des traditionellen Rhetorikstudiums nicht die senatorische Laufbahn, sondern wandte sich statt dessen der Dichtkunst zu. Stoff dazu bot ihm das mondäne Leben, das er und seinesgleichen führten: Gelage, Theater, Wagenrennen, Gladiatorenspiele, Besuch der Bäder, Flanieren auf den Plätzen und luxuriöse Abendeinladungen, die sich bis in den Morgen hinein ausdehnten – vor allem aber erotische Abenteuer. Auf diese Weise entsteht sein erstes uns erhaltenes Werk, die „Amores", eine Sammlung <u>subjektiver Liebeselegien</u>. Mit der dieser Gattung eigenen Fiktion, subjektiv erfahrene Liebe zum Gegenstand zu haben, knüpft Ovid an eine literarische Tradition an, die, von Catull vorbereitet, von Cornelius Gallus, Properz und Tibull begründet worden war. Hier wie dort ist die Dichtung der Ausdruck ostentativer Abwendung von der offiziellen Politik und von den offiziell geltenden Wertvorstellungen. Das Interesse liegt allein im Bereich des Privaten, gekennzeichnet durch Vergnügungen, literarische Zirkel, Liebesaffären etc., eine alternative Lebensform, die bewußt kritisch der Tradition entgegengestellt wird. Während diese zeitkritische Note bei den Elegikern vor Ovid (Gallus, Properz, Tibull) noch ernsthaft aufgefaßt wird, wandelt sich bei Ovid der Ton ins eher Spielerische, Spöttische. Damit verändert sich auch der Charakter der Gattung Elegie insgesamt: Sie wird bei ihm ironisiert, parodiert. Die dargestellte Liebe ist keine Leidenschaft mehr, die den Menschen mit Haut und Haaren ergreift, sondern eher ein amüsantes Gesellschaftsspiel. Ovid bringt noch eine weitere Variation, indem er, Ansätze bei den älteren Elegikern aufgreifend, denselben Stoff in Form eines Lehrgedichts behandelt: das Ergebnis ist die „Ars amatoria" (1 v. Chr.). Sie sei hier statt der Metamorphosen als Beispiel für die Möglichkeit einer Ovidlektüre auf der Sekundarstufe I gewählt.

Bedeutung und Eignung von Ovids „Ars amatoria" als motivierende Lektüre am Ende der Sekundarstufe I traten in den letzten Jahren mehr und mehr ins Bewußtsein.[1] Im Alter von fünfzehn oder sechzehn Jahren besteht bei Schülern am Thema Liebe naturgemäß ein existielles Interesse. So werden sie, gewöhnt an die überwiegend historisch orientierten Lehrbuchtexte (auch Caesar als Erstlektüre ist weithin immer noch üblich), bei der Begegnung mit Ovids „Ars amatoria" von der Aktualität und Lebensnähe des Textes überrascht sein. Vielleicht zum ersten Mal wird sich bei ihnen die Situation einstellen, daß sie ein vitales Interesse daran haben, von einem römischen Autor wirklich etwas zu erfahren. Der Anstoß zum Vergleichen, Parallelisieren und Kontrastieren mit der eigenen Lebenswirklichkeit muß so vom Lehrer nicht künstlich erzeugt werden, sondern dieses Verhalten wird vom Textinhalt her bei den Schülern spontan provoziert (Erlebnis des unmittelbaren Betroffenseins). Diese echte Neugier hilft, die Anfangsschwierigkeiten der Lektüre zu überwinden. Als erleichternd für die Schüler erweisen sich auch die überschaubaren Texteinheiten, in die sich der Gesamttext gliedern läßt.

Wer sich nun aber von der Lektüre Ovids „Schlüpfrigkeiten und Obszönitäten" verspricht, „wird enttäuscht"[2]: „Unser Dichter behandelt auch das womöglich als heikel Empfundene mit beeindruckender Dezenz."[3] Ovids Ansatz in bezug auf das Thema Liebe erweist sich wider Erwarten als ganz anders: Er vermittelt weder naturwissenschaftlich-biologische Informationen wie der Sexualkundeunterricht, noch eignet er sich als Aufklärungslexikon. Nicht die Technik der Liebe wird dargestellt, sondern eher deren Psychologie, die Psychologie der Liebeswerbung und -eroberung aus unterschiedlicher Perspektive.[4]

Trotz der Zugehörigkeit der „Ars" zur Gattung Lehrgedicht handelt es sich nicht um ein trockenes Lehrbuch. Vielmehr werden in lebendiger Form typische römische Alltagsszenen vorgeführt (Gastmahl, Theater, Zirkus, Triumphzug). Man erhält Einblick in alltägliche Verrichtungen wie z. B. die Körperpflege, aber auch den Briefwechsel. Als weiteren Aspekt römischen Lebens erfährt der Leser die enge Verflechtung von Leben und Mythos. All dies ist eingebettet in die psychologisch subtile Vorführung menschlichen Verhaltens in der Liebe, parodierend umgebogen und in Form eines Lehrgedichtes gestaltet, jedoch mit deutlichen Anleihen bei der Elegie (Versmaß, Motivik: Grundsituation der Liebenden). Mit scharfem, gewitztem Blick wird typisches Rollenverhalten in der Liebeswerbung aufs Korn genommen und für die speziellen Ziele des Autors genutzt. Hier liegt eine besondere Aufgabe und Schwierigkeit der Interpretation, nämlich bei den Schülern das Gespür für Äußerungen von der Art der Parodie, Satire, Ironie[5] zu wecken. Dies scheint am leichtesten möglich zu sein über den Liebesbegriff Ovids, der in der Liebe etwas unernst Spielerisches, etwas souverän Kalkulierbares sieht, ganz im Gegensatz zu dem Verhältnis Jugendlicher zur Liebe: Sie befinden sich gleichsam noch in der Entdeckungsphase, in der Phase erster Erfahrung, d. h., ihr Verhältnis zur Liebe ist eher ernsthaft, bemüht, ja tragisch zu nennen. Hier bieten sich reichlich Gesprächsmöglichkeiten im Unterricht an.

2   Zugänglichkeit, Sprachebene, Sprachschicht

Sprachlich ist der Text für Schüler der Klassenstufe 10 zu bewältigen. Die Phase des Spracherwerbs kann weitgehend als abgeschlossen betrachtet werden. Der poetische Text bietet in besonderer Weise die Chance zur Vertiefung der Sprachkenntnisse und zur Verbesserung der Übersetzungstechnik, weil er sich einer unreflektierten Wort-für-Wort-Übersetzungsmethode widersetzt. Die Schüler werden gezwungen, hinzuschauen, zu kombinieren, immer wieder zur Überprüfung die Sinnfrage zu stellen. Der Nutzen genauerer Kenntnis sprachlich-grammatischer Strukturen wird neu erfahren. Die vom poetischen Text erzwungene Beobachtung von Erscheinungen der Wortstellung, vor allem und als erstes der Hyperbata, von Satz- und Versbau führt nicht nur zu allgemeinen Kenntnissen in der Stilistik, sondern darüber hinaus zu einer gewissen Sensibilität für Stilmerkmale und deren Funktion im Text. Ovids Metonymik und Metaphorik sind auch für den ungeübten Leser leicht erschließbar.

Eine gewisse Schwierigkeit bietet am Anfang der gegenüber dem Lehrbuch doch wesentlich nuancenreichere Wortschatz Ovids. Dies sollte Anlaß zu intensiverer Arbeit mit dem Wörterbuch sein, die zusätzlich bewußt machen wird, wie problematisch, wenn nicht gar unmöglich eine in jeder Hinsicht adäquate Übersetzung eines dichterischen Textes ist. Naheliegend ist es hier, gelegentlich bereits vorliegende Übersetzungen hinzuzuziehen und zu diskutieren.

3 Auswahl und empfohlene Stellen

Hier mag der Hinweis auf zwei hervorragende für die Schule vorliegende Textauswahlen genügen:
Fink, G./Niemann, K.-H.: Ovid, ‚Ars amatoria'. Reihe Exempla Heft 5. Hrsg. von H. J. Glücklich. Göttingen 1983.
Ovid, ‚Ars amatoria'. Ausgewählt und bearbeitet von O. Petersen und H. Weiß. Stuttgart o. J.

Die Ausgabe von Fink/Niemann hat den Vorzug einer reicheren Ausstattung. Der Text ist versehen mit gut brauchbaren Arbeitsaufträgen und Begleittexten sowie einem sehr hilfreichen und informativen Lehrerbegleitheft. Beide Ausgaben enthalten eine Einführung in das elegische Distichon und in die Stilistik. Eine nicht unerhebliche Motivationshilfe bei der Lektüre stellen die von den Verfassern den einzelnen Textabschnitten vorangestellten Überschriften dar, die bei Fink/Niemann hervorragend gelungen sind. Sie nehmen den Texten von vornherein den Charakter des Verstaubten, der lateinischen Texten nach Meinung der Schüler unweigerlich anhaftet, treffen mit ihrer lebendigen Modernität und Aktualität zugleich den rechten ovidischen Ton und können häufig als ‚Hebel' zum Einstieg in den Text und zur Interpretation genutzt werden. Hier nur einige Beispiele: Annäherungsversuche (1, 135–170), Kavaliersdienste (2, 209–222), Rollenspiel (1, 707–722), Öffentlichkeitsarbeit (3, 417–432), Illusionshilfen (3, 667–682), Strategien beim Gastmahl (3, 748–768).

Jede individuelle Textauswahl durch den Lehrer sollte dem Charakter des Gesamtwerkes gerecht werden, nämlich ein Lehrgedicht zu sein, d. h., die aufeinanderfolgenden drei Stufen der Lehre müssen berücksichtigt werden:
1. das Finden der Partnerin *(invenire)*,
2. ihre Eroberung *(capere)*,
3. die dauerhafte Gestaltung der Beziehung *(tenere)*.
Der Eigenwert jeder Stufe muß deutlich gemacht werden gemäß Ars 2, 11 ff. Keine Stufe ist selbstverständlich, zufällig, sondern jede ist Ergebnis gezielter Bemühung, der „ars". Wichtig wäre auch ein Blick in das dritte Buch, in dem der Dichter zum Schluß auch den Frauen Anweisungen für die Liebe gibt. Man muß sich hier fragen, ob Ovid tatsächlich aus dem schlechten Gewissen heraus, bisher nur den Männern Ratschläge gegeben zu haben, nun auch den Frauen Gerechtigkeit widerfahren läßt, oder ob dieses dritte Buch nur ein besonders perfides Mittel ist, den Männern auch die letzten Geheimnisse des weiblichen Geschlechtes preiszugeben.

4 Probe einer Interpretation (Ars am. 2, 173–202)

Der ausgewählte Abschnitt gehört in den Zusammenhang des *tenere*. Gemeint ist damit das Festhalten bzw. „Fesseln des Partners" (Fink/Niemann) in einer dauerhaften Liebesbeziehung. Der Abschnitt ist also in den Bereich der dritten Stufe des Ovidschen Lehrprogramms einzuordnen, dessen Schwierigkeit der Dichter an der oben genannten Stelle (2, 11–20) expliziert: Amor, der als *tam vasto pervagus orbe puer* bezeichnet wird, der *levis*, nämlich flüchtig, schwer faßbar, weil mit Flügeln ausgestattet, ist, ist nur mit Mühe an einem Ort zu halten, man kann ihm nur schwer ein Maß, eine Grenze setzen *(modus)*.

Der bei Fink/Niemann vorgesehene Abschnitt beginnt mit v. 173 f.:

> At vos, si sapitis, vestri peccata magistri
> effugite et culpae damna timete meae.

Einen Anstoß bietet der Einstieg mit der adversativen Konjunktion *at*. Hier wird zum Text- bzw. Satzverständnis etwas vorausgesetzt, das man sich entweder durch einen ausführlicheren Text beschaffen muß (Frage: Was ging dieser Textstelle voraus, wodurch dieses „aber" seine Begründung fände?) oder dessen Erklärung im weiteren Text folgt, so daß man sich zunächst mit Geduld wappnen muß und die Frage bis auf weiteres zurückstellt. Nach der Beachtung von Wortstellung und sonstigen sprachlichen Auffälligkeiten (Reihe: *peccata – culpa – damna*/Antithese: *vos – magistri*/Hervorhebung von *magistri* durch Hyperbaton bzw. Endstellung im Vers/variierende Reihe: *effugite – timete/meae* nachgestellt im Hyperbaton am Versende (wie oben *magistri*): Wiederholung der antithetischen Absetzung des Adressaten vom Sprecher/*culpae* vor der Mittelzäsur stark betont) begnügt man sich also vorläufig mit einer Paraphrase: Ovid fordert seine Leser energisch (siehe die bedeutungsstarken Imperative: *effugite! timete!*) auf, nicht die gleichen „dummen" Fehler zu begehen wie er (bemerkenswert die Implikation: auch Lehrer begehen Fehler, lernen durch Fehlverhalten; erst die Erfahrung macht sie zum „Weisen", zum Lehrer), sondern gleich auf ihn zu hören, „klug zu sein" *(sapere) – si sapitis*, einräumend: wenn ihr einsichtig seid, dann erspart ihr euch den bitteren Umweg über die Erfahrung, den euer Lehrer gehen mußte – und sich den Schaden, den er aus eigener Schuld *(culpa)* erleiden mußte, zu ersparen.

Es erhebt sich nun die Frage: Erfährt man im folgenden Text etwas über die *peccata* des Meisters? Allenfalls indirekt.

Nach den Imperativen in v. 174 folgt ein konjunktivischer Aufforderungssatz *(sit)*, eingeleitet mit dem Signalwort *proelia*:

> Proelia cum Parthis, cum culta pax sit amica
> et iocus et, causas quicquid amoris habet. (v. 175 f.)

Der Arbeitsauftrag „Sammeln von Auffälligkeiten im Text" dürfte hier folgendes ergeben: *proelia* verhält sich antithetisch zu den Begriffen *pax/iocus/amor* (*et – et* bedeutet, daß der gesamte Ausdruck *causas ... habet* als ein Ausdruck zu nehmen ist: Hinweis durch den Lehrer). *amica* erhält eine starke Betonung durch seine Stellung am Versende (eventuell verstärkt durch die auffällige Reihung von *p* und *c* [Alliteration], aus der *amica* deutlich ausbricht). Entsprechend betont steht *proelia* am Versanfang.

Es ergäbe sich nun folgende Interpretation: Ovid will seine Leser davon überzeugen, daß kriegerische Auseinandersetzungen (sprich: Zank und Streit) in der Liebe nichts zu suchen haben. Dies wird kurz und knapp entschieden (bis zur Hauptzäsur). Sie gehören in den Bereich der harten Politik. Dies sind Verhaltensweisen, die den Umgang mit den Parthern kennzeichnen sollen, deren Rolle bei den Römern in diesem Zusammenhang zu klären wäre. Im Umgang mit der Freundin *(amica),* aber der Geliebten, die betont im Unterschied zu den Parthern als *culta* (zart, aber auch verfeinert, gebildet) bezeichnet wird, ist ein Verhalten angebracht, das Liebe erzeugt, verursacht *(causas ... habet),* d.h., *proelia* werden die Liebe nur zerstören, im weiteren Sinne aber auch, daß die Beziehung mit einer gewissen Phantasie *(quicquid causas amoris habet)* immer wieder neu zu sichern ist. Wenn Ovid, der Lehrmeister, in der Vergangenheit Fehler begangen hat, so sind sie in diesem Bereich *(proelia – pax)* zu suchen.

Die Textinterpretation erfordert im weiteren Verlauf den Blick auf einen größeren Abschnitt (vv. 177–184): Als zentraler Begriff der Stelle wird sofort *obsequium* ins Auge springen (dreifache Wiederholung, davon zweimal am Versanfang), und es bietet sich die Möglichkeit, vor dem Einstieg in weitere Einzelheiten eine innere Beziehung zwischen diesem Begriff und dem, was wir bisher im Text erfahren haben, herzustellen: *obsequium* ist die von Ovid angestrebte Verhaltensform, *proelia* in der Liebe zu vermeiden und *pax* zu bewahren. Leider verhindern hier die Erläuterungen zum Text und die von den Verfassern (Fink/Niemann) gewählte Überschrift zum Abschnitt „Anpassung und weises Nachgeben") weitgehend eine Annäherung an die Bedeutung des Begriffes *obsequium* durch die Schüler. So lohnt sich eher ein Blick auf v. 178 und die dort ausgesprochene Forderung: *perfer et obdura* (Hendiadyoin, Catull-Anspielung c. 8, 11), die den Begriff *obsequium* gewissermaßen inhaltlich vorbereitet. Das ganze Distichon (v. 177 f.) führt eine in der Liebe häufig auftretende Konfliktsituation vor: Der Liebhaber fühlt sich irritiert durch die Geliebte, die sich seiner Meinung nach ihm gegenüber nicht schmeichelnd genug, nicht freundlich genug verhält, seine Liebe *(amanti* in betonter Stellung am Versende) also nicht im gleichen Maße erwidert, wie er es eigentlich von ihr erwartet hätte. Eine naheliegende Reaktion des Liebhabers im Sinne der oben ausgesprochenen Mahnung wäre: Er wird wütend, zornig, macht der Geliebten Vorwürfe etc. Das ist nach Ovid genau der falsche Weg. Damit wird der Liebhaber bei der Geliebten nichts erreichen. Er wird die Liebe erst recht zerstören. Nein, *perfer et obdura!*, „halte aus und sei geduldig" (nicht etwa: bleibe hart)! Ertrage die Laune der Geliebten! Sie wird vorübergehen. Schließlich wird deine Freundin wieder sanft *(mitis)* sein, wie du es dir wünschst.

Um dieses **praeceptum** nun noch zu vertiefen und als richtig und allgemeingültig zu belegen, zieht der Dichter unmittelbar einleuchtende Vergleiche aus dem Erfahrungsbereich der Natur heran, wobei jeweils ein Distichon einen bestimmten Bereich abdeckt: v. 179 f.: Umgang mit Pflanzen; v. 181 f.: Umgang mit dem Element Wasser; v. 183 f.: Umgang mit wilden Tieren. Eine Paraphrase der Vergleiche wird ergeben, daß Ovid hier mit dem Leitbegriff *obsequium* noch ein Stück über das rein passive Ausharren (v. 178) hinausgeht: Nur durch überlegtes Sich-Einstellen auf die Eigenschaften des Objektes, durch „vorsichtiges Nachgeben" (Fink/Niemann), wird ein Zweig vom Baum weg gebogen. (Man denke eventuell an das Zurückbiegen von Ästen oder Zweigen, wie es im Garten- und Weinbau notwendig war.) Der Gebrauch roher Kräfte *(vires)* wird den Zweig nur zerbrechen. Ähnlich verhält es sich, wenn man ein Gewässer, z.B. einen Fluß, überqueren will. Wenn man gegen die Strömung schwimmt *(si contra ... nates),* wird man nicht zum Ziel kommen, eher indem man die Strömung umgeht, den Stromschnellen geschickt ausweicht oder gar eine Möglichkeit sucht, mit der Strömung zu schwimmen. Und bei der

Zähmung wilder Tiere? Hier ist wieder Geduld und Ausdauer *(paulatim)* am Platze, geschicktes Einstellen auf die Verhaltensweisen des Tieres, um es schließlich an die Hand des Menschen bzw. an den Pflug zu gewöhnen.

Was haben diese Vergleiche für Ovids Anliegen erbracht? Sie verdeutlichen das von Ovid Gemeinte und geben dem Liebhaber statt des lakonischen *perfer et obdura!* eine differenziertere Vorstellung seiner Handlungsmöglichkeiten. Die drei Beispiele ergeben für den Begriff *obsequium* folgende Bedeutungsvarianten:
– vorsichtiges Nachgeben,
– überlegtes Einstellen auf die jeweilige Situation,
– geschicktes Umgehen des Konfliktes,
– völliges Sicheinlassen auf die Launen der Geliebten („mit der Strömung schwimmen"),
– Geduld und Ausdauer (entsprechend *perfer et obdura!*).

Versuchte man anhand dieser Beispiele das entsprechende Frauenbild zu extrapolieren, so ließen sich folgende Eigenschaften der Geliebten denken: empfindlich, launisch, widerspenstig, leicht zu kränken, eigenwillig, wild etc.

Mit dieser Motivik befinden wir uns ganz im Bereich der elegischen Liebe: Das Mädchen, die Geliebte, spielt die Rolle der *domina*, deren Launen sich der Liebhaber ausliefert, um sich ihre Liebe zu sichern. Das von Ovid vom Liebhaber geforderte *obsequium* liegt der in der Elegie zentralen Vorstellung des *servitium amoris* in seinem Bedeutungsgehalt sehr nahe. Doch für das Ovidische Verständnis der Liebesbeziehung muß (im Unterschied zu Tibull und Properz) betont werden, daß der Liebhaber trotz des vorherrschenden Eindrucks vollkommener Willfährigkeit gegenüber der Geliebten in Wirklichkeit doch der dominierende Teil bleibt, da er nicht aus Schwäche nachgibt, sondern sich aus der Position des überlegen Kalkulierenden heraus so verhält, um sein Ziel zu erreichen. Bei Ovid ist der Liebhaber Sklave nur zum Schein, gleichsam spielerisch. Dieses Paradox wird von Ovid in Vers 197[6] ausgedrückt:

Cede repugnanti: cedendo victor abibis.

Dieser Widerspruch muß thematisiert werden, damit der vollkommene Liebhaber im Sinne Ovids in den Augen der Schüler nicht am Ende als ‚Trottel' dasteht (so das spontane Verständnis dieses Abschnittes bei Schülern). Diese Klärung ist auch erforderlich, um den letzten Teil unseres Abschnittes richtig zu verstehen, dem die Verse 197 f. gleichsam thematisch voranstehen.

Vers 198 zeigt den spielerischen Charakter dieser Art von Konfliktlösung:

fac modo, quas partes illa iubebit, agas.

Zu beachten ist hier die verschärfte Form der Aufforderung (statt des einfachen Konjunktivs bzw. des Imperativs I), mit der Ovid deutlich macht, daß er sich des Erfolgs solchen Verhaltens gewiß ist (verstärkt durch *modo*).

Welche Rollen der Liebhaber im Kampf um die Gunst der Geliebten zu übernehmen bereit sein soll, wird von Ovid in weiteren 50 Versen genußvoll aufgezählt und ausgemalt. Diese im einzelnen zu erläutern, würde den Rahmen dieser Darstellung sprengen.

Bevor Ovid auf bestimmte Alltagssituationen zu sprechen kommt (203 ff.), fordert er vom Liebhaber zunächst völlige Anpassung an die Geliebte im Reden und in den Gefühlsäußerungen:

Arguet, arguito; quicquid probat illa, probato;
quod dicet, dicas; quod negat illa, neges.

> *Riserit: adride; si flebit, flere memento:*
> *imponat leges vultibus illa tuis.* (vv. 199–202)

Durch Unterstreichungen der sich wiederholenden Verben läßt sich die Erarbeitung der gedanklichen und stilistischen Struktur der Verse erleichtern. Sie macht folgende stilistische Erscheinungen sichtbar:

1. Antithesen (*arguere – probare; dicere – negare; ridere – flere;* sowie die Antithese zwischen sprachlicher und mimischer Mitteilung/Äußerung),
2. Parallelismus membrorum (v. 200),
3. Polyptoton (*arguet, arguito* etc.),
4. Variatio stilistischer Art bei den verschiedenen Aufforderungen.

Nimmt man bei der Erarbeitung von Punkt 4 (Variatio) noch die v. 197 f. hinzu, so läßt sich eine Palette von Ausdrucksmöglichkeiten für die Aufforderung zusammenstellen:
a) Imperativ I: *cede; adride;*
b) Imperativ II: *arguito; probato; memento;*
c) Konjunktiv Präsens: *dicas; neges; imponat;*
d) Konj. Präs. + *fac: fac modo agas!*

Die Textstelle eignet sich also in idealer Weise dazu, das grammatische Thema ‚Aufforderungssätze' im Unterricht noch einmal zu wiederholen.

Nach dieser inneren Vorbereitung des Liebhabers gibt Ovid, wie gesagt, Verhaltensanweisungen für mögliche Alltagssituationen: Verhalten beim Spiel, bei schlechter Witterung, bei einer Verabredung, nach dem Gelage; und immer soll der Liebhaber bis an den Rand der Selbstaufgabe zu jedem Hilfsdienst bereit sein. Für den Fall, daß dem Leser, insbesondere dem freigeborenen Römer, bei der Lektüre Zweifel kommen hinsichtlich seiner Ehre und Selbstachtung, hat Ovid so große mythische Gestalten wie Herakles (vv. 217–222) und Apoll (vv. 239–242) als Gewährsleute zur Seite. Folgende Spitzensätze des Abschnitts dienen dazu, die Ehre des Liebesdienstes gegenüber Unentschlossenen und Zweiflern zu retten:

> *Militiae species amor est. discedite, segnes:*
> *Non sunt haec timidis signa tuenda viris.*
> *Nox et hiems longaeque viae saevique dolores*
> *Mollibus his castris et labor omnis inest.* (vv. 233–236)

Liebe ist also ein Dienst für harte Männer, gerade nicht für Schwächlinge, wie man meinen könnte. Nur dem wird der Lohn der Liebe zuteil, der bereit ist, alles zu riskieren:

> *Laeta erit, et causam tibi se sciet esse pericli,*
> *Hoc dominae certi pignus amoris erit.* (v. 247 f.)

Bereits anhand der Interpretation eines so kurzen Abschnittes aus Ovids „Ars amatoria" können der scharfe Blick des Dichters für die Psychologie der Liebe gezeigt werden und das Raffinement, mit dem er diese Kenntnisse für das Erreichen bestimmter Ziele zu nutzen weiß. Ebenso bestechend ist die Qualität seiner Darstellung: Die psychologischen Gesetzmäßigkeiten werden klar und sehr schlicht formuliert und mit jedermann verständlichen Beispielen erläutert. Bei der stilistischen Analyse entpuppt sich jedoch die scheinbar einfache Darstellungsform als eine strenge und wohl kalkulierte Komposition. Gerade die Verbindung von Einfachheit im Ausdruck und Subtilität in dem zum Ausdruck Gebrachten macht Ovid und insbesondere die „Ars amatoria" für die Schullektüre besonders geeignet.

Anmerkungen

1 Vgl. Römisch, E.: Ovid. In: Interpretationen lateinischer Schulautoren mit einer didaktischen Einführung. Hrsg. von H. Krefeld. Frankfurt a. M. 1970, 176–195.
  Lutz, M.: Auswahl aus Ovids ‚Ars amatoria' als erste Lektüre der Dichtung und als Vorbereitung auf die ‚Metamorphosen'. Geeignet für das 4./5. Lateinjahr. In: AU XIX 1/1976, 64–67.
  Glücklich, H.-J.: Lateinische Lektüre auf der Sekundarstufe I. In: AU XXII 3/1979, 13.
  Petersen, O./Weiß, H.: Ovids ‚Ars amatoria' im Unterricht einer 10. Klasse. In: AU XXV 4/1982, 23–35.
2 Fink/Niemann, 1983, 4.
3 Ebenda.
4 Ausführlich dazu: ebenda, 4–11.
5 In diesem Zusammenhang sei verwiesen auf Meinhold, M./Nickel, R.: Ironie, Parodie, Satire. Erschienen i. d. Reihe Fructus. Hrsg. von R. Nickel. Freiburg/Würzburg 1977; eigentlich gedacht für die Sekundarstufe II, läßt sich jedoch das eine oder andere auch für die Sekundarstufe I daraus entnehmen.
6 Der Abschnitt vv. 185–196 (Mythos von Milanion und Atalante) wird in der Ausgabe von Fink/Niemann übersprungen. Er zeigt, wie die scheinbar unbezähmbare, grausame Frau durch *obsequium* auf seiten des Mannes schließlich doch besiegt wird.

Hans-Joachim Glücklich

Plautus-Lektüre

1 Plautus in der Fachdidaktik und in den Lehrplänen vor 1970

Plautus lebte ca. 250–184 v.Chr. Er war ein Mann, der mitten im Leben stand und sich nach geschäftlichen Fehlschlägen mit der Dichtung und der Aufführung von Komödien Ansehen und Vermögen erwarb. Er blieb auch in späteren Zeiten bei den Römern beliebt, die augusteische und die frühe Kaiserzeit ausgenommen. Im Mittelalter beschäftigte man sich wenig mit ihm, die Renaissance entdeckte ihn wieder. Seitdem fordert er Nachahmer heraus und wirkt anregend auf andere Komödiendichter.[1]

Auf der Schule werden seit dieser Wiederentdeckung auch seine Komödien neben den beliebteren des Terenz wieder einstudiert und aufgeführt.[2] In den Lehrplänen dieses und des vorigen Jahrhunderts spielte er aber bis vor wenigen Jahren kaum eine Rolle. Dasselbe Bild zeigt sich in den älteren didaktisch-methodischen Handbüchern. In ihnen wird Plautus bis auf eine Ausnahme wenig oder gar nicht berücksichtigt.

Bei Ahrens[3] werden Plautus und Terenz nur innerhalb einer Übersicht über in Taschenbüchern erschienenen Übersetzungen erwähnt. Ansonsten sucht man dort vergebens nach ihnen, ja nicht einmal die Stichwörter ‚Drama' oder ‚Komödie' finden sich.

Wilsing[4] ordnet die lateinische Literatur in fünf Gruppen. In der ersten finden sich Cato und die römische Komödie. Es genügt ihm dazu der folgende Satz: „Es bedarf nun offensichtlich keiner besonderen Begründung für die These, daß die Literatur der ersten […] Epoche fakultativ […] sein muß."

Einzig Krüger und Hornig[5] reden der Komödienlektüre das Wort und bevorzugen Plautus. Sie weisen die Komödienlektüre der ‚U I', also der Unterprima, heute 12. Jahrgangsstufe, zu und sehen ihren Gewinn in folgendem:
– erfolgreiche Theateraufführung,
– ‚sprachlicher Gewinn' (der nicht näher beschrieben wird),
– inhaltlicher Gewinn, und zwar: (a) „die Schüler schauen in die Werkstatt eines genialen Theatermannes und Meisters der Sprache"; (b) sie „lernen kennen, was neben tausend anderen ‚Errungenschaften' der Zivilisation seit etwa dem Jahre 200 in Rom Mode zu werden begann unter dem Einfluß der Griechen von Unteritalien her. Sie begreifen, daß diese Form der Hellenisierung Roms Männer wie Cato mit Besorgnis für die Römer und mit Verachtung gegen die Graeculi erfüllen mußte."

Leitende inhaltliche Gesichtspunkte sind also bei Krüger und Hornig die Einführung in die Theaterwelt, vor allem aber die Behauptung und Bewährung der konservativen römischen Denkweise gegenüber griechischen Auflösungstendenzen, also offenbar auch die Verankerung römischer Vorbildhaftigkeit und die Ablehnung griechischer Freizügigkeit im Denken und Empfinden der Schüler. Daß diese Ziele möglicherweise nicht mit der Haltung der Römer übereinstimmen, wird nicht gesehen. Immerhin schauten sich die Römer die Komödien des Plautus gerne an – wie Spätere sie gerne lasen –, und es ist nicht anzunehmen, daß sie nur deswegen zu den Aufführungen gingen, um über die Griechen den Kopf zu schütteln oder die Hände über dem Kopf zusammenzuschlagen. Wäre dem so, so müßte man heute eher nachdenklich die Gründe für eine solche Abwehrhaltung untersuchen, nicht aber sie kritiklos befürworten und gutheißen. Gerade die Tatsache, daß die Römer zur Zeit des Plautus und später nicht erzkonservativ alles Fremde ablehnten, sondern es prüften und oft sich aneigneten, daß sie sich auch mit Auswüchsen – wenn es denn welche sind – auseinandersetzten und zeitversetzt ihre eigenen Probleme, gesellschaftlichen Entwicklungen und individuellen Sehnsüchte in Komödien erkannten, die viel Römisches in griechischem Gewande darstellen, gerade dies macht ihre geistige und menschliche Größe aus.

2 Zauber des Witzes und Angst vor dem Anstößigen

Auch konnte und kann sich dem Witz des Plautus, auch dem drastischen, der Lebendigkeit seiner Figuren, dem Unterhaltungswert seiner Szenen kaum ein Zuschauer, kaum ein Leser entziehen, es sei denn, er hat Zugangsschwierigkeiten von seiner Erziehung oder seiner religiösen Prägung her oder – manchmal – von seiner fehlenden Sachkompetenz her, die ihn manche Ausdrücke und Zusammenhänge nicht verstehen läßt. Dies ging der klugen und liebenswerten Äbtissin Hrotsvith von Gandersheim im 10. Jahrhundert sogar mit Terenz so. Sie hat ihre Freude an den Komödien des Terenz gehabt und die Sprache ihrer eigenen Dramen an seinem Stil ausgerichtet. Sie bekam aber Gewissensbisse oder Bedenken, daß man ihr die Lektüre des Terenz und die Nachahmung seines Sprachstils verübeln könnte. Daher schreibt sie in der *Praefatio* zu ihren Dramen unter anderem[6]:

„Es findet sich eine ganze Anzahl Katholiken, deren Handlungsweise wir nicht ganz entschuldigen können: Sie ziehen für die Beherrschung eines kultivierten Sprachstils die Nutzlosigkeit heidnischer Bücher dem Nutzen der Heiligen Schrift vor. Es gibt auch andere, die mit den Heiligen Seiten beschäftigt sind und zwar anderes von den Heiden verschmähen, die poetischen Erfindungen des Terenz jedoch häufiger intensiv lesen und, während sie an der Süße der Sprache ihre Freude haben, sich mit der Kenntnis ruchloser Dinge besudeln. Daher habe ich, das Große Gandersheimer Geschrei, mich nicht dagegen gesträubt, ihn im Dichten nachzuahmen – wo ihn andere durch Lesen verehren –, damit in derselben Dichtungsgattung, in der die schändliche Unzucht lasziver Frauen vorgetragen wurde, die lobenswerte Keuschheit heiliger Jungfrauen nach der Fähigkeit meines kleinen Ingeniums gefeiert werde. Trotzdem bewirkt dies, daß man nicht selten Gewissensbisse hat und von heftiger Röte übergossen wird, weil ich unter dem Zwang der Gattung *(species)* dieser Art von Dichtung mich beim Dichten geistig mit dem beklagenswerten Wahnsinn zügellos Liebender beschäftigt habe und mit der verderblichen Weise verführerischer Unterhaltungen über Dinge, die unseren Ohren anzupassen nicht erlaubt ist. Aber wenn ich dies, weil ich erröte, vernachlässigte, dann würde ich mein Vorhaben nicht verwirklichen und nicht das Lob der Unschuldigen nach meinem Vermögen in möglichst großer Fülle darstellen."

Mit Anstößigem ist es immer anstößig. Sich damit zu beschäftigen kann den Vorwurf der Unanständigkeit eintragen – genau dies geißelt Catull in seinem ‚anstößigen' Gedicht 16. Und selbst der Lehrer, der keine Hemmungen hat, das Anstößige zur Sprache zu bringen und zum Gegenstand des Nachdenkens zu machen, stößt auf Schüler, die unaufgeklärt oder von Elternhaus, Kirche, Parteien anders geprägt sind, auf militante Eltern, auf populistische Politiker und auf Schulleiter und Schulaufsichtsbeamte, die um den Schulfrieden bangen.

3 Lebensbewältigung durch Auseinandersetzung mit dem ‚Anstößigen' – Komödienlektüre als ethische Propädeutik

Das ‚Anstößige' prägt aber einen großen Teil des Lebens. Es zu verstehen, über seine Ursachen nachzudenken, es sprachlich handhabbar und dadurch diskutabel zu machen, womöglich auch Abhilfe zu finden, das macht einen Teil der Lebensbewältigung, des Lebensgenusses und der Selbstbeherrschung und Reife aus, nicht das aufgezwungene Ausklammern, Verschweigen, Unterdrücken. Wann schon kommen im Unterricht – gleichgültig in welchem Fach – die folgenden Themen zur einigermaßen offenen Aussprache oder werden wenigstens für kurze Zeit reflektiert, Themen, die für Schüler doch öfters traurige Realität sind, weil sie mit ihnen im Elternhaus oder in ihrer Umgebung konfrontiert werden, Themen, zu denen Plautuskomödien die anschauliche und diskutable Grundlage liefern, weil sich über Literarisches leichter reden läßt als über Persönliches[7]:

- das Sich-Auseinanderleben von Ehepartnern;
- die Dominanz väterlicher Autorität[8];
- die Lüsternheit älterer Menschen;
- die unterschiedlichen Rechte von Mann und Frau, gerade auch im Bereich körperlicher Regungen;
- die Verbreitung, die Ursachen und die gesellschaftliche Funktion der Prostitution;
- das Nützlichkeitsdenken bei Eheschließung und Kindererziehung;
- der Gegensatz der Lebensziele von Eltern und Kindern;
- die unterschiedlichen Normen in einer pluralistischen Gesellschaft und die Schwierigkeiten, sie miteinander zu vereinbaren;
- der Einfluß des Geldes;
- das Konkurrenzdenken – unter Erwachsenen, aber auch zwischen Erwachsenen und Heranwachsenden;
- die Außenseiter: individuelle und gesellschaftliche Gründe, die sie zu Außenseitern machen, und die Funktion des Spottes über sie für die Selbstbestätigung und als Kompensation[9];
- die brutale Verwendung rhetorischer Techniken zur Vernichtung des Gegners[10];
- Aggression und Gewalt im privaten und geschäftlichen Leben.

Solchen Themen, für die die antiken Texte durchaus herausfordernde Beispiele zur Verfügung stellen, weichen Fachwissenschaft, Fachdidaktik und Praxis z.T. immer noch aus, obwohl sie Literatur und hier insbesondere antike Literatur als Beitrag zur Lebensbewältigung, als Lebenshilfe oder Tröstung erfahrbar machen würden. Viel häufiger hat man in den siebziger Jahren hingegen lieber die Römer selbst als Außenseiter angesehen und ihnen mit einseitiger Ideologiekritik falsches Bewußtsein vorgehalten, sie abgeurteilt – am Beispiel der Sklaverei, des Imperialismus, des ‚bellum iustum', der Forderung nach Einsatz für den Staat und der davon bestimmten Beurteilung der Werthaltungen und Freizeitbeschäftigungen.[11] Viel lieber hat man sich selbst fortschrittliches Denken attestiert, als das Römische in uns sehen zu wollen. Wie viele Chancen, wirklich Probleme des heutigen Lebens durch Nachdenken zu bewältigen oder zu mildern, werden ausgelassen, wie viele unnötige oder nicht überzeugende moralische Ermahnungen (man denke an Krüger-Hornigs Darlegungen) werden an ihre Stelle gesetzt und grenzen an Hohlheit, Pathos und Abstraktheit.

Plautus war daher über längere Zeit tabu oder nur auf dem Umweg über ‚kritischen Konservatismus' zu rechtfertigen. Lüsterne Alte, verführerische Dirnen, verlogene oder erwerbstüchtige Zuhälter, raffsüchtige Bankiers, über die Stränge schlagende Jugendliche, verschlagene Gesellschaftslöwen und Parasiten, sie schienen kein geeignetes Sujet für die Schule.

„Amphitruo", „Captivi", vielleicht „Trinummus" waren daher die tolerablen Ausnahmen.[12] Sie wurden der Oberstufe zugewiesen, den ‚reifen' Jahrgängen, die jetzt nach vielen Lateinstudien auch noch das Lateinische als Umgangssprache kennenlernen, Altlatein und schwierige Versmaße bewältigen sollten. Andere Komödien schieden wegen starker Anstößigkeit aus (etwa „Bacchides", „Persa"), andere wegen weniger, aber vorhandener anstößiger Szenen. (Andere Gründe kamen hinzu: schwierige inhaltliche Voraussetzungen, manchmal schwierigere Sprache, altlateinische Wörter und Formen, schwierige Versmaße.)

Heute aber sieht man klar, daß die Komödien viele Themen anschneiden, die für Jugendliche schon in der Mittelstufe wichtig sind und zu ihrem Lebens- und Erfahrungsbereich zählen. Man sieht ferner, daß sie viel Alltags- und trivialisierte Philosophie enthalten.[13] Dies verbindet sich mit dem ohnehin vom Inhalt ausgehenden Anreiz, über ethische Probleme nachzudenken. So erfolgt auf der Mittelstufe durch Komödienlektüre auch eine Einführung in einige philosophische Probleme und eine erste Erfahrung, daß Philosophie einen Beitrag zur Lebensbewältigung leisten kann. Dies kann man noch vertiefen, indem man zu bestimmten Bereichen und Themen Hintergrundinformationen vermittelt, z. B. in einer Textausgabe als Begleittext.[14]

4 Komödienlektüre als Einführung in das antike Alltagsleben

Mittlerweile ist auch der Wert anerkannt, den die Komödienlektüre für die Einführung in das antike Alltagsleben hat. Zwar kann man gerade bei der römischen Komödie nicht immer genau unterscheiden, was römischer, was griechischer Alltag ist. Jedoch sind manche Realien gleich oder ähnlich (z. B. Straßenleben, Außenseiter, Auffassung von der Rolle des Zufalls). Und viele Realien sind eher römisch als griechisch, auch wenn die Komödien an griechischen Schauplätzen spielen (Familienstruktur, Berufe und ihre Stellung, soziale Verhältnisse in der familia, Sklavenverhalten, Denk- und Argumentationsstrukturen, Hausbau, Bekleidung, Ernährung, Göttervorstellungen). Die Ansiedlung an griechischen Schauplätzen hat ja vor allem einen ‚Guckkasteneffekt', der es den römischen Zuschauern ermöglicht, frei von allen direkten Anspielungen und Übertragungssuggestionen ein eigenes Bild von der gegenwärtigen Umbruchsituation zu gewinnen, die eigene Stellung darin zu erkennen oder einzunehmen und über sich selbst herzhaft und mit Gewinn zu lachen.[15]
Daß vieles durchaus römisch ist, hängt damit zusammen, daß die Römer erstens die Komödie in ihren Kultur- und Denkbereich übertrugen, so daß sich Anpassungen an die eigenen Vorstellungen von selbst ergaben – sonst wären die Komödien unverständlich geblieben oder geworden. Und es hängt zweitens damit zusammen, daß die Römer im griechischen Denken Anregungen, Herausforderungen oder – insbesondere auf dem Gebiet der Rhetorik – Vorbilder für ihre eigene Orientierung im Leben und für ihre eigene Lebensbewältigung sahen.[16] Ob dies nun zu einer Neuorientierung, Umorientierung oder

Distanzierung führte, in jedem Fall war es eine Auseinandersetzung zwischen Altem und Neuem, Herkömmlichem und Ungewöhnlichem, Norm und Durchbrechung der Norm – in Abhängigkeit von der Veränderung der sozialen, wirtschaftlichen und politischen Umwelt. Deswegen können wir vieles in den römischen Komödien trotz griechischer ‚Quellen' als römisch ansehen. Deswegen werden aber die Römer und gerade ihre Komödien paradigmatisch, weil auch die heutige Zeit dadurch geprägt ist, daß man sehr häufig und immer wieder neue Entwicklungen berücksichtigen, daß man umdenken oder sein gewohntes Denken und Verhalten gegen neue Formen verteidigen und bewähren muß.

So verbinden sich inhaltliche ‚Anstößigkeit' und Einführung in den römischen Alltag und helfen den Lesern, sowohl über ihre eigene Welt nachzudenken als auch durch die Kenntnis der römischen Lebensvorstellungen und Lebensumstände die Gedanken anderer – literarisch vielleicht höherstehender, anspruchsvollerer – Texte zu verstehen, die die Kenntnis der alltäglichen Lebensumstände und allgemeiner Denkweisen einfach voraussetzen.[17]

5 Hinwendung zur Komödie als Reaktion auf einseitige Caesar-Lektüre

Daß die Plautuslektüre eine Renaissance erlebte, hatte aber zunächst andere Ursachen. Die ersten Anregungen zur Komödienlektüre entstanden aus der bei Lehrern und Schülern verbreiteten Unlust an einer zu einseitig nur oder vorwiegend auf Historiker ausgerichteten Lektüre, insbesondere als Reaktion auf eine falsch ausgerichtete und zu lange Caesar-Lektüre. In *vinum, amor, humanitas* vermutete man bessere Sympathieträger und schnellere Textverständnismöglichkeiten als in *bellum, arma, imperium*.[18] Helmut Oberst suchte einfach Witz und lebendiges Geschehen und zeichnete zur Erholung der Schüler Comics zur „Mostellaria".[19]

Die Begründung ‚*vinum, amor* und *humanitas*' galt vor allem der Terenzlektüre. Terenzlektüre ist jedoch auf der Sekundarstufe I nicht einfach. Die Zwischentöne und das seelische Geschehen in den Komödien des Terenz sind schwer zu verstehen, eine gewisse Lebenserfahrung ist dazu Voraussetzung.[20] Die Ziele der Caesarlektüre haben sich längst gewandelt, der Anlaß seines Werkes (politische Werbung durch seinen *Commentarius* als Ersatz für eigene Anwesenheit in Rom) ist zugleich das beste Kriterium für die mit seiner Lektüre verbundenen Ziele und Methoden.[21] Caesar ist eine weltgeschichtliche Figur, mit der sich zu beschäftigen lohnend ist, und seine Methoden, dem Leser seine Sicht der Dinge zu suggerieren, an ihn zu appellieren, eignen sich zur exemplarischen Behandlung im Lateinunterricht, weil der Schüler hier Manipulation und Appell durch Sprache erkennen kann und dies eine Fähigkeit ist, auf die er nicht verzichten darf.

Die Comics zu Plautus und Terenz hingegen haben sich gehalten. Jedoch hat sich ihr Einsatz verschoben. Daß sie die Originallektüre nicht ersetzen können, ist eine Erfahrungstatsache geworden. Sie sind sehr verkürzt, ja zum Teil führen sie vom Sinn des Originals weg.[22] Ferner suggerieren sie die Lektüre lateinischer Originaltexte, ohne es zu sein und sie zu ermöglichen. Als zusätzliches optisches Element und als Beispiel für die Rezeption der Komödien sind sie hingegen neben der Originallektüre – als Ergänzung – einsetzbar.[23]

6 Komödienlektüre aus sprachlichen Gründen – Komödientexte in Lehrbüchern

Die Entscheidung für die Komödienlektüre, und hier insbesondere für die Komödien des Plautus, wurde auch durch grammatische und Wortschatzgründe bestimmt.[24] Dabei kann man unterscheiden zwischen der Entscheidung, Komödien zur Erlernung der Grammatik, der Entscheidung, Komödien zur Übung der Grammatik, und schließlich der Entscheidung, Komödien zur Entlastung von allzu viel grammatischer Arbeit zu lesen.[25] Die Entscheidung für die Komödienlektüre zur Erlangung von Grammatikkenntnissen geht Hand in Hand mit der zunehmenden Tendenz, in Lehrbüchern Originaltexte oder originalnahe (leicht bearbeitete, vor allem von noch nicht bekannten Grammatika freie) Texte einzusetzen.[26] Sie ging ferner Hand in Hand mit dem zunehmenden Bewußtsein von den sprachlich konstitutiven Elementen bestimmter Textsorten und von der Unterscheidung verschiedener Textsorten innerhalb einer Gattung.[27] So besteht etwa das Drama aus Prolog, Monologen und Dialogen zwischen zwei oder mehreren Personen.

Für Dialoge sind aus dem textsyntaktischen Bereich in besonderem Maße die Modi wichtig (Wechsel zwischen Aussagen und Wünschen, zwischen Tatsachenbehauptungen und Gedankenspielen im Irrealis).

Im textsemantischen Bereich sind von besonderer Wichtigkeit die Personkennzeichnungen und die Verweisformen. Denn in Dialogen spricht jeweils eine Person (Sprecher, 1. Person, Pronomen *hic*) zu einer anderen (Angesprochener, 2. Person, Pronomen *iste*) über andere Personen und Sachen (Besprochenes, 3. Person, Pronomen *ille*). Problematisch ist, daß dies für jede Äußerung innerhalb des Dialogs neu gilt, also von jedem Sprecher aus immer wieder neu erarbeitet werden muß. Neben manchen – meist komplizierten – Reden sind also die Komödienszenen die besten Texte, wenn man den Wechsel zwischen 1., 2. und 3. Person und die Bedeutung der Demonstrativpronomina überzeugend vorführen und einüben will. Deswegen enthalten neue Übungsbücher[28] viele Komödientexte, z. B.:

Cursus Latinus:
Bd. I: Texte 37–41: „Menaechmi" zur Einführung u. a. von *is, ea, id; iste; ipse; idem*.
Bd. II: Texte 14–16: „Miles gloriosus" zur Einführung u. a. von *quicumque, quisquis* und des optativen Konjunktivs.

Cursus Novus:
Bd. I: Texte 33–37: „Menaechmi".
Bd. II: Texte 14–16: „Miles gloriosus", jedoch ohne Einführung des optativen Konjunktivs (statt dessen meinen die Autoren, *trahere* und *laedere* üben zu müssen).

Contextus:
Teil 1: Lektion VI: „Mostellaria" zur Einführung u. a. der ‚Textverknüpfer' und der Verbformen 1., 2., 3. Singular.
Lektion VII: aus den Prologen zum „Rudens" und den „Menaechmi", hier weniger relevant.
Lektion VIII: aus dem „Rudens", in unserem Zusammenhang weniger relevant.
Lextion X: „Rudens" zur Einführung der Satzarten, der 2. Plural Präs. Ind. Aktiv und der Pluralformen des Imperativs.

Lektion XIII: „Mostellaria" und „Rudens" zur Einführung u.a. von Funktion und Formen der Demonstrativpronomina *hic* und *ille*, außerdem *is*.
Teil 2: Lektion XVIII: „Captivi" u.a. zur „Übersicht über Futurformen", „Übersicht über die Formen des Imperativ II Aktiv", und zum Verständnis der folgenden Erscheinung: „Weglassen von Teilen einer Äußerung im Textzusammenhang" (so das Inhaltsverzeichnis, S. 4).
Lektion XXII: „Rudens" zur „ersten Gegenüberstellung Indikatio – Konjunktiv".
Teil 3: LektionXXV: „Rudens" zum „Konjunktivgebrauch in Gliedsätzen".
Fontes:
Lektion 11: „Miles gloriosus" zur Einführung der Formen des Personalpronomens, der Personen des Verbs, des Vokativs, der Hauptsatzarten, des Imperativs und der Demonstrativpronomina *hic, iste, ille*.
Lektion 13: „Mostellaria" zur Einübung der Tempora u.a.
Litterae:
Dieses Übungsbuch enthält erstaunlicherweise keinen Komödientext, sondern eine recht künstliche Umformung eines Martialepigramms aus dem Singular in den Plural zur Einführung der 1. und 2. Singular und Plural.
Nota:
Lektion 13: ein Gespräch aus den „Colloquia familiaria" des Erasmus u.a. zur Übung der Texterschließung durch Beobachtung der Personenkennzeichnungen.
Lektion 19: „Amphitruo" zur Einführung und Einübung u.a. der Modi in Hauptsätzen, der Kondizionalsätze und der Indefinitpronomina.
Manche anderen Lehrbücher bringen Dialoge, jedoch erfundene, keine, die von Komödienszenen inspiriert sind.

7 Der Übungseffekt von Komödienszenen

Der Übungseffekt für die genannten komödien- oder dialogspezifischen Grammatika, für weitere Grammatika (z.B. Kasusfunktionen)[29] und für den Wortschatz wird bei Plautus dadurch besonders stark, daß die Erscheinungen oft wörtlich in großer Dichte wiederholt werden. Begriffsstutzige, ungläubige, überraschte Figuren müssen immer wieder dasselbe fragen und gesagt bekommen[30], ‚typische' Figuren haben ‚typische' Verhaltensweisen und ‚typische' sprachliche Formulierungen.[31] Durch diese Wiederholungen wird die Kenntnis bestimmter Grammatika und bestimmter Vokabeln ‚eingeschliffen'.

Neu erfundene Lehrbuchtexte haben sich diese Komödienbeispiele zum Vorbild genommen.[32] Sprachlaborübungen, die einer festen Abfolge von ‚Stimulus', ‚Reaktion' und Wiederholung folgen müssen, sind durch Einkleidung in eine komödienhafte Szene, die diese Abfolge bedingt, weniger schematisch, mehr rhythmisch, motorisch, witzig.[33]

8 Die Lesegeschwindigkeit bei der Komödienlektüre

Andererseits haben Komödien, da sie der Umgangssprache verpflichtet sind, in der Regel keinen zu komplizierten Satzbau. Es fehlen Satzperioden mit vielen Gliedsätzen oder partizipialen Einbettungen. Beide Erscheinungen kommen nur dosiert in einzelnen Sätzen vor, nicht massiert.[34] Wiederholungen, Redundanzen und verhältnismäßig einfacher Satzbau ermöglichen es, eine größere Lesegeschwindigkeit zu erreichen, fast so groß wie während der Lehrbuchlektüre, größer als bei vielen Prosatexten, wie sie auf der Mittelstufe (Sekundarstufe I) gelesen werden (Caesar, Nepos), oder als bei Texten, die sonst auf der 10. oder 11. Jahrgangsstufe gelesen werden (Ovid, Sallust, Plinius). Dies ist aus mehreren Gründen wichtig:

– Grundsätzlich verträgt es eine dramatische Szene besonders schlecht, wenn ihr Ablauf zu langsam erarbeitet wird.[35] Man muß sich die Atmosphäre des Geschehens, das Ambiente des Auftritts, das Gehabe der Personen vorstellen können, wenn man die Szene und die einzelnen Äußerungen in ihr schnell erfassen und verstehen soll.
– Die relativ rasche Lektüre sorgt für Abwechslung, wenigstens z.T. auch für die Befriedigung des Lesehungers, der sonst bei deutscher Lektüre besser gestillt wird.
– Sie macht auch eine gewisse Beschränkung der Interpretation notwendig, weil diese nicht ungebührlich mehr Zeitumfang als die Texterschließung und die Übersetzung erfordern soll. Bei einer umfangreichen Texterschließung lohnt es sich, die gewonnenen Erkenntnisse und Beobachtungen auch für die Interpretation auszuwerten. Wenn aber Texterschließung und Interpretation schneller vonstatten gehen, dann werden die einzelnen Abschnitte (Szenen) nicht so sehr vereinzelt wie bei anderen Lektüren, und dann sollte der Durchgang durch das Drama nicht so sehr verzögert werden.

Schwemer[36] verstärkt die relative Einfachheit des Satzbaus noch durch Bearbeitung. Jedoch ist fraglich, ob die Vereinfachung als Originallektüre oder als ihr ähnlich angesehen werden kann. Ferner verkürzt der genannte Bearbeiter den Text, nimmt ihm so eine Reihe von Redundanzen und damit dem Schüler diesen Weg des Erlebens von Lesegeschwindigkeit und Leichtigkeit. Das könnte auch in den Comics von Oberst der Fall sein, wenn zwischen den einzelnen Bildern zu viel Inhalt übersprungen wird.

9 Sprachliche und inhaltliche Schwierigkeiten bei der Komödienlektüre – Die Bedeutung der Texterfassung vor der Satzerfassung

Aber nicht alles aus der Alltagssprache ist leicht. Das Latein, das die Schüler im Grammatikunterricht erlernen, ist vorwiegend das der klassischen Texte, auch wenn nunmehr Dialoge und Komödienszenen in den Lehrbüchern vorkommen und wenn beispielsweise verkürzte Perfektformen – die ja auch in der Prosa stark vertreten sind – eingeübt werden *(impetravere, impetrasse)*. Schwer zu erfassen sind für einen Außenstehenden und Lateinschüler Bilder, Vergleiche, bildhafte Ausdrücke, manche Witze, bestimmte sprachliche Eigentümlichkeiten, z.B. umständliches Reden, vor allem verkürzte oder nicht direkt an das Vorige anschließende Sätze, die dadurch entstehen, daß ein Dialogpartner den anderen unterbricht und dann an dessen angefangenen Satz oder an seinen eigenen vorher gesprochenen Satz anknüpft.[37]

Auch aus diesem Grund ist es wichtig, vor der Einzelerarbeitung der Sätze einen Überblick über Ablauf und Thematik der jeweiligen Szene zu gewinnen.[38] Eine Reihe von Ausdrücken und Bildern sind außerdem nicht so sehr volkssprachlich als plautinisch. Plautus arbeitet mit Phantasie und Erfindungskunst im inhaltlichen wie im sprachlich-stilistischen

Bereich. Je plautinischer, desto schwieriger für Schüler, aber desto unterhaltsamer, könnte man sagen. Für die Auswahl der Komödien, die für den Schulunterricht und insbesondere für frühe Lektüre geeignet sind, spielt dennoch dieser Gesichtspunkt eine Rolle, und man wird eher solche Komödien lesen, die nicht zu sehr von plautinischen Spracherfindungen überquellen.

10 Motivierung der Schüler und Werbung für das Fach Latein durch Plautus-Lektüre

Die Lektüre einer römischen Komödie – einer des Plautus noch mehr als einer des Terenz – ermöglicht Aktivitäten, die das Lernen erleichtern, Motivation erhalten und werbewirksam für das Fach Latein sind:
– Die Wiederholung erarbeiteter Szenen kann eingeleitet oder abgeschlossen werden durch das Lesen mit verteilten Rollen. Je jünger die Schüler sind, desto freudiger und ungehemmter werden sie dabei Gestik und Mimik einsetzen und daher den Text so gut einstudieren, daß sie ihn zum Teil auswendig vortragen. Die Einübung und Festigung von Vokabelkenntnissen und die Beherrschung von Satzbaumustern werden damit ebenso erreicht wie die Freude am Klang der lateinischen Sprache und die Sensibilität für ihre Ausdruckskraft, für die Satzmelodie und für den Ablauf von Texten.
– Bei Komödien, besonders bei den drastischen nach plautinischer Art, können nach der Erarbeitung einer textnahen, ‚bewahrenden' Übersetzung auch freiere, ‚transponierende' Übersetzungen angeregt (und als Leistung honoriert) werden. Dabei kann man vielerlei Grade der Freiheit zulassen: Übertragung in heutige Denkweisen, in Jugendjargon, in Dialekt, jedoch immer unter Berücksichtigung des (im Unterricht erarbeiteten und analysierten) Charakters der einzelnen Personen; oder auch freiere Übertragungen mit eventuellen Umdeutungen der einzelnen Charaktere; dies führt dann zur dritten Aktivität:
– Aufführungen der gelesenen Komödie geben theaterbegeisterten Schülern Gelegenheit, sich in einer Rolle auszuleben und zu profilieren. Sie vermitteln Eltern und anderen Interessenten, in kleineren Schulorten auch einer breiteren Öffentlichkeit, ein freundliches Bild vom Lateinunterricht und von der Schule überhaupt.[39]

Alle drei Formen der Aktivität fordern und fördern auch die Kreativität über das problemlösende Denken beim Analysieren, Übersetzen und Interpretieren des Textes hinaus.

11 Weitere Vorteile der Komödienlektüre: Einführung in die dramatische Gattung und in die Wirkungsgeschichte der lateinischen Literatur

Grundsätzlich sprechen für die Komödienlektüre außerdem noch die folgenden Gesichtspunkte:
– Die Schüler sollen auch im Lateinunterricht in die Gattung des Dramas eingeführt werden, vor allem, wenn sie keinen Griechischunterricht erhalten haben. Dieses Argument ist jedoch für sich gesehen von geringerer Bedeutung, weil eine Einführung in die dramatische Gattung auch in anderen Fächern erfolgen kann, bisweilen sogar durch

raschere Lektüre effektiver ist. Man muß dieses Argument daher mit anderen Argumenten verbinden, vor allem die besondere Plastizität und den Schwung der Plautinischen Komödien oder die Stellung der Terenzischen Komödien am Übergang zweier gesellschaftlicher Ordnungen oder zweier Lebensauffassungen hervorheben. Wirkungsvoll ist es außerdem, wenn die folgenden beiden Argumente mit dem grundsätzlichen Argument verbunden werden:

– Die Schüler sollen in der römischen Komödie eine in vielem eigenständige und vor allem eine besonders lebendige Komponente der römischen Dichtung kennenlernen.

– Die Schüler sollen die Wirkungsgeschichte des römischen Denkens und der lateinischen Literatur am Fortleben von Motiven, Figuren und Inhalten der römischen Komödie erkennen. Nur selten ist allerdings ein direktes Fortleben einer bestimmten römischen Komödie im Unterricht darstellbar. Entweder handelt es sich um den schwierigeren und in der Schule selten gelesenen „Amphitruo" – er hat eine reiche und direkt konfrontierbare Wirkungsgeschichte[40] –, oder es geht um entlegenere Nachdichtungen, meist jedoch um die Verarbeitung von Teilen einer Komödie – die Verarbeitung solcher Teile ist bisher erst wenig analysiert und begründet worden.[41]

12 Die Auswahl der geeigneten Plautuskomödien für die Mittelstufe: „Mostellaria" und „Stichus"

Die genannten Begründungen lassen für die Sekundarstufe I (Mittelstufe) insbesondere die „Mostellaria" und den „Stichus" als Gesamtlektüre möglich erscheinen. Die meisten anderen Komödien des Plautus haben entweder eine Reihe komplizierterer Formulierungen – oder sie haben komplizierte inhaltliche Voraussetzungen[42] – oder sie sind in ihrem Inhalt sehr zeitgebunden (z. B. der „Persa") – oder sie verlangen doch größere interpretatorische, auch rezeptionsgeschichtliche Arbeit (so der „Amphitruo"). Mehr Komödien eignen sich zur Behandlung auf der Oberstufe (Sekundarstufe II), jedoch wird man dort eher eine Terenzkomödie – vor allem die „Adelphoe" – lesen, wenn man in der Sekundarstufe I schon eine Plautuskomödie gelesen hat. Aus den anderen Komödien können aber kleinere Partien in orginaler oder größere in bearbeiteter Form bereits im Lehrbuch erscheinen – hierfür eignen sich außer den genannten Komödien („Amphitruo", „Menaechmi", „Miles gloriosus", „Mostellaria", „Rudens", „Stichus") auch Partien aus den „Captivi" und dem „Mercator".

Von den zwei genannten, für die Mittelstufe besonders geeigneten Komödien erscheint die „Mostellaria" auf den ersten Blick als mehr ausgearbeitet, als geschlossener und ästhetisch wie inhaltlich befriedigender. Der „Stichus" ist hingegen mehr ein Bilderbogen von Szenen; sie werden jedoch durch das Motiv des Genusses von Freiheiten oder des Verzichtes darauf zusammengehalten und können langsamer und isolierter gelesen werden. Der „Stichus" ist außerdem die kürzeste Komödie des Plautus (775 Verse). Bei der „Mostellaria" wird man einige Szenen auslassen müssen, sie hat insgesamt 1181 Verse. In beiden Komödien gibt es nur weniges, was besonders unverständlich oder heikel ist. Die Szene *Mostellaria* I 3 (vv. 157–312) könnte bei sehr früher Lektüre deswegen auf Unverständnis stoßen, weil Schüler dann nicht die desillusionierte, frustrierte, ja männerfeindliche Haltung der lebenserfahrenen Hetäre Scapha nachvollziehen können. Die Szene *Rudens* IV 1 (bes. v. 538–569) könnte auch bei nicht so früher Lektüre Verständnisschwierigkeiten bereiten, weil das kostenlose Ausleihen oder Übernehmen mehrerer Hetären zumindest in bürgerlichen Kreisen, in der ja auch diese Komödie spielt, ungewöhnlich ist und man erst sehr massiv in Erinnerung bringen müßte, daß es sich hier um Sklavinnen handelt, der Römer und der Grieche eben für alle Bedürfnisse seine Sklaven oder Sklavinnen hatte und daß dennoch die Kosten gering gehalten werden sollten. Außerdem – und das ist weit problematischer – müßte man sich zum Verständnis an einzelne bekannt gewordene Fälle aus heutiger Zeit halten, z. B. die Inanspruchnahme solcher Dienste zum ‚Freundschaftspreis' oder sogar zum ‚Nulltarif' durch Politiker und Behördenmitarbeiter oder auch die Aufnahme solcher Dienstleistungen in das ‚Betreuungsprogramm' für Geschäftspartner und Diplomaten. Solange dies aber nicht die Regel ist, könnte eine solche Parallelisierung vielleicht ein falsches Bild ergeben. Andererseits ist das Verhalten des Epignomus im „Stichus" wohl eine Ausnahme, oder es wird auf jeden Fall kritisiert, denn Epignomus zeigt auch hier sein hartes Gewinnstreben – wie gegenüber seinen Töchtern in der Szene I 2 – und begibt sich auf die Stufe verachteter Stände, etwa des *leno* oder des *danista*.

13 Begründung und Darstellung der „Mostellaria"-Lektüre

Die folgende Begründung und Darstellung der „Mostellaria"-Lektüre aus einer Handreichung für Lehrer[43] kann zeigen, welche Gesichtspunkte bei der Auswahl der Komödie, bei der Auswahl der einzelnen Szenen und bei der Wahl der Methoden zu ihrer Behandlung eine Rolle spielen. Die oben (in Abschnitt 3) ausführlich vorgestellten inhaltlichen Gesichtspunkte aus heutiger Sicht sind dabei weniger stark herausgehoben, weil sie natürlich von Zeit zu Zeit verschieden sein können und die Handreichung dem Lehrplan folgt, der eher frei von individuellen oder möglicherweise an einen zu kurzen Zeitraum gebundenen Gesichtspunkten sein soll. Daß solche Gesichtspunkte dennoch oft Ausgangs- und Zielpunkt der Lektüre sind, sei aber noch einmal hervorgehoben. Jede fruchtbare Lektüre lebt von individuellen und zeitgebundenen Bezugssetzungen.

<u>Herkunft, Erziehung und Verhaltensnormen in der heiter-verzerrten Darstellung einer römischen Komödie (Plautus, Mostellaria)</u>

1 Begründung des Themas
   (1) Die Lektüre einer Plautinischen Komödie führt ein in:
   – das Verhältnis Herr – Sklave,
   – das Verhältnis Vater – Sohn,
   – das Verhältnis Mann – Frau bei den Römern,
   – das Verhältnis Römer – Griechen.
   (2) Die Lektüre einer Plautinischen Komödie führt in Gestaltungsprinzipien der antiken, insbesondere der römischen Komödie ein:
   – Typen und ihre Variation,
   – sprechende Namen,
   – Einheit von Ort und Zeit,
   – griechisches Ambiente als Mittel, römische und andere Denkweisen zu konfrontieren und in verzerrter Form Zeit- und Gesellschaftskritik zu üben,

- Elemente des Dramas wie Prolog, Monolog, Dialog und ihre Aufgaben,
- Spielcharakter durch Wendung an die Zuschauer u.a.

(3) Die Lektüre der „Mostellaria" des Plautus führt zusätzlich ein in:
- römische Erziehungsprinzipien,
- römische Normen,
- römisch-antike Auffassung vom Charakter,
- antike Wertung von Berufen.

(4) Die Lektüre der „Mostellaria" läßt somit antikes Denken an seiner Basis und in vertrauten Lebensbereichen des Schülers erkennen und bereitet damit das Verständnis anderer Schriften vor, in denen römisches Denken und Argumentieren in weniger vertrauten und in theoretischen Bereichen zu erkennen ist.

(5) Die Lektüre der „Mostellaria" läßt in besonderem Maße vielseitige unterrichtliche und außerunterrichtliche Aktivitäten der Schüler zu.

(6) Die Lektüre einer römischen Komödie paßt von der Gattung her zu Lektüren in anderen sprachlichen Fächern und erfährt eine Unterstützung auch durch optische Hilfen wie Comics.

2 Lernziele

2.1 Sprachlich-literarische Lernziele

2.1.1 Kenntnis der Elemente einer Komödie: Prolog, Monolog, Dialog, Schlußbitte an die Zuschauer.

2.1.2 Kenntnis charakteristischer Personen der römischen Komödie: Väter, Söhne, Sklaven, Angehörige bestimmter, damals wenig angesehener Berufsgruppen, z.B. Hetären, Bankiers (Geldverleiher).

2.1.3 Kenntnis einiger Eigenarten der römischen Komödie: Wendung *ad spectatores*, Straßenszenen statt Innenszenen; Möglichkeit des Mithörens und Kommentierens von Aussagen anderer Personen, ohne daß diese davon etwas merken; Wechsel zwischen Mitteilungen an einen Dialogpartner und an das Publikum gerichteten Gedanken.

2.1.4 Kenntnis stilistischer Mittel – wie rhetorische Frage, Anapher, Vergleich, Chiasmus, Ellipse, Epanalepse, Dihaerese – und Fähigkeit, sie in ihrer inhaltlichen Wirkung zu deuten.

2.1.5 Kenntnis einiger Mittel zur Erzeugung von Spannung und Komik: Verzögerung, Andeutung, bewußtes Mißverstehen oder Wörtlichnehmen, Beobachten der Scheinwelt durch ein wissendes Publikum.

2.1.6 Fähigkeit zur Texterschließung nach textsemantischen und textsyntaktischen Gesichtspunkten.

2.1.7 Fähigkeit zum ausdrucksvollen Lesen unter Beachtung der Stimmführung und der Gestik und Mimik.

2.2 Inhaltliche Lernziele

2.2.1 Einblick in das römische Erziehungssystem: Erziehung durch Eltern statt durch Sklaven und Lehrer; Elementarschule; Umgang mit Erwachsenen; Militärdienst (2. Jahrhundert v.Chr.).

2.2.2 Einblick in einige Prinzipien des römischen Familienlebens: Gehorsam, Verantwortung, gemeinsame sittliche Normen.
2.2.3 Kenntnis römischer Normen und Wertvorstellungen des 2. Jahrhunderts:
- Achten auf den Ruf in der Öffentlichkeit,
- Ausrichtung der Erziehung und der Tätigkeiten sowie deren Bewertung nach dem Nutzen für den Staat,
- *virtus, labor, industria, verecundia, duritia, parsimonia.*
2.2.4 Einblick in das Problem der Charakterbildung.
2.2.5 Einblick in römische Gesellschaftsstrukturen und -probleme: Herr – Sklave, Mann – Frau; Stellung und wirtschaftliche Bedeutung der Sklaven; Klientelwesen; Verhältnis zum griechischen Denken; Versuch, römische Normen und griechisches Individualitätsdenken zu verbinden.

3 Methodische Hinweise

3.1 Grundlage der Lektüre soll der ausführliche Originaltext sein, der in der Schreibweise und in den Flexionsendungen an klassisches Latein adaptiert ist. Nur so sind möglich:
- textsemantisches und textsyntaktisches Arbeiten,
- langsamer und präziser Aufbau einer genauen Inhaltsvorstellung,
- Festigung des Wortschatzes (aufgrund der vielen Wiederholungen),
- Berücksichtigung aller Schülergruppen (da wiederholende Passagen leichter fallen).

Die vorhandenen Kurzfassungen bereiten inhaltliche Verständnisschwierigkeiten und enthalten sachliche Fehler.

3.2 Kurzfassungen, auch Comics, können aber der häuslichen Lektüre nach der schulischen Arbeit am Original dienen, einige optische Verdeutlichungen ermöglichen und Grundlage für eine Aufführung sein.

3.3 Je nach Einsatz in einem Kurs Latein I, II oder III ergeben sich zahlreiche Möglichkeiten, die Lektüre zu einem Projekt auszugestalten, das vielerlei affektive Haltungen fördert. Solche Möglichkeiten sind:
- Zeichnen oder Malen von Szenen,
- Lesen und Spielen von Szenen,
- Erarbeitung einer Aufführung – deutsch oder in lateinischer Kurzfassung oder mit dem lateinischen Text auf Tonband und pantomimischer Vergegenwärtigung (Playback),
- Vertonung eines Textes, z. B. der Szene II 2,
- Sammeln von Stundenprotokollen, Ausarbeitungen, Tafelbildern und Darstellungen der Arbeitstechniken in einer hektographierten Veröffentlichung für Schüler und Eltern,
- Gerichtssitzungen über die Beurteilung des Philolaches, des Theopropides und vor allem Tranios,
- durchgehende Konfrontation der vorkommenden antiken Auffassungen, Einrichtungen und Wertungen (z. B. des Berufs des Bankiers) mit heutigen.

4   Auswahl und Zeitansatz
Als Zeitpunkt der Lektüre sind geeignet:
– für Latein I   Jahrgangsstufe 8/2,
– für Latein II Jahrgangsstufe 9/2,
– für Latein III Jahrgangsstufe 10/2.
Die Dauer der Lektüre sollte nicht mehr als drei Monate oder 40 Wochenstunden betragen. Die in der detaillierten Darstellung der Lektüreeinheit gegebene Auswahl ist nicht verbindlich. Sie hebt nur den thematischen Gesichtspunkt anhand der dafür charakteristischen Szenen hervor. Je nach Lateinkurs und Interesse lassen sich andere Szenen in die Auswahl aufnehmen, z. B. die Szene I 3.

Mögliche Feinziele einer Unterrichtseinheit „Herkunft, Erziehung und Verhaltensnormen in der heiter-verzerrten Darstellung einer römischen Komödie" (Plautus, Mostellaria)

Angestrebte Unterrichtsergebnisse	Methodische Hinweise/Belege
Szene I 1 (vv. 1–83): Einblick in zwei unterschiedliche Verhaltensweisen von Sklaven und in deren jeweilige Bezugsinstanz – Einblick in Techniken der Exposition.	
Der Landsklave Grumio rühmt sein solides Landleben,	
bekommt von Tranio Verachtung für sein bäurisches Benehmen zu spüren,	7, 35, 39–41.
hat sein Bezugssystem in den von seinem Herrn gesetzten Maßstäben.	11 f., 16–19, 25–28, 78.
Der Stadtsklave Tranio rühmt seine Art des Lebens und bekommt dafür von Grumio Vorwürfe.	1–5, 43–46.
Er hat sein Bezugssystem in sich selbst und rühmt die damit verbundenen eigenen Fähigkeiten.	36 f.
Als Kennzeichen des Sklavenlebens ergeben sich in der Szene I 1: Konkurrenzdenken, Neid; gegenseitige Herabsetzung durch Schimpfwörter; handfeste Auseinandersetzungen.	1 ff., 43–46. 13, 15, 34, 39–41, 45–47. 9. Man kann herausarbeiten, daß sich beide Sklaven zwar in ihrem Denken unterscheiden, aber darin übereinstimmen, daß sie an ihre eigene Stellung und Behauptung denken, nicht jedoch an eine Veränderung der Stellung ihrer Klasse.
Griechisches Leben erscheint als luxuriös, griechisches Denken als neuerungssüchtig.	20–24.
Die Exposition wird zwanglos in der Unterhaltung gegeben.	Abwesenheit des Herrn (10 f., 25, 47, 78), ausgelassenes Leben der Jungen (20–24, 28 f., 32, 83), Beteiligung Tranios (28, 33, evtl. 83), früheres Wohlverhalten des Jungen (30 f.).
Durch Hinweise auf kommende Gefahren und Entwicklungen wird Spannung erzeugt.	16–19, 47, 49, 72 f.

Angestrebte Unterrichtsergebnisse	Methodische Hinweise/Belege

Szene I 2 (vv. 84–156):
Kenntnis einiger Elemente römischer Erziehung im 2. Jahrhundert v.Chr. und einiger gesellschaftlicher Normen – Einblick in die Aufgabe des Monologs, die Selbstdarstellung, die Darstellung von Gedanken und Empfindungen einer Dramenfigur zu ermöglichen.

Philolaches berichtet in fünf Abschnitten seine Ansichten und Gefühle.	84–100: P. verkündet, daß er lange nachgedacht hat und das Ergebnis beweisen will. 101–117: P. stellt den Hausbau dar, das Können des Baumeisters, den Verfall bei einem nachlässigen Herrn. 118–131: P. vergleicht den Hausbau mit der Kindererziehung, den Erbauer mit den Eltern. 132–148: P. vergleicht den Einzug des nachlässigen Herrn mit der Übernahme der Selbstverantwortung durch die Kinder, die Witterungseinflüsse mit der Liebe. 149–156: P. fügt seine persönliche Stellungnahme hinzu, bedauert seine persönliche Entwicklung, für die er sich selbst die Schuld gibt, vergleicht seinen früheren und seinen jetzigen Zustand.
Philolaches zeigt die Bedeutung seiner Mitteilung – durch die Aufzählung von vielerlei Aspekten oder Stadien seines Denkvorgangs, – durch die Verwendung von Intensiva und der Wörter *diu* und *multa*, – durch die Betonung des Mitteilungsvorgangs, – durch die Berücksichtigung möglicher Einwände des Publikums und den Wunsch, alle zu seiner Meinung zu bringen.	viele Verben für „Nachdenken" (84–87) und „Finden/Meinen" (89–91) 84–87. Wortfeld „Sagen" 92, 95, 97–99. 93–100.
Philolaches vergleicht die Kindererziehung mit dem Hausbau. (1) Der Bau durch gute Architekten entspricht der Erziehung durch fürsorgliche Eltern; ein erfolgreicher und schöner Bau gefällt, wird gelobt und zum Beispiel genommen, das gleiche gilt für einen erfolgreich erzogenen Jugendlichen.	101–104 = 120–131 a. 103 f. = 123 f.
Philolaches hat einst dieser Beispielhaftigkeit entsprochen.	154 f.
(2) Der Einzug eines untauglichen und untätigen Herrn bewirkt Verfall, weil von außen kommende Beschädigungen nicht behoben werden. Dies wird gleichgesetzt mit der Übernahme der Verantwortung für das eigene *ingenium;* von diesem Moment an zeige sich das *ingenium* unbeeinflußt.	105–110. 135–141. Hinweise auf die antiken Vorstellungen von Charakter und Charakterbildung sind hier möglich, z.B. auf die Vorstellung vom Zusammenwirken von Physis und Paideia und von der Unveränderlichkeit eines in der Jugend erreichten Charakters.

Angestrebte Unterrichtsergebnisse	Methodische Hinweise/Belege
(3) Zusätzliche Witterungseinflüsse bewirken den völligen Zerfall des Hauses.	111–117.
Der Sturm wird bei der Jugendentwicklung mit der Liebe gleichgesetzt.	142–148.
(4) Elemente römischer Erziehung sind	
– *litterae, iura, leges,*	126.
– Vorbilddenken,	128.
– Militärdienst,	129 (bis zur Einführung eines Berufsheeres).
– ständige Begleitung durch Angehörige.	130.
Ziele römischer Erziehung sind u. a.	
– *verecundia, virtutis modus,*	139 (Gewissensbildung).
– *fides, fama, virtus, decus,*	144 (Achten auf die Gruppe).
– *parsimonia,*	154 (wirtschaftliches Denken).
– *duritia,*	154 (Härte).
– sportliche Ausbildung als militärische Ertüchtigung.	151–153; hier lassen sich Unterschiede zwischen griechischer und römischer Erziehung erwähnen: – die griechische Erziehung diente der individuellen geistigen und körperlichen Vervollkommnung (vgl. 151 *disco, pila*); – die römische Erziehung diente der Ausbildung gesellschafts- bzw. staatsbezogener Fähigkeiten; vgl. die sportliche Erziehung, die Cato (Plutarch, *Cato maior* 20) seinem Sohn vermittelt; nach Einführung des Berufsheeres geht die sportliche Betätigung der Römer zurück und beschränkt sich vorwiegend auf Fitneßübungen.
Philolaches zeigt durch seine Reflexion und durch sein Schuldbewußtsein, daß die Erziehung bei ihm gewirkt hat, auch wenn er selbst sich skeptisch äußert.	Eine Konfrontation mit heutigen Verhältnissen ist möglich, insbesondere ein Hinweis darauf, daß eine Entwicklung geistig-seelischer Art auf der Auseinandersetzung mit Normen und Forderungen beruht, zumindest davon gefördert wird.

Szene II 1 (vv. 348–408):
Einblick in Fähigkeiten, die dem Sklaven Selbständigkeit verschaffen. – Kenntnis inhaltlicher und stilistischer Mittel, die einem Monolog und einem Dialog dramatische Spannung verschaffen.

Tranio kündigt die Ankunft des *pater familias* Theopropides in einem inhaltlich und stilistisch dramatischen Monolog an.	Im einzelnen: Übertreibungen (Hyperbeln): Rückführung auf Jupiter (348), Superlativ (348), Wortfeld „Untergang" (*perire* 349, *occidere* 350, *salus* 351 (Gegensatz), *excruciare* 355, andere Sklavenstrafen 356–360); anaphorische Verneinungen 350 ff., Verwendung von *Salus* als Göttin und als Sache, dadurch Polyptoton und Emphase; Metaphern *stabula confidentiae* 350, *maeroris mons* 352; rhetorische Fragen 354 ff. mit Dihaerese der 354 f. beschriebenen Personen in 356–358; Chiasmus 353.
Das erschreckende Ereignis und die Hilflosigkeit des Philolaches werden durch den Kontrast mit einer falschen Vermutung und durch häufiges Nachfragen und Wiederholen verdeutlicht.	falsche Vermutung 363 mit Epanalepse *adest, adest;* Nachfrage und Wiederholung 364–369.

Angestrebte Unterrichtsergebnisse	Methodische Hinweise/Belege
Die Spannung wird durch die Begriffsstutzigkeit und Lässigkeit des betrunkenen Callidamates gesteigert.	372–386.
Der einzige, der die Übersicht behält und einen Plan entwickelt, ist der schlaue Sklave Tranio.	387–405; Konfrontation von Inhalt und Kürze der Ausrufe und Fragen des Philolaches mit Länge und Inhalt der Ausführungen Tranios.
Das Verhältnis *patronus – cliens* erscheint umgedreht.	406–408. Die Komödie spiegelt also außer den bestehenden Machtverhältnissen auch andere denkbare.

Szene II 2 (vv. 409–418):
Einblick in Ziele und Möglichkeiten eines intelligenten Sklaven.

Der Sklave Tranio rühmt seine *audacia* und konfrontiert sie mit den Grenzen des *patronus-cliens*-Verhältnisses.	Tranio hebt hervor: *audacia* 409; „Gelehrtheit" bzw. Kenntnisse und Findigkeit 412.
Tranio unterscheidet sich so – vom Klientendenken, – vom Denken anderer Sklaven wie Grumio (Szene I 1, vgl. Szene IV 1), das sich nach den Maßstäben des Herrn richtet.	s. o. Vgl. Szene I 1.
Sein Ziel ist jedoch das gleiche wie das von Klienten und gehorsamen Sklaven.	415, vgl. oben Szene I 1.

Szene II 3 (vv. 431–531):
Einblick in Mittel, mit denen ein Sklave seinen Herrn überzeugen kann, in einige Elemente plautinischer Komik und in die Aufgabe des griechischen Ambiente der römischen Komödie.

Theopropides und Tranio unterscheiden sich in ihrer Ausrichtung auf die Götter.	Theopropides dankt Neptun (431–437), Tranio nutzt dies zu Spott (438 f.). Die Unverbindlichkeit des Glaubens an die Götter und die Eigenart der römischen Religion (z. B. Beachten des Götterwillens und juristisch-geschäftliche Regelungen der Beziehungen) können erwähnt werden.
Tranio konfrontiert in grober Verzerrung den Wunsch des Theopropides, erwartet heimzukommen, mit seinem eigenen Wunsch, lieber vom Tod des Theopropides Nachricht zu erhalten.	440–443. Daß sich hier grober Witz und weniger ein ernstzunehmender Wunsch äußert, müßte herausgearbeitet werden. Die Komödie hat in allem Spielcharakter (s. u. z. B. zu 450–474). Auf die Dauer der Abwesenheit des Vaters (drei Jahre) kann hier hingewiesen werden, weil sich so die Entwicklung des Philolaches und die Stellung Tranios besser verstehen lassen.
Tranio kann Theopropides durch die Erfindung einer Gespenstergeschichte davon überzeugen, daß er nicht ins Haus gehen darf. Er appelliert dabei an *religio* und *omen*-Glauben und – spielt überzeugend,	475–505. 450–474. Griechisches dient hier zur Herstellung einer Phantasiewelt und schafft Möglichkeiten, nicht Begründbares zu begründen (499 f.) und Spielverhältnisse zu schaffen.

Angestrebte Unterrichtsergebnisse	Methodische Hinweise/Belege
– reagiert geschickt auf Einwände und Zwischenfälle,	506–528.
– spielt den freudig dienenden Sklaven,	447–449.
– nutzt aber passende Gelegenheiten, den Herrn wegen Begriffsstutzigkeit zu blamieren.	495.
Das griechische Ambiente dient dazu, das Geschehen zu verfremden und Spielverhältnisse zu schaffen, die zwar nicht römischen Verhältnissen direkt entsprechen, wohl aber ungefährlich Kritik an diesen Verhältnissen integrieren können (z.B. an der Rigidität und geistigen Enge mancher Herren) und reale Verhältnisse und Möglichkeiten (z.B. geistige Überlegenheit mancher Sklaven) in grobverzerrter Form darzustellen helfen.	Vgl. oben zu 450–474 und 20–24.

Szene IV 1 (vv. 858–884):
Einblick in Gründe für das Funktionieren des römischen Sklavensystems.

Der Sklave Phaniscus zeigt die Gründe für das Wohlverhalten der Sklaven und für das Funktionieren des Sklavensystems.	Die Szene kann als kritischer Kommentar zu den Szenen I 1 und II 2 dienen; vgl. insbesondere 858–860: *utibiles*. Verkürzt (um die textkritisch schwierigen Stellen) ist die Szene als Klassenarbeitstext geeignet.

Szene IV 4 (vv. 904–932):
Einblick in Geschäftssinn und Vorsicht des römischen *dominus* und in die Technik, komische Effekte durch die Konfrontation der Scheinwelt einer Dramenfigur mit dem größeren Wissen der Zuschauer zu erzeugen.

Auf dem Höhepunkt der Täuschung des Theopropides	
– zeigt dieser seine Zufriedenheit mit dem angeblichen Hauskauf	904–909.
– und seinen Geschäftssinn	912–914, 919.
– und rühmt seine Vorsicht.	924, 926 f.
Tranio zeigt – für das Publikum mit parodistischer Wirkung –	
– seine und des Philolaches Arbeit im Sinne des *dominus*,	910 f.
– seine Beratertätigkeit.	916–918.
Das Publikum und stellvertretend der intrigierende Sklave kosten bewußt die Täuschung des Herrn aus.	Der Sklave stellt eigens provozierende Fragen, damit der Herr seine Täuschung dokumentieren kann.

Szene V 1 (vv. 1041–1063):
Einblick in das Mißtrauen von Sklaven.

Tranio zeigt, daß er sich im Notfall auch von den jungen Herren, denen er geholfen und gedient hat, allein gelassen fühlt. Der schlaue Sklave erscheint als Wesen ohne feste persönliche und moralische Bindungen.	1050–1061. Der Grund für den Ausschluß aus der Beratung der jungen Leute wird von Tranio mißtrauisch fehlgedeutet. Es stellt sich später heraus (1122–1127), daß die Jungen nur um Verzeihung bitten, das Familienband wahren wollen.

Angestrebte Unterrichtsergebnisse	Methodische Hinweise/Belege

Szene V 2 (vv. 1064–1121):
Einblick in einige weitere Elemente des Sklavenlebens und der römischen Gesellschaft. – Einblick in eine Technik des Witzes.

Tranio und Theopropides wissen beide, was der jeweils andere vorhat, suchen dies zu umgehen oder zu verhindern und gehen auf die Scheinargumentationen des andern ein.	1064 ff.
Der *dominus* hat die Macht, ist aber an die *religio* gebunden. Er sucht sie zu umgehen.	Theopropides will den Sklaven aus seinem religiös geschützten Bereich herauslocken.
Als Eigentum ihres Herrn können Sklaven als gerichtliches Beweismittel dienen, wenn sie trotz Folterung nicht gegen ihren Herrn aussagen. Dies gilt als Beweis der Unschuld des Herrn.	1092.
Durch bewußtes ‚Wörtlichnehmen' und Mißverstehen entstehen witzige Wirkungen.	1108–1110, 1117 f.; vgl. Cicero, *de oratore* II 275–277.

Szene V 3 (vv. 1122–1181):
Einblick in den Spielcharakter der Komödie „Mostellaria" und in ihr Verhältnis zur Wirklichkeit.

Callidamates erreicht Verzeihung für Philolaches durch Hinweis auf dessen Reue. Der in der *manus* des Herrn Befindliche muß seine Rückkehr zu dessen Maßstäben zeigen.	1155–1161.
Theopropides verzeiht vor allem deswegen, weil die Reue des Sohnes auch dem wirtschaftlichen Verlust gilt. Alle anderen Dinge erscheinen dem Vater weniger wichtig, wenn nur die wirtschaftliche Haushaltsführung fester Bestandteil der Haltung seines Sohnes wird.	1162–1166.
Tranio macht klar, daß wie Philolaches viele Jungen seines Standes leben und handeln.	1141.
Tranio bleibt auch bei der Bitte um Verzeihung frech. Er macht deutlich, daß sein Verhalten und das gesamte Geschehen ein Ausschnitt aus einer dauernden Problematik der Gegensätze Herr/Sklave und individuelles Denken/moralische Normen ist.	f. Tranio sagt, er werde schon am nächsten Tag etwas anstellen, wofür er – doppelt – bestraft werden könne. Damit will er für den Augenblick Straflosigkeit erreichen.
Das Komödiengeschehen geht zu Ende und ist gelöst, die dahinterstehenden Probleme sind es nicht.	
Der Schauspieler der Rolle des Theopropides tritt aus seiner Rolle heraus und fordert das Publikum auf, Beifall zu klatschen. Damit wird ein letztes Mal der Spielcharakter deutlich.	1181.

14 Hinweise zu Texterschließung und Interpretation zweier Szenen aus dem „Stichus"

14.1 Stichus I 1 (vv. 1–57)

Zwei Ehefrauen, Schwestern, namens Panegyris und Pamphila, von Männern gespielt, kommen auf die Bühne. Sie stellt eine Straße in Athen dar. Im Hintergrund sieht man drei Häuser, das Antiphos, des Vaters der beiden Frauen, das des Epignomus, des Ehemanns der Panegyris, das des Pamphilippus, des Ehemannes Pamphilas.

Alle haben sprechende Namen, und wenn dieser Name zum ersten Mal fällt – die Römer hatten keine Theaterzettel oder Theaterprogramme[44] –, weiß man, wie man sich die jeweilige Person vorzustellen hat: Panegyris: Volksfest, Sehenswürdigkeit; Pamphila (aus *pas, pan* und *phile*) totale Freundin, ganz Liebende (in anderen Handschriften heißt Pamphila Pinacium, „Bildchen"); Antipho: so heißen viele Athener, darunter ein bekannter Redner – von *antiphonein* „widersprechen, erwidern"; Epignomus: von *epignómon* „einsichtig, Schiedsrichter"; Pamphilippus „der totale Pferdefreund", wohl in Parallele zu Pamphila so genannt statt Philippus; Crocotium: Fräulein Safrangewand; Gelasimus: Herr Lächerlich; Pinacium: „Schreibtäfelchen" (das Sklaven ihren Herren nachtrugen); Stichus: Linie, Schlachtreihe, Ordnung; Stephanium: Fräulein Kränzchen, Stirnband; Sagarinus: Herr Streitaxt (*ságaris, sagáreos*: Doppelbeil).

In der 1. Szene hört man die Namen nicht. Dafür erfährt man gleich, daß die beiden Frauen Schwestern sind (Anrede *soror*, v. 3). Überhaupt hört man Familienbezeichnungen: *soror, viro, suo, viri, soror.*

Die erste Szene ist ein Gespräch. Also kann man textsyntaktisch vor allem auf Personenkennzeichnung (1. Person: Sprecher; 2. Person: Angesprochene(r); 3. Person: Besprochenes), Diathese (Aktiv/Passiv), Tempora (bei Feststellungen und Berichten) und Konnektoren achten.

Das Gespräch läuft in Präsensformen ab. Untergeordnete Formulierungen mit dem a.c.i. berichten von Vergangenem (z. B. v. 1) und Zukünftigem (z. B. v. 28).

Textsemantisch gilt es immer wieder, Wortfelder zu finden und eine Thema-Rhema-Gliederung zu erstellen.

Zunächst spricht Panegyris von sich *(credo)* und über die allen bekannte, durch Homers „Odyssee" klassisch gewordene Penelope, die über zehn Jahre treu auf ihren Mann Odysseus wartete, nicht neu heiratete und alle Freier abwies:

Penelope sei unglücklich gewesen – seelisch *(ex suo animo)*. Das wird im Relativsatz doppelt und mit *v*-Alliteration begründet *(vidua/viro caruit)*. Penelope ist ‚Projektionsfigur'. Panegyris versetzt sich in ihre Stimmung, weil es die eigene ist. Sie begründet ihre Annahme nämlich gleich mit der eigenen Erfahrung: *nam nos…* Auch sie und ihre Schwester sind um ihre lange abwesenden Männer Tag und Nacht besorgt. Sie vergißt nicht zu sagen, daß sich das gehört: *ita, ut aequum est.*

Pamphila nimmt beide Themen auf, das der Pflicht und das der abwesenden Ehemänner. Der Pflicht stellt sie die Liebe *(pietas)* gegenüber, jedoch so, daß klar wird, daß dies ein und dasselbe ist: Sie sind aus Liebe genauso besorgt wie aus Pflicht *(neque id magis facimus, quam nos monet pietas)*. Da für Griechen wie für Römer gilt, daß Ehen nicht aus Liebe geschlossen werden und man in der Ehe sich gegenseitig mit Achtung zu begegnen versucht, ist nicht das Wort *amor*, sondern das Wort *pietas* verwendet. *pietas* meint nun aber auch ‚Pflichterfüllung‘. Der Unterschied zwischen *officium* und *aequum* einerseits und *pietas* andererseits ist also in Wahrheit gar nicht der zwischen Pflicht und Liebe, sondern der zwischen äußerlicher oder von außen auferlegter Pflichterfüllung und innerlich akzeptierter, zur überzeugten Haltung gewordener Pflichterfüllung aus Pflichtbewußtsein.

Das Thema ‚Mann‘ *(res viri)* wird sodann aufgenommen: Sie will viel darüber mit der Schwester reden. Deswegen soll sie sich setzen. Das Thema Mann wird aber nur kurz abgehandelt *(salvene, amabo? Spero quidem et volo. Sed …)*. Das Verhalten des Vaters ist das Problem der Frauen. Er will sie ihren Männern wegnehmen, „aus ihren Häusern wieder herausführen" *(ab eis abducere vult)*. Dieser Mitteilung werden eine Rühmung des Vaters und eine Bewertung seines Tuns vorausgeschickt, die reich an Alliterationen, Pleonasmen und Hyperbeln sind.

Panegyris tröstet die Schwester:
– Sie solle nicht schon innerlich vorwegnehmen, was der Vater androhe.
– Der Vater meine seine Ankündigung nicht ernst.
– Wenn er sie doch wahr mache, habe sie auch ihren Grund, weil ihre Männer nun drei Jahre – hier unterbricht sie die Schwester bestätigend – ohne Nachricht von zu Hause fernseien.

Das zweite Argument wird in ein bildhaftes Gleichnis, das dritte wird reihend in einer Epimone mit Alliterationen vorgetragen.

Pamphila vermutet, Panegyris empöre es, daß die Männer ihre Pflicht gegenüber den Partnerinnen nicht so erfüllen, wie diese ihnen gegenüber. Panegyris gibt ihr recht (34–36), und Pamphila will so etwas nicht mehr hören, was Panegyris verwundert (37 f.). Pamphila erklärt (41–46): Vernünftig sein heiße seine Pflicht unabhängig davon tun, ob andere sie tun. Sie mahnt sie zur Pflichterfüllung, und Panegyris stimmt zu, wird aber erneut gemahnt (47).

Panegyris zeigt, daß auch sie an ihren Mann denkt, mit ihm ein gutes Verhältnis hat und keine Veränderung ihrer Situation wünscht, daß sie aber dem väterlichen Willen folgen müssen. Pamphila sagt, daß dies ihren Schmerz vermehre (60 f.). Panegyris schlägt vor, daß sie also weiter überlegen, wie sie sich verhalten sollen.

14.2 Stichus II 1 *(besonders vv. 155–237)*

Die Verse 155–234 sind ein langer Monolog des Parasiten Gelasimus, der nur gelegentlich von Zwischenbemerkungen der ‚unbemerkt‘ mithörenden Crocotium unterbrochen, besser: gegenüber dem Publikum kommentiert wird. Nach einem letzten Kommentar v. 235 f. kündigt Crocotium an: *adibo ad hominem*, und Gelasimus erblickt sie, fragt: *quis haec est, quae advorsum it mihi?* Dann folgt in v. 239 f. eine Begrüßung. Das Gespräch der beiden endet in v. 265, wo Gelasimus Crocotium auffordert: *propera atque abi*. Danach äußert er wieder allein einige Gedanken (vv. 266–269) und zeigt dann, daß er Pinacium herankommen sieht (v. 270: *sed eccum …*).

Schüler können diese Großgliederung selbst vornehmen, weil sie bereits die quantitative Verteilung der Redeteile darauf führt, daß zumindest zwischen dem Abschnitt vv. 155–234 und dem Abschnitt vv. 235–272 ein Unterschied besteht. Ein Blick auf deutsch hinzugesetzte Regieanweisungen kann sofort die Feineinteilung erbringen. Fehlen solche Regieanweisungen, so kann eine Betrachtung der Wortfelder an den Übergangsstellen diese Einteilung nahelegen. Erst in vv. 237–239 nennt Gelasimus den Namen Crocotiums, spricht von „Entgegenkommen" *(advorsum it),* und erst jetzt grüßt ihn Crocotium *(Gelasime, salve,* v. 239). – In v. 265 wird der Auftrag zum Weggehen erteilt.

Zu demselben Ergebnis kommt man durch die naheliegende Beobachtung der Personenkennzeichnung. In Reden und Dialogen können alle drei Personen vorkommen:

Die 1. Person bezeichnet den Sprecher, die Sprecher oder den Sprecher und seine Gruppe.

Die 2. Person bezeichnet den Angesprochenen, die Angesprochenen oder den Angesprochenen und seine Gruppe.

Die 3. Person bezeichnet ‚Besprochenes' – Personen oder Sachen, über die der Sprecher zu sich oder zu anderen Aussagen macht.

Beim Durchgang durch die langen Monologe des Gelasimus oder – besser – zuerst durch die kurzen Äußerungen Crocotiums wird man finden, daß nirgends vor v. 239 in Crocotiums Redeteilen die 2. Person vorkommt, sie also bis dahin kommentiert (über etwas oder jemanden in der 3. Person redet) und sich erst jetzt direkt an Gelasimus wendet. Schwieriger ist der Durchgang durch die Redeteile des Gelasimus. Denn erstens sind sie lang; und zweitens enthalten seine Monologe auch Formen in der 2. Person. Diese können jedoch leicht entweder als simulierter oder referierter Dialog (vv. 183–190; in v. 183 heißt es eigens *oratio*) oder als Wendungen an eine imaginäre Öffentlichkeit bzw. an die Zuschauer erkannt werden (vv. 220–224), eingeleitet durch *nunc auctionem facere decretumst mihi: …* (v. 218). In den Versen 264–265 wendet sich Gelasimus erst noch an Crocotium, wie es naheliegt. Nach der Aufforderung *propera atque abi* (v. 265) spricht er in der 1. Person, Anzeichen eines Monologs. Darin kommt ein Imperativ in der 2. Person Singular vor (*hoc vide,* v. 270), der als Aufforderung an die eigene Person oder an ein allgemeines Gegenüber erkannt werden kann.

Durch diesen Überblick kann der Schüler zunächst einmal den szenischen Ablauf, das ‚overhearing', die Art der Rede und des Auftretens des Gelasimus erkennen. Er versteht die Szene und ihren Inhalt schneller, als wenn er sich erst Satz für Satz ohne Kenntnis des szenischen Ablaufs und des Charakters des Gelasimus durch die lange Szene arbeiten muß und doch vieles nicht so rasch und nicht so gut in den Zusammenhang einordnen kann, so daß während des Satz-für-Satz-Übersetzens und danach der Lehrer doch mit erläuternden Bemerkungen eingreifen oder den Zusammenhang klären muß.

Die Texterschließung der einzelnen Redeteile folgt den üblichen Untersuchungsmöglichkeiten der Textsyntax und der Textsemantik.[45]

Im Bereich der Textsyntax führt die Untersuchung der Personenkennzeichnung, der Tempora und der Konnektoren weiter.

Die Personenkennzeichnung wechselt zwischen 3. und 1. Person, die Tempora wechseln zwischen Gegenwarts-, Zukunfts- und Vergangenheitsbezeichnungen, die Konnektoren kennzeichnen entweder, daß Behauptungen mit Erläuterungen versehen werden (*nam* 156, *nam* 159, *nam* 170) oder daß Personen oder Sachen zueinander in Gegensatz gesetzt werden (Komparativ + *quam* 158, *at* 160, *verum* 160, *sed* 166).

Dieser Befund bestätigt sich auch im weiteren Textverlauf. Er entspricht einfachem Denken, das mit lose angereihten Erläuterungen und mit Vergleichen bzw. Gegensätzen arbeitet, nicht aber mit Einräumungen (Gegengründen), strengen Deduktionen und Schlußfolgerungen. Immer sind auch Neueinsätze (*nunc …* 171) und Wiederholungen zu erwarten. Der erste Satz (v. 155) vermittelt den Schwerpunkt der vv. 155–170: *fames*. Das Thema *fames* ist eingebettet in einen a.c.i.: *famem ego fuisse suspicor matrem mihi.* „Der Hunger (oder, wenn man die Genusgleichheit von *fames* und *mater* irgendwie nachahmen möchte: die Hungersnot) ist, vermute ich, meine Mutter gewesen." Genauer: „Den Hunger, so vermute ich, habe ich zur Mutter gehabt."

Die Texterschließung kann nun zunächst die Wiederaufnahme zu *fames, mihi* (Sprecher) und *matrem* sowie die Tempora und die Konnektoren berücksichtigen.[46]

Für die Thema-Rhema-Gliederung ergibt sich: Vers 156 bringt eine Erläuterung *(nam)* zur These oder Vermutung des v. 155; *natus sum* nimmt das Wortfeld *fuisse matrem mihi* auf, *satur* als Gegensatz ('Opposition') das Wortfeld 'Hunger' *(famem)*. Neu (Rhema) ist die zeitliche Gliederung *(postquam ...)* und die Generalisierung durch *numquam*. Die 1. Person *(su-m, fu-i)* tauchte auch schon in v. 155 auf *(mihi)*. Mit *neque* (v. 157) wird eine weitere Aussage zur Erläuterung des Verses 156 und zur These des Verses 155 angereiht: *neque quisquam melius referet matri gratiam neque rettulit, quam ego refero meae matri fami*. Das Wortfeld *mater* taucht in *matri* wieder auf (v. 157), neu sind die Aussage *gratiam referet*, das Futur in einer Aussage für alle Zeiten und die Verallgemeinerung *quisquam*. Vers 158 a bringt als bekannte Informationen *ego meae matri refero*, als Rhema *quam*, das den sprechenden Parasiten mit dem in der Verallgemeinerung genannten *quisquam* vergleicht, und den kommentierenden Zusatz *invitissimus*. Gelasimus erscheint gleichzeitig als der dankbarste, die meisten Gegenleistungen erbringende Sohn der 'Hungersnot' und als der allerunwilligste Dankerstatter. So gibt v. 158 a zwei Rätsel auf: Inwiefern erstattet Gelasimus seiner Mutter, die ihn geboren hat, am meisten Dank, und inwiefern tut er dies mit größtem Unwillen, inwiefern ist der Dank erzwungen?

Mit *neque* (v. 158 b) wird erneut eine Information angereiht, jetzt in der Vergangenheit *(rettulit)*. Ansonsten ist in v. 158 b alles bekannt. Er macht die Singularität des Dankes, den Gelasimus seiner Mutter abstattet, nur noch deutlicher, indem er nach der für die Zukunft geltenden Aussage des v. 158 a auch noch für die Vergangenheit ausschließt, daß jemand dankbarer als Gelasimus sein könnte. Und er macht nunmehr auch schon deutlicher, worin der Dank an die Mutter bestehen könnte, indem die Mutter als *fames* bezeichnet wird. Die Metapher des v. 155, die in v. 156 erläutert und die in den vv. 157–158 a in einer weiteren Metapher fortgesetzt worden war, wird nun durch die Gleichsetzung von Metapher *(mater)* und konkreter Sachbezeichnung *(fami)* für den Zuschauer erneut – massiv – erklärt. Vers 159 bringt nun die Erläuterung der zunächst etwas spannend-rätselhaften Metapher *gratiam referre*. Die Personen werden in *illa, -it, illam* bzw. *me, ego, -o* aufgenommen, das Thema 'Mutterschaft' wird in *in alvo gest-* weitergeführt. Neue Information (Rhema) ist die Zeitangabe zur Schwangerschaft: *menses decem – plus annos decem*. Hierin – so erläutert Gelasimus *(nam 159)* – besteht sein ausnehmend großer Dank: Mehr als zehn Jahre trägt er den Hunger in seinem Bauch.

Die Verse 161–164 reihen dem wieder eine weitere Aussage an *(atque)*. Jetzt ist Rhema die Größe der Leibesfrucht: Gelasimus ordnet sich *(me)* die neuen Ausdrücke *puerum parvolum* (161) zu, der *Fames* die seiner Meinung nach geringere Mühe *(quo minus laboris cepisse)* und die Bezeichnungen ihrer jetzigen Größe, die antithetisch sind: *non pausillulam, verum multo maximam et gravissimam*. Neu in diesen Versen sind außerdem die vorsichtige Aussage *existumo* und dann der bekräftigende Ausruf *hercle* (164).

In v. 165 f. wird mit Ausdrücken für Geburtswehen *(uteri dolores oboriuntur)* und Gebären *(parere)* das Wortfeld *mater* weitergeführt und in *matrem* (166) wieder aufgenommen. Die Mutter ist aber jetzt Objekt des Gebärens geworden. Ein Höhepunkt der Metaphorik ist erreicht, indem der Hunger als Metapher *matrem* erscheint, die Größe des Hungers dadurch ausgedrückt wird, daß der Parasit ihn nicht loswerden, metaphorisch: die Mutter nicht gebären kann.

Literatur

1. Textausgaben, Kommentare, Übersetzungen
(1) Plauti Comoediae. Ed. F. Leo. 2 Bde. Berlin 1895–1896.
(2) T. Macci Plauti Comoediae. Ed. W. M. Lindsay. Oxford ²1910.
(3) T. Maccio Plauto, La Mostellaria. Introduzione, testo critico e commento. Ed. N. Terzaghi. Turin 1929.
(4) Plauto, Mostellaria. Con un saggio di F. Della Corte. Ed. F. Bertini. Turin 1970.
(5) Plautus, Mostellaria. Ed. F. R. Merrill. London 1972.
(6) Plautus, Mostellaria (La commedia del fantasma). Ed. E. Paratore. Rom 1972.
(7) Plautus in Comics. Die Gespenstergeschichte (Mostellaria). Von H. Oberst. Zürich/Stuttgart ³1972.
(8) Plautus, Mostellaria. Bearbeitet für frühe Lektüre von G. Schwemer. Stuttgart 1979 (Materialien zur Einführung neuer Lehrpläne, hrsg. von der Landesstelle für Erziehung und Unterricht Stuttgart, Reihe L, Heft 16).
(9) Plautus, Mostellaria (Die Gespensterkomödie). Text mit Erläuterungen. Arbeitsaufträge, Begleittexte und Stilistik. Bearbeitet von H.-J. Glücklich. Göttingen ²1984 (Exempla. Lateinische Texte, Heft 3).
(10) T. Maccius Plautus, Stichus. Einleitung, Text, Kommentar. Von H. Petersmann. Heidelberg 1973.
(11) Antike Komödien. Plautus/Terenz in zwei Bänden. 1. Band: Darmstadt 1978 (hrsg. von W. Ludwig, Neubearbeitung der Übersetzung von W. Binder, Stuttgart 1864 ff.).
(12) Plautus, Mostellaria. Gespensterkomödie. Übers. und eingel. von W. Hofmann. München 1979.

2. Forschungsbericht
(13) Fogazza, D.: Plauto 1935–1975. In: Lustrum 19, 1976, 79–295.

3. Leben und Werk
(14) Beare, W.: The Roman Stage. A Short History of Latin Drama in the Time of the Republic, London ²1952.
(15) Blänsdorf, J.: Archaische Gedankengänge in den Komödien des Plautus. Wiesbaden 1967.
(16) Blänsdorf, J.: Plautus. In: Lefèvre, E. (Hrsg.): Das römische Drama. Darmstadt 1978, 135–122.
(17) Dorey, T. A./Dudley, D. R.: Roman Drama. Studies in Latin Literature and its Influence. New York/London 1965.
(18) Duckworth, G. E.: The Nature of Roman Comedy. A Study in Popular Entertainment. Princeton 1952.
(19) Fraenkel, E.: Plautinisches im Plautus. Berlin 1922.
(20) Fuhrmann, M.: Lizenzen und Tabus des Lachens. Zur sozialen Grammatik der hellenistisch-römischen Komödie. In: Preisendanz, W./Warning, R. (Hrsg.): Das Komische. München 1976, 65–101.
(21) Gaiser, K.: Zur Eigenart der römischen Komödie. Plautus und Terenz gegenüber ihren griechischen Vorbildern. In: Temporini, H. (Hrsg.): Aufstieg und Niedergang der römischen Welt I 2. Berlin/New York 1972, 1027–1113.
(22) Lefèvre, E. (Hrsg.): Die römische Komödie; Plautus und Terenz. Darmstadt 1973.
(23) Lefèvre, E.: Die römische Komödie. In: Fuhrmann, M. (Hrsg.): Römische Literatur. Frankfurt a. M. 1974, 33–62.

(24) Marti, H.: Untersuchungen zur dramatischen Technik bei Plautus und Terenz. Winterthur 1959.
(25) Neumann, M.: Die poetische Gerechtigkeit in der Neuen Komödie. Untersuchungen zur Technik des antiken Lustspiels. Speyer 1958.
(26) Norwood, G.: Plautus und Terence. New York/London 1932.
(27) Paratore, E.: Plauto. Florenz 1961.
(28) Rissom, H. W.: Vater- und Sohnmotive in der römischen Komödie. Diss. Kiel 1971.

4. Zur „Mostellaria"
(29) Della Corte, F.: La commedia della Fantasma. In: Dioniso 15, 1952, 49–55; auch in: Della Corte, F.: Opuscula II. Genua 1972, 17–24.
(30) Duckworth, G.E.: The Dramatic Function of the servus currens in Roman Comedy. In: Classical Studies presented to E. Capps. Princeton 1936, 93–102.
(31) Foster, J.: Aeneida. Two Ghost Scenes. In: Proceedings of the Virgil Society. London, 11, 1971/72, 77–78.
(32) Fuchs, H.: Zur Putzszene der Mostellaria. In: Hermes 79, 1944, 127–148 (= Zu zwei Szenen der Mostellaria. In: Museum Helveticum 6, 1949, 105–126).
(33) Glücklich, H.-J.: Die ‚Mostellaria' des Plautus im Unterricht. Göttingen 1981 (Consilia, Lehrerkommentare, Heft 3).
(34) Knorr, M.: Das griechische Vorbild der Mostellaria des Plautus. Coburg 1934.
(35) Leach, E. W.: De exemplo meo ipse aedificato: an organizing Idea in the Mostellaria. In: Hermes 97, 1969, 318–332.
(36) MacCary, W.T.: Servus gloriosus. A Study of Military Imagery in Plautus. Diss. Stanford University 1969 (Microfilm).
(37) Miniconi, P.: Le vocabulaire plautinien de la boisson et de l'ivresse. In: Hommages à J. Bayet. Brüssel 1964, 495–508.
(38) Schilling, R.: Les dieux dans le theâtre de Plaute. In: Actes IX Congrès Association Guillaume Budé (Rome 13–18 avril 1973). 2 Bde. Paris 1975, 342–353.
(39) Weide, I.: Der Aufbau der Mostellaria des Plautus. In: Hermes 89, 1961, 191–207.

5. Zum „Rudens"
(40) Boutemy, A.: Quelques allusions historiques dans le Stichus de Plaute. In: Revue des Études Anciennes 38, 1936, 29–34.
(41) Brinkhoff, J.M.G.M.: Woordspeling bij Plautus. Nijmwegen 1935.
(42) Enk, P. J.: De Stichi Plautinae compositione. In: Mnemosyne 44, 1916, 18–44.
(43) Freté, A.: Essai sur la structure dramatique des comédies de Plaute. In: Revue des Études latines, 7, 1929, 282–294 und 8, 1930, 36–81.
(44) Leo, F.: Über den Stichus des Plautus. In: Nachr. königl. Ges. d. Wiss. Göttingen, phil.-hist. Kl. 1902, 375–391.
(45) Lindsay, W.M.: Plautus' Stichus 1 sqq. In: The Classical Review 32, 1918, 106–110.
(46) Paoli, U.E.: Lo Stichus di Plauto e l'afèresi paterna in diritto attico. In: Studi in onore di Pietro di Francisci, vol. I. Mailand 1956, 231–247.
(47) Sedgwick, W.B.: The composition of the Stichus. In: The Classical Review 39, 1925, 59–60.
(48) Wagenvoort, H.: De Sticho Plautina. In: Mnemosyne NS 59, 1931/32, 309–312.
(49) Zucker, F.: Socia unanimans. In: Rheinisches Museum 92, 1944, 193–217.

6. Fortleben
(50) Conrady, K.O.: Zu den deutschen Plautusübertragungen. Ein Überblick von Albrecht von Eyb zu J.M.R. Lenz. In: Euphorion 48, 1954, 373–396.
(51) Frenzel, E.: Stoffe der Weltliteratur. Ein Lexikon dichtungsgeschichtlicher Längsschnitte. Stuttgart ^{4}1976.
(52) Frenzel, E.: Motive der Weltliteratur. Ein Lexikon dichtungsgeschichtlicher Längsschnitte. Stuttgart ^{2}1980.
(53) Highet, G.: The Classical Tradition. Greek and Roman Influences on Western Literature. Oxford ^{2}1951.

(54) Hofmann, W.: Plautus – heute? Erfahrungen aus einer Mostellaria-Inszenierung im Herbstsemester 1967. In: Altertum 15, 1969, 184–192.
(55) Lefèvre, E.: Römische und europäische Komödie. In: Nr. (22), 1–17.
(56) Schanz, M./Hosius, C.: Geschichte der römischen Literatur bis zum Gesetzgebungswerk des Kaisers Justinian. Erster Teil: Die römische Literatur in der Zeit der Republik. München ^{4}1927, 83–86.
(57) Thierfelder, A.: Antike Komödien – heute gespielt. In: Nachr. Gießener Hochschulges. 21, 1952, 100–121; auch in Nr. (22), 465–485.
(58) Williams, G.: Tradition and Originality in Roman Poetry. Oxford 1968, 100–123.
Vgl. auch Nr. (33), 22 f.

7. Fachdidaktisches (auch solche Werke, die im Text erwähnt werden und nichts über Plautus ausführen)
(59) Ahrens, E. (Hrsg.): Lateinausbildung im Studienseminar. Frankfurt a. M., ^{2}1966.
(60) Glücklich, H.-J.: Lateinunterricht. Didaktik und Methodik. Göttingen 1978.
(61) Krüger, M./Hornig, G.: Methodik des altsprachlichen Unterrichts. Frankfurt a. M. ^{2}1963.
(62) Kultusministerium Rheinland-Pfalz (Hrsg.): Lateinische Lektüre – Sekundarstufe I – Themen, Texte, Ziele. Mainz 1981 (Schulversuche und Bildungsforschung. Berichte und Materialien, Bd. 35).
(63) Maier, F.: Lateinunterricht zwischen Tradition und Fortschritt. Bd. 2: Zur Theorie des lateinischen Lektüreunterrichts. Bamberg 1984.
(64) Pfaffel, W.: Grammatikneudurchnahme im Rahmen der Übergangslektüre. Bearbeitung des plautinischen ‚Rudens' für die lateinische Gliedsatzlehre. In: AU XXVIII 3/1985, 58–79.
(65) Wilsing, N.: Die Praxis des Lateinunterrichts. Teil II. Probleme der Lektüre. Stuttgart ^{2}1964.
Vgl. ferner Glücklich (Nr. 9 und 33) und Schwemer (Nr. 8).

Anmerkungen

1 Zu Leben und Werk des Plautus vgl. die Literaturangaben Nr. 14–28, zum Fortleben Nr. 50–58 und 33.
2 Aufführungen der „Mostellaria" mit oft beträchtlicher Publikumsresonanz sind mir von den Philologischen Seminaren der Universitäten Bonn, Heidelberg und Frankfurt bekannt (von der Bonner Aufführung existiert eine Videoaufzeichnung) und von Gymnasien in Mülheim (Ruhr) (Luisenschule), Westerburg (Konrad-Adenauer-Gymnasium), Laubach (Kolleg). Von der Mülheimer Aufführung liegt der gesamte deutsche Text in einer Neuübersetzung von Eberhard Oberg (unter Verwendung der Übersetzungen von Binder, Ludwig und Hofmann und unter Mitwirkung von Schülern der Luisenschule in Mülheim an der Ruhr) vor: T. Maccius Plautus: Mostellaria. Ein Spiel um Geld und Liebe, Mülheim an der Ruhr 1983, 46 S. (Ms.). Hervorzuheben ist, daß auch Erwachsene Freude an einer Aufführung der „Mostellaria" haben können, wie die Aufführung des Laubach-Kollegs zeigt.
3 Ahrens (Literaturverzeichnis Nr. 59), 302 f.
4 Wilsing (Literaturverzeichnis Nr. 65), 11.
5 Literaturverzeichnis Nr. 61, 185.
6 Hrotsvithae Opera, rec. et emend. de Winterfeld, P. Berlin 1902, 106, §§ 1–5 (Übers. vom Verf.).
7 Zu dieser Begründung des Literaturunterrichts vgl. Geißler, R.: Wozu Literaturunterricht? In: Diskussion Deutsch 1, 1970, 3–15; auch das Beispiel bei Glücklich, H.-J.: Catulls Gedichte im Unterricht, Göttingen 1980, 5 (Consilia. Lehrerkommentare Heft 1); Glücklich, H.-J.: Catull. Gedichte. Mit Erläuterungen, Arbeitsaufträgen und Begleittexten, Teil I: Texte mit Erläuterungen. Göttingen 1980, 9 (Exempla. Lateinische Texte Heft 1).
8 Zur Vatergestalt vgl. Rissom (Literaturverzeichnis Nr. 28) sowie Wlosok, A.: Vater und Vatervorstellungen in der römischen Kultur. In: Tellenbach, H. (Hrsg.): Das Vaterbild im Abendland. Stuttgart 1978, 18–55.
9 Vgl. dazu Fuhrmann (Literaturverzeichnis Nr. 20).
10 Vgl. dazu Glücklich, H.-J.: Redekunst – Lebenskunst. Ein Rhetorikkurs im Lateinunterricht. Göttingen 1980 (Consilia. Lehrerkommentare Heft 2), 12 f. (Interpretation von Terenz, Adelphoe 388–419) und 15–17 (Interpretation von Terenz, Adelphoe 209–252).

11 Vgl. die anschaulichen Kapitel 5 und 6 in Riedel, W.: Die römische Gesellschaft. Lateinische Texte aus dem 2. Jahrhundert vor Christus bis zum 6. Jahrhundert nach Christus. Frankfurt a. M. 1976.
12 Bezeichnend ist das Vorwort von J. Tambornino zu seiner Ausgabe des „Trinummus", Paderborn 1953, 2: „Ich habe gerade dieses Stück ausgewählt, weil ich es von den Komödien des Plautus für am besten geeignet halte zur Schullektüre: die Handlung ist klar und übersichtlich, der Dichter schenkt uns Szenen von überwältigender Komik, und, was gerade für die Behandlung in der Schule von Wichtigkeit ist, es geht alles recht anständig, beinahe hätte ich gesagt: gut bürgerlich zu – auch eine empfindsame Seele wird sich bei der Lektüre des Trinummus nicht verletzt fühlen."
13 Vgl. unten Abschnitt 13 zu Mostellaria I 2 und Abschnitt 14 zu Stichus I 1.
14 Zur Begründung von Begleittexten in Textausgaben vgl. Glücklich, H.-J.: Überblick über einige Schulausgaben der Aeneis und grundsätzliche Überlegungen zur Gestaltung von Textausgaben. In: Gymnasium 91, 1984, 119–134. Ein Beispiel können die Begleittexte zur Erziehung in der Mostellaria-Ausgabe des Verf. (Literaturverzeichnis Nr. 9) sein, die Szene I 2 zugeordnet sind.
15 Vgl. die instruktive Darstellung Lefèvres (Literaturverzeichnis Nr. 23).
16 Vgl. Marrou, H.-I.: Geschichte der Erziehung im klassischen Altertum. Hrsg. von R. Harder. Freiburg/ München 1974, 358.
17 Z. B. kann man Caesars Appelle an die *mores maiorum* u. ä. besser verstehen, wenn man die Bedeutung solcher Wertvorstellungen und Denkweisen erst einmal im alltäglichen familiären Bereich kennengelernt hat.
18 Vgl. Happ, E.: Terenz statt Caesar als Anfangslektüre. In: Hörmann, F. (Hrsg.): Probata – Probanda. München 1974, 168–188 (Dialog Schule – Wissenschaft. Klassische Sprachen und Literaturen Bd. VII).
19 Vgl. Literaturverzeichnis Nr. 7.
20 Dafür ist ein Beispiel die Frage, ob die Wandlung Demeas ernst zu nehmen ist (Adelphoe vv. 855–881). Vgl. dazu Glücklich, H.-J.: Interpretationen und Unterrichtsvorschläge zu den ‚Adelphoe' des Terenz. Göttingen 1987 (Consilia. Lehrerkommentare Heft 10).
21 Vgl. Glücklich, H.-J.: Das erste Buch des ‚Bellum Gallicum' im Schulunterricht. In: AU XV 5/1972, 44–82, sowie die Einleitung zur Textausgabe Glücklich, H.-J.: C. Iulius Caesar, De bello Gallico. Textauswahl mit Wort- und Sacherläuterungen. Arbeitskommentar mit Zweittexten. Stuttgart ²1984, 5–11.
22 Vgl. Niemann K.-H.: Gedanken zu Terenz' Adelphoe in Comics. In: Alte Sprachen in Rheinland-Pfalz und im Saarland XXIII 1/1977, 7–11; Glücklich, H.-J.: Die ‚Mostellaria' des Plautus im Unterricht. Göttingen 1981 (Literaturverzeichnis Nr. 9), 23 f.
23 Vgl. Niemann, K.-H. (s. Anm. 22).
24 Von einem ‚kleinen Wortschatz' (Maier, Literaturverzeichnis Nr. 63, 206) wird man nicht grundsätzlich sprechen können.
25 Komödienlektüre zur Erlernung der Grammatik: Pfaffel (Literaturverzeichnis Nr. 64); Komödienlektüre zur Übung grammatikalischer Kenntnisse: Glücklich (Literaturverzeichnis Nr. 33), 21 f.; Entlastung: siehe unten Abschnitt 8.
26 Vgl. die Übersicht in Abschnitt 6; ferner Glücklich, H.-J.: Satz- und Texterschließung. In: AU XXX 1/1987, 5–32.
27 Vgl. Glücklich, H.-J./Nickel, R./Petersen, P.: Interpretatio. Neue lateinische Textgrammatik. Freiburg/ Würzburg 1980, z. B. 30, 168–170.
28 Bayer, K. (Hrsg.): Cursus Latinus für Latein als zweite Fremdsprache. Texte und Übungen Bd. I. Bamberg/München 1973; Bd. II ebda. 1973; Cursus Novus. Texte und Übungen. Bd. 1, ebda. 1981; Bd. 2 ebda. 1982. – Gaul, D./Heilmann, W./Höhn, W./Pürzer, U.: Contextus. Eine Einführung in das Lateinische als 2. Fremdsprache, Teil I, II und III. Frankfurt a. M. 1977, 1978 und 1979. – Glücklich, H.-J./Holtermann, H./Zapfe, W.: Fontes. Lehrgang für Latein als 3. Fremdsprache und für späteren Beginn. Göttingen 1979. – Nickel, R.: litterae. Unterrichtswerk für spätbeginnendes Latein. Teil A: Lesestücke und Übungen. Bamberg/München 1982. – Fuhrmann, M./Hermes, E./Steinthal, H./Wilsing, N.: Nota. Lehrgang für Latein als 3. Fremdsprache für Kurse auf der Sekundarstufe II, an Universitäten, Kollegs, Abendgymnasien. Lese- und Arbeitsbuch. Stuttgart 1977.
29 Vgl. Glücklich (Literaturverzeichnis Nr. 33), 22.
30 Z. B. Theopropides, Mostellaria 945–980.
31 Vgl. z. B. Glücklich (Literaturverzeichnis Nr. 33), 48–50.
32 Vgl. oben Abschnitt 6.
33 Vgl. Fink, G.: Pappus, Pippifax & Co. Lateinische Sprachlaborübungen für Fortgeschrittene. In: Anregung 18, 1972, 12–14; Fink, G./Niedermeyer, E.: Lateinische Sprachlaborübungen, Bamberg 1977.
34 Gliedsatzreichtum zur Darstellung einer (mühseligen, neuen) Überlegung etwa *Mostellaria* 96–98, 149–151.

35 Zu Beschleunigungsmöglichkeiten durch die Texterschließung s. u. Abschnitt 14.2.
36 S. Literaturverzeichnis Nr. 8; zur Kritik Glücklich (Literaturverzeichnis Nr. 33), 24 f.
37 Vgl. den Wechsel von leisen a parte-Bemerkungen und lauten Antworten sowie den Personenwechsel in Szene III 1 der „Mostellaria". Regieanmerkungen bringen hier Erleichterung.
38 Vgl. die Darstellung der Texterschließung unten in Abschnitt 14.2 sowie Glücklich (s. Anm. 26).
39 Vgl. oben Abschnitt 1 mit Anm. 2.
40 Zum Nachleben des „Amphitruo" vgl.:
    Schondorff, J. (Hrsg.): Amphitryon. Plautus, Molière, Dryden, Kleist, Giraudoux, Kaiser (Vollständige Dramentexte). München/Wien 1964. Literaturverzeichnis 50–53, 55–56.
    Reinhardstoettner, K.: Plautus. Spätere Bearbeitungen plautinischer Lustspiele. Leipzig 1886.
    Lindberger, Ö.: The Transformation of Amphitryon. Stockholm 1956.
    Giorgi, A.: Dall' Amphitruo plautino al Geta di Vitalis. In: Dioniso 35, 1961, 38–55.
    Bertini, F.: La commedia elegiaca latina in Francia nel secolo XII, con un saggio di traduzione dell' Amphitryo di Vitale di Blois. Genua 1973.
    Jacobi, H.: Amphitryon in Frankreich und Deutschland. Zürich 1952.
    Shero, L. R.: Alcmena and Amphitryon in Ancient and Modern Drama. In: Transactions and Proceedings of the American Philological Association 87, 1956, 192–240.
    Taladoire, B. A.: L'Amphitryon de Plaute et celui de Molière. Étude dramatique comparée. In: Hommages à J. Bayet. Brüssel 1964, 672–677.
    Salzmann, W.: Molière und die lateinische Komödie. Ein Stil- und Strukturvergleich. Diss. Göttingen 1967, Heidelberg 1969.
    Romano, A. C.: The Amphitryon theme again. In: Latomus 33, 1974, 874–890.
41 Hinweise zum Nachleben von Motiven in den im Literaturverzeichnis aufgeführten Werken Nr. 50–56, in den in Anm. 40 genannten Werken sowie ausführlich bei Fogazza (Literaturverzeichnis Nr. 13), Nr. 1076–1179.
42 Dies gilt – trotz Pfaffel (Literaturverzeichnis Nr. 64) – auch für den „Rudens".
43 Literaturverzeichnis Nr. 62, 19–30.
44 Hierzu Duckworth (Literaturverzeichnis Nr. 18).
45 Vgl. dazu oben Abschnitt 6. An Caesarbeispielen dargestellt bei Glücklich, H.-J.: Sprache und Leserlenkung in Caesars ‚Bellum Helveticum'. Stuttgart 1985, Abschnitte 1.3 und 1.4. An Beispielen aus der „Aeneis" dargestellt bei Glücklich, H.-J.: Vergil. Aeneis. Texte mit Erläuterungen. Arbeitsaufträge, Begleittexte, Interpretationsgesichtspunkte, metrischer Anhang und Stilistik. Göttingen 1984, 102–104 (Exempla. Lateinische Texte Heft 6).
46 Über die Ergänzung der Texterschließung durch Tafelbilder oder Folien in Overheadprojektion vgl. Glücklich, H.-J.: Sprache und Leserlenkung in Caesars ‚Bellum Helveticum'. Stuttgart 1985, Abschnitte 1.9 und 1.10.

Karl Heinz Eller

Catull

1 Begründung

Catull sollte neben Ovid für den abschließenden Teil der Sekundarstufe I der wichtigste und am am umfassendsten zur Lektüre herangezogene Dichter sein. Dies ist sowohl aus der Literaturgeschichte als auch aus der Pädagogik zu begründen.

1.1 Catull steht (von der Komödie und Lukrez abgesehen, die in weniger poetische Genera hineinspielen, wenn sie auch das rein Lyrische streifen) für uns am Beginn einer römischen Dichtung, die in ihm zu sich selbst kommt. Als das Werk des führenden und für uns (von der Überlieferungssituation her) einzigen Vertreters der so bedeutenden Neoterischen Dichterschule steht Catulls Werk zwischen Hellenismus und römischer Klassik (Vergil, Horaz, Ovid), er hat nicht nur Sappho und Kallimachos ins Lateinische übertragen und seinem eigenen Werk assimiliert, sondern auch die sprachlichen, poetischen, dichtungstheoretischen Errungenschaften der (griechischen und) alexandrinischen Dichtung für die lateinische Poesie nutzbar gemacht durch schöpferische Nachahmung und Anverwandlung, aber auch durch Anreichern mit nicht nur allgemein römischem Gehalt, sondern auch mit seinem subjektiven Charakter, seinem Stil und seiner privaten Lebensauffassung und -führung, die in voller, realistischer Breite in sein Werk eingeströmt sind. Die Spuren und Wirkungen dieses an Umfang schmalen, an Gehalt universal zu nennenden Werkes in der nachcatullischen Dichtung von Vergil an sind unübersehbar. Weil Catull beides in sich in vollem Umfang vereinigte, gelehrte Überlieferung und intim-persönlichstes Überströmen des Subjektiven, weil er *poeta doctus* und biographischer, emotional und existentiell engagierter Dichter in einem ist (was, so scheint es, fast nicht zusammengehen kann), ist er der Schöpfer römischer Dichtungstradition geworden.

1.2 Catull hat sein ganzes dichterisches Werk wohl im Alter von 20 bis 30 Jahren geschaffen, er ist für alle Zeiten der jugendliche Genius geblieben, der nicht ausreifen konnte. Das macht ihn auch für unsere Zeit zum „Dichter der Jugend", prädestiniert ihn dazu, an seinen Gedichten den Lateinschüler in römische Poesie einzuführen. Nehmen wir einmal seine ‚langen Gedichte' (die mittlere Gruppe seines 116 Nummern umfassenden Werkes, von Nr. 61 bis 68) aus, so bilden seine Gedichte lauter kleine, in sich gut überschaubare Einheiten, die auch mit Anfängern in lateinischer Lektüre in einer Schulstunde zu bewältigen sind. Die besagte traditionelle (vom Hellenismus herkommende) Gelehrsamkeit hält sich in Grenzen, die Satzstruktur ist einfach, die Sprache z. T. intuitiv leicht zu verstehende Umgangssprache, z. T. noch etwas vorklassische Dichtersprache, Ausprägungen der Sprache, die auf den jungen Menschen ihren eigenen Reiz ausüben können. Die Themen sind vielfältig: Liebe, Natur, Gesellschaft, Politik und deren Zurückweisung oder Enttäuschung an ihr (z. B. Gedicht 10), Gefühlshingabe und geistreicher Spott, Invektive und Lobpreis, Satire und Begeisterung: Haltungen des jungen Menschen, der in seiner intensiven emotionalen Reaktion auf alle Provokationen von Mitmensch und Umwelt zwischen Liebe und Haß schwankt (*odi et amo* ...). Allem voran steht natürlich die unverwechselbare Lesbia-Dichtung, die das Bitter-Süße des Liebesphänomens im Detail ausbreitet, mit den lustvollen Aufschwüngen in höchstes Glück, in denen Lesbia als irdische Verkörperung der Venus erscheint und Catull die Liebe sogar religiös erleben läßt, und dem Versinken in den Abgründen des Schmerzes und der Verzweiflung, wenn Catull sehen muß, wie die von ihm einzig Geliebte und Bewunderte zum billigen Objekt niederer Existenzen der römischen Unterschicht wird (man vergleiche Gedicht 37, 39, 58). Das Lesbia-Erlebnis wird, in dieser oder jener Beziehung, auf keinen jungen Menschen seine Wirkung verfehlen und wird ihn in seiner radikalen Subjektivität betroffen machen und zur Stellungnahme zwingen.

2 Werkauswahl

Catulls Dichtung besitzt eine erstaunliche Modernität und eine enorme Faszination für heutige Menschen, insofern sie nicht nur das fertige, feinzisilierte, in Facetten aufscheinende Werk vorzeigt, wie dies die Poesie von Vergil und Horaz z.B. tut, sondern den Prozeß nachzeichnet, der zum Entstehen von Poesie aus dem Leben heraus führt: Es ist nicht Poesie als Kunstwerk, sondern Poesie als Vorgang in der Sprache. Catull formt nicht schöne Sprachgebilde (er tut dies höchstens in der schon genannten mittleren Werkgruppe von Gedicht 60–68, wo er sich auch der Poesie von Kallimachos am meisten annähert: Kleinepos Gedicht 64, zwei Kallimachos-Latinisierungen in Gedicht 63 und 66), sondern reagiert auf Lebenssituationen, auf Anstöße von außen (z.B. Gedicht 10) oder von innen (z.B. Gedicht 38: Hier setzt er seine Trostbedürftigkeit in ein kleines Gedicht an den Freund Cornificius um; er wünscht eine tröstende menschliche Ansprache: *qua solatus es allocutione?* – aber sie soll *maestius lacrimis Simonideis* sein; einfacher Trost in Prosa genügt nicht, er muß in Versen kommen und wird gemessen an den – Klagegedichten des Griechen Simonides! Und doch geht es nicht um Dichtung als Literatur oder als literarische Reminiszenz, sondern um in und für Verse vollzogenes Leben.). Poesie und Leben sind für Catull in radikaler Weise eines. Oder ein Beispiel, wie völlig Catull Aussagen in gelebte Szenen umzusetzen versteht: In Gedicht 10 geht es darum, daß das ‚römische Wirtschaftswunder' ins Stocken geraten ist, daß die mühelose Bereicherung aus den Provinzen ein Ende findet. Catull war mit Memmius in Bithynien und hat keine Reichtümer mitgebracht. Diese finanzielle Flaute wird nicht etwa in einer klagenden Beschreibung präsentiert, sondern in menschliche Reaktionen umgesetzt: die unverschämte Dirne, die Catull nach seiner Bereicherung in Bithynien fragt (*ecquonam mihi profuisset aere* v.8). Der finanzielle Mißerfolg zeigt sich in der dreifachen Verlegenheit des Dichters selbst: 1. Als er ehrlich sagt, daß er nichts mitbrachte – vv. 9–13; 2. als er der Versuchung, doch etwas anzugeben, nicht widerstehen kann und von den acht angeblich mitgebrachten Sänftenträgern spricht – vv. 18–20; 3. als er diese Träger dann dem zudringlichen Mädchen nicht leihen kann und sich – genau um seine eigenen Schwächen wissend – Luft macht gegen diese *insulsa* und *molesta* – *per quam non licet esse negligentem* (v. 33 f.). Am besten behandelt man Catulls Poesie in inhaltlich zusammengestellten Themenkreisen. Für die Sekundarstufe I kommen die kleineren Gedichte in verschiedenen Versmaßen, z.B. Hendekasyllaben und Hinkjamben, in Frage.

2.1 Lesbia-Gedichte: die Sperlingsgedichte Nr. 1 und 2, die Kußgedichte Nr. 5 und 7, die leidenschaftlichen Hinkjamben Nr. 8, wo sich Catull von Lesbia befreien möchte und doch nicht von dem großen Glück loskommt: *fulsere quondam candidi tibi soles;* die Absage an Lesbia Nr. 11; Lesbias Gelübde, Gedichte dem Feuer zu übergeben, Nr. 36; Lesbia in der Gesellschaft ihrer neuen Liebhaber, in welchen Versen sich der tiefe Schmerz des schwer getroffenen Catull in Haß und obszönen Beschimpfungen Luft macht, sich aber auch seine ganze Liebeszartheit zeigt, Nr. 37; ähnlich Nr. 58; die Huldigung an Lesbia mit der Übersetzung einer Sappho-Ode Nr. 51, von der vielleicht Clodia den Namen Lesbia erhielt; dazu kommen aus dem letzten Teil der Gedichtsammlung in elegischen Distichen die Epigramme Nr. 70, 72 und 75, die eigentlich eher Fragmente zu nie geschriebenen Lesbia-Elegien darstellen, dazu Nr. 79, 83, 86, 87, 92, 107 und 109, in denen der Liebesbund erneuert wurde. Abschließend die ergreifende Abrechnung Nr. 76, in der die gerechten Götter um Ausgleich gebeten werden: die an Lesbia vergebene Liebe muß sich für Catull in Zukunft als *multa gaudia* auszahlen.

2.2 Gedichte über Catulls Lebensumkreis: Nr. 4 an sein einstiges Segelschiff, das jetzt als Votivgabe am Ufer steht; Nr. 31 über die Heimkehr nach Sirmio; Nr. 44 an Catulls Landgut in Tibur, das ihn vor einer Krankheit und der Gefahr, sein Wesen einem guten Essen aufzuopfern, gerettet hat; Nr. 46 das Reisegedicht vor der Heimkehr aus Bithynien im Frühling; Nr. 101 Catull am Grabe seines frühverstorbenen Bruders in der Troas.

2.3 Freundschaftsgedichte: Nr. 6 an Flavius, der sein Liebchen nicht verraten möchte; Nr. 9 Heimkehr des Veranius; Nr. 10 Besuch mit Varus bei dessen Geliebter; Nr. 13 Einladung an Fabullus; Nr. 28, verwandt dem 10. Gedicht, über Veranius und Fabullus, die mit Piso in der Provinz waren und leer ausgingen; Nr. 35 Einladung an den Dichter Caecilius; Nr. 38 Bitte um ein Trostgedicht an Cornificius; Nr. 50 Dichterwettstreit mit Licinius; Nr. 55 Suche nach dem verschwundenen Freund bei den Mädchen der Stadt.

2.4 Spottgedichte, Invektiven und Satiren: Nr. 12 und 25 an Diebe, die Catull Tüchlein aus Spanien gestohlen haben; Nr. 16 an Furius und Aurelius, die Catulls Dichtung mißverstehen; Nr. 22 an den Dichter Suffenus, für den jedoch Catull selbst Verständnis hat, weil in jedem Dichter ein Stückchen von des Suffenus hohler Eitelkeit steckt; Nr. 23 an eine Familie von Hungerleidern, der Catull kein Geld leihen möchte; Nr. 29 und 57 an Caesar und Mamurra; Nr. 39 an den Spanier Egnatius mit seinem unappetitlichen Zahnputzmittel; Nr. 42 Aufbietung aller Hendekasyllaben gegen eine Frau, die Catulls Gedichte nicht zurückgeben möchte – kein Gedicht, sondern eigentlich der Vorgang, der zu einem solchen führen soll: *Adeste, hendecasyllabi, quot estis …;* Nr. 41 gegen ein größenwahnsinniges Mädchen; Nr. 43 gegen ein Mädchen, das man Lesbia an Schönheit zu vergleichen wagt; Nr. 49 an Cicero; Nr. 69 über den Bocksgestank eines Rufus, von dem kein Mädchen etwas wissen möchte.

2.5 Liebesgedichte ohne Lesbia: Nr. 6 und 35 (schon bei den Freundschaftsgedichten genannt), ebenso Nr. 55; Nr. 45 das Liebesduett von Acme und Septimius, dem problemlos glücklichen Paar; Nr. 32 Bitte um den Besuch der dulcis Ipsitilla beim Dichter; Nr. 24 an Iuventius, den er vor einem anderen warnt; Nr. 48 ein Kußgedicht an Iuventius; Nr. 81 an den treulosen Iuventius; Nr. 99 an Iuventius, der Catull durch seine Reaktion auf einen gestohlenen Kuß verletzt.

3 Sprache

Catull schrieb kaum Lyrik in unserem Sinne, sondern reagierte in seiner ihm eigentümlichen Sprache auf Lebenssituationen, die ihn bedrängten oder beglückten, mit der Spontaneität und Sensibilität des jugendlichen Dichters. So setzt er Vorgänge der Außenwelt oder seines Inneren – oder beider zusammen in Interaktion – in die ihm eigene, besondere Sprache um, bildet sie realistisch ab, färbt sie mit seiner Augenblicksstimmung und schafft in jedem Gedicht eine unverwechselbare Atmosphäre. Die meisten Gedichte beginnen (und/oder enden) mit einer Anrede an einen geliebten oder gehaßten, verspotteten oder verfolgten Menschen. Schon dieser Sprech-Charakter der einzelnen Gedichte (vor allem des ersten Teils der Sammlung: Nr. 1–60), der sich von der Anrede in das Gedicht hinein und durch das Gedicht hindurch fortsetzt, bewirkt, daß die Sprache meist syntaktisch einfach ist, von der Logik der Situation oder dem Bogen des Gefühls geführt, folgerichtig fortschreitend. Sie ist lebendig und durch Sich-Hineindenken in die entsprechende Situation auch von Schülern der Sekundarstufe I leicht zu erfassen. Viele Reihungen, Aufzählungen, Fortschreitungen in Gegensätzen, Thesen und Antithesen kommen zustande. Viele Nebensätze lockern eher auf und gliedern das Ganze, statt daß sie es komplizieren. Die relative Kürze der Verse (Hendekasyllabi) gibt den Gedichten eine leicht durchschaubare Struktur, Anknüpfungen an die vorhergehende Zeile mit *nam, nec, si, sed, quem, et, quod, iam, tam* sind eingängige sprachliche Gesten und tragen zur Klarheit und Durchsichtigkeit dieser ‚lyrischen' (eher: die menschlichen Situationen knapp schildernden, beleuchtenden, klärenden) Sprache bei. Eingestreute kurze Angaben und Aussagen in direkter Rede und Dialogstückchen in Umgangssprache oder dieser nahekommenden Diktion verleihen diesen kleinen Gedichten den lebensechtesten, realistischsten und literaturfernsten Charakter der gesamten lateinischen Poesie. Einige veraltete Formen, Fetzen der Alltagssprache und auch Gräzismen *(mnemosynum, hendecasyllabus, platea, raphanus, cinaedus, pathicus, catagraphus)* würzen diese Sprache eher, als daß sie sie schwierig machen. Die kurzen Fragen lockern ebenfalls auf. Eigentlich poetische Sprache und poetischer Wortschatz – mit Zusammensetzungen, Simplex pro composito, kompliziertem Satzbau, vielen adjektivischen Attributen, rhetorischen Figuren, mythologischen Begriffen, Gleichnissen, Metaphern – erscheinen fast nur in den langen Gedichten (Nr. 61–68). Die vielen, für Catulls umgangssprachliche Diktion charakteristischen Diminutiva strahlen, selbst in Invektiven wie Nr. 25, Behagen und Lebensfreude aus und sprechen den modernen Leser ebenso an wie wahrscheinlich den Zeitgenossen Catulls. Die Catullsche Sprache entbehrt noch des schweren Faltenwurfs von Vergils Pathos, ist aber auch eingängiger als Horazens humane, aber komplizierte Dichtersprache. So ist Catulls Werk wahrhaft dazu geschaffen, durch seine humorvolle und ironische, realistische, emotional geladene und expressive, aber nie pathetische und komplizierte Sprache in lateinische Poesie lebendig und faszinierend einzuführen.

4 Interpretationsproben

4.1 Catull 13

Das Gedicht zählt unter die mehr humoristischen, gelockerten Freundschaftsgedichte von Catull: Der Freund Fabullus ist eingeladen, falls er – alles zum Essen mitbringt. Es ist bestimmt ein Gelegenheitsgedicht und diente als Einladungsbillet, aber es ist so hübsch gestaltet, daß es auch unabhängig vom vorgesehenen Zweck als Kunstwerk zählt, als Kabinettstückchen von Humor, guter Laune und freier Menschlichkeit. Daß *cenabis bene* zweimal am Versanfang erscheint (vv. 1 und 7), unterstreicht nicht nur den Zweck des Gedichtes, sondern auch das Witzige der Einladung, die dem Freund praktisch verspricht, daß er bei Catull genau so gut wird speisen können, wie er es selbst durch Mitbringen des Wesentlichen ermöglicht. Vers 6 *haec si, inquam, attuleris ...* ist quasi ein Mittel von Catulls Selbstironie, der seine Armut ausstellt und im Symbol der Spinnweben im Geldbeutel dichterisch aussagbar macht. Etwa in der Mitte des Gedichtes stehen *venuste noster* und *tui Catulli* nahe beieinander und unterstreichen so sprachlich den innigen Freundschaftsbund. Das Innige erscheint auch in Vers 9: *contra accipies meros amores ...* . Gegen all die materiellen Güter, die Fabullus beisteuern soll, erhält er echte Freundschaftsgefühle. Er bringt ja auch ein Mädchen mit (als Pendant zu Catulls Lesbia) und außer Essen und Trinken Witz und gute Laune: menschliche Werte, die ein gemeinsames Essen erst köstlich machen. Aber Catull hat sich noch eine Gabe ausgedacht, die den Freund auch – in feinem Sinne materiell – entschädigen soll: ein Parfum, das die Liebesgötter seinem Mädchen schenkten. Für diesen Duft möchte Fabullus sicher ganz Nase werden: in diesem grotesk-humorvollen Bild schließt das Gedicht, den Leser ganz auf den versprochenen köstlichen Duft konzentrierend. Da dieser Duft den Schluß beherrscht, ist er wohl für das Gedichtchen wesentlich. Wieso kommt er seinem Mädchen von den Liebesgöttern zu (das durch die Plural-Form eigenartige *Veneres* steht wie im 3. Gedicht)? Entweder ist es der natürliche Duft der reizvollen Frau, der sich in ihrer Gegenwart verbreitet und andere Menschen außer Catull zur Liebe inspiriert, oder es ist wirklich eine rare, kostbare Essenz, die so aufregend wirkt, daß man sie für ein Medium der Liebesgötter persönlich halten könnte. Überhaupt spielen die Götter in dem Gedichtchen ihre Rolle: Vers 2 spricht davon, daß das gemeinsame Essen erst dann stattfindet, wenn sie gnädig sind. Und wenn Fabullus die Köstlichkeit des Duftes erkennt, wird er sich sicher ebenfalls an sie wenden (v. 13). Aber im ganzen wird durch den Akzent des Schlusses die scherzhafte Einladung zur Huldigung an Lesbia und ihren überirdischen erotischen Duft, an die verführerische Atmosphäre, die von ihr ausströmt und in Gestalt des Duftes alle Anwesenden in ihren Bann schlägt, da sie an die Verkörperung von Venus selbst erinnert. Catull erlebt in ihr die Göttlichkeit weiblicher Reize als sein eigentliches Lebenselement, in dem er sich entfalten kann.

4.2 Catull 44

Fast in Rätselform als Lob auf sein Landgut in Tibur (oder im Sabiner-Land: beides ist wohl zutreffend, aber Catull hört aus Prestigegründen lieber das erstere; damit verbringt er drei volle Verse!) beginnt Catull ein Schmähgedicht auf Sestius, der eine Anklageschrift gegen Antius verfaßt hat, von der es Catull schlecht geworden ist. Bosheit und Geschmacklosigkeit dieser Rede haben den Dichter geradezu krank gemacht, und zur

Gesundung zog er sich auf eben jenes Gütchen zurück. In Vers 6–9 dankt Catull dem Gütchen, weil es ihn vom üblen Husten befreit habe, den er sich, mit gewisser Schuld, zuzog, weil er gut essen wollte. Nicht etwa, daß die *sumptuosae cenae* ihn krank gemacht hätten. Die Verse 10–12 verraten die Ursache: Lektüre der Rede gegen Antius, *plenam veneni et pestilentiae*. In den Versen 13–15 berichtet er dem Landgut, warum er sich zu ihm geflüchtet hat: *gravido frigida et tussis* sind der Grund, also ein Fall von psychosomatischer Erkrankung, der Catull recht geschah, weil er (so mindestens sagt es ihm sein Schuldgefühl) eben jene üble Rede las. Weil das Landgut ihm half und ihn nicht etwa noch für seinen Fehler bestrafte, dankt Catull ihm besonders: *maximas tibi grates ago* (v. 16 f.). Der Schlußabschnitt (vv. 18–21), ein Satzgebilde mit fünf kleinen Nebensätzen, ist recht witzig geführt. Es sieht zunächst aus, als wolle Catull sagen, beim nächsten Mal weigere ich mich nicht, die wohlverdiente Strafe zu verbüßen – aber es lautet dann überraschend: ... *non mi, sed ipsi Sestio* ... „ich bin dann einverstanden, daß nicht ich, sondern Sestius diese Krankheiten erleidet, der mich nur einlädt, wenn ich seine schlimme Schrift gelesen habe". Außer diesen hübschen Überraschungseffekten am Anfang und am Ende beruht der Reiz des Gedichtes wieder auf dem darin enthaltenen Realismus, dem wirkungsvollen Wechsel zwischen dem Lob des Landgutes als der privaten Sphäre des Dichters *(funde noster)*, die ihm Behagen und Gesundheit schenkt, und dem Ausflug in die Welt des politischen Ehrgeizes und des unfairen Kampfes, die ihm in Sestius entgegentritt. Zu diesem Ausflug ließ sich der Dichter durch eine bestimmte Eßgier verführen, durch den wohl verständlichen Wunsch, auch einmal mit den Reichen gut zu speisen. Eigentliches Thema ist also das *peccatum* des Dichters (v. 17), ein ‚Sacrificium intellectus' für materiell-sinnliche Genüsse begangen zu haben: also das moralische Thema von Schuld und Sühne, die dem Dichter jedoch, weil er schließlich einsichtig wurde und sich noch rechtzeitig in seine eigene Sphäre zurückzog, noch einmal geschenkt wurde. Beinahe hätte er sein eigentliches, tieferes Wesen um primitiven Vorteils willen verraten, doch Besinnung hat ihn gerettet, er blieb sich treu, und so kann das Gedicht mit einer Verwünschung des Sestius schließen, von dessen Charakter er sich auf diese Weise distanziert.

4.3 Catull 8

Ist das Gedicht Erinnerung an einstiges Glück oder Selbstmahnung zu vernünftigem Verzicht auf das Glück, das doch nicht mehr zu retten ist? Ist es bewußt konzipierte Absage an die einstige Liebe, eine Absage, die zeigen soll, daß trotz Größe des vergangenen Glücksgefühls Catull jetzt fest und vernünftig geworden ist? Ist es unfreiwilliges Abbild eines inneren Kampfes, so daß Catull eigentlich durch Niederschreiben der Verse sich Mut und Festigkeit zusprechen will, aber der Wille nicht ausreicht, die aus dem Unbewußten aufsteigenden Glückserinnerungen zurückzudrängen? Wird dadurch unabsichtlich aus dem Programm des selbstbewußten Widerstandes eine erneute Liebeserklärung, ein Dokument des hoffnungslosen Verfallenseins des Catull an seine große Liebe zu Lesbia – mag sie auch schon lange nicht mehr die Seine sein?

Wie ist das fluktuierende Gedicht gebaut? Verse 1 und 2: Anrede des Dichters an sich selbst, nun endlich die Torheit aufzugeben und sich mit dem Verlust abzufinden. Verse 3–8: Bild der Erinnerung an die strahlenden Tage des Glücks, die Wege zur Geliebten, die Einmaligkeit der Liebe, die Liebesspiele, die dem Mädchen genauso lieb waren wie dem Mann – so weit geht Catull hier ins Detail, dreht das Messer in der offenen Wunde, macht sich die Größe des verlorenen Glückes so richtig klar.

Verse 9–13: Da sie nicht mehr will, fordert es die Vernunft, dies hinzunehmen und hart zu werden, zu sich und zu ihr.

Verse 14–18: Catull versucht ihr das Herz schwer zu machen, Bedauern zu entlocken, indem er eine Reihe Fragen (sieben an der Zahl) stellt, die alle nach demselben Muster funktionieren: Wer wird dich nun lieben? Wieder geht er ins Detail, noch mehr als vorher, indem er von Küssen und Lippenbissen spricht, um ihr über den erlittenen (selbstverschuldeten) Verlust das Herz schwer zu machen, doch ach, er macht es sich nur selbst schwer. Noch ein abschließender Vers (19), die abgewandelte Wiederholung von Vers 11. Man spürt, die Mahnungen an sich selbst sind zu schwach, die Erinnerungsbilder des großen (verlorenen) Glückes zurückzuweisen. Sie beherrschen die Imagination des Dichters durch ihre starke Leuchtkraft und machen ihn durch den erlittenen Verlust unglücklich.

4.4 Catull 37

Eines der charakteristischsten Catull-Gedichte, und wohl eines der besten, bei dem die obszönen Elemente notwendige Mittel des Ausdrucks sind, da sie aus dem tiefen Schmerz der seelischen Verwundung hervorgehen. Ironie und tiefe Emotion, Spott brutaler Art und zartestes Gefühl stehen eng nebeneinander, bedingen und steigern einander. Auch vermeinen wir zu erkennen, daß hier ein selten so reiner, volkstümlicher Realismus zum Zuge kommt, was uns dieses Gedicht besonders nahebringt und uns Catull selbst hier menschlich macht. Auch haben wir hier verschiedene soziale Schichten: Catull begleitet quasi seine Lesbia auf dem Weg in die Niederungen der Gesellschaft: Lesbia, die von der eigenen Oberschicht wohl genug hat und als Abwechslung für ihre gelangweilte Seele – oder aber als Ansporn für ihre übermächtige Sexualität – die Kreise solcher Männer aufsucht, bei denen der Trieb unverbildet, elementar und brutal sich zu äußern wagt. Darf man sagen, daß Catull hier an Lesbias Verirrungen wohl unsäglich leidet, durch sie aber auch mit einer Welt konfrontiert wird, mit der er sonst nichts zu tun hat und haben möchte? Hat er nicht – auf negative Weise – hier ebenfalls Anteil an Clodias „Wonnen der Gewöhnlichkeit"? Er singt sich hier auf vulgäre Weise den Schmerz von der Seele, er schwelt im Haß auf die „Bankhocker" der üblen Kneipe. Die Verwendung von Wörtern wie *mentula, confutuere, irrumare, moechi, urina* tun das übrige und sind an akzentuierte Gedichtstellen plaziert. Er spricht die „geile Kneipe" und die „Saufbrüder" an und droht diesen in zwei Fragesätzen vv. 1–5 und vv. 6–8, er werde es ihnen schon besorgen, seien sie auch hundert oder gar zweihundert Bankhocker. Der Kontrast dieser Schar von Säufern mit dem einen schwachen, aber von Wut geschwellten Dichter ist komisch, aber zeigt auch seine maßlose Erregung. Ganz volkstümlich ist die Ortsbestimmung der Schenke durch die Angabe, sie sei neun Pfeiler vom Dioskuren-Tempel entfernt – nein, von den Zwillingsbrüdern mit der Filzmütze. Gleich darauf die Frage an diese Saufbrüder, ob sie glaubten, sie dürften allein alle Mädchen ‚vernaschen'.

Dann der Mittelteil vv. 11–14: Wie innig, wie voll von Liebe und Fürsorge, tiefer echter Gattentreue und Trennungsschmerz über den Verlust der großen Liebe: Sie, die ihm aus dem Schoß entwichen ist, die geliebt wurde wie keine, die er so hart umkämpfte, sie ließ sich hier nieder: *consedit istinc*, dies sagt alles, nur zwei Worte, denn das *istinc* ist hier bei aller seiner Kürze durch die vorangehenden Verse bis zum Bersten gefüllt.

Der Schlußteil beginnt mit Ironie: *boni beatique omnes amatis*, „ihr liebt sie alle mit Glück und Segen", aber alle seid ihr – Schwächlinge und Hurer! Die doppelte Verwendung von *omnes* schafft hier den scharfen Kontrast. Zum Schluß greift er sich einen heraus, Egnatius den Bärtigen aus dem kaninchenreichen Spanien, der seine Zähne mit Urin reibt, so daß sie strahlendes Weiß zeigen (Gedicht 39 wird sich mit ihm ganz allein befassen, mit ihm und seinem törichten, weißzahnigen Lachen), aber der abschließende Ton ist auf Ekel gestimmt. Es ist, als wolle Catull sagen: Sehen wir doch einmal, wer jetzt meine süße Lesbia genießen darf... Wahrscheinlich würde der gutmütige, weißzahnig grinsende Spanier ganz unschuldig aufblicken und den elementaren Haß und den beißenden Spott des armen, sensiblen Catull gar nicht verstehen.

4.5 Catull 69

Rufus wird aufgeklärt, warum kein Mädchen mit ihm schlafen möchte: übler Geruch unter den Achseln ist schuld daran, wahrlich kein Thema für Liebespoesie. Dem so Unterwiesenen, ja Angegriffenen soll das Sich-Wundern genommen werden, er soll zur Selbsterkenntnis gebracht werden: *noli admirari* beginnt die kleine Elegie, *admirari desine* hört sie auf. Verse 1–4, der Anfangssatz, bringen eine ‚negative Liebesszene': Wenn auch der Mann die Frau mit erlesenen Gaben (Kleidern, Schmuck) „erschüttert" (das hübsche ‚*labefactes*' in Z. 3), so will sie doch nicht ihre zarten Schenkel ihm unterlegen; keine Frau akzeptiert Rufus als Partner, ist zu solchem ‚Liebeshandel' bereit. Die *deliciae* hübscher Geschenke werden unwirksam durch ein Gerücht, bei Rufus wohne ein gräßlicher Bock unter den Achseln: *laedit te* ist diese Aussage eingeleitet: das tut dir weh! Furcht vor diesem „Untier": in *bestia* hat sich der Geruch schon ganz in ein fabulöses Untier verdichtet, einen bösen Mythos, gegen den man nicht ankam: mit so etwas schläft eine *bella puella* nicht! Aber im letzten Distichon stellt Catull den Mann vor eine Alternative: das Untier umbringen (*crudelem nasorum pestem*: Verständnis für die Mädchen, die fliehen) oder sich mit allem abfinden und die eigene erotische Verlassenheit rational verstehen.

Liebeslehre als Satire angeboten, guter Rat oder Diffamierung eines Menschen, der sich den Erfordernissen einer Liebeskultur nicht fügen will?

Literatur

Ausgaben
Catulli Carmina. Ed. R. Ellis. Oxford 1904 ff.
Catulli Carmina. Ed. Pöschl-Wlosok. Heidelberger Texte 1960.

Arkins, B.: Sexuality in Catullus. Hildesheim/Zürich/New York 1982.
Burkhardt, Fr./Reis, H.: Poesie als Sprach- und Lebensform. Eine Einführung in lateinische Dichtung. Frankfurt a. M. 1977.
Catulle: Poésies. Texte établi et traduit par G. Lafaye. Paris 1982.
Catulo: Cincuenta poemas. Seleccion, version y notas de Anibal Nunetz. Madrid 1984.
C. Valerius Catullus: Carmina. Ed. Hamburger und Fiedler. Bamberg o. J. (Lateinische Sprache 24).
Errante, V.: La poesia di Catullo. I und II. Milano 1945.
Glücklich, H.-J.: Catull-Gedichte. Exempla, Lateinische Texte Teil I und II. Göttingen 1980.
Glücklich, H.-J.: Catulls Gedichte im Unterricht (Lehrerkommentar). Göttingen 1980.
Havelock, E. A.: The Lyric Genius of Catullus. Oxford 1939.
Kroll, W.: Kommentar zu C. Valerius Catullus. Stuttgart ^{3}1968.
Lieberg, G.: Puella divina. Die Gestalt der göttlichen Geliebten bei Catull im Zusammenhang der antiken Dichtung. Amsterdam 1962.

Offermann, H.: Dichtung im Vergleich. Gaius Valerius Catullus und Marcus Valerius Martialis. Frankfurt a. M. 1984.
Paratore, E.: Catullo poeta doctus. Catania 1942.
Quinn, K.: Kommentar zu C. Valerius Catullus. London 1970.
Schnelle, I.: Untersuchungen zu Catulls dichterischer Form. Leipzig 1933.
Schuster, M.: C. Valerius Catullus. In: Pauly-Wissowa-Ziegler: Realenzyklopädie. Stuttgart 1943.
Weinreich, O.: Catull, Liebesgedichte und sonstige Dichtungen. Lateinisch und Deutsch. Hamburg 1960.
Wheeler, A. L.: Catullus and the Traditions of anciant Poetry. Berkeley 1934.
Wilamowitz-Moellendorff, U. von: Reden und Vorträge I. Berlin 1925.
Wimmel, W.: Kallimachos in Rom. Die Nachfolge seines apologetischen Dichtens in der Augusteerzeit. Wiesbaden 1960.

Gerhard Eller

Curtius Rufus, der Alexanderroman

1 Curtius Rufus als Autor der Anfangslektüre

Die Antike konnte sich der Faszination von Alexanders Werk und Wesen nur schwer entziehen, wie die Fülle der Aufzeichnungen über sein Leben besonders in griechischer Sprache beweist. Bedeutete doch sein Ausgreifen in die Welt des Orients nicht nur eine ungeheure Ausdehnung politischer Macht und materieller Möglichkeiten, sondern vor allem auch eine Erweiterung des geistigen Horizontes, die zu einer neuen epochemachenden Kultur führen sollte: dem Hellenismus mit seiner Toleranz gegenüber Andersartigem, seinem Kosmopolitismus, seiner Idee der Völkerverschmelzung und Völkerversöhnung.

Für die moderne Schuljugend der 9. und der 10. Gymnasialklasse gibt es jedoch zu Alexanders Persönlichkeit einen direkteren Zugang als über die kulturelle Einsicht, daß er mit seinem Wesen auch zum Wegbereiter der römischen *humanitas* wurde: Die Entdeckung der fremden Welt des Orients, das Bunte, Schillernde des Exotischen, Sehnsucht nach der Ferne, Abenteuer, Wagnis, Gefahr, all das sind Momente in Alexanders Biographie, die so recht der geistig-psychischen Lage der Jugend im 2. Trotzalter der Vorpubertät entsprechen. Bekanntermaßen führen ja die sich hier schon vorbereitenden und einleitenden körperlich-sexuellen wie geistigen Reifungsprozesse zu jener triebhaften Unruhe, die bei Drosselung des aktiven Tätigkeitsdranges den passiven Erlebnishunger ins Maßlose steigert, was dann zu jener charakteristischen Ermüdung und Konzentrationsstörung führt, die der Pädagoge als Leistungsabfall, schulisches Desinteresse, Neigung zu sachfremden Reaktionen wie Streichen im sogenannten Flegelalter kennt. Wie glücklich kann sich der Lateinunterricht schätzen, daß er gerade in dieser Phase der physiologisch bedingten Schulverdrossenheit den Hunger nach Abenteuer, nach spannungsvoller Erregung und Risiko, mit dem der junge Mensch sich selbst unbewußt die innere Unruhe zu kompensieren versucht, mit Curtius' Schilderung der Taten Alexanders befriedigen kann.

Dürfen wir somit – so schwierig eine genaue zeitliche Abgrenzung der Entwicklungsphasen mit ihren vielen individuellen Unterschieden auch ist – bei einem früheren Lektürebeginn (bis Klasse 9) bei Schülern bis zu 14 Jahren noch eine alleinige Motivierung zur Curtius-Lektüre in der Thematik als Abenteuer- und Reiseliteratur sehen, so hat das Spannungsmoment sicher auch noch in der 10. Klasse eine gewisse Bedeutung. Führt doch die Psychologie auch die Jugendbewegung (Wandervogel usw.) noch auf den Wanderdrang mit seiner Sehnsucht nach Ferne und Fremde zurück, und dieser Bewegung haben nicht nur Jugendliche bis 14 Jahren angehört. Auch der moderne Massentourismus mit seinen organisierten ‚Abenteuerreisen' scheint auf rudimentäres Fortbestehen des Wander- und Erlebnishungers selbst beim Erwachsenen hinzudeuten.

Beim 15jährigen der 10. Jahrgangsstufe, der im allgemeinen in die Anfangsphase der Vollpubertät eingetreten ist, kommen nun aber auch zwei pädagogische Momente hinzu: Die mit der nun stürmischer verlaufenden körperlichen Reifung einhergehende Entdeckung des Ichs wendet den Blick des jungen Menschen nach innen, er entdeckt in zunehmendem Maße in sich die Welt der Gedanken, Gefühle, Stimmungen, Affekte, Triebe und

Begierden. Er gewinnt die Fähigkeit zur Selbstreflexion und Selbstkritik, damit aber auch zur reflektierenden und kritischen Stellungnahme zum fremden Seelenleben. Hieraus entspringt dann oft auch Kritik und Ablehnung gegenüber Elternhaus, Lehrern, ja der gesamten tradierten Kultur. Ein zweiter Durchgang durch die Geschichte auf dieser Stufe dient nicht nur der Wiederholung äußerer Fakten, sondern öffnet nun das Verständnis für den Charakter einer Persönlichkeit, die inneren Motive, seelischen Antriebe, das Wollen, die Absichten und Ziele. Auch dieser Entwicklungsstufe kommt unser Autor in besonderem Maße entgegen, ist Curtius Rufus doch in erster Linie nicht Historiker, dem an der möglichst genauen Wiedergabe der äußeren Fakten liegt, sondern vor allem Rhetoriker und Psychologe, dessen Interesse besonders der Zeichnung einer außerordentlichen Persönlichkeit gilt. Seine Neigung zu Pathos und Gefühl trifft sich mit der Sentimentalität und Begeisterungsfähigkeit des Pubertierenden.

Wanderlust, Sehnsucht nach Abenteuer und Ferne, vagierende Adaption des Fremden beim Vorpubertierenden und kritische Ablehnung der eigenen Tradition, geistiger Vorstoß in die Fremde beim Pubertierenden sind jedoch nicht nur Zeichen innerer Schwäche und Destruktion, sondern haben durchaus auch ihre entwicklungsbedingte positive Funktion, wie Psychologie und Verhaltensforschung einmütig lehren: Überalterte, sinnlos gewordene Elemente der Tradition sollen durch diese physiologische Neophilie ausgemerzt werden, die eigene Kultur auf eine lebensfähige, an veränderte Bedingungen angepaßte Grundlage gestellt werden. Da auf dieser Stufe die Wertbildung jedoch noch weniger aufgrund abstrakter Ideen geschieht als vielmehr durch Beeinflussung von seiten konkreter Darstellungen der Werte im Charakterbild menschlicher Persönlichkeiten, sucht der Pubertierende instinktiv nach solchen Verkörperungen potentieller Wertvorstellungen. Der junge Mensch adaptiert seine Wertwelt also aufgrund von Vorbildern, die er selektiert und deren selbstgewählter Autorität er sich unterwirft. So starr nun der ethische Rigorismus des jungen Menschen auch ist, wird er dennoch in seinem Suchen nach Vorbildern besonders von solchen Persönlichkeiten angesprochen, die selbst noch um Vollendung ringen, da bei ihnen ihr Streben nach Werten glaubhaft ist. Nun zeichnet Curtius Rufus Alexander nicht in apollinischer Klarheit als fehlerfreien Charakter, steht also nicht ausschließlich in der Tradition der so zahlreichen panegyrischen Biographien, sondern benutzt auch eine stoisch beeinflußte Quelle mit der Kritik allzu großer πάϑη. Eine kritische Auseinandersetzung mit Alexanders zahlreichen positiven wie negativen Charakterzügen wird dem jungen Menschen also beim Aufbau seiner Wertvorstellungen und damit dem wichtigsten Teil seiner Persönlichkeit behilflich sein. Der Umstand, daß viele Eigenschaften in Alexanders groß angelegtem Naturell nach normalen Maßstäben unseres täglichen Lebens überdimensioniert erscheinen, erleichtert dabei durch schärfere Konturen nur das Urteil.

Spannung und Abenteuer für die Jüngeren, das introvertierte Interesse für Gefühle, Affekte und Leidenschaften, schließlich ihre Kontrolle und Beherrschung durch rationale Kritik, dabei das Angewiesensein auf das positive oder negative Vorbild zum Aufbau eines eigenen Wertsystems in der Altersstufe der Pubertät sind drei der wichtigsten Kriterien, die Lektüre von Curtius Rufus zu empfehlen. Um so verwunderlicher ist es, daß er erst wieder neu entdeckt werden muß.

2 Die Auswahl des Autors

Von den 10 Büchern *historiae Alexandri magni Macedonis* des Q. Curtius Rufus sind die ersten beiden verlorengegangen. Die größtenteils erhaltenen acht Bücher 3–10 umfassen jedoch die interessantesten Epochen seiner *vita,* vom Frühjahr 333 bis zu seinem Tod im Juni 323 einschließlich der ersten um die Nachfolge auftretenden Wirren und Intrigen seiner Offiziere. Für den Schüler der Sekundarstufe I sind nun besonders kleinere, in sich geschlossene Partien interessant, an denen der Text glücklicherweise sehr reich ist. Nach den oben dargelegten Motivationskriterien können die vorgeschlagenen Szenen grob in drei Gruppen eingeordnet werden:
1. Texte, die vor allem die Abenteuerlust, den Hang zum Fremden, Exotischen befriedigen;
2. Texte, die primär einen Charakterzug Alexanders sichtbar machen, der auf die Gefühlssphäre wirkt;
3. Texte, bei denen die kritische Stellungnahme den Aufbau eines Wertsystems im Jugendlichen ermöglicht.

Manche Partien gehören auch mehreren dieser Kategorien an. Die Zugehörigkeit zu einer dieser Gruppen sei im Folgenden mit der in Klammer gesetzten Ziffer hinter der Inhaltsangabe der Stelle angedeutet. Die empfohlenen Stellen sind in chronologischer Reihenfolge, d. h. nach der fortschreitenden Buchziffer, geordnet. Die in manchen Ausgaben zu findende Zitierweise, die von der üblichen, in Kapitel und Sätze unterteilenden abweicht, ist in eckigen Klammern angegeben:

Buch III: Kap. 1, 11–18 [2]: Der gordische Knoten (2)
Kap. 5, 1–16, Kap. 6, 1–20 [12–16]: Sein Glaube an das Gute rettet Alexander aus gefährlicher Krankheit kurz vor der Schlacht von Issus (1 und 3)
Kap. 12, 1–26 [30–32]: Alexanders Edelmut gegenüber den gefangenen Frauen der Königsfamilie (2 und 3)

Buch IV: Kap. 7, 16–31 [31–32]: Alexander läßt sich in der Oase Siwa zum Gott erklären (1 und 3)

Buch V: Kap. 1, 24–39 [4–6]: Die Wunder Babylons (1 und 3)
Kap. 6, 11–16 [21]: Alexander ermutigt durch sein Vorbild sein Heer in der Schneewüste (1 und 2)
Kap. 13, 15 ff. [37/38]: Der Tod des Darius (2 und 3)

Buch VI: Kap. 2, 1–11, Kap. 6, 1–17 [4/5 und 20/21]: Alexander verfällt den Gefahren des Müßiggangs, die seine Einsicht und bessere Natur schließlich überwindet (3)

Buch VII: Kap. 3, 5–18 [12/13]: Strapazen im Schnee Hindukuschs (1, 2)
Kap. 5, 1–18 [20/21]: In der Wüste Baktriens (1 und 2)

Buch VIII: Kap. 1, 11–19 [2]: Eine Jagd im Tiergehege von Bazaira (1)
Kap. 1, 19–Kap. 2, 12 [3–6]: Alexander und Klitus, besonders eindrucksvoll die Reue über sein Handeln im Affekt (2 und 3)
Kap. 4, 1–20 [14/15]: Das Heer droht zu erfrieren (1 und 2)
Kap. 4, 21–30 [16]: Roxane (2 und 3)
Kap. 10, 13–18 [36]: Leichtsinn beim Bacchusfest (2, 3)
Kap. 14, 9–46 [48–51]: Die Porusschlacht (1 und 2)

Buch IX: Kap. 1, 1–14 [1/2]: Indiens Merkwürdigkeiten (1)
Kap. 3, 16–24 [13]: Alexander bereitet den Rückzug vor (1)
Kap. 4, 26–Kap. 5, 30 [18–22]: Der König gerät durch seinen Wagemut in Lebensgefahr (1)

Buch X: Kap. 5, 1–14 [21]: Alexanders Tod (2)

Je nach Altersstufe, Leistungsvermögen und Reifegrad der Schüler wird der Lehrer aus diesen Vorschlägen seinen Kurs zusammenstellen. Bei leistungsfähigeren und reiferen Schülern wird er Texten der Kategorien 2 und 3 den Vorzug geben, während er bei jüngeren die kürzeren Partien besonders der Kategorie 1 und 2 auswählt. Wichtig ist, daß durch zügige Lektüre die Spannung erhalten bleibt. Für die Übersetzung durch die Klasse zu umfangreiche, aber wichtige Szenen können auch teilweise oder ganz durch andere Darbietungsmethoden (z. B. unter Benutzung einer Übersetzung) zur Ergänzung der Eindrücke erarbeitet werden. Da sich Curtius selbst nicht als kritischer Historiker versteht (IX, 1, 34), sondern als Darsteller eines großen Charakters, sollten die rein kognitiven Lernziele (Jahreszahlen, genaue Lokalisierungen usw.) eine völlig untergeordnete Rolle spielen. Affektive Lernziele – zu denen sich auch andere Fächer in zunehmendem Maße bekennen – sollten im Vordergrund der Lektüre stehen. Der Lehrer hat schon viel erreicht, wenn die Lektüre im jungen Menschen den Sinn für menschliche Größe und Qualitäten sensibilisiert. Dennoch wird es nichts schaden, anhand einer Karte den Marschverlauf wenigstens in großen Zügen zu veranschaulichen. Gerade die an der Weite der zurückgelegten Entfernungen rational sich vollziehende Erkenntnis der Energie und Tatkraft Alexanders wird auch ihren Einfluß auf affektivem und vielleicht auch paränetischem Sektor nicht verfehlen. Auch technische Daten (z. B. über Heeresorganisation, Bewaffnung, Kampftaktik) sollten, zumal sie der Autor weitgehend verschweigt, eine nur untergeordnete Rolle spielen. Da Curtius neben der panegyrischen Tradition auch eine alexanderfeindliche Quelle benutzt, wie sie der Propaganda des Ptolemäus und des Aristobulos entspricht, gelingt es ihm nicht, ein einheitliches Charakterbild zu zeichnen. Um bei der noch relativ starren ethischen Einstellung des Pubertierenden, der noch keinen Sinn für das Dämonische der Macht besitzt, keine Ratlosigkeit zu hinterlassen, sollten an sich für den Historiker interessante Stellen wie die der Pagenverschwörung (VIII, 6–8) oder der Soldatenverschwörung (X, 4 ff.) nicht gelesen werden. Einfacher zu bewältigende Darstellung von Fehlverhalten dürfte in der vorgeschlagenen Auswahl in ausreichender Schattierung zur Übung der Kritikfähigkeit zur Verfügung stehen.

Auch sollte man sich nicht scheuen, die eine oder andere Partie mit sexueller Thematik zu lesen. Die Jugend wird mindestens ab Sexta im Biologieunterricht ständig mit sexueller Aufklärung konfrontiert, die sich in falschem Verständnis von Wissenschaftlichkeit meist auf rein physisch-materielle Aspekte beschränkt. Diese Reduzierung auf den rein physiologisch-technischen Standpunkt im Naturkundeunterricht könnte im Jugendlichen die falsche Einstellung suggerieren, das sei die einzige Seite des Phänomens. Daß dieses bei Curtius wie bei andern römischen Historikern als Erscheinung des menschlichen Lebens (und nicht der wertfreien Wissenschaft) behandelt wird, garantiert seine Einbettung in den psychischen, geistigen und kulturell-soziologischen Bereich, dem es ja auch angehört. Die Einsicht, daß Alexanders Willen eine Steuerung der Triebe gelingt, könnte dem Jugendlichen das Bewußtsein um die Verantwortung gegenüber sich selbst und der Gesellschaft, die er in diesem Bereich trägt, nahebringen.

3 Die Sprache

Mit einem Wortschatz von 3850 Vokabeln (ohne Eigennamen) im Gesamtwerk und bei der Vielfalt und Buntheit der beschriebenen Phänomene betreibt Curtius fast eine noch größere Ökonomie der Sprache als der dafür so hoch gerühmte Caesar. Zudem ist das Vokabular bis auf einige Dutzend Wörter durchaus klassisch, d. h. auch schon in Prosa und Dichtung der augusteischen Zeit zu finden. Da wir über die biographischen Daten des Autors keinerlei Nachricht haben, bleibt, außer einer vagen Anspielung auf seine eigene Zeit in X, 9, 1–6, die man auf den Regierungsantritt des Kaisers Claudius deutet, sein Sprachstil auch die einzige Möglichkeit der Datierung. Die häufige Verwendung von Abstrakta statt der Konkreta, die weite Anwendung metaphorischer Ausdrücke wie die Dominanz kürzerer Sätze verweisen eindeutig auf den Stil der claudianischen Zeit. Diese Vorliebe für kleinere Sätze erleichtert die Anfangslektüre bedeutend, zumal sich Curtius durch sie nicht zu einem so abgehackten Stil wie Seneca verleiten läßt, sondern stets flüssig bleibt. Die kleine Schwierigkeit der abstracta pro concretis und der zahlreichen Metaphern wird sich durch eine ausreichende Kommentierung der Schulausgabe leicht beheben lassen. Auch in der Syntax entfernt sich Curtius vom Sprachgebrauch der Klassik nicht wesentlich, viele Charakteristika der sog. ‚silbernen Latinität' fehlen ganz oder sind seltener zu finden als bei dem älteren und dem jüngeren Plinius, bei Seneca, Mela und Quintilian. Auch von der Sprache her ist Curtius als Anfangslektüre daher durchaus geeignet.

4 Literatur und Hilfsmittel

Vollständige Textausgaben
Curtius Rufus, Q.: Historiarum Alexandri magni Macedonis libri qui supersunt. Hrsg. von Th. Stangl. Leipzig 1921.
Curtius Rufus, Q.: Historiarum Alexandri magni Macedonis libri qui supersunt. Hrsg. von E. Hedicke. Leipzig 1929.
Curtius Rufus, Q.: Historiarum Alexandri magni Macedonis libri qui supersunt. Hrsg. von K. Müller, München 1954.
Curtius Rufus, Q.: Historiarum Alexandri magni Macedonis libri qui supersunt. Für den Schulgebrauch erklärt von Th. Vogel und A. Weinhold. Leipzig 1906.

Vollständige Textausgaben mit Übersetzung
Curtius Rufus, Q.: Historiae Alexandri Magni regis Macedonum (lateinisch u. deutsch). Text: Müller, K./Übertragung: Schönfeld, H. München 1954.
Quinte-Curce: Histoires. Texte etabli et traduit par H. Bardon. Paris 1961.

Vollständige Übersetzungen
Curtius Rufus, Quintus: Von den Taten Alexanders des Großen. Deutsch von J. Siebelis. Berlin-Schöneberg [7]1910.
Curtius Rufus: Geschichte Alexanders des Großen. Übers. von V. W. Felsing. Leipzig 1929.
Curtius Rufus, (Quintus): Geschichte Alexanders des Großen. Übers. von J. Siebelis und G. Dorminger. München 1961.

Wörterbuch
Eichert, O.: Vollständiges Wörterbuch zu dem Geschichtswerke des Quintus Curtius Rufus. Hannover [3]1893.

Schulausgaben (Auswahl):
Curtius Rufus, Alexander in Indien und Babylon. Auswahl aus den Büchern VIII, IX u. X der Alexandergeschichte. Hrsg. von K. Amendt. München ²1960.

Sekundärliteratur
allgemein:
Dosson, S.: Etude sur Quinte Curce, sa vie et son oevre. Paris 1887.

Über Curtius Rufus als Historiker:
Janke, A.: Auf Alexanders des Großen Pfaden. Berlin 1904.
Radet, G.: La valeur historique de Quinte Curce. Comptes rendues 1924, 356.
Schwarz, F. von: Alexanders des Großen Feldzüge in Turkestan. München 1893.

Über den Stil:
Vgl. die Einleitung bei Curtius Rufus, Q.: Historiarum ... (Textausgabe – s. o. – Vogel/Weinhold) Leipzig 1906.
Mützell, J.: De translationum quae vocantur apud Curtium usu. Berlin 1842.
Krah, E.: Beitrag zur Syntax des Curtius. Insterburg 1886/87.
Oblinger, J.: Curtiana. Textkritische und grammatische Untersuchungen. Würzburger Diss. Nabburg 1910.

Über Alexander den Großen:
Altheim, F.: Alexander und Asien, Geschichte eines geistigen Erbes. Tübingen 1953.
Bengtson, H.: Griechische Geschichte von den Anfängen bis in die römische Kaiserzeit. Hefte der Altertumskunde III 4. München ⁴1969.
Birt, Th.: Alexander der Große und das Weltgriechentum. Leipzig 1925.
Bosi, R./Orlandi, E.: Alexander der Große und seine Zeit. Wiesbaden 1968.
Droysen, J.G.: Geschichte Alexanders des Großen. Gotha-Stuttgart ⁶1925.
Hampl, F.: Alexander der Große. Göttingen ²1965.
Herzfeld, E.: The Persian Empire. Wiesbaden 1968.
Tarn, W.W.: Alexander der Große. Darmstadt 1968.
Veloudis, G.: Alexander der Große, ein alter Neugrieche. München 1969.

5 Interpretationsbeispiel: Buch III 12, 15–17 (§ 31)

Die Situation: Nach der Schlacht von Issus 333 fällt Alexander das Lager des Darius in die Hände. Dort befinden sich die Mutter, die Frau und die beiden Töchter des Perserkönigs. Irrtümlich halten sie den auf der Flucht befindlichen Darius für gefallen und beklagen ihn. Alexander läßt sie durch einen Boten noch mitten in der Nacht vom wahren Sachverhalt unterrichten, um ihnen ihren Kummer zu nehmen, und verspricht ihnen, daß sie in ihrer hohen Stellung bleiben dürfen. Am nächsten Morgen bestattet er die Gefallenen.

Übersetzung: Als er den Gefallenen ihre letzte Ehre erwiesen hatte, schickte er Boten zu den gefangenen Frauen, die melden sollten, daß er selbst komme, und ohne die Schar seiner Begleiter eintreten zu lassen, betrat er nur mit Hephästion das Zelt. Dieser war dem König von allen Freunden weitaus der teuerste, mit ihm in gleicher Weise erzogen, sein Berater in allen seinen Geheimnissen. Auch hatte niemand sonst mehr Recht, ihn zu ermahnen, was er aber so ausübte, daß es ihm mehr vom König aufgedrängt als von ihm selbst gefordert schien. Zwar war er mit dem König an Alter gleich, übertraf ihn aber in seiner äußeren Erscheinung. Daher meinten die Königinnen, jener sei der König, und machten ihm nach ihrer Sitte ihre Reverenz (durch Kniefall). Als ihnen daraufhin einige der gefangenen Eunuchen durch Zeichen bedeuteten, wer Alexander wirklich sei, warf sich Sisigambis ihm zu Füßen und entschuldigte ihre Unkenntnis mit dem Umstand, daß sie den König nie vorher gesehen habe. Da sprach der König, indem er sie aufhob: „Du hast dich nicht geirrt, Mutter, denn auch er ist Alexander."

Interpretation: Bekanntlich hatten Kriegsgefangene in der Antike kein sehr rosiges Schicksal. Die waffenfähigen Männer, die eine Gefahr hätten bedeuten können, wurden oft kurzerhand umgebracht, ebenso alte Frauen, von denen man sich keinen Nutzen mehr versprach, und Säuglinge, deren Aufzucht zunächst zu viel Mühe bereitet hätte. Gerade daß die Römer bei der Ausbreitung ihres Stadtstaates anders verfuhren und die Besiegten entsprechend Vergils Leitspruch *parcere subiectis* (Aen. VI 853) zu Bundesgenossen mit Rechten und Pflichten machten, garantierte der Kleinstadt den Aufstieg zur Weltmacht. Doch den Griechen und andern Völkern lagen solche Gedanken fern, wie das Verfahren Athens mit den Meliern, Spartas mit Plataä (Thuk. III 68 und V 119) beweist. Mädchen und Frauen in den besten Jahren wurden zu Sklavinnen gemacht, oft nach bewährtem Vorbild aus Homer, Ilias I (Achilleus – Briseis), zu Konkubinen der Sieger.

Wenn Alexander vom allgemein geübten Verhalten abweicht und den Frauen kein Leid widerfahren, ja ihnen ihren ganzen Hofstaat läßt, so mag das, vom Standpunkt des Historikers gesehen, zu diesem Zeitpunkt, da Darius noch lebt und viele Reserven gegen Alexander mobil machen kann, nur klug gewesen sein. Hat er doch in den Frauen hervorragende Geiseln, mit denen er auf Darius Druck ausüben könnte. Der Überlieferung zufolge ist es aber gerade keine kalte Berechnung, die Alexander veranlaßt, die Frauen menschlich zu behandeln: Soll ihn doch, als er über den Grund ihres weithin hörbaren Wehegeschrei unterrichtet wurde, ihre Treue und Anhänglichkeit an Darius so beeindruckt haben, daß er aus Rührung Tränen vergoß (III 12, 6) und das Bedürfnis empfand, sie durch die Aufklärung ihres Irrtums und die Versicherung, der totgeglaubte König lebe, zu trösten. Nicht politische Klugheit, sondern die Fähigkeit, den Menschen, selbst wenn es der Feind ist, als Menschen zu nehmen und zu verstehen, mit dem Leidenden um des Leides willen mitzuempfinden und mitzuleiden, ist die Triebfeder dieser seiner Reaktionen. So läßt sich in Alexanders Charakter jenes objektive Gefühl für menschliche Werte und Größe, gleich auf welcher Seite sie sich dokumentiert, finden, wie es von T. S. Eliot als Zeichen eines reifen klassischen Geistes bei Vergil aufgewiesen wurde und wie es Konrad Lorenz als Fähigkeit zur Überwindung der pseudo-speciation anerkennt, jener durch künstliche Schranken, Vorurteil und Aggressionstrieb errichteten widernatürlichen Abgrenzung einer an sich zusammengehörigen Menschheit.

Dieses Vermögen, vom subjektiven Blickpunkt abzusehen, menschliche Qualitäten auch am Gegner zu respektieren, ja anzuerkennen und zu belohnen, führt uns Curtius an vielen Stellen vor Augen: so etwa beim Tod des Darius, als Alexander fast unter Preisgabe der eigenen Sicherheit versucht, den von seinen eigenen Satrapen Verratenen gegen die Verräter zu schützen, und, als er zu spät kommt, in Tränen ausbricht (V 13); – so, als er die Schamhaftigkeit einer adligen Gefangenen anerkennt und verbietet, sie als Bedienung beim Mahl einzusetzen (VI 2, 5); – so bei der Niederlage des indischen Königs Porus, dem er sein ganzes Reich wieder zurückgibt, was Curtius mit dem Begriff *admiratio verae laudis et gloriae* kommentiert (VIII 14, 38–40).

Nicht die äußere zufällige Handlung als solche, sondern die menschlichen Werte, die sich in der Geschichte manifestieren, sind es, denen das Interesse unseres Schriftstellers gilt. Hand in Hand mit einer Objektivierung des Blickwinkels und des Standpunktes geht natürlich auch die der Umgangsformen und der Verhaltensweisen: So gebietet Alexander sein Taktgefühl, nachts nicht selbst ins Zelt der Frauen einzutreten, sich bei seinem Besuch erst anmelden zu lassen, die Schar seiner Begleiter draußen warten zu lassen, um den Frauen eine Demütigung vor aller Augen zu ersparen. Ebenso auf das rein Menschliche bezogen wie seine Rührung über die Treue der Frauen ist auch seine Reaktion auf die Verwechslung der Personen: keine Spur von Kränkung und verletzter Eitelkeit, daß seine hochwichtige Person verkannt werden konnte. Kein Urteil aus Subjektivität, sondern die Anerkennung ihrer Entschuldigung. Dazu kommt die versöhnliche Anrede *mater,* die seinem Tenor nach Völkerverständigung entspricht, wie er sich auch in seiner Vermählung mit Roxane und seiner (persischem Brauch folgenden) späteren zweiten Verheiratung mit der Tochter des Darius zeigt. Eindrucksvoll auch der Gleichklang des Geistes, den Alexander bei dem mit ihm erzogenen Freund anerkennt, auch der hohe Stellenwert, den er der Freundschaft hier wie an anderen Stellen des Werks zuerkennt.

Höflichkeit, Taktgefühl, Milde, Versöhnlichkeit, Achtung vor dem Wert des Menschen als Persönlichkeit und Achtung der *virtus* um ihrer selbst willen, Mitgefühl, Empfänglichkeit für erhabene Eindrücke, all diese Charaktereigenschaften lassen sicherlich den Schluß zu, der von Aristoteles erzogene König sei trotz seines imperialistischen Willens Träger einer zumindest in der Politik neuen Humanität geworden. Daß vielen solcher Situationen, an denen sich die positiven Seiten seines groß angelegten Charakters erweisen, von Curtius auch andere, bei denen er Anlaß zu Kritik findet, gegenübergestellt sind – auch in der hier vorgeschlagenen Auswahl – und Alexander als um Einsicht und *virtus* Ringenden zeigen, macht seine Persönlichkeit um so glaubwürdiger und eindrucksvoller.

Peter Wülfing

Die Briefsammlung Plinius' des Jüngeren

Man würde erwarten, daß die umfangreiche Briefsammlung[1] des jüngeren Plinius (61/62–ca. 113 n.Chr.) Lektürestoff bietet, der auch für die Sekundarstufe I geeignet ist. Die Briefform selbst ist bereits eine Empfehlung: Kurze Texte oder solche von mittlerer Länge bilden jeweils ein vom Autor intendiertes abgeschlossenes Ganzes. Außerdem liegt der Briefform eine klar verständliche Situation zwischen Absender und Empfänger zugrunde.

Jedoch gelten diese Voraussetzungen bei Plinius – im Gegensatz zu den Briefen des Cicero – nur bedingt. Bei keinem Brief kann man ausschließen, daß sich der Autor, als er ihn schrieb, mit dem Gedanken trug, ihn auch zu veröffentlichen. Auf jeden Fall sind die erhaltenen Briefe vom wirklich Persönlichen, das am Anfang und am Ende zu stehen pflegt, sorgfältig gereinigt worden.

Dadurch entsteht eine gewisse Künstlichkeit, die sich in die Inhalte hinein fortsetzt. Selbst Briefe, die erzählen, werden von Plinius unter einen literarischen Aspekt gestellt. Ein Beispiel: In dem bekannten Brief III 16 berichtet Plinius von der heroischen Haltung römischer Vornehmer, die sich unter tyrannischen Kaisern (Nero, Domitian) den Tod geben mußten, von Frauen, die ihren Männern in den Tod vorangingen. Plinius hat diese Erzählungen aber dem ‚Problem' untergeordnet, daß die berühmtesten Taten und Aussprüche oft gerade nicht die bedeutendsten sind: *facta dictaque [...] alia clariora esse, alia maiora.*

Auch sprachlich sind die Briefe nicht gerade einfach. Plinius legt Wert darauf, daß seine Formulierungskunst und seine stilistischen Fähigkeiten stets in hellem Licht erscheinen.

Dies sind Erscheinungen, welche die Interpretation durchaus lohnen, wie dies auch die zahlreichen Hinweise auf den kultivierten Lebensstil und die Bildungsideale dieses nicht unsympathischen Vertreters einer Schicht, die sich, selbst machtlos, unter Trajan an der Sonne kaiserlicher Macht wärmen konnte, begründen. Die bei Plinius auffallende Ich-Bezogenheit dürfte diejenige einer Generation sein, der die selbständige Verwirklichung hoher Ziele verwehrt war. Aber man wünschte solche Interpretationen eher unter den Bedingungen der Oberstufenlektüre.[2]

Für die Sekundarstufe I dürften am ehesten die beiden Briefe über den Vesuvausbruch des Jahres 79 n.Chr. (VI 16 und 20) in Frage kommen. Sie sind Texte von mittlerer Ausdehnung; sie stellen also keine Pröbchenlektüre dar, und doch ist ihre Länge absehbar. Sie enthalten erzählende Partien, die sich auf ein einschneidendes und bekanntes Naturereignis der Antike beziehen.

Auch diese beiden Briefe sind sprachlich nicht so einfach, wie das für das Ende der Sekundarstufe I wünschenwert wäre. Man muß also entweder zu starker Lehrerhilfe bereit sein oder sich zur adaptierten Fassung des Kölner Arbeitskreises[3] entschließen. Im letzteren Fall muß aber sichergestellt sein, daß anschließend noch eine originalsprachliche Lektüre stattfindet; denn adaptierte Texte sind nur als wirkliche Übergangslektüre zu verantworten.

Für das Verständnis der beiden Briefe sind bestimmte Voraussetzungen sorgfältig zu beachten und herauszuarbeiten: Es ist nicht Intention des Autors, den Vesuvausbruch zu beschreiben, noch weniger, den Untergang der Vesuvstädte Pompeji und Herkulaneum und anderer. Ihre Namen kommen nicht einmal vor. Die Briefe beantworten vielmehr Anfragen des Historikers Tacitus, die sich allein auf den Onkel des Briefschreibers, Plinius den Älteren, bezogen haben. Im Brief VI 16 ist dieser ausschließlicher Mittelpunkt (VI 20 gibt sich als Nachtrag zur eigenen Person). Das Grundmotiv, das in so vielen Briefen anklingt, beherrscht auch die §§ 1–3:

Plinius' Sehnsucht, dem Vergessen zu entkommen, sich der Nachwelt durch Taten oder Schriften zu empfehlen. Hier finden sich die Formulierungen: *tradere posteris, immortalis gloria, semper vivet, opera mansura, aeternitas librorum, perpetuitas eius, facere scribenda, scribere legenda.*

Für Plinius ist von größter Bedeutung, daß sein Onkel – aber auch er selbst (das noch mehr im zweiten der Briefe, VI 20; man vergleiche VII 33,1 und 10) – in Tacitus' Geschichtswerk genannt sei. Dabei verdient eine weitere Stelle besondere Beachtung, nämlich § 7: Als der ältere Plinius, damals Kommandant der kaiserlichen Flotte in Misenum, ein Boot zur Abfahrt hat rüsten lassen, lädt er seinen Neffen zur Mitfahrt ein. Erforschung des Naturereignisses und Hilfe für Betroffene sind die erklärten Ziele. Doch der lehnt ab! Er ziehe es vor, bei seinen Studien zu bleiben, bei einer Schreibaufgabe, die der Onkel ihm gegeben hatte (aus VI 20,2 und 5 erfahren wir, daß es sich um ein Buch des T. Livius handelte). Ob man dies aus der erzählten Situation (der junge Mann war 17 Jahre alt), aus der des Erzählers (der Briefschreiber war etwa 45) oder von heute aus beurteilt, es beeindruckt die uneingeschränkte Hochschätzung literarischer Betätigung.

Ein weiteres Beispiel für den Abstand zwischen unserer und Plinius' Einschätzung des Geschehenen: Von Misenum aus hatte das Schiff Kurs direkt auf den Vesuv genommen. Eine Bekannte der Familie, Rectina, hatte einen Hilferuf zum Flottenkommandanten gesandt. Sie bewohnte eine Villa am Fuß des Vulkans. In § 11 wird erzählt, daß bei Annäherung an die Küste der Aschen- und Lapilliregen so intensiv fiel, daß an Weiterfahrt nicht zu denken war. Sehr geschickt folgt auf den kurz aufscheinenden Gedanken an Rückkehr das entschlossene *fortes Fortuna iuvat* mit der Weisung, um 90 Grad nach Süden abzudrehen und Kurs auf Stabiae zu nehmen. Rectina bleibt unerwähnt ihrem Schicksal überlassen.

Die hier erwähnten Probleme sind in dem sorgfältigen, aber nicht leicht zugänglichen Kommentar von O. Schönberger[4] herausgestellt. Ein noch mehr ins einzelne gehender Kommentar ist derjenige des Kölner Arbeitskreises[5], der außerdem mit einer erläuterten Diapositivreihe ausgestattet ist[6].

1 Ohne das 10. Buch, welches den Briefwechsel mit dem Kaiser Trajan enthält, 247 Briefe.
2 Dafür steht z. B. eine Auswahl zur Verfügung, welche die Eigenart des Briefs als Kommunikationsmittel zum Thema macht: U. Prutscher: Der Brief als Medium der persönlichen Mitteilung. Eine lernzielorientierte Auswahl aus Cicero und Plinius. In: AU IX 2/1976, 5–34.
3 „Vom Vesuvausbruch des Jahres 79 n. Chr." – Text für die Übergangslektüre nach Plinius Caecilius Secundus epist. VI 16 und 20, adaptiert vom Kölner Arbeitskreis ‚Lateinische Anfangslektüre'. Frankfurt a. M. 1979. Zur Problematik der Adaptation usw. vgl. man „Lehrerinformation aus dem Kölner Arbeitskreis ‚Lat. Anfangslektüre' ". Frankfurt a. M. 1980.
4 „Die Vesuv-Briefe des jüngeren Plinius"; erschienen in: Die alten Sprachen in der Schule (DASIU) – Mitt.-Blatt der altphilologischen Fachgruppe im bayerischen Philologenverband, 1/1979, 6–28.
5 (Siehe Anm. 3.) Der Kommentar berücksichtigt im allgemeinen Teil zahlreiche didaktische Probleme; die Einzelerklärungen beziehen sich auf den adaptierten Text.
6 Diapositivreihe zu „Vom Vesuvausbruch …". Frankfurt a. M. 1979.

Gerhard Eller

Die Germanen

1 Begründung des Themas

Es ist nicht nur der Trieb nach Abenteuer und Gefahr, die nostalgische Rückwendung zur Aufbruchzeit der unbegrenzten Möglichkeiten und der Freiheit der Völkerwanderungszüge, die vage Reminiszenz an Siegfried und die Nibelungen, die dem jungen Menschen immer wieder die vom Lehrer oft gehörte Frage entlockt, wie die Germanen „nun eigentlich gewesen seinen". Wenn die Klärung dieser Frage weit über die Befriedigung des rein explorativen Neugierverhaltens hinaus zum inneren Bedürfnis des Heranwachsenden wird, so zeigt sich, daß er sich durch diese Retrospektive in die Vergangenheit instinktiv den eigenen Standpunkt zu klären bemüht. Im Pubertierenden erwacht der Drang, sich über sein eigenes Wesen wie das der Mitwelt eine erste rationale Orientierung zu verschaffen.

Freilich dient diese Selbst- wie Fremderkenntnis letztlich dem Zweck, die Persönlichkeit in jeder Generation neu den veränderten – auch kulturell-geistigen – Umweltbedingungen anzugleichen, sie durch eine Art geistiger Mutation zur bestmöglichen Anpassungsform und damit Funktionsfähigkeit zu führen. Daher hat die Natur in unser genetisches Programm für die Stufe der Pubertät als physiologisches Durchgangsstadium die Phase des Suchens nach neuen Werten und Zielvorstellungen, oft bei fremden Kulturkreisen oder Zeiten, eingebaut, Hand in Hand damit auch oft die Ablehnung der eigenen überkommenen Tradition. Somit kommt es dem Suchen des jungen Menschen sehr entgegen, daß der Kulturkreis seiner germanischen Vorfahren, an dem er sich versuchsweise neue Orientierung und Erweiterung seines geistigen Horizontes verschaffen will, im wesentlichen nicht christlich geprägt und damit der oft von ihm in Frage gestellten eigenen Tradition fremd ist. Gerade die zeitliche und kulturelle Distanz macht ihn auch dort aufnahmebereit und lernwillig, wo der durch den Generationenkonflikt voreingenommene Jugendliche für das Elternhaus und den eigenen Kulturkreis nicht mehr ansprechbar bleibt. Um so fruchtbarer ist dann die bei eingehenderer Beschäftigung und fortschreitender Abbröckelung der idealisierten Vorstellungen sich vollziehende Entdeckung, daß unsere Vorfahren auch nicht alle Siegfriedsgestalten waren. Auch das Negativbild hat in der Entwicklung des jungen Menschen seine wichtige Funktion zum Aufbau eines eigenen kritischen Weltbilds. Gerade der Wechsel des Standpunktes durch die Beschäftigung mit dem Andersartigen weitet den Blickwinkel und relativiert den Standpunkt zu einer neuen, objektiveren Betrachtung des als gewöhnlich und selbstverständlich angesehenen Vertrauten.

Hinzu kommt, daß der junge Mensch durch die Beschäftigung mit der römischen und griechischen Antike über die von dort rezipierten Bestandteile unserer Kultur oft besser Bescheid weiß als über den genetisch direkter überkommenen Bestandteil unseres Wesens. Dieses letztlich nie völlig ausgleichbare Defizit soll hier im Lateinunterricht einen ersten Abbau erfahren, zumal der Geschichtsunterricht dieses Thema oft sehr summarisch und peripher behandelt.

Hilfe zur Erkenntnis des eigenen Wesens bei der für den Pubertierenden typischen Selbstorientierung, Erweiterung des geistigen Horizontes und Relativierung der altersbedingten kritischen Haltung gegenüber der eigenen Kultur können daher als die wichtigsten Bildungsfaktoren dieses Themenkreises angesehen werden.

2 Die Auswahl der Autoren und der Stellen

Aus der umrissenen Funktion der eigenen Wesenserkenntnis und Weiterentwicklung der Persönlichkeitsstruktur ergibt sich, daß bei der Auswahl der Lektüre diejenigen Quellen den Vorzug genießen, aus denen sich Einblick in den Charakter der germanischen Stämme oder eines ihrer exponierteren Repräsentanten gewinnen läßt. Andererseits scheiden bei der physiologisch bedingten Neigung zur Labilität und zum Konzentrationsmangel, wie sie in der Altersstufe der Pubertät häufig zu beobachten ist, allzu weit gespannte Handlungsverläufe und Fragestellungen aus, da die Untersuchung überschaubar bleiben muß. Kürzere, thematisch in sich geschlossene Partien sind vorzuziehen. Daher wird es nicht ratsam sein, die Charakterzeichnung einer der drei Persönlichkeiten, die uns faßbar sind, nachzuvollziehen: Die vollständige Lektüre der Darstellung des Ariovist, des Arminius oder des Civilis würde in diesem thematischen Zusammenhang den Rahmen der Untersuchungen zu weit stecken. Die Historien des Tacitus mit Civilis scheiden allein schon aus diesem Grunde aus, von der Sprache einmal ganz abgesehen. Ariovist ließe sich inhaltlich – sprachlich ohnedies – noch bewältigen, der Erkenntniseffekt wird aber bei vollständiger Lektüre nicht wesentlich größer als bei einer exemplarisch konzipierten. Zwar scheint er Interesse zu verdienen, weil er als erster Fürst, unter dem sich germanische Stämme zusammenschließen, offenbar so etwas wie ein erstes Nationalbewußtsein entwickelt hat. Wenn er Caesar jedoch anbietet, als Gegenleistung für die Abtretung Galliens für ihn zu kämpfen, quasi in seinen Sold zu treten (Bell. Gall. I 44), wie es auch Alarich Rom angeboten hat (Jordanes 29), wie es viele Germanenstämme tatsächlich getan haben, kann es mit diesem Nationalgefühl nicht weit her gewesen sein. Einige kleinere Kapitel werden also genügen, die Verschlagenheit, das Realitätsbewußtsein, die Caesar ebenbürtige Diplomatie und den übertriebenen, auf seine eingebildete militärische Überlegenheit pochenden Stolz des Germanenfürsten zu dokumentieren. Ähnlich ist es mit der Gestalt des Arminius. So schwer man seine Auseinandersetzungen mit Germanicus aus Tacitus (Annalen I 55–69 u. II 9 ff.) der Sprache wegen lesen kann, wird man trotzdem nicht ganz auf die Durchnahme der Schlacht im Teutoburger Wald verzichten dürfen, da Arminius noch immer für die Jugend eine Art Nationalheld ist. Hier wird dann wohl der sprachlich einfachere Velleius Paterculus mit einigen Kapiteln, vielleicht auch eine Übersetzung des griechischen Textes von Dio Cassius einspringen müssen.

Die Hauptquelle wird dann die Charakterisierung in Caesars 6. Buch und die Germania des Tacitus bleiben. Wichtig ist jedoch auch hier, daß die Information überschaubar bleibt. Deshalb werden bei der Germania überwiegend nur die allgemeinen Kapitel gelesen, nicht aber Kapitel 28–46 mit ihrer Überladung von Namen unbekannter Stämme, die auch im Geschichtsunterricht nie erscheinen.

Eine wertvolle Ergänzung und Abrundung und sozusagen die Probe aufs Exempel bietet uns die Geschichte der Franken von Gregor von Tours. Selbst aus einem römischen

Senatorengeschlecht stammend, hat er zwar für die Nöte und Sorgen der von den Franken unterworfenen romanischen Bevölkerung Verständnis, nicht aber vermag er sich in die Denkweise der germanischen Sieger hineinzuversetzen, deren Sprache ihm sicherlich fremd ist und die er als *barbaries* bezeichnet. Um so objektiver und unverfälschter ist das, was er unverstanden von der Mentalität der germanischen Bevölkerung festhält, zumal der Prozeß der Verschmelzung – auch in physischer Hinsicht durch Ehen zwischen den beiden Nationen – sich erst im Laufe des sechsten Jahrhunderts noch vollziehen mußte und die Sprachgrenze rein germanisch sprechender Siedlungen damals noch weit in den Westen vordrang. Bei dem Mangel an Quellen zu unserem Thema sollte man auf die bei ihm zahlreich zu findenden Zeugnisse für germanisches Wesen nicht verzichten. Eben dieser Mangel rechtfertigt es auch, ergänzend einige griechische Autoren in Übersetzung mitzuverwenden.

Bei der folgenden Auswahl der Stellen seien zu den einzelnen Autoren noch einige spezielle Hinweise gestattet.

Caesar, De bello Gallico

<u>Buch I</u>: Ariovist, hier genügen einige der Kapitel 30–53; sehr dramatisierend als Vorbereitung auf die Begegnung mit den Germanen ist Kapitel 39, das die plötzlich ausbrechende Furcht der Römer vor den Germanen schildert, eventuell auch die Reaktion Caesars auf diese Panik in Kapitel 40/41.

Kapitel 44–46: In den Verhandlungen mit Caesar beruft sich Ariovist zur Begründung seines Anspruchs auf Gallien genau wie Caesar auf ein Hilfegesuch der Gallier. Sein Versuch, Caesar durch Verletzung der Immunität der Gesandtschaft in seine Gewalt zu bringen, verrät die Verschlagenheit des Germanenfürsten.

Kapitel 51: Aufstellung der Germanen zum Kampf. Die Sippen kämpfen zusammen, die Frauen sind Zuschauer. Ansporn für den einzelnen, seine Kriegerehre zu wahren, bis zum letzten durchzuhalten. Unpraktische Umstellung des Kampfplatzes mit dem Troß, um die Flucht abzuschneiden. Wichtiger als Überleben ist die Mannesehre, agonales Prinzip, das unklug alles auf eine Karte setzt, ähnlich dem Verhalten der Kimbern in Plutarch, Marius 25.

Kapitel 52/53: Schlacht und Sieg Caesars.

<u>Buch II</u>: Kapitel 29–35: Kampf mit dem Atuatukern, ihr Verrat und ihre Niederlage weniger wichtig.

<u>Buch IV</u>: aus der Auseinandersetzung mit den Usipetern und Tencterern (1–15) nur wichtig Kapitel 2 und 3: Verteilung des Ackerlandes und die Isolation der Stämme durch einen Streifen Niemandsland.

<u>Buch VI</u>: sehr wichtig Kapitel 21–23: germanische Sitten. Besonders wichtig ihre Moralität (21), ihre Gleichgültigkeit gegenüber materiellem Besitz, indem das Land Gemeingut der Markgenossen bleibt (22), ihr Individualismus, der nicht einmal eine gemeinsame Regierung in Friedenszeiten kennt, in Polarität dazu aber auch ihre Gefolgschaftstreue nach freiwilliger Anerkennung bewährter und damit verdienter Autorität (23).

Die Kapitel 24–28 über den Herkynischen Wald und die Tierwelt werden von der Forschung weitgehend als spätere Einschübe eliminiert, beleben aber durch ihre Komik den Unterricht, so daß sie bei genügend Zeit als Auflockerung dienen können.

Tacitus, Germania
Gelesen werden sollten vor allem die Kapitel 4–27.
Hier schildert Tacitus ein Volk, das er in prophetischer Klarsicht als Gefahr für Rom erkennt (33) und dessen ungebrochene Kraft er auf seine Moralität zurückführt, wie sie in Rom nicht mehr zu finden ist. Wie sehr ihm der Vergleich mit seiner eigenen Umwelt vorschwebt, ohne daß er ihn moralisierend auszusprechen wagte, sehen wir an seiner fast wie eine Aposiopese anmutenden Bemerkung über die Strafe bei einem so selten anzutreffenden Ehebruch: *nec corrumpere et corrumpi saeculum vocatur:* das wird nicht „Zeitgeist" genannt und damit entschuldigt, wie hier in Rom (19).
Dem mit der moralisierenden Geschichtsschreibung von Sallust und Livius vertrauten Tacitus gelingt eine wunderbare Deutung der germanischen Gattentreue. Die Frau „empfängt einen Mann wie einen Körper und ein Leben, um nicht den Gatten, sondern um den Ehestand zu lieben". Damit hat Tacitus das Absolute der germanischen Treue richtig erkannt, der es in erster Linie auf die Tugend um ihrer selbst willen ankommt, nicht auf das Objekt, an dem sie sich übt (19). Ebenso schön hat er die Innerlichkeit der germanischen Religiosität mit der Formulierung gedeutet: *secretum, quod sola reverentia vident* (9). Auch den Individualismus, der sich im Freiheitsdrang des Germanen (7), der Freiwilligkeit der Gefolgschaft (7), der Regelung, daß wichtige Angelegenheiten im Thing zu beraten sind und nicht einfach vom Führer bestimmt werden dürfen (11), ebenso in der isolierten Siedlungsweise der Gehöfte ausspricht, hat Tacitus richtig erkannt, aber nicht zu deuten verstanden. Wie Wilsing (^{2}1964) zu Recht darlegt, war es bei der Ungunst der Umweltverhältnisse für den Mann einfach überlebenswichtig, sich ohne fremde Hilfe, also allein gegen die feindliche Umwelt zu erhalten. Kampf, Selbstbehauptung und Sieg mußten genauso zu Axiomen männlichen Denkens werden wie Sippenzusammengehörigkeitsgefühl und Treue zu denen auf weiblicher Seite, wollte man in der nordischen Umwelt überleben. Dieses Selbstbehauptungsvermögen wird zur Voraussetzung der Mannesehre ebenso wie die Treue zu der der Frauenehre. Freiheit und Selbstbehauptung einerseits, freiwillige Bindung in der Treue andererseits werden so zu zwei polaren Kräften, die als absolut gültige Werte den ersten Rang in der Psyche des Germanen einnehmen. Damit werden uns auch die Erscheinungen germanischen Wesens verständlich, die Tacitus nicht verstehen konnte: seine Eigenbrötelei, Uneinigkeit, Unfähigkeit zur Staatenbildung, seine Treue gegenüber dem einmal gewählten Objekt, selbst wenn dieses die Treue weniger verdient (s. Armins Bruder Flavus, Annalen II 9/10, Segestes oder die Leibwache Caligulas, Josephus 19, 1, 17), das Halten des gegebenen Wortes, selbst wenn man im Spiel seine Freiheit verliert (24), der seltsame Umstand, daß der Germane Ackerbau den Frauen und den Sklaven überläßt, sich sein Brot lieber bei anderen raubt als erarbeitet, gewinnt er doch durch den Sieg über andere Ehre, durch Schweiß und Arbeit seiner Ansicht nach nicht (15). Auch bei der angeblichen Beutegier der Germanen (33) verkennt Tacitus, daß sie die meisten Beutestücke ja nur als Zeichen ihrer Mannesehre in die Tempel weihen. Sonst erkennt er aber klar die wenig auf das Materielle ausgerichtete Haltung des Germanen: die Einfachheit ihrer Speisen (23) und Kleidung (17), ihrer Bauweise (16), ihre spartanische Kinderaufzucht (20), ihre einfache Bestattungsform (27), ihre Freigebigkeit gegenüber Gästen und Hilfsbedürftigen (21), die Tatsache, daß die von Rom unberührten Germanen noch kein Geld kennen und auf den Besitz von Edelmetallen keinen Wert legen (5). So sind es vor allem innere, seelische Werte, die für den Germanen Bedeutung haben

und von denen er sein ganzes Handeln, das dann dem nüchternen, realistischen Sinn des Römers unpraktisch und unbeholfen erscheint, leiten läßt: die Mannesehre in der Selbstbehauptung und der Freiheit einerseits, in der Treue gegenüber einem in Freiheit selbst bestimmten Objekt andererseits.

Hier ergeben sich viele Vergleichspunkte zu Caesars 6. Buch. Von der speziellen Behandlung der Einzelstämme in Kapitel 28–46 sind allenfalls wichtig Kapitel 33 (Zwietracht der Germanen Roms Rettung) und vielleicht die Kapitel 38–40 (Kultgemeinschaft der Semnonen).

Velleius Paterculus, historiae Romanae

Selbst Legat unter Tiberius, verherrlicht er seinen Kaiser maßlos und bauscht dessen Erfolge in Germanien 4 n. Chr. übertrieben auf (II 105 ff.). Flüchtigkeiten, Entstellungen und Unrichtigkeiten sind daher zahlreich. So hebt er an Arminius (II 117 ff.) besonders seine Treulosigkeit hervor, mit der er den leichtgläubigen Varus täuscht. Varus selbst ist trotz der Warnungen des Segestes „durch das Schicksal oder eine Gottheit geblendet", wird also damit weitgehend entlastet.

Anders Florus, der im 4. Buch Kapitel 12 die einzige interessante Bemerkung macht, die Römer hätten Germanien erobern können, „wenn die Barbaren unsere Laster so leicht hätten ertragen können wie unsere Befehle".

Richtiger und interessanter ist der griechische Text von Dio Cassius (56 ff.) (Übersetzung!): Varus muß scheitern, weil er versucht, die Individualität und den Freiheitsdrang der Germanen einzuschränken, so wie später die Unfähigkeit, umzudenken, den eigenen Stamm zur Ermordung des Arminius trieb, als er ihnen die Aufgabe ihres Individualismus und die Errichtung eines Staates zumutete (Tac. Annalen II. Buch).

Sicherlich interessant wäre die Ergänzung des Arminiusbildes durch einige Kapitel aus den Annalen. Der schweren Sprache halber müßte das allerdings in Übersetzung geschehen. In Frage kämen: I 59 Arminiusrede, II 9 ff. sein Streit mit dem Bruder Flavus, der für die Römer kämpft (Starre des Treuebegriffs!), II 88 Ende des Arminius. Doch können diese Stellen auch einer späteren eigenen Tacituslektüre vorbehalten bleiben.

Ob die Reaktion des Augustus auf die Nachricht von der Niederlage des Varus aus Sueton, Aug. 23 (in Übersetzung), die Bedeutung dieser Schlacht unterstreichen soll, bleibt der Entscheidung des Lehrers überlassen.

Gregor von Tours, libri historiarum X

Hier finden sich immer wieder Details, aus denen sich die unverfälschte germanische Mentalität erkennen läßt:

In II 27 mißgönnt ein Franke in echt germanischem Trotz dem König ein Beutestück, weil dieser es der Kirche zurückgeben will, und zerschlägt es vor den Augen des Königs, der machtlos zusehen muß. VII 47: Blutrache für einen Erschlagenen, Gegenvergeltung durch den Sohn des zur Rache Erschlagenen. Schließlich gerichtlicher Vergleich und Bezahlung eines Wergeldes. Eine nach langer Zeit fallende Bemerkung über den Reichtum des Entschädigten weckt das alte germanische Ehrgefühl. Obwohl er sich inzwischen mit dem Totschläger seiner Verwandten befreundet hatte, bringt er ihn nun um, um „ein Mann zu heißen".

V 32 oder VI 36: Behandlung des Ehebruchs ganz aus germanischer Auffassung heraus.

Griechische Autoren (in Übersetzung) zur Vertiefung der Eindrücke.
   Cassius Dio 56 ff.: sehr interessant zur Varusschlacht (s. o.). Josephus XIX 1, 17, 18: Das Wüten der germanischen Leibgarde nach Ermordung des Caligula gibt Einblick in die Auffassung der Gefolgschaftstreue, ist aber wie VII 4, 2 (Germanenaufstand unter Vespasian) für unsere Fragestellung entbehrlich.
   Strabo IV 3 und 4: verschwommen und langweilig, allenfalls VII 2 und 3 als Beleg für Menschenopfer von Kriegsgefangenen bei den Kimbern zu Germania 9 interessant.
   Plutarch, Marius ist dagegen eine gute Quelle zu der germanischen Auffassung von Mannesehre und ihrem Absolutheitsanspruch. Obwohl es um das nackte Überleben geht, schenken die Kimbern römischen Truppen aus Bewunderung für ihr tapferes Standhalten das Leben (23). Später überlassen sie, als handle es sich um ein ritterliches Turnier und nicht um die Existenz, Marius die Wahl des Kampfplatzes und des Kampftermins für die Entscheidungsschlacht, was dieser natürlich für die Römer ausnutzt, mit typisch römischem Spott in der Antwort über solche Treuherzigkeit dem Gegner gegenüber. Auch hier wieder wie in Germania 6 die agonale Auffassung, ein Leben ohne Kampfesehre sei nicht lebenswert und daher wegzuwerfen.

3   Die Sprache

Bei einer thematisch orientierten Lektüre mit mehreren Autoren kann der Stil natürlich nicht einheitlich sein. Da das Germanenthema jedoch auch inhaltlich etwas anspruchsvoller ist, eignet es sich ohnehin nicht für eine allererste Anfangslektüre. Bei späterem Lateinbeginn (II bzw. III) schadet es nichts, wenn ein mehrmaliger stilistischer Wechsel das Einlesen erschwert. Doch muß geklärt werden, ob jeder der vorgeschlagenen Autoren am Ende der Sekundarstufe I sprachlich überhaupt zu bewältigen ist.
   Daß Caesar als Autor für die Anfangslektüre geeignet ist, hat sich in der Praxis seit langem erwiesen.
   Anders bei Tacitus. Als Autor der früher häufiger gelesenen Spätwerke (Historien und Annalen) gilt er zu Recht als äußerst schwierig. Glücklicherweise ist sein von brachylogischen Sentenzen, geschliffenen Antithesen und Inkonzinnitäten geprägter und gefürchteter Altersstil in den Frühwerken noch nicht zu finden. Vielmehr ist der Stil der im Jahre 98 veröffentlichen Schrift über die Germanen noch stark von den Quellen beeinflußt, besonders von Sallust, weitgehend auch vom Stil des geographisch-ethnographischen Schrifttums geprägt. Seine Perioden in der Germania sind daher kurz und überschaubar, seine Diktion klar und verständlich, eher zu einer gewissen Fülle des Ausdrucks neigend, und selbst dort, wo sich schon eine prägnante Kürze vordrängt, bleibt sie klar. Die wenigen Stellen, an denen eine kühne Phraseologie Schwierigkeiten bereitet, lassen sich leicht durch Kommentierung klären. So ist die Germania durchaus auch sprachlich für die Lektüre in der späteren Sekundarstufe I geeignet.
   Größere Bedenken können bei Gregor als einem Autor des sechsten Jahrhunderts geltend gemacht werden, haben sich doch bei ihm schon viele Auflösungstendenzen der Sprache eingestellt. Verwechslung der genera, der Konjugationen, der Verwendung der Fälle bei Präpositionen u.a.m. muß man bei ihm in Kauf nehmen. Dennoch schreibt er kein Vulgärlatein. Perfektbildung mit *habere* + PPP ist bei ihm nicht häufiger als im klas-

sischen Latein, Futurbildung mit *habere* + Infinitiv Pr. kommt in den Historien gar nicht vor. Verwechslung des Neutrums im Plural mit Feminin im Singular ist allerdings bei Gregor schon anzutreffen. Auch der Prozeß der Simplifizierung der Deklination durch Reduzierung auf zwei Fälle und Ersatz des Genetivs durch die Präposition *de*, des Dativs durch *ad* bahnt sich schon an. Das alles sollte jedoch nicht von einer vorübergehenden Beschäftigung mit dieser Epoche abschrecken. Wenn der Lehrer die ‚Fehler' des Autors klärt und in klassischem Latein richtigstellt, lassen sich auch keine Nachteile für die Sprachfähigkeit des Schülers erwarten. Im Gegenteil dürfte die sich in der konkreten Textarbeit vollziehende Erkenntnis, wie sich die lateinische Sprache allmählich zur französischen weiterentwickelt hat, ein zusätzliches motivierendes Element darstellen. Daher darf man die Beschäftigung mit dieser Form der Latinität für einige Stunden oder Wochen sicher einmal riskieren.

4 Interpretationsbeispiel

Gregor von Tours, Historien VI 36:
Text: „Aus der Stadt Cinomannica (Le Mans) gab es einen Kleriker, der allzu vergnügungssüchtig war, zu sehr die Weiber liebte und sich völlig den Gaumenfreuden, der Hurerei und jeglicher Lasterhaftigkeit hingab. Nachdem er häufiger mit einer Frau intimen Verkehr gehabt hatte, schor er ihr das Haar, vertauschte ihr Gewand mit Männerkleidung und nahm sie mit sich in eine andere Stadt, um den Verdacht auf Ehebruch zu beseitigen, wenn sie unter Leute gelangt wären, die sie nicht kennen. Die Frau war nämlich freigeboren und stammte von guten Eltern. Nachdem ihre Verwandten aber viele Tage später erfahren hatten, was geschehen war, eilten sie ziemlich rasch herbei zur Rache für die Entehrung ihrer Sippe, fanden den Geistlichen und brachten ihn ins Gefängnis, die Frau aber verbrannten sie. Und wie der ‚verfluchte Hunger nach Gold' sie trieb, boten sie den Geistlichen um einen Preis zum Loskauf, freilich nur unter der Bedingung, daß sich jemand finde, der ihn loskaufe, oder daß er als schuldig dem Tod verfallen sei."
Interpretation: Gar nicht germanisch die Dekadenz der Spätzeit, die schon Tacitus gemeint haben mag, als er sagte, man nenne das nicht einfach (entschuldigend) Geist unserer Zeit (saeculum, Germ. 19). Ganz dem germanischen Individualismus entsprechend aber die Tatsache, daß die Familie die Sache nicht vor Gericht bringt, denn das würde durch Veröffentlichung nur die Schande erhöhen, sondern in aller Stille Selbstjustiz auch gegenüber einem Geistlichen betreibt. Erst recht typisch germanisch dann die Art der Strafe: Die ihrer Frauenehre Beraubte hat die Berechtigung zur Weiterexistenz verloren und wird von der eigenen Sippe getötet! Das entspricht ganz der in Germania 19 gegebenen Nachricht, ein solcher Fehltritt werde mit dem moralischen Tod der Frau geahndet, oder der Bemerkung in Germania 12, man versenke Feiglinge, Überläufer und körperlich Geschändete in Morast und Sumpf. So wird am historischen Einzelfall belegt, was bei Tacitus als Grundtenor seiner Charakteristik für die germanische Mentalität immer wieder zutage tritt: die Priorität, ja absolute Gültigkeit gewisser innerlicher, psychischer Werte, man kann auch sagen eines Sittenkodex mit den Grundaxiomen Ehre und Treue, demgegenüber alles praktische, materialistische Denken verblaßt. Die Möglichkeit des Freikaufs des nicht zur Sippe gehörenden Geistlichen wäre dann schon ein Ansatz zu ‚zivilisierterem', vom römischen Realismus geprägtem Verhalten. Aufschlußreich ist auch, daß

dieses ‚realistischere' Verhalten eher gegenüber einer fremden als der auch emotional näher stehenden Person möglich ist.

Literatur

Aus der Fülle des Materials können nur einige Anregungen geboten werden. Zu Caesar vgl. den Artikel von Norbert Zink, S. 232 ff.

Zu Tacitus:
Textausgaben
Tacitus: Ab excessu divi Augusti. Hrsg. von H. Drechsler und K. Ploetz. Heidelberger Texte, Lateinische Reihe. Heidelberg o. J.
Tacitus: Libri, qui supersunt. Hrsg. von H. Heubner.
　Tomus I ab excessu divi Augusti. Stuttgart 1983.
　Tomus II Fasc. 1 Historiarium libri. Stuttgart 1978.
　Tomus II Fasc. 2 De origine et situ Germanorum liber. Stuttgart 1983.
Tacitus: Germania. Hrsg. von I. Franke und E. Arens. Münster 1933.
Tacitus: Germania. Hrsg. von H. Fourneaux und J.G.C. Anderson. Oxford, Neudruck 1962.
Tacitus: Germania. Hrsg. von W. Reeb und H. Volkmann. Leipzig 1934.
Müllenhoff, K.: Die Germania des Tacitus erläutert. Berlin 1900 (Nachdruck 1970 Editions Rodopi).

Übersetzungen
Tacitus: Germania. Übersetzt von W. Harendza. München o. J. (zusammen mit den Annalen).
Publius Cornelius Tacitus. Die historischen Versuche. Übersetzt von K. Büchner. Stuttgart 1963 (mit ausführlichen Essays).

Schulausgaben
De origine et situ Germanorum. Text und Schülerkommentar von H. Schulz. Frankfurt a. M. [6]1978 (mit Lehrerkommentar).
P. Cornelius Tacitus: De origine et situ Germanorum liber. Für den Schulgebrauch bearbeitet von A. Haug, hrsg. von N. Zink. Frankfurt a. M. 1987.
Tacitus: Germania. Hrsg. von W. Franzmeier. Münster [11]1978 (Kommentar [8]1980).
Tacitus: Germania (de origine et situ Germanorum). Text mit Kommentar hrsg. von A. Städele. München 1983.
Tacitus: Germania. Hrsg. von W. Sontheimer, Stuttgart o. J.
Tacitus: Germania. Hrsg. von J. Vitzer. Paderborn o. J. (mit Erläuterungen)

Zu Velleius Paterculus:
Velleii Paterculi historiae Romanae ad M. Vinicium Cos. prius volumen mutilum ed. Halm, C. Leipzig 1876.
Velleii Paterculi historiae Romanae ad M. Vinicium Cos. post C. Halm iterum ed. C. Stegmann de Pritzwald. Leipzig 1933.
Velleius Paterculus. Übersetzt von Eyßenhardt. Berlin [2]1913.

Zu Gregor von Tours:
Monumenta Germaniae historica, Scriptores rerum Germanicarum, Scriptores rerum Merovingicarum. T. 1, P. 1 Gregorius Turonensis. Gregorii episcopi Turonensis libri historiarum X cur. B. Krusch et W. Levison. Hannover 1951.
Freiherr-vom-Stein-Gedächtnisausgabe, Band II und III. Gregor von Tours. Zehn Bücher Geschichten (Fränkische Geschichte). Neu bearb. von R. Buchner. Bd. 1: Darmstadt [5]1977; Bd. 2: [6]1974 Darmstadt.

Methodisch-didaktisches Schrifttum:
Wilsing, N.: Die Praxis des Lateinunterrichts. Stuttgart [2]1964, 115–148.

Sekundärliteratur
Bieder, Th.: Geschichte der Germanenforschung. 3 Bde. Leipzig 1921–25.
Capelle, W.: Die Germanen im Frühlicht der Geschichte. Erbe der Alten. Zw.R. 15, 1928.
Döbler, H.: Die Germanen. Bertelsmann 1975.
Feist, S.: Germanen und Kelten in der antiken Überlieferung. Halle 1927.
Grönbeck, W.: Kultur und Religion der Germanen. Darmstadt 1954.
Hachmann, R.: Die Germanen. Bertelsmann 1975.
Hoops, T.: Reallexikon der germanischen Altertumskunde. Straßburg 1911–13.
Krogmann, W.: Die Kultur der alten Germanen. Konstanz 1960.
Meyer, R. M.: Altgermanische Religionsgeschichte. Leipzig 1910.
Mildenberger, G.: Sozial- und Kulturgeschichte der Germanen. Stuttgart 1972 (Urban TB Bd. 149).
Miltner, F.: Germanische Köpfe der Antike. Potsdam 1937.
Müllenhof, K.: Deutsche Altertumskunde. 4. Bde. Berlin 1898–1900 (Neudruck 1920 von M. Roediger) – speziell der Germania gewidmet.
Norden, E.: Alt-Germanien. Völker- und namengeschichtliche Untersuchungen. Leipzig 1934.
Preuß, S.: Die Germanen in den Berichten der römischen Schriftsteller. Bamberg 1915.
de Vries, Jan: Altgermanische Religionsgeschichte. Grundriß der germanischen Philologie. 2 Bde. Berlin ^{2}1956, ^{2}1957.
de Vries, Jan: Die geistige Welt der Germanen. Darmstadt 1964.
Walser, G.: Caesar und die Germanen. Studien zur politischen Tendenz römischer Feldzugsberichte. Wiesbaden 1956.

Paul Barié

Heilige statt Helden?
Überlegungen zur Lektüre der Legenda Aurea

1   Autor – Werk – Gattung

Jacobus de Voragine, um 1230 bei Genua geboren, schrieb die Legenda Aurea, „die Frucht einer tausendjährigen Entwicklung der christlichen Mythologie",[1] zwischen 1260 und 1270 und starb 1298 als Erzbischof seiner Heimatstadt.

Die Perikopenanalyse, wie sie von der sog. Formgeschichte durchgeführt wurde, findet bereits in den Evangelien legendäre Erzählungen, Geschichten von wundersamen Ereignissen um die Gestalt Jesu herum. Das Interesse der Evangelisten ist dabei „nicht auf die Größe einer [...] wunderhaften Tat gerichtet [...], sondern auf die Erbaulichkeit des Ganzen; aber erbaulich soll nicht [...] die Botschaft in Wort und Tat wirken, sondern die Frömmigkeit und Heiligkeit des Helden ebenso wie die ihm von Gott gewährte Protektion"[2]. Erkennbar sind Legenden u.a. an sog. legendären Motiven, die in typischer Weise wiederkehren, z.B. das Motiv der Frühreife (der 12jährige Jesus im Tempel, desgleichen in der Buddhalegende) oder das der wundersamen Selbsthilfe des Helden (z.B. Luk. 4, 29–30: *... et duxerunt illum usque ad supercilium montis, super quem civitas illorum erat aedificata, ut praecipitarent illum. Ipse autem transiens per medium illorum ibat*).

Das Kindheitsevangelium des Lukas besteht aus fünf selbständigen Legenden. Eine ätiologische Kultlegende innerhalb der Passionsgeschichte ist die Einsetzung des Herrenmahles anläßlich des Letzten Abendmahls. (Vgl. das schöne Gebet aus dem Canon Missae des Missale Romanum, das mit den Worten beginnt: *qui pridie quam pateretur accepit panem ....*) Legendär ist auch die Geschichte vom Ende des Judas, Matth. 27, 3–8, eigentlich eine sog. Ortslegende („Blutacker").

Legenden im engeren und eigentlichen, mittelalterlichen Sinn sind Heiligenviten. Der Begriff, zunächst ein Neutrum pluralis, wurde alsbald als Femininum aufgefaßt: *(historia) legenda,* die am Feste des jeweiligen Heiligen zu verlesende Geschichte. Die Gattung ‚Legende' wurde von Athanasius und Hieronymus in der 2. Hälfte des 4. Jahrhunderts begründet, die kreative Phase ihrer Entwicklung liegt aber im Hochmittelalter. Im Zuge der Gegenreformation begann man die Legenden systematisch zu sammeln, zu harmonisieren und in den *Acta Sanctorum* zu edieren.[3]

Neben dem schon erwähnten erbaulichen Stil sind für Legenden charakteristisch die Distanz zum Diesseits, die Entwertung der Sinnlichkeit und die Askese als Lebensform, die Betonung von Wundern, überhaupt von übernatürlichen Ereignissen, und der Drang zum Martyrium als der Krönung eines heiligmäßigen Lebens.

2 Die Legende, ihr ‚Sitz im Leben' und das didaktische (literatur- und religionswissenschaftliche) Interesse

Anlaß für Legendenbildung ist biographische Neugier im Umfeld heiligmäßiger, gelegentlich auch unheiliger Gestalten. Geschichten *De vita et obitu Sanctorum* dienen dazu, den Festkalender des Kirchenjahres zu rechtfertigen und mit Leben zu erfüllen, aber auch, um die exemplarische Bedeutung bestimmter Orte, Handlungen und Gebräuche zu erhellen. Legenden, und nicht etwa die Bibel, sind die volkstümliche Erbauungsliteratur des mittelalterlichen Menschen; für den einfachen Gläubigen erläutern sie Kultbilder und Wandgemälde, so wie die ikonographischen Botschaften der ausgemalten Kirchen ihrerseits Legenden illustrieren, die aufgrund des Vorwissens der Kirchenbesucher identifizierbar sind und als vertraut empfunden werden.

Modernes Interesse an den Heiligenlegenden ist frei von erbaulicher oder gar katechetischer Absicht; andere Komponenten der Bedeutsamkeit treten hervor, die der *intention significative* der Legenden zuwiderlaufen, z.B. die ‚Rettung' des polytheistischen Pantheons, und, damit zusammenhängend, die Remythisierung von meist historisch verbürgten Gestalten, ihre Ent-Rückung dadurch, daß sie in den liturgischen Zyklus des Kirchenjahres aufgenommen wurden, oder auch die Phantastik naiven Erzählens, die mit den Kategorien „Weltdeutung versus Weltersatz"[4] erfaßt werden kann. Darüber wird kurz noch zu sprechen sein.

Nach Mircea Eliade wurden antike und vorchristliche Traditionen dadurch bewahrt (in christlicher Terminologie: „erlöst"), daß man sie in ein christliches Szenarium integrierte.[5] Bei der Legende geschah das in doppelter Weise und in einer gegenläufigen Bewegung: Einmal wurden Götter und Heroen mehr oder weniger vollständig in christliche Heilige verwandelt, andererseits bekamen authentische Gestalten der christlichen Tradition einen ahistorisch-mythischen Hintergrund; so wurde Perseus nebst all den anderen drachentötenden Göttern und Heroen von Irland bis zum Ural nach und nach zum Ritter Georg, und der historische Judas bekam eine zu seiner Tat passende mythische Vorgeschichte. Die ‚Remythisierung' historischer Gestalten gelang um so leichter, als durch die Aufnahme in die Liturgie (*crucifixus sub Pontio Pilato; sanctis apostolis Petro et Paulo,* usw.) und in den Heiligenkalender (Erhebung zur „Ehre der Altäre") die betreffenden Gestalten entindividualisiert wurden, paradigmatische und zumindest paramythische Bedeutung erlangten; die historische Dimension, wie sie konkreten Personen eigen ist, ging verloren, sie tauchten ein in die mythisch-zyklische Zeit des Kirchenjahres und der ‚ewigen Wiederkehr', was ihre Verwandlung in Archetypen begünstigte. Wenn Petrus und Paulus als liturgisches Paar angerufen werden, dann verblassen die historischen Konturen der beiden unverwechselbaren, eigenständigen und eigenwilligen Persönlichkeiten genau in dem Maße, wie der Nimbus gemeinsamer Heiligkeit sie gleichschaltet und entrückt.

Was nun Form, Typik und Topik des Erzählens anbelangt, so leuchtet ein, daß sich Legenden makrosyntaktisch (auf der Ebene des Textes) besonders leicht analysieren lassen, handelt es sich doch um überschaubare und abgerundete (perikopenartige) Erzähleinheiten mit spezifischer Dramaturgie und eindeutiger Erzählabsicht. Man könnte von einer elementaren Form exaltierten Erzählens sprechen und sich dabei an den Kategorien orientieren, die André Jolles in seinem bekannten Buch „Die einfachen Formen" entwickelte;

Hagiographie wäre dann freilich nur Spezialfall einer Gattung ‚Legende', zu der auch Sportreportagen oder der Mythos vom Superman gehörten.[6]

Legenden der Hagiographie sind für Mönche und für Laien geschrieben, für erstere Ansporn für ein ‚heilig-mäßiges' Leben, für letztere Gegenstand bloßer Bewunderung. Konstitutiv scheint die Funktionseinheit von *prodesse* (erbaulich) und *delectare* (unterhaltend). Auch Mönche werden sich im übrigen an Legenden meist nur erbaulich gestärkt und unterhalten haben; man kann sich schließlich nicht gut den heiligen Laurentius auf seinem glühenden Rost zum Vorbild nehmen (so wenig irgend ein Römer das Bedürfnis gehabt hätte, den Mucius Scaevola zu imitieren und seine Hand demonstrativ in einem Feuerbecken zu verbrennen, um sich als Träger der *virtus* zu erweisen), zumal das Mittelalter nur wenig Chancen für das Martyrium bot.

‚Erbaulich' ist eine semantisch komplexe Kategorie.[7] Im Kontext der Legende bedeutet es, daß der Leser-Hörer in eine eigentümlich gehobene (euphorische?) Gestimmtheit gebracht wird, so daß er das heiligmäßig-aufregende Verhalten legendärer Personen mit frommem Schauer sozusagen goutiert, ohne daß sich sein praktisches Verhalten dadurch ändern müßte. Legenden wollen daher keinen neuen Lesertyp schaffen[8] oder den Leser-Hörer zu dem Erlebnis der Selbstveränderung im Sinne der neutestamentlichen *Metánoia* veranlassen, sie kommen aber einem elementaren Bedürfnis des christlichen Volkes nach Geschichten entgegen, die Phantastik mit frommer Unterhaltung verbinden. Wenn wir sie heute nur noch fiktional rezipieren können, dann lesen wir sie auf der uns gemäßen Erlebnisebene des *delectare*; ‚nützlich' sind sie für uns nur noch in einem meta-legendären Sinne: formgeschichtlich, rezeptionsästhetisch, motivgeschichtlich und als wahre Fundgrube mythologischer Motive in christlichem Gewand – eine Betrachtungsweise, die nicht ausschließen muß, daß die Heiligen, als exemplarische Menschen in einer bestimmten historischen Situation, auch uns heute ‚noch etwas zu sagen haben'.[9]

3 Der ‚didaktische Ort': Begründung und Erläuterung des Lektürevorschlags

3.1 Die Legenda Aurea wurde für die Schule zunächst im Zusammenhang mit der Erstlektüre und den sog. ‚kleinen Formen' entdeckt („Ohrfeigen gegen Barzahlung"); und in der Tat finden sich zahlreiche für die Einlesephase geeignete Geschichten, die von den Schülern gern gelesen werden, wobei bestimmte Details auf den modernen Betrachter geradezu amüsant wirken, z.B. wenn in der Franziskuslegende der Heilige sich keine Tonsur schneiden läßt, weil er den Kopfläusen nicht ihr angestammtes ‚Biotop' entziehen möchte.[10]

3.2 Ein Plädoyer für die Legenda Aurea steht des weiteren im Zusammenhang mit dem Postulat einer Öffnung des Lateinunterrichts für die Latinität als eine europäische Konstante; diese Öffnung kann nicht erst auf der Oberstufe erfolgen, sondern sie sollte bereits auf der Sekundarstufe I vorbereitet werden; immerhin war die Legenda Aurea neben der Vulgata das verbreitetste und wichtigste Buch des lateinischen Mittelalters.

3.3 Legendenlektüre wird stets die lateinische Bibel berücksichtigen müssen; sie wird zitiert, modifiziert, manipuliert – und legendär weitergeführt. Das legendenbildende Prinzip der ‚Amplifikation'[11] wird an der ‚Modell-Interpretation' offenkundig, sobald man die zurückhaltenden Berichte des Neuen Testamentes über die Rolle des Verräters mit der legendären Komplettierung der Judasgestalt vergleicht.

3.4 Neben der Vulgata ist die antike Mythologie Hintergrund, Quelle und Bezugspunkt zahlreicher legendärer Erzählungen; insofern bietet die Hagiographie interessante Interpretationsaspekte motiv- und rezeptionsgeschichtlicher Art. Die ‚Entwendung' – und das Wandern – mythischer Motive ist eine auch für Schüler bereits nachvollziehbare und propädeutisch wichtige Rezeptionserfahrung (Perseus und Ritter Georg, Judas und Ödipus, Christophorus und Atlas).

3.5 Im Gegensatz zu mythischen Erzählungen haben Legenden einen konkreten und bestimmbaren ‚Sitz im Leben'; als am Heiligenfest zu verlesende Geschichten haben sie ätiologische (und paramythische) Funktion: sie begründen das Fest und rechtfertigen die kultische Zuwendung.

3.6 Überlegenswert ist die Frage, wieweit die mittelalterliche Ikonographie Heiligenlegenden illustriert bzw. wieweit Legenden zum Verständnis christlicher Bildkunst (Isenheimer Altar; „Hieronymus im Gehäuse") herangezogen werden können, zumal optische und akustische Formen der ‚Erbauung' für den mittelalterlichen Menschen offensichtlich zusammengehörten.

3.7 Heiligenlegenden sind dem Jugendlichen ein ‚näheres Fremdes' als die antiken Autoren, andererseits heutzutage immerhin fremd genug, um die für lateinische Texte konstitutive ‚Fremderfahrung' zu vermitteln.

3.8 Die Kategorie der Erbaulichkeit frommer Erzählungen schafft für den modernen Leser eine interessante Textpragmatik, die in einem faßbaren und deutlichen Gegensatz steht zu der fiktionalen Erlebnisebene bei den diese Legenden ‚konsumierenden' jungen Menschen. Es ist wichtig, die Erlebnisdivergenz von ‚erbaulich' (für den mittelalterlichen) und ‚fiktional' (für den modernen Menschen) bewußtzumachen. Andererseits ist zu vermuten, daß diese Legenden nicht nur ‚zu Nutz und Frommen' der ursprünglichen Adressaten geschrieben wurden, sondern daß neben dem *prodesse* der Erbaulichkeit auch das *delectare* an kuriosen Handlungen in oft ausschweifender Phantastik mitbeabsichtigt war; auch dieser Nebenzweck der Unterhaltsamkeit in einer an Medien der Unterhaltung armen Zeit sollte nicht verkannt werden.

3.9 Legenden können auch als wirksame Kontrast- und Auflockerungslektüre angesehen werden, um die immer noch übliche – und in ihrer Monopolstellung problematische – Dominanz der Caesarlektüre in der Mittelstufe auszugleichen.[12]

3.10 Legenden ermöglichen Kontrasterfahrungen durch Vergleich. Man kann z. B. den Wandel der Idealbilder thematisieren: auf der einen Seite der *pius Aeneas* mit seiner engen Bindung an die Angehörigen, auf der anderen Seite beispielsweise der heilige Niklaus von Flüe, der getreu dem Jesuwort: Luk. 14, 26 *Si quis venit ad me et non odit patrem suum et matrem et uxorem et filios et fratres et sorores, adhuc autem et animam suam, non potest meus esse discipulus* seine Frau und seine Kinderschar im Stich läßt.[13] Auffällig ist der Wandel im Tugendbegriff und in den Wertvorstellungen, die ihm zugrunde liegen: *virtus* besitzen der mythische Heroe (Beispiel Achilleus), der historisch ‚situierte' römische Held (Beispiel Mucius Scaevola), der philosophische Weise und der christliche Heilige. Die notwendige Distanzierung von diesen Idealbildern macht aber auch das Vakuum an Vorbildlichkeit in unserer Zeit erst sichtbar, das durch rasch wechselnde Phantombilder der Unterhaltungsindustrie mehr schlecht als recht ausgefüllt wird; andererseits sind befremdliche – und aus heutiger Sicht psychopathische – Seiten von legendären Heiligengestalten nicht zu übersehen, z. B. die Verteufelung der Sexualität, die rigide Lustfeindlichkeit, das Herbeisehnen des Todes und des Martyriums; liest man die Legenda Aurea über längere Passagen hin, dann ist manches nur dadurch erträglich, daß man es als moderner Leser nicht erbaulich rezipiert, sondern fiktional goutieren kann.[14]

3.11 Die einzelnen Legenden sind überschaubare Einheiten in schlichtem Erzählstil und einfacher Sytax mit meist eindeutiger, oft naiv anmutender Erzählperspektive und Tendenz und daher geeignet, kursorisches Lesen von Texten einzuüben und textlinguistische, hermeneutische und rezeptionsästhetische Grunderfahrungen auf dem Niveau der Mittelstufe zu vermitteln. Diesem Vorteil stehen bestimmte Mängel, besser: Veränderungen des mittelalterlichen Lateins gegenüber, die freilich durch Bewußtmachen – oder auch durch Übergehen – punktuell kompensiert werden können: Nebensätze mit der Konjunktion *quod* statt a.c.i., Nichtbeachtung der Consecutio temporum oder der Zeitstufenverhältnisse beim Partizip u. a.[15]

3.12 Man kann Legenden fallweise als Kontrastlektüre oder zur Abwechslung lesen, man kann aber auch unter dem Gesichtspunkt wachsender Komplexität Sequenzen zusammenstellen; man beginne etwa mit Christophorus (Patron der Verkehrsteilnehmer), versäume nicht den ‚alternativen' Heiligen Franziskus (kynische Züge des Wanderpredigertums) oder den Ritter Georg, einen christlichen Perseus, der freilich nicht die erlöste Königstochter küssen darf, sondern *patrem osculatus* von dannen zieht; man lese von dem löwenfreundlichen Hieronymus und von der ‚heilen Welt', in der der heilige Josaphat aufwuchs und die er gleich Buddha verließ, um angesichts der Realität des Leides den Weg des Büßers und Heiligen zu gehen. Die Analogie zur Kindheitslegende des Buddha ist so offensichtlich, daß es nicht abwegig erscheint, in Josaphat Bodhisattva zu erkennen, den Titel, den man dem vollendeten Siddharta gab. Man kann auch die Legendenwelt als Drehscheibe oder Zwischenstation zwischen Antike und Gegenwart benutzen und beispielsweise aus Legendenoptik antike Gegebenheiten kennenlernen: den Philosophen Craton etwa, der zeigen will, wie man die Welt verachten soll, zu finden unter Sankt Johannes, oder die Einlage über Proserpina und Pluto aus Anlaß des Lichtmeßfestes oder die Geschichte von dem anderen Julianus: [...] *fuit et alius Julianus, non quidem sanctus sed sceleratissimus, scilicet Julianus apostata* [...], auf den in bezeichnender Weise alles denkbar Schlimme projiziert wird, so daß er als Archetypus des Bösen erscheint. Auf der späten Mittelstufe kann man Grenzformen der Legende thematisieren, z. B. die Siebenschläfer, eine Art Metalegende, weil darin in naiver Weise Legendäres reflektiert wird, oder die ‚apokryphe Historie' von Judas und von der mythisierten Vorgeschichte des Verräters.[16]

4 Modellinterpretation: Judas und Ödipus

4.1 Judas als Figur einer ‚Antilegende'

Pontius Pilatus gehört ins Credo; doch wie kommt Judas in die Hagiographie? Er ist der zwölfte Apostel, der durch seinen Verrat ausfiel und nach Jesu Tod durch Matthias ersetzt wurde. Von Judas bringt daher die Legenda Aurea im Zusammenhang mit der Vita des heiligen Matthias eine ‚apokryphe Historie'; Judas erscheint dabei als Antitypus des Erlösers im Schnittpunkt vielfältiger mythologischer und biblischer Bezüge, als eine Gestalt, in der sich in verhängnisvoller Weise negative Archetypen konstellieren. In fast herodoteischer Manier distanziert sich der Verfasser von dieser Historie, die er gleichwohl ausführlich bringt; er will sich weder für den Wahrheitsgehalt noch für den erbaulich-moralischen Wert seiner Geschichte verbürgen, überläßt das Urteil dem geneigten Leser und tendiert persönlich sogar zur Verwerfung der eigenen Darstellung: *licet sit potius relinquenda quam asserenda.*

4.2 Judas zum Beispiel ...

Die Legendenform am Beispiel des Judas zu illustrieren mag überraschen. Zwei Gründe rechtfertigen die Wahl.
1. An der Gestalt des Judas kann man exemplarisch – und wegen der Fülle der mythologischen Motive, die auf ihn projiziert werden, überdeutlich – zeigen, wie die Legende arbeitet, wenn sie eine Gestalt nach den Gesetzen mythischer Biographien komplettiert, um dann sozusagen nahtlos an den neutestamentlichen Befund anzuschließen. Durch Übertreibung anschaulich zu machen kann kaum an einer anderen Legende besser gezeigt werden, denn mindestens dreizehn mythische oder alttestamentliche Übertragungen sind bereits bei einer eher oberflächlichen Untersuchung der Legende feststellbar.
2. Die Lektüre der Judaslegende löst erfahrungsgemäß Überraschung, ja Verblüffung aus; zahlreiche Fragen zur Person des Judas und zum Autor der Legende drängen sich auf: Hat Jacobus de Voragine diese Entsprechungen kombinatorisch gefunden, teilweise oder ganz seinen Vorlagen entnommen? Stellt sich dem mittelalterlichen Menschen nicht die Frage nach der Wahrscheinlichkeit dieser Motivhäufung, oder ist ein Denken in Analogien vorauszusetzen, so daß historische Wahrheit gar nicht intendiert ist? Wieweit wird Judas durch sein ödipales Schicksal zu einer tragischen Figur, wieweit moralisch dadurch sogar entlastet? Und braucht er als tragische Figur nicht eine mythische Vorgeschichte? Heilsökonomisch gesehen ist Judas ja unentbehrlich, insofern er durch seinen Verrat das Stichwort zum Drama der Erlösung gab. Man kann auch versuchen – und jungen Menschen liegt dieser Gedanke nahe, auch wenn er sich nicht auf die Intention der Legende stützen kann –, sich die psychischen Folgen seiner mythischen Vorgeschichte auszumalen: Scheint er da nicht zur Unverbesserlichkeit geradezu verdammt? Von den Eltern ausgesetzt, von der Stiefmutter erst begeistert aufgenommen, dann, nach der Geburt seines Bruders, doch zurückgestellt, wegen natürlicher Geschwisterrivalität und harmloser Jugendstreiche über Gebühr bestraft, auf Pilatus geradezu hingestoßen und von ihm in das ödipale Verhängnis hineingetrieben? Drei gescheiterte Vaterbindungen: vom leiblichen Vater als Säugling verstoßen, von seinem Adoptivvater erst begeistert aufgenommen und dann nicht mehr akzeptiert, von seinem Ersatzvater

Pilatus in die Situation des Ödipus gebracht; und als er dann aus Reue zu Jesus fand, war er offensichtlich nicht mehr bindungsfähig; weil er nie angenommen war, wird Haben-Wollen sein stärkster Charakterzug, und so mußte er zwangsläufig zum Verräter um des Geldes willen werden … . Solche unerbaulichen Gedanken kommen dem modernen Leser und dem nachdenklichen Schüler.[17] Doch hören wir endlich die Historie von Judas dem Verräter in den Worten des Jacobus de Voragine:

4.3 Der Text

DE SANCTO MATHIA APOSTOLO

§ 1 *Mathias apostolus in locum Iudae substitutus est, sed primo ortum et originem ipsius Iudae breviter videamus.*

§ 2 *Legitur enim in quadam historia licet apocrypha, quod fuit vir in Ierusalem nomine Ruben … , qui habuit uxorem, quae Cyborea nuncupata est. Quadam igitur nocte, cum sibi mutuo debitum exsolvissent, Cyborea obdormiens somnium vidit, quod perterrita cum gemitibus et suspiriis viro suo rettulit dicens: „Videbatur mihi, quod filium flagitiosum parerem, qui totius gentis nostrae causa perditionis exsisteret." Cui Ruben: „Nefariam rem", inquit, „nec relatu dignam profaris, et spiritu, ceu puto, pythonico raperis." Cui illa: „Si me concepisse sensero et filium peperero, absque dubio non spiritus pythonicus exstitit, sed revelatio certa fuit."*

§ 3 *Procedente igitur tempore cum filium peperisset, parentes plurimum timuerunt, et quid de eo facerent, cogitare coeperunt, cumque filium abhorrerent occidere nec vellent destructorem sui generis enutrire, ipsum in fiscella positum mari exponunt, quem marini fluctus ad insulam propulerunt, quae Scarioth dicitur. Ab illa igitur insula Iudas Scariotes appellatus est.*

§ 4 *Regina autem illius loci carens liberis ad litus maris causa spatiandi processit et fiscellam a marinis fluctibus iactari videns ipsam aperiri praecepit, inveniensque ibi puerum elegantis formae suspirans ait: „O si solaciis tantae sublevarer subolis, ne regni mei privarer successore!" Puerum igitur secreto nutriri fecit et se gravidam simulavit, tandem se filium peperisse mentitur et per totum regnum fama haec celebris divulgatur. Princeps pro suscepta subole vehementer exsultat et ingenti gaudio plebs laetatur. Ipsum igitur secundum magnificentiam regiam educari fecit, non post multum vero temporis regina de rege concepit et suo tempore filium parturivit.*

§ 5 *Cum autem pueri aliquantulum iam crevissent, ad invicem saepius colludebant et puerum regium Iudas crebris molestiis et iniuriis molestabat et ad fletum saepius provocabat, regina autem hoc moleste ferens et Iudam non ad se pertinere sciens ipsum crebrius verberavit. Sed nec sic a molestia pueri desistebat. Tandem res panditur et Iudas non verus reginae filius, sed inventus aperitur.*

§ 6 *Quod Iudas ut comperit, vehementer erubuit et fratrem suum putativum filium regis latenter occidit. Ob hoc capitalem sententiam timens cum tributariis in Ierusalem aufugit seque curiae Pilati, tunc praesidis, mancipavit, et quoniam res similes sibi sunt habiles, Pilatus Iudam suis moribus invenit congruere et ideo coepit ipsum valde carum habere. Universae igitur curiae Pilati Iudas praeficitur et ad eius nutum omnia disponuntur.*

§ 7 *Quadam igitur die Pilatus de palatio suo in quoddam pomerium aspiciens illorum pomorum tanto desiderio captus est, ut paene deficere videretur. Erat autem illud pomerium Ruben, patris Iudae, sed nec Iudas patrem neque Ruben filium agnoscebat, quia et Ruben ipsum marinis fluctibus perisse putabat et Iudas, quis pater aut quae patria sua fuerit, penitus ignorabat. Pilatus itaque accersito Iuda ait: „Tanto illorum fructuum captus sum desiderio, quod, si his frustratus fuero, spiritum exhalabo." Concitus igitur Iudas in pomerium insiliit et velocius mala carpit. Interea Ruben venit et Iudam mala sua carpentem invenit; fortiter igitur ambo contendunt et iurgia superaddunt, post iurgia surgunt ad verbera et mutuis se iniuriis affecerunt. Tandem Iudas Ruben in ea parte, qua cervix collo connectitur, lapide percussit pariter et occidit. Poma igitur sustulit et Pilato, quid acciderit, enarravit.*

§ 8 *Iam die inclinante et nocte superveniente Ruben mortuus invenitur et subitanea morte praeventus esse putatur, tunc Pilatus omnes facultates Ruben Iudae tradidit et Cyboream, uxorem Ruben, coniugem Iudae dedit.*

§ 9 *Quadam igitur die dum Cyborea graviter suspiraret et Iudas vir eius, quid haberet, diligenter interrogaret, illa respondit: „Heu infelicissima sum omnium feminarum, quia infantulum meum marinis fluctibus immersi et virum meum morte praeventum inveni, sed et dolori miserae Pilatus addidit dolorem, qui me maestissimam nuptui tradidit et invitissimam tibi in coniugem copulavit." Cumque omnia illa de infantulo enarrasset et Iudas illa, quae sibi acciderant, rettulisset, inventum est, quod Iudas matrem suam in uxorem duxerit et patrem suum occiderit.*

§ 10 *Paenitentia igitur ductus suadente Cyborea dominum nostrum Iesum Christum adiit et suorum delictorum veniam imploravit.*

§ 11 *Hucusque in praedicta historia apocrypha legitur, quae utrum recitanda sit, lectoris arbitrio relinquatur, licet sit potius relinquenda quam asserenda.*

§ 12 *Dominus autem suum eum fecit discipulum et de discipulo in suum elegit apostolum, qui adeo sibi familiaris exstitit et dilectus, ut eum faceret suum procuratorem, quem postmodum pertulit proditorem. ...*

Text im Anschluß an die von Bernhard Schmeidler zusammengestellte Auswahl. In: Jacobus a Voragine: Legenda Aurea, (Reihe Pandora Nr. 48) Leipzig 1921, 32–35. Die klassische Schreibweise wurde stillschweigend hergestellt, also z. B. *historia* statt *hystoria*, *formae* für *forme*, *phitonicus* = *pythonicus*, *solacium* für *solatium*, *paenitentia* für *penitentia* u. a.

§ 1 *in locum alicuius substituere* an die Stelle jemandes setzen
§ 2 *licet* + Adj. allerdings, freilich
legere quod ... statt a.c.i.; vgl. auch *videbatur quod ...*
nuncupata = *nominata*
sibi mutuo debitum exsolvere sich als Mann und Frau lieben (wörtl.: „sich gegenseitig die Pflicht erfüllen")
suspirium Seufzen
perditio Verderbnis
relatu dignus berichtenswert
profari = *narrare*
ceu puto = *sicut puto*
spiritus pythonicus „dämonischer Geist" (Pythia, Pytho-Schlange usw.)
concipere empfangen (eines Kindes)
absque dubio = *sine dubio*
§ 3 *abhorrere* = *timere*
destructor Zerstörer

	fiscella Kästchen
§ 4	*liberis carere* keine Kinder haben
	spatiari spazieren gehen
	praecepit = *iussit*
	solacium Trost
	sublevare erleichtern, trösten
	suboles = *infans*
	successor Nachfolger
	gravidus schwanger
	exsultare aufspringen vor Freude, jubeln
	secundum magnificentiam regiam mit königlichem Aufwand
	educari fecit = *iussit*
	parturire = *parere*
§ 5	*molestare* = *vexare*
	pertinere ad aliquem zu jemand gehören
§ 6	*erubescere* erröten
	putativus vermeintlich
	capitalis sententia Todesurteil
	tributarius die Abgaben betreffend, tributpflichtig
	se mancipare sich zu eigen geben; hier: sich anschließen
	habilis passend, geeignet
§ 7	*palatium* Palast
	pomerium Obstgarten
	deficere = *perire, mori*
	accersere holen lassen
	frustrari (aliqua re) täuschen, hintergehen; hier: auf etwas verzichten müssen
	spiritum exhalare seinen Geist aushauchen
	concitus = *incitatus*
	mala carpere Äpfel pflücken
	iurgia – verbera Schimpfworte – Schläge
	in ea parte, qua cervix collo connectitur „dort wo der Nacken mit dem Hals verknüpft ist"
	percutere schlagen, treffen
§ 8	*praevenire* zuvorkommen, überraschen
	omnes facultates Ruben „den ganzen Besitz des Ruben"
§ 9	*immergere* versenken
§ 10	*paenitentia* Reue
	delictum Verbrechen, Vergehen
§ 11	*hucusque* bis hierher, soweit
	lectoris arbitrium das Urteil des Lesers
	asserere behaupten
§ 12	*procurator* Verwalter
	postmodum = *postea*
	quem ... pertulit suum proditorem „den er ... als seinen Verräter ertrug/erleben mußte"

4.4 Der Aufbau der Legende: ‚Motivkatalog' als Gliederungsprinzip

(Durch Notieren der offenkundigen legendären Motive ergab sich wie von selbst eine überzeugende Textgliederung; die Erfahrung, daß sich in diesem Fall der Motivkatalog mit der Textstruktur weitgehend deckt, war für die entdeckenden Schüler eindrucksvoll).

1. Das Motiv von der Ankündigung einer Geburt: durch ein Orakel (Laios und Iokaste), durch einen Engel (Luk. 1, 26 ff.: der Engel Gabriel) oder durch einen Traum (Cyborea).
2. Das Motiv vom besonderen Schicksal eines zu erwartenden Kindes: Jesus als *salvator*, Judas als *destructor gentis suae* und als Antitypos zu Jesus.

3. Das Motiv der Aussetzung eines Kindes in Analogie zu Ödipus, aber auch zu Moses: in einem Körbchen ins Meer.
4. Das Körbchen wird an eine Insel namens Skarioth getrieben; daher der Name Iskarioth: so wie das *mare Icarum* nach dem Sohn des Dädalus benannt wurde, der in diesem Meeresteil den Tod fand, so wird Judas mit dem Cognomen der Insel versehen, an der das Körbchen an Land trieb.
5. Die Königin des Landes findet das Kind und gibt es als ihr eigenes aus – analog zur wundersamen Rettung des Moses durch die ägyptische Königstochter.
6. Das Motiv der – tödlichen – Geschwisterrivalität: Judas bringt seinen Halbbruder um und flieht nach Jerusalem; Brudermord analog zu Romulus und Remus, zu Kain und Abel.
7. Die Flucht bringt ihn an den Ort des Verhängnisses zurück (vgl. wieder Ödipus).
8. Pilatus und Judas finden sich zusammen nach dem Prinzip „gleich und gleich gesellt sich gern".
9. Pilatus gelüstet nach den Äpfeln in einem ‚paradiesischen' Obstbaumgarten.
10. Judas dringt für Pilatus in den Garten ein und erschlägt seinen Vater im Streit, ohne daß Vater und Sohn sich erkennen, so wie Ödipus den Laios erschlägt.
11. Pilatus gibt dem Judas Hab und Gut des Ruben samt dessen Frau – so wie Ödipus Theben und Iokaste bekommt.
12. Mutter und Sohn-Mann erzählen einander ihr Leben und erkennen ihre ödipale Verstrickung.
13. Ödipus entsühnt sich durch Blendung, Judas durch Reue und Anschluß an Jesus.

Damit ist die ‚apokryphe Historie' mit dem Neuen Testament verknüpft, dessen Judas-Bild aufgenommen und in bezeichnender Weise weitergeführt wird, so daß die fünf markanten Situationen seines Lebens an der Seite Jesu deutlich werden.

4.5 Judas im Neuen Testament – ein Drama in fünf Akten

(Es war die Aufgabe gestellt, durch Aufsuchen des Lemmas ‚Judas' in einer Konkordanz die Aussagen des Neuen Testamentes zu ermitteln; die Schüler mußten dazu alle Stellen in der Vulgata nachschlagen[18]; zwanglos ergab sich eine ‚dramatische' Gliederung in fünf Akte:)

1. Im Zusammenhang mit der Aussendung der Jünger wird Judas Iskarioth jeweils als letzter der Zwölf genannt (Matth. 10, 4 = Mark. 3, 19 = Luk. 6, 16) und vorweg als „der Verräter" apostrophiert.
2. Aus Anlaß der Salbung Jesu in Bethanien (Matth. 26, 6–13 = Mark. 14, 3–9 = Luk. 7, 36–50 = Joh. 12, 1–8) reagieren bei Markus „einige", bei Matthäus „die Jünger" unwillig; bei Lukas findet der Gastgeber die ganze Situation bedenklich, und nur bei Johannes wird Judas genannt. Der künftige Verräter findet die Salbung unsozial, und der Evangelist kommentiert: *Dixit autem hoc, non quia de egenis pertinebat ad eum, sed quia fur erat, et loculos habens ea, quae mittebantur, portabat.* Die Tendenz, den Reagierenden namhaft zu machen, muß zu Judas führen, der das Geld verwaltet, Jesus um Geld verriet und hier auf den Geldwert der Salbe spekuliert.
3. Der Verrat des Judas (Matth. 26, 14–16 = Mark. 14, 10–11 = Luk. 22, 3–6 = Joh. 13, 2; 13, 27; 6, 70–71) und die Kennzeichnung als Verräter durch Jesus (Matth. 26, 21–25 = Mark. 14, 18–21 = Luk. 22, 21–23 = Joh. 13, 21–30). Von *triginta argen-*

teos ist nur bei Matthäus die Rede, die Kennzeichnung des Verräters ist am deutlichsten bei Johannes, vgl. 13, 21: ... *amen dico vobis, quia unus ex vobis tradet me; 26: Respondit Jesus: ille est, cui ego intinctum panem porrexero. Et cum intinxisset panem, dedit Judae Simonis Iscariothae. 27 et post bucellam, introivit in eum Satanas. Et dixit ei Jesus: Quod facis, fac citius.* usw.

4. Die Rolle des Judas bei der Gefangennahme (Matth. 26, 47–56 = Mark. 14, 43–52 = Luk. 22, 47–53 = Joh. 18, 2–12); der Judaskuß ist synoptische Tradition.
5. Das Ende des Judas wird nur in Matth. 27, 3–10 berichtet (Reue, Rückgabeversuch, Selbstmord durch Erhängen, Kauf des Töpferackers: ... *vocatus est ager ille Haceldama, hoc est ager sanguinis, usque in hodiernum diem*). In Acta 1, 16–19 werden Einzelheiten nachgetragen, vgl. in Vers 18: ... *et suspensus crepuit medius: et diffusa sunt omnia viscera eius.*

Soweit der neutestamentliche Befund. Ihn festzuhalten ist notwendig, um die Tendenzen des zweiten Teils der Legende zu erkennen und das legendäre Prinzip der ‚Amplifikation', der kombinierenden Ausweitung und Vervollständigung, zu verdeutlichen.

4.6 *Der Legende zweiter* (nicht lateinisch ausgeschriebener) *Teil:*

Judas und Jesus – und wie man den neutestamentlichen Befund kombinatorisch weiterspann ...

(1) Er trug die Kasse und beraubte Jesus regelmäßig: *portabat enim loculos et ea quae Christo dabantur, furabatur,* herausgelesen aus Joh. 12, 6: *dixit enim hoc* (bei der Salbung in Bethanien), *non quia de egenis pertinebat ad eum, sed quia fur erat, et loculos habens ea quae mittebantur portabat.*

(2) Indigniert reagiert er auf die Salbung Jesu in Bethanien und wird daher (so die Kombination der Legende) zum Verräter Jesu: *Dolens vero tempore dominicae passionis, quod unguentum, quod trecentos denarios valebat, non fuerat venditum, ut* (!) *etiam illos denarios furaretur, abiit et Dominum XXX denariis vendidit* ... Dieses *ut* ist nun nicht mehr biblisch belegbar, sondern kombinatorische Absicht des Erzählers.

(3) Zwei *ad-hoc*-Erklärungen werden von ihm in Betracht gezogen: (a) Entweder sind die 300 so viel wert wie die 30 des Verrates, dann handelt es sich um verschiedene Währungen: ... *XXX denariis vendidit, quorum unusquisque valebat decem denarios usuales, et damnum unguenti trecentorum denariorum recompensavit,* ... – oder (b) Judas beanspruchte notorisch den Zehnten von allen Einnahmen Jesu für sich: ... *vel, ut quidam aiunt, omnium, quae pro Christo dabantur, decimam partem furabat et ideo pro decima parte, quam in unguento amiserat, scilicet pro XXX denariis, Dominum vendidit* ...

(4) Die Reue nach dem Verrat: ... *quos tamen paenitentia ductus rettulit,* ... und

(5) der Selbstmord durch Erhängen des Judas, wobei Matth. 27, 3–10 (27, 3 *paenitentia ductus*) und Acta 1, 15 ff., (bes. Vers 18: ... *suspensus crepuit medius; et diffusa sunt omnia viscera eius*) kombiniert werden: ... *et abiens laqueo se suspendit et suspensus crepuit medius et diffusa sunt omnia viscera eius.*

Das wird dann noch in fast unerträglicher Weise weiter ausgemalt: die Schonung des Mundes, der Christus geküßt hatte, *rupta viscera,* weil Sitz der bösen Begierden, der Strick um die Kehle, weil Judas' Stimme ihn verriet, und das Schweben des Erhängten zwischen Himmel und Erde, weil er dem Zwischenreich der Dämonen angehört. Man wird das kaum mit Schülern lesen und vielleicht mit § 11 schließen: *... quem postmodum pertulit proditorem* oder noch die Anschlußstelle hinzunehmen, um den Übergang vom mythisierten zum synoptischen Judas zu notieren: *... Portabat enim loculos ... furabatur,* und dazu Joh. 12, 6.

4.7 Das Beziehungsfeld der Judaslegende

Zieht man den mythischen Hintergrund und den biblischen Befund in Betracht, analysiert also die Legende in der beschriebenen Weise, dann wird der Beziehungsreichtum der Judasgestalt deutlich. Der Versuch, den Judas des Neuen Testaments, von dem nur spärlich und stereotyp („der Verräter") berichtet wird, zu ergänzen und einzelne Handlungsmomente zu verknüpfen, geschieht auf doppelte Weise, gewissermaßen horizontal und vertikal.

4.7.1 Judas und das Neue Testament

‚Horizontal' bleibt der Autor im biblischen Kontext, den er aber plausibler machen will, um die Kohärenz der einzelnen Überlieferungsstücke zu erhöhen; das geschieht in fünffacher Weise:
(1) Verknüpfung des Namens mit dem einer Insel,
(2) Annäherung von Judas und Pilatus als den für Jesu Tod Verantwortlichen,
(3) Herstellung einer Beziehung zwischen den 30 Silberlingen und den 300 Denaren der Salbungsgeschichte,
(4) Reue als Motiv der Hinwendung zu Jesus,
(5) Herstellung der Beziehung zwischen Todesart und Vergehen, wodurch das Erhängen als symbolisch sinnvoll erscheint.

4.7.2 Judas und Ödipus

‚Vertikal' bekommt Judas einen mythisch-archetypischen Hintergrund mit den Stationen: Geburtsprophezeiung, Aussetzung und Adoption, Brudermord, Vatermord, Mutterinzest, ein Schicksal also, bei dem sich verhängnisvolle Konstellationen häufen.

4.7.3 Judas und Jesus

Deutlich wird bei der legendären Geburtsverkündigung, daß Judas, der *destructor gentis suae,* Jesus, dem *salvator mundi,* als Gegenbild gegenübersteht. Der legendäre Judas macht das Paradox erfahrbar, daß die Erlösung – heilsökonomisch betrachtet – des Verräters bedurfte, so daß *salvator* und *destructor* ein ungleiches, aber untrennbares, weil heilsnotwendiges Paar bilden: Joh. 13, 27 (Jesus): *quod facis, fac citius.*

4.7.4 Judas und Gregorius

Der Vollständigkeit halber sei eine eigentümliche Beziehung notiert: die zwischen Judas und einem anderen ödipal Geschädigten, dem späteren Papst Gregor, so wie ihn die Verslegende Hartmanns von Aue (um 1190) und die Geschichte „Von der Geburt des seligen Papstes Gregor" in den Gesta Romanorum (Wende des 13. zum 14. Jahrhundert) zeichnen, wodurch sich Thomas Mann zu seinem 1951 erschienenen Roman „Der Erwählte" inspirieren ließ. Gregorius hat einen doppelten inzestuösen Hintergrund, für Hartmann von Aue ein Werk des Teufels, für Thomas Manns tiefpsychologische Deutung Ausdruck exklusiver Erwähltheit. Betrachten wir noch kurz zum Vergleich die wichtigsten Stationen von Gregorius' Fall, Buße und Erwählung: gezeugt durch Geschwisterinzest, ausgesetzt, Tod des Vaters auf einem Kreuzzug, Befreiung der Mutter aus Feindeshand und Heirat mit ihr, *anagnorismós* und extreme, aber ‚gelungene' Buße, Berufung zum Papst und nochmalige Begegnung mit der Mutter als Büßerin in Rom.

Der Vergleich mit Judas zeigt die mythische Determination der Erwähltheit und der Verworfenheit infolge eines exklusiven Schicksals. Während bei Gregorius die *felix culpa* familiärer Verstrickungen letzten Endes Legitimationszeichen der Berufung ist, determiniert die *infelix culpa* des mythisierten Judas seinen späteren Verrat an Jesus; der unbewußt vollzogene Vatermord nimmt den geplanten Gottesmord auf mythischer Ebene vorweg. Doch das ist kein Thema für die Mittelstufe mehr …

Anmerkungen

1 Die Legenda Aurea des Jacobus de Voragine. Aus dem Lateinischen übersetzt von R. Benz. Heidelberg ^{9}1979, Einleitung, 17.
2 Dibelius, M.: Die Formgeschichte des Evangeliums. Tübingen ^{3}1979, Kap. V Die Legende, 101–129; Zitat 105.
3 Fuhrmann, M.: Christen in der Wüste. Drei Hieronymus-Legenden. Zürich/München 1983, Nachwort 81–97.
4 Zu diesem Begriffen vgl. Fuhrmann, M.: Die Mönchsgeschichten des Hieronymus – Formexperimente in erzählender Literatur. In: Christianisme et formes littéraires de l'antiquité tardive en occident (Entretiens sur l'antiquité classique 23). Vandoevres – Genève 1977, 41–89.
5 Eliade, M.: Geschichte der religiösen Ideen II. Freiburg/Basel/Wien 1979, bes. Abschnitt 237: Dem „kosmischen Christentum" entgegen, 342–345.
6 Jolles, A.: Einfache Formen. Tübingen ^{5}1974.
7 Die metaphorische Bedeutung von οἰκοδομέω/*aedificare* beginnt in der Apostelgeschichte, vgl. z. B. Acta 9, 31: *ecclesia … habebat pacem et aedificabatur ambulans in timore Domini,* und ist konstitutiv für die paulinische Theologie, vgl. vor allem 1. Cor, 8, 1: *scientia inflat, caritas vero aedificat,* und 10, 23: *omnia mihi licent, sed non omnia aedificant;* aufschlußreich die Zusammenstellung von „Erbauung, Ermahnung, Trost" 1. Cor. 14, 3: *ad aedificationem et exhortationem et consolationem.* Von diesem ‚konstruktiven' und aktiven Begriff der Erbauung bis zur erbaulich-unterhaltsamen Lektüre von Legenden ist ein weiter semantischer Weg.
8 Eco, U.: Nachschrift zum ‚Namen der Rose'. München/Wien 1984, 56.
9 Ich erinnere an Luise Rinsers Franziskus-Buch „Bruder Feuer" und an Getrude und Thomas Sartory „Benedikt von Nursia – Weisheit des Maßes" und „Der Heilige Nikolaus – Die Wahrheit der Legende", Herderbücherei Bd. 884 und 897.
10 Lat. Text abgedruckt in: Fitzek, A.: Geistige Grundlagen Europas. Frankfurt a. M. ^{5}1970.
11 Der Begriff der Amplifikation, der Ergänzung und Ausweitung eines Erzählkerns nach den Gesetzen der phantastischen Assoziationen und der mythischen Biographie, ist verwandt, aber keineswegs identisch mit dem terminus technicus ‚Amplifikation' in der Psychologie C.G. Jungs; Thomas Mann versteht sein Dichten (in der Romantetralogie „Joseph und seine Brüder" oder in „Der Erwählte" beispielsweise) als „Amplifizieren, Realisieren und Genaumachen des mythisch Entfernten" (nach Kindlers Literaturlexikon S. 3225). Zur Unterscheidung von freier Assoziation und Amplifikation vgl. Meier, C.A.: Die Bedeutung des Traumes. Lehrbuch der Komplexen Psychologie C.G. Jungs Bd. II. Olten/Freiburg i. Br. ^{3}1979, 27–30.
12 Barié, P.: Aut Caesar aut nihil! – 10 Thesen zur Dominanz des Bellum Gallicum auf der Mittelstufe. In: MDAV 4/1982, 7–11; Heinz Mundings Erwiderung: Eine Lanze für Caesar. In: MDAV 2/1983, 1–3; und Barié, P.: „Eine Lanze für Caesar" – eine überflüssige Metapher. In: MDAV 1/1984, 7–11.
13 Vgl. die tiefenpsychologische Abhandlung C.G. Jungs über „Bruder Klaus" von 1933 in Band 11 der gesammelten Werke. Olten/Freiburg i. Br. 1963, 1973.
14 Die psychopathologische Seite mancher Legenden (Beschreibung grausamer Folterdetails, masochistische Form der Leiderwartung und Leiderfahrung, Verteufelung vermeintlicher Bösewichter durch massive Projektionen wie bei Julianus Apostata u.a.) verdient eine eigene, kompetente Untersuchung, bleibt aber für die Mittelstufe außer Betracht.

15 Eine praktische Zusammenstellung der wichtigsten sprachlichen Besonderheiten in dem Aufsatz von Zeck, K.: Des Jacobus de Voragine ‚Legende Aurea'. In: AU VI 4/1963, 63–72. Man kann aus der Not eine Tugend machen, indem man bestimmte Passagen in klassisches Latein umschreiben läßt und dann beide Fassungen vergleicht: Verwandlung von *quod* -Sätzen in a.c.i., Regulierung der Consecutio temporum und der Vorzeitigkeit beim Partizip, Ersetzen von *ipsum* durch *eum,* von *suus* durch *eius* u. a.
16 Eine Schulausgabe ausgewählter und kommentierter Legenden ist ein Desiderat; die Auswahl von Legenden aus dem Klettverlag (Klettbuch 693 von 1950, bearbeitet von K. Zeck) ist längst vergriffen. Lateinische Gesamtausgabe: Jacobus de V.: Legenda Aurea vulgo historia lombardica dicta. Hrsg. von J. G. Th. Graesse. Breslau [3]1890, Nachdr. Osnabrück 1965; eine lateinische Auswahl von B. Schmeidler erschien 1921 als Inseltaschenbuch; Lehrwerke und Lesebücher bieten immer wieder vereinzelt Legenden an (z. B.: Texte für die Übergangslektüre – „Ohrfeigen gegen Barzahlung" und viele andere Geschichten. Ausgew. von M. Fuhrmann und J. Klowski. Altsprachl. Textausgaben Sammlung Klett, dort die Georgs- und die Josaphat-Legende); die schöne Siebenschläferlegende ist abgedruckt und analysiert von G. Fink und M. Fuhrmann in: AU XXIII 4/1980, 39–50; die Judas-Legende entdeckte fast gleichzeitig mit mir U. Frings; vgl. seinen Aufsatz Frings, U.: Judas Iskarioth – Der Antiheilige. Sein Bild im Neuen Testament und in ausgewählten Rezeptionsdokumenten. In: AU XXIX 1/1986, 5–23.
17 Zu einer ‚positiven' Deutung der Gestalt des Judas vgl. Jens, W.: Der Fall Judas. Stuttgart 1975.
18 Benutzt wurde die *Biblia Sacra Iuxta Vulgatam Versionem* von R. Weber, mit B. Fischer, J. Gribomont, H. S. D. Sparks und W. Thiele. Stuttgart 1980.

Christoff Neumeister

Tibull

1 Biographie und Persönlichkeit

Der Elegiker Albius Tibullus hat noch das letzte Aufflammen der Bürgerkriege, dann, nach Octavians Sieg über Antonius bei Actium (31 v.Chr.), die ersten 13 oder 14 Jahre des neuen Regimes erlebt. Horaz hat ihm zwei Gedichte gewidmet (c. I 33 und Epist. I 4). Tibull gehörte jedoch nicht dem Literatenkreis um Octavians mächtigen Vertrauten Maecenas an, sondern dem um M. Valerius Messalla Corvinus, einen römischen Aristokraten, der zu den neuen Machthabern immer eine gewisse Distanz hielt. Von daher mag sich das erstaunliche Faktum erklären, daß in dem gesamten Werk Tibulls Octavian bzw., wie er sich seit 27 nannte, Augustus kein einziges Mal erwähnt wird. Tibull nahm an einem siegreichen Feldzug Messallas gegen die aufständischen Aquitaner teil, für den diesem im Jahre 27 der Triumph gewährt wurde (Tibull I 7, 9 ff.); auch auf eine Mission in den Osten des Reiches hätte er ihn begleitet, wenn er nicht schon unterwegs auf Korfu erkrankt wäre (Tibull I 3). Er starb ungefähr zur gleichen Zeit wie Vergil, also um 19 v.Chr., in noch jugendlichem Alter.

Nach dem, was Horaz in der an ihn gerichteten Epistel sagt (und was z.T. auch von der anonymen Vita bestätigt wird), war Tibull vermögend, von guter Gesundheit, sehr gut aussehend, intelligent, gewandt im Ausdruck, bei denen, die ihn kannten, beliebt, ja bewundert – und trotzdem nicht glücklich. Er gehörte nämlich zu jenen hypersensiblen und gefühlslabilen Menschen, die es nicht fertigbringen, den Situationen des Lebens und des mitmenschlichen Zusammenlebens gegenüber die notwendige innere Distanz zu bewahren, nahm infolgedessen alles viel zu ernst, besonders (nach Horaz c. I 33) seine Liebesaffären. Seine Elegien bestätigen dieses Bild.

2 Das Werk – seine Eignung für die Schullektüre

Wir haben von ihm 16 Elegien, zu zwei kunstvoll komponierten Büchern zusammengefaßt. Es sind, wie man sagt, ‚subjektive Liebeselegien': Der Dichter gibt in ihnen vor, selber zu sprechen, und zwar zu sprechen als ein Liebender, in einer mehr oder weniger genau bestimmten Situation, die dem Leser durch Andeutungen im Text selber suggeriert wird. Das lyrische Ich spricht die Gefühle aus, die diese Situation in ihm hervorruft; falls in ihr noch andere Personen anwesend sind, spricht es diese an und versucht werbend, flehend, tadelnd, warnend auf sie einzuwirken.

Warum sollten wir diese Klagen, Bitten, Vorwürfe und Wutausbrüche eines fiktiven Liebhabers aus dem 1. Jahrhundert v.Chr. heute noch lesen, und gar in der Schule?

Die Antwort lautet: weil Tibulls Elegien weit mehr sind als das. Der Tibullische Sprecher faßt nämlich die Lebens- und Liebessituation, in der er sich gerade befindet, nie nur als eine bloß persönliche, ausschließlich ihn selber betreffende auf, sondern als Folge oder Symptom ganz grundsätzlicher, die römische Gesellschaft seiner Zeit insgesamt betreffender Verhältnisse; und diese Verhältnisse ihrerseits begreift er als das Ergebnis von langfristigen kulturhistorischen Entwicklungen, die die ganze Menschheit betroffen haben. Diese weite Perspektive geht in das, was er sagt, immer wieder mit ein und verleiht ihm allgemein-menschliche, zeitlose Bedeutsamkeit. Kurzum: Die Liebeselegie ist bei Tibull in viel stärkerem Maße als bei Properz oder gar bei Ovid ein Ort, wo ganz grundsätzliche, uns heute noch und vielleicht heute gerade wieder betreffende Gedanken und Empfindungen ausgesprochen werden: Abscheu vor dem Wahnsinn der Kriege, Friedenssehnsucht, Ungenügen an einem von Besitzdenken und Geltungsbedürfnis bestimmten Leben, der Traum von einem ‚alternativen', richtigeren Leben. Solche Gedanken kann man natürlich auch bei Vergil oder bei Lukrez finden, denen Tibull viel verdankt – aber bei ihm wird es alles aus der Perspektive des Liebenden gesehen, wodurch es junge Menschen vielleicht stärker anrühren kann, und es wird in einer viel schlichteren und deshalb viel leichter zugänglichen Sprache vorgetragen.

3 Tibulls Sprache

Sie ist eine konsequente Verwirklichung jenes Stilideals, das Horaz in seiner „Ars poetica" (46 ff., 240 ff.) aufgestellt hat: Tibull beschränkt sich im wesentlichen auf den Wortschatz der klassischen Prosa bzw. der gehobenen Umgangssprache, scheidet aber auch aus ihnen noch streng alles Unpoetische aus. Auch in Wortverwendung und Syntax vermeidet er größere Kühnheiten. Seine stilistische Kunst verbirgt sich vielmehr zu einem großen Teil, genauso wie es Horaz fordert, in der kunstvollen Wortanordnung *(series)* und den dadurch ermöglichten Wortzusammenstellungen *(iuncturae)*. Am meisten fallen dem Unerfahrenen hier wie auch sonst in der klassischen lateinischen Dichtung die Hyperbata auf. Sie werden dem Schüler anfangs Schwierigkeiten machen, aber Praktiker haben mir versichert, daß sie sich überwinden lassen. Wichtig wäre, daß mit der Zeit auch die Funktionen dieses Stilmittels erkannt werden: daß es zur Hervorhebung bestimmter Worte dient, daß durch es sonst getrennte Worte zur Junktur vereinigt werden und so die Aufmerksamkeit auf bestimmte klangliche oder auch semantische Beziehungen, die zwischen ihnen bestehen (Bedeutungsgleichheit, -ähnlichkeit, -gegensatz, auch konnotative Beziehungen), gelenkt wird.

Zum anderen und bedeutenderen Teil aber liegt die Sprachkunst Tibulls in der raffinierten Mimesis spontaner, erregter, situationsgebundener Rede. Sie zeichnet sich deshalb durch einen besonders großen Reichtum an expressiven und appellativen Sprachmitteln (beides fließt oft zusammen) aus, durch Ausrufe, erregte Ausrufsfragen, Wunschsätze, Formen intensiver Anrede, wobei häufig auch Abwesende vergegenwärtigt werden, Abstraktes oder Lebloses personalisiert wird; die Anrederichtung kann immer wieder überraschend wechseln; hinzu kommen Fragen aller Art: ‚echte' Fragen an andere, aber auch solche des Sprechers an sich selbst, rhetorische Entscheidungs- und Ergänzungsfragen u.ä.m. Auch schreitet der Gedankengang häufig nicht nach den Gesetzen der Logik, sondern nach denen psychologischer, affektgelenkter Assoziation voran, und plötzlich aufsteigende Gefühle und Gedanken können zu überraschenden Umbrüchen im Redeverlauf führen. Daß diese Sprache auf eine fiktive, unter Umständen sogar während des Textablaufs sich wandelnde Situation (Beispiel: II 1) bezogen ist, ist in allerlei deiktischen

Sprachmitteln (deiktisch gebrauchten Demonstrativpronomina, appellativen Sprachmitteln, Wendungen wie *cernite* [II 1, 15], *viden* [II 1, 25] u. ä. m.) zu fassen. All das mag dem Schüler, der ärmere Formen sprachlichen Ausdrucks (ruhiges Erzählen, Schriftsprache) gewöhnt ist, zunächst Schwierigkeiten machen – aber es sind Schwierigkeiten, deren Überwindung lohnt, weil sich dabei Grundsätzliches über das Funktionieren von Sprache lernen läßt.

4   Auswahlvorschlag: Elegien I 1; 10; II 1.

Hilfreiche Literatur

Kommentare

Murgatroyd, P.: Tibullus I. (Achtung, nur 1. Buch!) Pietermaritzburg (Südafrika) 1980.
Putnam, M. C. J.: Tibullus. A Commentary. Norman (Oklahoma) 1973.
Smith, F. K.: The Elegies of Albius Tibullus (1913). Darmstadt 1971.

Allgemeine Literatur zu Tibull

Bright, D. W.: Haec mihi fingebam. Tibullus in his World. Leiden 1978.
Elder, J. P.: Tibullus: Tersus atque Elegans. In: Sullivan, J. P. (Hrsg.): Critical Essays on Roman Literature I: Elegy and Lyric. London 1962, 65–105.
Luck, G.: Die römische Liebeselegie (1959). Heidelberg 1961.
Neumeister, Ch.: Tibull. Einführung in sein Werk. Heidelberg 1986.

Literatur zu den empfohlenen Gedichten

I 1: Hanslik, R.: Tibull I, 1. Wiener Studien 69, 1956, 297–303; Fisher, J. M.: The Structure of Tibullus' First Elegy. Latomus 29, 1970, 765–773; Wimmel, W.: Tibull und Delia I: Tibulls Elegie I 1. Hermes Einzelschr. 37, Wiesbaden 1976; Bright, 1978 (s. o.), 124–133.
I 10: Steidle, W.: Das Motiv der Lebenswahl bei Tibull und Properz. Wiener Studien 75, 1962, 100–109; Wimmel, W.: Der frühe Tibull. München 1968, 122–174.
II 1: Pöstgens, P.: Tibulls Ambarvalgedicht (II, 1). Würzburg 1940; Bright, 1978 (s. o.), 62–65, 187–190.

5   Interpretationsprobe: Elegie I 10

Situation (zu erschließen aus vv. 13–16): Der Sprecher sieht sich der Notwendigkeit gegenüber, wieder in den Krieg ziehen zu müssen; in seiner Angst vor möglicher Verwundung und Tod wendet er sich an die Laren seines Vaterhauses (er steht also vor dem Lararium) und bittet sie um Schutz.

Interpretierende Beschreibung des Textablaufs[1]: Beginn mit einer <u>Frage</u> des Sprechers an sich selbst, wer die Schwerter erfunden habe; er nennt ihn (in der erregten Figur der <u>Ausrufsfrage</u>) wild und fühllos. Asyndetisch angeschlossene Begründung: Mit dieser Erfindung kam der Krieg unter die Menschen, wurde dem Tod ein kürzerer Weg (scil. als der von der Natur vorgesehene) eröffnet. Implikation: Jener Erfinder war am Aufkommen des Krieges schuld. Sogleich Korrektur dieser Schuldzuweisung in der Form einer <u>zweifelnden Frage</u>: Nicht jener war schuld, sondern wir sind es, das gegenwärtige Menschengeschlecht, die wir seine wohltätig gedachte Erfindung mißbrauchen. Zu ergän-

---

[1] Um den Reichtum des Textes an expressiven und appellativen Sprachmitteln zu verdeutlichen, ist die Satzart (die Art des illokutiven Akts) jeweils durch Unterstreichung hervorgehoben

zende, unausgesprochen bleibende Zwischenfrage: Aber was ist die Ursache dieses Mißbrauchs? Antwort in der Form entschiedener Aussage: das Gold (d.h. die Habgier, die es geweckt hat). Komplementäre Aussage: Vor Aufkommen des Goldes hat es keine Kriege gegeben. Der Sprecher stellt sich nun diese frühe Zeit vor, dabei den Aspekt ‚Überflüssigkeit von Schutz und Vorsicht' hervorhebend, was sich zuletzt verdichtet zum Bild des auf freiem Felde inmitten seiner Schafe sorglos schlafenden Hirten. Äußerung des (unerfüllbaren) Wunsches, damals gelebt zu haben, klagende Feststellung, daß er jetzt in den Krieg muß, angstvolles Aussprechen der Vorstellung, daß er dort verwundet, ja getötet werden könnte, sich konkretisierend im Bild des feindlichen Kriegers, der die Waffen schon trägt, die ihn verwunden werden. Deshalb nun Hinwendung zu den Laren, Gebets-Bitte an sie, ihn zu bewahren, asyndetisch angeschlossene Begründung: Ihr habt mich doch auch schon aufgezogen. Das konkretisiert sich im Bild des kleinen Kindes, das vorm Lararium des Vaterhauses spielend hin- und herläuft. Unausgesprochen bleibender Zwischengedanke: Vielleicht könnten die Laren gekränkt sein, weil ihre alten, hölzernen Kultbilder noch immer nicht durch bessere ersetzt sind, und deshalb nicht bereit sein, sein Gebet zu erhören. Daraus ergibt sich die Aufforderung an sie, sich dessen nicht zu schämen, da diese Kultbilder doch Erbschaft einer älteren, besseren Zeit seien. Sie wird implizit (durch die Wiederaufnahme des *tunc* von v. 11) mit der Zeit vor Aufkommen des Goldes gleichgesetzt. Beschreibung dieser Zeit, jetzt aber unter dem Aspekt ihrer zwar schlichten, aber aufrichtigen Frömmigkeit, am Ende sich verdichtend zum Bild eines ländlichen Dankopfers, das damals ein nicht näher benannter *aliquis* zusammen mit seiner kleinen Tochter darbrachte. Damit zum ersten Mal das Motiv der bäuerlichen Familie angedeutet. Rückkehr zum Ausgangspunkt: zur Gebetsbitte v. 15. Der Sprecher wiederholt sie; für den Fall der Erhörung Versprechen eines ähnlichen Dankopfers. Da der Sprecher aber unverheiratet und kinderlos ist, tritt an die Stelle der kleinen Tochter jetzt der Myrtenzweig der Venus, der ihn als Liebenden ausweist. Willenserklärung und zugleich Wunsch, auf diese Weise den Laren zu gefallen, als Pendent dazu Konzession: Mag ein anderer dem Mars gefallen und mit seiner Hilfe Heldentaten vollbringen, damit er dann hinterher beim Wein davon erzählen kann. Das *ut* v. 31 m.E. final aufzufassen, spöttisch: so als ob der Soldat nur deshalb seine Heldentaten vollbrächte, um hinterher damit prahlen zu können. Damit wird schon die folgende, in der Figur der erregten Ausrufsfrage stilisierte Feststellung vorbereitet, daß die Lebensweise des Soldaten äußerster Wahnsinn ist. Begründung: Er holt sich aus freien Stücken den Tod herbei, der doch schon ganz von selber auf die Menschen zukommt (Variation des Gedankens v. 4 vom kürzeren Weg). Abrupt angeschlossen Beschreibung der Unterwelt, die den Soldaten nach seinem frühen Tod erwartet. Aus alledem sich ergebend rhetorische Aufforderungsfrage, warum denn nicht viel mehr als der Soldat der Bauer zu preisen sei, der friedlich im Kreise seiner Familie alt wird. Die Beschreibung seiner Lebensweise verdichtet sich zum Bild seiner abendlichen Heimkehr vom Felde, wobei in der Gestalt von Sohn und fürsorglicher Gattin das in v. 23 f. schon vorbereitete Motiv der bäuerlichen Familie nun ausgeführt wird. Emphatischer Wunsch des Sprechers, so wie dieser Bauer zu sein, wie er langsam alt werden zu dürfen, noch als alter Mann von den Taten seiner Jugend erzählen zu können (deutlicher Rückbezug auf das Motiv des beim Wein von seinen Taten erzählenden Soldaten v. 31, was impliziert: Dem Soldaten wird das nicht zuteil werden, er wird schon vorher fallen). Der auf die noch ferne Zeit des Alters gerichtete Wunsch des Sprechers nun ergänzt durch einen Wunsch für die Zeit bis dahin: Friede soll herrschen. Der Friede wird dabei personifizierend als der Garant des Gedeihens des Landes dargestellt, im folgenden dann als Begründer der Landwirtschaft hymnisch gefeiert. Die Landwirtschaft wird dabei unter dem Aspekt der ländlichen Arbeit gesehen – in der folgenden Textlücke (vv. 50/51) dann Übergang zur Beschreibung eines ländlichen Festes. Sie mündet in zwei Bilder: Ein Bauer fährt nach dem Fest angetrunken seine Familie nach Hause (erneutes Auftauchen des Motivs der bäuerlichen Familie!), ein jugendliches Liebespaar weint nach einem Streit – sie wegen der erlittenen Mißhandlungen, er aus Reue. Damit wird das durch den Myrtenkranz v. 27 f. zum ersten Mal angedeutete Motiv der jugendlichen Liebe ausgeführt. Das symbolische Bild von Amor, der zwischen den Streitenden ruhig sitzen bleibt, macht deutlich, daß die Liebe der beiden durch ihren Streit nicht beeinträchtigt wird. Im Bild des Liebesstreites deutliche Rückbezüge auf die Darstellung der Lebensweise des Soldaten vv. 33–36: Der Liebesstreit wird als *Veneris bella* bezeichnet, seine Folgen in antithetischer Entsprechung zu den Folgen des wirklichen Krieges beschrieben *(subtusae genae/percussae genae; perfractae fores/percussae genae; scissi capilli/usti capilli).* – Aus der Vorstellung des streitenden Liebespaares ergibt sich eine in die erregte Figur des Ausrufs gekleidete Verurteilung eines jeden, der in so einem Streit sein Mädchen schlägt. Daraus sich ergebend Aufforderung, hier die Grenzen einzuhalten. Wer dazu nicht imstande ist, wird aufgefordert, in den Krieg zu ziehen und sich von Venus fernzuhalten. Für alle anderen aber, zu denen auch der Sprecher selber sich zählt *(at nobis),* wendet er sich zum Abschluß in personifizierender Anrede an den Frieden und bittet ihn, zu kommen. Mit dieser Bitte wiederholt er nur intensiver den in v. 45 ausgesprochenen Wunsch: *interea pax arva colat;* auch die dort durch die Verbwahl geleistete Personifizierung wird hier wieder aufgenommen und zu einer Beschreibung der Pax als mütterlicher Frau mit Ähren und Früchten ausgestaltet. Mit diesem statuarischen Bild kommt der Aussagestrom am Ende zur Ruhe.

Willibald Heilmann

Martial

1 Möglichkeiten der Martiallektüre

Martial bietet für die Lektüre in der Sekundarstufe I beachtliche Möglichkeiten. Eine Reihe von Gedichten läßt sich sprachlich leicht bewältigen. Außerdem stellen die Gedichte gewöhnlich kurze, nur ausnahmsweise längere Ganzheiten dar. Sie eröffnen durch einfache Beobachtungen einen ersten Zugang zur dichterischen Sprachkunst. Deutlich gezeichnete Situationen oder Verhaltensweisen sind für die Gedichte charakteristisch. Die Reaktionen des Dichters in Witz, Spott, Übertreibung, Zuspitzung, in distanzierter, nüchterner Einsicht beeindrucken durch die Kunst der sprachlichen Formulierung. Ein bemerkenswerter Vorteil dieser Lektüre besteht darin, daß sie eine flexible Planung erlaubt. Man kann bereits während der Lehrbucharbeit wiederholt ein Gedicht oder auch zwei Epigramme einschieben, man kann nach der Arbeit mit dem Lehrbuch eine kürzere oder eine etwas längere Lektürephase Martial widmen. Die Lektüre wird durch die Verschiedenartigkeit der Themen nie eintönig.

Grundsätzlich ist für die Lektüre Martials in der Sekundarstufe I zu beachten, daß sie ausgesprochenen Einführungscharakter hat. Man wird sich nicht auf differenzierte Erörterungen über das Verhältnis der Epigramme zur Realität, auf Lebensanschauungen Martials, auf die Problematik seiner gesellschaftlichen Stellung, auf die ganze Vielfalt seiner Themen einlassen. Das müßte Gegenstand eines späteren Kurses sein. In der Sekundarstufe I wird man sich auf Gedichte konzentrieren, bei denen Spott, Witz und Urteil des Dichters möglichst unmittelbar wirken können.

2 Thematische Aspekte, empfohlene Stellen

Thematisch schlage ich vor, sich auf drei Aspekte zu beschränken:
1. verschiedene Verhaltensweisen von Menschen, die dem Dichter Anlaß zu Spott, Witz, Kritik und Mahnung geben;
2. Gedichte, die Martials Stellung in Rom, sein Selbstbewußtsein als Dichter, auch seine innere Unabhängigkeit zeigen;
3. Gedichte zum Leben in Rom. Rom ist allerdings als wichtiger Bezugspunkt auch in einer Reihe von Gedichten zu den zuerst genannten Aspekten gegenwärtig.

Die Sprachkunst Martials ist durchgängig Gegenstand der Betrachtung. Alle Gedichte bieten vielfältig Gelegenheit, auf Bedingungen und Eigenart römischen Lebens einzugehen.

Zum ersten Aspekt:
Als Beispiel sei 1,10 angeführt:

> *petit Gemellus nuptias Maronillae*
> *et cupit et instat et precatur et donat.*
> *adeone pulchra est? immo foedius nil est.*
> *quid ergo in illa petitur et placet? tussit.*

Der Aufbau des Epigramms ist leicht zu erkennen. Die ersten beiden Verse enthalten eine Aussage, die mit dem Prädikat beginnt und dann in eine Abfolge von Prädikaten mündet. Die Prädikate im zweiten Vers zeigen offenbar, wie intensiv sich Gemellus bemüht. Maronilla scheint eine höchst begehrenswerte Frau. Deshalb ist die Frage verständlich: *adeone pulchra est?* Doch was so naheliegend schien, wird entschieden zurückgewiesen: *immo foedius nil est.* Das gänzlich Unerwartete entzieht einer harmlosen, sich leicht anbietenden Erklärung den Boden. Die Antwort erzeugt Spannung: Was ist nun eigentlich der Grund? Ein Wort am Ende gibt des Rätsels Lösung: *tussit.* Das klingt für sich recht arglos, aber es ist hintergründig: Der Husten stachelt die Hoffnung dessen an, der erben will. Das Gedicht führt von einem schönen Schein zu einer häßlichen Wahrheit. Martial läßt sich zunächst auf den Schein ein, um ihn dann gründlich zu zerstören. Das auf Zuspitzung ausgerichtete Epigramm braucht Situationen, die solche Umschwünge und damit wirkungsvolle Pointen ermöglichen.

Geeignet sind auch folgende Epigramme, die am Schluß auf Pointen zielen: 2,38; 4,21; 4,68; 5,43; 6,8; 6,53. Das Ende führt zur Umkehr der Aussage am Anfang in 1,64; 8,76. Die Inhalte sind verschieden. Da geht Martial auf eine scheinbar harmlose Frage über den Ertrag, den sein kleines Landgut abwirft, ein, ist die Rede von einem, der die Existenz der Götter leugnet, von einer beschämenden Einladung zu einer *cena*, von falschen und echten Zähnen, von der Wahl eines Schwiegersohns, von dem plötzlichen Tod eines Mannes, von der Neigung zu übertriebenem Selbstlob und von dem Mann, der scheinbar die Wahrheit über sich als Schriftsteller und Anwalt hören möchte.

Man kann auch gut zwei Gedichte von Leuten einbeziehen, die in Rom ihr Glück machen wollen: 3,14 und das etwas längere Gedicht 3,38. Beide Gedichte zielen auf herbe Ernüchterung, die jeweils in der überraschenden Aussage des letzten Verses zum Ausdruck kommt. Gut zu bewältigen sind auch einige Epigramme, die von Reichen handeln, von ihrer Selbsttäuschung, ihrer Knauserigkeit, ihrer falschen Einschätzung des Besitzes: 11,44; 11,67; 12,25. Die Aussagen sind nicht immer in gleicher Weise pointiert, aber die Gedichte sind immer spannungsvolle Gebilde, die sich leicht der Beobachtung erschließen. Hübsch ist die Szene vor Gericht, wo es um den Diebstahl von drei Ziegen geht, der Anwalt aber bombastisch deklamiert: 6,19.

Zum zweiten Aspekt:
Als Beispiel diene 6,60:

> *laudat, amat, cantat nostros mea Roma libellos,*
> *meque sinus omnes, me manus omnis habet.*
> *ecce rubet quidam, pallet, stupet, oscitat, odit.*
> *hoc volo: nunc nobis carmina nostra placent.*

Die Gedichte Martials sind bekannt, finden großen Anklang. Beglückt und stolz schildert der Dichter seine Beliebtheit in Rom. Der Schatten dieser Wirkung sind der Neid und die durch ihn bedingte Ablehnung. Weit gefehlt, daß dies den Dichter stört! Jetzt gefallen ihm seine Gedichte erst richtig! Wie Spannungen und Widersprüche des Lebens das eigentliche Material für Epigramme bilden und auf Martial einen starken Reiz ausüben, so findet er hier seine Freude an der Spannung zwischen Anerkennung und Neid. Das unbekümmerte, oft dreiste und zu überraschenden Effekten führende Spiel mit solchen Spannungen ist für Martial kennzeichnend.

9,97 weist umfassender auf das Leben des Dichters und den Neid hin, der es begleitet. Die durch *rumpitur invidia* markierte Reihung mit dem überraschenden Schluß kann auch als eindrucksvoller Beleg für eine typische Epigrammform dienen. Den Stolz des Dichters gegenüber einem Reichen zeigt 5,13; seine Enttäuschung über einen Mann, mit dem er lange Jahre verbunden war und der sich, reich geworden, ihm versagt, bringt 4,40 zum Ausdruck. Gegen ein fragwürdiges Urteil wendet sich 8,69, gegen die Kritik eines neidischen Dichters 9,81. Ein bemerkenswertes Dokument nüchterner Vorsicht sich selbst gegenüber stellt 12,92 dar:

> saepe rogare soles, qualis sim, Prisce, futurus,
> si fiam locuples simque repente potens.
> quemquam posse putas mores narrare futuros?
> dic mihi, si fias tu leo, qualis eris?

Zum dritten Aspekt:
Hier ist vor allem das längere Gedicht 12,57 zu nennen, in dem Martial von dem unruhigen Leben in Rom spricht und damit begründet, weshalb er sich oft auf sein bescheidenes Landgut in Nomentum zurückzieht. Bezeichnend ist, daß der Dichter das einem reichen Mann sagt, der sich im Gegensatz zu ihm in Rom selbst durch einen ausgedehnten Besitz aller Unruhe der Stadt entziehen kann. Das Gedicht gibt ein eindrucksvolles Bild von lästigen Aspekten des Lebens in Rom und von den Möglichkeiten, die man eventuell hatte, dem auszuweichen.

Lebhaft zeichnet 7,61 Züge des Treibens in engen Straßen. Martials Beobachtungsgabe und seine Fähigkeit einprägsamer Darstellung sind auch hier deutlich zu erkennen.

3 Hilfen

Literatur

Zur allgemeinen Einführung
Burnikel, W.: Wer war Martial? In: MDAV 27, 2/1984, 5–14.
Cancik, H.: Neues Handbuch der Literaturwissenschaft. Bd. 3: Römische Literatur. Hrsg. von M. Fuhrmann. Wiesbaden 1974, 261–271 und 282–286.

Zur Behandlung in der Sekundarstufe I, mit z. T. anderen Auswahlvorschlägen
Gößwein, U.: Martial-Lektüre in der Mittelstufe/Sekundarstufe I. In: Auxilia 5, Lateinische Dichterlektüre II. Bamberg 1982, 4–30.
Hugenschmidt, A.: Marcus Valerius Martialis: Römisches Leben. In: Aditus. Hrsg. von R. Nickel. Würzburg 1975, Textband, 72–83; Lehrerhandbuch, 160–180.
Stephan-Kühn, F.: Martial als Anfangslektüre – eine Anregung. In: Anregung 20, 1974, 412 f.
Stephan-Kühn, F.: Martial als Schulautor – Versuch einer Lernzielanalyse. In: Anregung 22, 1976, 162–171.

Schulausgaben
Martial: Epigramme. Auswahl, Einleitung und Erläuterungen von H. Kobligk. Stuttgart 1968.
Martial: Epigramme. Textauswahl und Erläuterungen von F. Stephan-Kühn. Paderborn 1976.
Martial: Epigramme. Bearbeitet von U. Gößwein. Bamberg 1982.

Rainer Nickel

Carmina Burana

1 Werkbeschreibung

1.1 Name und Geschichte der Anthologie

Die umfangreichste und wichtigste Sammlung mittellateinischer und mittelhochdeutscher Lieder und geistlicher Dramen erhielt ihren Namen „Carmina Burana" [CB] – Lieder aus Benediktbeuern", weil sie sich bis 1803 im Kloster Benediktbeuern befand und erst im Zuge der Säkularisation der bayerischen Klöster in die heutige Bayerische Staatsbibliothek nach München gelangte. Dort wird die Sammlung unter der Signatur Codex latinus monacensis 4660 und 4660a aufbewahrt. Die Handschrift entstand zwischen 1220 und 1250, wahrscheinlich schon vor 1230, wie man aus der Schrift und dem Bilderschmuck erschließen kann. Es handelt sich um die Auftragsarbeit eines weltlichen oder geistlichen Herrn, der über die für die Herstellung einer so umfangreichen Sammlung erforderlichen finanziellen Mittel verfügte. Die heute maßgebliche kritische Textausgabe von A. Hilka, O. Schumann und B. Bischoff (Heidelberg 1930–1970)[1] enthält zwar den gesamten Inhalt der Handschrift, aber in einer unter Berücksichtigung anderer Handschriften und früher Drucke revidierten Textgestalt.

1.2 Aufbau des Werkes

Die 228 Lieder (ohne die Nachträge) der Ausgabe von Hilka/Schumann/Bischoff sind in vier Gruppen geordnet: 1. moralisch-satirische Dichtungen, 2. Liebeslieder, 3. Trink- und Spielerlieder und 4. geistliche Spiele. Zu einigen Liedern – vor allem der zweiten Gruppe – sind mittelhochdeutsche Einzelstrophen hinzugefügt, die z.T. von bedeutenden deutschen Dichtern wie Walther von der Vogelweide (CB 135a, 151a, 169a, 211a) oder Heinrich von Morungen (CB 150a) stammen. Vermutlich dienten die deutschen Strophen als Vorlagen für die entsprechenden lateinischen Strophen, die man nach der gleichen Melodie wie ihre Vorlagen singen konnte. Wahrscheinlich wurde die dem lateinischen Text zugeordnete deutsche Strophe „wie ein Abgesang anschließend an das lateinische Carmen gesungen" (G. Bernt[2]).

1.3 Formen der Dichtung

Die Sammlung enthält sowohl metrische als auch rhythmische Gedichte. Sie repräsentiert demnach die beiden für die mittellateinische Dichtung typischen Gestaltungsprinzipien.

Die häufigste metrische Form ist der gereimte „leoninische" Hexameter, in dem sich die Zäsur nach der dritten Hebung mit dem Versschluß reimt (z.B. CB 13, I: *Invidus invidia/comburitur intus et extra*). Daneben gibt es kompliziertere Reimbildungen, bei denen sich z.B. zwei Zäsuren mit dem Versschluß reimen (z.B. CB 2, 2: *Plus queris, / nec plenus eris, / donec morieris*).

In den rhythmischen Gedichten werden die Wörter nach ihrem natürlichen Wortakzent gelesen bzw. gesungen. Diese Gedichte sind entweder in gleichgebaute Strophen gegliedert (Strophenlieder) oder in der Form der Sequenz verfaßt, die aus mehreren verschieden gebauten Strophenpaaren besteht, wobei je zwei aufeinanderfolgende Strophen nach derselben Melodie gesungen werden (z. B. CB 36). Eine dritte Form ist der Leich, der wie die Sequenz aus verschieden gebauten Strophen besteht, die aber eine jeweils eigene Melodie haben (z. B. CB 43).

Die häufigste Strophenform der rhythmischen Dichtung ist die Vagantenstrophe, die aus vier Zeilen mit Endreim besteht (z. B. CB 219). Andere Strophenformen haben keinen eigenen Namen; sie werden nach Zeilenzahl, Silbenzahl, Art des Zeilenschlusses und des Reimschemas voneinander abgehoben. So besteht z. B. CB 117 aus 4 Zeilen zu je 8 Silben mit dem Zeilenschluß- und dem Reimschema aabb.

1.4 Themen und Inhalte

Eine schematische Ordnung der Texte nach thematisch-inhaltlichen oder gattungsspezifischen Gesichtspunkten ist nicht zu leisten. Im vorliegenden Zusammenhang muß daher eine nur andeutende Beschreibung der Textinhalte genügen. Die metrischen Verse sind meist lehrhaft-moralische Sprüche. Viele Sequenzen sind Klagelieder (Planctus) z. B. über Todesfälle, historische Ereignisse, unglückliche Liebe, Abschied, Heimweh, Krankheit, Armut, den Zustand der Welt. Zahlreiche Gedichte gehören zur Gattung der Pastourelle, eines erotischen Gedichts, das von der Begegnung eines Ritters oder fahrenden Sängers mit einer Hirtin handelt. In der Gruppe der moralisch-satirischen Dichtungen herrscht das Thema ‚Tadel der Habgier' und ‚Kritik an der kirchlichen Obrigkeit' vor. Die Gruppe der Liebeslieder enthält oft sehr freimütige erotische Gedichte, die z. T. die literarische Schulung an Ovid verraten. Oft wird der Frühling in seiner Schönheit besungen; er bildet den Rahmen für die Weckung erotischer Empfindungen. In der Nachahmung Ovids (Amores 1, 9, 1) wird oft die *militia Veneris* dargestellt. Die fünf Stufen der Liebe (Anblick, Gespräch, Berührung, Kuß, *agere/actus*, vgl. CB 154) bilden ein häufig wiederkehrendes Schema des literarischen Umgangs mit der Liebe. Zum Zweck witziger Wirkung wird nicht selten auch die Form der Parodie benutzt. Die Trink- und Spielerlieder der dritten Gruppe veranschaulichen ein Welt- und Lebensgefühl, das in krassem Gegensatz zu der mittelalterlichen Welt festgefügter Ordnungen steht. Neben Epigrammen, Parodien, Satiren, Sprüchen und Bettelliedern stehen Preislieder auf die Liederlichkeit und Scherzlieder zur Steigerung der Festesfreude. Die geistlichen Spiele der vierten Gruppe bestehen aus liturgischen Elementen und Bibelworten. Sie spiegeln ein vielfältiges Weltverständnis und behandeln ebenso die erhabensten wie die niedersten Dinge des Lebens. Inhalte der christlichen Verkündigung werden neben Themen aus der Geschichte des Christentums dargestellt.

Insgesamt bezeugen die Gedichte der CB einen unbefangenen Umgang mit der antiken Mythologie, deren Kenntnis vor allem auf die Lektüre der Metamorphosen des Ovid, des Vergilkommentars des Servius, der Enzyklopädie des Isidor von Sevilla, des Hygin und der im Mittelalter verbreiteten mythologischen Handbücher zurückgeht. Aber „auffallender noch als die Belebung der alten Götter- und Heroenwelt ist ein diesseitsgerichteter Sinn, der sich mit erstaunlicher Freiheit ausspricht. Daß ein Mensch im 12. und 13. Jahrhundert keine moralischen oder religiösen Schranken gelten lassen will – und sei es auch nur in einem Gedicht –, läuft mancher gewohnten Vorstellung vom Mittelalter zuwider […]. So konnte Petrus von Blois bekennen, daß er in jüngeren Jahren der Meinung war: ‚Alles ist erlaubt' (CB 30, 3, 4 lat. Text). Ein anderer ruft aus: ‚Machen wir's den Göttern gleich […]

tun wir, was uns gefällt!' (CB 75, 3, 1 u. 5). Der Archipoeta schließlich kann eine Beichte zum Bekenntnis unbezähmbarer Weltlust machen." (G. Bernt[3])

1.5 Autoren

Der größte Teil der CB wurde ohne Angabe von Verfassernamen niedergeschrieben. Dennoch konnten u. a. mit Hilfe der Parallelüberlieferung zahlreiche Gedichte bestimmten Autoren zugewiesen werden. Für die antiken Stücke der metrischen Versus läßt sich die Herkunft ermitteln. Sie gehen u. a. auf die Satiren und die Episteln des Horaz, auf Juvenal, auf Ovids Tristien, Epistulae ex Ponto und Heroides und auf die ps.-vergilische Copa zurück. Die meisten CB sind jedoch erst in der sog. ‚Renaissance des 12. Jahrhunderts‛ entstanden. In dieser Zeit wurde vor allem in Frankreich, aber auch in der Gegend von Köln und Trier eine bedeutende Liedkunst gepflegt. Zu den berühmtesten Dichtern, deren Werke auch in die CB eingegangen sind, gehören der Lehrer der Poetik und Rhetorik Hugo von Orléans (gest. um 1160) mit dem Beinamen „Primas" (z. B. CB 194), der Archipoeta, ein Zeitgenosse des Primas, ebenfalls Dichter von Beruf und ohne festen Wohnsitz, aber zeitweilig Hofdichter bei Rainald von Dassel, dem Erzbischof von Köln und Kanzler Friedrich Barbarossas[4] (CB 191), und Walther von Châtillon (geb. 1135), ein hochgelehrter Dichter, der ständig auf der Suche war nach einem Mäzen und diesen schließlich fand in Wilhelm von Champagne, dem Erzbischof von Reims (CB 123). Viele der anonymen Dichter sind Studenten und Schüler, die das Dichten in der Schule lernten, um sich als *clerici* oder *litterati* („Gebildete") auszuweisen[5], Geistliche und Professoren, Autoren, die als Hofpoeten mit ihren Werken ihren Lebensunterhalt verdienen mußten. Inwieweit diese Dichter insgesamt als ‚Vaganten‛ – die CB werden der ‚Vagantendichtung‛ zugerechnet –, d. h. als Vagabunden oder verkommene Genies, zu betrachten sind, sei dahingestellt[6].

2   Carmina Burana als Schullektüre

Auf eine allgemeine Begründung für die Lektüre mittellateinischer Texte kann hier verzichtet werden; denn einerseits sehen alle neueren Lehrpläne und Richtlinien der Bundesländer die Lektüre mittellateinischer Texte vor, andererseits bietet die fachdidaktische Literatur eine Fülle von Argumenten für die Bereicherung des antikebezogenen Lektürekanons um Texte aus der Literatur des lateinischen Mittelalters.[7] Darüber hinaus gibt es zahlreiche Textausgaben und Lesebücher[8] mit mittellateinischen Texten und schülergemäßen Lesehilfen. Wir können uns hier also auf eine knappe Begründung für eine Auswahl aus den CB beschränken. Diese eröffnet dem Schüler zunächst einen Einblick in die literarische Erscheinung der ‚Vagantendichtung‛, in die Formen und Inhalte dieser Dichtung und in ihre gesellschaftliche Bedeutung für die höfische Welt des Mittelalters. Die Texte veranschaulichen dem Schüler, daß die lateinische Sprache weit mehr als ein Jahrtausend nach Caesar und Cicero, Catull und Ovid ein Mittel poetischer Reflexion und Kommunikation war und nicht nur als Werkzeug der Verständigung, sondern auch als Spielzeug einer hohen literarischen Kultur benutzt und weiterentwickelt wurde. Der Schüler lernt Möglichkeiten der Sprachverwendung – z. B. in Gestalt der rhythmischen Dichtung – kennen, die ihm bisher noch nicht im Lateinunterricht begegnet sind. Er gewinnt einen ersten Eindruck von der geradezu unerschöpflichen Lebendigkeit und Flexibilität der lateinischen Sprache. Außerdem wird er zum ersten Mal mit dem Phänomen der Rezeption antiker Sprach- und Ausdrucksmittel, der Verarbeitung antiker Mythologie und der Weiterverwendung von Bildern und Motiven römischer Autoren konfrontiert. Darüber hinaus bietet die Lektüre der CB Einblicke in neue Anwendungsmöglichkeiten des Lateinischen in den Formen der Übertreibung und Übersteigerung, der Parodie, der Ironie, des Spottes, der Satire und des Witzes. Ungewohnte Inhalte wie Liebe, Naturschwärmerei, Lebensgenuß, Lebensfreude, Trauer, Klage, scharfe Kritik an einer bestehenden Ordnung werden dem Schüler sprachlich vermittelt. Der römisch-lateinische Horizont wird um den Lebensbereich des Alltäglichen und des Trivialen, das sich in kunstvoller Sprachform darstellt, erweitert.

Mit dem Umfang der Auswahl wächst die Möglichkeit zu Einblicken in die Lebenssituation der Dichter und ihrer Umwelt, deren Mängel und Fehler mit satirischer Schärfe bewußtgemacht werden. Eine bedeutende Rolle spielen dabei die Angriffe auf himmelschreiende Mißstände in der Kirche, auf die Käuflichkeit der geistlichen Ämter, die Korruption der Würdenträger, die Geldgier der römischen Kurie, die Heuchelei übertriebener asketisch-mönchischer Weltverneinung.

Viele Lieder der CB können aufgrund ihres relativ geringen sprachlichen Schwierigkeitsgrades bereits in der ersten Phase des Lektüreunterrichts (Klasse 9/10) mit Erfolg gelesen werden. Es empfiehlt sich, mit jeweils 3–5 ausgewählten Liedern kleinere Unterrichtseinheiten von etwa 6–8 Stunden zu planen, die als sog. Interimslektüre[9] die Hauptlektüre an geeigneten Stellen unterbrechen. Da es sich bei den Liedern der CB um in sich geschlossene Texte handelt, lassen sich zwar beliebig lange Unterrichtseinheiten bilden. Es ist jedoch davon abzuraten, die CB-Lektüre über Monate hin auszudehnen. Die Hälfte ist mehr als das Ganze. Mehrere kurze, nur wenige Gedichte umfassende Einheiten, über das ganze Schuljahr verteilt, lockern die Hauptlektüre auf und werden vom Schüler mit großem Engagement angenommen.

3 Auswahlvorschläge mit methodischen Hinweisen

3.1 Die Fachdidaktische Kommission Latein – Sekundarstufe I des Landes Rheinland-Pfalz[10] schlägt eine Textsammlung unter dem Thema „Lebensfreude und heiteres literarisches Spiel – Aus den Vagantenliedern des Mittelalters" vor. Für diese Lektüreeinheit sollen etwa 15 Unterrichtsstunden in Klasse 9 (2. Halbjahr) oder 10 bei Latein als 2. Fremdsprache angesetzt werden. Der Verlauf der Lektüre soll in zwei Phasen erfolgen. In Phase 1 geht es um „Einsicht in die Intention des Dichters, Lebensfreude als etwas der Natur Entsprechendes darzustellen; Einblick in das vitale, unbefangene Verhältnis zu dem Phänomen Liebe; Einblick in den spielerischen Umgang von Dichtern mit Motiven aus den Bereichen Natur und Liebe". Folgende Texte werden erarbeitet: *Ecce gratum et optatum* (143) und *Lingua mendax et dolosa* (117). In Phase 2 geht es um „Einblick in das Vermögen des Dichters, in der Form von Satire, Groteske und Parodie seine Lebensfreude mit anderen Lebensweisen zu konfrontieren; Einblick in sozialkritische und kirchenpolitische Aspekte mittelalterlicher Parodien; Verständnis für das unbefangene Umgehen des mittelalterlichen Dichters mit Vorlagen religiösen Inhalts zu parodistischen Zwecken;

Freude an Witz, Spott, Ironie, Spiel und dichterischer Artistik". Folgende Texte werden gelesen: *Flevit lepus parvulus* (Anonymus 1574)[11], *Olim lacus colueram* (130), *Pater Bacchi qui es in ciphis*[12], *In taberna quando sumus* (196), *Aestuans intrinsecus* (191 und 191 a). Die Darstellung der Lektüreeinheit bietet „Hinweise zur Methode": Anregungen zu sprachlich-stilistischen Beobachtungen, Hinweise auf antike Texte, auf die sich mythologische Anspielungen beziehen, und auf biblische Vergleichstexte, Empfehlungen zur Einführung in die Funktion der literarischen Parodie und zur Einbeziehung von Vertonungen.

3.2   Eine Unterrichtsreihe zum Thema „Catull, Vaganten, Beatniks"[13] umfaßt neben Texten aus den CB einige Carmina des Catull und Beispiele moderner Gegenliteratur. Diese drei Textkreise sollen die Entwicklung literarisch reflektierter Gegenpositionen zu herrschenden Ordnungen dokumentieren. Im Mittelpunkt der aus Liedern der CB gebildeten Textgruppe steht die Vagantenbeichte des Archipoeta (191). Zur Hinführung wird zunächst *Ecce gratum et optatum* (143) gelesen. Darauf folgen *Levis exsurgit zephyrus* (aus der Sammlung der Carmina Cantabrigiensia), *Fortunae plango vulnera* (16) und *In taberna quando sumus* (196). An die Vagantenbeichte (191), den Höhepunkt der Lektüre, schließt sich die Jonas-Beichte des Archipoeta[14] an. Es folgt eine Auswahl aus dem Lied des Primas *Dives eram et dilectus*[15]. Den Abschluß bildet wieder ein Lied des Archipoeta *Lingua balbus, hebes ingenio*.

Das Ziel der Auseinandersetzung mit den mittellateinischen Texten ist erreicht, wenn die Schüler begreifen, daß die Vaganten – ebenso wie schon Catull und später die Beatniks – eine Gegenposition zu ihrer Umwelt beziehen und daß ihre Dichtung als „Ausdruck des Kulturwandels im 12. und 13. Jahrhundert" zu deuten ist, für den „das wachsende Vertrauen in die eigene Urteilsfähigkeit, die Betonung der Logik, die Entwicklung des mittelalterlichen dialektischen Denkens und das Einsetzen des Zweifelns und der Kritik" typisch sind.

3.3   Die von Edith Schirok in den Aditus[16] zusammengestellten Texte aus den CB (17, 16, 143, 117, 196, 130, 191) sollen „einen repräsentativen Querschnitt durch die Dichtungsgattung der Vagantenpoesie" geben. Die Reihenfolge der Auswahl soll einerseits die Steigerung des Lebensgefühls widerspiegeln, andererseits eine allmähliche Einführung in das Phänomen der Vagantenpoesie ermöglichen, indem sie von leichter überschaubaren zu komplexeren Gebilden überleitet. Zur Veranschaulichung parodistischer Elemente und des freimütigen Umgangs mit biblischen Vorlagen werden Zweittexte angeboten.

3.4   Mit allen bisher erwähnten Auswahlvorschlägen ist die Empfehlung verbunden, auch die Vertonungen einiger Lieder der CB durch Carl Orff heranzuziehen. Orffs 1937 entstandenen Carmina Burana bilden den ersten Teil einer Trilogie mit dem Titel „Trittico teatrale" (Triptychon für das Theater), dessen zweiter und dritter Teil aus den „Catulli Carmina" (1943) und dem „Trionfo di Afrodite" (1953) bestehen. Das Musiktheater Carl Orffs[17] ist das Ergebnis eines künstlerischen Verwandlungsprozesses, durch den ein bedeutendes Überlieferungspotential für unsere Gegenwart erschlossen wurde. „Die lateinische Sprache ist als europäische, als abendländische Sprache neu begriffen und ergriffen. Es ist lebendige, aus dem gesprochenen und gesungenen Wort gewachsene Sprache. In diesem Medium sind [...] Grundfiguren des Menschlichen verdichtet, deren Vitalität als Musiktheater erweckbar war und neu zu entzünden die Kraft hatte." Orff „übernimmt als Musiker und Szeniker die Rolle eines neuen ‚*poeta volgare*' mit der Ermächtigung der ‚*licenza*', der freien Verfügbarkeit der Überlieferung, in der Überzeugung von der unlöslichen ‚Verwachsung' von Antike und Moderne [...]." (Thomas, 1980, 41)

Unter diesem Aspekt eröffnen Orffs Carmina Burana auch die Möglichkeit zu „Querverbindungen zwischen Latein-, Deutsch- und Musikunterricht"[18].

Orffs Kompositionen stützen sich nicht auf die z.T. rekonstruierbaren originalen Melodien. Er hat eine eigene, von der mittelalterlichen weitgehend unabhängige Musik geschaffen, der wir nicht zuletzt die heutige Bekanntheit der CB verdanken. Orffs Auswahl „Weltlicher Gesänge für Soli und Chor mit Begleitung von Instrumenten und mit Bildern" besteht aus folgenden Carmina (Schreibweise nach Hilka/Schumann/Bischoff): O Fortuna, velut luna (17), Fortune plango vulnera (16), Veris leta facies (138, 1, 2, 4), Omnia sol temperat (136), Ecce gratum et optatum (143), Tanz ohne Text, Floret silva nobilis (149/I), Chramer, gip die varwe mier (16★, 35 ff.), Tanz ohne Text, Swaz hie gat umbe (167a), Chume, chume, geselle min (174a), Uvere div werlt alle min (145a), Estuans intrinsecus (191, 1–5), Olim lacus colueram (130, 1, 3, 5), Ego sum abbas (222), In taberna quando sumus (196), Amor volat undique (87, 4), Dies, nox et omnia (118, 5, 6, 2), Stetit puella rufa tunica (177, 1–2), Circa mea pectora (180, 5–7), Si puer cum puellula (183), Veni, veni, venias (174), In trutina mentis dubia (70, 12), Tempus est iocundum (179, 1, 4, 7, 5, 8), Dulcissime (70, 15), Ave formosissima (77, 8). Den Schluß bildet wieder O Fortuna, velut luna (17).

Von den 24 Stücken dieser Auswahl stammen 18 aus der zweiten Textgruppe der CB, der Gruppe der Liebeslieder. Bei einigen Liedern beschränkt sich der Komponist auf einzelne Strophen des jeweiligen Liedes; mitunter wählt er auch eine vom Original abweichende Strophenfolge.

Orff hat seine Auswahl in drei Teile unterteilt: Nach der Einführung mit den beiden Fortuna-Liedern folgt Teil I „Primo Vere" (Orff 3–5), der dem Thema „Frühlingserwachen" gewidmet ist. Aus diesem Thema entwickelt Orff das Unterthema „Uf dem Anger" (Orff 6–10), mit dem die vom Frühling geweckte neue Lebensfreude zum Ausdruck gebracht wird. Mit Teil II „In Taberna" (Orff 11–14) wird die elementare Diesseitsfreude des Menschen thematisiert. „Was uns daran fast übertrieben erscheint, dürfte zum Teil aus dem Gefühl der Befreiung herrühren, die eine Zeit erfaßt hatte, die sich anschickte, jahrhundertealte Grenzen zu überschreiten; zum anderen Teil aber ist es souveräne Selbstironie, die auch mit dem Bekenntnis zur Welt wieder spielt, im vollen Bewußtsein der Relativität des Diesseits."[19] Den Teil III bildet der „Cour d'Amour" (Orff 15–24), der in einem abschließenden Preisgesang auf die Liebe gipfelt. Am Schluß steht wieder das Fortuna-Lied des Anfangs. Das Rad der Fortuna hat sich also einmal gedreht. Diese Textanordnung bringt zum Ausdruck, daß sich das Leben des Menschen zwischen den Polen von Freiheit und Begrenztheit, von Liebe und Leid, von Freude und Schmerz abspielt – wie auf einer Theaterbühne. Das Rad der Fortuna symbolisiert die Abhängigkeit des Menschen vom ständigen Wechsel zwischen Glück und Unglück, Oben und Unten, Übermut und Niedergeschlagenheit.[20]

3.5 Das Studio der Frühen Musik, München, hat bei Telefunken-Decca (SAWT 9455-A) eine Schallplatte mit 20 Liedern unter Berücksichtigung der überlieferten mittelalterlichen Notenschrift herausgebracht. Der Gesang der Solisten wird auf rekonstruierten zeitgenössischen Instrumenten begleitet. Die Kompositionen und Arrangements vermitteln in Ergänzung zu den „Cantiones profanae" Carl Orffs einen Eindruck vom originalen Klang der Lieder. Eine Auswahl aus dem Angebot von 20 Liedern könnte aus folgenden sprachlich nicht besonders schwierigen Texten bestehen: 85, 79, 116 (A-Seite) und 153, 90, 12 (B-Seite). Es empfiehlt sich, diese Texte vor dem Anhören sprachlich zu erarbeiten, um dann der vorzüglich verständlichen Vertonung ohne Schwierigkeiten folgen zu können.

Der besondere Reiz der Auswahl beruht auf der Verbindung von Text und – wohl authentischem – Ton, worin sie sich von Orffs Klangbildern ganz erheblich unterscheidet. Die Melodien vermitteln einen überzeugenden Eindruck vom Klang mittelalterlicher Musik – vor allem in Kontrast zu Orffs eigenständiger Neuschöpfung.

4 Hilfsmittel (Auswahl)

Text und Übersetzung
Hilka, A./Schumann, O./Bischoff, B.: Carmina Burana. Die Lieder der Benediktbeuer Handschrift. Zweisprachige Ausgabe. Übersetzung der lat. Texte von C. Fischer, der mhd. Texte von H. Kuhn. Anmerkungen und Nachwort von G. Bernt. München ²1983.

Teilsammlungen
Langosch, K.: Hymnen und Vagantenlieder. Lateinisch und Deutsch. Darmstadt ³1972.
Langosch, K.: Wein, Weib und Würfelspiel. Vagantenlieder. Lateinisch und Deutsch. Frankfurt a. M. 1969.

Schulausgaben
Merwald, G.: Carmina Burana. In der Auswahl von Carl Orff, für den Schulgebrauch erklärt. Stuttgart 1969 und 1971.
Naumann, H.: Lateinische Dichtung im Mittelalter. Stuttgart ³1965.
Schirok, E.: Carmina Burana. Lieder des Mittelalters. In: Nickel, R. (Hrsg.): Aditus. Neue Wege zum Latein. Lese- und Arbeitsbuch für die ersten Lektürejahre. Bd. I–III. Würzburg 1975.
Schulz, H.: Mittellateinisches Lesebuch. Auswahl aus dem lateinischen Schrifttum des Hochmittelalters. Paderborn 1965.

Vertonungen
Carmina Burana. 20 Lieder und Instrumentalstücke aus der Originalhandschrift. Studio der frühen Musik (Telefunken-Decca).
Carmina Burana. 2. Folge. 13 Lieder nach der Handschrift aus Benediktbeuern. Studio der frühen Musik (Telefunken-Decca).
Carl Orff: Carmina Burana (Deutsche Grammophon Gesellschaft).
Carl Orff: Carmina Burana (Electrola).

Sekundärliteratur
Bernt, G.: Nachwort zu Carmina Burana. In: Hilka, A./Schumann, O./Bischoff, B.: Carmina Burana. München ²1983.
Hermes, E.: Lateinisches Mittelalter im Unterricht. Eine Einführung. In: AU III 4/1958, 28–58.
Klopsch, P.: Der Archipoeta. In: AU XII 4/1969, 31–47.
Klowski, J.: Catull, Vaganten, Beatniks. In: AU XIX 4/1976, 63–80.
Krefeld, H.: Die Vagantenbeichte des Archipoeta. In: Krefeld, H. (Hrsg.): Impulse für die lateinische Lektüre. Von Terenz bis Thomas Morus. Frankfurt a. M. 1979, 202–222.
Kultusministerium Rheinland-Pfalz (Hrsg.): Lateinische Lektüre. Sekundarstufe I. Themen-Texte-Ziele. Mainz 1981, 133–143.
Langosch, K.: Lateinisches Mittelalter. Einleitung in Sprache und Literatur. Darmstadt 1963.
Langosch, K.: Profile des lateinischen Mittelalters. Geschichtliche Bilder aus dem europäischen Geistesleben. Darmstadt 1965.

Langosch, K. (Hrsg.): Mittellateinische Dichtung. Ausgewählte Beiträge zu ihrer Erforschung. Darmstadt 1969.
Merwald, G.: ‚Orffs Carmina Burana'. Querverbindungen zwischen Latein-, Deutsch- und Musikunterricht. In: AU XII 4/1969, 48–66.
Meyer, O.: Der unruhige Student und das Leben von einst. Die Welt der Carmina Burana. In: Anregung 17, 1971, 306–317.
Naumann, H.: Lateinische Lyrik im Mittelalter. In: AU III 4/1958, 59–88.
Naumann, H.: Lateinische Lyrik im Mittelalter (II). In: AU VI 4/1963, 73–116.
Naumann, H.: Gab es eine Vagantendichtung?. In: AU XII 4/1969, 69–105.
Naumann, H.: Dichtung für Schüler und Dichtung von Schülern im lateinischen Mittelalter. In: AU XVII 1/1974, 63–84.
Schirok, E. Carmina Burana. Lieder des Mittelalters. In: Nickel, R. (Hrsg.): Aditus. Bd. III, 46–63. Würzburg 1975.
Thomas, W.: Latein und Lateinisches im Musiktheater Carl Orffs. In: AU XXIII 5/1980, 29–52.

5 Interpretationsbeispiele

5.1 *Olim lacus colueram* (CB 130)

An dem Klagelied des gebratenen Schwanes wird unmittelbar anschaulich, was eine literarische Fiktion von einem nüchternen Protokoll oder einem wirklichkeitsgerechten Bericht unterscheidet. Denn hier bedient sich der Schwan nicht nur menschlicher Rede; er liegt auch schon gebraten in der Soße. Die dargestellte Szenerie zeigt aus der Sicht des Menschen nichts Außergewöhnliches. Ein banales Geschehen wird minutiös geschildert. In der Perspektive des Schwanes hingegen handelt es sich um eine absurde Situation: Ein Tier schildert seine in mehreren Phasen sich vollziehende Vernichtung, wobei zu beachten ist, daß es – schwärzer als ein Rabe – bereits tot ist, als es seine Klage beginnt. Aus diesem Grund ist es nicht angemessen, auf die bereits in der Antike bekannte Tatsache hinzuweisen (vgl. Cicero, Tusc. 1, 73), daß der Schwan vor seinem Tod singe und daß das Gedicht auf dieses Geschehen anspiele. Sollte der Autor des Klageliedes Ovids Metamorphosen gelesen haben, so könnte man eher vermuten, daß er auf die Verwandlung des über den Tod des Phaeton klagenden Cygnus (Met. 2, 367–380) anspielt. Der in einen Schwan verwandelte Cygnus vertraut sich Jupiters Himmel nicht an, weil er dessen Feuer (Blitz) fürchtet; er liebt nur die Teiche und Seen. Weil er das Feuer haßt, wählt er die Flüsse, die Gegner der Flammen, zum Wohnsitz: *stagna petit patulosque lacus ignemque perosus, quae colat, elegit contraria flumina flammis* (Met. 2, 379–380). Im Blick auf die Ovidverse hat der Schwan des Klageliedes *Olim lacus colueram* gerade das erlitten, was er am meisten fürchtete: den Feuertod.

Die literarische Fiktion hat einen bestimmten Zweck. Der Schwan ist wie der Hase im *Cantus de lepore*[21] eine Allegorie für einen Menschen, der sich in einer ausweglosen Lage befindet. Er vergleicht seine beklagenswerte Gegenwart zunächst mit einer glücklichen Vergangenheit, die er in einem übertrieben positiven Licht erstrahlen läßt. Anders als der Hase ist er aber wohl kein unschuldig Verfolgter oder Gequälter. Er war vielmehr einst ganz oben, solange er noch ein weißer Schwan war. Dann ist er aus dem *lacus* in die *scutella* geraten. Mit keinem Wort wird gesagt, worin die Ursache dieses jähen Abstiegs bestand. Vielleicht soll der ‚gebratene Schwan' ganz allgemein das menschliche Geschick illustrieren, das der Willkür der Fortuna ausgeliefert ist (vgl. CB 16 und 17). Oder ist das

Gedicht nur eine Parodie auf die Neigung des Menschen zur – oft grundlosen – Klage und zur Verherrlichung ‚besserer Zeiten'?

Es versteht sich von selbst, den Schülern die Orffsche Vertonung vorzuführen, um der von Bruno Snell[22] geäußerten Behauptung entgegenzuwirken, daß aus der Schwanenklage ebenso wie aus der Klage des Hasen „das Mitleid mit dem jammervollen Los des für die Küche bestimmten Geschöpfes" spreche, ein Mitleid, das „christliches Fühlen" voraussetze. Merwald[23] meint im Anschluß an Snell sogar, daß das Schwanengedicht „in seinem Kern ohne das Christentum nicht denkbar" sei. Doch was wird aus diesem angeblich so „mitleiderregenden Thema" angesichts des Refrains, der doch wohl Ausdruck einer ganz und gar unchristlichen Schadenfreude ist? Man höre sich die Orffsche Interpretation an.

5.2 *Lucis orto sidere* (CB 157)

Das Lied ist eine Pastourelle, ein Schäferlied, das in einem Zwiegespräch zwischen Schäferin und Dichter besteht. Dieser macht dem Mädchen einen eindeutigen Antrag. Das Mädchen weist das Ansinnen des Dichters zunächst empört zurück. Noch nie habe es so etwas getan. Da taucht plötzlich ein Wolf auf und raubt ein Schaf aus der Herde des Mädchens, das daraufhin gelobt, dem gehören zu wollen, der ihm das Schaf zurückbringe. Der Dichter zieht sein Schwert und rettet das Schaf. Damit hat er zugleich sein Ziel erreicht. Wolf und Schaf sind die Requisiten, die die Schäferin benötigt, um dem Dichter nachgeben zu können. Der böse Wolf ist also in Wirklichkeit gar nicht böse. Denn er gibt dem Dichter die Gelegenheit, etwas für das Mädchen zu tun und dadurch ein Recht auf Belohnung zu erhalten.

Das unsterbliche Motiv der ritterlichen Hilfe für ein bedrohtes oder in Gefahr geratenes Mädchen wird in der vorliegenden Pastourelle parodiert: Denn es ist ein gattungsspezifisches Merkmal der Pastourelle, daß die Begegnung eines Dichters, Ritters oder Scholaren mit einer Hirtin an einem *locus amoenus* ohne einen großen Umweg zum Ziel führt. Im vorliegenden Text jedoch steht der Wolf zwischen Absicht und Vollendung.

5.3 *Laetabundus rediit* (CB 74)

Der fröhliche Gesang der Vögel ist wieder zu hören: Der Frühling ist zurückgekehrt. Die Nachtigall schlägt. Der Wald ist erfüllt von Gesang. Der Chor der Vögel, die Nachtigall und die Grille sind unmißverständliche Zeichen einer Erneuerung der Natur, der Wärme und Behaglichkeit. Die einladende Kulisse wird belebt durch Dryaden, Oreaden und Satyrn. Die Götter Phoebus, Flora, Jupiter und Venus sind anwesend.

Die Nachtigall stand schon bei den Griechen der Aphrodite/Venus nahe; sie kann daher als Begleiterin der Liebesgöttin deren Gegenwart ankündigen: Nachtigall bedeutet Liebe. Der Name der Nachtigall „Philomena" oder „Philomela" verweist aber – in schroffem Gegensatz zu der Lieblichkeit der geschilderten Szenerie – auf einen schaurigen mythologischen Zusammenhang (Ovid, Metamorphosen 6, 424–674): Philomele war die Schwester von Procne, die mit Tereus, dem König von Thrakien, verheiratet war. Aus dieser Ehe ging Itys hervor. Tereus begehrte seine Schwägerin Philomele, vergewaltigte sie und schnitt ihr die Zunge heraus, um seine Untat geheimzuhalten. Philomele offenbarte ihrer Schwester das Verbrechen mit Hilfe einer bildlichen Darstellung. Die beiden Frauen rächen sich an Tereus, indem sie Itys wie ein Tier schlachten und seinem Vater als Mahlzeit vorsetzen. Als er dies merkt, will er Procne und Philomele töten. Die Schwestern entgehen dem Tod, weil sie in eine Schwalbe und eine Nachtigall verwandelt werden.

Der mythologische Hintergrund des Namens Philomele (Nachtigall) vermag die Vielschichtigkeit des Phänomens ‚Liebe' ganz im Sinne der allgemeinen Tendenz der CB zu veranschaulichen. Die *dulcis Philomena* hatte im Mythos das Begehren ihres Schwagers geweckt, hatte dadurch ungewollt die Ehe ihrer Schwester zerstört, war zur Komplizin einer Kindesmörderin geworden, hatte also gerade aufgrund ihres Liebreizes eine Kette furchtbarer Ereignisse ausgelöst. Die *dulcis Philomena* hatte also schon vor ihrer Verwandlung die Wirkung, die sie nach ihrer Metamorphose in Gestalt der Nachtigall zur Geltung bringt: eine erotische Atmosphäre zu erzeugen, in der sich freilich nicht immer eine Katastrophe wie im Mythos anbahnt. Aber in dem Maße, wie sie eine Stimmung erzeugt, in der die Liebe sich entfaltet, symbolisiert sie auch das Risiko, das mit einer Liebesbeziehung verbunden ist.

Anmerkungen

1 Die kritische Edition ist zur Zeit am besten greifbar in der zweisprachigen Ausgabe des Artemis Verlags (Zürich und München 1974), die auch in einer Taschenbuch-Ausgabe des Deutschen Taschenbuch Verlags (dtv München ²1983) vorliegt. Besondere Beachtung verdient auch das Nachwort von G. Bernt.
2 Ebenda, Nachwort.
3 Ebenda.
4 Zum Primas und zum Archipoeta vgl. Langosch, 1965.
5 Vgl. Naumann, 1974.
6 Zu diesem Problem s. Langosch, K.: Vagantendichtung. Frankfurt a.M. 1963; Meyer, 1971; Naumann, 1969.
7 Vgl. u.a. die AU-Hefte III 4/1958; VI 4/1963; XII 4/1969; XVII 1/1974; XX 2/1977; XXI 1/1978; XXIII 3/1980 und XXIII 4/1980. Eine immer noch unübertroffene didaktische Begründung bietet Hermes, 1958. Eine knappe Übersicht über in Frage kommende Texte: Wirth-Poelchau, L.: Mittellatein im Gymnasium. In: MDAV Nordrhein-Westfalen 32, 3, 1984, 1–6.
8 Z.B. Fitzek, A.: Geistige Grundlagen Europas. Frankfurt a.M; Schulz, 1965.
9 Zur didaktischen Funktion der Interimslektüre grundlegend: Glücklich, H.-J.: Lateinische Lektüre auf der Sekundarstufe I. In: AU XXIII 3/1979, 5–30; und – basierend auf Glücklich – Maier, F.: Der lateinische Lektüreunterricht auf der Sekundarstufe I (Mittelstufe). In: Gruber, J./Maier, F. (Hrsg.): Alte Sprachen 2. München 1982, 63–86.
10 Kultusministerium Rheinland-Pfalz, 1981.
11 Text und Interpretation bei Oberg, E.: *Cantus de lepore* (*Codex latinus monacensis* 10751, fol. 213v–214v). In: Krefeld, 1979, 256–268.
12 Text bei Schirok, 1975. Zum Grundsätzlichen: Lehmann, P.: Die Parodie im Mittelalter. München ²1963. Vgl. auch Burnikel, W.: Lateinische Parodien aus dem Mittelalter. In: MDAV Rheinland-Pfalz und Saarland 24, 2–3, 1978, 3–12.
13 Klowski, 1976.
14 Watenphul, H./Krefeld, H.: Die Gedichte des Archipoeta. Heidelberg 1958; Langosch, K.: Hymnen und Vagantenlieder. Darmstadt ³1972.
15 Text in der Auswahl von Naumann, ³1965.
16 Schirok, 1975.
17 Zu Carl Orff vgl. auch Thomas, 1980.
18 Merwald, 1969/1971. Zur didaktisch-methodischen Kooperation von Latein- und Musikunterricht vgl. auch AU XXIII 5/1980: „Musik und altsprachlicher Unterricht".
19 Merwald, in: AU XII 4/1969, 64.
20 Methodisch-didaktische Anregungen für eine Intensivierung des Fortuna-Themas gibt Germann, A.: Die Göttin Fortuna. Inschriften, Altäre, Darstellungen, Tempel. Eine Unterrichtseinheit für die Sekundarstufe I. In: AU XXVI 6/1983, 24–46.
21 Dazu Anm. 11.
22 Neun Tage Latein. Göttingen 1955, 44.
23 Vgl. Merwald, 1969/1971.

Paul Barié

Latein und die Bibel – Überlegungen zu einer Vulgatalektüre

1 Werk und Verfasser

Vulgata (editio) ist die Bezeichnung der von Hieronymus (gest. 419) im Auftrag von Papst Damasus vorgelegten, definitiven Version der lateinischen Bibel. Durch das Konzil von Trient wurde die Vulgata 1546 offiziell zur authentischen Bibel der katholischen Kirche. (Sixtina von 1590, Clementina in dritter, verbesserter Auflage 1598; letzte kritische Ausgabe der Biblia Sacra Iuxta Vulgatam Versionen, Stuttgart 1980). Für den Westen der Ökumene besaß die lateinische Bibel in der ihr von Hieronymus gegebenen Form mehr als 1500 Jahre Autorität und exemplarische Bedeutung: theologisch, liturgisch, sprach- und wirkungsgeschichtlich und rezeptionsästhetisch.

2 Zielvorstellungen einer Vulgatalektüre

2.1 ‚Erweiterter Tradierungsauftrag'[1]

Mit Besorgnis beobachtet man, daß der Inhalt der Bibel aus dem Bewußtsein der nachwachsenden Generation allmählich verschwindet, wodurch eine Fülle von exemplarischen Situationen, von Wertvorstellungen, Lebensmustern, Paradigmen und Bildern verlorenzugehen droht. Speziell dem Lateinlehrer stellt sich in dieser Situation ein ‚erweiterter Tradierungsauftrag', weil durch die Liturgiereform des Vaticanum II auch die Vulgata aus dem Gesichtskreis verschwindet, ein verhängnisvoller Verlust, bedenkt man die Bedeutung der Bibel für das Verständnis des lateinischen Mittelalters und für Latein als Sprache europäischer Kontinuität.

Bei einer Bibellektüre im Lateinunterricht werden andere Akzente zu setzen sein als beim Novum Testamentum Graece; und so „bedarf es spezieller Überlegungen, um den didaktischen Wert einer Vulgatalektüre zu ermitteln; ihr Platz ist eher bei der Anfangslektüre und ihr Zweck mehr die Steigerung der Lesefähigkeit durch kursorische Lektüre als die ins einzelne gehende Kompositionsanalyse"[2].

2.2 Der didaktische Wert einer Vulgatalektüre

2.2.1   Die Vulgata ist in einer einfachen und klaren Sprache geschrieben, die klassischem Latein nahesteht und über stilistische und poetische Qualitäten eigener Art verfügt.

2.2.2   Der Schlichtheit der Sprache entsprechen, besondern in den Evangelien und den Acta, anschaulich-schlichte Inhalte, die nicht nur im engeren Sinne religiös zu werten sind, sondern auch anthropologisch bedeutsam sind, weil sie nach wie vor unsere Vorstellungen vom rechten Handeln prägen und infolge ihrer paränetischen Dynamik eine moralische Veränderung des Menschen implizieren.

2.2.3   In Lexis, Syntax und Erzählstil gewann die Vulgata normative Bedeutung für das Latein des christlichen Mittelalters – vergleichbar dem Einfluß Ciceros auf Entwicklung und Kontinuität der klassischen Sprache.

2.2.4 Vulgatalektüre vermittelt dem Lateinunterricht die einfachen literarischen Formen, die von der sog. Formgeschichte für das Neue Testament erschlossen wurden[3]; die Kenntnis dieser ‚Formen' ist aber Voraussetzung einer literarkritischen Bibellektüre. Man unterscheidet Paradigmen (Beispielgeschichten, gipfelnd in einem Jesu-Wort von genereller Bedeutung), Novellen (sie handeln von Jesus dem Thaumaturgen), Legenden (z.B. der 12jährige Jesus im Tempel), Paränesen (Verkündigungsworte Jesu: von den Seligpreisungen bis zu den ausführlichen Gleichniserzählungen) und die Erzählung ‚mythischer' Vorgänge (Taufwunder, Versuchung, Verklärung usw.); Elementarformen der Historiographie und der Perihegese liefert die Analyse der Acta; die neutestamentlichen Briefe erlauben die Differenzierung zwischen echten Briefen mit eindeutigem Adressatenbezug (Philemon-Brief), literarischen Episteln (Hebräerbrief) und dem komplizierten Sonderfall der Paulus-Briefe. Perikopenanalyse, als formgeschichtliche Elementarkunde durchgeführt, könnte ein angemessener Weg sein, um auf dem Niveau der Mittelstufe in die „Morphologie der antiken Literatur"[4] einzuführen.

2.2.5 Didaktische Gründe kommen hinzu: Mit Vulgata-Texten erreicht man früh eine verhältnismäßig hohe Lesegeschwindigkeit. Da es sich um ‚kleine Einheiten' und um unterschiedliche Textsorten handelt, kann man Vulgata-Texte in ‚unterbrochener Kontinuität' während der ganzen Mittelstufe lesen, ohne etwa ein Halbjahr damit füllen zu müssen. Biblische Inhalte und Vorstellungen sind jungen Menschen zugänglicher als die meisten paganen Texte, heutzutage aber doch bereits wieder fremd genug, um die für altsprachliche Lektüre konstitutive Verfremdung durch Kontrast zu gewährleisten.

3 Gesichtspunkte für eine Vulgata-Lektüre

Entschließt man sich dazu, Bibeltexte nicht nur gelegentlich (z.B. kurz vor Weihnachten) zu lesen, sondern über einen längeren Zeitraum zu behandeln, dann sind mehrere formale und inhaltliche Schwerpunkte denkbar:

3.1 Reden aus der Apostelgeschichte, um den Zusammenhang zwischen christlicher Botschaft und missionarisch bedingter Rhetorik zu erkennen.[5]

3.2 Lektüre von Teilen eines Evangeliums, um durch Perikopenanalyse die ‚kleinen Formen' (Paradigmen und Novellen vor allem) zu ermitteln; eine konsequent formgeschichtliche Betrachtungsweise liegt allerdings über dem Niveau einer Mittelstufenlektüre und sollte daher eher der Lektüre des griechischen Neuen Testamentes im Rahmen der Studienstufe vorbehalten bleiben.[6]

3.3 Lektüre der Leidensgeschichte, z.B. nach Markus. Die Passion ist ein besonders langes, formal und inhaltlich abgeschlossenes Überlieferungsstück mit diskussionswerten historischen Details und zentral für das Verständnis und die Deutung der Gestalt Jesu.

3.4 Konzentration auf eine bestimmte Gattung, z.B. auf die neutestamentlichen Novellen, die der Intention altsprachlicher Lektüre in besonderem Maße entsprechen (novellistischer Erzählstil mit profanem (nichterbaulichem) Kolorit; Topik hellenistischer Wundererzählungen u.a.). Man kann sich auf die Markus-Novellen konzentrieren (der Aussätzige, der Seesturm, die Tochter des Jairus, der Taubstumme usw.) oder die großen novellistischen Wundererzählungen des Johannesevangeliums lesen: die Hochzeit zu Kana, der Sohn des königlichen Beamten, der Lahme am Teich Bethzatha, der Blindgeborene, die Erweckung des Lazarus.[7]

3.5 Konzentration auf die Wortverkündigung Jesu: Lektüre einiger Gleichniserzählungen. Vorteile dieses Vorschlags:
— Die poetische Schönheit und Tiefe der Gleichnisse; sie sind „volkstümliche Dichtungen von ausgeprägtem Stil, und die epischen Gesetze der Volkspoesie lassen sich in weitem Umfang an ihnen beobachten"[8].
— Sie sind länger und kompositionell interessanter als Paradigmen und Novellen.
— Sie sind sprachlich unkompliziert, aber sachlich interessant und gedankentief, ohne ‚massiv religiös' oder erbaulich zu sein.
— Die strukturelle Verwandtschaft von Gleichnis und Fabel (der Lehrgedanke entspricht dem Fabula-docet; Analogien in Komposition und Bildrede sind auffällig; paränetische Intention beider Erzählformen) ermöglicht eine sinnvolle ‚Vernetzung' zweier Unterrichtsthemen, indem man beispielsweise unter dem übergeordneten Thema „Didaktische Poesie" Phaedrusfabeln und Gleichniserzählungen liest.[9]

3.5.1 Auswahlvorschlag für eine Lektüre der Gleichnisse Jesu
Von Jesus ist in den Evangelien in doppelter Weise die Rede. Einerseits ist Jesus ‚Objekt' der Verkündigung und Verehrung: *Iesus praedicatur* (das Kerygma von Jesus als Genitivus obiectivus); andererseits geht es um den Inhalt der Verkündigung Jesu: *praedicatio Iesu* (das Kerygma Jesu als Genitivus subiectivus). Die Formgeschichte spricht im zweiten Fall von Paränese oder der Mahnrede Jesu und faßt damit alle Formen der Wortverkündigung Jesu zusammen: Sentenzen und Bildworte, Gebote und Gebete, Predigten und Gleichnisse. Ausgangspunkt ist Mark. 1, 14–15: *... venit Iesus in Galilaeam, praedicans Evangelium regni Dei, et dicens: Quoniam impletum est tempus, et appropinquavit regnum Dei: poenitemini, et credite Evangelio.*

Um auf die Gleichnislektüre vorzubereiten, mache man zunächst die Suggestivkraft der Bildsprache Jesu erlebbar, z.B. „die Vögel des Himmels" Matth. 6, 26: *respicite volatilia caeli, quoniam non serunt* etc., „die enge Pforte" Matth. 7, 14: *quam angusta porta, et arcta via est, quae ducit ad vitam: et pauci sunt, qui inveniunt eam,* oder „Trauben von Dornen?" Matth. 7,16: *a fructibus eorum cognoscetis eos. Numquid colligunt de spinis uvas aut de tribulis ficus?*

Beginnen wird man entweder mit Mark. 4: Gleichnis vom Sämann, der brennenden Lampe, der wachsenden Saat, dem Senfkörnlein; besonders instruktiv die Parabel vom Sämann, 4,3–20: *ecce exiit seminans ad seminandum,* mit detaillierter Ausführung des Lehrgedankens durch Jesus 14 ff.: *qui seminat, verbum seminat* etc.; oder mit Matth. 20 und 21: Gleichnis von den Arbeitern im Weinberg 20, 1–16: *simile est regnum caelorum homini patrifamilias;* von den zwei Söhnen 21, 28–31: *homo quidam habebat duos filios* und von den Weingärtnern 21, 33–46: *homo erat paterfamilias, qui plantavit vineam.*

Im Mittelpunkt einer Unterrichtseinheit mit dem Thema „Gleichnisse Jesu" sollen aber einige der besonders eindrucksvollen Lukanischen Erzählungen stehen: Luk. 15 die drei Gleichnisse vom verlorenen Schaf, von der verlorenen Drachme und vom verlorenen Sohn; dann vom barmherzigen Samariter 10, 30–37: *homo quidam descendit ab Ierusalem in Iericho;* vom ungerechten Hausverwalter 16, 1–9: *homo quidam erat dives, qui habebat vilicum;* vom Richter 18, 2–8: *Iudex quidam erat in quadam civitate, qui Deum non timebat;* vom Pharisäer und Zöllner 18, 10–14: *Duo homines ascenderunt in templum ut orarent.*

Auf die strukturelle Verwandtschaft von Fabel und Parabel als gleichnishafter (parabolischer) Rede wurde schon hingewiesen. Adolf Jülicher, dem wir das klassische Werk über die Gleichnisse Jesu verdanken[10], machte sogar die These plausibel, daß man die Gleichniserzählungen des Neuen Testamentes ebensogut als Fabeln bezeichnen könne: „Die Mehrzahl der *parabolai* Jesu, die erzählende Form tragen, sind Fabeln, wie die des Stesichoros und des Aesop" – eine These, die den Übergang von Phaedrus zu den Gleichnissen Jesu didaktisch erleichtert. *parabolḗ* (in NT etwa fünfzigmal belegt[11]) ist wohl Lehnübersetzung des hebräischen Wortes *maschal,* das für jede Form (sinn)bildhafter Rede steht.[12] Die Abgrenzung der Formen parabolischer Rede, wie sie – mit unterschiedlichen Resultaten – von der neutestamentlichen Formgeschichte und der Literaturwissenschaft vorgenommen wurde, ist für die Mittelstufendidaktik entbehrlich, doch sollte sich der Interpret um differenzierende Wahrnehmung bemühen, um Gleichnis, Fabel, Parabel, Allegorie und Beispielerzählung diskriminieren zu können.[13]

<u>Gleichnis</u>: z.B. vom Schatz im Acker, Matth. 13, 44; vom verlorenen Schaf, Luk. 15, 4–7.

<u>Fabel</u> im engeren Sinne: meist – aber nicht nur – Tierdichtung lehrhafter Art. Beispiel: *ranae regem petiverunt,* Phaedr. I 3; aber auch die Fabel vom Magen und den Gliedern, als seltenes Beispiel einer politisch affirmativen Fabel.[14] <u>Parabel</u> oder Gleichniserzählung, z.B. vom verlorenen Sohn, Luk. 15, 11–32; vom ungerechten Haushalter, Luk. 16, 1–7.[15]

<u>Allegorie</u>, z.B. die <u>Deutung</u> der Parabel vom Sämann, Luk. 8, 11–15, oder vom Unkraut unter dem Weizen, Matth. 13, 36–43.

<u>Beispielerzählungen</u> sind z.B. der barmherzige Samariter, Luk. 10, 25–27; oder Pharisäer und Zöllner, Luk. 18, 10–14.

4 Modellinterpretation: Die Parabel vom verlorenen Sohn, Luk. 15, 11–32

4.1 Der Text[16]

11 *Ait autem: Homo habuit duos filios:*

12 *et dixit adulescentior ex illis patri: Pater, da mihi portionem substantiae, quae me contingit. Et divisit illis substantiam.*

13 *Et non post multos dies, congregatis omnibus, adulescentior filius peregre profectus est in regionem longinquam, et ibi dissipavit substantiam suam vivendo luxuriose.*

14 *Et postquam omnia comsummasset, facta est fames valida in regione illa, et ipse coepit egere.*

15 *Et abiit, et adhaesit uni civium regionis illius. Et misit illum in villam suam, ut pasceret porcos.*

16 *Et cupiebat implere ventrem suum de siliquis, quas porci manducabant: et nemo illi dabat.*

17 *In se autem reversus, dixit: Quanti mercenarii in domo patris mei abundant panibus, ego autem hic fame pereo!*

18 *Surgam, et ibo ad patrem meum, et dicam ei: Pater, peccavi in caelum et coram te:*

19 *iam non sum dignus vocari filius tuus: fac me sicut unum de mercenariis tuis.*
20 *Et surgens venit ad patrem suum. Cum autem adhuc longe esset, vidit illum pater ipsius, et misericordia motus est, et accurrens cecidit super collum eius, et osculatus est eum.*
21 *Dixitque ei filius: Pater, peccavi in caelum et coram te, iam non sum dignus vocari filius tuus.*
22 *Dixit autem pater ad servos suos: Cito proferte stolam primam, et induite illum, et date anulum in manum eius, et calceamenta in pedes eius:*
23 *et adducite vitulum saginatum, et occidite, et manducemus, et epulemur:*
24 *quia hic filius meus mortuus erat, et revixit: perierat et inventus est. Et coeperunt epulari.*
25 *Erat autem filius eius senior in agro: et cum veniret, et appropinquaret domui, audivit symphoniam et chorum:*
26 *et vocavit unum de servis, et interrogavit quid haec esset.*
27 *Isque dixit illi: Frater tuus venit, et occidit pater tuus vitulum saginatum, quia salvum illum recepit.*
28 *Indignatus est autem et nolebat introire. Pater ergo illius egressus, coepit rogare illum.*
29 *At ille respondens, dixit patri suo: Ecce tot annis servio tibi, et numquam mandatum tuum praeterivi, et numquam dedisti mihi haedum ut cum amicis meis epularer:*
30 *sed postquam filius tuus hic, qui devoravit substantiam suam cum meretricibus, venit, occidisti illi vitulum saginatum.*
31 *At ipse dixit illi: Fili, tu semper mecum es, et omnia mea tua sunt:*
32 *epulari autem et gaudere oportebat, quia frater tuus hic mortuus erat et revixit: perierat, et inventus est.*

portio substantiae Vermögensanteil (in Form von Bargeld?)
(portio)me contingit berührt, betrifft mich, steht mir zu
dissipare (rem familiarem etc.) verschleudern, vergeuden
adhaerere(alicui) sich an jemand hängen, anschließen
siliquae, siliquarum Schoten von Hülsenfrüchten und vom Johannisbrotbaum
mercenarius Tagelöhner
stola prima das beste Kleid
calceamenta n. Pl. Schuhe
vitulus saginatus das gemästete Kalb
manducare essen
symphonia Musik, *chorus* Tanz
haedus Ziegenböckchen
meretrix Dirne

4.2 Der Zusammenhang von Lukas 15

Situativer Ausgangspunkt ist 2: *Et murmurabant Pharisaei et Scribae, dicentes: Quia hic peccatores recipit, et manducat cum illis.* Es folgen die Gleichnisse (3: *parabolam istam*) vom verlorenen Schaf: 4–6, und von der verlorenen Drachme: 8–9, beide als rhetorische Fragen formuliert: *quis ex vobis homo ...? aut quae mulier habens drachmas decem ...?* Das Fabula-docet in Form des Epimythions – eingeleitet mit der Formel 7: *dico vobis quod ...* und 10 *Ita dico vobis* – ist in beiden Fällen das gleiche: die Freude im Himmel über einen einzigen, der Buße tut. 11 ff. beginnt kommentarlos die Parabel vom verlorenen Sohn, die in der Ausführung den Lehrgedanken so detailliert und klar enthält, daß auf jedes Fabula-docet verzichtet werden konnte, zumal Vers 10 (die Freude im Himmel über einen reuigen Sünder) über das Drachmengleichnis hinausweist und insofern ‚kataphorisch' die längere Parabel vorbereitet.

Gemeinsam ist den drei *parabolaí* die überschwengliche Freude des Wiederfindens. In den beiden Gleichnissen wird die Aktivität des Suchenden betont, in der Parabel entspricht dem der freudige Empfang des Zurückgekehrten. Durch die rekurrenten Paare: *perdere/perire-invenire* sind alle drei parabolischen Texte kontextuell verknüpft: *si perdiderit unam ... vadit ad illam, quae perierat, donec inveniat eam* vom Schaf in 4; *si perdiderit drachmam unam ... quaerit diligenter, donec inveniat* von der Drachme in 8; der Vater begründet sein Verhalten vor den Sklaven und vor dem älteren Sohn in 24 und 32 mit den Worten: *perierat et inventus est*.

4.3 Möglichkeiten der Gliederung

4.3.1 Dichotomie

Die Parabel stellt sich dar als durch die Situation gegebene Verknüpfung der Teilerzählungen I und II, wobei I ohne II sinnvoll ist, II aber I voraussetzt:
I 11–24 Rückkehr des verlorenen Sohnes.
II 25–32 Reaktion des älteren Sohnes auf die vom Vater geschaffene Situation.

4.3.2 Untergliederungen von I und II

Die Parabel kann dargestellt werden als Abfolge von Handlungselementen:
I Der verlorene Sohn
   (1) Vermögensteilung auf Wunsch des Jüngeren: 11 + 12
   (2) Auszug aus dem Vaterhaus und „heilloser Lebenswandel": 13[17]
   (3) Ausbruch einer Hungersnot: 14
   (4) Dasein als Schweinehirt: 15
   (5) Tiefpunkt seiner Existenz: er sinkt noch „unter die Schweine": 16
   (6) ‚Innere' Umkehr: 17–19
   (7) Herzlicher Empfang bei der Heimkehr: 20 + 21
   (8) Honorierung durch Kleid, Ring, Schuhe, Mastkalb: 22 + 23
   (9) Hinweis des Vaters auf die besondere Situation: 24
II Der zurückgebliebene Sohn
   (1) Rückkehr des älteren Sohnes vom Acker und ‚erster Eindruck' *(audivit symphoniam et chorum)*: 25
   (2) Bericht des Sklaven über die Ankunft des Jüngeren und die Schlachtung des Mastkalbes: 26 + 27
   (3) Indigniertes Zögern des Älteren und Entgegen-Kommen des Vaters: 28
   (4) Vorwurfsvolle Betonung seines unbelohnten Gehorsams: 29 + 30
   (5) Versicherung väterlicher Liebe, aber auch überschwenglicher Freude angesichts der unverhofften Rückkehr des Verlorenen: 31 + 32

4.4 ‚Dramaturgie' der Parabel

Fabeln und Parabeln sind Dramen (‚Handlungsstücke') in knappster Form. Die Komposition zeigt daher dramatische Struktur und kann mit den Kategorien der aristotelischen Poetik genauer beschrieben werden[18]:

1. Ausgangslage und ‚Handlungsfeld'.
2. Desis: die Schürzung des Knotens, Konfliktpunkt und Konfliktlage.
3. Krisis: Entscheidung, und Peripetie: Kulminations- und Wendepunkt.
4. Lysis: Lösung.

I Drama vom verlorenen Sohn
1. Ausgangslage und Handlungsfeld (für I und II): ort-los, zeit-los, Andeutung eines bäuerlichen Hauswesens; *dramatis personae*: Vater, 2 Söhne; Statisten: Sklave(n).
2. Desis: Erbforderung des Jüngeren und und Auszug aus dem Vaterhaus.
3. Krisis und Peripetie: extreme Existenznot und Rückbesinnung (17: *in se autem reversus*).
4. Lysis: Rückkehr und freudiger Empfang.

II Drama vom ‚zurückgebliebenen' Sohn
1. Situation: Rückkehr vom Acker.
2. Desis: Er erlebt das Fest ‚von außen'.
3. Krisis und Peripetie: Weigerung einzutreten und Vorwürfe an den Vater.
4. (angestrebte) Lysis: Der Vater erklärt sein Verhalten; Lysis nicht vollständig, da ein positives Reagieren des älteren Sohnes (‚Rückkehr') offen bleibt.

4.5 *Verbreiterung des Wesentlichen, Schürzung des Nebensächlichen*

Hier müssen einige Hinweise genügen. Auffällig zunächst das Minimum an pragmatischen Details, die sich als Indizien zu einem Situationseindruck verdichten: ein Mann und zwei Söhne, Erbschaftsteilung; dreimal ist von einem Mastkalb die Rede, dessen Schlachtung der Vater befiehlt, die der ältere Sohn von einem Sklaven erfährt und dem Vater zum Vorwurf macht, zumal er nie für sich über ein Böckchen verfügte; er selbst kommt vom Feld zurück. Das ergibt zusammen das Ambiente eines einfachen („schlachtet *das* Mastkalb" heißt es ausdrücklich im griechischen Text!) bäuerlichen Haushaltes. Die vom ‚Verlust' eines Sohnes mindestens so betroffene Mutter wird nicht erwähnt, so wenig wie die anderen Geschwister: Reduktion der Fabel auf das parabolisch Wesentliche. Sehr ausführlich dagegen werden Existenznot und Umkehr und besonders der überschwengliche Empfang geschildert: 22 und 23: *proferte! induite! date! adducite! occidite!* – und dann die Hortative: *manducemus! epulemur!* Gewand, Ring, Schuhe und Kalb werden als Geschenke erwähnt, *symphonia* und *chorus* 25 vervollständigen die festliche Atmosphäre, die ‚kulinarischen Extreme' – die ihm versagten Schoten und das ihm gewährte Mastkalbmenü – sind konkrete Details, kennzeichnen Fall und Erhebung des Verlorenen.

4.6 *Reden – Schweigen – Reagieren – Berichten*

Teil I: jüngerer Sohn – Vater – Diener
Jüngerer Sohn: *pater, da mihi portionem...*
　　　　　　　Selbstgespräch in simulierter Situation: *surgam et dicam: pater, peccavi...*
Vater:　　　　wortlose, aber ausdrucksstarke emotionale Begrüßung.
Jüngerer Sohn: realisiert seinen Gesprächsvorsatz: *pater, peccavi*.
Vater:　　　　reagiert als ‚Sprachhandelnder' in wortloser Liebe, indem er sich an die Diener wendet: *cito proferte* etc., und begründet sentenzhaft sein Verhalten.

Teil II: älterer Sohn – Vater – ein Diener
Diener: (informierend) *fratet tuus venit:* erwähnt realistisch-emotionslos ein Detail („Mastkalb") und begründet sachlich das Verhalten seines Herrn: *quia salvum eum recepit* (reduzierter Bericht aus Dienerperspektive).
Vater: *coepit rogare:* unmittelbare, verbale Zuwendung an den Sohn.
älterer Sohn: stellt vorwurfsvoll zunächst seine eigene unbelohnte Folgsamkeit heraus (emphatische Anapher von *numquam ... numquam ...*), detailliert seinen Vorwurf durch Erwähnung des Mastkalbes, das damit zum dritten Mal genannt wird (kleinbäuerliches Ambiente!), betont indirekt, aber nachdrücklich durch den Hinweis *cum meretricibus* seine eigene Wohlanständigkeit – und verrät dadurch ungewollt seine ‚Männerphantasien' und Projektionen.
Vater: versichert einerseits seine ruhig-gleichbleibende Liebe zum Älteren, bekennt sich andererseits zu seiner überschwenglichen Freude über die Rückkehr des Jüngeren.

4.7 Zuwendung, Aversion, nichtverbale Kommunikation

Teil I
Der verlorene Sohn: geht in die Fremde weg: *peregre profectus*,
geht dort in sich (zurück): *in se reversus: ... surgam et ibo ad patrem meum*,
macht sich auf und geht zum Vater: *et surgens venit ad patrem suum*.
Der psycho-logische Zusammenhang zwischen „in sich gehen" und „zurückgehen" wäre auch als Wortpointe ausdrückbar (Figur der *traductio*): *in se reversus revertitur ad patrem*.
Der Vater: wortlose, aber ausdrucksvolle gestische Erwiderung; ‚emotionale Klimax': Blick – überwältigendes Mitleid – Hineilen – Umarmen – Küssen. Erst jetzt, nachdem er vom Vater angenommen ist, spricht der Sohn sein *pater, peccavi*. Der Vater übergeht souverän Sündenbekenntnis und Demutshaltung und bietet sofort praktische (Nahrung, Kleidung) und symbolische-überschwengliche (bestes Gewand, Mastkalb) Hilfe an: *cito proferte ...*

Teil II
Der zurück- nähert sich dem Haus: *appropinquat domui*,
gebliebene Sohn: weigert sich einzutreten: *nolebat introire*.
Der Vater reagiert zwar verbal, geht aber so wenig auf die Vorwürfe des Älteren ein wie auf die Reuebekundungen des Jüngeren, sondern bekennt sich zu seiner integralen Liebesfähigkeit: ruhig-selbstverständlich dem Älteren gegenüber, intensiv und exzeptionell gegenüber dem Wiedergefundenen.

Fazit: Das Problem der rechten Liebeszuwendung ist nicht argumentativ zu lösen; es gibt auf der einen Seite die Wärme, Sicherheit und Geborgenheit in alltäglicher Liebe, und es gibt auf der anderen Seite die wortlose, aber tat- und symbolkräftige ‚Empathie', *misericordia motus*.

4.8 Repetitionen, stilistische Vernachdrücklichung

Wiederholung von ganzen Sätzen ist ein Merkmal der Textsorte ‚Märchen' oder ‚Parabel', gehört also zum poetischen Stil; absichtsvoll-absichtslos eingesetzt, vernachdrücklicht es bestimmte Textintentionen.

Auffällig sind zwei Wiederholungen:

4.8.1 Zunächst die Überlegung des verlorenen Sohnes 18–19: *surgam, et ibo ad patrem meum et dicam ei: Pater, peccavi* etc. und die Realisation dieser Redeabsicht 20: *et surgens venit ad patrem suum* und 21: *Dixitque ei filius: Pater, peccavi* etc. Es fällt auf, daß der Vater sofort interveniert 22: *Dixit autem pater ad servos suos ...*, bevor der letzte Teil des Redevorsatzes 19: *fac me sicut unum de mercenariis tuis* geäußert wurde oder werden konnte; dieser demütigende Zusatz unterbleibt also in der realisierten Rede; Stilmerkmal der Gattung Parabel (‚verkürzende Repetition') oder auch feine poetische und psychologische Absicht (der Vater reagiert spontan und unterbricht daher die Beteuerungen des Sohnes)?

4.8.2 Deutlicher ist die Absicht, durch ein markantes Homoioteleuton in Satzform die beiden Fabelhälften der Parabel wirkungsvoll zu verknüpfen und gleichzeitig abzuschließen. In vergleichbarer Situation begründet der Vater vor den beauftragten Dienern am Ende des 1. Teiles und vor dem indignierten älteren Sohn am Ende der Parabel seine Entscheidung für das Freudenfest mit der gleichen bedeutungsvollen Sentenz 24: *quia hic filius meus*/32: *quia frater tuus hic – mortuus erat et revixit: perierat et inventus est*. Die Stilhöhe ist biblisch-liturgisch (Psalmenstil), Mastkalb und Festschmaus, Musik und Tanz sind jetzt ganz in den Hintergrund getreten; der Vater benutzt die Figur der *interpretatio*, der Bedeutungsgleichheit der Teile, variierender Synonymie bei strengem Parallelismus der Glieder, einer Eigenart hebräischer Poesie[19], die auch Jesus wohl vertraut war; vgl. Matth. 10, 26: *nihil enim est opertum, quod non revelabitur: et occultum, quod non scietur*. Das erste Kolon: *mortuus erat et revixit*, im Kontext eine Hyperbel, evoziert die religiöse Dimension (Tod durch Sünde und Wiedergeburt durch die Gnade Gottes), das zweite resümiert, situationell angemessener, Ausgangs- und Endpunkt der Erzählung: *perierat et inventus est*. Umformuliert in eine prosaische Diktion ergäbe sich folgende, plausiblere hypothetische Aussage: Wenn jemand praktisch für verloren galt und unverhofftweise wiedergefunden wurde, dann erlebt man das genau so, als wenn er gestorben wäre und wieder lebendig vor uns stünde.

4.9 Die eingekleidete Wahrheit – Dimensionen einer Parabel

Die Parabel vom verlorenen Sohn, Hauptteil und Höhepunkt einer Trilogie über das Verlieren und Wiederfinden, ist die Antwort Jesu auf das Murren der Pharisäer Luk. 15, 2. Sie bedarf keiner Auslegung, denn sie enthält den Lehrgedanken deutlich genug in der Anwendung, vergleichbar der Beispielerzählung von Pharisäer und Zöllner Luk. 18, 10–14. Zwanglos ließe sich übrigens die Ausgangssituation Luk. 15, 2 ‚transformationell' in die Parabel einblenden: *indignatus* (28) *murmurabat* (2) *filius senior* (25) *dicens quia* (2) *pater filium suum* (30), *istum peccatorem* (2), *recipit et manducat cum illo* (2).

Die Parabel illustriert provokativ-eindringlich das Gottesbild Jesu und verweist darüber hinaus ‚utopisch' auf ein neues Vater- und Menschenbild.[20] „Die Paradoxie, daß das Vergeben-können für Gott eine grenzenlose Freude ist, wird von Jesus absichtlich dahin zugespitzt, daß solche Freude viel größer sein muß als die Freude an einem der Vergebung nie Bedürfenden."[21] Die bedingungsfreie Zuwendung Gottes, die Relativierung menschlicher Leistung und des Lohngedankens als irrelevant gegenüber liebender Empathie, der Weg individueller Entwicklung, der möglicherweise der Sünde (etymologisch ‚Sonderung') bedarf (die *felix culpa* des verlorenen Sohnes, der ein Übermaß von Liebe erfahren durfte), das sind Elemente eines neuen Gottesbildes. Näherliegend für den Lateinunterricht ist aber die andere Frage nach dem impliziten Vater- und Menschenbild; einige Grundzüge dieser neuen ‚Lehre vom Menschen' sollen daher noch angedeutet werden.

1. Selbständigkeit setzt zeitweilige Absonderung voraus; nur wer eigene Schritte zu tun wagt – auch wenn er dabei ‚verlorenzugehen' droht, kann vollständig zurückfinden.
2. Lernprozesse *(trial – error)* sind schmerzlich-notwendig: *páthei máthos;* Bravheit allein: die Haltung dessen, der ‚Sonderung' vermeidet und einfach ‚zurückbleibt', verbürgt weder persönliche noch soziale Integration in den zugewiesenen Lebenszusammenhang.
3. Ein Vater, der nicht auf dem Leistungsprinzip insistiert, der seinen Kindern, auch wenn sie grundverschieden sind, gerecht zu werden versucht, der dem verlorenen, aber erfahreneren Sohn vorwurfsfrei mit Empathie begegnet, ohne den anderen, angepaßteren von seiner Liebe auszuschließen, der sich die Gelegenheit zu überschwenglicher Freude nicht entgehen läßt und sein ‚exzentrisches' Verhalten nicht zu rechtfertigen braucht, weil er handelnd einfach er selber ist – nachzudenken über diesen Vater könnte lohnend sein.

Anmerkungen

1 Zu diesem Begriff vgl. Barié, P. (Hrsg.): Das Neue Testament im altsprachlichen Unterricht, AU XXV 2/1982, Einführung, 3–4.
2 Ebenda, 4; wieweit Textbeobachtungen auf Mittelstufenniveau sich zu einem Interpretationsansatz verdichten können, wird an der Parabel vom verlorenen Sohn gezeigt.
3 Dibelius, M.: Die Formgeschichte des Evangeliums. Tübingen ³1959.
4 Rahn, H.: Morphologie der antiken Literatur. Eine Einführung. Darmstadt 1969.
5 Lateinische Lektüre – Sekundarstufe I, Kultusministerium Rheinland-Pfalz, Mainz 1981; der Vorschlag: Einführung in rhetorische Grundsätze an drei Paulusreden aus dem Neuen Testament, ebenda, 144–151; vgl. Daheim, J.: Einführung in die Rhetorik an Texten aus dem Neuen Testament. In: AU XXII 3/1979, S. 94–100; Glücklich, H. J. (Hrsg.): Macht der Stärke, Macht der Rede, Macht des Glaubens. Texte für die lateinische Lektüre. Stuttgart 1979, darin. 12–15: III. Rede, bearb. von J. Daheim.
6 Barié, P.: Der sprach- und formgeschichtliche Zugang zum Neuen Testament in didaktischer Sicht. In: AU XXV 2/1982, 5–44.
7 Mark. 1, 40–45; 4, 35–41; 5, 21–43; 7, 32–37; Joh. 2, 1–11; 4, 46–54; 5, 2–47; 9, 1–41; 11, 1–44.
8 Dibelius ³1959, 251.
9 Vgl. Dithmar, R.: Die Fabel. Paderborn 1971, 93–98 (UTB). Vgl. auch: Phaedrus, Fabeln. Exemplis discimus. Lebenswirklichkeit und Moralphilosophie. Bearbeitet von K. H. Eller. Frankfurt a. M. 1982.
10 Jülicher, A.: Die Gleichnisreden Jesu. Tübingen 1910 und Darmstadt 1976; Zitat: 1976, 98. Zum Stand der Gleichnisforschung vgl. man: Harnisch, W. (Hrsg.): Die neutestamentliche Gleichnisforschung im Horizont von Hermeneutik und Literaturwissenschaft. Darmstadt 1982 (Wege der Forschung Bd. 575); und Harnisch, W. (Hrsg.): Gleichnisse Jesu. Positionen der Auslegung von Adolf Jülicher bis zur Formgeschichte. Darmstadt 1982 (Wege der Forschung Bd. 366). Zur Religionsdidaktik der Gleichnisreden Jesu vgl. Herrmann, B.: Im Gleichnis leben. Göttingen 1983.
11 Schmoller, A.: Handkonkordanz zum griechischen Neuen Testament, ¹⁵1973, 379–80.
12 Vgl. das Lemma „maschal" in Gesenius, W.: Hebräisches und chaldäisches Handwörterbuch über das Alte Testament.

13 Dithmar, 1971, bes. die Beispielsammlung 95–96.
14 Vgl. Barié, P.: Meninius Agrippa erzählt eine politische Fabel. In: Die ‚mores maiorum' in einer vaterlosen Gesellschaft. Ideologiekritische Aspekte literarischer Texte, aufgezeigt am Beispiel des altsprachlichen Unterrichts. Frankfurt a. M. 1973, 101–126.
15 Zur *differentia specifica* zwischen Fabel und Parabel vgl. Jülicher, 1976, Kap. II: Das Wesen der Gleichnisreden Jesu; bes. 96–100; Dithmar, 1971, 97.
16 Text und Interpunktion nach der *Biblia Sacra Vulgatae Editionis cum Versione Germanica, cura J. F. Allioli, Ratisbonae 1887*. Zur Exegese der Parabel sind die gründlichen Ausführungen von Jülicher, 1976, 333–365, immer noch lesenswert.
17 *zôn asótōs*, „heillos lebend", steht Luk. 15, 13; die Dimension des ‚Heils' ging in der Vulgata verloren: *vivendo luxuriose*.
18 Zu *désis* „complication of a dramatic plot" (Liddell & Scott, 380) in Opposition zu *lysis* vgl. Aristoteles, Poetik 1455. Mit Fabeln und Parabeln verwandt ist die Bildsprache der Träume; zur dramatischen Struktur des Traumes vgl. Meier, C. A.: Die Bedeutung des Traumes. Olten/Freiburg i. Br. 1979, 128–136.
19 Lausberg, H.: Elemente der literarischen Rhetorik. München ^{6}1963, 110 und 112.
20 Zum Gottesbild Jesu vgl. Wolff, H.: Neuer Wein – Alte Schläuche. Das Identitätsproblem des Christentums im Lichte der Tiefenpsychologie. Stuttgart 1981.
21 Jülicher, 1976, 362.

Norbert Zink

commentariolum petitionis

1 Ein neuer Autor

Von Ciceros Bruder Quintus[1] stammt eine in Briefform abgefaßte Schrift über die Bewerbung um das Konsulat. Das „commentariolum petitionis" stammt aus dem Jahre 64, dem Vorjahr von Ciceros Tätigkeit als Konsul. Quintus gibt detaillierte Anweisungen und Empfehlungen für das Auftreten in der Öffentlichkeit während des Wahlkampfes.

Politische Realität in Rom gegen Ende der Republik, das Tagesgeschäft, die Verpflichtungen und die unumgänglichen Aufgaben des politisch Tätigen werden aus erster Hand beschrieben.

2 Platz im Lektürekanon

Das commentariolum setzt längeren (etwa 2 Jahre) Umgang mit lateinischer Originallektüre voraus. Die Schrift hat eigentlich Ergänzungsfunktion (z.B. zu Cicero-Reden oder zu Sallust), sie kann aber auch am Abschluß der 10. Klasse[2] als Schwerpunktlektüre gelesen werden, weil die zahlreichen Detailinformationen aus dem politischen Leben – auch in Verbindung mit dem in der 10. Klasse beginnenden Sozialkundeunterricht – zum Vergleich mit der Aktualität anregen. Motivierend ist die Schrift vor allem zu Wahlkampfzeiten (Bundestagswahlen, amerikanische Präsidentenwahlen). Das commentariolum kann als Ganzschrift gelesen werden.

3 Hilfen

Förderlich für die Interpretation ist der Aufsatz von Rudolf Till: Ciceros Bewerbung ums Konsulat (Historia 11, 1962, 315 ff.). Eine Übersetzung findet sich in der zweisprachigen Heimeran-Ausgabe von H. Kasten: Cicero an Bruder Quintus (München ²1976, 292 ff.).

4 Sprachebene

Das commentariolum ist sprachlich anspruchsvoll, entspricht etwa dem Niveau einer Cicero-Rede (pro Archia, pro Ligario, de imperio Cn. Pompei). Der Wortschatz enthält die gängigen Ausdrucksweisen aus dem politischen Bereich, wie sie im vorbereitenden Sprachkurs gelernt werden. Zu Lektürebeginn ist eine starke Führung durch den Unterrichtenden notwendig, eine gut kommentierte Ausgabe[3] eröffnet dem Schüler den Zugang zu selbständiger Arbeit mit dem Text.

5 Interpretation

Wir geben hier eine Kurzfassung – auch als besondere Form paraphrasierender Arbeitsweise – zum Überblick über die Ganzschrift[4]:

Wahlkampf im alten Rom und die Macht der persönlichen Beziehung

Cicero wurde im Jahre 63 v.Chr. während der Rebellion des Catilina Konsul.
Der Amtsantritt der Konsuln fand am 1. Januar statt, die Wahlen gingen im Juli des Vorjahres über die Bühne. Die Kandidaten meldeten sich mindestens 24 Tage vorher bei dem wahlleitenden Konsul.
Etwa ein Jahr vor der Wahl begann der Wahlkampf. Als Cicero schon alle Aktivitäten entwickelt hatte, übergab ihm sein Bruder Quintus einen Leitfaden für den Wahlkampf. Es handelt sich um eine wohldisponierte sachliche Darstellung, durchsetzt mit gut gemeinten Ratschlägen.
„Wenn du deinen täglichen Gang aufs Forum machst, mußt du dir drei Dinge immer wieder einprägen. Ich bin ein Newcomer, ich bewerbe mich ums Konsulat, es handelt sich um Rom.
Erstens, du bist ein Neuling: diesen Mangel wiegst du leicht auf durch deinen glänzenden Ruf als Redner. Die Redekunst war schon immer der größte Aktivposten. Ein Mann, den sich selbst gewesene Konsuln zum Sachwalter *(patronus)* nehmen, ohne sich seiner irgendwie zu schämen, der ist selber vom Konsulat nicht auszuschließen. Also erhalte dir diesen Ruf, indem du dich auf jeden einzelnen Prozeß äußerst sorgfältig vorbereitest. Du hast durch deine Redegabe einen Vorteil, den nicht viele Neulinge gehabt haben: du hast zahlreiche prominente Freunde, alle Steuerpächter, beinahe den ganzen Ritterstand, viele Landstädte, zahlreiche Einzelpersonen, die du vor Gericht verteidigt hast, Leute aus allen Ständen und eine Anzahl von Interessenverbänden, außerdem eine Menge junger Leute, die bei dir die Redekunst lernen, und viele sogenannte Freunde, die dich täglich zu Hause mit ihrem Besuch beehren. Alle diese mußt du auf jede Weise festhalten, muß ihnen deutlich machen, daß jetzt oder nie Gelegenheit ist, dir ihren Dank abzustatten oder ihre Verbundenheit zu beweisen. Besonders wichtig für einen Newcomer ist die gute Bekanntschaft mit Angehörigen des Amtsadels *(nobiles)* und vor allem mit früheren Konsuln *(consulares);* diese zeigen damit, daß sie dich in ihren Kreis aufzunehmen bereit sind. Solche Persönlichkeiten mußt du häufig einladen und durch andere manipulieren: du mußt ihnen die Überzeugung beibringen, daß du immer mit ihnen die gleiche politische Einstellung gehabt hast und daß gelegentliche andersartige Äußerungen nur einen bestimmten Zweck hatten, nämlich sich keine Feinde zu schaffen. Du mußt auch zusehen, daß du Schüler von den oberen Zehntausend bekommst oder behältst."
Quintus geht dann die vier adligen Mitbewerber durch und zeigt, daß Cicero der bessere Mann sein muß.
„Zweitens, du bewirbst dich um das Konsulat: jeder hält dich für den richtigen Mann, aber viele beneiden dich, Leute adliger Abkunft, die es nicht so weit bringen wie ihre Vorfahren, dann die anderen Neulinge, die über die Prätorecke nicht hinauskommen, schließlich viele aus der großen Masse der Wähler, die den Senkrechtstart eines einzelnen nicht

gern sehen. Dem muß also entgegengewirkt werden, und zwar erstens durch das Engagement deiner Freunde und zweitens durch deine eigene Popularität. Zu Freunden sind alle zu rechnen, die dir durch Verwandtschaft oder Bekanntschaft oder sonstwie nahestehen: in der Zeit der Amtsbewerbung mußt du diesen Kreis so weit ziehen wie möglich, selbst Freigelassene und Sklaven muß er umfassen, da diese alles, was du zu Hause redest, auf das Forum tragen. Der Multiplikationseffekt der sozialen Gruppen ist nicht zu unterschätzen. Man muß jeden nach seiner Art benutzen: Prominente als Freunde heben das Ansehen, auch wenn sie sich nicht direkt für deine Wahl einsetzen, Beamte verhelfen dazu, daß dir die Bewerbung nicht durch amtliche Maßnahmen gestört wird, Leute, die beim Volk bekannt und beliebt sind, sind nützlich, um die Wähler zu bearbeiten. Namentlich bemühe dich um solche, denen du dich in ähnlicher Weise hilfreich gezeigt hast oder später vielleicht zeigen kannst. Viele sind dir ja verpflichtet, weil du sie verteidigt hast; in den letzten beiden Jahren hast du allein vier Personen auf Empfehlung ihrer Interessengruppen verteidigt, die dabei ganz bestimmte Verpflichtungen gegen dich eingegangen sind. Diese Schulden mußt du jetzt eintreiben und jedem sagen, was er für dich zu tun hat, wobei du dir genau überlegst, was jeder leisten kann. Deinen alten Freundschaften mußt du neue hinzufügen. Einem Amtsbewerber nimmt man es nicht übel, wenn er Bekanntschaften sucht, nur die kommen nicht in Betracht, die bereits von einem deiner Mitbewerber fest engagiert sind, aber das sind nur wenige. Du mußt auch dafür sorgen, daß deine Freunde in allen Wahlgremien vertreten sind. Für die Stadt mache dir eine eigene Wahlstrategie. Sonst in Italien mußt du überall deine Leute haben: viele werden sich geschmeichelt fühlen, wenn du um ihre Freundschaft wirbst, Landstädter und Bauern fühlen sich hoch geehrt, wenn sie sehen, daß du ihren Namen weißt; natürlich muß du ihnen auch irgendwelche Versprechungen machen. Besonders leicht wirst du es beim Ritterstand haben. Wichtig ist es, daß dich täglich eine große Anzahl deiner Freunde zu Hause abholt und mit dir in die Öffentlichkeit geht. Daraus schließt man auf deine Beliebtheit, und die Zahl deiner Freunde wächst. Wenn du an der Ehrlichkeit der Gesinnung einer Person zweifelst, so darfst du ihn das nicht merken lassen, und: wenn jemand sie dir versichert, sage, du hättest nie daran gezweifelt. Aber innerlich mußt du genau wissen, wie ein jeder zu dir steht und was du von ihm zu halten hast. Vor allem hüte dich vor falschen Freunden, die dich nur beneiden. Sieh dir auch deine Gegner an. Das sind teils solche, die du einmal gekränkt hast, indem du einen Prozeß gegen sie geführt hast: mit ihnen söhne dich aus; zweitens solche, die dich ohne eigentlichen Grund nicht mögen: tue ihnen einen Gefallen, stelle ihnen etwas in Aussicht oder sage ihnen wenigstens, du seiest ihr Freund; drittens solche, die mit deinen Mitbewerbern auf bestem Fuß stehen: die behandle genauso, und wenn möglich, mache sie glauben, daß du den betreffenden Mitbewerber respektierst.

Nun die Beliebtheit beim Volke. Vor allem wird es nötig sein, recht viele Menschen beim Namen zu kennen, ohne die Hilfe eines alphabetisch angelegten Notizbuches. Bei denen mußt du deine natürliche Leutseligkeit auch bis zur Schmeichelei steigern können. Das bedeutet zwar Verstellung, aber für diese paar Monate mußt du das mit in Kauf nehmen, wenn's auch sonst im Leben häßlich ist. Du darfst ferner Rom nie verlassen, mußt immer und überall zu sehen sein. Äußerst wichtig ist, daß du dich in jeder Beziehung großzügig, freundlich, wohlwollend zeigst, in Geldangelegenheiten (z.B. durch Borgen, Übernahme von Bürgschaften usw.), in öffentlichen Speisungen, die auch deine Freunde veranstalten müssen, in Hilfen jeder Art: die Tür deines Hauses muß zu jeder Tages- und Nachtzeit offen stehen, aber auch deine Stirn, die Tür deines Wesens, d. h., du mußt immer freundlich sein, Bitten mit dem Anschein größter Bereitwilligkeit gewähren und – was schwerer ist – sie nur in äußerst verbindlicher Form abschlagen, wenn es gar nicht anders geht. Die Form macht in solchen Dingen einfach mehr aus als die Sache. Nie darfst du jemand sagen, du hättest keine Zeit oder du hättest Wichtigeres zu tun. Dadurch fühlen sich die Menschen getroffen und sind beleidigt, lieber wollen sie belogen sein: also versprich ruhig darauf los: kannst du dein Versprechen später nicht halten, so ist das nicht so schlimm, als wenn du es nicht gegeben hättest. Vor allem mußt du dafür sorgen, daß du in gutem Rufe bei der schweigsamen Mehrheit stehst, besonders bei den Eckenstehern des Forums: bei denen hast du durch dein Eintreten für Pompeius einen Stein im Brett, sie werden so glauben, daß Pompeius sich lebhaft für dich und deine Wahl interessiert. Den Ruf deiner Mitbewerber aber suche anzukratzen und zu schädigen, wo sich dazu Gelegenheit bietet. Was politische Aussagen betrifft, so muß man überzeugt sein, daß du das Wohl des Staates willst, aber auf eine bestimmte politische Richtung darfst du dich nicht öffentlich festlegen.

Der Senat muß dich aufgrund deiner bisherigen Lebenshaltung für konservativ halten, der Ritterstand und der Geldadel, ebenfalls deinem bisherigen Leben entsprechend, für einen Freund der öffentlichen Ruhe und Ordnung, die Menge aufgrund deiner Reden jedenfalls nicht für einen potentiellen Gegner ihrer Interessen. Endlich: es geht um Rom, d. h. eine Weltstadt, in der Intrigen, Betrug, Laster und Bosheiten jeder Art bis zum Haß eingebürgert sind. Sich in dieser Umwelt und Gesellschaft ohne Schädigung zu bewegen ist eine große Kunst."

Anmerkungen

1 Über die Echtheit gibt es von philologischer Seite Zweifel; pro: Till, R.: Ciceros Bewerbung ums Konsulat. In: Historia 11, 1962, 315; contra: Waibel, L.: Das commentariolum petitionis – Untersuchungen zur Frage der Echtheit. Diss. München 1969.
2 Rechnet man die Klasse 11 auch als Abschlußjahrgangsstufe, in der die Abwahl der 2. bzw. 3. Fremdsprache möglich ist, also als ‚Erweiterung der Mittelstufe', dann läßt sich die Lektüre der Schrift nach Klasse 11 verlegen.
3 Einzige Schulausgabe mit guten Hilfen: Petitio magistratuum – Wahlen in Rom –. Q. Ciceronis commentariolum petitionis ad Marcum fratrem. Text mit Wort- und Sacherläuterungen, Interpretation, Zweittexte, Arbeitsanleitungen von Gunter Ernst. Frankfurt a. M. 1979.
4 Vgl. Plasberg, O.: Cicero in seinen Werken und Briefen. Darmstadt 1962, 64 ff. Eine knappe Zusammenfassung – zweisprachig – findet sich auf einer vom Heinrich-Heine-Gymnasium, Kaiserslautern, zur Einweihung des Neubaus im Jahre 1978 herausgegebenen Schallplatte (Sprecher: Barbara Zimnol und Norbert Zink).

Christoff Neumeister

Überredung als sprachliche Grundfunktion – Rhetorik

1 Persuadere

Sprache als Mittel der Überredung (des πείθειν, des *persuadere*)[1] begegnet uns tagtäglich und in den verschiedensten Bereichen: in der Politik, wo sie ihre vornehmste Aufgabe hat – etwa im Parlament oder in Wahlversammlungen –, auch im Rechtswesen (obwohl ein genau kodifiziertes Recht den Spielraum, innerhalb dessen die Überredungskunst der Anwälte noch etwas bewirken könnte, stark eingeengt hat), in der Werbung – in Gestalt der kurzen, aber oft sehr raffinierten Texte, welche im Werbefunk gesendet werden oder die visuelle Werbung im Fernsehen und auf Plakaten begleiten –, im Handel – etwa in Form des Vertreter- und Verkaufsgespräches –, schließlich und nicht zuletzt aber auch im privaten und familiären Alltag, z. B. wenn der Sohn den Vater davon zu überzeugen versucht, daß eine Erhöhung seines Taschengeldes angebracht wäre. Überredung ist offensichtlich eine Grundfunktion von Sprache, und deshalb ist mehr oder weniger jeder Sprachfähige auch fähig zu überreden: Das Interesse an der Erreichung des Überredungsziels muß nur groß genug sein. Allerdings gibt es Unterschiede der Begabung *(ingenium, natura)*; Übung und Erfahrung *(usus, experientia)* können die rhetorische Geschicklichkeit steigern; und bis zu einem gewissen Grade läßt sich die Technik der Überredung sogar zum Gegenstand gezielter Ausbildung *(doctrina)* machen: indem man die in der Praxis gemachten Erfahrungen auf Begriffe bringt, aus ihnen allgemeine Regeln *(praecepta)* abstrahiert und diese dann zu einem System zusammenstellt. Das Ergebnis ist dann eine Rhetorik (ῥητορικὴ τέχνη/*ars oratoria*), denn dieses Wort bezeichnet, streng genommen, nichts anderes als ein solches aus den Erfahrungen der Praxis gewonnenes System terminologisierter Regeln, bestimmt für die Ausbildung in überredenden Berufen.[2] Eine Rhetorik (ob es sich nun um die für den Gerichtsredner bestimmte antike Rhetorik oder die moderne für den Geschäftsmann bestimmte amerikanische „New Rhetoric" handelt) ist also nie mehr als Hilfsmittel eines Unterrichts, in dem Personen, die in irgendeinem Bereich des Lebens andere überreden müssen, auf diese Aufgabe, so weit das überhaupt möglich ist, theoretisch vorbereitet werden. Und es ist nur in sehr engen Grenzen möglich: Es gibt im Bereich der Beredsamkeit vieles und Wichtiges, was sich durch abstrakte, erlernbare Regeln gar nicht fassen läßt, z. B. die Anpassung der Rede an die konkrete und immer wieder andere Redesituation, das also, was die antike Terminologie unter dem Begriff des πρέπον/*aptum* zusammenfaßt.

Da Überredung eine Grundfunktion von Sprache ist, sollte der Sprachunterricht daran nicht vorbeigehen, und am wenigsten der Unterricht in den Alten Sprachen. Hat doch die überredende Rede gerade in den beiden antiken Kulturen eine ganz außergewöhnlich große Rolle gespielt. Im antiken <u>Gerichtswesen</u> lag das daran, daß sich die Rechtsprechung noch nicht auf so streng vorgeschriebenen Bahnen bewegte, der Ermessensspielraum der Richter deshalb größer war, daß außerdem die Richterkollegien meist aus Laienrichtern bestanden: Beides gab den Anwälten eine im Vergleich zu heute größere Möglichkeit, durch geschickte Plädoyers das Urteil zu beeinflussen. Dadurch erhielt die

Gattung der Gerichtsrede (das *genus iudiciale*) ihre große Bedeutung. – In der Politik wirkte sich für die Beredsamkeit günstig aus, daß im klassischen Athen infolge seiner demokratischen, im republikanischen Rom wegen seiner Mischverfassung anstehende politische Entscheidungen in Ratsversammlungen diskutiert und vor Volksversammlungen begründet werden mußten: Hieraus ergab sich die Wichtigkeit der beratenden Rede (des *genus deliberativum*). – Auch die Gattung der Feldherrnrede sei nicht vergessen, welche bei der Eigenart der damaligen Kriegsführung[3] eine nicht unwichtige Rolle spielte. Man kann, in Ergänzung der Aristotelischen Einteilung der Redegattungen[4], von einem eigenen *genus adhortativum* sprechen. Aus alledem ergab sich schon früh ein Bedarf an vorbereitender Schulung und einschlägigen Lehrbüchern, und im Zusammenhang damit entstanden im 5. Jahrhundert v. Chr. die ersten Rhetoriken in dem oben definierten Sinn. Sie waren von Anfang an in erster Linie auf die Ausbildung von Gerichtsrednern zugeschnitten, also auf das *genus iudiciale*[5], und so blieb es all die Jahrhunderte hindurch, während deren sich die antike Rhetorik weiter entwickelte. Diese Entwicklung war von einer bewundernswerten Stetigkeit, ein Prozeß immer weiter fortschreitender Verfeinerung, Verbesserung, Ergänzung; kaum je wurde schon Erarbeitetes wieder aufgegeben. Und so ist denn das Ergebnis dieser Entwicklung, wie es uns etwa in dem großen Lehrbuch des Quintilian (zweite Hälfte des 1. Jahrhunderts n. Chr.) entgegentritt, ein System von imponierender terminologischer Klarheit, Differenziertheit, innerer Konsequenz und äußerer Geschlossenheit. Von ihm geht, wie von allen Systemen, die solche Qualitäten aufweisen, eine nicht ungefährliche Faszination aus: In den Abhandlungen, die sich mit der antiken Beredsamkeit beschäftigen, wird dem Regelsystem der antiken Rhetorik meist eine viel zu große Rolle beigemessen: Entweder sie beschränken sich von vornherein auf die Analyse und Darstellung dieses Systems, oder sie untersuchen zwar auch die Redepraxis, gehen dabei aber von der irrigen Meinung aus, rhetorische Interpretation bestehe darin, Abschnitt für Abschnitt, Satz für Satz die rhetorischen *praecepta* anzugeben, die der Redner an der betreffenden Stelle angeblich befolgt habe, und die stilistischen Erscheinungen, die sich im Text beobachten lassen, mit ihren technischen Termini zu benennen. Die Kunst des Redners wird m. a. W. daran gemessen, inwieweit er die Regeln der *ars* befolgt, sein Sprachstil danach beurteilt, inwieweit er sich nach der Terminologie der rhetorischen Stilistik etikettieren läßt. Dabei wird außer acht gelassen, daß das rhetorische System (wie vorhin ausgeführt) nur didaktisches Hilfsmittel bei der Ausbildung angehender Redner war, daß also derjenige, der sich sklavisch an seine *praecepta* hält, sich dadurch gerade als schülerhaft erweist. Der Meister setzt sich, wenn die Situation es erfordert, souverän über sie hinweg. Man lese nur, mit welcher Verachtung in Ciceros *De oratore* Antonius und Crassus, die bedeutendsten römischen Redner ihrer Zeit, sich über die ‚puerilen' Rezepte der zeitgenössischen Redelehrer äußern. Schon der Titel dieser Schrift Ciceros *(De oratore,* nicht *De arte oratoria)* ist in diesem Sinne bezeichnend: Cicero will als Redner *(orator)* und über den Redner sprechen, nicht wie ein Redelehrer *(rhetor)* über das Lehrsystem der Rhetorik[6].

Das Regel- und Begriffssystem der rhetorischen *ars* ist also ein recht fragwürdiges Orientierungsmittel bei der Interpretation rhetorischer Texte; hinzu kommt, daß es, wegen seiner starken Ausrichtung auf die Gerichtsrede, auf weite und wichtige Bereiche der Redekunst gar nicht in vollem Umfang anwendbar ist. Aus diesen Gründen sollte der Altsprachenlehrer, der eine erste Einführung in die Kunst überredender Rede geben will,

m. E. gerade nicht mit einer Darstellung der rhetorischen Theorie beginnen, sondern er sollte zunächst einmal, an einem passend gewählten Beispiel aus der antiken Redepraxis, die ganz einfachen Grundprinzipien sichtbar machen, die hier gelten. Danach mag man, wenn man will, auch noch auf die *ars* eingehen: Man hat dann den Ariadnefaden in der Hand, den man braucht, um sich in ihrem Labyrinth zurechtzufinden.

2 Die Texte

Welche rhetorischen Texte sind für eine solche Einführung geeignet? Man wird zunächst einmal natürlich an erhaltene authentische Reden denken. Sie sind jedoch für die Lektüre auf der Sekundarstufe I viel zu lang.[7] Außerdem sind sie ganz genau auf eine bestimmte historische Situation abgestimmt, so daß man, um sie verstehen zu können, sich zuerst einmal in allem Detail diese Situation klarmachen muß, und das ist nicht einfach, da sie meist aus den in der Rede selbst erhaltenen Andeutungen erst erschlossen werden muß. Deshalb würde ich für eine Einführung in die Rhetorik die Reden, die die antiken Historiker in ihre Darstellung einzufügen pflegen, für eher geeignet halten. Sie sind zwar nicht authentisch: Der Historiker hat sie entweder erfunden, oder er hat eine Rede, von der er den Wortlaut oder wenigstens die Grundgedanken kannte, im Sinne seiner Darstellungsabsichten verkürzt oder verändert. Aber das ist kein so großer Nachteil, wie es auf den ersten Blick scheinen könnte: Wir wollen den betreffenden Text ja nicht als historisches Dokument, sondern bloß als Beispiel für rhetorische Kunst benutzen, und dafür ist er mit Sicherheit geeignet. Denn da die römischen Historiker für ein rhetorisch gebildetes und an rhetorischen Fragen interessiertes Publikum schrieben und auch selber rhetorisch versiert waren, haben sie sich bemüht, auch in diesen verkürzten, rekonstruierten oder gar fingierten Reden das für die überredende Rede Charakteristische zu bewahren. Der Nachteil fehlender Authentizität fällt also wenig ins Gewicht, um so mehr die Vorteile solcher Historikerreden: Sie sind wesentlich kürzer; der Situationsbezug ist sehr viel einfacher; die Situation braucht nicht erst mühsam rekonstruiert zu werden, sondern wird im erzählenden Kontext der Rede angegeben, meist sogar schon auf das für deren Verständnis Relevante reduziert. Ich lege deshalb meinen folgenden Ausführungen eine solche Historikerrede zugrunde, und zwar jene Rede, welche Sallust im Kapitel 20 seiner „Catilinae coniuratio" Catilina vor der geheimen Versammlung der Verschwörer halten läßt. Es ist eine politische Rede, dem *genus adhortativum* zuzurechnen, und da sie nicht in der Öffentlichkeit gehalten wurde, ist sie mit Sicherheit von Sallust selber konzipiert worden. Ich gehe im folgenden so vor, daß ich jeweils zuerst ein bestimmtes Prinzip überredender Rede erläutere und es dann am Beispiel der Catilina-Rede illustriere.

2.1 *Überreden ist eine Form des Handelns*

Der Redner möchte durch seine Rede bewirken, daß seine Hörer in einer bestimmten Weise handeln oder doch einen Beschluß fassen, der die von ihm gewünschte Handlung zur Folge hat: Der Feldherr z. B. möchte erreichen, daß seine Soldaten in der bevorstehenden Schlacht tapfer kämpfen, der Ankläger oder Verteidiger, daß das Gericht seinen Klienten verurteilt bzw. freispricht, der Politiker, daß bei der Abstimmung im Parlament oder in der Volksversammlung sich eine Mehrheit für den von ihm befürworteten Vorschlag findet. Überredende Rede erweist sich so als eine besondere (indirekte) Form des Handelns.

Catilina z.B. hat den Plan gefaßt, einen Umsturz des römischen Staates zu versuchen[8] und zu diesem Zweck zunächst einmal das Konsulat anzustreben. Mit seiner Rede will er die Versammelten dazu bringen, ihn dabei zu unterstützen.

2.2 Überführung der Ausgangsstimmung in die Zielstimmung

Der Redner bringt seine Hörer zu der von ihm gewünschten Handlung (Handlungsweise) bzw. zu dem von ihm gewünschten Entschluß, indem er sie durch seine Rede in eine bestimmte geistige Verfassung bringt. Ich nenne sie die Zielstimmung.[9] Nun sind die Hörer in dem Moment, da er zu sprechen beginnt, bereits in einer bestimmten geistigen Verfassung. Ich nenne sie entsprechend die Ausgangsstimmung. Sie ist von der Zielstimmung immer mehr oder weniger verschieden. Sie durch seine Rede in die Zielstimmung zu überführen, das ist also die Aufgabe des Redners.

2.3 Dabei auftretende Schwierigkeiten

Die Überführung der Ausgangs- in die Zielstimmung ist um so schwieriger, je größer die Distanz zwischen beiden ist: Am schwierigsten ist es (a), einen völligen Stimmungsumschwung herbeizuführen, oder, was dasselbe besagt, die Hörer von bereits bestehenden Handlungsabsichten abzubringen, zu den entgegengesetzten zu überreden. Dies ist es, was bei Sallust Caesar in der berühmten Senatsdebatte vom 5.12.63 über die Frage, wie mit den in der Stadt verhafteten Catilinariern zu verfahren sei, zu erreichen versucht, und beinahe mit Erfolg.[10] Am leichtesten ist die Aufgabe des Redners (b), wenn die Ausgangsstimmung der Zielstimmung schon ganz nahe ist, so daß es nur noch darum geht, eine bereits bestehende Handlungsabsicht so weit zu verstärken, daß sie in die gewünschte Handlung übergeht. Man kann die beiden Fälle im Diagramm folgendermaßen verdeutlichen:

(a) A————→Z   (b) A→Z

Unsere Beispielrede ist deutlich von der zweiten Art.

Auch dadurch kann die Aufgabe des Redners erschwert werden, daß bei seinen Hörern die Ausgangsstimmung nicht einheitlich ist, und dies vielleicht nicht bloß in Hinsicht auf ihre Stärke (unterschiedlich große Handlungsbereitschaft), sondern auch qualitativ (unterschiedliche Handlungsabsichten) (c). Dann muß der Redner nämlich durch ein und dieselbe Rede seine Hörer von ganz verschiedenen Ausgangspunkten auf den einen Zielpunkt hinbewegen. Im Diagramm:

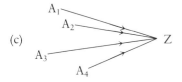

Auch die Art und der Charakter der Angesprochenen spielen eine Rolle: Es gibt Vorsichtige und Zauderer, die selbst dann schwer zu einer Handlung zu bewegen sind, wenn sie diese eigentlich schon von sich aus wollen; und es gibt Kühne und Schnellentschlossene, die sich auf den leisesten Anstoß hin in die Aktion stürzen.

Um die genannten Schwierigkeiten zu verringern oder zu vermeiden, kann der Redner etwa folgendes tun:
Erstens: Er begnügt sich zunächst mit einem bescheidenen, der Ausgangsstimmung näher liegenden Überredungsziel.
Zweitens: Er geht das Überredungsziel in einem ganz langsam und behutsam voranschreitenden Überredungsprozeß an, in vielen kleinen Etappen. Das erfordert natürlich eine lange Rede. Beispiele dafür sind bei Sallust die Caesarrede im „Catilina"[11] und die Memmius-Rede im „Jugurtha".[12]
Drittens: Er versucht schon vorher in Einzelgesprächen, die Ausgangsstimmung der Personen, an die er sich mit seiner Rede wenden will, zu vereinheitlichen und näher an sein Überredungsziel heranzubringen.
Viertens: Er wählt sich selber seine Hörer aus.

Catilina macht vor allem von den Möglichkeiten III und IV Gebrauch: Nachdem er den Entschluß gefaßt hat, einen Umsturz zu versuchen, spricht er zunächst einzelne an (17,1): *primo singulos appellat*[13]. Manche von ihnen haben offenbar schon von sich aus die gleichen Ziele wie er: Die bestärkt er in ihrem Wollen *(hortatur)*. Bei anderen weiß er es nicht so genau: Sie horcht er zunächst einmal nur aus *(temptat)*. Nachdem er sich so einen Überblick über die Stimmung verschafft hat (17,2: *ubi satis explorata sunt, quae voluit*), wählt er sich diejenigen aus, von denen er meint, daß er sie aufgrund ihrer persönlichen Situation und ihres Charakters am leichtesten wird überreden können (17,2): *convocat, quibus maxuma necessitudo et plurumum audaciae inerat*. Nur diese so vorbereiteten und ausgewählten Personen ruft er dann zusammen und spricht sie mit einer Rede, d.h. in der Gruppe, an (20,1: *univorsos appellat*), und sie braucht er dann auch nur noch zu ermuntern *(cohortari)*.

2.4 Das Grundprinzip der Redestrategie: amplificare, attenuare

Da es die Aufgabe des Redners ist, die Ausgangsstimmung in die Zielstimmung zu überführen, bestimmt die Differenz der beiden die ganze Strategie der Rede. Diese läuft, ganz kurz und allgemein gesagt, darauf hinaus, daß der Redner all diejenigen Momente der Ausgangsstimmung, die dem angestrebten Überredungsziel günstig sind, verstärkt *(amplificat)*, die ungünstigen aber abschwächt *(attenuat)*. Nun gründet sich die Ausgangsstimmung auf bestimmte Informationen, die die Hörer haben; aus ihnen haben sich bei ihnen auf logischem Wege bestimmte Meinungen und aufgrund psychologischer Gesetze auch gewisse Emotionen ergeben. Infolgedessen geht der Redner so vor, daß er

a) die seiner Sache günstigen Informationen hervorhebt, bestätigt und eventuell noch ergänzt, die ungünstigen dagegen bestreitet oder, falls dies nicht möglich ist, bagatellisiert, was mit dem rhetorischen terminus technicus „*docere*" bezeichnet wird;

b) auf der so geschaffenen Informationsbasis argumentativ seiner Sache günstige Meinungen zu bestätigen oder neu zu erzeugen, ungünstige zu widerlegen sucht (*probare* bzw. *refutare*);

c) unter Ausnutzung der besagten psychologischen Gesetze[14] ihm günstige Emotionen zu schüren oder neu zu wecken, ungünstige zu dämpfen oder sogar auszuschalten sucht (*commovere* bzw. *mulcere*).[15]

Die Strategie einer guten Rede ist also genauestens der Ausgangsstimmung der Hörer angepaßt. Man kann sie infolgedessen nur dann richtig verstehen und würdigen, wenn man sich zuvor, so gut es auf der Basis der zur Verfügung stehenden Informationen noch geht, eine Vorstellung von dieser Ausgangsstimmung gemacht hat. Und zwar erschließt man sie sich aus der Situation, in der die Rede gehalten wurde: indem man sich überlegt, welche Aspekte dieser Situation für die vom Redner angesprochenen Hörer relevant waren, in welcher Weise sie von ihnen affiziert worden sein könnten. Die Situation ihrerseits können wir uns bei einer Historikerrede, wie gesagt, zum größten Teil schon aus dem erzählenden Kontext erschließen; hinzu kommen die Andeutungen, die in der Rede selbst darüber gemacht werden.

3 Interpretation der Rede Sallust, Cat. 20

Die folgende ausführliche Interpretation der Catilinarede ist dementsprechend folgendermaßen aufgebaut: Wir versuchen zuerst (1) die Situation und die aus ihr sich ergebende Ausgangsstimmung zu erschließen, beschreiben dann (2) die darauf abgestimmte Redestrategie. Diese wird im Ablauf der Rede verwirklicht. Deshalb schließt sich (3) eine fortlaufende Interpretation des Redetextes an. Dabei werden neben den gedanklichen (der *inventio* zuzuordnenden) Überredungsmitteln auch dispositorische und stilistische in den Blick kommen. Über sie soll dann (4) im letzten Abschnitt dieser Interpretation noch einiges Zusammenfassende und Grundsätzliche gesagt werden.

3.1 Situation und Ausgangsstimmung

Was zu dem Zeitpunkt, da Catilina seine Rede hielt, die allgemeine Situation war, schildert Sallust Kap. 16,4 f., wo er erläutert, warum Catalina sich gerade damals entschloß, einen Umsturz zu versuchen; viele Hinweise darauf finden sich in der Rede selbst; auch dem sogenannten 2. Exkurs (36,4–39,4), in dem Sallust erläutert, warum Catilinas Umsturzversuch, einmal bekannt geworden, so weithin auf Sympathien stieß, kann man einige wichtige Informationen darüber entnehmen. Für uns relevant ist wohl vor allem dies: Einige wenige Mächtige *(pauci potentes)* hatten allen Einfluß *(gratia, auctoritas)*, alle Macht *(potentia)* und in der Folge davon auch alle öffentlichen Ehrenstellungen *(honores)* und alle Reichtümer *(divitiae)* in ihren Händen vereinigt[16] und verteidigten dieses Macht- und Besitzmonopol mit allen Mitteln: Versuche von Außenstehenden, sich um ein höheres Staatsamt zu bewerben, endeten regelmäßig mit einem Mißerfolg *(repulsa)*, Versuche, die bestehenden Macht- und Besitzverhältnisse zu ändern oder auch nur in Frage zu stellen, wurden mit Gerichtsverfahren *(iudicia)* beantwortet.[17] Ausgeschlossen von der Macht waren nicht nur die *plebs,* sondern auch Teile der Ritterschaft und des Senatsadels. Es waren die letzteren und nicht die *plebs*, an die sich (im Unterschied etwa zu Memmius und Marius im „Jugurtha") Catilina wendete[18], und von ihnen hatte er besonders diejenigen im Auge, die aus irgendeinem Grund (meist wohl durch eigenes Verschulden) in eine Notlage *(necessitudo)* gekommen waren, sei es nun eine finanzielle *(inopia)*, die sie gezwungen hatte, Schulden *(aes alienum)*[19] aufzunehmen, oder auch, daß ihr Ruf durch gerichtliche Verurteilungen ruiniert worden war bzw. durch laufende oder bevorstehende Gerichtsverfahren ruiniert zu werden drohte.[20] Zu ihnen gehörte übrigens Catilina selbst.

Catilina konnte bei diesen Hörern daher mit der folgenden Ausgangsstimmung rechnen: Sie waren zunächst einmal natürlich unzufrieden mit ihrer gegenwärtigen Lage, befürchteten überdies, daß sie nicht bloß so unbefriedigend bleiben, sondern sich sogar noch weiter verschlimmern würde.[21] Hand in Hand damit gingen einher der Haß auf die *pauci potentes,* von denen sie sich an die Seite gedrängt fühlten, und der Neid auf deren Macht und Reichtum. Dabei scheint ihnen aber vor allem der Reichtum der Mächtigen (und der durch ihn ermöglichte Luxus) ins Auge gestochen zu haben, die politische Macht erst in zweiter Linie. Man kann das aus der Ausführlichkeit schließen, mit der Catilina ihnen gerade diesen Luxus der *pauci potentes* vor Augen stellt; es entspricht auch Sallusts Charakteristik des damaligen Zeitgeistes, die er in den Kapiteln 11 und 12 des „Catilina" gibt: Seit Sulla war die *avaritia* das herrschende Laster, nicht mehr die *ambitio;* Reichtum war oberster Wert, Ruhm und Macht ihm nachgeordnet.

Aus Unzufriedenheit, Haß und Neid ergab sich bei Catilinas Hörern nun der Wunsch, die gegenwärtige Situation zu ändern und aus ihrer persönlichen Zwangslage wieder herauszukommen. Dieser Wunsch (in den auch die Habgier mit eingeht) konnte jedoch erst dann zu einem Handlungsantrieb werden, wenn er sich zur Hoffnung verdichtete, wenn m. a. W. Möglichkeiten sichtbar wurden, das Erwünschte zu verwirklichen. Die einzige denkbare Möglichkeit war jedoch ein Umsturz der bestehenden Verhältnisse. Catilina hatte schon in den Vorgesprächen deutlich gemacht, daß er darauf hinsteuere[22], und diejenigen unter seinen Zuhörern, die Nutznießer des Sullanischen Bürgerkrieges gewesen waren, wußten aus eigener Erfahrung, daß sich dann alle Chancen bieten würden.[23] Aber so ein Umsturzversuch war gleichzeitig sehr gefährlich; und die Furcht vor den Risiken war geeignet, Catilinas Zuhörer von einer Beteiligung abzuschrecken. Diese Furcht stand der Aktion, zu der er sie überreden wollte, also entgegen, war handlungshemmende Furcht, während die andere, vorhin genannte (die, daß ihre Lage sich noch verschlimmern könnte) seinem Vorhaben günstig war, also handlungsförderliche Furcht. Man versteht jetzt noch besser, warum Catilina sich gerade solche Hörer ausgesucht hatte, *quibus maxuma necessitudo et plurumum audaciae inerat* (17, 2): Bei ihnen war aufgrund ihrer persönlichen Lage die handlungsförderliche Furcht am größten, aufgrund ihrer Veranlagung die handlungshemmende am geringsten. Die zweite Art von Furcht ließ sich am besten allerdings dann zerstreuen, wenn Catilina zeigen konnte, daß die Risiken des geplanten Unternehmens gering, die Erfolgsaussichten groß sein würden, oder anders ausgedrückt: daß die Situation für dieses Unternehmen günstig *(opportuna)* sei. Dies war aber, wie Sallust im Kap. 16, 5 selber sagt, tatsächlich der Fall: Italien war in diesem Moment gerade von allen Truppen entblößt; Catilina konnte sich eine gewisse (wenn auch von ihm überschätzte) Chance ausrechnen, für das Jahr 63 das Konsulat zu erringen und so legale Macht in die Hand zu bekommen, die er für seine illegalen Zwecke hätte mißbrauchen können; der Senat rechnete in der stabil und ruhig erscheinenden Lage mit keinerlei Gefahren, und auch die herrschende Senatsclique (die *pauci potentes)* fühlte sich in unangefochtener Stellung, glaubte nichts befürchten zu müssen.[24] Auf alle diese günstigen Umstände wird Catilina in seiner Rede und dann, noch ausführlicher und konkreter, in der sich anschließenden Aussprache gebührend hinweisen.[25]

Die Hörer, an die sich Catilina wendet, gehörten, wie gesagt, dem Ritter- oder sogar dem Senatorenstand an. Und mochten sie finanziell und moralisch noch so sehr heruntergekommen sein, sie hatten sich doch gewisse Reste ihres Standesstolzes bewahrt, und auch die traditionellen Wertvorstellungen ihrer Klasse (repräsentiert durch Begriffe wie *virtus, gloria, libertas*) hatten sich aus ihrem Bewußtsein noch nicht ganz verflüchtigt. Ihr Standesstolz konnte für Catilinas Vorhaben einen negativen Effekt haben: Sie fühlten sich als seinesgleichen, und es war deshalb nicht selbstverständlich, daß sie bereit sein würden, sich seiner Führung zu unterstellen. Catilina suchte dem in seiner Rede Rechnung zu tragen. Der Standesstolz hatte aber auch für Catilina vorteilhafte Aspekte: Die Hörer empfanden ihre gegenwärtige Lage nicht nur als materielle Not, sondern auch als eine ihrem Stand zugefügte Demütigung. Ihre Unzufriedenheit hatte also neben den materiellen auch noch sozusagen ethische Motive. Die Reste adliger Wertvorstellungen, die in Catilinas Hörern lebendig waren, bewirkten, daß der Beteiligung an dem Umsturzversuch neben der Furcht vor den Risiken auch noch moralische Bedenken entgegenstanden, bei den einen mehr, bei den anderen weniger. Auch damit mußte Catilina sich in seiner Rede auseinandersetzen.

3.2 Catilinas rhetorische Strategie

Aus der beschriebenen Ausgangsstimmung von Catilinas Hörern ergibt sich nun nach dem Grundsatz „günstige Momente verstärken, ungünstige abschwächen" ganz von selber eine rhetorische Strategie. Er verstärkt (1) die Unzufriedenheit seiner Hörer mit ihrer gegenwärtigen Lage, indem er (1 a) den Gegensatz zwischen der Macht der *pauci potentes* und ihrer eigenen Ohnmacht, zwischen deren Reichtum und ihrer eigenen Armut rhetorisch hervorhebt[26] und dabei, an ihren Standesstolz appellierend (1 b), auch das Demütigende dieser ihrer Lage herausstreicht.[27] Durch beides erregt er natürlich auch (2) ihren Neid und (3) ihren Haß gegen die *pauci potentes*. Er spricht (4) ihre Furcht an, daß ihre Lage sich noch weiter verschlimmern könnte[28], bestärkt sie so (5) in ihrem Wunsch, diese Lage zu ändern, weckt in ihnen (5 a) die Hoffnung, daß dies durch einen Umsturz möglich sei. Er weckt dabei auch (6) ihre Habsucht, indem er ihnen all das, was ihnen ein erfolgreicher Umsturz einbringen würde, verlockend vor Augen stellt.[29] Vor allem aber bemüht er sich (7) immer wieder, ihre Furcht vor den Risiken eines Umsturzversuches, die er offenbar für das Haupthindernis auf dem Weg zum Überredungsziel hält, zu zerstreuen, und zwar indem er (7 a) mehrfach auf die Gunst der Situation hinweist[30], (7 b) sie in schmeichelhafter Weise an ihre eigene Tüchtigkeit erinnert[31] und (7 c) ihre Stärke mit der Schwäche der Gegner kontrastiert.[32] Er versucht (8), die bei ihnen eventuell noch vorhandenen moralischen Bedenken zu zerstreuen, indem er für sein Unternehmen allerlei beschönigende Umschreibungen gebraucht.[33] Und schließlich sucht er (9) einem bei ihnen möglicherweise vorhandenen stolzen Widerwillen, sich ihm als Führer zu unterstellen, dadurch zu begegnen, daß er sein Verhältnis zu ihnen als Interessengemeinschaft zwischen Gleichgestellten charakterisiert und so tut, als ob er sich ihnen nur zu beliebiger Verwendung zur Verfügung stellen wolle.[34]

Damit sind die Gedanken, die Catilinas Redestrategie ausmachen, im wesentlichen beschrieben und damit gleichzeitig das, was sich bei der Abfassung einer Rede im ersten Arbeitsschritt, d. h. bei der Gedankenfindung *(inventio),* ergibt. Der Redner muß sie nun in eine zweckmäßige Reihenfolge bringen *(dispositio)* und möglichst wirkungsvoll formulieren *(elocutio).* Wie Sallust seinen Catilina diese weiteren Aufgaben bewältigen läßt, kann nur eine fortlaufende Interpretation des Redetextes selbst deutlich machen.

3.3 Fortlaufende Interpretation der Rede[35]

Den Abschnitt 20,2–4 kann man als Prooemium *(exordium)* der Rede betrachten; ist doch in den ersten drei Sätzen die an dieser Stelle übliche *captatio benevolentiae* enthalten: Dreimal[36] betont Catilina, daß ihm die Tüchtigkeit und Verläßlichkeit seiner Hörer wohlbekannt sei. Zugleich nimmt er aber auch schon mehrere wichtige Gedanken der folgenden Rede vorweg: Er weist auf die Gunst der Situation hin und auf die Größe des bei der geplanten Aktion zu erwartenden Gewinns, beginnt auch gleich damit, eventuell vorhandenen moralischen Skrupeln seiner Hörer vorzubeugen, indem er die Aktion in beschönigender Weise umschreibt, nämlich als *magnum atque pulcherrumum facinus;* ja sogar in der *captatio benevolentiae* selbst versteckt sich genau besehen ein argumentativer Kern, den er später noch entwickeln wird: Wenn nämlich die Hörer wirklich so viel *virtus* und *fortitudo* besitzen, dann wird es ihnen nicht schwerfallen, die Aktion, die er ihnen vorschlägt, zum Erfolg zu führen: Es besteht also kein Anlaß zu Furcht und Verzagtheit. Auch der Schwierigkeit, die ihm aus dem Selbstbewußtsein der Hörer erwachsen könnte („Wie kommt denn dieser Mensch dazu, sich zu unserem Anführer aufzuwerfen?"), beginnt er schon hier entgegenzuarbeiten, indem er sich mit ihnen betont auf eine Stufe stellt, sein Verhältnis zu ihnen als eine ganz und gar gleichberechtigte Interessengemeinschaft charakterisiert, die er, wieder beschönigend, mit dem Wort *amicitia* bezeichnet.[37]

Es beginnt nun der Hauptteil der Rede (5–13). Man erwartet, daß Catilina nun genauer erläutert, was er sich für einen Plan ausgedacht habe[38]. Aber das kann er sich ersparen, hat er doch (wie er sagt) allen Anwesenden das Notwendige darüber schon in den vorangegangenen Einzelgesprächen gesagt; statt dessen spricht er jetzt, dies ergänzend *(ceterum)*, von der inneren Motivation, die ihn zu seinem Plan veranlaßt habe, und sagt: Sie verstärke sich von Tag zu Tag *(mihi in dies magis animus adcenditur),* und zwar bei dem Gedanken, wie er und seine Zuhörer in Zukunft leben müßten, wenn sie nichts gegen ihre Lage unternähmen. Er spricht damit jene handlungsfördernde Furcht der Hörer an, von der wir vorhin gesprochen haben; gleichzeitig sucht er wieder etwa vorhandenen moralischen Skrupeln vorzubeugen, indem er die geplante Aktion als eine Befreiung von einer Knechtschaft hinstellt, der Knechtschaft nämlich, in die die *pauci potentes* die *res publica* gebracht haben.[39] Damit ist der Übergang zur Darstellung des Machtungleichgewichts in der *res publica* hergestellt, die in zweifacher Gegenüberstellung der *illi* und eines „wir" geschieht. Dieses „wir" umfaßt hier aber noch alle von der Macht Ausgeschlossenen *(ceteri omnes),* ist also noch nicht auf den Kreis der Angeredeten eingeengt; und hervorgehoben wird noch in erster Linie die ungleichmäßige Verteilung der Macht (repräsentiert durch Begriffe wie *ius atque dicio, gratia, auctoritas, potentia),* von der ungleichmäßigen Verteilung des Reichtums wird vorerst nur nebenbei gesprochen. Catilina spielt sich hier also noch als Sachwalter der *res publica* insgesamt auf, tut noch so, als ob es ihm nur darum gehe, daß diejenigen die Macht bekommen, denen sie gebührt; und dabei komme es nicht auf Adel, sondern allein auf die Tüchtigkeit an[40].

An die Darstellung der herrschenden Verhältnisse, in Aussagesätzen gegeben, schließt er nun (mit relativischem Anschluß) eine Frage an: *quae quo usque tandem patiemini, o fortissumi viri?* Es ist eine rhetorische Frage, d. h. Catilina erwartet auf sie nicht im Ernst eine Antwort, sondern will mit ihr nur (1) sein Erstaunen darüber ausdrücken, daß seine Zuhörer trotz ihrer Mannhaftigkeit diese Situation immer noch hinnehmen, will sie (2) dadurch indirekt-suggestiv auffordern, es nicht länger zu tun.[41] Ganz offensichtlich zielt er damit auf die in ihnen noch wirksamen Reste adligen Selbstbewußtseins („Ein tapferer Mann nimmt so etwas nicht auf Dauer hin"), und in dieselbe Kerbe schlägt er auch gleich noch einmal mit einer zweiten rhetorischen Frage.[42] Sie unterstellt es nämlich als selbstverständlich, daß Leute wie sie lieber einen mannhaften Tod sterben[43] als weiter ein elendes und ehrloses Leben zu fristen, das sie am Ende dann doch auch verlieren[44], aber in Schande.

Aber – so führt Catilina sogleich und mit dem Ausdruck entschiedenster Versicherung *(verum enim*[45] *vero, pro deum atque hominum fidem)* fort – es handele sich in diesem Augenblick gar nicht darum zu sterben (entweder mannhaft oder in Schande), sondern vielmehr darum, einen Sieg, den sie schon in der Hand hätten, zu ergreifen, Gegnern, denen sie weit überlegen seien[46], den Garaus zu machen. Man brauche nur einen Anfang zu machen, alles Weitere werde sich wie von selbst ergeben. Man sieht, wie der Redner hier erneut (wie schon gleich im ersten Satz der Rede) die Leichtigkeit der geplanten Aktion herausstreicht, um den Hörern die Furcht vor ihren Risiken zu nehmen.[47] Damit schließt der erste Abschnitt des Hauptteils der Rede.

Der Übergang zum zweiten (11–14) wird dadurch hergestellt, daß Catilina die rhetorische Frage von vorhin („Wie lange wollt ihr das noch hinnehmen?") in leicht veränderter Form wiederholt („Welcher tapfere Mann kann es auf Dauer ertragen …?") und an sie eine neuerliche Gegenüberstellung der *pauci potentes* und der *nos* anschließt, nur daß es jetzt nicht mehr um Macht und Ohnmacht, sondern allein noch um Reichtum und Armut geht, und daß das „wir" jetzt nicht mehr beansprucht, die Gesamtheit aller Benachteiligten im Staat zu repräsentieren, sondern nur noch die Angeredeten meint. Catilina spricht also jetzt ganz offen nur noch den persönlichen Neid seiner Zuhörer auf den Reichtum der *pauci potentes* an: In drei Perioden stellt er den ungeheuren Luxus, für den diese ihren Reichtum vergeuden, ohne ihn jedoch damit erschöpfen zu können, der Armut, unter der sie selber *(nos)* zu leiden haben, gegenüber. Die dritte Periode endet mit dem Hinweis darauf, daß ihre Aussichten für die Zukunft sogar noch schlimmer seien als ihre gegenwärtige Lage: Nur das nackte Leben bleibe ihnen. So steht am Ende des Hauptteils der gleiche Gedanke, der an seinem Anfang gestanden hatte: der Gedanke an die zukünftigen Lebensumstände, mit denen sie rechnen müssen – <u>falls</u> sie sich nicht selber aus dieser Lage befreien. An die Stelle dieser hypothetischen Feststellung *(nisi nosmet ipsi vindicamus in libertatem)* tritt jedoch jetzt, am Beginn des Schlußteils der Rede (14–17), sehr viel dringlicher eine als rhetorische Frage figurierte Aufforderung: „Warum wacht ihr nicht lieber[48] auf?" Mit lebhaft vergegenwärtigender Deixis *(en)* stellt er ihnen vor Augen, was sie alles durch die Aktion, zu der er sie auffordert, gewinnen könnten, nennt wieder (wie schon 6, diesmal aber durch *geminatio* stärker hervorgehoben) die Freiheit, fügt dann aber auch noch Reichtum, Glanz, Ruhm hinzu. Daß dies alles „in Sichtweite sei" *(in oculis),* ist ein erneuter Hinweis auf die Greifbarkeit des Sieges.[49] Dann wiederholt er in knapper Aufzählung noch einmal alles, was sie zur Aktion veranlassen sollte[50]: Das Wortpaar *res, tempus* soll noch einmal daran erinnern, wie günstig die allgemeine Situation in diesem Augenblick ist, soll also die Furcht der Hörer vor den möglichen Risiken der Aktion zerstreuen; *pericula, egestas* bezeichnet die aussichtslose persönliche Situation, in der sie sich befinden, appelliert also an ihre Unzufriedenheit und an ihre Furcht, daß alles sogar noch schlimmer werden könne; *belli spolia* bezeichnet den Gewinn, der auf die Sieger wartet, appelliert noch einmal an ihre Habgier. All dies sollte (sagt Catilina) sie viel mehr noch zum Handeln ermuntern als die Rede, die er eben vor ihnen gehalten hat, und leitet damit schon über zu einer erneuten Demonstration seiner Bescheidenheit.[51] Er gibt vor, sich seinen Hörern ganz und gar zur Disposition zu stellen, fordert sie auf, ihn zu verwenden, wie sie wollen: entweder als Feldherrn ... oder auch als gewöhnlichen Soldaten; und er versichert ihnen, daß er auch als Konsul alles mit ihnen zusammen *(vobiscum una)* betreiben werde – falls sie nicht etwa *(nisi forte)* eher zur Knechtschaft als zur Herrschaft bereit seien. Mit diesem ironischen Kondizionalsatz, der unterstellt, daß dies natürlich nicht der Fall ist, schließt die Rede.[52]

3.4 Zusammenfassung zur dispositio und elocutio

Die fortlaufende Interpretation der Rede sollte zeigen, wie der Redner die gedanklichen Elemente, die er sich im Rahmen seiner Redestrategie zurechtgelegt hatte, in die ihm zweckmäßig erscheinende Reihenfolge gebracht und ausformuliert hat: wie er, in rhetorischer Terminologie gesprochen, nach der Arbeitsphase der *inventio* die Probleme der *dispositio* und *elocutio* bewältigt hat.[53] Fassen wir noch einmal kurz zusammen, welche dispositorischen Künste, welche stilistischen Mittel wir beobachten konnten.

Dispositorisch kunstvoll ist die Abfolge der beiden Gegenüberstellungen zwischen den *pauci potentes* und den anderen, mit „wir" Bezeichneten: In der ersten tut Catilina, wie gesagt, noch so, als ginge es ihm nur um eine gerechte Machtverteilung im Staat und als spreche er für alle von der Macht ausgeschlossenen Mitbürger; erst in der zweiten gibt er sich offen als Wortführer des Besitzneides einer ganz bestimmten Personengruppe zu erkennen. Hier ist, selbst in dieser kurzen Rede, deutlich faßbar, daß Überredung immer ein mehr oder weniger allmählicher Prozeß ist: Der Redner darf sich nicht gleich am Anfang ganz offenbaren, sondern muß, bevor er das tut, erst in behutsamer Vorbereitungsarbeit entgegenstehende Stimmungselemente abbauen. Catilina weiß, daß in seinen Hörern noch Reste von staatspolitischem Gewissen wirksam sind; also liefert er ihnen erst ein ethisches Alibi, bevor er offen ihre Habsucht und ihre Luxussucht anspricht.

Was die in der Rede angewandten stilistischen Mittel betrifft, so darf man sich, wie bereits gesagt, nicht damit zufriedengeben, sie bloß zu benennen, sondern muß versuchen, immer auch die Funktion, die sie im Kontext haben, zu erfassen. Der *amplificatio* des im Gemeinwesen herrschenden Ungleichgewichts dienen die beiden *expolitiones* (7 f.; 11–13; *expolitio* = Ausweitung eines Gedankens durch variierende Wiederholung). Da dieses Ungleichgewicht in Form einer Gegenüberstellung der *pauci potentes* und der mit *nos* bezeichneten anderen vorgeführt wird, sind es beide Male Aneinanderreihungen von antithetisch aufgebauten Perioden.[54] Ebenfalls der *amplificatio* dienen die zahlreichen *enumerationes* (asyndetischen Aneinanderreihungen von Worten): Sie sollen etwa die Macht und den Reichtum der *pauci potentes* hervorheben bzw. die Ohnmacht und Armut der anderen (8; 12; 13) oder die Vielzahl der *praemia,* die der Sieg bringen wird (14; vgl. auch 21, 2) oder die Vielzahl der Gründe, warum man jetzt einen Umsturz versuchen sollte (15). Die Glieder einer solchen Aufzählung können in sich zu Antithesen (hier nicht Kolon-, sondern Syntagma-Antithesen) zusammengefaßt sein (so z. B. 13: *domi inopia, foris aes alienum; mala res, spes multo asperior*). – Andere Stilmittel dienen dazu, die Suggestivkraft des Gesagten zu erhöhen. Das leisten vor allem die verschiedenen Formen der rhetorischen Frage. Wir haben in unserer Rede ein Beispiel für ihren bekanntesten

Typ, die rhetorische Entscheidungsfrage (9), aber auch mehrere rhetorische Ergänzungsfragen finden sich: solche, die der rhetorischen Entscheidungsfrage noch ganz nahe stehen (11: suggerierte Antwort: *nemo;* 13: *nihil*), eine, die einer Aufforderung gleichkommt (14), und eine, welche vor allem expressiv gemeint ist (9). Als suggestiv bezeichne ich in allen diesen Fällen, daß eine Behauptung, eine Aufforderung oder auch, wie im letzten Fall, eine bestimmte Emotion nicht offen und direkt ausgesprochen wird, sondern der Hörer gezwungen wird, sie sich aus dem Gesagten selbst zu erschließen; indem er das aber tut, hat er sich ihren Inhalt schon halb zu eigen gemacht. Suggestiv ist natürlich auch die Figur der Ironie, mit der unsere Rede schließt. Suggestiv schließlich, wenn auch in einem etwas anderen Sinn, kann man auch den durch *geminatio* nachdrücklich gemachten deiktischen Verweis (14: *en illa, illa ... libertas*) nennen: Auf etwas noch nicht Wirkliches, bloß Erwünschtes wird so hingewiesen, als ob es schon sichtbar vor Augen stünde, der Wunsch nach seiner Verwirklichung wird dadurch gesteigert. In der antiken rhetorischen Terminologie findet sich dafür allerdings kein eigener Begriff.

4 Oberster rhetorischer Bewertungsmaßstab: der Redeerfolg

Catilina wollte mit seiner Rede die Zuhörer ermuntern, ihn bei seinem Vorhaben (und zunächst einmal bei seiner Bewerbung um das Konsulat) tatkräftig zu unterstützen. Der Erfolg seiner Rede zeigt, daß er dafür die richtigen Mittel gewählt hatte: Am Ende des Sallustischen Berichts über die Geheimversammlung heißt es (21, 5): *Omnium animos alacres videt.* Für die rhetorische Bewertung der Rede ist das das Entscheidende, denn der Überredungserfolg ist hier der oberste Bewertungsmaßstab. Das gilt auch für alle Elemente der Rede bzw. für all die verschiedenen Aspekte, unter denen sie sich betrachten läßt: Strategie, Anordnung, Stil, Vortrag. Rhetorisch gut ist das und nur das, was zum Überredungserfolg etwas beiträgt, was sich in Hinsicht auf ihn als zweckmäßig erweist. Wenn das Überredungsziel z.B. von der Art ist, daß der Redner es nur mit Hilfe falscher Behauptungen und sophistischer Argumentationen erreichen kann, dann sind diese, vorausgesetzt, er kann sie plausibel vorbringen, rhetorisch richtig und erlaubt; wenn es dem Überredungsziel dienlicher ist, die Hörer über die wahren Zusammenhänge des Sachverhalts im unklaren zu lassen, dann ist eine unklar gegliederte, verwirrende Darstellung rhetorisch besser als eine mit klarer, übersichtlicher Disposition. Entsprechendes gilt auch für Sprachstil und Vortrag: Glanzvolle Formulierungen erscheinen in bestimmten Situationen den Hörern eitel, allzu gewandte verdächtig, ein zu sicherer Vortrag arrogant; also ist es in so einem Fall rhetorisch besser, durch eine schlichte oder sogar absichtlich ungeschickte Ausdrucksweise ehrliche Biederkeit, durch einen stotternden Vortrag sympathische Schüchternheit vorzutäuschen.

5   Beredsamkeit als bloßes Instrument – und als Methode der Wahrheitsfindung

Wenn vom rhetorischen Standpunkt her oberster Maßstab der überredenden Rede die Zweckmäßigkeit ist, dann bedeutet das: Die Beredsamkeit wird hier rein instrumental aufgefaßt, als ein bloßes Mittel, das wie jedes Mittel zu guten Zwecken gebraucht, aber auch zu fragwürdigen mißbraucht werden kann. Ob das erstere oder das letztere geschieht, hängt von anderen, außerrhetorischen Instanzen ab, etwa vom Charakter und Verantwortungsbewußtsein des Redners. Es wird immer Redner geben, von denen das gilt, was Sallust über Catilina sagt (5, 4): *satis eloquentiae, sapientiae parum;* es wird aber immer wieder einmal auch solche geben, die wie Caesar und Cato *eloquentia* besitzen, dazu aber auch *virtus* (53, 6 f.). Man sollte über den Schaden, den die ersteren anrichten, nicht den Nutzen vergessen, den Beredsamkeit der zweiten Art bringen kann. Man denke etwa (um ein Beispiel aus der jüngsten Geschichte anzuführen) an de Gaulles berühmte Fernsehansprache auf dem Höhepunkt der Algerienkrise, durch die er ein Umsichgreifen des Offiziersputsches in Algier und damit einen Zusammenbruch des Staates verhinderte. In Sallusts „Catilina" sind Beispiele für solchen staatsmännischen Einsatz der Beredsamkeit in kritischer Situation die Reden Caesars und Catos in der Senatssitzung vom 5.12.63 – und zwar beide gleichermaßen, obwohl sie doch in schärfstem Widerspruch zueinander stehen.[55] Und gerade das Gegeneinander dieser beiden großen Reden macht uns im übrigen darauf aufmerksam, daß Beredsamkeit noch etwas anderes sein kann als bloß ein beliebig verwendbares (und deshalb auch mißbrauchbares) Mittel der Überredung: nämlich ein Mittel der Wahrheitsfindung. Darauf hat als erster Aristoteles hingewiesen.[56] Die zugrundeliegende Überlegung läuft etwa so: Im öffentlichen Leben ergibt sich immer wieder die Notwendigkeit, in Fragen zu einer Entscheidung zu kommen, die sich nicht mit wissenschaftlicher Sicherheit beantworten lassen. Man denke etwa an Gerichtsfälle, bei denen ein Tatbestand aus unklaren und z.T. einander widersprechenden Indizien erschlossen werden muß oder aber nach ganz verschiedenen, einander z.T. widersprechenden Bewertungsnormen (ethischen, politischen, juristischen) beurteilt wird. Oder man denke an politische Entscheidungen, die so weitreichend sind, daß ihre Folgen sich nicht klar absehen lassen. In solchen Fällen wird eine Debatte veranstaltet, und es ist gut, wenn dann jede der einander entgegenstehenden Meinungen einen beredten Vertreter findet, der alles, was sich an Argumenten für sie vorbringen läßt, aus ihr ‚herauszuholen' und so überzeugend wie möglich vorzubringen weiß. Ist dies geschehen, kann durch eine Abstimmung festgestellt werden, welche der so vertretenen Meinungen die meisten der Anwesenden überzeugt hat, d.h. die größte Plausibilität besaß. Für sie entscheidet man sich dann im Vertrauen darauf, daß das Plausibelste mit größter Wahrscheinlichkeit auch das Richtige sei. Die Beredsamkeit zeigt sich hier in einer ganz neuen und ganz und gar positiven Funktion. Sie tritt uns hier nämlich entgegen nicht als schlaue Technik, mit der ein einzelner einer Menge Beliebiges aufreden kann, sondern als eine von dem betreffenden Gremium gemeinsam genutzte Technik der Wahrheitsfindung. Nicht die Überredung (τὸ πεῖσαι) ist hier ihr Ziel, sondern das Herausfinden dessen, was jeder Meinung an Plausibilität innewohnt: τὸ ἰδεῖν τὰ ὑπάρχοντα πιθανὰ περὶ ἕκαστον. Sieht man die Rhetorik so, dann bietet sie ein ganz anderes, sehr viel positiveres Bild. Es ist weitgehend in dem Bereich verwirklicht, dem sie entstammt: im Gerichtswesen. In den Parlamenten ist es wenigstens das erklärte, wenn auch in der Regel beklagenswert wenig verwirklichte Ideal. Deshalb wäre es eine wichtige Aufgabe jeder Einführung in die Rhetorik, nicht nur die sehr realen Gefahren, die von ihr ausgehen, zu zeigen und ihnen so vorzubeugen, sondern auch auf diese ihre idealen Möglichkeiten hinzuweisen.

Anmerkungen

1 Bei den wichtigen rhetorischen Begriffen werde ich im folgenden immer die betreffenden lateinischen (gelegentlich auch die griechischen) termini technici der antiken Rhetorik in Klammern hinzusetzen.
2 Der Begriff ‚Rhetorik' ist also streng zu unterscheiden von dem allgemeinen Begriff der Beredsamkeit *(eloquentia).* Dies wird im folgenden beachtet.
3 Kriege wurden in Schlachten entschieden, welche von Heeren überschaubarer Größe, an einem Ort zusammengezogen, ausgefochten wurden.
4 Aristoteles, Rhet. I, 3, 1358 a 36 ff. Die dritte von ihm neben den zwei bereits genannten besprochene Gattung, das ἐπιδεικτικὸν γένος/*genus demonstrativum,* zielt nicht auf Überredung, interessiert uns hier also nicht.
5 Das ist besonders der Lehre von der *inventio* und der *dispositio* anzumerken.
6 Das hat ihn aber nicht gehindert, sich im Aufbau seines Dialogs genau an die traditionelle Gliederung des rhetorischen Lehrsystems zu halten.
7 Selbst die kürzeste Cicero-Rede, die Ligariana, nimmt immer noch 14 Oxford-Seiten ein. Zu ihr ist ein ausgezeichneter Schulkommentar erschienen: Zink, N.: Rhetorik – Beredsamkeit. Cicero pro Ligario. Frankfurt a. M. 1983.
8 16, 4: *opprimundae rei publicae consilium cepit.*
9 Ich spreche der Einfachheit halber von ‚Stimmung', obwohl die hier gemeinte geistige Verfassung im allgemeinen nicht nur eine stimmungshaft-emotionale, sondern daneben auch noch eine rationale Seite hat, gekennzeichnet durch einen bestimmten Informationsstand und rational daraus abgeleitete Meinungen. Das gilt auch für die gleich noch zu besprechende Ausgangsstimmung.
10 Kap. 51. Vgl. dazu auch Neumeister, Ch.: Die Geschichtsauffassung Sallusts im Catilina und ihre Behandlung in der Sekundarstufe II. Frankfurt a. M. 1983, 23–30; Pöschl, V.: Die Reden Caesars und Catos in Sallusts Catilina. (Wege der Forschung Bd. 94: Sallust) Darmstadt 1970, 368–397.
11 Kap. 51.
12 Jug. 31. Auch die Länge vieler Cicero-Reden erklärt sich so.
13 Vgl. 20, 1: *cum singulis multa saepe egit.*
14 Aristoteles hat den rhetorisch wichtigen Emotionen und den psychologischen Mechanismen ihrer Entstehung im Buch II seiner „Rhetorik" die Kapitel 2–11 gewidmet.
15 Das dritte Überredungsmittel, von dem in den lateinischen Rhetoriken die Rede ist, das *conciliare,* ist schwer vom *commovere* zu trennen (siehe etwa Cicero, De or. II 212). Es wird oft als eine mildere Form des *commovere* aufgefaßt (z. B. Quintilian VI 2,9).
16 39,2: *ii magistratus, provincias aliaque omnia tenere.* Ausführlicher Catilina in seiner Rede (20,8): *omnis gratia, potentia, honos, divitiae apud illos sunt aut ubi illi volunt.*
17 39,2: *ceterosque iudiciis terrere.* Vgl. 20,8.
18 In der Aufzählung von Catilinas Zuhörern (17,3 ff.) rangieren an erster Stelle Senatoren, Ritter und Provinzadel.
19 Nach 16,4 eine zu dieser Zeit weitverbreitete Erscheinung: *aes alienum per omnis terras ingens erat.*
20 Auf das letztere, die drohende Verurteilung, bezieht sich wohl das mehrfach vorkommende Wort *pericula* (20,8; 15; 21,4), auf das erstere *ignominia,* das 21,4 als Pendent dazu erscheint.
21 Darauf bezieht sich Catilina, wenn er sagt (13): *nobis est ... mala res, spes multo asperior,* und Sallust selbst, wenn er 21,1 Catilinas Zuhörer als *homines, quibus ... erant ... neque res neque spes bona ulla* charakterisiert.
22 17,1: *opes suas, imparatam rem publicam, magna praemia coniurationis docere.*
23 Weshalb Catilina in der der Rede folgenden Aussprache ausdrücklich daran erinnert (21,4).
24 39,2: *innoxii, florentes, sine metu.*
25 20,2; 10; 14 und 21,3.

26 7 f.: Macht und Reichtum; 11–13: Reichtum allein, mit Betonung des durch ihn ermöglichten Luxus.
27 7: Sie sind den *pauci potentes* untertan; 9: Ihr Leben ist nicht nur armselig, sondern auch entehrend; sie sind dem Hochmut der *pauci potentes* zum Gespött.
28 6; 13.
29 14 f., aber andeutungsweise auch schon 2: *spes magna, dominatio in manibus.* Vgl. auch 21,2.
30 2; 10; 15.
31 2: *virtus;* 3: *fortes;* 9: *o fortissumi viri;* 11: *quoi virile ingenium est.*
32 10.
33 13: Sein Vorhaben ist ein *maxumum atque pulcherrumum facinus;* 6 f.: es ist nichts anderes als die Wiedergewinnung der Freiheit (vgl. auch 14); 7: er deutet an, daß damit nur die richtigen Machtverhältnisse im Staat wiederhergestellt werden.
34 4; 16.
35 Immer wieder äußerst hilfreich hierbei ist der große Kommentar zum „Catilina" von K. Vretska, Heidelberg 1976, 1. Halbband, 302–325.
36 Einmal per negationem: *neque ego per ignaviam aut vana ingenia incerta pro certis captarem.*
37 Die Beschönigung wird deutlich, wenn man diese Passage mit einem Satz der Memmius-Rede im „Jugurtha" vergleicht (31,14 f.): *eadem cupere, eadem odisse, eadem metuere ... inter bonos amicitia, inter malos factio est.*
38 *ego quae mente agitavi.* Das *ego* steht in betontem Gegensatz zu dem vorangegangenen *vobis* und soll wohl im Sinne der Bescheidenheit verstanden werden: „Ich (für meine unmaßgebliche Person) ..."
39 *ius atque dicio.* Die Worte bezeichnen (worauf Vretska z. St. aufmerksam macht) in der Sprache des Kriegsrechts das Verhältnis des Siegers zum Unterworfenen.
40 Das liegt in der Zusammenstellung *strenui boni, nobiles atque ignobiles.*
41 Man kann also von einer expressiven rhetorischen Ergänzungsfrage mit Aufforderungscharakter sprechen.
42 Sie gehört diesmal dem bekannteren Typ der rhetorischen Entscheidungsfrage an, zielt, wie gleich die Fragepartikel *nonne* deutlich macht, auf eine bejahende Antwort.
43 Die Implikation des *per virtutem* ist: einen Tod, mit dem wie das Scheitern mannhaften Handelns bezahlen, den sie also in gewissem Sinne selber auf sich ziehen. Vgl. die ganz ähnliche Überlegung des Taciteischen Otho (hist. I, 21,2): *si nocentem innocentemque idem exitus maneat, acrioris viri esse merito perire.*
44 Die Implikation des *amittere* ist: ohne eigenes Zutun, nach der Willkür anderer.
45 *enim* hier nicht begründend, sondern versichernd: Kühner, R.: Ausführliche Grammatik der lateinischen Sprache. Teil 2: Satzlehre. 2 Bde. Bearbeitet von Stegmann, C./Thierfelder, A. Bd. 2, 120,3.
46 Catilina hält ihnen den Gegensatz vor Augen zwischen ihrer Jugend und der Greisenhaftigkeit der Gegner, zwischen ihrer frischen Energie und der durch den Genuß des Reichtums erschlafften Energie der anderen.
47 Hinter dem Übergang von 9 zu 10 versteckt sich übrigens eine der beliebtesten rhetorischen Argumentationsformen, das *argumentum a comparatione.* Explizit würde es hier lauten: „Wenn ihr, tapfere Männer, die ihr seid, ein mannhaftes Sterben einem Leben in Elend und Schande vorziehen würdet, dann werdet ihr doch erst recht einen leichten Sieg, der euch Reichtum, Macht und Ruhm bringen soll, einem solchen elenden Leben vorziehen!"
48 *quin,* ursprünglich fragend, ist öfters zum bloßen Adverb der Aufforderung herabgesunken und wird dann mit dem Imperativ gebraucht. Es betont in der Regel den Gegensatz zum Vorhergehenden: Kühner, a. a. O., Teil 2: Satzlehre. Bd. 1, 201 i. Deshalb hier die Übersetzung „Warum nicht lieber ..."
49 Vgl. 10: *victoria in manu nobis est.*
50 Damit entspricht er dem rhetorischen *praeceptum,* in der *peroratio* u. a. auch eine kurze Zusammenfassung *(recapitulatio)* der in der Rede vorgebrachten Argumente zu geben.
51 Die erste, verdecktere fand sich, wie erinnerlich, am Ende des Prooemiums (3 f.).
52 Nach Abschluß der Rede beantwortet Catilina noch Fragen seiner Zuhörer. Was er dabei sagt, konkretisiert und ergänzt das in der Rede Gesagte, fügt sich im übrigen aber genau der beschriebenen Redestrategie ein: Er zählt 21,2 die *praemia* auf, die ein Erfolg der Unternehmung brächte, schürt damit noch einmal ihre Habsucht; er nennt 21,3 die Momente der augenblicklichen Situation, die der Unternehmung günstig sind, zerstreut dadurch noch einmal die Furcht vor ihren Risiken und stärkt ihre Hoffnung auf einen Erfolg; er schürt 21,4 noch einmal durch Beschimpfung der Gegner den Haß seiner Hörer auf sie, steigert durch Lob ihr eigenes Selbstgefühl; und er erinnert zum Schluß 21,4 noch einmal einen jeden an die ganz persönlichen Motive *(egestas, cupiditas, periculum et ignominia, victoria Sullana),* die ihn zur Beteiligung an der Unternehmung veranlassen sollten.

53 Die beiden übrigen *partes artis* (*memoria:* Memorieren des schriftlich formulierten Redetextes; *actio:* Vortrag) fallen hier, bei dieser nur noch schriftlich faßbaren Rede, natürlich weg.
54 Aristoteles würde von einer λέξις ἀντικειμένη (Rhet. III, 9, 1409 b 36) sprechen.
55 Vgl. hierzu Neumeister, Ch.: Die Geschichtsauffassung Sallusts im Catilina ..., a.a.O., 36–38.
56 Rhet. I, 1, 1355 a 19 – b 21.

Paul Barié

Vitae philosophia dux? – Zur Lektüre philosophischer Texte auf der späten Mittelstufe

1 These

Wer in zehnten Klassen unterrichtet, begegnet nicht selten einem latenten und noch ‚vorreflexiven' Interesse für Fragen grundsätzlicher Art, die philosophische Probleme einschließen. Die Nachdenklicheren unter den jungen Leuten prüfen in diesem Alter individuelle Lebensentwürfe, sie machen sich Gedanken über politische und ökologische Lebens- und Überlebenschancen und entwickeln sich dabei nicht selten von zunächst unsicher Fragenden zu dezidierten, ‚sokratischen' Infragestellern. Gleichzeitig wird von Sechzehnjährigen die unaufhebbare Spannung zwischen „Lustprinzip" und „Realitätsprinzip" (S. Freud), zwischen Wünschen und Möglichkeiten, stark empfunden. Der Verlust religiöser und familiärer Geborgenheit, das Wissen um Leid und Schmerz, um Liebe und Verzicht, um Trauer und Verlust, Todesgedanken, auch Selbstmordwünsche, all das wird akut, aktuell und gedanklich durchgespielt, spürbar wird aber auch der Wunsch nach geistiger und ‚argumentativer' Auseinandersetzung mit der Wirklichkeit und nach Reflexion aller Lebenszusammenhänge. Ich will vorsichtig sein und aus eigener Beobachtung und Kollegenbefragung keine voreiligen Verallgemeinerungen ableiten, zumal ich nur für Lateinklassen sprechen kann und die schichtenspezifischen Fragen außer acht lasse (Elternhaus, Motivation, Bildungshintergrund); den Befund: größere Aufgeschlossenheit als früher für philosophische Fragen bei dieser Altersklasse, sollte man aber doch zur Kenntnis nehmen, zumal Latein an diesem ‚Trend', fundamentale Frage zu stellen, wohl nicht ganz unschuldig ist; der reflektierend-distanzierte Umgang mit sprachlichen Sachverhalten, wie er im Lateinunterricht ständig eingeübt und habitualisiert wird, legt ja eine reflektierend-argumentative Haltung gegenüber der Wirklichkeit nahe, so daß man vielleicht doch nicht zufällig gerade als Lateinlehrer auf Philosophie angesprochen wird. Der Philologe ist also aufgerufen, ‚aus dem Schatze des Altertums' auszuwählen, um dem Bedürfnis nach philosophischer Propädeutik mit Texten entgegenzukommen, die dieser Lern-und Altersgruppe entsprechen.

2 Probleme, Ziele, Möglichkeiten

Philosophische Texte in lateinischer Sprache gelten als schwer, als ausgesprochene Primenlektüre. Sie zeitlich früher zu lesen, bestand auch kein Anlaß, solange man in der Regel Latein kontinuierlich bis zur Reifeprüfung betrieb. Davon kann heute keine Rede mehr sein: nur wenige Schüler lernen lange genug Latein, um in den ‚Genuß' philosophischer Lektüre zu kommen; viele fangen spät mit dem Lateinlernen an, in Klasse 7 oder 9, und sie hören früh wieder auf, nach der 10. oder der 11. Klasse. Wir müssen daher versuchen, den verschiedenen ‚Torsi' von Lehrgangsformen ein Profil zu geben, das auch intellektuell anspruchsvolle Texte einschließt. Leider beginnt und endet ja die Mittelstufenlektüre – nach einer mehr oder weniger gehaltvollen ‚Übergangslektüre' – noch allzu häufig mit dem „Bellum Gallicum" als einsamem Höhepunkt. An philosophische Texte auf Mittelstufenniveau zu denken (wo doch immerhin die meisten Lateinschüler damit erreichbar wären) mag wenig realistisch sein, soll aber aus den angedeuteten Gründen versucht werden. Zunächst wäre zu prüfen, ob philosophische Texte der Römer ausnahmslos sprachlich zu kompliziert und inhaltlich zu anspruchsvoll für diesen Adressatenkreis sind; antike Philosophie wirkt ja auf den modernen Leser oft naiv-erfrischend und im besten Sinne jugendgemäß, und daß Philosophie etwas für junge Menschen sei, war in der Antike selbstverständlich; man denke an den großen ‚Jugendverführer' Sokrates, an Senecas Lucilius-Briefe; in Platons „Gorgias" akzeptiert Kallikles, der Pragmatiker der Macht, gerade noch, daß ganz junge Leute Philosophie treiben, spätpubertäre Euphorie gewissermaßen, bevor der Ernst des Lebens beginnt. Als Adressaten für philosophische ‚Botschaften' kämen also junge Menschen dieses Alters, jedenfalls unter antikem Blickwinkel, durchaus in Betracht. Doch welche Texte soll man lesen, und welches Ziel verbindet man damit? Das wird zunächst zu prüfen sein.

2.1 Liest man in den philosophischen Schriften Ciceros oder auch Senecas, um herauszufinden, was sich für Schüler dieses Alters eignet, dann ist das Resultat eher enttäuschend; hinter der gefälligen Oberfläche des Redeflusses verbergen sich häufig ‚allomorphe' und voraussetzungsreiche Probleme, Reflex jahrhundertelanger Argumentation griechischer Denker, eingebunden in die Intentionen römischer Autoren. Zum Glück entsprechen einige Texte doch unseren pädagogischen Absichten, einen Eindruck zu vermitteln von dem, was man im Altertum unter Philosophie verstand. Verfrüht wäre freilich jede philosophische Systematik, desgleichen die Konzentration auf ein spezielles Problem oder ein einzelnes philosophisches Thema; am ehesten kommen solche Texte in Frage, in denen Gestalten der Philosophiegeschichte wie Sokrates oder Pythagoras dominieren.[1]

2.2 Die staatstheoretischen Schriften Ciceros, vorab „De re publica", scheiden sicher aus; zentrale Themen der Oberstufenlektüre sollten nicht vorweggenommen werden.

2.3 Seneca, an den man zunächst denken könnte, schreibt für diese Altersstufe (und Lernphase) zu wenig explizit, zu allusiv und zu pointiert.

2.4 Geeignet sind manche Stellen aus den „Tusculanen": Leid, Schmerz und Tod, der Druck der Realität und die Möglichkeiten, diesem Druck standzuhalten, also, wenn man so will, existenzphilosophische Fragen, aber auch grundsätzliche Erörterungen zur Philosophie in Rom und zur Besonderheit philosophischer Tätigkeit von Pythagoras bis Sokrates; ergänzend (oder alternativ) kann man einige Stellen aus „De officiis" und mehrere Passagen aus „De natura deorum" lesen. Damit ist der Rahmen des Realisierbaren abgesteckt.

3   Texte, Themen und Verknüpfungen

Philosophische Propädeutik am Ende der 10. Klasse ist ein sinnvolles, aber anspruchsvolles Lernziel. Ich nenne jetzt einige Texte und Themen, die in Klassen des alt- und des neusprachlichen Typs versuchsweise gelesen wurden und empfehlenswert erscheinen. Nicht weniger als vier und nicht mehr als acht Wochen können zeitlich dafür angesetzt werden (die Vorschläge sind alternativ zu verstehen).

3.1 Im Anschluß an Fitzek, A.: Geistige Grundlagen Europas (Frankfurt a. M. ⁵1970), folgende Passagen:
- Die bedeutendsten vorsokratischen Philosophen, Cicero, *Acad.* II 118;
- Die Schule des Pythagoras, Gellius, *Noct. Att.* I 9, 1–7; 12;
- Pythagoras, der erste ‚Philosoph‘, *Tusc.* V 8–9;
- Die Gestalt des Sokrates nach Cicero: Daimonion, Lehre, Abschiedsrede, *De div.* I 122; 123; *Tusc.* I 57 und I 97–99.

3.2 Antike Theologie:
Die Lehre von den Göttern, *De nat. deorum* I 1–4;
- Die Schwierigkeiten des theologischen Problems; Atheismus, Skeptizismus, Vorsehung, *De nat. deorum,* die ersten beiden Kapitel;
- Untersuchung der stoischen These, daß die Welt um des Menschen willen existiere, *De nat. deorum* II, Kap. 62, 154–59.²

3.3 Cicero über Sinn und Zweck seiner philosophischen Schriftstellerei, *De off.* II 1,2–2,6, eventuell zu ergänzen durch den Anfang der Tusculanen; als Darstellung eines speziellen philosophischen Problems kann man *Tusc.* I 93–103 lesen: Gedanken griechischer Philosophen über den Tod.

3.4 Die eindrucksvolle Sequenz aus dem 5. Buch der Tusculanen über Begriff und Inhalt philosophischen Forschens, über Pythagoras, den Archegeten der Philosophie, und über die „sokratische Schwelle" (eventuell zu ergänzen durch die auf Person und Schicksal des Sokrates bezogenen Cicerostellen bei Fitzek unter II. 7) wird als erprobtes Textbeispiel unter Punkt 5 vorgestellt.

3.5 Anknüpfungsmöglichkeiten
Philosophische Propädeutik braucht nicht abrupt zu erfolgen; die Mittelstufenlektüre bietet durchaus Anknüpfungspunkte für philosophische Reflexion:
- Für die ersten Kapitel von *De nat. deorum* kann man an BG VI 13–18 anknüpfen: keltische Religion aus römischer Optik, Druidenglaube und Seelenwanderungslehre, zumal Caesar unausgesprochen ‚pythagoreisiert‘.
- Didaktische Brücke zwischen BG VI 13–18 und Tusculanen V 7–10 bildet der bereits genannte Abschnitt aus Gellius über die Schule des Pythagoras.
- Phaedrusfabeln sind Kabinettstücke moralphilosophischer Reflexion; es ist nicht zu hoch gegriffen, sie als philosophische ‚Übergangslektüre‘ zu bezeichnen.³

4 Methodisches

Damit die Lektüre problembezogen erfolgen kann, darf sie nicht im Sprachlichen steckenbleiben, zumal eine längere Einlesephase wegfällt. Einen Ausweg deuten die Stichworte ‚suggestiv‘, ‚zweisprachig‘, ‚transformationell‘ an:
- <u>suggestiv</u>, also unter besonders starker Führung des Lehrers, der ‚präventiv‘ Schwierigkeiten aus dem Weg räumt, um zu vermeiden, daß die *res* unter den *verba* verschwinden;
- manche Passagen, die inhaltlich wichtig, aber sprachlich sehr komplex sind (z. B.: *Tusc.* V 8–9 ... *Phliuntem ferunt venisse,* sc. *Pythagoram* ...) scheue man sich nicht <u>zweispra-</u>

chig zu lesen; ein Specimen für die Arbeit mit der Übersetzung und für ‚synoptische Textarbeit' wurde an anderer Stelle vorgelegt[4];
– transformationell meint die von mir mehrfach vorgeschlagene Methode „textinterner Umformungen", bei der eine syntaktisch-stilistisch vereinfachte und semantisch explizierte Version vorgelegt wird, und zwar nicht als Ersatz für das komplexere Original, sondern als intermediäres Stadium auf dem Weg zum authentischen Wortlaut. Ein solcher ‚Transformationsschritt' wird unter 5.4.2. für *Tusc.* V 8–9 vorgeschlagen.[5]

5 Textbeispiel: Cicero, Tusculanae disputationes V 7–10

Im folgenden wird in gebotener Kürze und Problemvereinfachung ein Text vorgelegt und analysiert, der mit Gewinn in einer 10. Klasse gelesen werden kann.

5.1 *Anknüpfungsmöglichkeit an BG VI 13–18, Caesars Exkurs über die Religion der Gallier*

Der Hauptpunkt der druidischen Lehre, die Seelenwanderung: ... *non interire animas, sed ab aliis post mortem transire ad alios,* erweist sich als *interpretatio Pythagorea.*[6] Daran kann man jetzt anknüpfen, da im Zentrum des Textbeispiels die Gestalt des Pythagoras steht.

5.2 *Themenpunkte, philosophische Ahnenforschung*

5.2.1 Der enge Zusammenhang der Philosophie bzw. ihrer Vorstufe, der *sapientia,* mit der Kulturentwicklung des *homo sapiens,* V 7: *quam rem antiquissimam cum videamus* ...

5.2.2 Inhaltliche Bestimmung der *sapientia: divinarum humanarumque rerum ... cognitio.*

5.2.3 Der ‚Stammbaum' der ‚Philosophen' von Atlas und Prometheus bis zu Sokrates.
Aus Tusc. V 7–10 kann man folgende ‚Genealogie' herauspräparieren:
(1) primordial und vorheroisch: Atlas und Prometheus (auch der ‚Cepheus-Clan').
(2) heroische Zeit: der kluge Odysseus und der weise Nestor.
(3) Frühzeit des historischen Griechentums: Lykurg, *temporibus Homeri.*
(4) Die Sieben Weisen.
(5) Pythagoras bezeichnet die Schwelle von der *sapientia* zur *philosophia sensu stricto.* Als *nominis inventor* knüpft er an die alte *sapientia* an, als *rerum etiam ipsarum amplificator* ist er eigenständiger, kreativer Denker: *exornavit Magnam Graeciam praestantissimis et institutis et artibus.*
Pythagoras ist die eine dominierende Gestalt der griechischen Philosophie; die andere ist Sokrates; auch er hat seine geistige Ahnenreihe, nämlich:
(6) Anaxagoras,
(7) Archelaus, dessen Schüler:
(8) Sokrates, Hörer des Anaxagoras. Die „sokratische Schwelle": Abkehr von den *meteōra,* Hinwendung zum sozialen Handlungsfeld mit der neuen, ethischen Thematik, beschreibt der letzte Abschnitt: *Socrates autem primus philosophiam devocavit de caelo et in urbibus conlocavit et in domus etiam introduxit et coegit de vita et moribus rebusque bonis et malis quaerere.*

‚Genealogisch' wird viel zu erläutern sein; auch Anaxagoras sollte kein bloßer Name bleiben. Daß das Ganze ein Konstrukt ist – mit vielen Frag-Würdigkeiten, ist für didaktische Zwecke ohne großen Belang. Pythagoras bezeichnet den Höhepunkt kosmosbezogener *theoria;* mit Sokrates endet die Epoche der Naturphilosophie und beginnt diejenige der Ethik; Sinn des ‚Stammbaums' ist es, die Kontinuität (*a quibus ducti deinceps,* V 8) philosophischer Spekulation *ab origine* nachzuweisen, woraus folgt, daß Philosophie integraler Bestandteil und treibender Faktor der menschlichen Kulturentwicklung darstellt.

5.2.4 Im Mittelpunkt des Abschnittes steht die Pythagoraserzählung des Herakleides Pontikos, V 8–9: *quem ... Phliuntem ferunt venisse;* daß sie anekdotisch ist, historisch Verbürgtes mit gut Erfundenem kombiniert, ist didaktisch kein Nachteil.[7] Wir kommen unter Punkt 5.4 darauf zurück, wollen uns aber zunächst noch den unmittelbar vorausgehenden Abschnitt näher ansehen.

5.3 Von Atlas bis Cepheus: mythisierte Experten in Astronomie? V 8
Nec vero Atlas sustinere caelum nec Prometheus adfixus Caucaso nec stellatus Cepheus cum uxore, genero, filia traderetur, nisi caelestium divina cognitio nomen eorum ad errorem fabulae traduxisset; a quibus ducti deinceps omnes qui in rerum contemplatione studia ponebant, sapientes et habebantur et nominabantur, idque eorum nomen usque ad Pythagorae manavit aetatem ...

Der Gedankengang ist ungewöhnlich, löst vielleicht Befremden aus. Was haben diese Gestalten gemeinsam? Offenbar haben sie etwas mit den *caelestia,* den Himmelsphänomenen, zu tun. Atlas ist der mythische ‚Träger' des Himmelsgewölbes, angesiedelt am Westrand der Erde; ihm gegenüber, am Ostrand der Oikumene, ein anderer Vorzeitgott, sein Bruder Prometheus, ebenfalls an seinen Berg gefesselt[8] – *Caucaso adfixus* auf den Himmel ‚fixiert'; und dann der ‚Cepheus-Clan' mit Cassiopeia, Andromeda, Perseus, ein Sternbilder-Ensemble, *ad errorem fabulae traducti:* „in den Irrtum des Mythos (= *fabula!*) überführte" Gestalten der Urzeit. Verkleidet so der Mythos die Wahrheit von den exzellenten Astronomen *illius temporis?*

Sinn der Argumentation ist es, den Ursprung der Philosophie bis in die mythische Urzeit zurückzuverfolgen; neben dem Feuerbringer steht der andere Prometheus, der auf seine ‚kaukasische Sternwarte' verbannte Astronom.

„Euhemeristisch" nennt man diese Form rationalistischer Mythendeutung nach dem utopischen Reiseroman des Euhemeros von Messene; dieser hatte dargestellt, wie die Vorzeitkönige von den Nachgeborenen zu Göttern erhoben wurden. Die Astronomie, kontemplative Tätigkeit κατ' ἐξοχήν, gilt als Paradigma philosophisch ‚reiner', interesseloser *(... nihil sibi adquirentem)* Wissenschaft. (Vom kontemplativen Charakter antiker Wissenschaftsethik wird im letzten Abschnitt noch zu sprechen sein.)

5.4 Die Pythagoraserzählung des Herakleides Pontikos, Tusc. V 9

5.4.1 Die originale Textgestalt
Pythagoram autem respondisse similem sibi videri vitam hominum et mercatum eum qui haberetur maxumo ludorum apparatu totius Graecia celebritate; nam ut illic alii corporibus exercitatis gloriam et nobilitatem coronae peterent, alii emendi aut vendendi quaestu et luctu ducerentur, esset autem quoddam genus eorum idque vel maxime ingenuum, qui

nec plausum nec lucrum quaererent, sed visendi causa venirent studioseque perspicerent quid ageretur et quo modo, item nos quasi in mercatus quandam celebritatem ex urbe aliqua, sic in hanc vitam ex alia vita et natura profectos alios gloriae servire, alios pecuniae; raros esse quosquam qui ceteris omnibus pro nihilo habitis rerum naturam studiose intuerentur; hos se appellare sapientiae studiosos (id est enim philosophos); et ut illic liberalissimum esset spectare nihil sibi adquirentem, sic in vita longe omnibus studiis contemplationem rerum cognitionemque praestare.

5.4.2 Der durch textinterne Umformungen ‚präparierte' Text

Durch ‚Entflechtung' (Aufhebung der indirekten Rede, strengere Parallelisierung der Kola, Beseitigung von Inkonzinnität, sprachliche und syntaktische Vereinfachung unter Wahrung der Semantik, Strukturierung und optische Gliederung) wird der komplexe und gedankenreiche Text leichter lesbar gemacht. Die vereinfachte und durchgegliederte Textgestalt ist Brücke und Zwischenstation zum Originaltext. Zuvor wird man Vokabeln angeben und Begriffe klären, auch ganze Wortgruppen, die sich einem unmittelbaren Verständnis widersetzen, z.B. die komplexe Bedeutung von *mercatus* („Markttreiben"?), *maxumo ludorum apparatu* „mit dem ganzen prachtvollen Aufwand der Spiele", *totius Graeciae celebritate* „in Anwesenheit ganz Griechenlands" oder *emendi aut vendendi quaestu et lucro* „mit Aussicht auf Gewinn und Profit durch Kauf und Verkauf" (O. Gigon).

Unter den genannten Voraussetzungen kann der so präparierte Text gelesen werden. Durch aufmerksamen Vergleich mit dem Originaltext wird dann in einem zweiten Schritt die authentische Textgestalt verstehbar, deren Besonderheiten (z.B. indirekte Rede; inkonzinner Ausgang der Trikola) auf ihre textpragmatische Funktion befragt werden können:

A. These des Pythagoras
vita hominum et mercatus ille, qui habetur maxumo ludorum apparatu, totius Graeciae celebritate, similes esse videntur.

B. Erläuterung der These: Ausführung des Vergleichs
illic (id est: in mercatus celebritate)
    alii corporibus exercitatis gloriam et nobilitatem coronae petunt,
    alii emendi aut vendendi quaestu et lucro ducuntur,
    alii
        nec plausum
        nec lucrum quaerunt, sed
        visendi causa veniunt
        studioseque perspiciunt,
            quid agatur et quomodo;
item nos
    in hanc vitam ex alia vita et natura profecti sumus;
    alii gloriae,
    alii pecuniae serviunt;
    alii – rari sunt! – cetera omnia pro nihilo habent
        et rerum naturam studiose intuentur;
        sapientiae studiosos se appellant, id est enim „philosophi".

C. Conclusio (resümierend)
in ludis
   liberalissimum est spectare, nihil sibi adquirentem
in vita
   longe omnibus studiis praestat contemplatio cognitioque rerum.

5.4.3 Philosophie als „theoretische Neugierde"[9]

a) Wir finden in unserem Text die drei klassischen (aristotelischen) Lebensmuster[10]

	vita	analog:	mercatus ille ...
– *politikós:*	*gloriae servire*		Sportwettkämpfer
– *chrematistés*	*pecuniae servire*		Käufer und Verkäufer
– *theoretikós:*	*rerum naturam studiose intueri*		Zuschauer

(Man achte auch auf das Despektierliche *servire* gegenüber dem ‚edlen' *intueri*).

b) Auffallend: ‚allomorph' im Bezug auf unser Wissenschaftsverständnis und daher beachtenswert ist der hohe Rang des Zuschauers gegenüber dem Wettkämpfer, des interessefreien, aber interessierten Betrachtens *(visendi causa venire)* gegenüber intentionalem Bestreben *(plausum, lucrum quaerere);* die *vita contemplativa* ist nach dieser Darstellung der *vita activa* qualitativ überlegen, theoretische Neugierde steht über handlungsbezogener Dynamik, distanzierte Realitätsbetrachtung über engagierter Realitätsveränderung.[11] Dieses Erkenntnisideal ist uns heute fremd, man kann auch sagen: verlorengegangen, sogar die Astronomie hat ihre ‚Reinheit' eingebüßt und ist zur Astronautik geworden, während noch für Kant die aus antiker Tradition stammende geheimnisvolle Korrespondenz zwischen „dem gestirntem Himmel über mir und dem moralischen Gesetz in mir" als selbstevident galt.

c) Wertung

Negativ: Die antiken Philosophen haben sich darauf konzentriert, die Wirklichkeit zu interpretieren, und dabei vergessen, daß sie zu verändern ist – Argumentation im Sinne von Marx: das ‚Bewußtsein' dieser Philosophen ist das der *leisure-class.*

Positiv: Hier wären zwei Überlegungen angebracht: 1. Von den antiken Philosophen könnten wir lernen, daß es eine andere, ‚umweltfreundlichere' Art von Wissenschaft gab (also geben kann?); nichtmanipulativ, kontemplativ-einfühlend, geprägt von einer kosmischen Religiosität, „die unbegreiflich hohen Werke [...] herrlich wie am ersten Tag" belassend. 2. Das Marxsche Diktum wurde von Günther Anders in der „Antiquiertheit des Menschen" einer Revision unterzogen.[12] Es genüge nicht, meint er, die Welt zu verändern, das tun wir ja ohnehin maßlos; wir müßten endlich lernen, die Welt und die Veränderungen in ihr auch wieder zu interpretieren, damit sich die Welt nicht weiter ohne uns verändere; also reflektieren und nicht (nur) handeln – *studiose perspicere quid agatur et quomodo,* um dem üblichen Aktionismus mit eigenen Denkbemühungen grundsätzlicher Art zu begegnen. Vielleicht könnte man darüber mit jungen Menschen ein philosophisches Gespräch beginnen, im Anschluß an den Abschnitt aus den „Tusculanen", freilich mit schlichteren Worten, als es hier geschah.

Anmerkungen

1 Geeignete Texte findet man u.a. bei Fitzek, A.: Geistige Grundlagen Europas. Frankfurt a.M. ⁵1970, bes. I (die kosmologische) und II (die anthropologische) Periode der griechischen Philosophie; Lateinisches Lesebuch. Hrsg. von W. Stosch, C. Haussig, H. Hohensee. Frankfurt a.M. ³1973, Abschnitt VI (praktische Philosophie); Römisches Menschentum. Ausgew. u. eingel. von E. Römisch. Frankfurt a.M. ³1971, mit einigen schönen Cicerotexten aus De leg. und den Briefen zum Thema *humaniter vivere*; eine sehr schöne Auswahl aus Ciceros philosophischen Schriften stammt von O. Weissenfels: B. G. Teubners Schülerausgaben griechischer und lateinischer Schriftsteller. Leipzig und Berlin ¹⁰1933; anregend-vielseitig ist das Buch von Otto Seel: Vox humana – ein Lesebuch aus Cicero. Stuttgart 1949. (Für Mittelstufe geeignet z.B. die schöne Stelle über das Grab des Archimedes in Syrakus.)
2 Vgl. die Analyse dieses Kapitels bei Barié, P.: Die ‚mores maiorum' in einer vaterlosen Gesellschaft. Ideologiekritische Aspekte literarischer Texte, aufgezeigt am Beispiel des altsprachlichen Unterrichts. Frankfurt a.M. 1973, 46 ff.
3 Moralphilosophische Reflexion anhand von Phaedrusfabeln schlägt K.H. Eller vor; vgl. seine Ausgabe: Phaedrus, Fabeln. Exemplis discimus. Lebenswirklichkeit und Moralphilosophie. Frankfurt a.M. 1982.
4 Barié, P./Eyselein, K.: Amor und Psyche. Ein Liebesmärchen des Apuleius. Freiburg/Würzburg 1983, Lehrerheft, 51 ff.
5 Das Verfahren textinterner Umformungen ist erläutert von Barié, P.: Formen späten Lateinbeginns. In: Höhn, W./Zink, N. (Hrsg.): Handbuch für den Lateinunterricht – Sekundarstufe II. Frankfurt a.M. 1979, 87–88.
6 Vgl. Barié, P.: *Interpretatio* als religionspsychologisches Phänomen. In: AU XXVIII 2/1985, bes. Abschnitt 3: Caesar, die Druidenreligion und das keltische Pantheon.
7 Vgl. Cicero, Tusculanen. Hrsg. von O. Gigon. München ²1970, die ausführlichen Anmerkungen zu V 8–9, 553–555.
8 Zur Mythologie der beiden Brüder Atlas und Prometheus vgl. Barie, P.: Prometheus und die Folgen. Strukturale und ethnologische Aspekte einer mythischen Erzählung. In: AU XXV 6/1982, 5–38.
9 Zu diesem Begriff vgl. das Buch von Blumenberg, H.: Der Prozeß der theoretischen Neugierde. Frankfurt a.M. 1973; Blumenberg, H.: Das Lachen der Thrakerin. Eine Urgeschichte der Theorie. Frankfurt a.M. 1987.
10 Zu den drei Lebensformen vgl. Aristoteles: Nikomachische Ethik, 1095 b17–1096 a7, wo freilich der *chrematistés* durch den *apolaustikós*, den Genußmenschen, ersetzt ist; vgl. Gigon, ²1970, zur Stelle, aber auch zu den Traditionen, die Herakleides Pontikos auf Pythagoras übertragen hat.
11 Zum Verhältnis des Philosophen zur Wirklichkeit und zum Theorie-Ideal der antiken Philosophie vgl. die wichtigen Ausführungen im Buch von Blumenberg, H.: Schiffbruch mit Zuschauer. Paradigma einer Daseinsmetapher. Frankfurt a.M. 1979; *locus classicus* für diese Metapher ist das berühmte Proömium zum 2. Buch des Lukrez:
suave mari magno turbantibus aequora ventis
e terra magnum alterius spectare laborem ...
12 Anders, G.: Die Antiquiertheit des Menschen. Bd. II. München ²1981, Motto.

Rainer Nickel

Die Funktion von Übersetzungen für die Erschließung lateinischer Texte

Vorbemerkung

Wenn der Lateinunterricht von der ersten Stunde bis in die späte Lektürephase als qualitative Einheit zu betrachten ist, dann müssen die in der Abiturprüfung nachzuweisenden Qualifikationen bereits für den Anfangsunterricht maßgebend sein. Dann bestimmt ein zentrales Lernziel wie z. B. die Fähigkeit zur Erschließung lateinischer Texte die Praxis und Theorie des Unterrichts von Anfang an. Alle Überlegungen und Maßnahmen, die der Entwicklung und Förderung dieser Fähigkeit dienen, haben schon in der Didaktik und Methodik des beginnenden Lateinunterrichts (Lehrbuchphase) ihren Platz. Daher versteht es sich von selbst, daß eine Studie zum Lateinunterricht in der Sekundarstufe I von einem Problem der schriftlichen Abiturprüfung ausgeht.

1   Übersetzung – nachgereicht und beigegeben

Mit dem von Lothar Rohrmann herausgegebenen AU-Heft 1/1984 „Zur Leistungsmessung II" wird die seit langem erörterte Frage[1] nach der Funktion vorgegebener Übersetzungen oder zweisprachiger Texte in ihrer für den Lateinunterricht grundsätzlichen Bedeutung erneut bewußtgemacht. Die Beiträge dieses Heftes diskutieren vor allem die in den „Einheitlichen Prüfungsanforderungen in der Abiturprüfung (EPA)"[2] vorgesehene „Interpretationsaufgabe" als Teil der schriftlichen Abiturprüfung neben der schriftlichen Übersetzung des Schülers. In den EPA-Klausurmodellen II und III ist die Benutzung einer während der schriftlichen Prüfung „nachgereichten" oder „beigegebenen" Übersetzung vorgesehen. Nach Modell II wird ein lateinischer Text übersetzt und die Übersetzung als Prüfungsleistung abgeliefert. Darauf erhält der Schüler eine korrekte Übersetzung des von ihm soeben erarbeiteten Textes „nachgereicht". Diese ist die Arbeitsgrundlage für die nun zu lösende Interpretationsaufgabe. Nach Modell III bekommt der Schüler nach Ablieferung seiner selbständigen Übersetzung einen zweiten lateinischen Text mit „beigefügter" Übersetzung. Dieses Textarrangement ist Gegenstand der Interpretationsaufgabe.[3]

Unter pädagogischen und prüfungsmethodischen Gesichtspunkten läßt sich für dieses Verfahren eine überzeugende Begründung geben: Die differenzierte Interpretationsaufgabe – so Erich Zielinski[4] – bezieht sich auf ein stabilisiertes Textverständnis, über das alle Prüflinge in gleicher Weise bei Beginn des zweiten Prüfungsabschnittes verfügen. Dadurch, daß alle Probanden nach Ablieferung der Übersetzungsleistung eine Arbeitsübersetzung erhielten (Modell II), durch die ein fehlerhaftes Textverständnis zu korrigieren sei, biete sich „guten wie weniger guten Übersetzern […] gleichermaßen die Chance zu einem Neubeginn".

Dem grundsätzlichen Einwand, daß dieses Verfahren mit den fachspezifischen Zielen des Lateinunterrichts nicht vereinbar sei, weil die Übersetzung als Gegenstand der Interpretation nicht mehr ein lateinischer, sondern ein muttersprachlicher Text sei und die Aufgaben demnach ohne Kenntnis des lateinischen Originals gelöst werden könnten, begegnet Zielinski mit folgender Forderung: Der Konstrukteur adäquater, d. h. den fachspezifischen Zielen des Lateinunterrichts entsprechender Aufgaben müsse „inhaltliche und sprachliche Operationen als einander wechselseitig zugeordnete Größen" erkennen. Die richtige Frage laute in diesem Zusammenhang: „Wie müssen Interpretationsaufgaben aussehen, die inhaltlichen und sprachlichen Lernzielen genügen, wenn zu der eigenen Übersetzungsleistung die bestätigende oder korrigierende Arbeitsübersetzung hinzukommt?" Überall, wo es sachlich möglich sei – so die Antwort –, sollte die auf Inhaltsverständnis gerichtete Aufgabe mit sprachlichen Operationen verknüpft werden. Dadurch könne sichergestellt werden, daß die Interpretationsaufgabe nicht allein durch Kenntnisnahme der Arbeitsübersetzung, sondern auch unter Einbeziehung des lateinischen Originals gelöst werde.

Mit dieser Argumentation hat Zielinski nicht nur die Bedingungen für eine den Lernzielen des Lateinunterrichts adäquate Konstruktion von Abituraufgaben hervorgehoben, sondern auch eine methodische Grundregel für die Arbeit an oder mit vorgegebenen Übersetzungen formuliert: Die Auseinandersetzung mit Übersetzungen entspricht nur dann den Zielen des Lateinunterrichts, wenn sie in engem Bezug zum lateinischen Originaltext steht. Der fachspezifische Zweck einer Übersetzungslektüre ist Vertiefung, nicht Verdrängung der Originallektüre. Die Übersetzung ist nicht Interpretationsgegenstand, sondern – wie Eller es ausgedrückt hat[5] – „Interpretationsansatz" für ein gründlicheres Verstehen des Originals.

2 Verstehen ohne Übersetzen

Die von Zielinski aufgestellte Maxime für die Aufgabenkonstruktion könnte keine Geltung beanspruchen, wenn sie nicht bereits im vorausgegangenen Unterricht befolgt würde. Schon im beginnenden Lateinunterricht stellt sich das Problem der Beziehung zwischen Original und Übersetzung. Schon hier kann die Übersetzung in Analogie zur „nachgereichten" oder „beigegebenen" Übersetzung der EPA-Modelle ein Mittel der Texterschließung und ein Interpretationsansatz sein. Allerdings besteht auch hier bereits die Gefahr, daß die Interpretation eines Textes nicht originaltextbezogen, sondern übersetzungsbezogen erfolgt, wenn dem Schüler keine Aufgaben gestellt werden, die ihn zur Auseinandersetzung mit dem Originaltext auffordern. Erfahrungsgemäß gibt es Schüler, die – wie es heißt – zwar nicht übersetzen, dafür aber um so besser interpretieren können, nachdem der Text von einem anderen Schüler übersetzt worden ist. Diese Schüler interpretieren also nicht das Original, sondern die Übersetzung. Sie tun genau das, was bei inadäquater Aufgabenkonstruktion gegen die erwähnten EPA-Modelle einzuwenden ist: Sie lösen falsch gestellte und demnach nicht lernzielgerechte Interpretationsaufgaben. Sie verstehen, ohne zu übersetzen. Ein Beispiel: Der Satz oder Text (1) *Medicus curat, natura sanat* wird mit Hilfe der Bedeutungsgleichungen des Wörterverzeichnisses grammatisch korrekt übersetzt: „Der Arzt pflegt/behandelt, die Natur heilt." Die sich anschließende Interpretation, bei der der besagte interpretationstüchtige Schüler in Aktion tritt, befaßt sich nun nicht mit der Frage „Was bedeutet *Medicus curat, natura sanat*?", sondern für ihn lautet das Problem: „Was bedeutet ‚Der Arzt pflegt/behandelt, die Natur heilt'?" In diesem Falle wird die vorliegende Übersetzung wie ein undurchdringliches Tuch über den lateinischen Satz gelegt, das zum Gegenstand engagierter Erörterung werden kann. Der Originaltext gerät in Vergessenheit. Diese Tendenz haben prinzipiell alle auf den ‚Inhalt' eines lateinischen Textes zielenden Operationen, wenn nicht darauf geachtet wird, daß es im Lateinunterricht nicht um ‚Sprache' auf der einen und um ‚Inhalte' auf der anderen Seite geht, die man nach Belieben voneinander isolieren kann, sondern ausschließlich um sprachlich vermittelte Inhalte und um das korrelative Beziehungs- und Bedingungsgefüge von Sprache und Inhalt.

3 Übersetzen ohne Verstehen

Ein ebenso schwerer Verstoß gegen dieses fachspezifische Prinzip ist der umgekehrte Fall: Texte werden übersetzt, aber nicht interpretiert und nicht verstanden, obwohl die „Neukodierung" in der Muttersprache fast immer auf explizite Interpretation angewiesen ist[6]. Daß dieser Fall eintreten kann, hängt mit einem stark verengten Begriff von Übersetzung zusammen. Im Lateinunterricht gilt der korrekte Austausch syntaktischer Strukturen oder lexikalischer Einheiten gemeinhin als akzeptable ‚wörtliche' Übersetzung. Diese wird vom Schüler oft sogar ausdrücklich gefordert, weil sie dem Lehrer beweist, ob und inwieweit der Schüler die Syntax eines lateinischen Satzes durchschaut oder die Wortgleichungen der Wortkunde beherrscht. Im mündlichen Unterricht ist diese Beschränkung und Verengung des Übersetzungsvorgangs so lange tragbar, wie die Frage nach dem ‚Sinn' der oft ‚sinnlos' anmutenden Übersetzungsformulierung gestellt wird. Im Falle einer schriftlichen Übersetzung braucht die Frage nach dem ‚Sinn' aber gar nicht gestellt zu werden. Die Übersetzungsformulierung wird vom Lehrer akzeptiert und honoriert, falls der Strukturaustausch gelungen ist.

Dieses den Sinn eines lateinischen Textes ignorierende antimentalistische Verständnis von Übersetzung ist weit verbreitet. Im herkömmlichen Anfangsunterricht wird das vom Sinn der Aussage weitgehend absehende Übersetzen oft so gründlich geübt, daß der vielbeklagte ‚Lektüreschock' gar nicht ausbleiben kann und von den meisten Schülern nie überwunden wird. Das Resultat kommt in dem freimütigen Diktum zum Ausdruck: „Wir haben im Lateinunterricht immer nur übersetzt. Aber verstanden habe ich gar nichts." In der Regel kann nicht einmal in der Abiturprüfung davon ausgegangen werden, daß der Schüler den zu übersetzenden Text wirklich versteht, geschweige denn mit seiner Übersetzung ein „vertieftes Textverständnis" nachweist. Das gilt nicht nur für die fehlerhafte Übersetzung, die ja leider die überwiegende Mehrheit der Schüler abliefert. Auch zwischen der sprachlich korrekten (fehlerlosen) Übersetzung und dem Verständnis des Textes kann eine erhebliche Differenz bestehen. Wer eine fehlerfreie Übersetzung abliefert, <u>kann</u>, <u>muß</u> den Text aber nicht verstanden haben.

Für ein Übersetzen ohne Verstehen können mindestens vier Faktoren verantwortlich gemacht werden:

1. Faktor: Textsorte/Textgattung
Bei philosophisch-argumentierenden und reflektierenden Texten ist die Möglichkeit zu

Mißverständnissen trotz korrekter Übersetzung größer als bei erzählenden oder beschreibenden Texten.

Philosophisch-argumentierende oder reflektierende Texte kommen schon im Anfangsunterricht z. B. in Form von Sentenzen und Sprichwörtern vor:

(2) *Errare humanum est.* (3) *Ubi bene, ibi patria.* (4) *Ibi semper est victoria, ubi concordia est.* (5) *Iustitia fundamentum regnorum.*

Derartige Texte lassen sich mit Hilfe der Wortgleichungen der Wörterverzeichnisse oder des Lernvokabulars bereits am Anfang des einführenden Sprachunterrichts übersetzen – im Sinne des Strukturaustausches. Nach dem Sinn der Sätze braucht aber nicht gefragt zu werden. In der schriftlichen Lernerfolgsüberprüfung reicht die Übersetzung als Leistungsnachweis aus. Die fehlerfreie Übersetzung wird mit einem „sehr gut" honoriert, ohne daß der Schüler ein einziges Wort verstanden zu haben braucht.

Um zu veranschaulichen, welche semantische Bandbreite dem findigen Lexikonbenutzer zur Verfügung steht, wenn er Beispiel (2) korrekt übersetzen soll, seien die folgenden (syntaktisch nicht anfechtbaren) Vorschläge aufgezählt: Sich Irren ist menschlich. Umherirren ist menschlich. Unsicher sein ist menschlich. Sich verirren ist menschlich. Sich Vergehen ist menschlich – ist typisch für den Menschen – menschenwürdig – Zeichen von Bildung – menschenfreundlich – höflich usw.

Der fehlende Zusammenhang, die Trennung von einem situativen Kontext, erlaubt eine Vielzahl von mitunter sogar sich widersprechenden Übersetzungen, und der Schüler tut gut daran, bei der auf ihn einstürmenden Fülle gewichtiger, aber kontextloser Worte auf ‚Durchzug' zu schalten und die Frage nach dem Sinn erst gar nicht zu stellen, zumal er bereits für syntaktische Korrektheit seine Belohnung erhält.

Selbstverständlich ist diese Praxis mit dem Lernziel „Fähigkeit zum Übersetzen und Interpretieren lateinischer Texte" nicht zu vereinbaren. Die Reduktion der Übersetzung auf syntaktischen Strukturaustausch verhindert die Einübung des Verstehens lateinischer Texte. Das Übersetzen gerät so in die Nähe eines maschinellen Verfahrens.

2. Faktor: Schwierigkeitsgrad

Je ‚leichter' ein inhaltlich komplexer Text in syntaktischer Hinsicht ist, desto schwerer ist sein Verständnis durch eine Übersetzung nachzuweisen. Denn eine ‚richtige' Übersetzung ist durch mechanischen Strukturaustausch ohne Sinnverständnis zu erbringen. ‚Leichte' Übungssätze wie (6) *Dominus imperat, servus paret,* (7) *Servi non semper fidi sunt,* (8) *Tacere saepe stultum est* können ohne die geringste Ahnung der inhaltlichen Tragweite der Aussage korrekt übersetzt werden. Die Einstufung dieser Sätze als ‚leicht' bezieht sich ausschließlich auf ihre syntaktische Struktur. Die Vokabeln *dominus, imperare, servus* usw. gehören traditionell zum Lernstoff der ersten Lektionen und gelten demnach ebenfalls als ‚leicht'. Sie sind es in Wirklichkeit jedoch nur deshalb, weil man sie als weitgehend inhaltslose Hülsen durch den einführenden Sprachunterricht transportiert. Was es aber bedeutet, daß ein „Herr befiehlt" und ein „Sklave gehorcht", wird gewöhnlich nicht gefragt. Das Verständnis des Textes wird nicht angestrebt.

3. Faktor: Vorverständnis und Hilfen

Ausgangspunkt, Ablauf, Richtung und Umfang des Verstehens sind vom Vorverständnis des Interpretierenden und von den Hilfen, z. B. in Form gezielter Bedeutungsangaben, abhängig. Dabei können Hilfen oder stereotype Wortgleichungen (z. B. *virtus* = Tugend) zwar die Übersetzung erleichtern, aber das Verständnis erschweren oder die Fragwürdigkeit der Aussage verhüllen. Wortangaben – wie *servus* = Sklave, *laborare* = arbeiten, *debere* = müssen, schulden, verdanken – ermöglichen zwar die syntaktisch fehlerfreie Übersetzung des Satzes (9) *Servus laborare debet*. Diese beweist jedoch nicht das Verständnis des Satzes, wenn der Schüler keine einschlägigen Vorkenntnisse z.B. über die rechtliche und soziale Stellung eines römischen Sklaven hat. Wer von der Unmenschlichkeit der Arbeitsbedingungen keine Ahnung hat, wird das Wort *laborare* zwar im Sinne der angegebenen Wortgleichung richtig übersetzen, aber nicht verstehen. Entsprechendes gilt für *debere*, das meist ein „Müssen" im Sinne einer moralischen Verpflichtung einschließt, aber ohne eine relativierende Interpretation in seiner Tragweite nicht begriffen wird. Im Gegenteil – der affirmative Charakter des Übungssatzes wird vom Schüler ahnungslos akzeptiert.

4. Faktor: Kontextbezogenheit
Je weniger der Sach- und Problemzusammenhang des Textes bekannt ist, desto höher ist die Wahrscheinlichkeit, daß auch eine syntaktisch adäquate und lexikalisch mögliche Übersetzung kein volles Verständnis dokumentiert. Ein Satz wie (10) *Cicero consul creatus est* bleibt trotz richtiger Übersetzung völlig unverständlich, wenn nicht bekannt ist, wer Cicero und was ein Konsul ist, und wenn der Wahlmodus eines römischen Magistrats nicht durchschaut wird.

Das Phänomen des Übersetzens ohne Verstehen mußte an dieser Stelle ausführlicher behandelt werden, weil es nicht nur den entscheidenden Anlaß zur Einführung der Interpretationsaufgabe mit „nachgereichter" und „beigegebener" Übersetzung bildet, sondern auch in besonderem Maße die didaktische Legitimation des Lateinunterrichts gefährdet. Denn eine Übersetzung ohne Verstehen ist eine wahrhaft sinnlose Tätigkeit. Lateinunterricht aber kann sich nur dadurch legitimieren, daß er dem Schüler die Fähigkeit vermittelt, lateinische Texte so zu erschließen, daß der übersetzte auch ein verstandener Text ist. Das ist aber nur zu verwirklichen, wenn das Übersetzen von permanentem und kontinuierlichem Fragen nach dem Sinn des übersetzten Originaltextes begleitet wird. Deshalb muß der Schüler ständig dazu angehalten werden, „am übersetzten Text mitzudenken, ihn zu erklären, immer wieder über ihn nachzusinnen, seine Aussage in Relation zum literarischen und kulturhistorischen Kontext zu stellen"[7]. Damit gewinnt der Schüler nicht zuletzt eine „Geläufigkeit im Deuten" (Schwarz), die mit Rücksicht auf die aktuelle Sprech- und Sprachüberflutung als lebensnotwendig angesehen werden kann.

4 Übersetzungsvergleich und originaltextbezogene Interpretation

Die bisherigen Textbeispiele (1–10) veranschaulichen, daß das Dilemma zwischen einem Verstehen ohne Übersetzen und einem Übersetzen ohne Verstehen nur im Sinne der von Erich Zielinski geforderten lernzieladäquaten Aufgabenkonstruktion aufgehoben werden kann – und zwar schon im beginnenden Lateinunterricht.

Die folgenden Beispiele sollen Möglichkeiten der Aufgabenstellung veranschaulichen, die auf dem Prinzip des Übersetzungsvergleiches beruhen. Dabei werden nicht nur verschiedene Übersetzungen vom Lehrer (z.B. auf einem Arbeitsbogen) vorgegeben, sondern auch Übersetzungen, die von den Schülern selbst erarbeitet worden sind, mit dem Original verglichen.

Für (11) *Athenae litteris florent*[8] gibt ein Schüler die Übersetzung „Athen blüht durch Wissenschaft". Gäbe man sich damit zufrieden, so bliebe die Mitteilung des Originaltextes unausgeschöpft, wenn nicht gar weitgehend unverständlich. Man hätte ein signifikantes Beispiel für ein ‚Übersetzen ohne Verstehen'. Weitere Übersetzungen wie „Athen zeichnet sich durch Wissenschaft aus" oder „In Athen herrscht eine rege wissenschaftliche Forschung" sind zwar weitaus besser verständlich und könnten im Unterrichtsgespräch zu weiteren Fragen anregen (Was wird in Athen erforscht? Wer betätigt sich wissenschaftlich? Unter welchen Bedingungen wird Wissenschaft betrieben? usw.). Man gäbe damit aber nicht viel mehr als ein weiteres Beispiel für ein ‚Verstehen ohne Übersetzen', da der Originaltext unter diesen Umständen nicht weiter befragt würde. Um dies auszuschließen, sollte man an bereits Bekanntem anknüpfen. Die Gleichung *florere* = blühen kennt der Schüler bereits – allerdings veranschaulicht an dem Satz *rosae florent*. Eine originaltextbezogene Interpretation geht von dieser Bedeutung des Wortes *florere* aus. Der Schüler bringt diese in die Interpretation des neuen Satzes *Athenae litteris florent* ein. Ein wesentliches Interpretationsziel ist die Erfassung der metaphorischen Bedeutung, die *florere* in seinem neuen Zusammenhang gewonnen hat. Die Übersetzung allein läßt noch nicht erkennen, ob der Schüler die Metapher wirklich verstanden hat. Durch die Gegenüberstellung von *rosae florent* und *Athenae ... florent* wird dem Schüler bewußt, daß zwischen *florent* hier und *florent* dort keine Sinnidentität bestehen kann. Folglich erscheint auch die Wortgleichung *florere* = blühen im Falle von *Athenae ... florent* als problematisch. Mit dem Ablativ *litteris* wird eine Begründung für das „Blühen" der Stadt bzw. ein Hinweis auf den Bereich gegeben, für den das „Blühen" gilt – ein Hinweis, dessen das Blühen der Rosen nicht bedurfte, weil es unmittelbar anschaulich und verständlich ist. Um nun nicht unwillkürlich von muttersprachlichen Vorstellungen geleitet zu werden, sollte der Schüler weitere Beispiele für die metaphorische Verwendung von *florere* – gegebenenfalls in Verbindung mit einem *Ablativus causae* bzw. *respectus* – erhalten: *Romani gloria florebant, vir ingenio florebat, Cicero honoribus florebat* usw. Das zusätzliche Material läßt den Schluß zu, daß *florere* soviel bedeutet wie „etwas in besonders hohem Maße besitzen", „mit etwas besonders reichlich ausgestattet sein", „über etwas auf besondere Weise verfügen" – wie die Rose über strahlende Schönheit. Das Arbeitsergebnis könnte dann eine neue Übersetzung sein wie z. B. „In Athen herrscht ein außerordentlich reiches wissenschaftliches bzw. kulturelles Leben".

Aber auch das Wort *litterae* läßt sich originaltextbezogen noch weiter interpretieren, so daß sich der Schüler mit der Wortgleichung *litterae* = Wissenschaft nicht zufriedenzugeben braucht. Denn er kennt bereits die Gleichung *littera* = Buchstabe und hat daher Anlaß zu fragen, was denn „Buchstabe" und Wissenschaft miteinander zu tun haben. Die Interpretation, die im Grunde nichts anderes leisten soll, als das Neue, noch nicht Verstandene mit dem Bekannten und bereits Verstandenen in Beziehung zu setzen, um beides besser zu verstehen oder in einem anderen Licht zu sehen, kann hier also die Interpretation dem Schüler bewußtmachen, daß „Wissenschaft" im antiken Athen eine „buchstaben- oder buchbezogene" Veranstaltung war, daß „Wissenschaft" etwas mit Schreiben zu tun hatte oder daß Wissenschaft Lesen voraussetzte und Lesestoff produzierte – also weit entfernt war von der experimentellen Wissenschaft der Neuzeit.

Da es unmöglich ist, die deutsche Übersetzung und die muttersprachlich geprägte Vorstellungswelt aus dem originaltextbezogenen Interpretieren völlig auszuschließen, sollte sie in ihrer instrumentellen Funktion für die Erschließung des originalsprachlichen Textsinnes bewußt genutzt werden – und zwar als kontrastierende Folie. Denn vor dem Hintergrund der Übersetzung können sich die Konturen des Textsinnes schärfer abheben. Wenn dem Schüler an signifikanten Beispielen immer wieder vor Augen geführt wird, daß eine Übersetzung stets die selbstverständlich ungewollte Tendenz hat, vom Textsinn abzulenken oder diesen sogar zu verfälschen, entwickelt sich nicht nur ein Vorbehaltsverhältnis gegenüber der Übersetzung; auch der Blick des Schülers für das Original wird geschärft, weil er dieses mit größerer Sorgfalt und Genauigkeit zu prüfen bereit ist, um die Abweichungen der Übersetzung gegenüber dem Original möglichst genau zu erfassen. Eine Aufgabe, die eine gründliche Auseinandersetzung mit dem Originaltext unumgänglich macht, kann z.B. darin bestehen, diesen mit einer fehlerhaften[9] Übersetzung zu vergleichen und die Fehler möglichst vollständig festzustellen.

Stelle die Fehler in der Übersetzung fest:
(12) *Incolae Siciliae Romae questi sunt de iniuriis Verris proconsulis.*[10]
 Die Einwohner Siziliens wurden in Rom über die Untaten des Prokonsuls Verres befragt.
(13) *Vetus verbum est: aut amat mulier aut odit; nihil est tertium.*
 Das Wort ist alt: entweder liebt er seine Frau oder er haßt sie; das dritte ist nichts.
(14) *Cum triumphus agebatur, homines non modo ex urbe, sed etiam ex agris concurrebant.*
 Weil der Triumph gefeiert wurde, liefen die Menschen nicht nur aus der Stadt, sondern auch von den Äckern zusammen.
(15) *Pater filios currentes clamore accendit.*
 Der Vater geht mit Geschrei an die laufenden Söhne heran.
(16) *Cicero vir acri ingenio erat.*
 Cicero war durch scharfen Verstand ein Mann.

Der Vergleich von Original und fehlerhafter Übersetzung kann auf mehrere Übersetzungsvorschläge ausgeweitet werden. In Analogie zum Multiple-choice-Verfahren könnte eine dieser Versionen fehlerfrei sein, und der Schüler trifft eine vom Originaltext her begründete Entscheidung.

Welche Übersetzung ist richtig?
(17) *Iudex semper se aequum praebeat.*
 a) Der Richter zeigt sich immer krank.
 b) Der Richtet bietet immer das gleiche.
 c) Der Richter soll sich immer gerecht zeigen.
 d) Der Richter zeichnet sich immer durch Gerechtigkeit aus.
(18) *Cum eum vidissem, aegre risum continui.*
 a) Als ich ihn sah, konnte mir nur mit Mühe das Lachen verkneifen.
 b) Weil ich ihn sah, hielt ich in gleicher Weise das Lachen zurück.
 c) Nachdem ich ihn gesehen hatte, beherrschte ich mich mit Mühe, um nicht zu lachen.
 d) Obwohl ich ihn sah, konnte ich kaum lachen.

(19) *Sapiens iniuriam aequo animo fert.*
    a) Der Weise trägt das Unrecht mit gleichem Geist.
    b) Der Weise erträgt das Unrecht gelassen.
    c) Der Weise trägt das Unrecht mit verdrießlichem Sinn.

Ferner ist der Vergleich verschiedener korrekter Übersetzungen als „Interpretationsaufgabe" durchführbar. Er sollte sich aber auf einen kurzen Textabschnitt oder einen einzigen Satz beschränken.

Entscheide dich für eine Übersetzung, und begründe deine Entscheidung vom Originaltext her!

(20) *Aestate multa animalia cibum sibi comparant, ne fame afficiantur hieme.*
    a) Im Sommer legen sich viele Tiere einen Nahrungsvorrat an, damit sie im Winter keinen Hunger leiden müssen.
    b) Im Sommer verschaffen sich viele Lebewesen Nahrung, damit sie im Winter nicht vom Hunger befallen werden.
    c) Viele Tiere sammeln sich im Sommer Speise, um nicht im Winter durch Hunger geschwächt zu werden.

(21) *Aliud aliis placet.*
    a) Den einen gefällt dies, den anderen das.
    b) Jedem gefällt etwas anderes.
    c) Einigen macht dieses, einigen jenes Spaß.
    d) Jeder hat seinen eigenen Geschmack.

Selbstverständlich kann der Schüler auch den Auftrag erhalten, gegebene Übersetzungen eines begrenzten Textabschnittes durch eine eigene Formulierung zu übertreffen. Grundsätzlich sollte man aber den Vergleich von Original und Übersetzung(en) durch engbegrenzte Arbeitsanweisungen und gezielte Aufgaben steuern. Kurzschrittigkeit ist in diesem Falle kein methodischer Fehler. Eine offene Anweisung wie „Vergleiche die Übersetzung ‚Ü' mit dem Text ‚T'" ist unbrauchbar. Geeigneter sind Aufgaben des folgenden Typs:

Stelle fest, wie der Abl. abs. in Zeile ... der Ü a–c übersetzt wurde. Prüfe, ob das Zeitverhältnis zwischen Abl. abs. und Prädikat richtig wiedergegeben wurde!

(22) *Nuntio allato senatus in curiam coactus est.*
    a) Nach Eintreffen der Botschaft wurde der Senat ins Staatsgebäude einberufen.
    b) Nachdem die Botschaft eingetroffen war ...
    c) Weil/obwohl die Botschaft eintraf ...

(23) *Vespere facto Christus discipulis dixit: unus vestrum me traditurus est.*
    a) Als es Abend geworden war, sagte Christus zu seinen Jüngern: einer von euch hat vor, mich (den Häschern) auszuliefern.
    b) Am Abend sagte Christus ...
    c) Nach Einbruch der Dämmerung ...

Untersuche, ob die in Ü a im Vergleich mit T feststellbare Abweichung in der Wortfolge unerläßlich ist. Formuliere Ü a so um, daß Ü und T in der Wortfolge weitestgehend übereinstimmen!

(24) *Clodia erat mulier non solum nobilis, sed etiam nota.*
    a) Clodia war eine nicht allein adlige, sondern auch stadtbekannte Frau.

Mögliche Umformulierungen:
- b) Clodia war als Frau nicht allein adlig, sondern auch stadtbekannt.
- c) Clodia war eine Frau, (die) nicht nur adlig, sondern auch stadtbekannt (war).

(25) *Certa amittimus, dum incerta petimus.*
- a) Wir verlieren Sicheres, während wir nach Unsicherem suchen.

Mögliche Umformulierung:
- b) Sicheres verlieren wir, während wir Unsicheres haben wollen.

An welchen Stellen von T lassen Ü a–b Wort- oder Satzfiguren (Stilmittel) unberücksichtigt?

(26) *Partim me amici deseruerunt, partim prodiderunt.*
- a) Meine Freunde haben mich teils verlassen, teils verraten. (Anapher nicht berücksichtigt.)
- b) Teils haben mich meine Freunde verlassen und teils verraten. (Asyndeton nicht berücksichtigt.)

(27) *Lectus est liber Quinti Sexti patris Graecus magni, si quid mihi credis, viri et, licet neget, Stoici* (Seneca, Epist. 64, 2).
- a) Darauf wurde ein griechisches Buch des Quintus Sextius, des Vaters, des – wenn du mir glaubst – bedeutenden Mannes und Stoikers, mag er es auch bestreiten, vorgelesen. (Hyperbaton nicht berücksichtigt.)
- b) Gelesen wurde darauf ein Buch des Quintus Sextius, des Vaters, ein griechisches, eines großen – wenn du mir glaubst – Mannes und – mag er es auch bestreiten – Stoikers. (Hyperbaton weitgehend berücksichtigt.)

Beurteile, inwieweit Ü a–b die kontextbedingte Bedeutung der Wörter W 1–9 getroffen haben!

(28) *Fragile* (W 1) *corpus animus sempiternus* (W 2) *movet* (W 3) (Cicero, Rep. 6, 26).
- a) Einen sterblichen Körper bewegt die unsterbliche Seele.
- b) Zerbrechlich/morsch/schwach/vergänglich ist der Körper, die Seele ist ewig/immerwährend/unvergänglich, die ihn beunruhigt/fortschafft/hinaustreibt/verändert.

(29) *Is est enim eloquens* (W 4), *qui et humilia* (W 5) *subtiliter* (W 6) *et magna graviter* (W 7) *et mediocria* (W 8) *temperate* (W 9) *potest dicere* (Cicero, orat. 100).
- a) Derjenige ist nämlich ein vollkommener Redner, der das Gewöhnliche einfach, das Große großartig und das Dazwischenliegende in rechter Mischung darstellen kann.
- b) Derjenige ist nämlich redegewandt, der das Niedrige/Kleine/Unbedeutende/Alltägliche/Gemeine fein/feinsinnig/geschmackvoll/scharfsinnig/geistreich/schlicht, das Große wuchtig/traurig/streng/grausam/gewaltig/dumpf/gewichtig/besonnen und das Mittelmäßige/Unbedeutende/Gewöhnliche richtig gemischt/Maß haltend/besonnen/ruhig darstellen kann.

Bei der Formulierung derartiger Arbeitsaufträge ist zu beachten, daß der Schüler nicht vom Original abgelenkt, sondern zum Original hingeführt wird. Denn ihr methodischer Zweck besteht darin, den Schüler zum originaltextbezogenen Interpretieren anzuleiten. Der auf diese Weise durch gezielte Aufgaben angeregte Vergleich von Original und Übersetzung soll dazu befähigen, den lateinischen Text mit schärferen Augen zu sehen und eine – eigene oder fremde – Übersetzung erst nach gründlicher originaltextbezogener Interpretation zu akzeptieren.

Obgleich der Schüler seine eigene oder eine fremde Übersetzung nie ganz aus dem originaltextbezogenen Interpretationsvorgang heraushalten kann und die muttersprachlich geprägten Vorstellungen die Interpretation beeinflussen, ist dennoch viel erreicht, wenn der Schüler einsieht, daß Interpretieren im Lateinunterricht mehrspurig verläuft, d.h., daß er den Originaltext nicht übersehen darf und die Übersetzung bzw. Übersetzungsgleichungen nicht übersehen kann.

5 Vorzüge des Mehrfachvergleichs

Eine ebenso einfache wie methodisch wirksame Maßnahme zur Herstellung der Originaltextbezogenheit ist der Vergleich mehrerer Übersetzungen[11] mit dem Original. Das haben die bisherigen Textbeispiele gezeigt. Auf diese Weise wird nicht nur die kontrastierende Wirkung erheblich erhöht. Der Schüler ist auch gezwungen, zu den Übersetzungen Stellung zu nehmen. Dazu muß er sich mit dem Originaltext gründlich auseinandersetzen. Er kann sich z.B. der Frage nicht entziehen, welche der ihm vorgelegten Übersetzungen dem Textsinn am besten gerecht wird. Die einzig Entscheidungsgrundlage aber ist die originaltextbezogene Interpretation. Allerdings hängt der Erfolg dieser Arbeit ganz entscheidend von der Formulierung wirklich originaltextbezogener Arbeitsaufträge ab. Eine Frage wie „Welche der beiden Übersetzungen gefällt dir besser?" ist völlig ungeeignet – nicht zuletzt deshalb, weil der Vergleich nicht zu einer Übersetzungskritik, sondern zum besseren Verständnis des Originaltextes führen soll. Die Übersetzungen haben in diesem Zusammenhang eben eine nur instrumentelle Funktion. Wenn mit ihrer Hilfe ein vertieftes Textverständnis erreicht ist, kann man sie – salopp formuliert – vergessen[12].

Um auf die EPA-Klausurmodelle zurückzukommen: Modell II könnte leicht dadurch verändert werden, daß nach der endgültigen Abgabe der Schülerübersetzung nicht nur eine korrekte Übersetzung als Hilfe für die Lösung der Interpretationsaufgabe nachgereicht wird, sondern mindestens zwei, deren signifikante Unterschiede nur vom Originaltext her zu erfassen sind und deshalb eine originaltextbezogene Interpretation erforderlich machen.

Man sollte sich zum Schluß vergegenwärtigen, daß der Übersetzungsvergleich ein Verfahren ist, das den Bedingungen und Anforderungen des heutigen Lateinunterrichts bis zur Abiturprüfung gerecht wird. Das Verfahren dürfte den Schüler dazu befähigen, lateinische Texte als lateinische Texte zu interpretieren und die Interpretation nicht auf die eigene oder eine fremde Übersetzung zu beschränken. Wenn der Schüler mit zwei oder mehr Übersetzungen konfrontiert wird, dann wird er durch eine entsprechende Aufgabenstellung in einen Entscheidungszwang gebracht, den er nur durch den Rückgriff auf das Original lösen kann. Dabei gewinnt der Schüler sein Textverständnis, indem er den Text einerseits mit Hilfe der ihm verfügbaren Sprachkenntnisse, andererseits mit Hilfe verschiedener Dokumentationen eines von anderen erarbeiteten Textverständnisses erschließt. Der Schüler versteht den Text sowohl durch unmittelbaren als auch durch mittelbaren Zugriff, indem er die Rezeptionsbeweise (Übersetzungen) anderer Rezipienten für die eigene Rezeption nutzt.

Diese Mehrgleisigkeit der Texterschließung hat neben der Intensivierung der Auseinandersetzung mit dem Original noch einen anderen, bisher nicht beachteten Nutzen. Aufgrund unzureichender Übung und ungenügender Spracherfahrung sind viele Schüler nicht in der Lage, durchaus vorhandene Sprachkenntnisse auf den Gebieten der Formen-, Satz- und Bedeutungslehre anzuwenden. So kennt ein Schüler z.B. Stammformen, und er kann sie auf Nachfrage hin auch aufsagen. Im Text erkennt er sie aber nicht wieder. Der Übersetzungsvergleich ist eine Möglichkeit, latente und unproduktive Kenntnisse zu aktualisieren und anzuwenden – ein Verfahren, das auch der Fachmann nicht verschmäht, wenn er sich mit Hilfe zweisprachiger Textausgaben einen raschen Überblick verschaffen will. Bei kontinuierlicher Übung des Übersetzungsvergleiches läßt sich die Aktualisierung latenten Wissens intensivieren. Der Schüler wird durch häufigere ‚Aha-Erlebnisse' motiviert. Zudem wird der ‚Umsatz' von Sprachkenntnissen erheblich erhöht – vorausgesetzt, daß die Übersetzung als Hilfsmittel zur Erschließung des Originals und nicht als alleiniger Lektüregegenstand genutzt wird.

Anmerkungen

1 Vgl. den Handbuch-Artikel von Nickel, R.: Die Arbeit mit Übersetzungen. In: Höhn, W./Zink, N. (Hrsg.): Handbuch für den Lateinunterricht – Sekundarstufe II. Frankfurt a.M. 1979, 191–205. Besonders hinzuweisen ist auch auf Klinz, A.: Der Übersetzungsvergleich als Interpretationshilfe und Mittel zum Textverständnis. Ein Versuch anhand eines ciceronischen Redetextes (Cic. Pomp. 40–42). In: AU XXIV, 4/1981, 77–90.
2 Beschluß der Kultusministerkonferenz vom 1.2. 1980. Veröffentlicht bei Luchterhand, Neuwied 1981.
3 Eine gut informierende Beschreibung der EPA-Klausur-Modelle findet sich im Anhang II zu AU XXVII 1/1984.
4 Zielinski, E.: Methodologie der Interpretationsaufgabe. Zu Problemen adäquater Aufgabenkonstruktion. In: AU XXVII 1/1984, 47–72, bes. 71 f.
5 Eller, K.H. Übersetzungsvergleich als Interpretationsansatz (gezeigt am Beispiel des Horaz-Unterrichts). In: Höhn, W./Zink, N. (Hrsg.): Handbuch für den Lateinunterricht – Sekundarstufe II. Frankfurt a.M. 1979, 206–219. Vgl. auch Frings, U./Keulen, H./Nickel, R.: Lexikon zum Lateinunterricht. Freiburg/Würzburg 1981, s. v. Übersetzungsvergleich.
6 Dazu eindringlich Zielinski, a.a.O., bes. 64 f.
7 Schwarz, F.F.: Gestalt, Form und Begrenzung. Die Bedeutung der Antike für ein sozialistisches Bildungskonzept. In: Götschl, J./Klauser, Chr. (Hrsg.): Der sozialdemokratische Intellektuelle. Analysen – Bewertungen – Perspektiven. Wien 1983, 123.
8 Das Beispiel ist – wie die Mehrzahl der vorausgegangenen – den ersten Lektionen der Neubearbeitung des Lateinischen Übungsbuches, Ausgabe A I, von Max Krüger (Frankfurt a.M.) entnommen.
9 Daß dieses Verfahren nicht illegitim ist, zeigt z.B. Fink, G.: Übung im Lateinunterricht. Materialien zur Einführung neuer Lehrpläne. Hrsg. von der Landesstelle für Erziehung und Unterricht (LEU). Stuttgart 1979, bes. 32.
10 Das lateinische Beispielmaterial stammt aus Hellwig, A./Bietz, W.: Fehler-abc. Latein. Stuttgart 1981.
11 Vgl. Eller, a.a.O.
12 Damit soll nicht ausgeschlossen werden, daß Übersetzungen auch als spezielle Rezeptionsformen im Lateinunterricht Gegenstand der Kritik sind. Aber auch dann setzt diese Kritik die gründliche Erschließung des Originaltextes voraus. Vgl. dazu auch Fuhrmann, M.: Vom Übersetzen aus dem Lateinischen. Freiburg/Würzburg 1986.

Stichwortverzeichnis

Abbildungen 169
Abiturprüfung 390
Abschlußqualifikation 29, 30
Absicht (des Autors) 64
Absolutes (der germanischen Treue) 313
Acta 352
Adelphen 223
aedificare 165
Äquivalenz, semantische 133
Äsop 203
Äußerung 59
Aggression, menschliche 201
Aktivität 116, 118
ala 167
Alexandermosaik 169
Allegorie 354
Allgemeinbildung 41
allomorph 24
Alltagsleben 252, 266
Alltagssprache 294
Altroms Enge 222
Amores 255
Amphitruo 266
Amplifikation 322
Anfangslektüre (Fabel) 203
Anfangsmotivation 32
Anfangsunterricht 5
Anknüpfungsmöglichkeiten 384
Annalen (Tacitus) 314
Anordnung, zeitliche 111
Ansatz, linguistischer 21
Anstößiges 264
Antiquiertheit der Antike 24
Aporien (mit Latein) 24
Appell 242
Arbeitsblätter (Auswertung) 171
Arbeitsbogen 394
Arbeitsphasen 71
Arbeitsphase zu Hause, individuelle 140
Archetyp 320
argumentum 165
Argumentation 244
Ariovist 311 f.
Arminius 311

ars amatoria 255
ars, rhetorische 367
ἄσκησις 125
Astronomie 386
Atticus (Lebensform) 219
Atticus 216
Auflösungstendenzen (der Sprache) 315
Augusteische Klassik 204
Augustus von Primaporta 166
Ausdruck 242
-sschulung 20
Ausgangsstimmung 369 f.
Außenpolitik 232
Auswahl 33, 346
-vorschläge 344
Authentisches 21

Bacchides 266
Badewesen 165
Basisgrammatik 86
Bausteintechnik 195
Bedeutungsverhältnis 151
Begriff, positiv erregender 246, 249
Belger 238
Bellum Gallicum 23
Beredsamkeit 366, 367
Bereich, textsyntaktisch 268
-, textsemantisch 268
Bereichswortschatz 143, 150, 151
Bestimmung, adverbiale 80
Betrachtungseinheit 59
Beurteilungskriterien (Medien) 189
Beziehung, semantische 153
Bezüge, semantische 155
Bildung 7, 217
-sfrage 217
-sstreben 217
-swille 217
Bindung 229
Biograph 216
Bioi paralleloi (Plutarch) 210
Bloomfield, Leonard 59

Briefsammlung 308
Bürgerkrieg 218

Caesarlektüre 236, 267
- (Realien) 173
Campus Martius 166
Captivi 266
Catull 264
cena 163
cenare 163
centurio (eques) 167
cibus 163
Cicero 242, 383
cohors 167
Comics 270
commentariolum petitionis 362
commentarius 232
Computer 26
consul 167
Contextus 60
conviva 163
convivium 164

Darstellung 242
Dekodierung 79
Deutschunterricht 39, 46
Dialog 268
Dias 194
Dichtersprache 291
Dichterwettstreit 293
Didaktik 5, 58
dies irae 154
Dimension, sensuelle 50
Diogenes (Kyniker) 201
dispositio 373, 376
Distribution 59
domus 165
Drama 263
Dressler, Wolfgang 59
Drill 109
ducere 149
Durchsichtigkeit 121, 294
duritia 230

Einführungskurs 61
Einheitsgedanken 253

401

Einphasigkeit 47
Einsatztexte 127
Einteilung, sachentsprechend 93
–, lernorganisatorisch 93
Einworttexte 127
Einzelsatz 58
Element, obszönes 297
Elementarkenntnis 59
Elitedenken 25
elocutio 373, 376
Emanzipation 252
Englischunterricht 39
Entwicklungspsychologie 13
Epaminondas 215
Epigramm 293
Epigramm(e) (Martial) 338
Epona 165
Ereignis, europäisches 232
Erfahrung, sprachliche 64
Erfolgskontrolle 119
Erkrankung, psychosomatisch 295
Erlebnisdivergenz 322
Erziehungsprinzipien 223
Erziehungsziel, dialektisches 24
Exkursion 172
Exotisches 302

Fabel 354
   -gattung 101
   -lektüre 201
Fabeln (Phaedrus) 209
Fächerkanon 6
Fähigkeit, metasprachliche 91
Fasten (Ovid) 252
Fernsehkonsum 20
Figuren 246, 249
Fixierung (von Sachverhalten) 232
Formenlehre 94
Formgeschichte 352
fortitudo 237
fortuna 166
Frauenehre 316
Frauenfeindschaft 201
Frauenliteratur 252
Freizeitwelt 24
Fremderfahrung 19 f., 23
Fremdsprachendidaktik 38
Fremdsprachenunterricht 38
Fremdwörterquiz 151

Frequenz 111
   -untersuchung 37
Freundschaftsgedichte 293
Füllungsart 95
Füllungsmöglichkeit 93
Fundamentalsprache 11
Funktion, atiologische 322
Funktionalität 35
Funktionalität (Grammatik) 48

Gallien 232
Gandersheim, Hrotsvith von 264
Ganzheitsmethode 70
Gattung, dramatisch 271
Gedicht 16
Gefühlssphäre 302
Gegensteuerung 20, 63
Geist, klassischer 306
Gelegenheitsgedicht 295
Generationskonflikt 310
Germanen 171, 238
Germania (Tacitus) 313
Gesamtkultur, griechisch-römische 212
Gesamtschule 29
Gesellschaft, leisure-orientierte 24
   -sverständnis 223
Gewöhnung 59
Gewohnheit 62
Gleichnis 294, 354
   -erzählung 353
   – vom Steuermann 219
Gliedsatz 93, 95
Grabsteine 164
Gräzismen 294
Gräzismen (Fabel) 204
Grammatik 5, 35
   -arbeit 75
   -kenntnisse 268
   -unterricht 86
Gregor von Tours 314
Gregorius 330
Griechisch 11
Grundlagen, lernpsychologische 104
–, syntaktische 143
Grundlegung, lernpsychologische 139
–, semantische 141
Gruppenarbeit 171
Gymnasien 29

Haeduer 232
Hagiographie 321
Haltung (wenig auf das Materielle ausgerichtete) 313
Handbibliothek, archäologische 180
Hausaufgabe 149, 151
Heilige 319
Helden 319
Helvetier 233
Hendekasyllaben 292
Herakles-Metope 169
Heraklit 253
Herder, Johann Gottfried 5
Herkules 166
Heroiden (Ovid) 252
Hexameter (Fabel) 204
Hieronymus 351
Humanismus 215
–, Beginn 201
–, europäisch 205
–, Ursprung 212
Humanistenliteratur 209
Humanität 307
humanitas 300
Humanitas-Auffassung 216
Hymnus 156

Ideal (des Humanismus) 205
Idealbilder 322
Idee (in die Wirklichkeit) 215
Idus 167
Ikonisierung 38
Ikonographie 322
Illustration 178
imperator 166
Imperfekt 79
De imperio Cn. Pompei 242, 250
Importverkehr 227
Individualismus 313
Information 8
   -stexte 168
Inhalt 63
Inschriften 166
Instruktion, programmierte 187
Intelligenz-Struktur-Test 12
Interimslektüre 33 f., 344
interpretatio romana 212
Interpretation 75, 101, 155, 394
   -saufgaben 391

Invektive 291
inventio 373
Ironie 256
ironisiert, parodiert 255
isomorph 24

Jacobus de Voragine 319
Jesus 330
Judas 324

Kaiserfora 180
Kalendae 167
Kallimachos 253
 -Latinisierung 292
Kanon 34
Kelten 171
Klarheit 114, 121, 294
Klett-AWS Nr. 56 (Recht, Justiz) 152
Kohärenz 129
–, totale 233
 -einübung 21
 -verlust 21
Kommunikationssprache 11
Komödie 222
–, Neue 223
–, römische 223
– (Terenz) 209
 -nbühne 223
 -nlektüre 263, 268
 -nsprache 224
– – (Fabel) 204
 -ntexte in Lehrbüchern 268
Konnektoren 80
Konsumwelt 24
Kontext 60
 -bezogenheit 394
Kontrast 298
 -modelle 209
– als Lernprinzip 26
Kontrastierung 210
Kontrolle (von Vokabeln) 150
Konzentrationsstörung 300
Kreativitätstraining 25
Kreuzworträtsel 151
Kultur-Anthropologie 212
Kulturübernahme 227
Kulturwortschatz 51
Kunstauffassung (Fabel) 202
Kußgedicht 293
Kybele-Religion 207

Laissez-faire 230
langue 19
Lares 165
Lateinunterricht 5
Latine-loqui 36
Latinität 209, 321
Latinum 16, 30
Leben in Rom, Gedichte (Martial) 338
Lebensauffassung, griechische, römische 210
Lebensbewältigung 265
Lebensführung 210
Lebensgestaltung 218
Lebenswelt, römische 223
Legenda Aurea 319
Legende 319
Legenden 352
legia 167
Legitimation 394
Lehrbuch 29, 31, 58
– als Leitmedium 186
 -lektüre 32
 -revision 32
 -unterricht 32
Lehrgangsform 30
Lehrplan 29
Leidensgedichte 352
Lektüreformen 32
Lernen, rezeptiv 108
–, mechanisch 108
–, entdeckend 108
–, sinnvoll 108
Lern- bzw. Gedächtnistypen 185
Lerninhalt 58
Lernkontinuum 31, 40
Lernwortschatz 37
Lernziel(e) 58
–, affektive 303
Lesbia-Dichtung 292
Lesegeschwindigkeit 269
Lesen lernen 18
liberalitas 228
Liebesgedicht 293
Liebeskultur 298
Liebesphänomen 292
Linearität, kumulative 20
Literaturgattung 217
Luxusvillen 165
Lyons, John 59

Macht (des Geistes) 218
Martial, Einführungscharakter 338
 -lektüre 338

Massenmedien 18
Medien 37
–, audiovisuelle 193
–, Funktionen 185
Mehrfachvergleich 399
Mentalität 233
Meraeduni 268
Mercator 272
Metakommunikation 58, 244
Metamorphosen (Ovid) 252
Metapher 294
Methoden 35
miles 167
Miles gloriosus 268
Militärdiplome 167
Minimalgrammatik 51
Mitteilungsfunktion 63
Mittel, rhetorisches 246
–, stilistische 376
Mobiliar 163
Modernitätsdefizit 25
Möglichkeit, kompensatorische 20
Monopolstellung 23
Monosemierung 9
Moral 210
Moralismus 215
Morphologie (antiker Literatur) 352
Morphosyntax, integrierte 22
Mostellaria 268, 271, 273
Motivation 8, 36, 58, 75, 118
Motive, mythologische 321
Motivieren 6
Motivierung 186
Münzen 167
Multivalenz 9
Museum – Bonn 164
 – Köln 164
 – Neapel 164
Museumsbesuch 170
Musik 347
Mutation, anthropologische 26
Mythendeutung, rationalistische 386
Mythologie, antike 322
Mythos 178

Nachahmung, schöpferische 291

403

Negative 216
Neid (Dichterleben) 339
Neophilie, physiologische 301
Neoterische Dichterschule 291
Neugierde, theoretische 388
Newcomer 263
Norm 229
Novellen 352

Oberflächenstruktur 83
Oberstufenlastigkeit 31
Objekt 80
Ödipus 324, 330
Öffentlichkeit 25
 -sarbeit 8
Öffnung (zum Liberalen) 222
Ökonomie der Mittel (Fabel) 204
Ökonomisierung 30, 36
–, Grammatikunterricht 98
Oplontis 165
Orff, Carl 345 f.
Organisation 113
Orgetorix 239
Orientierung (rationale) 310
Orientierungsstufe 29
Originaltext 6, 47, 64, 76, 395
 -bezogenheit 399
Otto, Berthold 65
Overheadtransparente 195
Overlay-Technik 148
over learning 111

Palliata 226
Parabel 354
parabole 354
Paradigmengrammatik 22
Paradigmenwissen 22
Paränesen 352
Parodie 256
Parole 19
par simonia 230
participium coniunctum 82
Partizipialkonstruktion 82
πάθη 301
Pauken 109
Perfekt 79
Periklopenanalyse 352

Persa 266
Phaedrus 354
Phädrusfabeln 384
Philhellene 222
Philosophie, Alltags- und trivialisierte 266
Plautus 263
Plinius der Ältere 309
Plinius der Jüngere 308
Plutarch 210
–, Römer-Biographien 209
–, Manus 315
Poesie, erotische 252
Poeta doctus 291
Poetik (aristotelische) 356
Polysemie 9
Pompeiana 249
Pompeji 165
Positive 216
Prädikat 80
Präsentation 8
 -swert 14 f.
Prinzip der Gegensteuerung 72
Prinzipien, lernpsychologische 111
Pröbchenlektüre 308
Prometheus 203
Prooemium 215
Propädeutik, ethische 265
–, philosophische 252, 383
Pseudospeziation 306
Psychologie, kognitive 105
pudor 228
Pythagoras 253, 384

Realien 36, 266
 -ordner 163
 -Vokabeln 165
Realismus 296
Rechtswesen 225
–, attisches 225
Recodierung 79
Rede 242
–, erregte und situationsgebundene 334
 -erfolg 377
 -situation 366
 -strategie 370, 373
Reflexion, philosophische 384
Reflexionssprache 11
Reifeadäquatheit 41
Reiz-Reaktions-Theorie 105

Reliefgebung 129
Remythisierung 320
Repräsentationsformen (Brunersche) 185
res militaris 171
Rhema-Thema-Gliederung 129
Rhetorik 266, 366 f.
Römertum 230
Rudens 268

Sachfelder 143, 150, 151
Sappho-Ode 293
Satire 256, 293
Satz 5, 125
–, einfacher 93
 -erschließung 92, 99
 -position 95
Schallplatten, Tonkassetten, Tonbänder 193
Schicht, soziale 297
Schicksal 206
Schlußpointe (Fabel) 207
Schmähgedicht 295
Schriftkultur 19
Schülerinteresse 6, 61
Schulverdrossenheit 300
Schwierigkeitsgrad 393
Sehnsucht nach Ferne und Fremde 300
Selbstachtung (des Menschen) 205
Semantik 9
Senar (Fabel) 204
Seneca 383
sentence-switch-board 149
servi 164
Simonides 203
simplex pro composito 294
Sitten, germanische 312
Sitz im Leben 25, 320
Sokrates 202, 384
Sperlingsgedichte 293
Sphäre, private 296
Spott (Martial) 338
Spottgedicht 293
Sprachbaukasten 5
Sprache 5
–, fakultative 16
–, fundamentale 16/18
–, komplementäre 16
–, poetische 294
 -nfolge 38
 -erfahrung 65

404

-labor 192
-kunst (Martials) 338
-reflexion 58, 90
-system 65
-systematik 58
-vergleich 38
-unterricht 5
–, autonomer 58
–, führender 134
Stellung in Rom (Martial) 338
Stichus 271, 282
Stil, erbaulicher 319
Stilmittel (Fabel) 204
Stoffumfang 114
Straßen 165
Struktur, semantische 155
Subjekt 80
Subjektivität 292
Symbol 295
Sympathie 216
Syntax 247
System 90
Systematisierung 71, 74
–, sprachliche 62

Tacitus 309
Tageslichtprojektor 37
Taktgefühl 307
Tempel, griechische 169
τέρας 232
Testament, Neues 330
Text, didaktisierter 63
–, narrativer 79
-arbeit 71, 79
-ausgabe, zweisprachige 26
-begriff 59
-ebene 22
-erschließung 100
-gattung 392
-grammatik 5
-hintergrund 64
-inhalt 64
-linguistik 59
-pragmatik 5, 225, 322
-reflexion 90 f.
-semantik 91 f., 284
-sorten 268
-syntax 91 f., 284
-veränderung 65
Texte, d'approche-Methode 38
Texte in Lehrbüchern 69

Texteme 60
Theater (in Rom) 227
Thema-Rhema-Gliederung 285
Thematik, sexuelle 303
Tiefenstruktur 83
Tierfabeln 203
Töpferei 165
Tonbildreihen 197
Tonfilm 196
Tradierungsauftrag, erweiterter 351
Tradition 310
– und individuelle Begabung (Fabel) 204
Trajansbogen (in Benerent) 169
Trajanssäule 169
Transfer 58, 115
–, existentieller 24
-wert 9, 108
Trennungsschmerz 297
Treue, germanische 313
Triebe (Steuerung) 303
Trinummus 266
Tropen 246, 249
Trostgedicht 293
Trotzalter, zweites, der Vorpubertät 300
Tugend(en) 20
– um ihrer selbst willen 313
– von Latein 25
Tusculanae disputationes 385

Übergang zur Originaltextlektüre 63 f.
Übergangsformen (Fabel) 203
Überlernen 111
Überredungserfolg 377
Überredungsziel 377
Übersetzen 79, 391, 392
Übersetzung 100, 390
-sfähigkeit 90
-svergleich 134, 394, 400
Übertragbarkeit 58
Übung(en) 52, 125
-sformen 104
-skombination 114
-sphase 75
Übungs- und Kontrollaufgaben 152

Umformung, textinterne 385
Umgangssprache 224, 291
Umweltkatastrophe 201
Ungleichzeitigkeit, produktive 19
Unterrichtsbedingungen 65
Unterrichtsspiel 187
Urteil (Martial) 338

variatio 104, 118
Vase, griechische 169
Venantius Fortunatus 156
Veranschaulichung 37
Verbalisierung 117
Verbvalenz 144
Vercingetorix 233
Verfremdung 352
Verhaltensweisen (von Menschen, Martial) 338
Verifikation 224
Verkehr 165
Versfabel 201
Versnovellen 203
Verstehen 5, 391, 392
-svoraussetzungen 64
Vertonung 345
Verwandlung 253
-sgeschichten 253
veterani 165
villa 163
villa rustica 163 f.
Völkerversöhnung 300, 307
Vorbereitung 172
Vorverständnis 393
Vorwegnahme, okkasionelle 48
Vulgata 322, 351

Wahlkampf 362
Wahrheitsfindung (Technik und Mittel) 378, 379
Wandgemälde, pompejanisch 179
Wasserversorgung 165
Welt als Text 22
Weltdeutung versus Weltersatz 320
Weltfremdheit 229
Werte, menschliche 306
–, seelische und innere 313
-system (Aufbau) 302
Wertwelt (Vorbilder) 301

405

Wiederholung, immanente 61
Wirkungsabsicht 63, 232
Wirkungsaspekt 242
Wirkungsgeschichte 271
Wissenschaftsethik, antike 386

Witz 264
Witz (Martial) 338
Wortkunstwerk 232
Wortschatz 61
  -erwerb 52 f.
Wortschatz (Fabel) 204

Zeichen, sprachliches 60
Zeichnung 171
Zeitökonomie 63, 64
Ziegelei 165
Zielstimmung 369

Die Autoren

Paul Barié, Studiendirektor am Staatlichen Eduard-Spranger-Gymnasium Landau in der Pfalz, Regionaler Fachberater für Latein in Rheinland-Pfalz, zahlreiche Veröffentlichungen zur Didaktik der Alten Sprachen.
Gerhard Eller, Oberstudienrat am Hohenstaufen-Gymnasium Kaiserslautern.
Karl Heinz Eller, Leiter der Fachdidaktischen Kommission Latein von 1974 bis 1979, Fachleiter am Staatlichen Studienseminar Kaiserslautern für Gymnasien: 1975 bis 1985 für Philosophie und Griechisch, seitdem für Latein und Griechisch.
Albrecht Germann, Gymnasialprofessor, Lehrer am Kurfüst Friedrich-Gymnasium in Heidelberg, Fachberater für Latein und Griechisch des Oberschulamts Karlsruhe, Mitglied der Lehrplankommission Latein Sekundarstufe I und der Handreichungskommision Alte Sprachen, Referent in der Lehrerfortbildung, Schulbuchgutachter.
Hans-Joachim Glücklich, Dr. phil., Fachleiter für Latein und Griechisch am Staatlichen Studienseminar Mainz, Honorarprofessor der Universität Heidelberg.
Arthur Haug, Dr. phil., Professor am Staatlichen Seminar für Schulpädagogik Esslingen.
Alfons Heckener, Studiendirektor, Fachleiter für Latein und Griechisch am Studienseminar Fulda, verstorben 1985.
Willibald Heilmann, Dr. phil., Professor für Klassische Philologie mit dem Schwerpunkt „Didaktik der alten Sprachen" an der Universität Frankfurt am Main.
Wilhelm Höhn, Oberstudiendirektor, Leiter der Herderschule Frankfurt am Main.
Horst Meusel, Professor am Seminar für Studienreferendare Heidelberg, Fachleiter für alte Sprachen.
Christoff Neumeister, Dr. phil., Professor für Latinistik an der Universität Frankfurt am Main.
Karin Neumeister, Dr. phil., Studienrätin am Wöhler-Gymnasium in Frankfurt am Main.
Rainer Nickel, Dr. phil., Oberstudiendirektor, Leiter des Max-Planck-Gymnasiums in Göttingen.
Jürgen Steinhilber, Dr. phil., Diplom-Pädagoge, Lehrer an der Anna-Freud-Oberschule in Berlin, zuvor wissenschaftlicher Assistent an der PH Berlin/FU Berlin (Didaktik der lateinischen Sprache und Literatur), grundlegende Veröffentlichungen zur Didaktik des Spiels, zur Mediendidaktik und zur Übung im Lateinunterricht.
Peter Wülfing, Dr. phil., Professor für Klassische Philologie am Institut für Altertumskunde der Universität zu Köln.
Norbert Zink, Dr. phil., Oberstudiendirektor, Leiter des Staatlichen Heinrich-Heine-Gymnasiums Kaiserslautern (Sportgymnasium), Herausgeber der „Modelle für den altsprachlichen Unterricht" beim Verlag Moritz Diesterweg in Frankfurt am Main.